中国广播电视编年史

第一卷
（1923—1976）

杨 波 主编

中国广播影视出版社

图书在版编目（CIP）数据

中国广播电视编年史. 第一卷，1923-1976 / 杨波主编. -- 北京：中国广播影视出版社，2019.7
ISBN 978-7-5043-8294-8

Ⅰ．①中… Ⅱ．①杨… Ⅲ．①广播电视—新闻事业史—中国—1923-1976 Ⅳ．①G229.29

中国版本图书馆CIP数据核字(2019)第058580号

中国广播电视编年史·第一卷（1923-1976）

杨 波 主编

责任编辑	毛冬梅
责任校对	龚 晨
装帧设计	阮全勇
出版发行	中国广播影视出版社
电 话	010-86093580　　010-86093583
社 址	北京市西城区真武庙二条9号
邮 编	100045
网 址	www.crtp.com.cn
电子信箱	crtp8@sina.com
经 销	全国各地新华书店
印 刷	涿州市京南印刷厂
开 本	787毫米×1092毫米　1/16
字 数	905（千）字
印 张	47.75
版 次	2019年7月第1版　2019年7月第1次印刷
书 号	ISBN 978-7-5043-8294-8
定 价	198.00元

（版权所有　翻印必究·印装有误　负责调换）

《中国广播电视编年史》编辑委员会

主 任 委 员：杨　波
副主任委员：张　聪　赵玉明　周然毅
顾　　　问：刘习良
秘　书　长：张君昌
委　　　员：（以姓氏笔画为序）

丁高潮　王卫平　王正敏　王向文　王怀庆　王春丁
王炳林　王宴青　王锁成　王　增　尹长征　尤　勇
邓慧文　安思国　吉保邦　刘文国　刘文艳　刘爱清
任　谦　孙苏川　李　凡　李亦博　李宗达　李选政
苏新生　余爱群　杨　烁　杨晓群　张务纯　张作兴
张德山　陈一珠　陈　明　陈敏毅　陆红实　单亦砺
周桂珍　洪　兵　哈艳秋　胡　军　胡　恩　胡瑞庭
胡德怀　赵子盛　高金晔　贾玉刚　聂庆义　唐水江
黄正谋　黄秀根　梁丽山　梁　勇　梁继红　赖万明
靳方华

目 录

1923 年 …………………………… 001	1950 年 …………………………… 197
1924 年 …………………………… 004	1951 年 …………………………… 222
1925 年 …………………………… 007	1952 年 …………………………… 243
1926 年 …………………………… 009	1953 年 …………………………… 259
1927 年 …………………………… 012	1954 年 …………………………… 274
1928 年 …………………………… 015	1955 年 …………………………… 290
1929 年 …………………………… 020	1956 年 …………………………… 312
	1957 年 …………………………… 339
1930 年 …………………………… 023	1958 年 …………………………… 360
1931 年 …………………………… 026	1959 年 …………………………… 392
1932 年 …………………………… 030	
1933 年 …………………………… 037	1960 年 …………………………… 423
1934 年 …………………………… 045	1961 年 …………………………… 448
1935 年 …………………………… 051	1962 年 …………………………… 466
1936 年 …………………………… 057	1963 年 …………………………… 483
1937 年 …………………………… 066	1964 年 …………………………… 502
1938 年 …………………………… 076	1965 年 …………………………… 525
1939 年 …………………………… 084	1966 年 …………………………… 550
	1967 年 …………………………… 581
1940 年 …………………………… 089	1968 年 …………………………… 603
1941 年 …………………………… 095	1969 年 …………………………… 618
1942 年 …………………………… 103	
1943 年 …………………………… 107	1970 年 …………………………… 634
1944 年 …………………………… 111	1971 年 …………………………… 651
1945 年 …………………………… 114	1972 年 …………………………… 668
1946 年 …………………………… 126	1973 年 …………………………… 683
1947 年 …………………………… 141	1974 年 …………………………… 700
1948 年 …………………………… 153	1975 年 …………………………… 713
1949 年 …………………………… 168	1976 年 …………………………… 730

前　言

　　中国广播电视从萌发诞生到成长壮大，是中国现当代社会发展史的组成部分。它既是现当代社会在曲折中前进的产物，又以独特的价值成为中华文化宝库一颗闪光的明珠，对中国社会的进步有着不可替代的作用。它与中国现当代社会相伴而来，迄今已经走过了近百年的风雨历程。

　　1923年，中国的天空首次出现本土发射的广播电波；1958年，中国第一座电视台建成开播。在这近百年的历程中，中国广播电视从无到有、从小变大、由弱渐强，逐步跻身世界强国前列。广播电视的功能也由最初的"空中留声机""不要纸张的报纸""家庭戏院"，拓展到政治、经济、社会的方方面面，深度植入人们的日常生活，成为人们的良师益友，成为社会发展、文明进步的推进器。

　　历史总要留下印迹，供后人回顾、凭吊，获取智慧。纵观中国广播电视近百年发展历程，大致可概括为三个历史阶段。即萌发初建阶段（20世纪20～40年代）、持续发展阶段（20世纪50～90年代）和融合发展阶段（21世纪至今）。萌发初建阶段之始，广播电台一度无序生长，后来逐步建立一些规制加以管控；在抗日战争和解放战争时期，广播的政治宣传功能凸显，各派政治力量十分重视发挥广播的作用，其实用功能得到充分体现。中华人民共和国成立后，开启了持续发展阶段。在20世纪五六十年代，有线广播、无线广播快速发展，90年代出现系列广播、类型化广播等新形态；其间，电视诞生并逐步成长为强势媒体。及至20世纪末，调频、微波和卫星通信技术助推广播电视达到空前繁荣。大陆广播电视虽然经历十年"文革"的曲折徘徊，但在新中国成立后50年的历程中，总的走势依然是持续发展。进入21世纪，随着数字技术和网络技术日益进入应用领域，新媒体不断涌现，广播电视整体性跨入融合发展阶段。由于搜集资料周期所限，本书记述史实截至2008年年底。

　　为了全面记录中国广播电视近百年历史，中国广播电视协会在制订《2008～2012年学术理论研究规划》时，将《中国广播电视编年史》列为重点课题。2008年9月，中国广播电视协会决定成立由杨波任主任、刘习良任顾问、广电总局各司局、中央三台和各省区市广电局负责人担任编委的编辑委员会。在2009年1月召开的中国广播电视协会五届二次常务理事会上，正式宣布《中国广播电视编年史》课题启动。3月，向广电总局报告课题进展情况及《中国广播电视编年史》编写方案，并迅速得到批复及专款支持。3～4月，分东西南北中五个片区召开课题启动会议，史料征集工作随即在全国展开。

为进一步推动史料征集工作，2009年5月广电总局办公厅向全国转发《中国广播电视协会〈关于中国广播电视编年史主要内容的提示〉的通知》（广办发办字〔2009〕98号），指出《中国广播电视编年史》作为广电总局下达的重点课题，是广电系统继组织编纂《当代中国的广播电视》（1987年）、《中国改革开放辉煌成就十四年·广播电影电视卷》（1993年）、《中华人民共和国广播电视简史》（2003年）以来，第四次修史活动，是一项浩大的学术工程。对于一些内容的发掘带有抢救意义，将填补我国缺少一部贯穿今昔的完整准确的广播电视编年史的空白。并指出这项工程的意义：功在当代，泽被后人。各地广电机构十分重视这项工作，委派专人或专门机构对接此项工作。截至2009年年底，有近一半单位完成第一阶段任务。这一年，各地推进文化体制改革，有些单位由于机构撤并、人员调离，使征集工作受到一定影响。经过2010年再次征集，提交基础性资料的单位已达三分之二。

2011～2014年，编委会工作进入编审阶段。一方面组织力量对新发现的史料进行必要的调查论证，一方面联系供稿单位对存疑资料进行甄别、求证、补充，另一方面还花费大量精力、调动各方面力量对未提供史料的单位进行资料收集工作。几乎每增补一条都要通过不同渠道来源的史书两三部以上互证方能入编，有的还要访问亲历者，查对原始档案，方可认定。到2014年年底，初步编纂完成《中国广播电视编年史》第一卷（1923～1976年）、《中国广播电视编年史》（港澳台卷）征求意见稿，并分别于2015年3月、2016年8月和12月向编委会各成员单位和部分专家征求意见。根据反馈意见，编委会认真研究，字斟句酌，消化吸收，尽可能消除遗憾。2017年3月，《中国广播电视编年史》第一卷进入出版审稿环节，同时，第二卷（1977～1997年）、第三卷（1998～2008年）完成在小范围内征求意见稿，开始面向全国征求意见。

从2009年起，在长达九年的编纂过程中，我们经历了发现新史料的惊喜、求证史料真伪的艰辛、查证线索中断的烦恼、认定信息准确的泰然等不同心境，五味杂陈，不一而足，深知编纂历史著作是"良心工程"。而今掩卷长思，感慨万千，主要体会有三点：一是必须坚持实事求是的工作作风。历史是一面镜子，它存在的价值在于"资政、存史、育人"，任何虚妄抑或有瑕疵的历史，都会误导后人。坚持实事求是，就是坚持真理。不唯书，不唯上，只唯实；不计个人得失，秉公记述历史，是每一个历史工作者的不懈追求。二是必须坚持严谨科学的治学态度。科学来不得半点含糊，一就是一，二就是二。科学崇尚精准，提倡大胆假设，务必小心求证。既不能因为史书所记或前人有述，就不敢质疑；也不能因为有了新发现就轻易推翻原有结论。"不敢质疑"和"轻易推翻"都不符合唯物辩证法，不断挖掘证据、形成确信无疑的证据链，是其必由之路，除此之外没有捷径可循。三是必须坚持百家争鸣的民主精神。历史是一部教科书，需要辩证客观真实地反映历史，这需要建立在全面掌握迄今为止已有的历史研究成果之上，加以去粗取精、去伪存真，博采众长。只有坚持"百花齐放，百家争鸣"的方针，让不同流派不同风格的学者和成果竞相展示、公开争论，真相才会愈辩愈明，才能给后人留下一部值得信赖的历史。

这既是我们的体会，也是我们的坚守。为了这份坚守，我们反复求证细节，在不同类型的论证会、研讨会上组织多位专家唇枪舌剑，贡献真知灼见。针对现有史书在统计数字、时间、事实表述等方面的出入，本书尽可能进行订正。在入编过程中除了坚持史志类著作必须秉持的"全面、准确、精练"品格，本书编辑还坚持"忠实记录、述而不议"的原则，坚持"要点突出、疏密适当"的笔法。鉴于中国香港、澳门特别行政区和台湾地区的特殊性，将其有关内容单列，以保持其历史脉络的连续性。较之以往的广播电视历史著作，《中国广播电视编年史》记述内容跨度时间长、调动系统内外力量多、重新核实修订的比重大，是第一部贯穿今昔的国家级广播电视编年史，填补了广播电视史书类型的空白。

研究历史，有助于我们从事物曲折艰难的发展历程中汲取不折不挠、勇于面对挑战的力量，有助于我们透过事物表象发现其运动发展的规律，有助于我们依据经验判断和明确阶段性目标和未来走向。通过编纂《中国广播电视编年史》，我们对广播电视媒体又有了新的进一步认识。第一，人们的需求是推动广播电视发展的原动力。没有人们的需求，就不会有社会的发展，更不会创造出璀璨的文明。广播电视也是如此。正是人类社会对新鲜事物孜孜以求的渴望，才促使科技发明不断满足人们日益增长的愿望，实现人们由肢体延长到感觉器官延伸，再到现今探索场景体验满足。在这一进程中，广播电视也由初始的单一信息功能，逐步向教育、娱乐、服务功能拓展，形成蔚为壮观的文化现象。第二，科学技术是推动广播电视发展的第一生产力。广播电视的发展与通信技术的进步紧密相关，从无线电通信技术的发明，到电子管、晶体管、集成电路的应用，再到数字技术、网络技术投入使用，传输方式历经微波干线、通信卫星、直播卫星、光缆等演进，每次技术革新都给广播电视视听体验带来革命性进步。直到新兴媒体进入人们日常生活领域，业已完成数字化转换的广播电视，具有对网络技术的吸附能力，从而开启了融合发展的征程。第三，找准生态位是广播电视生存发展的法宝。媒体有着各自的生态位，只要特定的生态圈存在，属于该生态位的媒体就不会消亡。广播作为"不要纸张、不受距离限制的报纸"，最终并未取代报纸；面对电视一度兴盛且发展迅猛，广播依然找到生存的位置。而今新兴媒体强势崛起，"唱衰电视"论调不绝，我们依然乐观地认为，只要作为传统家庭重心的"客厅"存在，只要人们对电视内容的需求存在，电视就不会消亡。只是未来媒体可能不再那么泾渭分明，而是共置于新型传媒集团，你中有我，我中有你，彼此相融，一体发展。第四，一定的经济基础、政治基础是广播电视维持稳定发展的重要保障。

上述认识可以概括为：满足人民需求是广播电视不变的宗旨，及时转化最新科技成果是广播电视不断提升功能和服务水平的有力支撑，尊重媒体传播发展规律是广播电视健康发展的内因，一定经济、政治基础是广播电视又好又快发展的外部条件。这既是中国广播电视近百年发展积淀的历史经验，也为我们照亮砥砺前行的征程。启迪后人前事不忘，后事之师；牢记使命，敢于担当；继往开来，再续辉煌。

当这部三卷本的《中国广播电视编年史》付梓之时，编委会惴惴不安的心情仍难以挥去。一是深感责任、使命重大，我们虽竭尽全力，但因能力有限，难免有失厚望；二是虽经全系统上下努力，但仍显史料不够全面，该详之处着墨略疏；三是因人力所限，难以对所有事件来龙去脉逐一核实，恐仍有疏漏之虞。恳请各位方家指正，以便再版时予以修订。

《中国广播电视编年史》编委会
2018年10月18日

1923 年

1月21日

上海英文《大陆报》以醒目标题、整栏文字宣布：《大陆报》、中国无线电公司两家合作开办的广播电台将于星期二（即1923年1月23日）晚8时开始"广播新闻和音乐节目"。报道介绍了该台的节目类型（新闻简报、音乐、演说及其他特别娱乐节目）、受众数目、播音室建设进程及室内设施、技术安排和播音实验等情况。

1月22日

上海《申报》刊载《电浪公司传递音乐》《无线电传播音乐之试验》两篇报道，对1月21日上海《大陆报》文章的部分内容作了转载。

1月23日

上海英文《大陆报》对当天晚上即将在电台播出的节目进行了预告：晚8点开始，将陆续播出"金门四重唱、著名小提琴家科西恩演奏诙谐曲、霍尔的萨克管独奏和其他许多特别节目"。报道指出上海"城内现有500架接收机"，而且"礼查饭店和卡尔登的来宾将通过放大器欣赏节目，大来楼上的发射台也已准备就绪"。此报道还登载了开洛电话材料供应公司远东分公司经理迪莱（Roy.E.Delay）对大陆报—中国无线电公司广播电台开播的评价："它标志着中国在通讯进步方面迈出了一大步……它不仅证明是一种娱乐的源泉，同时也是一种教育中国青年的手段——是科学贡献给世界的最新通讯手段。"

同日

20：00，"大陆报—中国无线电公司广播电台"（通常称为奥斯邦广播电台）正式开播，广播用语为英语。电台呼号XRO，发射功率50瓦，频率1500千赫，波长200米。美国商人奥斯邦（E.G.Osbrn）任电台经理，台址设在上海广东路3号大来洋行屋顶。该台每晚播出一小时，内容有《大陆报》提供的国内外新闻和上海新闻，还有大量的娱乐节目，星期日设有《布道》《祈祷》等宗教性节目。为了推销收音机，扩大广播的影响，该台还开办有无线电基本常识讲座节目。

1月24日

上海英文《大陆报》以《首次无线电节目昨晚广播大获成功》为题，对1月23日晚XRO广播电台的节目播出情况进行了细致的报道。文章小标题分别为：数百人聆听了时代的奇迹、完美的音乐会、在楼顶、柯伦斯乐队、四重唱、我们不觉得有趣吗。

1月25日

上海《申报》发表《空中传声法已开始运用》一文，称当时上海与天津两地凡是拥有收音机的人，都能清晰地听到XRO广播电台于1月23日、24日播出的节目。

1月26日

XRO广播电台全文播发上海《大陆报》提供的孙中山先生当天在上海发表的《和平统一宣言》。

1月27日

孙中山先生向上海《大陆报》发表谈话，表示："余之宣言，亦被宣传，余尤欣慰。余切望中国人人能读或听余之宣言，今得广为宣布，被置有无线电话接受器之数百人所听闻，且远达天津及香港，诚为可惊可喜之事。吾人以统一中国为职志者，极欢迎如无线电话之大进步。此物不但可于言语上使中国与全世界密切联络，并能联络国内之各省各镇，使益加团结也。"

1月28日

上海《民国日报》刊登《无线电传布孙先生统一宣言》一文，对无线电广播的宣传功能作了初期研究和介绍："凡居户装有无线电话接受器者，皆能闻之，甚至天津西人西芒氏及在神户（距上海500英里）之吴狄森总统邮船亦听得甚晰。"

年初

东三省无线电台副台长刘瀚用当时军用的马可尼野战电话改装成广播发射机，自装话筒和收音机，在哈尔滨市南岗转角楼（今黑龙江省博物馆）进行无线广播试验，获得成功。电台呼号XOH，发射功率50瓦，频率600千赫，波长500米，用汉语和俄语播音。此举成为中国人自办广播电台的最早尝试。

3月2日

农历元宵节，上海第一家完全由中国人自办的无线电爱好者组织——俭德储蓄会无线电俱乐部开始启用新装置的收音机，饶伯森教授为收音机安装了扬声器。到场收听的有500多人，XRO广播电台特地为他们播放了中国音乐；4月8日，又为俭德储蓄会第四届劝导会庆功宴举办特别节目，用无线电传送昆曲及西乐、京剧等。

3月14日

根据《电信条例》关于"无线电器材属军用品，未经陆军部批准不得输入，广播无线电业属国有，不得私自构造设立"的规定，北洋政府交通部咨请外交部饬知江苏省特派交涉员，严行取缔上海外国人所设无线电学会（会址在上海南京路50号）及公司（沪西桥无线电公司，经理为美商奥斯邦）。奥斯邦开办的电台于4月被拆除停办，机器设备归曾姓华侨所有。

3月17日

东北无线电长途电话监督处在奉天（今沈阳）建立。其职能为负责筹建并管理电台以及制定政策等。此后，哈尔滨广播电台、奉天广播电台和天津、北京最早的广播电台均由其筹建。

同月

奉系当局在沈阳故宫建立奉天无线电总台，5月将其改为东三省无线电总台，而将原设于哈尔滨的东三省无线电台改为分台，刘瀚任代理台长。

5月29日

上海《大陆报》报道了美商奥斯邦在上海永安公司楼上所建的全国无线电公司广播电台的情况，该报道称"迄今为止上海地区规模最为宏大的无线电广播将于星期四（1923年5月31日）晚间由全国无线电有限公司从上海南京路永安大楼屋顶强力电台首次发出"，该电台的最大特征是"使用一架14个真空管的特制接收机"。按计划电台将在最佳时间内接收美国无线电公司和威斯汀豪斯公司广播电台的语音和音乐，但是此电台最终因为受到北洋政府交通部的多次干预未能实现播音，于当年7月拆除。

5月30日

上海国际无线电学会秘书长、美商新孚洋行主人戴维斯（Davis，经售无线电机及电气材料）创办的广播电台正式播音，于20：30播出第一次试验节目。该台发射功率50瓦，台址在上海南京路50号该公司楼上，主要用于试验和推销收音机。该台主要播出内容为新闻及音乐节目，演讲《近世无线电之发达史》，为组织和团体做广告，一时营业非常兴盛。后因为财力不支，加上政府严厉取缔，上海海关又几次没收其进口的无线电话机，于1924年8月停办。

7月

隶属东北无线电长途电话监督处的无线电传习所在奉天大北关成立，设无线电工程班（二年制）和通信班（半年制），培养无线电技术人员。

1924 年

4 月 23 日

美商迪莱经营的开洛公司广播电台《大晚报》馆分站开始播音，内容有航务、邮政、天气、汇兑及世界消息等，每星期增发一次音乐节目。开洛公司广播电台总站（发射台）设于上海福开森路（今武康路），播音室在江西路（今江西路中路）62号开洛公司内。电台呼号KRC，发射功率初为100瓦，不久扩至250瓦，频率822千赫，波长356米。开播日期不详。使用开洛公司广播电台设备播送节目的除开洛本公司外，还有《大晚报》馆、《申报》馆、巴黎饭店、神户电气公司等分站。开洛公司广播电台聘请中国人分任电台的正副主任，制定吸引受众的策略，并抓住北洋政府对无线电广播放松管制的机会，播音一直持续到1929年10月才结束，前后存在了五年多。

5 月 14 日

开洛公司和上海《申报》馆合作开设的开洛公司广播电台《申报》馆分站开始实验播音。由《申报》馆供给广播新闻稿，每天上午和晚上各按时播音一次，一般上午为汇兑市价、钱庄兑现价格、小菜上市等，晚间为重要新闻及百代公司留声机新片、音乐、名人演说等。每天所播出的节目由《申报》先期登载预告。7月18日暂停播音，8月4日恢复播音，此后又增加了播出次数和时间，还在市内各繁华处所分设了一些播音室，"报告商情时事，以灵通内地华人之商情，并多播中国唱片，添播弹词节目"，"凡京剧、苏滩、三弦、拉戏等，应有尽有"。

5 月 22 日

开洛公司广播电台开始播音后，无线电专业人员叶绍藩致函北洋政府交通部电政司总务科望禁止该台。函中称："据上海《申报》馆14日新闻登载该馆联合开洛公司（美国人经理）经营广播无线电，此事显系违反《电信条例》第二条、第三条之规定。查前此永安公司曾为此禁，本部已严令拆除完结有案。今该馆胆敢公然登报广告，若本部不亟予取缔，有似默认。窃拟急电沪监督及驻沪交涉员会同勒令拆除，以维电政，以保主权。"

同月

北洋政府交通部获知开洛公司广播电台开始播音后，致函沪护军使，函中称："据上海《申报》14日新闻栏内登载该报馆联同开洛公司经营广播无线电话，并销售无线电接收机，风闻沪地人民装设颇广。此项事情，显系违反《电信条例》之规定，损害主权，妨碍电政，关系殊为重大。际兹国内秩序未宁，倘有一二宵小容于其间，煽惑扰乱，为害实非浅鲜。该商民人等对于《电信条例》之规定，容有未知，致违禁例。应请转饬所属广为晓谕，迅予禁止，以维电政，以保主权，以消隐患。"同时宣称："本部为谋中外人民幸福起见，对于广播无线电话正在积极筹备，厘订规则，不日公布。该商民人等，尽可静候政府办法，何得先事嚣张，致干禁例，上述一节并希广为晓谕。"

8月15日

无线电专家曹仲渊在《东方杂志》第21卷第18号上发表《三年来上海无线电话之情形》一文，回顾了自无线电广播产生到1924年间，上海无线电广播发展的整体情况、历史沿革、个人办广播的情况、无线电材料的经营销售情况、无线电公会介绍以及北洋政府的态度及法令等。曹仲渊将美国无线电广播发达的原因归结为"官许商办及一种特殊之条例"，而我国无线电广播却不能依照科学轨道进行，因为"既无一定法律可守，又无一定条理颁行"，所以"无法与人媲美"。曹仲渊认为："通令仅在华人方面发生效力；对外侨绝对不生影响"，以中国电政主权不断受到侵害的事实，向世人发出了感叹。

同月

北洋政府交通部公布《装用广播无线电接收机暂行规则》。该规则共23条，要点有：一、装用接收机者，须先呈请交通部核准，发给执照；二、接收机只限装设在通都大邑及繁盛市镇，不得装在军事边防、海防及政府示禁之区域；三、凡中国人安装接收机者，应由职官一人或六等以上商号一家出具证书。凡外国人安装接收机者，应由本国公使或领事或同国籍之殷实商号两家为之证明；四、接收机只准供接收音乐、新闻与气象、时刻、汇兑之报告以及演说、试验之用，不得借以牟利，并不得将所收任何电信私自泄露；五、安装真空管接收机每副每年缴纳执照费6元，安装不用真空管接收机（即矿石收音机）每副每年缴纳执照费4元；六、对于违背《暂行规则》有关规定者，处以5元以上、200元以下之罚金或没收其接收机。该《规则》对民用广播由先前的无条件取缔改变为有条件的限制。

同年

北洋政府交通部电政司拟定《交通部电政司关于讨论广播无线电台规则内容的签呈》。此签呈的目的是"为保持主权，消弭隐患起见，筹备广播无线电厘订规则，以为抵制取缔之资"。主要讨论内容有两个：一是广播电台是商办还是官办，"官办则经费支绌，难保无亏损之虞；商办则取缔困难，难免生意外之弊"，二者各有利弊。二是收音机的售卖是自由售卖还是委托一家公司专卖。"自由售卖则取缔之手续纷繁，委托专卖则恐招中外诘责，二者亦各有利弊"。

同年

北洋政府交通部拟定《交通部电政司总务科关于广播电台及接收机征费的签呈》。签呈指出北洋政府交通部筹划在北京、上海各办一座广播电台，据估计一年需费用4万元。原来拟定主要靠征收广告费来解决，但几经讨论，认为收取广告费"颇有弊病"，如手续纷繁，殊费周折，又担心外国人借口节目不良抗不交费。于是，又提出取消征收广告费的建议，改用增加收音机执照费和私人建立广播电台的执照费的办法来解决筹建广播电台的经费问题。

同年

以周恩来为首的中国共产党旅欧组织领导广大旅法华人，开展了一场反"共管"保主权的爱国活动。其背景是1918年2月至1921年1月，日、英、美三国无线电公司先后与北洋政府签订借款合同，企图"国际共管"中国的无线电事业，引起中国社会舆论和爱国人士的强烈谴责。周恩来在《赤光》杂志上先后发表《列强共管的步骤》《无线电台果将实现共管了》两篇文章，揭露了日、英、美企图"共管"我国无线电台的阴谋。李大钊在中共机关刊物《向导》上发表《新闻的侵略》一文，指出帝国主义争相在中国建立无线电台传播消息，在平时是为了操纵中国的金融、商业，在战时则是为了军事通信，帮助中国的某派军阀取得胜利。

1925 年

1 月

在天津经营无线电器材的日商义昌洋行,在日租界旭街(今和平路 251 号)四面钟处该行的楼下,设立天津第一座广播电台。广播的主要内容有:日语节目、音乐和广告,用以扩大该行的影响,推销无线电零件。义昌洋行仿效开洛公司的做法,设立了一些播音室,一时在天津掀起一股"无线电热"。但由于日商的无线电零件无论在货源还是在质量上都无法与美商相比,义昌洋行的广播电台没有发展成为正式的商业电台,播音时间也时断时续。尽管如此,义昌洋行的广播电台还是运行到 1927 年 5 月才结束。

3 月 12 日

孙中山先生逝世后,北洋政府治丧委员会借用交通部北京电话东分局内 500 瓦无线电话机,播放孙中山生前录制的演讲留声片。26 日,北洋政府治丧委员会还向中国电器公司借了高三尺的巨型扩音器,用木杆架设于中央公园,连续播放。这是北京第一次使用扩音设备。

3 月 25 日

为悼念孙中山先生,开洛公司广播电台即日起连续三天播送孙中山于 1924 年 5 月应《中国晚报》留声部之请而作的勉励国民演讲辞。

同月

《东方杂志》第 22 卷第 6 号刊登曾经赴美考察、致力于发展我国无线电广播的朱其清写的《无线电之新事业》一文。文章详细论述了广播事业的发展情况,介绍了英美法日等国广播事业的管理经营方法及我国境内当时几家外国人所设广播电台的情况。文中提出了广播发展"四要素",即:一、无线电广播机必须具备传播声音的可能性;二、收音机价钱低廉,使用方便,收听效果好;三、广播内容富有兴趣;四、广播电台必须得到政府的保护和支持。该文对广播技术、广播内容、收音机制造销售和政府对广播的经营管理政策等提出了具体建议。

7 月

日本在大连设立大连放送局(广播电台)并开始播音。该台隶属"关东州递信局"

管辖。

8月15日

开洛公司广播电台播送西北边防督办冯玉祥将军告诫军官、士兵的演说留声片。18日续播。

8月~12月

开洛公司广播电台为了推销收音机,先后作了10次广告宣传。一、8月22日:"无线电话乃最高尚最雅致最经济的娱乐品",介绍开洛公司广播电台的节目以及开洛收音机的价格;二、8月29日:"此曲只应天上有,请购最著名的开洛无线电话收音机",介绍开洛公司广播电台的节目种类及收音机种类;三、10月11日:刊登杭州青年会、长沙白里士、汉口汉冶萍公司的来函,称赞开洛公司的收音机播放节目清晰,质量好;四、10月20日:"顺风耳",介绍开洛公司广播电台的节目内容;五、10月30日:"无线电话收音机每副5元",对收音机的质量、种类、价格等作了详细介绍;六、11月14日:"无线电话空前大廉价";七、11月28日:"无线电话革命",介绍开洛公司推出的新产品及其特点;八、12月15日:"无线电话之实验",购买者若想了解无线电收音机的工作原理,可以到开洛公司当面实验;九、12月18日:"无线电话赠品",购买者可以将收音机作为节日礼品馈赠亲人朋友;十、12月22日:"无线电话之保证",介绍无线电话的售后服务和质量保证。

10月4日

上海美术专科学校校长刘海粟在开洛公司广播电台演讲《人体模特与美术》。

12月19日

开洛公司广播电台开办广播世界语练习班,群众报名踊跃。

同年

上海亚美股份有限公司组装矿石收音机获得成功。该公司还通过设立制造厂、开设门市部、自建无线电台等经营活动,使公司规模不断扩展,这是我国沿海早期出现的经营无线电器材的公司之一。

1926 年

1月9日

上海南洋大学无线电专科教授李熙谋在开洛公司广播电台演讲,题目是《无线电信》。开洛公司广播电台举办这次演讲的目的主要是推销收音机。《申报》于1月8日预告了这次演讲,并于11日刊载了演讲的全文。演讲内容主要有:无线电的发明、无线电的功能、无线电受干扰问题等。李熙谋还讲到中国的无线电事业尚处在"幼稚时代",一味限制,缺少法规,秩序混乱,与西方国家的有限制有鼓励、有法可依、经营有道还相差甚远,所以我国应该加强研究,尽快发展无线电事业,才可以与西方国家相互竞争。

同月

上海的日本《每日新闻》社增设无线电发送部,呼号KSMS,广播新闻并播放音乐,但不久后停播。

同月

哈尔滨的日本商业通信社私架天线,安置收发报机,擅自收发新闻电报和商务电报。呼号XOY,波长50米。7月24日,镇威上将军(张作霖)签署命令,决定"将商业通信社所装之无线电机器、天线等项勒令悉行拆卸"。11月19日,日商哈尔滨通信社被取缔,拆除了私设的XOY无线电台。

8月

哈尔滨无线电台台长刘瀚用自己改制的广播发射机,主持举行了历时四天的播音实验展览,地点在今哈尔滨市南岗转角楼的博物馆与普育小学之间的房间内,设置一台大型收音机。播音内容有讲话、京剧演唱、唱片,还有交响管弦乐队演奏的小型管弦乐曲。参观展览的有当地军政界上层人物,还有各国领事馆的领事及各国侨民代表。

同月

东三省无线电哈尔滨分台接到东北无线电长途电话监督处督字221号训令,要求进一步改装XOH广播发射机,提高功率,准备正式成立广播无线电台。

9月16日

上海《申报》发表芳美的《广播无线电话之费用》一文,认为无线电广播的商业目的有两个:"一用于直接营业的,如制造收音机公司是也","一用以宣传广告的,如于播送时间,插入某公司新出某货等广告,或用其他播送方法,使某公司之名,深印于听众之脑,而借收其广告之效也"。文章介绍了英国、日本、美国经营无线电广播的经验,并提出两种弥补经费不足的办法:一是请艺术家义务表演,艺术家可以通过广播提高自身名望,电台也可以省去制作节目的费用,两者互惠互利;二是征集商店广告,电台按时为商家播送广告,征收广告费。作者非常重视广告对无线电广播经营的作用,特别对美国无线电台广告经营的情况作了细致分析,希望我国无线电广播加以采纳。

9月22日

哈尔滨广播无线电台事务所成立,开始实施对社会广播的管理。

9月29日

东三省特别区行政长官公署指令:哈尔滨无线电台兼管哈尔滨广播无线电台。同时准予《广播无线电条例》《装设广播无线电收听器规则》《运销广播无线电收听器规则》备案。

10月1日

哈尔滨广播无线电台正式播音。电台呼号XOH,发射功率100瓦,频率1071千赫,波长280米,每天播音两小时,内容有新闻、音乐、演讲及物价报告等。

10月9日

上海南洋大学举办30周年校庆,开洛公司广播电台播送该校开会典礼的各种报告词及颂词,并播送9~11日的所有游艺节目。

10月10日

上海云南路(今云南中路)同昌无线电话部发起无线电话研究会,于19:00至21:00在上海南京路(今南京东路)20号大和洋行播送音乐,内容有竹笛、粤曲、琵琶独奏等。

同月

北洋政府派员出席在华盛顿召开的国际无线电信会议。会上,我国代表提出将我国无线电台呼号原定数额按照我国幅员和人口比例扩充数百倍,获得通过。我国代表还声明,不承认外国人在我国私设的无线电台,并要求不得列入国际电台名册。

同月

东北无线电长途电话监督处颁发《广播无线电条例》《装设广播无线电收听器规则》和《运销广播无线电收听器规则》。这三个法则共计43条,要点有:一、东北无线电长途电话监督处为普及文化、传布商情,办理广播无线电事业,在东三省境内建立广播无线电台;二、广播电台应于每日规定时间内用无线电传播新闻、商情、音乐、歌曲、演讲等项,以供公众收听;三、凡居住在东三省境内者,均得装设收听器收听之,惟须绝对遵守《装设规则》;四、凡东三省境内所需之收听器暨附属品以及零件等项,中外商行均得运输销售,但须绝对遵守《运销规则》;五、任何人或任何机关不得在东三省境内私运、私售或私设任何无线电机器并经营广播无线电事业;六、凡私人或团体因事借东北广播无线电向公众宣告或演讲者,需将底稿商得该台许可,并缴纳相当之费用;七、销售收听器之商行、装设收听器之用户均须按章缴纳执照费,凡违反有关规定者,除没收其全部机件外,并处以一定数量的罚金。

11 月 20 日

在哈尔滨出版的《滨江时报》报道了关于哈尔滨广播无线电台开播的情况:"东北无线电长途电话监督处鉴于利权外溢,特请准镇威上将军公署筹备广播无线电台。"报道称首先在奉天(即沈阳)、哈尔滨两地各设一座广播电台,已经于1926年10月1日开办。但由于多种原因,奉天广播电台到1928年才开始播音。

1927 年

3 月 18 日

上海新新公司广播电台开播,起初自定呼号 XGX,后改为 XLHA,发射功率 50 瓦,频率 810 千赫,波长 370 米。该台播音设备是公司技师邝赞设计与装配的,主要播送唱片并转播游艺场的南方戏曲,也有新闻和演讲节目。台址设在南京路(今南京东路)新新公司 6 楼,开播目的是通过播音宣传新新公司的商品,售卖矿石收音机。该台于 1941 年 10 月停播。

3 月 19 日《申报》报道新新公司广播电台节目表

时　间	节　目	备　注
9 时 30 分至 10 时 30 分	新友社各种杂调	
10 时 30 分至 11 时	国内外重要新闻	
11 时至 12 时	著名粤调西调	
12 时至 12 时 30 分	新新公司商业特别行情	
14 时 30 分至 16 时	张素兰特别苏滩	
16 时 15 分至 17 时	范少山男女苏滩	
18 时至 18 时 30 分	周筱红女子杂调	
21 时至 22 时	范少山男女苏滩	
星期日 10 时至 11 时	新新公司德育演讲	下午照常

注意:每月初一更换一次

同月

东北无线电长途电话监督处在北京、天津设立广播无线电办事处,开始在京津两地筹建广播电台。

4 月 14 日

东北无线电长途电话监督处颁布电字第 112 号训令,颁发"北京广播无线电办事处"印章。

4月23日

蒋斌任北京广播无线电办事处主任,工程师沈宗汉任副主任。

5月15日

天津广播无线电台开始播音。电台呼号COTN,发射功率500瓦,频率627千赫,波长480米。该台隶属北洋政府东北无线电长途电话监督处天津办事处,主任耿励,副主任吴樾,台址在天津和平区烟台道与四川路交叉口,播出内容有新闻、商情、音乐、讲座及戏曲节目。该台于1933年年底停播。

9月1日

北京广播无线电台开始播音。电台呼号COPK,发射功率初为20瓦,后增至100瓦,频率714.2千赫,波长420米,每天播音7小时,内容有新闻、商情、音乐、讲座及戏曲节目。该台负责人是北京广播无线电办事处副主任沈宗汉,台址在北京琉璃厂北京电话东局。该台是由东北无线电长途电话监督处出资创办的,开办费1.2万元左右,每月经费1000元,全台员工不到10人。1937年"七七事变"后被日本侵略者取缔。

9月13日

北京《晨报》刊登的《北京广播无线电办事处通告》称:北京广播无线电台于1927年9月1日起"正式放送商情、新闻、时刻、气象、音乐、戏曲等各项节目,以资广播"。

9月14日

上海《申报》报道新新公司广播电台播音节目:南京路新新公司无线电话部除按时播送各种市价、歌曲外,不时敦请名家演唱。今又请名票友数位清唱,定于今夜九时至十时半播送,剧目为钱天培之《捉放宿店》、唐鸿章之《汾河湾》、章尘侠之《别窑》、周梦慧之《骂殿》、章笑侠之《出关见娘》云。

9月30日

《申报》报道新新公司广播电台播音情况:新新公司为推广营业谋各界之娱乐起见,特设无线电播音台,每日按时播送。兹定特别节目,每逢星期一、三、五、六聘请海上著名票友唱各种京调,时间下午九点半起。今日请叶记祥唱《起解》、屠麐庭《坐宫》、董天慰与周梦慧之《南天门》、王佩芬女士之《嫦娥奔月》、章笑侠与王佩芬《别窑》、章尘侠之《南天门》、胡琴由章尘侠担任。

12月11日

《申报》报道新新公司广播电台的播音情况:南京路新新公司为推广营业起见,特聘无线电工程师精造无线电播音台,除每日按时播送新闻、商情、各种音乐、京调、小曲及粤调外,并每逢星期一、三、五、六晚另加特别节目多种,并召该公司之群芳会会唱，故极受各界欢迎。闻该公司播音台近得各界要求，串加海上著名票友王佩芬、王佩芳二女士及钱天培、章笑侠、钟磁德三君会唱，再加琴师章尘侠奏技，业已于本星期日晚九时起会唱云。

12 月 27 日

筹建中的无线电收音人组织——中国播音会（CBA）在《申报》刊登广告征收会费。该会在上海外滩（今中山东一路）17 号，年会费每人 10 元，节目以外语和西方音乐为主，该会成员及服务对象主要是外国人。《申报》发表广告称"中国无线电播音会以用西文传播音乐与启迪智慧之节目及报告新闻为宗旨"，"会费作为供给节目及津贴报告员等之经费。本会如得充分赞助，当即支配安排节目，定期播音（大约在午餐时间及晚餐前后），否则将会费全部奉还"。

同月

北京第一座私营电台——燕声广播电台开播。电台呼号 XGKD，初办时功率只有 15 瓦，1936 年租用交通部北平广播无线电台 100 瓦旧机，经改装，功率增到 150 瓦。每天播音 10 小时，除播送娱乐节目并插播广告外，还播送 80 分钟的"政治教育"、新闻和宗教节目。该台依靠商业广告维持营业。台址在北京东城帅府园 4 号，主要负责人赵伯庸。

同年

北洋政府于年底将广播事业划归交通部管辖，袁德轩所著的《交通史略》记录了当时广播电台的分布情况和节目播出情况。

同年

中国新闻史学家戈公振在《中国报学史》中记录了广播传播新闻的情况："此外，尚有无线电话，电浪较无线电为弱。近《申报》已购置一具，于演奏音乐歌曲之外，亦常用以报告新闻。"

1928 年

1月1日

哈尔滨广播无线电台新建的编播、发射为一体的二层楼房正式启用。同时，该台更改呼号为COHB，发射功率扩大为1千瓦，频率674千赫，波长445米。用汉语、俄语和日语三种语言广播，主要节目有钱粮行情、新闻、戏曲、音乐、气象等，每天播音6小时。该台归东北无线电长途电话监督处管理，电台主任陈淮清。该台常常转播各地节目，特别是京津两地的广播。1928年，日本加快对中国的侵略，逼迫奉系出让东北修筑五条铁路的权利，引起东北人民的反抗，哈尔滨、吉林的学生纷纷掀起反对日本的保路运动。哈尔滨广播无线电台联合《国际协报》《哈尔滨公报》，对这场爱国运动进行了大量报道，支持学生运动。为示反日，1929年，该台停播日语节目，改为英语节目。

2月

陈果夫、戴季陶、叶楚伧等提议筹建广播电台。3月，国民党第二届中央执行委员会第四次全体会议通过该议案，并决议由陈果夫主持筹建，国民党中央宣传部委任徐恩曾为电台主任，负责筹办的相关事宜。徐恩曾调离后由吴道一代理。

3月14日

哈尔滨无线电台台长刘瀚呈文东三省特别长官公署"拟请签署转饬所辖各机关及地方商会一体装用（收音机）"，各县都买了1～3台收音机。到年底广播影响不断扩大，哈尔滨拥有收音机1200多台。

春

奉天广播无线电台开始播音。电台呼号COMK，发射功率2千瓦，频率665.7千赫，波长425米。电台主任曹恩敷，台址在奉天商埠马路弯3号。该台在长官公署、省政府与广播电台之间以及三处剧场和两处鼓书场专门设置了"摄音专线"。

5月19日

全国国语教育促进会在上海新新公司广播电台开办第一届无线电国语传习会，每周三、六下午传授基本国语的语音字母。

同月

北京广播无线电台迁址到北京甘石桥电话西局内，发射功率增加到 100 瓦，波长 315 米。

6 月 8 日

东北军撤离北京，国民革命军第三集团军总司令阎锡山率部进驻北京，北京广播无线电台归太原无线电管理处管辖。

同月

国民政府接管天津广播无线电台。该台除作广播用外，还兼作中波军用电台。台址在南市华安大街 99 号楼。

同月

据本月月底统计，北京市有 1900 多户装设收音机，销售收音机的商店 45 家。广播电台每月按规定收缴执照费作为日常开支之用，基本能做到收支平衡且稍有盈余。

同月

国民政府在上海开办的无线电机制造厂创办《无线电月报》，主要刊登有关无线电装置的文章和线路图，介绍无线电工程原理。同年 10 月，该月报停办，共出版四期。

7 月 1 日

中国收音人组织——中国播音协会在上海成立。该会由开洛公司广播电台华语部主任曹仲渊发起组织。协会承租开洛公司广播电台和新新公司广播电台的部分播音时间，组织播送弹词、古乐、京剧等中国音乐节目，与以外国人为主体的中国播音会竞争。

7 月 7 日

《申报》报道：中国播音协会业于七月一日正式成立，所有以前开洛公司播送之特别节目，从本月份起概归中国播音协会播送。即日假开洛无线电话播音，于下午三时起请该会执行委员会演讲中国播音协会与听众之关系，晚间七时三刻起至八时三刻止，请久记社票友播送京剧。排定节目：戎明昶《雪怀圆》，沈隐侠《骂殿》，樊俊德《吊金龟》，王家栋《汾河湾》，黄健之《空城计》，袁铁兰、汪慕周《战蒲关》，赖苏生《坐宫》，何静山《骂曹》，瞿瑞祥、姜志嘉《珠帘寨》。

7 月 21 日

《申报》报道：中国播音协会自七月一日成立以来，未届一月，连日报名入会者颇为踊跃。该会纯粹为华人所组织，以启发无线电知识、播送优美节目、联络听众感情、使听众得高尚娱乐为主旨。凡装有无线电话及经营无线电者，皆宜入会，得享会中各种权利。现正征求会员，欲知会中详细情形者，函索章程即寄。除开洛原有王绶章弹词《果报录》、张少蟾弹词《双珠凤》及每星期六特别节目均由该会播送外，现又加入李伯泉弹词《文武香球》一档，亦由该会假新新公司播送台按时播送。并闻本晚七时三刻至八时三刻请青年会京剧部播京剧。剧目临时宣布云。

7月28日

《申报》报道：南京路十二号中国播音协会自成立以来，节目已逐渐改善，会员亦逐渐加多。闻该会一切事务，极其公开。入会后会员所享权利甚多。现在征求会员，章程函索即寄。今晚七时三刻至八时三刻假开洛公司无线电话播音台，敦请玫瑰音乐歌舞女会员播送新式歌曲。玫瑰会前数日在法国公园为中华义勇团及商业联合会筹款，表演歌舞，颇受观众热烈之欢迎。此次播音亦必能受听众之欢迎也。节目临时宣布云。

同月

国民党中央常务会议通过宣传部提出的《设立中央广播无线电台计划书》，拟定中央广播电台台址设在南京国民党中央党部的后院，选定国民党二届五中全会开幕日开始播音。

同月

国民政府建设委员会设立无线电管理处，管辖中国国内及国际间包括广播电台在内的全部无线电事业。

8月1日

国民党中央广播电台在南京开始播音。该台全称"中国国民党中央执行委员会广播无线电台"，简称"中央广播电台"，呼号XKM（同年11月改为XCZ），发射功率500瓦，频率545千赫，波长420米。台址在南京丁家桥国民党中央党部院内。徐恩曾任中央广播电台主任，后由吴道一任代理主任。开播当天，蒋介石、陈果夫、戴季陶等国民党官员出席于17：00在中央党部举行的开播典礼并致辞。该台每天下午、晚间播音各一次，共计3小时，播音内容有演讲节目和新闻节目，所有新闻稿件均由中央通讯社提供。

8月3日

《申报》报道：中国播音协会于本月七日开会员大会，无论会员非会员皆得与会。明晚七时三刻至八时三刻请家庭歌舞团女会员演唱歌曲，播送音乐。排定节目有《勋凤曲》，梵哑令独奏，古曲《汉宫秋月》，歌曲《燕子楼》，唐乐府《清平调》《落花流水》《奋斗》《伏尔加船夫曲》《人面桃花》《西宫怨》等云。

8月25日

《申报》报道：中国播音协会开办以来，瞬已两月，节目已竭力设法改良。惟会中经济负担綦重，务望各方无线电话听众踊跃入会，俾会务日臻发达，节目长久维持。入会缴纳会费者，可就近交法租界外滩一号中法工商银行或四川路毕比银行、或外滩汇丰银行账房间，随时向索收据。会章函索即寄。今晚七时三刻至八时三刻聘请陈昌浩播唱四明文戏云。

同月

广州市市政委员会举行第 165 次会议，通过广州市市政委员会委员长林云陔关于筹办广州无线电广播电台的提议，同年冬开始筹建，勘定台址在中央公园。

9 月

国民党中央广播电台制定出第一张正式节目表。每天播音 5 小时 20 分钟，设有《新闻》《通告通令》《宣传大纲》《报告决议案》《名人演讲》《气象报告》等节目。

10 月 10 日

浙江省无线电话广播电台（1929 年 12 月改称浙江省无线广播电台）开始播音。电台呼号 XGY（后改为 XGOD），发射功率 250 瓦，到 1935 年逐步增至 2 千瓦，波长 420 米（后改为 307 米）。该台隶属浙江省政府建设厅，台长先后为李熙谋、赵曾珏。建台初期，每天播音两次，每次 1 小时，内容为新闻，省政府和国民党省党部通令、通告、决议案，名人演讲、中西音乐等。以后节目逐渐增多。

同月

国民政府交通部派员会同北平电话局接收北京广播无线电台，并加以改组。因北京已于当年 6 月 28 日改称北平，遂将北京广播无线电台更名为北平广播无线电台。

11 月

国民政府建设委员会公布《中华民国无线电台呼号条例》。根据 1927 年华盛顿国际无线电报会议的规定，中华民国治权所达处电台呼号应在 XGA—XUZ 字母范围之间。

同月

陈果夫、戴季陶、叶楚伧等人提出将国民党中央广播电台发射功率扩大为 10 千瓦的计划，共需经费 40 万元。1929 年 3 月，国民党第二届中央执行委员会第 198 次常委会通过此案。同时指定陈果夫和叶楚伧负责筹备。后吴道一建议将发射功率扩大为 50 千瓦，该修正案于 1929 年 6 月国民党第三届中央执行委员会第 18 次会议上获得通过。

12 月 13 日

国民政府建设委员会公布《中华民国广播无线电台条例》。该条例共 25 条，核心内容是第三条。该条规定"广播电台得由中华民国政府机关、公众或私人团体或私人设立，但事前须经国民政府建设委员会无线电管理处之特许，违者由当地负责机关制止其设立"。该条例还规定广播电台业务限于:"一、公益演讲;二、新闻、商情、气象等项之报告;三、音乐、歌曲及其他娱乐节目;四、商业广告不得逾每日广播时间十分之一。广播电台不得广播一切违背党义、危害治安、有伤风化之一切事项,违者交法庭讯办。"

12 月 29 日

东三省保安总司令张学良通过奉天广播无线电台播出东北易帜通电,宣布与南京国民政府实行统一合作,其被任命为东北边防军司令长官。

1929年

1月

上海市政府建设委员会无线电管理处创办《无线电新报》，以刊登无线电知识为主，同年5月停刊。

年初

奉天广播无线电台改为辽宁广播电台，后改称沈阳广播电台。

3月

国民党第二届中央执行委员会第204次常务会议通过决议，任命吴道一为中央广播电台主任。

同月

国民党开办广播收音员训练班，首批于三个月后结业。结业生除少量留在中央广播电台工作外，其他分别携带收音机赴各地担任广播及收音工作，负责抄收国民党中央广播电台的广播，并选送各报刊登。此后，还曾多次举办类似的收音员培训班。

5月6日

广州市政府广播电台开始播音，台名广州市播音台。电台呼号初为CMB，后改为XGOK，发射功率1千瓦，频率667.2千赫，波长443米。最初每天11：00至13：30、18：00至22：00播音两次，节目以粤方言为主，节目内容有商业及汇兑情形、时事消息、气候报告、时间报告、音乐、名人演讲，并有国语、英语新闻等。

5月17日

沈阳广播电台主任曹恩敷邀请路过沈阳的中国新闻史学家戈公振到电台演讲，提醒全国人民提防日本帝国主义灌输的各种思想，东北无线电长途电话监督处电告上海、南京、北平、天津四台转播。

同月

国民政府交通部任命沈宗汉为北平广播无线电台主任，叶穉云为该台工程师。是年，北平广播无线电台呈国民政府交通部文中称："现在职台每日放送各项节目，多偏重娱乐方面，对于宣传党义以及报告紧要新闻，均付阙如，殊失宣传文化之本意。"

8月1日

国民政府交通部无线电报话管理处将建设委员会无线电管理处接收合并,在上海设立交通部无线电管理局,统管全国无线电事务。

8月5日

国民政府公布《电信条例》,规定:凡国家经营之电信,由国民政府行政院交通部管理;装用无线电收音机者须向交通部或其委托机关登记并领取执照。

同月

天津市政府接管天津广播无线电台,更名为天津特别市广播无线电话局电台。

秋

中国无线电业股份有限公司广播电台开办,台址在天津市滨江道112号基泰大楼内,负责人胡光彪。播出节目主要有无线电及各种科技知识、文艺节目,每周六晚播出一些票友演出的京剧(整出或折子戏)。1939年冬停办。

10月

上海李树德堂广播电台开始播音。电台呼号XHHE,发射功率15瓦,频率592.3千赫,波长507米,创办人李瑞九。1940年,李瑞九将该台交朱福钧开办,改名大华电台,功率扩大到100瓦。

同月

上海开洛公司广播电台因经费短缺而停办。中国早期的广播电台大多数附属于厂商,只为无线电厂商作宣传,并不经营广告业务。开洛公司广播电台当初唯一的收入是每月发行一期的市场"行情密码单",收入非常微薄。后期虽有在沪外国听众组织的中国播音会(CBA)和华人听众组织的中国播音协会(BAC)的会员交纳的会费,但随着各种广播电台相继创办,播送节目较前增多,非会员亦可自由收听节目,两会会员不再愿意按章出资,组织亦无形解体,开洛公司广播电台随之丧失了主要的收入。事实上,1926年9月16日,《申报》就发表署名文章,提出广播电台应征集商店广告,以补救广播经费的不足,并介绍美国当时广播广告每小时收费至500美元者。但当时并没有引起足够的重视。开洛公司广播电台停办后,其他广播电台开始相继开办广告业务。

12月18日

沈阳广播电台播出《中俄交涉消息》节目,每天20:00,依次采用汉语、俄语、日语、英语、法语五种语言,报道中苏关于谈判的消息。节目持续了一个多星期,直到中苏签订《伯力协定》后结束。

12月23日

亚美无线电公司广播电台开始播音。初名上海广播电台，亦称亚美电台，呼号XGAH，发射功率50瓦，后增至100瓦，频率914.6千赫，波长328米，创办人是亚美电器公司老板苏祖国及其兄苏祖圭。台址设在上海江西中路223号亚美无线电公司内，主要宣传公司的产品。成立于1924年10月8日的亚美无线电公司，由苏祖国、苏祖斐、苏祖圭等姐弟7人创办。公司先后设立了制造厂、门市部、修理部、无线电广播电台和编辑出版部，制造供应无线电零件、器材和图书，并自行设计制造矿石收音机和电子管收音机。他们自己设计图纸和制造广播发射机，除电子管和少数元件外都用国产品。1929年9月完成电台组装，10月建成，本日正式播音。当时正值开洛公司广播电台停播，新新公司广播电台亦正暂时停播，亚美公司广播电台的开播，使上海度过了广播中断的危机。该台每天第一次播音从9：45至13：00，第二次播音从17：00至20：15。播音员为原开洛公司广播电台的播音员徐大钧。节目内容除报告新闻、商情及播送中国播音协会点播的节目外，还设有《学术讲演》《无线电问答》等知识性专题。

同月

国民党中央广播电台编印的《中国国民党中央执行委员会广播无线电台年刊》出版。全书40余万字，主要收录了1928年2月起国民党筹建中央广播电台一年多来的建设、宣传、服务、规划等专文及资料，并附有全国、东亚及世界各国广播电台统计资料，其中刊载了吴道一《我国之广播事业》一文。该文共七个部分，介绍了有线电与无线电、有线电话与无线电话的区别，广播无线电的定义及功能，我国当时的广播事业及中央广播无线电台的创办情况等。

冬

广州市播音台在中央公园中心亭挂设喇叭，将电台节目扩声播放，供市民欣赏。

同年

中山陵工程竣工，国民党中央广播电台将国民政府专门接运孙中山先生遗体的列车装置为"宣传列车"，吴道一随车同行，用扩音机沿途广播，播放哀乐，宣传孙中山先生的事迹，宣讲三民主义。还对下关码头的接灵仪式、中央大礼堂的奠祭仪式及归葬典礼等活动做了扩音报道。

1930 年

3 月

国民党中央广播电台选派刘振清、王劲赴德国与得律风根公司签定购置 50 千瓦广播发射机及两座 400 英尺高自立式铁塔合同。按照惯例，德国公司为中方经办人留出了相当于该机价值 20% 的回佣，但由于中方无人愿意领取这笔费用，德国商人主动将发射功率多加了 25 千瓦，使原先 50 千瓦的机器变为了 75 千瓦。

春

上海天灵广告公司老板张剑秋、张大炜父子在霞飞路（今淮海中路）和合坊 47 号创办天灵广播电台，发射功率 100 瓦。该台是一家以广播广告为收入的商业电台。1931 年 12 月 1 日，该台被法租界巡捕房以私设无线电台播音演讲处以罚金 300 元，并没收了全部的无线电器材。

5 月 13 日

湖南省政府颁布《湖南广播无线电台筹备处组织规程》，规定由省建设厅办理筹备湖南无线广播电台一切事宜。但因灾患迭至，经费难筹，未能实施。

7 月 1 日

国民政府交通部公布《装设广播无线电收音机登记暂行规则》，共 15 条。第二条规定，凡欲装设广播无线电收音机者，无论是购置还是自行装配，均应向交通部有关机关登记。第六条规定，登记一概不准顶替或租借。根据该规则，交通部在登记和取缔民营台、收回外商设立的广播电台、统计收音机和审查广播节目等方面做了一些整顿工作，但收效不大。

7 月 20 日

国民政府交通部无线电管理局规定自即日起至 8 月 31 日止，凡装有广播无线电收音机者须至该局或指定地点登记，逾限不往登记，概作私设论。已领有建设委员会执照者仍有效。

8 月

在红军攻打文家市的作战命令中，毛泽东专门写了注意事项，要求保护好缴获的无线电台。但当时未被部队充分重视和很好执行，在清查战果时才发现，电台已被破坏。

9月

中华平民教育促进会总会在河北定县开办实验电台以推广平民教育，负责人为晏阳初。1937年抗日战争全面爆发后，定县广播被迫停止。

10月3日

红军在总攻江西吉安的命令中指出："进城后，对于城中留下的无线电机、电话、电灯、汽车等交通器具，一律不准毁掉。"

同月

国民革命军第三集团军撤出北平，张学良率部进驻北平，北平广播无线电台由东北边防司令官公署接收，改称"北平无线电广播电台"，仍由沈宗汉负责。

12月30日

中央红军在龙冈战役中，不仅全歼国民党军18师师部及其52旅、53旅，俘获师长张辉瓒，同时缴获到一部收报机，但发报机已经坏损。俘虏了国民党交通兵团无线电1大队5分队的分队长、报务员、机务员、文书、架线班长等共10人。王净、刘寅等报务人员脱离国民党部队，加入红军，成为红军中最早的无线电人员。为此，毛泽东再次发出指示：今后各部队打扫战场时，必须十分重视新的装备和器材。对于不懂的物品，不得自行拆毁，必须妥交总部。红军总部也发出通知：今后凡是缴获的一切战利品，一律保护好，尽快上交；被红军解放过来的电务人员等专业人才，也要清查出来，予以优待，量才录用。

同年

上海亚美电台与浙江省广播电台联络实验无线电通话，互报气象及重要新闻。同年，杭州举行全国运动会，该台与浙江电台联络，转播运动会场消息，并随时供给报纸刊载。同年秋，远东运动会在日本举行，因远距离收音试验成功，该台顺利地转播了会场当日赛事。

同年

国民党中央广播电台创办一个专门负责收发报的短波电台，即XHZ电台。该台除了收发广播新闻外，更多的是为国民党中央各部收发同各省党部等的往来电报，还对红军苏区电台及李济深、蔡廷锴等于1933年11月在福建成立的"中华共和国人民革命政府"的通讯电台进行干扰。

同年

上海中雍无线电机厂成立，规模仅次于亚美无线电股份有限公司。该厂1936年生产出标准三回路一灯收音机与直流三灯收音机等产品。此外，华昌无线电机厂、绍敦电机公司、亚尔电工社等，也都先后生产过一灯到五灯收音机。虽然生产手段较落后，产品数量不多，但这些产品在国内无线电制造业中占有一定地位，声望较好的有亚美、模范乐、良友等品牌。其中亚尔电工社生产的模范乐牌五灯电子管收音机于1937年开始出口到暹罗（今泰国），成为中国生产出口收音机的首家工厂。

同年

陆辛生在苏州天官坊自己家里试办娱乐性广播电台，数月后停播。

同年

广东省民营电台——广用学术广播电台成立。电台呼号XKYS，频率1200千赫，波长250米，每天播音两次。台址在广州芳草街广用电气技术学校内。

1931年

1月3日

下午，在江西小布龚氏祠堂，毛泽东、朱德等接见王诤等人并对他们表示欢迎。在简单地询问了他们各自的经历后，毛泽东说："无线电还是个新技术，你们学的这一门很有用，也很难得。现在你们参加了红军，就要把你们的技术用来为工农兵服务。你们要好好地为建立红军的无线电通信努力工作。有了无线电台这个'顺风耳'，打起仗来就自如多了。"

同日

红军在东韶战役歼灭谭道源军队的战斗中，遵照红军总部"胜利后须注意收缴敌之军旗及无线电机，无线电机不准破坏，并须收集整部机器及无线电机务员、报务员"的命令，完整地缴获一部15瓦的无线电台，同时，又有几名国民党军中的电务人员参加了红军。

1月6日

中央红军无线电队在江西宁都的小布正式成立，王诤任队长，冯文彬任政委。由于设备有限，当时只能利用仅有的电台抄收国民党中央社的新闻电讯，截抄国民党军队内部通报和军事情报，供领导机关参阅，受到毛泽东等的高度赞扬。后来在此基础上诞生出《参考消息》。

1月28日

朱德、毛泽东签发《调学生学无线电的命令》，指出："无线电的工作，比任何局部的技术工作都要重要些。"要求各部队"选调可造就的青年到总部无线电队来学习"。

同月

上海大中华广播电台成立。电台呼号XHHU，发射功率100瓦，频率1160千赫，波长258.6米，由大中华电器公司创办。该台除报告商情外，还有音乐、说书、唱片等节目。初建时，仅有管理人员三人，其中一人专司报告，一人收集商情和编排节目，一人管机务。

2月1日

国民政府交通部国际电信局在上海正式成立,原无线电管理局撤销,归并国际电信局之无线电课。

同日

上海国华广播电台开始播音。电台呼号XHHN,发射功率100瓦,频率900千赫,波长333.3米,由国华电器行老板陈子桢创办。1941年12月该台被日军封闭。

2月初

红军的第一个无线电训练班开学,共有学员15人,学习期限四个月。毛泽东、朱德亲临训练班讲政治课,鼓励学员们克服困难,掌握无线电技术,努力建立红军的无线电事业。从第三期起,训练班改称"军委无线电学校",第五期又改称"中国工农红军通信学校",为红军培养了早期的无线电技术人员。

3月26日

《申报》报道,英国路透社与上海美灵登广告公司将合作筹建广播电台。

4月10日

国民政府建设委员会公布《无线电收音机登记暂行规则》,共16条,规定中国境内设置收音机须随时向无线电管理处指定的地点按照《暂行规则》登记领取执照。

5月14日

上海美灵登(上海中国播音公司)广播电台开始播音。电台呼号XCBL(后改为XQHC),发射功率400瓦,频率1280千赫,波长234.3米。该台由美灵登广告公司和英国路透社合办,上海的一些美国无线电公司的专家组织顾问团指导业务。该台自11:00至23:30连续不断播音,内容主要有音乐唱片、商情报告及英语演讲等。该台的赞助商主要是无线电商户。据《申报》当日报道,该台还发行周刊《Shanghai Calling》,第一期于5月13日出版,刊登上海最近关于广播电台的各种消息和该台一星期的播音节目。同年7月11日,该台由上海爱多亚路(今延安东路)115号迁至百老汇路(今大名路)瑞丰大厦楼上。1935年春被国民政府交通部收购,改建为交通部上海广播电台。

同月

中央红军粉碎国民党军队的第二次"围剿"首战告捷,缴获国民党28师的100瓦无线电台一部。

6月初

中央红军无线电队扩充为无线电总队,王净任总队长,伍云甫任政委,下辖五个无线电分队。选派红军中的优秀政工干部到各分队担任政委,同时把训练班结业的报务员分配到各分队参加工作。

同月

山西太原广播电台正式建成播音，发射功率35瓦，频率780千赫，波长385米，台址在太原东后小河8号院内。该台隶属晋绥无线电管理局管辖，台长曾新安。1939年9月，由于日军逼近太原，阎锡山当局撤离太原城，该台停播。

9月19日

"九一八"事变发生后，国民党中央广播电台播报了日军对东三省发动袭击的消息，20日播发《中国国民党中央执行委员会为日军侵华对各级党部的训令》，22日播报《中国国民党中央执行委员会告全国同胞书》。

同日

北平无线电广播电台停止放送娱乐节目，专门报告日本侵略者出兵的消息，并且暂停播出戏曲节目，改为宣讲节目，呼吁警惕日本的侵略行径。一个多月后，该台才逐步恢复了戏曲节目。

同月

文瑞印书馆出版王崇植、恽震撰写的《无线电与中国》，书中谈到："无线电视则真所谓千里眼矣……以小照片代以无线电传形，而能以极短时间逐一送出。"

10月26日

沈阳广播电台在日军控制下开始播音。

10月~12月

"九一八"事变后，哈尔滨广播无线电台宣传抗日，播音员秦素（女）等人参加了中共满洲省委组织的"哈尔滨各界青年赴嫩江前线慰问团"，慰问抗日将士，义演募捐支援前线。

11月7日

中华苏维埃第一次全国代表大会在江西瑞金隆重开幕，为了报道大会盛况，扩大中国共产党和中国工农红军的影响，由王诤等负责，利用缴获的国民党28师的100瓦指挥电台，筹建红色中华新闻台。该台呼号为CSR（中华苏维埃电台），当天播发中华苏维埃第一次全国代表大会在江西瑞金开幕的消息，此后，陆续播发有关大会的动态、报告、决议案以及中华苏维埃共和国成立、毛泽东当选为临时中央政府主席等重要消息。

同月

国民党举行第四次全国代表大会前夕，第三届中央执行委员会特地召开临时全体会议，通过《改进宣传方案略案》和《改进中央党部组织案》两项决议，规定广播电台"由宣传部划出，成为独立机构，直属常务委员会"。

同年

国民政府交通部在上海建立交通部上海电讯器材修造厂,职工 120 余人,主要生产无线电收发报机,同时也生产 500 瓦和 1 千瓦无线电发射机。

1932 年

1月10日

亚美公司苏祖国将广播中的《无线电问答》节目广播稿汇集成册,创办《无线电问答汇刊》半月刊。内容有无线电问答汇编、各电台介绍及播音时间表。同年12月20日停刊,共出24期。

1月22日

国民政府交通部公布《限制民营电台暂行办法》修正案,规定设台团体或个人以中华民国国籍及完全华人资产为限,最大发射功率暂定为50瓦。

1月23日

国民政府交通部国际电信局登报通告,限各民营电台于3月15日以前,将所设电台之目的、电力、机器、程式、电台地址及台主姓名、籍贯等详细呈报,以凭核办。

1月28日

淞沪会战爆发后,各地交通受阻,信息不通,上海亚美电台于敌机轰炸之下,设立临时电台与国民党中央广播电台及浙江、苏州等电台联络,组成了"国难声中的临时播音节目"广播,及时播送淞沪战况及各项消息。亚美电台还通过广播开展募集慰劳品、慰问金与赈济金活动。有时早晨播音募捐,到中午就已将募集的款项和物资收集齐全。一位儿童写信给亚美电台说,他每天早晨上学前收听广播,知道"许多小同胞家内因为受了日本人的炮火,无家可归,真正可怜,小生年小无力帮助为恨,将所积压岁钱购做丝棉马夹100件,计洋299.3元,已送往前线。又请母亲将小生旧棉衣、棉袍捡出,共50件,请转送受苦的各位小同胞应用"。从1932年2月17日到3月17日,亚美电台共收到捐款2.1万余元及救济物资无数。第十九路军总指挥蒋光鼐、军长蔡廷锴及淞沪警备司令戴戟联名致信亚美电台表示谢意。

同月

上海东方广播电台开始播音。电台呼号XHHG,发射功率100瓦,频率1020千赫,波长294.1米,由东方饭店老板陈靰春在虞洽卿路(今西藏中路)120号东方饭店内创办。

2月5日

哈尔滨被日军占领,哈尔滨广播无线电台因被日侵占而停播。侵华日军追捕原哈尔滨无线电台台长刘瀚和播音员秦素(女),因二人转移而未果。刘瀚于1930年夏到达北平,秦素于1932年2月转移到本省海伦县。

同月

红色中华新闻台播发苏区中央局就抗日救国致全国的通电。

4月前

北平通县潞河中学办起潞河中学广播实验电台,呼号LVHO,受教会控制。

4月

杭州亚洲无线电公司经理许建任独资兴办的浙江省最早的民办电台——亚洲无线电公司广播电台,由浙江省政府批准并转呈交通部核准,获得办台许可证。该台机器设备全部自行设计组装,初期发射功率15瓦,后增至50瓦,频率1370千赫,天线高15米。每天播音八小时,节目有《当日金融》《法律常识》《学术讲演》《无线电常识》《唱片与广告》《戏曲》等。全台5人,曾办有《亚洲无线电半月刊》。

5月1日

建华电机公司老板蓝象亨创办的上海建华广播电台播音。电台呼号XGCH,发射功率100瓦,频率740千赫,波长405.4米。该台采用国语(普通话)播音。1933年,石奇孚接办此台,1941年12月被日军封闭。

6月1日

国民党中央广播电台75千瓦发射机开始试播。

6月11日

上海中西广播电台播音。电台呼号XHHH,发射功率100瓦,频率1040千赫,波长288.5米。该台由中西大药房老板陈廷桢在福州路313号中西大药房内创办,新闻均由《申报》提供。1932年12月17日起,大东书局主办的《家庭教育讲座》在该台播出,内容有《中国与法国家庭教育的比较》《中国与英国家庭之比较》《家庭教育的价值》《现代妇女应负的责任》以及《家庭保育问题》等。1933年6月,该台增办《妇女与家庭》节目,由《晨报》妇女与家庭专栏主编,聘请妇女界名人播讲。

同月

红色中华新闻台播发中华苏维埃临时中央政府号召全国工农群众和红军战士援助上海工人大罢工的通电。

同月

港粤沪华美电器行李佩珩(代表人毛礼祚)创办的上海华美广播电台播音。电台呼号XHHI，发射功率100瓦，频率1060千赫，波长283米。

同月

华东公司创办的上海华东广播电台播音。电台呼号XQHD，发射功率220瓦，频率1360千赫，波长220.5米。

夏

国民党中央广播无线电台管理处正式成立，直属国民党中央执行委员会，吴保丰任处长，吴道一为副处长。同年，国民党第三届中央执行委员会第30次常务会议通过《中央广播无线电台管理处组织法》。1936年1月，该处更名为中国国民党中央执行委员会广播事业管理处，简称"中央广播事业管理处"。处长吴保丰，副处长吴道一。该处除直接负责中央广播电台外，还管辖福州电台、河北电台、西安电台、南昌电台、汉口电台和南京电台等部分地方台。中央广播事业管理处曾组织过多次收音员培训班，培训的收音员携带收音机赴各地，负责抄收中央广播电台播出的节目，扩大宣传的影响。

7月3日

江苏省立教育学院实验广播电台在无锡成立并开始播音。电台呼号XLIJ，发射功率75瓦，频率1310千赫。台址在无锡社桥。1937年抗日战争全面爆发，无锡沦陷，该台停播。

7月23日

日伪成立哈尔滨电话总局，"接管"哈尔滨广播无线电台，恢复广播。台名改为哈尔滨放送局（即广播电台）。呼号仍为COHB（11月改为MONB），发射功率降到500瓦，1933年初恢复至1千瓦，频率674千赫，波长445米。该台每天一段时间用日语广播，另一段时间用汉语广播，再一段时间用俄语广播，日伪称之为"混淆广播"。广播时间、节目都不固定，加上播出的都是"日满一心一德""日满提携""王道乐土"之类的话，听众人数急剧下降，哈尔滨收音机数量由1928年的1200多台下降到1932年的700多台，其中有收音机的中国人仅有153人。哈尔滨放送局工作人员均为从日本放送协会和关东军特殊通信部抽调来的日本人，到1935年才开始吸收中国人参加广播工作。

8月19日

上海法商法人广播电台开始播音。电台呼号XFFZ，发射功率250瓦，频率1340千赫，波长224米。该台初为法租界当局为驻沪法军娱乐而设，后为法国侨商接办。

8月26日

上海市政府教育局致各广播电台训令：以播送弹词、歌曲，每于言辞声调之间含有诲淫伤风之意，殊足影响社会风化，要求各电台郑重选择播音材料，俾免流弊，而维风化。

9月

国民党江苏省武进县党部广播电台成立并播音。电台呼号XGWT，发射功率初为15瓦，1934年增为50瓦，频率1250千赫。1937年11月29日，常州沦陷，该台停播。

同月

苏州婆罗花馆广播电台开始播音，发射功率15瓦，由画家吴似兰创办。该台为娱乐性电台，只存在几个月即停播。

秋

苏州民营百灵广播电台开播。电台呼号XLIL，后改为XHIC，发射功率初为20瓦，后增为75瓦，频率880千赫，创办人杨景春。1937年11月，日军占领苏州，该台被日军强占，部分机器被日军拆卸运往南京。

10月10日

《无线电问答汇刊》刊登金康侯撰写的《中国播音协会兴替》、曹仲渊撰写的《从上海播音说到国际纠纷》、吴侍中撰写的《广播无线电播音者与收音者应有之道德》等文章。《中国播音协会兴替》详细介绍了中国播音协会发展过程。《从上海播音说到国际纠纷》认为上海的播音界情形如同欧洲一样，播音台众多，但地界很窄，彼此相互干扰，宣传各自的主张。文中提出政府应该慎重批准电台的设立和发射功率，各电台也应该改良技术，改良节目内容。呼吁收音机不只是为了消遣和娱乐，而是教育文化演进的工具、国际宣传的利器。《广播无线电播音者与收音者应有之道德》抨击了上海部分广播电台播放粗俗而肉麻的唱片和不堪入耳的淫秽词语以及部分收音机用户将收音机声音开得很大，使得邻居夜不能寐的现象。

同月

张学良部撤离北平，北平无线电广播电台收归南京国民政府交通部，受交通部上海国际电信局管辖，改名为交通部北平广播电台。电台呼号XOPP，发射功率100瓦，后增至300瓦。

同月

中国业余无线电社在上海创办《无线电杂志》。该刊以传播无线电技术为己任，宣扬无线电救国的思想。

同月

云南省政府在昆明建立本省第一座广播电台并试播，台名云南无线电局广播台，呼号XGOY，发射功率250瓦。

同月

日本关东军主管通信、广播事务的特殊通信部随关东军司令部迁到长春，同时在"新京电话局"内设立演播室。10月31日，以"奉天放送局新京演奏所"的名义通过长途电话线路，将广播信号传到"奉天（沈阳）放送局"播出。1933年4月，在演奏所的基础上，成立新京放送局，呼号MTAY，发射功率1千瓦。该台完全由关东军司令部控制，后移交伪满洲国交通部管辖。日本关东军司令部在其内部机密材料中认为，"把握满洲国的通信权，在推行我国的国策上是绝对必要的"，为此炮制了《满洲电信及广播事业统制方案》，规定了管理包括广播事业在内的伪满洲通信事业的原则和办法。

11月12日

国民党中央广播电台75千瓦大功率中波发射机正式投入使用。这是当时亚洲发射功率最大的广播电台。当日起，中央广播电台呼号更改为XGOA，频率660千赫。

11月24日

国民政府交通部公布《民营广播无线电台暂行取缔规则》，开始对民营无线电广播电台进行规范管理。该条例全文共28条，主要有：一、广播无线电台的设置，须经交通部颁发许可证后才能装设。装设完成后，电台的工程机件及一切设备，必须经交通部派员进行查验，检查合格发给广播电台执照后才能播音。二、凡是中国公民，由中国人设立、自主管理的公司，经在国民政府立案的学校团体，或其他合法组织，均可申请设台。三、广播电台的执照，不得移转顶替租让。四、广播电台的呼号与所用的频率，由交通部指定。五、广播电台不得扰乱或妨害国有陆海空及公众通信电台业务，不得播送虚假及未经证实的消息或新闻，不得传递私人消息，不得播送危害治安或有伤风化的一切言论、消息、歌曲、文词与扰乱其他广播电台的播音等等。六、第25条规定，"凡违反本规则中任何一条者，交通部按其情节的轻重，予以下列处罚：停止播音；取消执照；没收机件，并处以50元以上2000元以下的罚金。"

同月

上海元昌广播电台开始播音。电台呼号XLHM，发射功率50瓦，频率1120千赫，波长267.8米。台址在南市老西门安纳金路（今东台路）323号，由元昌广告公司张元贤创办。开业不久，适值法国驻沪总领事署擅订租界广播电台管理条例，侵犯中国主权，该台负责人张元贤主动向政府有关部门反映情况，要求交涉制止。嗣后，国民政府交通部颁布管理民营广播电台条例，维护中国主权。该台节目以教育为主，曾举办过空中教育及知识讲座。张元贤曾主编《咪咪集》，内容为各类娱乐广播稿汇编。1935年1月28日夜，该台因失火被毁，停播数月后，迁址菜市路（今顺昌路）

170弄7号继续播音。

12月1日

国民政府交通部国际电信局致函公共租界工部局，就租界当局擅自管理界内广播电台并拟发给执照等情提出交涉。

12月15日

上海大中华广播电台新建500瓦功率发射台开始播音。声音清晰，各埠听众如平、津、闽、粤、皖、鄂、赣还有朝鲜等地来函报告均称满意。

12月23日

上海《申报·自由谈》登载叶圣陶《文明利器》一文，批评当时收音机并没有真正用于播发新闻、团结国民意志，而是充斥着大量低俗的音乐，存在过度商业化的现象。文章尖锐地指出："说'收音机救国'（前天的报纸上登载着吴稚晖君'马达救国'的谈话，我这语式是有来历的），固然近乎荒诞不经。然而收音机这家伙如果能好好利用他，譬如说，用来团结大众的意志，传授真实的知识，报告确切的消息……那末，从社会的观点说，他的价值的确是了不得的。反过来，如果他仅成为'街头军乐队'的代替品，仅成为商店与人家的点缀品，仅成为吸鸦片的人的通信机，所传送的又仅是'哭谁的爷''哭谁的娘'之类，试问：社会上又何贵有这等'奇技淫巧'的玩意儿？"

同月

四川善后督办刘湘在重庆建立军用的重庆广播电台，呼号XGOS。该台曾一度中断播音，1934年恢复，发射功率增至1千瓦。1936年12月，督办公署撤销后，该台归四川省政府管辖。1937年，国民党中央广播电台迁到重庆后，该台被撤销。

同年

陆续在上海开办的广播电台有：上海亚声广播电台（亚声无线电研究社创办），呼号XGYS，发射功率200瓦，频率760千赫，波长394.7米，1937年9月，因台主黄菊隐募款舞弊，电台被国民党淞沪警备司令部封闭；上海大声广播电台（大声唱机行创办），发射功率15瓦；上海友联广播电台（友联电器公司郑国治创办），呼号XHHV，发射功率100瓦，频率880千赫，波长340.9米，1941年12月被日军封闭；上海快乐广播电台（快乐无线电研究社创办），呼号XLHD，发射功率50瓦，频率720千赫，波长416.6米，1935年8月国民政府交通部命令停办；上海三瑞堂广播电台（敦煌三瑞堂创办），呼号XGSZ，发射功率100瓦，频率700千赫；上海华泰广播电台（创办人陈信录），呼号XLHB，发射功率100瓦，频率620千赫，波长483.9米；上海凌云广播电台（凌云无线电研究社杨志青创办），呼号XGLY，发射功率5瓦。

同年

上海亚美电台设电码教授（广播教学）节目，开始时每月一期，月初从头教授，月末结束。后改为三个月一期，每逢3、6、9、12月之初开始。

同年

"一·二八"事变爆发后，大中华广播电台在事变中与《晨报》馆合作，每日12：00和22：00两次播送当日新闻，报道事态，辟除谣言，稳定人心。

同年

国民政府在上海设立建设委员会上海电机制造厂，主要生产军用手摇发电式发报机，同时也生产落地式七灯交流收音机及电动机、变压器等产品。该厂1933年扩大规模，职工人数达200余人。

同年

安徽芜湖大有丰五金电料行创建安徽省第一座私营无线电台——大有丰广播电台。电台呼号XDYF，发射功率10瓦，频率1270千赫。

同年

在中央研究院院长蔡元培的支持下，机电工程专家、中央大学教授杨简初主持电视原理样机研发，并于1934年完成摄取、传输、接受、还原图像等环节。

同年

程权等人创办业余无线电研究社，于1933年开始生产纸质无线电感应零件，并出版《无线电三日刊》及矿石、电子管收音机等无线电知识普及小丛书。

同年

苏州民营久大广播电台开播。电台呼号XLIB，发射功率15瓦，频率1410千赫，台址在苏州胥门外万年桥街久大布店楼上。该台由久大布店李宝麟创办，国民政府交通部发给播音执照。1937年11月苏州沦陷，电台停播。1946年春恢复播音，因未经国民政府交通部重新批准，于同年9月11日被吴县电信局查封。

1933 年

1月1日

上海亚美电台邀请著名爱国人士马相伯、梅兰芳、杜重远发表广播演讲,宣传使用国货,抵制日货。

1月5日

上海亚美公司苏祖国主编的《中国无线电》半月刊出版。1938年起改为月刊。该刊以刊登国民党中央广播电台和地方大台每周节目预告为主,同时刊登部分广播稿件,发行全国,每期销售量最高达1.8万册以上。截至1937年9月,共出150期,1942年3月5日发行第10卷第3期后宣告停刊,该刊不间断发行近10年。

1月19日

上海利达广播电台开始播音。电台呼号XHHO,发射功率100瓦,频率1220千赫。1935年8月国民政府交通部命令停办。

1月20日

上海孔氏广播电台开始播音。电台呼号XLHP,发射功率15瓦,频率400千赫。1935年8月国民政府交通部命令停办。

1月21日

在上海开播的广播电台有：上海电声广播电台（电声研究社创办）,呼号XLHO,发射功率15瓦,频率1400千赫,波长214.2米,1935年8月国民政府交通部命令停办；上海明远广播电台（明远无线电材料行老板秦德邻创办）,呼号XHHF,发射功率100瓦,频率960千赫,波长312.5米,1941年12月被日军封闭；上海亚东广播电台（亚东无线电研究社俞仁明创办）,呼号XLHJ,发射功率15瓦,频率760千赫,波长394.7米,1946年被国民政府交通部国际电信局取缔；上海安定广播电台(创办人为安定别墅主人),呼号XHHD,发射功率100瓦,频率860千赫,波长348.8米,1937年2月1日被上海电报局取缔。

1月23日~28日

为纪念"一·二八"抗战一周年,上海各界开展航空救国播音宣传周活动,由上海市市长吴铁城及社会人士史量才、陶百川、杜月笙等分赴亚美、中西、大中华电台演讲宣传。期间，上海亚美电台特于 26 日~ 31 日编排播出了有一定声势的专门节目，内容包括：1 月 26 日（农历正月初一），纪念播音开场白及"一·二八"事变之始末介绍；1 月 27 日，"一·二八"战事每日大事记及讲述上海一家人在日机轰炸中遇难故事的播音剧《恐怖的回忆》；1 月 28 日，特别节目《哭周年》；1 月 30 日，航空救国宣传；1 月 31 日，纪念播音结束语。

1 月 30 日

国民政府交通部上海国际电信局在《申报》《新闻报》《时事新报》和《晨报》上连续三天刊登通告，要求上海市各区域内民营广播电台于 2 月 15 日以前到国际电信局登记，以便核发呼号、频率、许可证及执照事宜。

1 月 31 日

永生无线电公司创办的上海永生广播电台开始播音。电台呼号 XHHJ，发射功率 200 瓦，频率 1080 千赫，波长 277.7 米。8 月 1 日起，中华书局聘请周椒青每日 7:00 至 8:30 在永生电台教授该书局出版之基本英语课本，每月教授一册，三个月毕业。遇有疑问可投函询问，汇齐后在无线电中答复。1935 年冬国民政府交通部令其停办。1938 年该台向日本广播监督处登记重新开播。

同日

郑敦笃堂创办的上海敦笃堂广播电台开始播音。电台呼号 XLHK，发射功率 15 瓦，频率 800 千赫，波长 375.0 米。1935 年 8 月，国民政府交通部令其停办。

2 月 1 日

由天一影片公司与中华无线电研究社合办的上海天一广播电台开始播音。

2 月 2 日

鹤鸣无线电研究社王文彬创办的上海鹤鸣广播电台开始播音。电台呼号 XLHQ，发射功率 15 瓦，频率 1440 千赫，波长 208.6 米。

2 月 4 日

自当日起，上海国际宣传社为号召国人共赴国难，在永生广播电台举办国际问题演讲大会。同年 5 月 18 日，国货运动宣传大会在大中华广播电台播讲国货救国。

2 月 11 日

周协记无线电行老板周教贵创办的上海周协记广播电台开始播音。电台呼号 XLHI，发射功率 15 瓦，频率 760 千赫，波长 394.6 米。1937 年 2 月 1 日被上海电报局取缔。

3 月 1 日

上海市政府教育局在中西、大中华等广播电台开办定期播音演讲节目，同时出版《无线电播音演讲集》（月刊）。

3月6日

在上海开播的广播电台有：上海市音广播电台（邱俊夫创办），呼号 XHHR，发射功率 50 瓦，频率 1340 千赫，波长 233.8 米，1937 年 2 月 1 日被上海电报局取缔；上海蓬莱广播电台（蓬莱市场创办），呼号 XLHR，发射功率 15 瓦，1935 年 8 月国民政府交通部命令停办；上海华兴广播电台（华兴公司许劲先创办），呼号 XHHP，发射功率 100 瓦，频率 1440 千赫，1941 年 12 月被日军封闭；上海恒森广播电台，呼号 XHHK，发射功率 100 瓦，频率 1420 千赫，波长 281.6 米，1935 年 8 月国民政府交通部命令停办；上海华光广播电台，呼号 XQHF，发射功率 250 瓦，频率 1480 千赫，波长 202.7 米，1937 年 2 月 1 日被上海电报局取缔；上海杨氏广播电台（创办人杨毅庆），呼号 XHHT，发射功率 100 瓦，频率 1500 千赫，1935 年冬，国民政府交通部命令停播。

3月7日

在上海开播的广播电台有：上海惠灵广播电台（创办人杜惠灵），呼号 XLHF，发射功率 15 瓦，频率 1380 千赫，波长 217.4 米，1937 年 2 月 1 日被上海电报局取缔；上海沈氏广播电台（新汇中饭店创办），呼号 XLHH，发射功率 15 瓦，频率 640 千赫，1935 年 8 月国民政府交通部命令停办；上海孙氏广播电台，呼号 XHHQ，发射功率 50 瓦，频率 1280 千赫，1935 年 8 月国民政府交通部命令停办；上海眉寿堂广播电台，呼号 XLHA，发射功率 15 瓦，频率 560 千赫。同日登记的有上海敦本堂广播电台。

3月21日

小说家黄南丁在上海中西广播电台播讲故事《天雨花》。此后，汤笔花在元昌广播电台播讲《聊斋》故事，还在新新、国华、东方、大中华、亚美、麟记等 10 多家电台播讲《伊索寓言》《岳飞传》《人猿泰山》《霍桑探案》以及《红楼梦》《玉梨魂》等。

3月27日

上海江海关（海关旧称）布告禁止无线电材料自由输入，须持有国民政府交通部执照方准进口。

春

由时和绸布庄创办的无锡民营时和广播电台开始播音。电台呼号 XLCH，发射功率 75 瓦，频率 970 千赫。台址在无锡北大街时和绸布庄楼上。1937 年 10 月，无锡沦陷，该台机器被日军洗劫一空。

4月6日

伪满新京（长春）放送局正式播音。电台呼号 MTAY，发射功率 1 千瓦，频率 570 千赫，波长 529 米。其是伪满洲国四座"中央"放送局（即新京、奉天、大连、哈尔滨）之一。广播发射台由原设在长春东三马路的收发电报的无线电台改建而成。

4月26日

上海其美广播电台开始播音。电台呼号XQHE,发射功率250瓦,频率1460千赫,波长205.5米。

同日

《申报》报道,国民党中央执委会第63次常委会决议,凡交通部与各省市政府所设之广播电台以及交通部所管辖之民营广播电台,其功率满100瓦者均应转播国民党中央广播电台之中央纪念周及重要新闻节目。

4月29日

上海民营广播电台为救济热河、东北难民,组织募捐联合播音,连续播音36小时。

同月

湖南重新倡议建立广播电台并成立湖南省广播无线电台工程筹备处,省政府拨款10万元(法币)。年底,电台建成。

5月1日

山东省政府在济南建立山东省会广播电台。电台呼号XOST,发射功率500瓦,频率857千赫。其办台方针是:以政令新闻为主,知识娱乐为辅,并务于商情、气象等公众事业。该台每天播音两次,其本省新闻、国内外新闻、政令报告均为自办,不转播当时国民党中央广播电台的政治性节目。文艺广播主要是播放京剧唱片,有时也请人到电台演唱曲艺,如请邓九如演唱"山东琴书"、杜大桂演唱"梨花大鼓",还请过艺名"盖河南"的乔清秀演唱"河南坠子"等。1937年9月,张瑞芳等组成的北平学生移动剧团到济南,曾在该台演播过《打回老家去》《流亡三部曲》《放下你的鞭子》等抗战歌曲和话剧。该台第一任台长马仲考,第二任台长金丽舟。

5月8日

同乐无线电研究社创办的上海同乐广播电台开始播音。电台呼号XLHC,发射功率50瓦,频率720千赫,波长416.6米。1937年2月1日被上海电报局取缔。

同日

东方旅社张锦伯创办的上海东陆广播电台开始播音。电台呼号XLHG,发射功率100瓦,频率640千赫,波长468.7米。1941年12月被日军封闭。

5月12日

上海儿童晨报社、永生广播电台、恒森广播电台联合举行儿童音乐播音竞赛会,内容主要为歌唱、弦乐、管乐、西乐,活动一直持续到22日结束。

同月

广西省政府通令各县设置收音机,"用于传播政情"。

1933 年

6月1日

周庸琦、张一苹创办的上海新声广播电台开始播音。电台呼号 XLHE，发射功率 15 瓦，频率 1380 千赫，波长 217.4 米。1937 年 2 月 1 日被上海电报局取缔。

6月4日

龚元炳创办的上海富星广播电台开始播音。电台呼号 XHHX，发射功率 100 瓦，频率 920 千赫，波长 326 米。

6月10日

法国驻沪总领事署发布署令第 132 号《上海法租界公董局管理界内私立无线电播音台章程》。1934 年 10 月 23 日，法驻沪总领事署发布署令第 270 号，对前颁章程作了修订。

6月18日

国泰电器公司创办的无锡民营国泰广播电台开始试播音。电台呼号 XLIP，发射功率 50 瓦，频率 1170 千赫。1934 年 10 月 28 日正式播音。1937 年 10 月，日军轰炸无锡，国泰电器公司房屋被焚，电台同时被炸毁。

6月21日

美商华美广播电台（又名西华美广播电台）在国民政府交通部上海国际电信局登记播音。电台呼号 XMHA，发射功率 500 瓦，频率 600 千赫。

同月

青岛市民众教育馆广播电台开始播音。电台呼号 XTGM，发射功率 100 瓦，频率 930 千赫和 900 千赫，波长 340 米和 333 米。该台主要广播国内和本市重要新闻、教育局重要报告、通俗讲演、科学常识和音乐、戏曲唱片等。1938 年 2 月，青岛被日军侵占，该台停止播音。

7月13日

国民政府交通部上海国际电信局会同市公用局、公安局在南市大境路 85 号同鑫米店楼上查获私设发射机一台。台主张甲瀛被处罚金 1200 元，并没收全部机件。

同月

宏波电气公司创办的青岛宏波广播电台开始播音。电台呼号 XGGW，后改为 XHKB，发射功率先后为 50 瓦和 100 瓦，频率先后为 1150 千赫和 590 千赫，波长先后为 260.8 米和 508.4 米。该台办有《新闻》《特别节目》，主要播送商业广告。

8月22日

为配合对中央苏区和红军的"围剿"，国民党中央广播无线电台管理处派工程师俞曰尹到南昌筹建南昌行营电台。"应军政交通司之请，将原送洛阳应用之 250 瓦特播送机一座移至军事委员长（蒋介石）南昌行营，专为剿匪宣传之用"。

同月

根据日本政府和伪满洲国当局签订的《关于在满洲设立日满合办通讯公司协定》，伪满洲电信电话株式会社（简称"电电"）在大连成立，统一经营管理东北的通讯广播。伪满洲电信电话株式会社名为日满合办，实则是日本一手包办。其成立以后，迅速接管了在长春、沈阳、哈尔滨和大连的四座广播电台。"新京（长春）放送局"并入该株式会社，由大连管理处领导，同时，把电台呼号改为MTCY。

同月

长沙市私立涵德女校购置收音机，由校方派人参加国民党中央广播电台收音培训班学习后进行收音工作。

9月1日

伪满洲电信电话株式会社哈尔滨管理局在哈尔滨市南岗医院街（今颐园街）建立，负责管理哈尔滨特别市、松江省和三江省电信电话和放送局（广播电台），局长是日本人建部昌满。

同月

红色中华新闻台播发临时中央政府号召全国民众反对日本侵略者的宣言等。

同月

无锡民营世富广播电台开播。电台呼号XLIN，发射功率50瓦，频率1390千赫，台址设在无锡大市桥世泰盛绸布庄顶楼。该台由富新电料行与世泰盛绸布庄合办，故又称世泰盛、富新合组广播电台。1937年10月，日军轰炸无锡，该台机器被炸毁。

10月10日

国民党南昌行营广播电台正式播音。电台呼号XGOC，发射功率250瓦，频率1132千赫，全天播音两次，计3小时45分钟。该台隶属南昌行营交通处，台址在南昌市城北新住宅区，台负责人顾厚莹。1934年，南昌行营迁址四川巴县。1935年2月，国民政府军事委员会驻赣绥靖公署接管南昌行营电台，改名南昌广播电台，呼号不变。

10月16日

福建省政府创建的福州广播电台试播。电台呼号XGOL，发射功率250瓦，隶属福州无线电局，由省政府直接领导。该台每天播音四小时，广播时间是：10：00至11：00广播福建人民革命政府施政报告（或由省府各厅局轮回报告）；13：00至14：00播送国内外新闻、商情、广告；19：00至21：00转播国民党中央电台新闻、本地气象及音乐唱片。同时，该台在福州《民国日报》上逐日刊登广播节目预告。中华共和国人民革命政府（不满蒋介石反共政策的十九路军蔡廷锴、蒋光鼐与李济深等人11月22日在福州正式宣布成立）成立后，接管了已在试播的福州广播电台，蔡廷锴多次到该台发表广播演讲，报告人民革命政府的主张，谴责蒋介石的独裁卖国政策，号召同胞奋起抗日救国。

10月19日

上海利利广播电台登记，呼号XHHY，发射功率100瓦，频率1240千赫，波长241.9米，由利利土产公司老板吴志权创办。

11月

国民政府交通部上海国际电信局印发《广播电台听众报告表》。该局据听众填写内容责令有关电台检查改良，以此管理上海各广播电台之发音、波长及节目优劣。

12月2日

上海福音广播电台开始播音。电台呼号XHHA，起初发射功率为150瓦，1936年扩大为1千瓦，呼号改为XMHD，频率840千赫，波长357.1米。该台宣称其宗旨为"辅助造就基督人格""促进文化宗教教育及音乐之空中宣传"。为了宣扬基督教义，该台使用国语及广州话、英语播音，每天八小时。办有《晨祷》《布道》《礼拜》《晚祷》《圣经研究》等节目，并专门办有儿童妇女节目。该台由上海基督教团体"福音广播社"主办，并得到外国宗教势力的支持，同时与国民党当局关系密切。

12月7日

意大利无线电发明家马可尼抵沪。上海14个学术团体代表曹仲渊、方子卫等及部分广播电台代表赴车站迎接。马可尼在上海的行程安排，由上海14家学术团体负责人商量后敲定，包括交通大学、中国科学社、中央研究院、上海各大学联谊会、上海广播无线电台、中华学艺社等。8日，马可尼访问交通大学，中央研究院院长蔡元培、交通大学校长黎照寰等人迎接。10日晚，上海市市长吴铁城在上海市政府招待所设宴，招待马可尼夫妇一行，宋子文、孙科及各国公使、领事、上海商界、学界近300人到场。11日，马可尼参观了正在建设的上海国际无线电台。

同月

湖北省第一座中波无线广播电台——汉口市广播无线电台（也称汉口市广播电台），经湖北省政府核准，决定由汉口市政府筹建并组成汉口市广播电台委员会，由工程师王慎名具体负责。

同年

山东齐鲁大学试验广播电台于年底开播。电台呼号XOCL，发射功率75瓦，频率1500千赫，波长200米，为齐鲁大学无线电专修科创办。设有《学术演讲》《无线电常识问答》《听众指定》等节目。1937年底日军侵占济南时，该台停止播音。

同年

由大润电料行与金融钱庄合办的常州民营大润广播电台开播。电台呼号XGDZ，发射功率10瓦，频率1174千赫。台址在常州南大街大润电料行内。1935年停播。

同年

上海东方、明远、国华及亚美电台开始联合播送广告。厂商只要做一次广告，同时可得到四个电台的听众收听，扩大了广告的范围。广告没有专设节目，而是穿插在各项文娱节目里播出，借此扩大其影响。在一些受听众欢迎的节目中，经常有10多家商号联合做广告的情况，播送广告的时间超过了一档节目的大半时间。

同年

国民党中央广播电台派工程师冯简等到北平主持招考播音员的工作。笔试内容除了历史、地理、国文、数学外，还加了用拼音字母写一篇文章。在众多应试者中，最后录取了刘俊英等三位女学生。刘俊英日后成为中央广播电台的骨干。

同年

上海陆续开播的广播电台有：曹氏试验电台，呼号XGAC，发射功率15瓦，波长400米；仁寿堂广播电台（仁寿堂无线电研究社创办），呼号XGPT，发射功率7.5瓦，频率1034.5千赫；孙树德堂广播电台，呼号XGSY，发射功率50瓦，频率1115千赫；中研广播电台（中华研究社创办），呼号XHHL，发射功率100瓦，频率1140千赫，1937年春被上海电报局取缔；汇中广播电台（汇中饭店创办），呼号XGMS，发射功率100瓦，频率690千赫，1935年停播；劳勃生广播电台（美国人劳勃生创办），呼号XQHB，发射功率30瓦，频率820千赫，波长365.9米；合组广播电台（鸿康电料行、中华无线电研究社、大声唱机行合办），呼号XHHM，频率1180千赫，波长254.2米，1935年5月被国民政府交通部停止许可证；赏奇广播电台（浦东大团赏奇无线电研究社创办），呼号XGSG，发射功率5瓦，频率882.4千赫；六也广播电台（川沙六也无线电研究社创办），呼号XTMK，发射功率7.5瓦，频率1005千赫。

1934 年

1月1日

国民革命军第四集团军筹建的南宁广播电台开播。电台呼号 XGOE，发射功率 1 千瓦，频率 1300 千赫。该台于 1935 年 10 月 20 日停播，1936 年 7 月 1 日恢复播音，1937 年 2 月再度停播。

1月22日

上海佛音广播电台开始播音。电台呼号 XMHB，发射功率 500 瓦，频率 840 千赫，波长 357.1 米。台址在赫德路（今常德路）418 号。该台由中国佛教会主办，佛教净业社承办，广播内容均为宣扬佛教伦理道德，劝谕人们"不修今生修来世"。

1月28日

"一·二八"抗战两周年纪念日，上海中外电台一律停止娱乐节目，从 10：00 至 20：00，有七位社会知名人士到各电台作爱国演讲。

同月

加拿大华侨曾祖达、刘光壎创办的上海华侨广播电台开始播音。电台呼号 XMHC，发射功率 500 瓦，频率 700 千赫，波长 428.5 米，台址在宁波路 47 号。1940 年 1 月，创办人回加拿大，该台出售给美商《大美晚报》，改为大美广播电台，每日 8：00 至 10：00 播送粤曲。

2月5日

据《中国无线电》杂志该日统计，上海有民营广播电台 32 座，设立新闻节目的电台只有六座。播送新闻节目较好的电台有：中西电台每日播送新闻四次，福音电台两次，大中华电台两次，鹤鸣电台周六 20：00 至 21：00 转播国民党中央广播电台的新闻节目。

同月

国民党中央广播无线电台管理处创办《无线电》（双月刊），以无线电工程技术知识为主，兼及广播节目介绍，该刊一直到 1937 年 6 月抗日战争全面爆发前夕才停刊。

3月5日

《中国无线电》杂志刊登苏祖国的《广播节目之趋向》《谈广播节目》《播音与教育》等文章。《广播节目之趋向》认为上海的广播电台节目趋向娱乐,学术节目不及全部节目的十分之一,呼吁播音界应该思考如何利用播音为国效力,为民众求幸福。《谈广播节目》呼吁广播界及听众不能贪图目前之利益与娱乐,广播节目应该多设置学术节目。《播音与教育》认为广播电台应该多设置学术节目教育民众。

3月15日

云南无线电局广播台正式播音。电台呼号XGOY,频率697.3千赫,波长430米。台址设在昆明市五谷庙内,使用美国产250瓦中波发射机,每天播音两小时,其中新闻45分钟。另外,设100瓦短波发射机,播出电码新闻,供各县收音台抄收。1940年国民党昆明广播电台正式播音后,该台停办。

同月

日伪针对哈尔滨具有国际城市的特点,将哈尔滨放送局的发射机功率由1千瓦扩大到3千瓦。

春

天津南开大学广播电台开办,发射功率15瓦。该台由南开大学电机工程系主办,台址在南开大学校内思源堂地下室。这座电台并未正式申请波长、呼号,也没有固定的播音时间。南开大学设立广播电台的目的,一方面是为了供学生实验用,一方面是为给南开大学的各种学术活动提供阵地,扩大南开大学的影响。开播当天,校长张伯苓致辞,演说的中心是"学以致用"的办学思想。该台的播音内容以各种学术内容为主,也会播出部分文艺节目,但节目时长较短。1935年因经费不足停办。

春

天津仁昌广播电台开办。电台呼号XQKC,发射功率初为7.5瓦,后扩大为200瓦,台址开始设在东马路东门北,后搬到和平路仁昌绸缎庄楼上。创办人王铭荪、刘嘉祥、胡晋辰。1939年冬停播。

4月5日

《中国无线电》杂志第2卷第7期发表节目表统计:上海28家中国电台非娱乐节目平均每家每天1.3档(每档45分钟或1小时),娱乐节目平均每家每天7.75档。娱乐节目中弹词居第一。

5月1日

国民党上海市执行委员会颁发上海市无线电播音业同业公会许可证。

5月5日

湖南省政府筹建的湖南广播无线电台举行开播典礼,7日正式播音。电台呼号

XGOH，发射功率100瓦，频率590千赫。每日连续播音五小时。台址设在长沙市教育会坪（今教育街41号）。5月29日，该台邀请京剧大师程砚秋到台演播，由于发射功率小，市民收听工具少，只有几家大商店为招徕生意装有收音机和扩音喇叭，播出效果不佳。

同日

《中国无线电》杂志刊登俞子夷撰写的《谈广播节目》，文章认为上海广播节目娱乐内容太多，学术节目太少，同时指出大部分娱乐节目不能寓教于乐，并分析了学术节目不受欢迎的三点原因：一是方言问题，二是题材问题，三是技术问题。

5月8日

上海《中华日报动向》刊登署名为"阿二"的文章《夜来香》，认为上海报纸刊登"精采播音情报"是"集肉麻之大成，尽鸳鸯之能事，听之而不骨头四两轻者鲜矣"，同时指出，"在鸦片当饭，指南针看风水，镪水浇衣服的国度里，单能想播音不宣传肉麻文学吗？"

5月21日

国民政府交通部公布《请领无线电材料进口护照办法》，规定输入无线电材料须向交通部请领护照。

5月30日

为纪念"五卅"惨案九周年，上海市无线电同业公会议决：各华商广播电台停止娱乐节目一天。元昌广播电台于14：00起，由李昌播音剧社播送爱国剧《祖国之光》。

6月29日

上海天主教无线电台播音。电台呼号XLHD，频率1200千赫，创办人为中华全国公教进行会总会长陆伯鸿。

同月

天津中华广播电台成立。电台呼号KHKA，发射功率初为50瓦，后扩大为200瓦。台址设在天津法租界4号路，后迁到意租界大马路（今建国道四经路口）29号。该台由上海中华无线电研究社天津分社创办。设立广播电台的目的是为了扩大该社的影响，促进无线电零件的销售。1939年冬停办。

同月

无锡民营兴业广播电台开播。电台呼号XLWU，发射功率50瓦，频率1250千赫。台址在无锡北大街日新绸布庄二楼。该台由日新绸庄创办。1937年10月，日军轰炸无锡，电台机器被毁。

7月1日

国民党中央广播无线电台管理处重新接管暂归福建省政府管理的原十九路军所建广播电台,继续以福州广播电台名称播音,呼号不变,使用国语、福州话、厦门话广播。

7月28日

明代科学家徐光启第十一世孙徐宗泽博士在上海天主教广播电台演讲徐光启历史,题为《明相国徐文定公》。

同月

从伪满新京(长春)到哈尔滨和到大连的广播专用线敷设完毕,开始实行全伪满联网广播,缩减地方自办节目时间。哈尔滨放送局的地方时间是15分钟,规定可以自选节目广播,也可转播伪满新京(长春)放送局节目。但该放送局既无记者,又无自选新闻材料的自由,所以地方时间基本不自办节目,有时转播"满洲国通讯社"统一发布的消息。

8月26日

国民政府交通部令上海电信局自即日起停止发放沪埠装设广播电台许可证。

9月17日

国民党中央广播电台《广播周刊》创刊。该刊于1941年出至196期在重庆停刊,1946年9月1日在南京复刊,1948年12月5日出至复刊第116期停刊。

9月27日

国民政府交通部公布《请领无线电材料转口凭证暂行办法》,规定凡进口无线电材料需转运其他地方时,应填具申请书,向电报局领得转口凭证,方准起运。

10月5日

上海市政府教育局禁止四明文戏在电台播音。据称四明文戏(即宁波滩簧)取材粗陋,多半涉于猥亵,有碍社会风化。国民政府教育局、交通部国际电信局通知各电台,自即日起一律禁播。

同月

河南省政府在开封建立河南广播电台。电台呼号XGOX,发射功率200瓦,每天播音两次。自办节目有《新闻》《纪念周》《科学常识》《无线电问答》《公民常识》《小朋友歌舞》《气象》《商情》《杂谈》《国剧》《音乐》等。1938年日军入侵开封,该台随省政府迁往南阳,未恢复播音。1940年河南省政府迁往洛阳,又建立新的河南广播电台,将长波改为短波,每天播音时间是13:00至24:00。1943年洛阳市被日军侵占,该台停止播音。1945年日本投降后,河南省政府接收日伪开封广播电台,恢复河南广播电台,有一部500瓦发射机。同年11月开始播音。1948年6月,中国人民解放军解放开封市，该台停止播音。

同月

湖北省汉口市广播无线电台竣工（5月动工兴建）。该台建造费为法币9万余元，台址在汉口中山公园西侧，占地5亩。该台机房建筑为二层楼房，并建有两座高约180英尺的铁塔，发射机功率5千瓦，仅次于当时南京中央广播电台。

同月

第十八届华北运动会广播电台在天津成立，发射功率15瓦。该台专为运动会成立，由河北省体育场开办，国民政府主办。运动会结束后，该台于当月停办。

11月1日

日本关东军司令部和伪满洲国当局在长春宽城区新建一座发射台开始播音，发射台安装100千瓦长波广播发射机，频率180千赫，波长1666米，可覆盖中国东北大部分地区。当时，日本侵略者声称其为亚洲最大功率的广播发射台之一。

同日

广西普及国民基础教育研究院无线广播电台开播。该台是广西教育厅厅长雷沛鸿为辅导广西普及国民基础教育研究院实验中心各学校教育而成立的电台，1936年9月停办。

11月10日

安徽省蚌埠中一无线电公司创办的商业性广播电台试装发射机获得成功，台址在蚌埠市二马路。同年冬，芜湖亨大利钟表无线电行开办私营商业广播电台亨大利广播电台，发射功率15瓦。

11月11日

上海市民营无线电播音业同业公会在市商会举行成立大会，凡经国民政府交通部核准之上海华商电台均为该会会员。大会通过会章，选举苏祖国等九人为执行委员，陈仰乾等三人为候补执行委员。该会成立后，在维护会员台的正当权益、救灾筹赈、救亡宣传以及配合国民党当局有关部门整顿民营台、审查播音稿本等方面做了一些工作。同时，随着三十年代民营广播电台在上海兴起，一些无线电爱好者开始在报刊上切磋交流收音机的装配和维修技术，就无线广播的作用、节目内容、播音艺术以及广告设置等方面广泛开展评论与研讨。为此，同业公会内设学术研究科，专门研究无线电广播。1937年11月，日军占领上海后不久，被迫停止活动。

11月20日

上海敦本广播电台播音。电台呼号XLHL，发射功率22.5瓦，频率800千赫，波长375米。开播当天，上海市民代表李大超、教育局局长潘公展等出席。潘公展致辞要求该台不要仅仅提供娱乐，必须注意社会教育。1937年2月1日，该台被上海电报局取缔。

同月

天津青年会广播电台成立。电台呼号XQKB，初期发射功率50瓦，后扩大至150瓦，频率750千赫，波长400米。台址在东马路青年会（今为少年宫）楼上。该台由天津青年会主办，钱仲玖任电台主任。青年会是宗教性质的世界组织，会员除基督教徒外，大多数是天津各界的代表人物。该会设立电台的目的是宣传青年会的宗旨，扩大青年会的影响，为其乐队、歌咏队及各种讲座活动提供平台，1939年冬停办。

同月

徐州民众教育馆广播电台开始播音。该台主要用于民众教育，由徐州民众教育馆馆长赵光涛负责筹建。1938年5月停播。

12月1日

河北广播电台正式播音。电台呼号XGOT，发射功率500瓦，频率1230千赫。每天播音9个多小时，除70分钟新闻外，主要是音乐、戏曲等节目，同时插播国民党政治性"警策语"。台址在北平。该台发射机由国民党中央广播无线电台管理处和国民政府交通部利用废置在天坛的长波发射机改装而成，播音室设在国民党河北省党部。1935年6月奉命停播，其广播设备被运往西安，用于筹建西安广播电台。

同年

英商增茂洋行与北平电报局订立合同，租用功率为280瓦和15瓦的广播发射机各一台，开办增茂广播电台。电台主要为英商服务，每天播广告、英语节目和西方音乐等，台址设在租界内。1935年4月，该台被国民政府交通部收回，将280瓦发射机移至北平电话西局内，改名为交通部北平广播无线电分台，后发射功率增至1千瓦，成为抗战前北平发射功率最大的广播电台。

同年

在上海开播的广播电台有：无敌广播电台（创办人家庭工业社），呼号XHHE，频率940千赫；孔玉辉堂广播电台，呼号XKON，发射功率15瓦，频率1460千赫；上海航运（航业）广播电台，呼号XHHZ，发射功率150瓦，频率1180千赫，波长254.2米，该台由航运俱乐部创办，毛和源为主任，1935年4月改名航业广播电台。

同年

国民政府开始筹建成都广播电台。

同年

宁夏固原县国民政府设立收音处。宁夏中卫县中学用干电池收音机为学生收放广播节目。

1935 年

1月8日

国民党中央委员邓家彦在中央广播电台作《举国一致》的演讲，大肆吹捧希特勒"一个领袖""一种群众""一个国家"的口号，一时间，独裁专制舆论占据了中央广播电台的大部分节目。1936年，歌颂蒋介石的节目达到顶峰，蒋介石历年的讲话、文章被编成《讲读蒋委员长文稿》系列节目播出，其言词被辑成《警策语》，在广播节目中随时插播。

1月18日

湖北省汉口市广播无线电台试播音，2月正式播音。电台呼号XGOW，发射功率5千瓦，频率1010千赫，波长297米。每天7：30至23：00间歇播音六小时。节目内容以教育、广告为主，新闻只有20分钟。该台隶属中央广播无线电台管理处，是国民党在华中地区的重要宣传工具之一，台长兼总工程师王慎名，内设业务、工务两组，主任各一人，另有数人承担事务、工务、广告、播音、收音等工作。该台办有《XGOW广播日刊》，公开发行，前一天出版，内容有节目预告、常识、歌词等。1938年10月24日23：30，武汉被日军侵占前，该台停止播音，5千瓦中波机拆迁至贵阳。

1月21日

国民政府交通部电报局代发《无线电收音机及其材料进口护照暂行办法》，规定进口无线电收音机及其材料须向就近指定之电报局请领进口护照，一切手续按无线电材料进口护照办法办理。

1月24日

口琴专家鲍明珊组织成立空中口琴音乐研究社，内设口琴乐理研究组和音乐教授组。从2月3日起，每星期日上午由社长鲍明珊在上海华美广播电台教授口琴演奏技巧。

3月2日

《民国日报》载南宁广播电台播音节目表。该台全天播音两次，共310分钟，其中新闻节目时间115分钟（包括国语、粤语新闻），占37.1%；专题节目时间80分钟，占 25.8%；音乐 95 分钟，占 30.6%；其他气象预告、货币价格、预告节目 20 分钟，占 6.5%。

3 月 9 日

交通部上海广播电台开始播音。电台呼号 XQHC，发射功率 500 瓦，频率 1300 千赫，波长 230.8 米，播音室设在仁记路（今滇池路）沙逊大厦（今和平饭店）内，发射机装设在百老汇路（今大名路）瑞丰大厦楼上。该台是当年 1 月 16 日由上海国际电信局奉国民政府交通部令筹备组建的，并属该局管辖，由局长直接领导。广播设备购自外商美灵登电台，经改进后使用。该台每日定时播送三次新闻，一次晚报新闻。在"八一三"抗战中，该台继续播音，直至 1937 年 11 月 27 日遭侵华日军占领为止。1936 年 3 月，著名作曲家、理论家及音乐教育家吕骥每周一、三、五 18:30 至 19:00 在该台教唱救亡歌曲，第一支歌就是《义勇军进行曲》。1936 年 7 月，该台设置《妇女教育》节目，讲述《新家庭主妇所应有的常识》，并办有《妇女通问》，用于解答妇女问题。

春

陕北根据地的红军在攻克延川的战斗中缴获一部无线电台，开办无线电训练班。

春

国民党中央广播电台传音科创作第一部广播剧《苦儿流浪记》。

春

天津东方广播电台开始播音。电台呼号 XQKA，发射功率 150 瓦。该台由东方贸易工程公司主办，经理陈锦涛，主任叶绍荫，台址开始设在赤峰道，后迁到长春道吉林路口（大陆银行货栈）。1939 年冬停办。

4 月 4 日～7 日

中国国货公司与交通部上海广播电台联合举办上海儿童播音竞赛大会。11～15 岁儿童为甲组，参加音乐、演讲、歌唱、京剧竞赛；8～10 岁儿童为乙组，参加歌唱、京剧、讲故事竞赛。

4 月 25 日

国民政府交通部发布《通饬各广播电台用国语报告令》，规定各广播电台从本年 5 月 1 日起一律用国语报告，如有特殊情形得用方言翻译，但不能纯用方言报告。

5 月 11 日

国民党中央广播无线电台管理处出版的第 34 期《广播周报》刊登天津中华广播无线电台和天津东方广播无线电台节目表。

同月

经过在伪满哈尔滨放送局工作的中国人的巧妙斗争，哈尔滨放送局播放了哈尔滨口琴社演奏的大型口琴曲《沈阳月》。《沈阳月》原名为《战场月》，是为获准演出而临时改变的名称。它描述了北大营爱国官兵奋起抗击日本侵略者，却被强令撤退时的悲愤情感。因《沈阳月》具有反满抗日内容，哈尔滨口琴社惨遭镇压，共产党员侯小古牺牲。

同月

国民政府交通部限定民营电台频率在550千赫～1500千赫之间。

7月1日

鉴于英商电气音乐实业有限公司（原百代公司）规定广播电台播送该公司唱片须取得许可并预付每月150元唱片版权税等，民营无线电播音业同业公会通告各会员电台暂停播放该公司唱片，改播大中华公司国产唱片，同时委托律师进行法律解决。

同日

江苏省广播无线电台（亦称江苏省广播电台）在6月3日试播的基础上正式播音。电台呼号XGOZ，发射功率初为100瓦，1936年4月扩大为1千瓦，频率亦由1110千赫改为1150千赫。该台隶属江苏省政府秘书处，台址原在江苏省政府大院内（今镇江市政路24号），1937年1月迁至镇江西郊省句路（今中山西路火车站西侧）新址。抗日战争全面爆发后，镇江沦陷，该台随江苏省政府撤离镇江，机器散失，1946年春重建并恢复播音。

7月8日

上海《新闻夜报》刊登署名为"独鹤"的评论文章《借无线电灌输知识》，认为电台的靡靡之音太多，希望在播音中能加入些教授语言学或各种浅近科学的节目，开展空中教育。

同月

江苏省广播电台编印《江苏广播双周刊》，1936年8月起改为《江苏广播周刊》，刊登节目表及广播稿件等，1937年出至总93期时停刊。

8月5日

全国广播收音机开始登记。上海国际电信局从8月1日开始办理登记，至9月30日登记期满，总计登记收音机6.8万余台。

同月

国民政府交通部大力整顿民营广播电台，主要措施是：1.因频率分配完，停发许可证；2.惩办管理不善的电台；3.令各台送呈播音节目及时间表，加以统筹安排。通过整顿，上海地区在年内停办沈氏等12家电台。

9月

我国北方第一份专门报道广播界消息的报纸《广播日报》在天津创刊。1936年12月《无线电日报》也在天津创刊,两报都是4开4版小报。1936年3月起,《广播日报》增发一份8开4版的《广播日报三日画刊》以吸引更多读者。1937年日军占领天津后,《广播日报》被取缔。

同月

由北宁铁路局主办的天津北宁铁路局广播电台开播。该局计划在全局所有的列车内装设收音机,专门收听该台的广播节目,希望借此促进该局的营业。因技术上的原因及经济上的考虑,该台开播不久即于同年12月停办。

同月

山西太原广播无线电台建立,呼号XGOT,发射功率100瓦,频率1000千赫。

同月

民营苏州广播电台开始播音。电台呼号XLIP,发射功率50瓦,频率1310千赫,波长229米。台址在苏州临顿路600号(今临顿路19号)。该台由吴克明创办,交通部发给播音执照。主要节目有《评弹》《滑稽》《歌咏》《中西唱片》等。1937年11月苏州沦陷,电台停播,机器被日军掠劫一空。创办人吴克明后被日军杀害。

秋

湖北省商办电台华中广播电台开播。电台呼号XHJA,发射功率100瓦,频率570千赫。1937年抗日战争全面爆发后关闭。

10月

天津西沽工业学院筹办广播电台,由该院(今河北大学)无线电研究系主办,但未正式播音即停办。

同月

天津中原公司广播电台开办,发射功率15瓦,主要播放该公司的"巴黎跳舞场"的音乐。台址在和平路中原公司(今百货大楼)5楼。1936年停办。

11月10日

伪新京(长春)放送局由长春市南广场迁入本部大楼内办公。当时,该放送局内部机构有业务课、技术课,1936年增设营业所。

11月22日

《申报》报道,上海市社会局将会同教育局草拟取缔无线电"乖谬播音"节目办法,规定上午应播送教育及社会常识,下午及晚上方可播送娱乐节目。

同月

国民党驻赣绥靖公署结束工作,南昌广播电台移交省政府建设厅接管,改称江西省广播无线电台。1937年1月，该台迁至南昌市四经路，在新址架设T型天线，安装3千瓦中波发射机一台，并在汽车上安装100瓦发射机一台，建立流动电台，全天播音两次，计六小时。不久，因侵华日军狂轰滥炸，该台被迫停播。1938年1月，江西省广播无线电台迁至吉安县（今吉安市）播音。1939年1月6日，江西省建设厅成立省电讯事业管理总队筹备处，并将所属江西省广播无线电台一分为二，一台设在南昌，二台设吉安县。同年3月，南昌沦陷，第一台迁至吉安县，与第二台合并，改称江西省广播电台。1941年6月，该台随省政府迁至泰和县，在县城南郊龙洲王家村12号播音，1942年11月29日停止播音。台负责人为罗肖华等。

12月1日

国民党西安广播电台开始基建。其机器设备使用的是国民政府根据《何梅协定》于同年6月撤销的河北广播电台的机器设备。

12月21日

上海大陆广播电台正式播音。电台呼号XHHK，发射功率100瓦，频率1340千赫，波长223.9米。该台由中法药房创设，创办人林祝三。

12月31日

上海《晶报》载文披露电台广告之多时举例："新新电台在一次播送京戏《龙凤呈祥》的唱片中间，插播广告10余次，所有袜子、皮鞋、雨衣、绸缎、雪茄等商品广告轮番播送。当播《甘露寺》一戏时，正唱得起劲，突然一报告员的声音插进，大讲手提皮包以及大小皮夹子等商品，发出各种叫卖声，仿佛甘露寺前摆货摊，使听者感到滑稽可笑。"

同月

广播电台播放唱片问题获法律解决。国民政府司法院议决：唱片不享有著作权及对出版物之法律保护，应听凭电台自由处置。留声机片既非出版品，亦非著作物，购买人本具所有权作用，无论如何使用，应任凭自由，出售人、制造人、发行人均不得干涉。

同年

国民政府资源委员会在南京设立中央电工器材储备处，决定在外地建立生产电话机、电线、电瓷、电机、电子管和收音机等六个工厂，同年9月，首先在长沙建立了以生产收音机为主的湖南电器制造厂。

同年

北平育英中学办起育英广播无线电台。电台呼号XLKA，发射功率150瓦，频率1190千赫，每周三、日为华北福音广播社节目，每晚定时播送中文和英文祈祷等。该台为教会所控制。

同年

北平地区亚平商业广播电台开播,为私营电台。

同年

上海大东广播电台播音。电台呼号 XQHA,发射功率 250 瓦,频率 600 千赫,波长 454.4 米。1935 年冬,国民政府交通部命令停播。

同年

上海亚美股份有限公司研制出我国第一台五灯超外差式收音机。

同年

新疆省边防督办公署交通处在迪化(今乌鲁木齐)建立有线广播电台,台长杨德禄。该台一直播音至 1949 年 5 月。

1936年

1月4日

上海麟记广播电台开始播音。电台呼号 HQHG，发射功率 250 瓦，频率 1220 千赫，波长 245.8 米。该台是麟记蓄电池厂为提倡使用国产蓄电池，以引起听众对无线电研究兴趣而设立的。1937 年"八一三"事变爆发，日军侵沪，该台拆除机件，迁入租界，拒绝与敌伪合作。

年初

国民党中央广播电台按照国民党中央的部署，在广播中广泛动员海内外同胞节衣缩食，募捐购买飞机，庆祝蒋介石五十大寿。

2月16日

国民党中央广播事业管理处与英商马可尼公司签订购置 35 千瓦短波发射机合同。1937 年抗日战争全面爆发，中央广播电台迁至重庆，这部短波发射机部件陆续转到重庆。1938 年 10 月安装竣工并开始试播。1939 年 2 月 6 日，中央短波广播电台在重庆正式播音。

2月18日

国民政府交通部令上海国际电信局转各民营广播电台一律停止增加发射功率，以安定电波秩序。当月 28 日再次重申此令。

同日

上海市广播无线电管理处在市公用局内成立，公用局第三科科长陈综汉兼管理处主任，王敏明任副主任，下设播音组、技术组。

2月20日

国民党中央广播事业指导委员会成立，该委员会由中央广播事业管理处、中央宣传部、交通部、教育部、内政部等党政部门组成，主要任务"为谋广播事业之统一运用，整齐其步伐，健全其组织"。陈果夫任主任委员，吴保丰任副主任委员。该委员会为国民党管理全国广播事业的决策机构，指导监督全国所有官办、民营广播电台。至 1946 年 9 月 17 日最后一次会议止，十年间共开会 30 次，订立了多种法规，其中有《全国广播电台系统及分配办法》《指导全国广播电台播送办法》《播音节目内容播查标准》与《民营广播电台违背〈指导全国广播电台播送办法〉之处分简则》。该委员会的《组织大纲》规定其职责范围是：一、广播网之计划与编制事项；二、广播电台之筹设与取缔事项；三、广播事业法规之订定事项；四、广播电台波长之分配与呼号之规定事项；五、广播电台机械测验与程式之规定事项；六、广播电台播音节目之审核与支配事项；七、收音机之调查与登记事项；八、国内外广播电台播音节目之侦查与交换转播事项；九、广播机件材料之自给计划事项；十、国际广播会议之参加事项。抗日战争全面爆发之前，该委员会共召开过五次会议，主要议题有收回或撤销外国人在华广播电台、规划全国广播电台系统及设置办法、征收全国收音机执照费方案、审查广播节目播出等，并开始筹划全国广播网建设事项。1946年9月17日第30次会议后休会，1947年底，经国民党中央常务会议决议裁撤。

2月23日

南京短波广播电台正式播音。电台呼号XGOX，发射功率500瓦，频率9460千赫。该台主要转播国民党中央广播电台的新闻、时评、英语报告节目，每天播音2小时20分钟，同时办有供东南亚一带华侨收听的广州话、厦门话和英语、马来语节目，是当时国内唯一一座短波广播电台。

同月

国民党中央决定在长沙筹建一座发射设备仅次于中央广播电台的长沙广播电台，以备在南京受到威胁时暂行中央广播电台的广播任务。

3月8日

上海市政府广播电台开播。电台呼号XGQI，发射功率500瓦，频率900千赫，波长333.3米，由市政府公用局创办并管理，发射机设在公用局，播音室设在市政府内。早在1935年该台就开始筹办、试播，所有应用机件均由中国无线电业公司负责承装。该台未设专职编辑人员，其编审事宜由市政府相关处局各派代表一人组成播音编审委员会负责，由市政府秘书处、教育局及公用局所派代表担任该委员会的常务委员。该台播音以宣传市政建设及民众教育为宗旨，每日播送两次新闻。"八一三"抗战爆发后，设在江湾五角场的上海市政府电台迁南市继续播音，1937年11月27日被侵华日军占领。

3月31日

冯玉祥在国民党中央广播电台发表题为《国难期中国民应有的生活》的演讲，认为"我们整个的国家，整个的民族，都已经到了生死存亡的最后关头，这个沉重地压在我们每个国民心头上的问题，时时刻刻地使我们想到，如何才能免去亡国灭种的危险……我们应该把一切私人的仇恨和意见，谁对谁不对，完全忘掉。谁不对，也比我们的民族的敌人好。"

同月

刘髯公小型广播电台开办,发射功率15瓦,创办人是天津《新天津报》社社长刘髯公,是年冬停办。

春

国民政府教育部发给宁夏直流收音机七台,由宁夏教育厅分发省城中小学和图书馆使用。

4月1日

国民政府交通部上海国际电信局撤销。交通部上海广播电台归上海电报局管辖。上海民营广播电台之监督亦归上海电报局办理。

4月13日

国民政府行政院通令各地公私广播电台,从4月20日起,每日20:00至21:05(星期日除外)一律转播中央广播电台的简明新闻、时事述评、名人演讲、学术演讲、话剧、音乐等节目,"如无转播设备者应于此节时间,暂行停播,以免分歧"。

同月

朱传榘小型广播电台在天津开办,是年冬停办。

5月9日

国民党中央广播事业管理处出版的《广播周报》第85期刊登天津青年会、仁昌、中华、东方广播电台的节目时间及基本情况介绍。1939年冬,《广播周报》停办。

5月12日

冯玉祥在国民党中央广播电台发表题为《如何建立我们的自信和互信》的广播演讲,呼吁"只有全体一致地奋斗,才能解脱亡国的命运;只有坚决地抵抗,才能有光明的前途。所以,我们全国上下,都应赶紧树立自救救国的坚定信仰,树立相互间的信赖"。

5月21日

茅盾主编的《中国的一日》(该书当年9月15日由上海生活书店出版)书末附录了当天上午商业台播出的歌曲、戏曲节目,用以揭露当时娱乐广播的低俗内容及恶劣影响。列举的歌曲节目有《爱往何处去》《爱如花月》《粉红色的梦》《双料情人》《爱情是什么》《小野猫》《定情歌》等,戏曲节目有《火烧红莲寺》《劈三棺》《济公传》《英雄难过美人关》等。商业台的做法受到社会进步舆论的抨击。

同月

天津社会局广播电台开办。该台由国民党天津社会局主办,地址在河北区黄纬路。是年冬停办。

6月23日

国民革命军第四集团军总司令部政训处巡讲团用大车上装置的播音机,每日18:00至21:30在南宁各街道播音,宣传抗日,教唱抗日歌曲。

同月

国民党中央广播事业管理处公布《中央广播事业管理处招考技术、播音补充人员简则》,规定公开招考的技术、播音人员必须是国民党党员。

同月

国际广播公会第12届年会在瑞士举行,通过国民党中央广播电台为该会会员。

7月1日

上海市电报局规定,电台播送节目稿本一律须经审定方可广播。审定工作由上海电报局会同社会局、教育局办理。节目标准:一、宗旨纯正;二、不危害治安;三、适合党义原则;四、不可诲淫;五、不含有神怪妖异;六、不违背科学原理;七、不违背伦理精神;八、不可有污秽俚俗;九、不得播扬封建思想。

7月15日

上海广播电台创办《妇女通问》节目,播讲新家庭主妇所应有的常识。

7月31日

国民政府公布《交通部无线电台组织通则》,规定广播电台要设置播音、技术、事务三股以便管理。

同月

国民党中央广播事业指导委员会以"中央广播电台"的名义参加了设在瑞士的国际广播公会,初步开展了国际交流活动。

同月

国民党中央广播电台成立侦察组,抄收外国电台对中国广播节目,了解节目内容,供其参考。同时监听国内各地方台节目及转播情况,第二天填写收听报告送有关部门。

8月1日

上海广播电台转播德国柏林奥运会开幕实况。2日起,每晚定时播送中央通讯社记者报道的奥运会消息。

同日

西安广播电台开始播音,呼号XGOB,发射功率500瓦。开播当天,张学良特派总部办公厅副主任代表他发表讲话。该台除转播国民党中央广播电台部分节目外,还设置有《总理遗教》《党务报告》《新运要义》《国际大势》《新闻》《文艺》等节目,每天播音两次,共9小时10分钟。首任台长王权。该台为西北地区最早的广播电台。

国民党当局为了加强对西北地区的宣传，1935年6月下令将设在北平的河北广播电台的设备拆卸到西安，筹建西安广播电台。

8月14日

《时事新报》指出，"广播电台的使用，在于用迅速的方法，来传递重要的新闻。可是中国的广播电台已商业化了。它以宣扬货物为主要任务，而把原来的使命——传递重要新闻——成为附属品了，各电台为了替各商号作广告，不得不利用娱乐节目来吸引听众。所以他们所广播的节目，都是迎合小市民的低级趣味的污秽俚俗的滩黄、滑稽、宣卷之类的节目。这种靡靡之音，对于市民的思想行动，都有妨碍"。

9月3日

国民党中央广播事业指导委员会召开第四次会议，通过了收回或撤销外国人在中国境内所设立广播电台以杜隐患的决议案。其报告指出："据报上海大东电台，业已售于日人。查近日我国境内，如沪津汉等埠外人在租界内擅自设立广播电台，在平时固仅以牟利，非常时期则阴为间谍，不仅妨碍我国播音领空之主权而已，若不从速由本处先行收回或撤销国境内外人所设之电台，恐将接踵设台，以巨大电力扰乱我中央电台与民营电台之播音，并以之作不利我之宣传，势将无法制止或干涉。"报告最后说，现有外人广播电台大都规模简陋，收回自办尚非难事，可由本处拟具计划及预算，由交通部办理。

9月7日

《天津午报》分别刊登天津仁昌电台、中华电台、青年会电台、东方广播电台的节目表。

9月16日

成都广播电台开始播音。电台呼号XGOG，发射功率10千瓦。该台由国民政府交通部电政司派人筹建并管理，除办有一般新闻、评论节目外，还办有藏语和英语等节目。抗战胜利后，该台交由成都电信局管理。

9月27日

冯玉祥在国民党中央广播电台发表题为《节约运动的一点意见》的广播演讲，号召政府学习苏联的榜样，节衣缩食，艰苦奋斗。呼吁"我们的最后一滴血，最后一个铜板，都用到求独立生存的民族抗争上去"。

秋

唐山市瑞兴祥绸缎庄开办唐山坚声广播电台。电台呼号XPDT，发射功率200瓦，频率1130千赫，发射天线高33米。每天播音两次，全天播出10小时，除转播国民党中央广播电台联播节目外，主要播送商业广告和文艺节目。

10月28日

国民政府交通部公布国民党中央广播事业指导委员会第四次会议通过的《指导全国广播电台播送节目办法》，随后，该委员会函告各广播电台，自12月15日起"各电台播音节目改由本会接管审查"。该办法分为编排节目、节目内容、播送时间与附则4项。一、编排节目：1.各广播电台应将播音节目种类及播送时间、预编节目时间表，遵照交通部之规定，送请中央执行委员会广播事业指导委员会审查后核准施行。嗣后如须更改，亦应报准实行。2.各广播电台逐日报送每种节目之标题（如演讲某事，奏唱某歌某曲）及担任人员姓名，应先编排节目内容预报表，送至中央执行委员会广播事业指导委员会审阅，如有更改之必要者，得通知改正之。3.各广播电台预定节目，如不得已临时变更，增加或停缺，应不逾每日节目1/5限度。4.各广播电台播音节目时间内应照交通部之规定，转播中央广播电台播音。其暂无转播设备者，得报明停播。5.凡遇中央广播电台有特别重要节目，经中央执行委员会广播事业指导委员会认为有转播之必要时，得随时通知办理之（但至多每日一节目为限）。二、节目内容：1.播音节目之成分，关于教育演讲及新闻报告方面，公营广播电台应占多数，民营广播电台亦不得少于40%，但以转播中央广播事业管理处所属各电台之节目为限，其娱乐及广告节目至多不得超过60%。2.各广播电台除娱乐节目外，对于教育演讲及新闻报告节目应以国语播送为原则，暂时兼用当地方言者，应另加教授国语节目。3.各广播电台不得播送有干禁例或偏激之言论、诲淫诲盗迷信荒诞之故事及歌曲唱词。三、播送时间：1.各广播电台播送节目之时间，应以规定各区标准时间为标准。此项标准时间，应与中央广播电台每日播音校对之。2.在同一市县以内已有100瓦特广播电台5座以上者，该地未满100瓦特之广播电台，其播送节目之时间应有限制，由交通部随时规定饬知不得逾越。四、附则：1.各广播电台不遵守本办法者，由交通部按其情节轻重，警告或取缔之。2.本办法自公布之日施行。

10月31日

国民党中央广播电台实况转播蒋介石50岁寿辰大典，其所属的南京短波广播电台也同时广播。蒋介石的文章《五十生日感言——报国与思亲》成为反复播放的内容。该文同时用白话、国语、广州话、英语播出。国民政府考试院院长戴传贤以及叶楚伧、吴保丰等发表赞颂蒋介石的谈话。

同月

上海市儿童播音竞赛冠军张银蟾在上海广播电台作宣传国货播音。

11月

伪满新京（长春）放送局广播发射台新增一部10千瓦中波发射机，频率560千赫，波长 535.7 米。从此，该放送局开始办两套节目，分第一广播和第二广播，用两个频率播音。100 千瓦长波发射机作为第二广播，主要播出汉语节目，同时也播出一部分英语、俄语、蒙古语节目。10 千瓦中波发射机为第一广播，主要播出日语节目，有时也播出朝鲜语节目。

同月

伪满哈尔滨放送局把"混淆放送"改为单纯的日语第一放送。

同月

湖南广播无线电台扩大功率为 1 千瓦，成为全国五个 1 千瓦电台之一。该台有一栋两层楼，十来间房子，全台人员编制 11 人，台长张道源，每日播音七小时。

同月

新西兰一位业余无线电爱好者邮来新西兰 DX 无线电组织的证明，证明他曾在 10 月 1 日 9∶00 收听到天津青年会电台的广播。

12 月 1 日

冯玉祥在国民党中央广播电台发表题为《大家起来，保卫国土》的广播演讲。当时，内蒙古一些民族败类纠集各色反动武装，在日军和伪满政权的支持下，大举进攻绥远，于是爆发了绥东剿匪之战。国民政府将绥东剿匪和陕北"剿共"混为一谈，坚持两个剿匪战场，蒋介石亲自在西安指挥。冯玉祥对此深表不满，在演讲中呼吁"只要国内没有丝毫自己消耗力量的举动，全国所有同胞都能把前方的胜利当作最大的利益，敌人的失败，自然是不成问题的事"，希望"我们每一分钱一文钱也不浪费，一分钟一秒钟也不空过，集中一切力量，共赴国难"。

12 月 4 日

国民党中央广播电电台台长吴道一发表题为《充实国力》的广播讲话，主要讲的是考察欧美的感受。但该文刊于《广播周报》时，讲话精神却被概括为"剿匪御辱不忘充实国力，充实国力必先剿匪御辱"。

12 月 5 日

国民党中央广播事业指导委员会开始审查全国广播电台播音节目。15 日，中央广播事业管理处通告，上海电报局和社会局、教育局会同办理之各电台节目审查事宜应即停止。

12 月 8 日

国民党中央宣传部部长方治在中央广播电台播讲题为《对于慰劳剿匪将士捐躯救国的一点意见》，宣扬"站在民族立场上来说，匪伪、赤匪二者都是背叛国家"。中央广播电台已将节目排定为 1937 年 1 月 1 日和 2 日，集中播出"首都各界剿匪御辱救国宣传节目"，西安事变打乱了这些计划。

12月12日

西安事变爆发，张学良接管西安广播电台。12月14、15日两天，张学良、杨虎城先后到广播电台发表演讲，报告西安事变的原委，阐明抗日救国的主张，揭露国民党亲日派造谣污蔑的可耻伎俩。张学良在广播讲演中特别指出："现在南京方面把我们的电讯隔断，并且给我造了好多谣言。他们不愿意国人知道我们在这里做些什么，真是一件不幸的事。我们希望国人明白真相。我们不愿意任何人利用机会造内乱，给侵略我们的帝国主义造机会，我们只求有利于国家民族，至于个人的毁誉生死，早置之度外。"16日，张学良又指派秘书长吴家象代表他发表广播演说，再次向全国民众报告西安事变的真相。当时西安台除办有国语节目外，还用英、俄、德、日语报告新闻，并举办《抗日救亡言论》专题讲座，邀请各界知名人士讲述抗日救亡的理论和方法，邀请解放剧社演播抗日独幕剧《刀伤药》。周恩来还邀请著名进步记者史沫特莱主持英语节目。史沫特莱与英国记者、新西兰人贝特兰和德国人王安娜等先后参加外语广播，为中国人民的抗日救亡作出了贡献。对于西安台的广播宣传，南京国民党当局采取了种种措施干预，如临时变动南京、河南、山东三台的频率，延长中央广播电台的播出时间，甚至将南京台的设备运往洛阳，用来专司干扰西安台的广播。著名记者埃德加·斯诺在《西行漫记》中指出："西安整天广播，一再声明不向政府军进攻，解释他们的行动，呼吁各方要有理智和要求和平，但是南京强有力的广播电台进行震耳的干扰，淹没了他们说的每一句话。"西安台和南京之间的广播战，一直持续到1937年1月底才告结束。

12月24日

上海广播电台23：45至24：00向美国人民播送圣诞节祝词和圣诞歌曲，美国播音公司进行转播。

12月25日

18：15，上海市播音业同业公会收听到国民党中央广播电台关于"蒋介石离开西安、西安事变和平解决"的新闻，立即通知各会员电台转播。

同月

国民党中央广播事业指导委员会在上海设立办事处，由交通部上海电报局协助工作。

同年

无线电专家孟昭英回国，在燕京大学任副教授，讲授无线电及电子学方面的课程。他是国内最早开设这类课程的学者之一。

同年

在国民党对各台节目和播讲人实施严格控制后，北平广播电台节目越发死气沉沉,听户日减。到"七七"事变前,听户比刚创办时减少一半,销售收音机的商户大批倒闭,剩下不足 10 户。

同年

燕声广播电台发射功率增到 150 瓦。

同年

《天津晨报》举办"播音明星"评选活动,梁赤侠、马增芬、张浩然当选。梁赤侠开创了"单人话剧"演播模式,即由一个演员模仿剧中男女老幼各种人物的不同声调。当时有人将这种表演称为"独角播音戏"。马增芬演唱西河大鼓,张浩然说评书。他们的节目大多在天津的仁昌电台、中华电台、青年会电台、东方电台播出。

同年

广州出现过一座隶属于国民党军队的无线电专科学校实验性的中波广播电台,每天定时播音,后随部队的转移而搬迁。

同年

高邮民营杨氏广播电台开播。电台呼号 XKYY,发射功率 15 瓦,频率 1150 千赫。台址在高邮县城北门十灰阁(现高邮县城北小学内),创办人杨谨之。1939 年,日军占领高邮县城,电台停播。

同年

日本人在齐齐哈尔市新开路电报大楼内设立一座小型广播电台,只播送日语节目。

同年

日本公会堂广播电台开办。该台由日本驻天津领事馆主办,播送部分华语节目并转播东京电台日语节目。

1937 年

1月28日

上海元昌广播电台于"一·二八"纪念日暂停播送娱乐节目,播送纪念节目。9:00 起播送"警策语"及"防卫常识",下午播送爱国剧《一·二八之夜》和《李老大说梦》,晚上播送爱国剧《争夺记》和《收回》。

同月

中共中央由保安进入延安,至抗日战争全面爆发前夕,红军中报务人员近 200 名,无线电台 34 部。埃德加·斯诺在《西行漫记》中介绍,当时陕北红军同上海、汉口、南京和天津等重要城市都建立起了无线电联系。

2月1日

上海的同乐、周协记、敦本堂、安定、市音、新声、惠灵、华乐等八家民营广播电台因设备简陋或"违反法令",国民政府交通部电政司训令上海电报局加以取缔。19 日,上海电报局发出通告,注销上述八家电台许可证,收回各台使用的呼号、频率。

2月9日

蒋介石派来的军队进驻西安后,西安广播电台停止播音。因西安事变中该台宣传张学良、杨虎城等主张,国民党中央广播事业管理处通知该台除一名职工留守外,其余人员全部调回南京"整肃"。

2月26日

上海民营广播电台同业公会推派代表赴南京请愿,要求国民政府收回对同乐、周协记、敦本堂、安定、市音、新声、惠灵、华乐等八家民营广播电台取缔的决定并放宽对民营电台的播音限制。

同月

长沙广播电台竣工试播,5 月 5 日正式播音。电台呼号 XGOV,频率 790 千赫,台址设在长沙市党部东街(今民主东街)附 16 号前湖南国术研究社。该台的发射机是利用国民党中央广播电台 75 千瓦大机器积余下来的备用材料,自行装制的中型发射机,覆盖范围可及全国,甚至日本、东南亚、新西兰、澳大利亚等地。中央广播事业管理处撰写的《广播节目演讲概述》称："获此效果实为吾国广播史上重要一页也。"该台每日播音七小时，全台编制20人，金选青、范本中先后任台长。该台直属国民党中央广播事业指导委员会广播事业管理处领导。其开播后，湖南广播无线电台即停止播音。

3月8日

为纪念国际妇女节，上海市妇女会请上海市市长吴铁城夫人、蔡元培夫人、王孝英、陆礼华、舒惠桢等女士在亚声、大中华广播电台演讲。

同日

中华书局出版的《上海研究资料续集》中收录了胡道静撰写的《上海无线电台的发展》一文，文中介绍了奥斯邦在上海创办广播电台的情况及上海开洛公司广播电台、上海新新公司广播电台、上海亚美电台、上海美灵登广播电台等的创办和发展，同时也介绍了国民政府对无线广播电台的各种管理措施。

3月13日

国民党中央广播事业指导委员会第五次会议通过《全国广播电台系统及分配办法》，办法分为电台种类、电台区域、频率及呼号规定四项。一、电台种类：分为中央台、区台、省市台和地方台四种。中央台设在南京，发射功率最少为300千瓦。区台是指设在最繁华都市的电台，供全区听众收听，发射功率为10~50千瓦。省市台指设在各区之省会、特别市的广播电台，发射功率500瓦~5千瓦，每区可设2~6座。地方台指各省会及一等县的广播电台，发射功率为50~250瓦，每区可设10~15座。苏浙皖沪区情形特殊，可多至25座。二、电台区域：将全国分为9个区，即苏浙皖沪（上海）、鲁晋察热东北（北平或天津）、晋陕绥蒙（太原）、湘鄂赣豫（汉口）、甘宁青（兰州）、粤桂闽（广州）、川滇黔（成都）、新疆（迪化）、康藏（拉萨）。1944年夏，扩为12个区，并增大电台功率。三、频率分配：规定了各电台的种类及各电台间的频率间距，至少应相差100~10千赫不等。四、呼号规定：1. 全国各台第一个字母均用X；2. 每一区台的第二个字母，自H以下，除J、N外，按顺序分配使用；3. 区台的第三个字母为R，省市台为P，地方台为D，短波台为S；4. 每一区内各台的第四个字母从A起顺序分配使用。

春

国民党中央常务委员会第39次会议通过《广播教育实施办法》，规定："绝对禁止外国人在中国境内设立广播电台。"但由于日本帝国主义挑起对华战争，这一政策并没有产生太大的实际效果。

春

国民政府教育部发给宁夏收音机24台，由宁夏教育厅分发各县中心小学、实验小学。

4月12日

国民政府继1936年10月公布国民党中央广播事业指导委员会第四次会议通过的《指导全国广播电台播送节目办法》后，交通部又公布《民营广播电台违背〈指导播送节目办法〉之处分简则》和《播音节目内容审查标准》。《播音节目内容审查标准》规定了10条禁令：一、违反本党主义者；二、危害本国安全者；三、妨害社会治安者；四、违反善良风俗者；五、侮辱他人或先哲者；六、宣传迷信者；七、词句猥亵者；八、违禁物品或违禁出版品之广告；九、危害身心之药物或场所之广告；十、其他违背政府法令者。中央广播事业指导委员会制定的《教育节目材料标准》规定，"国内外重要新闻均根据中央社稿或采用当地报纸上的"中央社电"或收录中央电台之广播新闻"。从已审查的该委员会《已审播音稿本一览》中可以看出，审查节目的重点放在娱乐节目上，大量的浮浅节目，诸如《四大美人》《一身都是爱》《月下幽情》《我陶醉了》等一一准予播出，与过去并无差别。而不少表现中国人民坚决反对内战、一致抗日的进步歌曲诸如《五月的鲜花》《救亡进行曲》《中国人不打中国人》等却被冠以"词意欠纯正"而禁止播出。于伶1937年1月创作的剧本《在关内一年》，讲述了东北人民被迫流亡关内过年，被认为是"露骨有伤国际感情"。田汉创作的《1932的月光曲》《战友》被污蔑为"剧旨不妥"。国民党当局的审查人员还把一些外国著名歌曲和表现反法西斯斗争的歌曲如《祖国进行曲》《保卫马德里》等加上"不合国情"的罪名不允许播出。不过，也准予播出了少数救亡运动的歌曲，比如《义勇军进行曲》《毕业歌》等。

5月1日

《广播周报》第135期刊载赵元任撰写的《广播须知》一文，文章从机械、声音、语言、讲稿、材料、礼貌等六个方面介绍了广播工作中应该注意的事项，实际上开始了我国较早的广播业务研究。

6月1日

哈尔滨至牡丹江的广播专用中继线敷设完毕，伪满牡丹江放送局第一放送（日语广播）建立，呼号MRCY，频率745千赫。局址在牡丹江市西祥伦街（今牡丹江市太平路）。

同月

《十年来的中国》一书出版。该书收录了吴保丰撰写的《十年来的中国广播事业》一文，文章介绍当时国民党控制地区共有官办和民营广播电台78座，总发射功率近123千瓦。

同月

广西省政府成立桂林广播电台筹备处。年底,省政府向中国电业公司购回10千瓦中波广播发射机在桂林开始安装。

7月7日

侵华日军制造卢沟桥事变,侵占北平,取缔了北平所有的广播电台,各台原有设备被集中到麻花胡同,改装成功率500瓦、300瓦和100瓦发射机,盗用"北平广播电台"的名义播音。

7月22日

日本电信电话株式会社在承德市建起的承德放送局开始广播。电台呼号MTFIY,发射功率50瓦,频率915千赫,当时只转播日语广播节目。

同日

上海市各界团体发起成立上海市各界抗敌后援会。抗敌后援会下设宣传委员会,其所属的国内宣传部内专设有广播组,由苏祖国、邢婉、童慕葛、鄢克定等人参与广播工作。广播组负责协调对内、对外宣传中需要由电台安排播出的演讲、说书、戏剧等活动。

7月28日

(天津)日本公会堂广播电台在日军发动"天津事变"时,播送日军的"安民告示"。

7月30日

上海市各界抗敌后援会召开第一次宣传委员会会议,将广播组的活动目的定为:"每日作时事广播或名人演讲,凡关于民族抗战主义有关之唱片节目尽量予以提倡,反之则设法劝阻之。"

同月

"七七"事变后,伪满广播开始与天津、北平等地的日伪广播电台"交换"所谓建立"东北新秩序"的广播讲演节目。

8月1日

(天津)日本公会堂广播电台定名为"华北广播电台"。

8月10日

自即日起,上海市各界抗敌后援会举行筹募救国捐款广播演讲。每日13:40起,由四位各界名人分别在亚美、华美、大中华和中西广播电台演讲,每次20分钟至30分钟,16:20结束。播音日程一直排到8月29日,共有吴蕴斋、王芸生、王云五、曾虚白、梅龚淋、洪琛等80人作了广播演讲。

8月13日

日本侵略军进攻上海,即日起,上海曲艺界救亡协会分别在中西、华东、富星等电台举行募捐宣传三天,播出的节目有苏滩、甬剧、越剧、滑稽、话剧、申曲、平剧(京剧)、弹词等。

8月14日

"七七"事变后,日本帝国主义大举侵略中国。国民党中央广播电台播发国民政府《自卫抗战声明书》。

8月16日

"八一三"会战爆发后,上海市公共租界工部局即插手干涉租界内各民营电台广播节目的播送。即日,工部局发布紧要布告,禁止各广播电台播送未经租界当局证实的消息,违者立时封闭电台,以此来限制中国电台的抗日宣传。8月17日,针对公共租界工部局16日的"紧要布告",上海市民营无线电播音业同业公会致函工部局进行抵制称:"各会员电台所报新闻,均根据沪上各大报纸。在报纸上既能披露,则在电台方面想无不能宣布之理。"

8月19日

上海公共租界工部局宣称:从即日起"每晚将当日发生之事件摘要用英语在西华美(XMHA)及劳勃生电台(XQHB),华语在华兴(XHHP)及中西电台(XHHH)广播",以"辟除近日常有之无稽谣传"。

8月24日

日本飞机乘月夜轰炸南京。国民党中央广播电台临时设在南京东郊灵谷寺附近的短波发射台被炸。该台青年工程师蒋德彰罹难。

8月28日

日本内阁决定立即新建北平大功率广播电台,并从日本拆运来一部中波50千瓦屏调发射机,以应急用,将原双桥电台的长波大功率发射机废弃。

同日

茅盾在《救亡日报》发表《对于时事播音的一点意见》,希望文艺界和游艺界(特别是说书人)同人联系起来,将前线战士浴血奋斗的英勇事迹编成故事播出。

9月5日

上海市各界抗敌后援会与中国特种教育协会即日起联合举办名人无线电抗日救亡广播演讲,每日两次。第一次从12:30至13:00,第二次从16:45至17:15。每次由两人分别在两处电台同时演讲,其他电台转播。

9月7日

上海市各界抗敌后援会宣传委员会国际宣传部确定每日19:00至19:45为外国

语播音时间，内容有英、日、德、法、俄、朝鲜等外语播音，其中德语播音由王安娜及王炳南担任。

9月8日

上海市各界抗敌后援会宣传委员会与民营无线电播音业同业公会议定《战时广播电台统一宣传办法》，共8条。核心内容是第二条，规定战时各广播电台应一律播送下列主要节目：一、时事报告；二、劝募救国公债；三、劝募慰劳物品及其他征集事项；四、战时常识指导；五、外语演讲及时事杂评；六、抗战歌曲演唱；七、名人演讲；八、游艺劝募或宣传。同时规定：第一项节目可由各电台自由播送，惟须以受新闻检查所检查之报纸为限；第二项节目由宣传委员会拟定宣传稿件送各电台播送；第三项节目由宣传委员会依照慰劳委员会所需之物品及其他征集事项拟就稿件通知各电台播送；第四项至第八项节目一律由宣传委员会特派人员播送。各电台可以转播。宣传委员会指定五处电台为监察电台，随时监察、纠正各电台的广播宣传工作并针对敌方的广播宣传，指定电台从事干扰敌台音波。抗敌后援会宣传委员会国际宣传部拟订外国语宣传大纲，针对日本国民、英美政府与人民、苏法政府与人民不同对象，制定不同的宣传内容。每日19：00至19：45为外国语播音时间，每种外国语播音10至15分钟。其中，英语和日语播音每天都有，其他如法语、俄语、德语、朝鲜语则不定期。为了充分发挥广播的作用，鼓励听众把收听到的抗战消息记录下来编印成壁报张贴，或在亲朋好友中广泛传播。

9月10日

日本侵略军占领张家口之后建立的张家口放送局开始广播，呼号XGCA，发射功率10瓦（1939年增至500瓦），频率843千赫。张家口放送局编排节目以反共为宗旨，专门设有对延安广播的专题节目。

9月11日~11月15日

上海文化界救亡协会邀请文化界著名人士在交通部上海广播电台作救亡演讲，共50多次。演讲内容有郭沫若的《抗战与觉悟》、钱俊瑞的《抗战胜利的基础》、胡愈之的《抗战中的国际形势》、郑振铎的《如何保持抗战的胜利》、萨空了的《抗战中的宣传工作》、刘思慕的《上海抗战后的日本国内社会经济》、恽逸群的《抗战中的农民运动》、沙千里的《抗战中的职业青年》、许广平的《鲁迅与抗日战争》、施复亮的《抗战与民主》等。另外，上海文化界救亡协会还多次组织音乐、戏曲、文学节目到广播电台播出，为保卫大上海和抗日民族解放战争作宣传。

9月中旬

伪满洲电信电话株式会社与伪华北自治政府交换节目，伪哈尔滨放送局的日语节目通过中继线路传送到华北。

9月21日~23日

上海慈善团体联合救灾会和救济灾区委员会特邀名票界、电影界、话剧界、伶界在佛音电台举行大规模播音募捐。23日晚，梅兰芳出席，参加播唱。

9月24日~26日

上海伶界联合会、国难后援会为筹集救国公债及救护伤兵、救济难民、慰劳将士等款项，举行大规模平剧（京剧）会串播音，在佛音电台播出。特邀京剧名演员梅兰芳、周信芳、李少春、高百岁等出席，三天共募得1.3万余元。26日，梅兰芳、周信芳、华慧麟等在富星电台义务播唱，共募得现金1.36万余元及银器、古玩等。

10月3日

上海《救亡日报》发表署名为"莫"的《抗战中的广播电台》的文章，指出："在抗战期中，一切活动都不方便，无线电播音便成为唯一的对内对外最有力量的宣传工具了。"文章还对上海民营广播电台停播广告转作救亡宣传的做法给予充分肯定和高度评价，认为其"予救亡工作以实际上的帮助"。文章还披露了一些民营电台参与实物募捐的情况，"如友联电台日前捐了一千多件棉背心，为了要使这棉背心穿在作战将士身上，得到一些勉励和安慰，他们在每件棉背心里贴着各种不同的话语。这里抄一则在下面：亲爱的将士！我们真不知该怎样对你们表示感激，但只对你们作心内的感激是不够的，我们应在后方给你们种种的援助。亲爱的忠勇将士，你们安心地干吧！你们不用后顾，你们前方需要的东西，我们都能尽力输送，一切都没有问题，你们放心大胆前进吧！直到把敌人全都赶出我们国境。那时候我们在吾国庆祝胜利大会里握手互见，互相举杯痛饮倭奴的血酒，敬祝大功告成，并致军礼！"

10月11日

中国作曲家协会、上海戏剧界救亡协会话剧组在中西广播电台联合播音，每日19：00至20：00播出。演出有歌曲《出征歌》《救亡之歌》《募寒衣》《保卫大上海》；话剧《保卫卢沟桥》。12日继续播出歌曲《中国的呼声》《中国空军歌》《伤兵慰劳歌》；钢琴独奏《少年中国进行曲》，话剧《保卫卢沟桥》第二幕。

10月15日

上海文化界救亡协会在中西广播电台播送话剧《大家一条心》并教唱救亡歌曲。以后连续在中西和华东电台播出话剧《青纱帐里》《最后一课》《吞下了一颗炸弹》等。

10月20日

宋庆龄在上海美商R.C.A.广播电台，以《中国走向民主的途中》为题，用英语向美国各界人士发表广播演说，介绍并盛赞平型关战役的胜利，同时指出中国反抗日本法西斯侵略战争不单是为自己国家，也是为世界所有爱好自由民主的人们。她在演讲中表示："不管日本军阀是怎样的疯狂，必定在我们的领土上遭遇到灭亡，中国人都准备以最后的牺牲，来保卫祖国。"

10月22日

上海电影界与上海救济委员会合作，连续三天在中西广播电台播音募捐，救济难民。播出话剧、平剧（京剧）、救亡歌曲等，其中有田汉编剧的《阿Q正传》《卢沟桥》，陈鲤庭等编的《放下你的鞭子》，欧阳予倩编的《曙光》，孙瑜编的《最初之一课》，蔡楚生编的《第七个"九一八"》等话剧以及周信芳与电影明星合演的《明末遗恨》等。这次募捐规定：捐款50元以上赠送一册明星签字纪念簿，首页由田汉题词；捐款100元以上可亲临播音室听唱。

10月26日

上海亚声广播电台台主黄菊隐假借为伤兵募捐名义，侵吞8000余元现金及金银饰品等物，经上海市戒严司令部查明属实，以国难期间犯罪性质十分恶劣，被淞沪警备司令部以军法判处死刑，于当日执行枪决。该电台于9月被封闭。

10月30日～11月7日

上海文化界救亡协会举办"保卫大上海宣传周"。参加宣传周活动的有113个团体组织的930个宣传队，达4690人。这是上海各界救亡团体第一次大规模行动。上海文化界救亡协会组织的名人在上海广播电台演讲，有诸青来《保卫大上海》，章乃器《民众武装保卫大上海》，史良《全上海妇女动员起来保卫大上海》，萨空了《用我们全力保卫大上海》等。

同月

日本人创办的上海大东广播电台播音，呼号XQHA，频率600千赫，波长454.4米。1945年9月25日停播。

11月5日

日本侵略军飞机轰炸安徽芜湖，大有丰广播电台和亨大利广播电台被迫停止播音。

11月12日

中国军队全部撤离上海，上海租界成为"孤岛"。上海的电台有的停播，有的转向，抗日救亡的广播之声，一时趋于沉寂。

11月23日

日本侵略军逼近南京，国民党中央广播电台于当日深夜停止播音。自24日起，该台播音任务暂由长沙及武汉广播电台接替。

11月27日

日本侵略军"接管"国民政府交通部上海广播电台、上海市政府广播电台。同年，建立日伪上海广播电台（亦称大上海广播电台），作为日本占领军的喉舌。电台呼号

XGOI，发射功率 10 千瓦。1945 年 9 月 25 日被国民政府接收。

12 月 1 日

《抗战戏剧》第一卷第二期登载廖沫沙撰写的《从舞台到播音室》一文，介绍了无线电广播在话剧、戏剧中的重要作用，提出："抗战时期的戏剧运动不要放弃每一个机会，要利用每一种方式。只要它的效果能达到群众，就完成了它的任务的一半。所以无线电播音，也应该是抗战戏剧必须运用的工具。上海的话剧界看到了这一点，利用无线电台来播送话剧，成了他们的日常工作之一。我希望在武汉的戏剧团体也能不放松这一个工作：无线电广播。"

同日

上海亚美电台因上海沦陷，宣布拆机停播，以免为敌所用；华美广播电台亦拆机停播。在此前后停播的还有鹤鸣电台（1937 年 9 月）、元昌电台（1938 年 4 月）、麟记电台（1937 年 8 月）、富星电台（1938 年）、佛音电台（1938 年底）、大中华电台（1939 年 7 月前后）和大陆电台（约 1939 年底）。

12 月 25 日

为了加强国际舆论宣传，湖北省汉口市广播无线电台开始广播英语演讲与法语新闻。

同月

侵华日军建立所谓"中华民国临时政府"，将"北平"改成"北京"，筹建的日伪广播电台定为"北京中央广播电台"。

同月

南京失守后，在国民党中央广播电台迁往重庆的过程中，中央广播事业管理处在湖北省建立了汉口短波广播电台。电台呼号 XGX，发射功率 300 瓦，频率 9330 千赫，波长 31 米。该台曾租用"保楞"轮船，装配流动性电台，以随军转移，使播音不致中断。平日停泊于汉口江岸，用专线接通正在播音的短波台，同时联播。当汉口短波广播电台停止播音，流动汉口短波广播电台仍逗留附近，继续播音。电台负责人范本中，全台人员不足 10 人。

同年

抗日战争全面爆发，国民党中央广播事业管理处、中央广播电台迁往重庆，1938 年 3 月 10 日恢复播音。此期间，重庆广播电台被撤销。抗日战争胜利后，1946 年 5 月，中央广播电台由重庆迁返南京，1946 年恢复建立重庆广播电台，附设在国际广播电台内。

同年

广州民营现代无线电广播电台建成播音，主要播广告、商情和娱乐节目，有时也播送一些文化科学知识。

同年

原在通州的"冀东防共自治政府"迁到唐山市,唐山坚声广播电台改名为"冀东防共自治政府"广播电台,隶属伪满洲电信电话株式会社。

同年

抗日战争全面爆发以后,日本帝国主义加强了对伪满州国广播宣传的控制,"新京(长春)放送局"增设《时事解说》《今日新闻》《临时新闻》节目,并随时插播殖民主义的政治口号。

1938年

1月1日

日伪北京中央广播电台开始播音，呼号XGAP。台址在西长安街3号，台长由周大文担任。该台节目设置分华语节目和日语节目，全天播出时间10小时15分钟。在该台设置的《新民讲坛》栏目中，宣扬"大东亚宣言的真义""大东亚宣言与大东亚解放"；在《每日演讲》栏目中，讲演"决战之下华北商工""中日同盟与国人的责任"等；播放《东亚民族进行曲》《保卫东亚》《大东亚总进军之歌》等歌曲。北平沦陷期间，伪北京中央广播电台垄断了北平的广播。

同日

日伪北京中央广播电台为日军在北平扶持的伪"临时政府"举办"就职典礼"广播。

同月

日伪天津广播电台开办，隶属日伪天津政府，其前身为"华北广播协会天津广播电台"。

2月

湖北省汉口短波电台与汉口市广播无线电台联合播音，和长沙广播电台一道，接替国民党中央广播电台在迁台过程中的广播宣传任务。

3月10日

国民党中央广播电台在重庆牛角沱陶瓷职业学校旧址恢复播音，呼号仍为XGOA，发射功率由原来的75千瓦锐减为10千瓦，频率1450千赫（1939年1月改为1200千赫），借用重庆电信局7.5千瓦电报电话两用机，改作短波广播发射机，转播中波广播，以供远处的人们收听。

3月20日

日本侵略军当局宣布成立"上海广播无线电监督处"，"接管"过去由国民政府实施的对无线电广播的监督。监督处处长浅野一男。同日，日军监督处发布第一号指令，宣布从4月1日起，"对于国民政府交通部以及中央广播事业指导委员会所实施之监督电台、取缔及指导播音等有关之一切事务由本监督处予以接收"，勒令上海民营广播电台在 4 月 28 日前向其登记。

3 月 31 日

日军上海广播无线电监督处发布第二号指令，宣布"现有上海播音电台均须本监督处重加认可方准营业"。要求各电台负责人于 4 月 15 日以前，携带前交通部所发营业执照及电台情况报告书前往该处登记。

同月

日军侵占山西风陵渡，潼关告急，西安频繁遭到日军轰炸。西安广播电台将大部分机器迁至南郑（今汉中市），改名陕西广播电台。9 月，留守西安的少数人员用自装的 40 瓦发射机，仍以西安广播电台的名义继续维持播音，呼号 XKDA，频率 1000 千赫，波长 300 米。每天中午和晚上各播音一次，共计 3 小时 50 分钟。

同月

国民党中央广播事业管理处拟设昆明广播电台和贵州广播电台，以供战时舆论宣传之需要。

4 月 1 日

国民政府军事委员会政治部第三厅在武汉成立，负责抗日宣传工作，厅长郭沫若，实际由中共长江局和周恩来领导。在汉口期间，第三厅团结大批爱国文化界人士做了大量的抗日宣传工作。郭沫若在武汉期间，先后发表了题为《把有限的个体生命融化进无限的民族生命里去》《追悼牺牲的王铭章师长》《抗战以来日寇损失概观》《节约与抗战》《纪念八一三，保卫大武汉》等广播演讲，呼吁全体人民团结起来，争取最后的胜利。

同日

伪满延吉放送局开始试验广播，呼号 MTKY，发射功率 10 瓦，地址在延吉县延吉乙字街（后来的延吉市光明街）。

4 月 3 日

《上海无线电》创刊，由上海无线电周刊社出版。该刊不仅报道广播节目，还报道广播界的动态和消息、广播人物专访等，以满足人们对办广播节目的人和事的好奇心。该刊初为周刊，81 期起改为半月刊，1940 年 12 月停刊。

4 月 7 日~13 日

武汉举行以"保卫大武汉"为主旨的"抗战扩大宣传周"活动。其间，各方面代表蒋介石、冯玉祥、周恩来、彭德怀、郭沫若、邵力子、黄琪翔、张厉生等先后应邀到汉口市广播无线电台发表广播演说。

4 月 8 日

武汉"抗战扩大宣传周"活动中，周恩来在《新华日报》发表题为《怎样进行二期抗战宣传周工作》。文章指出，宣传周要扩大到前线，首先利用每天的广播演讲鼓舞前线浴血奋战的战士，同时指出："这次武汉抗战宣传周，应当成为全国抗战宣传的开始。武汉宣传动员的成绩，将成为全国宣传动员的模范。"11日，周恩来在汉口广播无线电台发表题为《争取更大的新的胜利》的广播演讲。他在演讲中肯定了台儿庄战役的意义，分析了日军侵略的新动向，号召巩固民族团结，不断夺取新的胜利。

4月11日

上海华东等20家民营广播电台联名致函公共租界工部局总办，对日军上海广播无线电监督处指令限期登记事，请求租界当局"以公正立场筹谋应付"。

4月20日

日军上海广播无线电监督处发布第三号指令，将各电台登记期限推迟到4月27日。

4月25日

上海民营无线电播音业同业公会执行会主席王完白致函工部局总办，再次要求"筹谋应付"。

4月27日

上海公共租界工部局为避免日本人在租界内直接行动，建议日军上海广播无线电监督处将申请登记表格由工部局警务处转交给各家中国电台，待填好后再收集送交监督处。27日、28日，有明远、华东、东方、华泰、国华、友联、东陆、中西、华兴、新新等10家广播电台将登记表送交工部局。

4月28日

上海民营电台除李树德堂广播电台和航业广播电台照常广播外，余均暂停播音。

同月

贵州广播电台筹备处成立，着手购买安装传音设备和发射设备，选配职员。

同月

国民党中央广播事业管理处自制的10千瓦短波发射机安装调试播音，覆盖东南亚一带。

同月

上海大美广播电台播音，呼号XHHM，创办人是大美无线电行梅鹤年。1941年12月被日军封闭。

5月1日~2日

上海华泰、明远、华兴、国华、建华等广播电台恢复播音并陆续向日军上海广播无线电监督处登记。

5月3日

日军上海广播无线电监督处发布第四号指令,命令未登记电台即行停止播音。

5月5日

日本侵略者在石家庄建成"石门放送局"并开始广播。伪石门放送局又称"石家庄广播电台",呼号XDEP,隶属日伪北京中央广播电台。1940年6月1日,电台更名为"石门广播电台",呼号XCEP。

同日

上海公共租界工部局与日军上海广播无线电监督处及日本领事馆达成协议:工部局通过警务处监督中国的广播电台,使其不播反日宣传或参与其他政治性行动;日本当局同意不在租界内采取行动去迫使中国电台向其登记。

5月初

伪满新京(长春)放送局升格为新京(长春)中央放送局,隶属"满洲电信电话株式会社新京局"领导。伪满哈尔滨放送局改为中央放送局,局长三井石雄,呼号MTFY。

5月初

上海公共租界工部局接受日军上海广播无线电监督处要求,封闭了一家播送政治节目的华商电台。同月8日,工部局又召集各民营电台负责人谈话,到会各电台代表20余人在书有"自即日起自愿不广播工部局警务处认为有妨碍的一切政治性的戏剧、歌曲、演说节目"的保证书上加盖印章。

5月16日

法国驻沪总领事署发布《管理无线电话及无线电报章程》,禁止驻地各电台作政治宣传或广播含有政治性质的戏剧、歌唱和新闻等。

同月

上海大亚广播电台播音,呼号XHHC,创办人顾沈香,1941年12月被日军封闭;上海大光明广播电台播音,呼号XLHH,1938年5月被公共租界工部局封闭。

同月

郭沫若在《第三厅工作报告》中多次提到利用广播播出新闻、歌曲、戏剧、讲演进行抗日宣传活动。

同月

日本侵略军占领徐州后,建立伪徐州放送局,发射功率开始为15瓦,后扩大为50瓦,台址设在徐州户部山三义庙。

同月

上海金鹰广播电台播音,呼号XQHK,创办人黄国屏。

同月

日军占领河南省会开封后,建立日伪开封广播电台。

同月

日伪济南广播电台播音,呼号 XGOP,发射功率 50 瓦,后增至 1 千瓦,频率 860 千赫。

7月2日

国际友人绿川英子(原名长谷川照子)自 19:00 起,开始在湖北省汉口市广播无线电台、汉口短波电台用日语播音。她经郭沫若等人推荐来到武汉,在国民党中央宣传部国际宣传处工作,并担任汉口市广播无线电台、汉口短波电台的日语播音员。在武汉失陷前的整整三个月时间里,她用流利的日语,播送中国人民的抗战事迹、揭露日本侵华罪行,在日军中引起很大反响。

7月15日

日军上海广播无线电监督处颁布《私人无线电发射台管理条例》,规定任何人欲设立广播电台须先向广播管理处提出申请,获准后才可以进行装设工作。

同月

国民政府决定在康定设立西康广播电台。1942 年 1 月装成试播,1942 年 7 月与西昌广播电台合并,定名为西康广播电台,1943 年 5 月 1 日正式播音,1945 年 8 月撤销。

同月

上海大来广播电台播音,呼号 XMHJ,创办人马襄卿。1941 年 12 月被日军封闭。

9月10日

日军设立南京广播电台。电台呼号 XOJC,发射功率 500 瓦,频率 660 千赫,台址在南京廖家巷 2 号(现南京市第十五中学所在地)。该台被用来宣扬日军侵略的战绩,对江苏地区及附近居民进行"中日亲善"、建立"东亚新秩序"的欺骗性宣传。

9月27日

上海良友(两友)广播电台播音,呼号 XQCA,瑞商索尼埃(Saunier)创办。

同月

上海精美广播电台播音,呼号 XHTM,创办人潘淦生。1941 年 12 月被日军封闭。

同月

国民党中央广播事业管理处为建设西北广播网,拨 28.2 万元国币,筹建甘肃广播电台。

同月

因日军入侵,福州广播电台奉命内迁永安县,更名为福建广播电台,呼号

XGOY。台址设在永安县北门外龟山观音阁。

秋

伪满厚和放送局建成，呼号 XGPA，发射功率 20 瓦，地址在厚和豪特（今呼和浩特）市新城财神庙街 9 号大院内。该台用日语和汉语播音，每天播音三次，全天播音五至六小时，大部分时间转播东京广播的新闻、张家口伪蒙疆放送局的节目，还播放唱片等文艺节目。当时，全市共有 100 多台收音机。厚和放送局还用 25 瓦广播扩音机带动 40 多只喇叭进行街头宣传。台长为日本人佐佐木。

10 月 1 日

上海新华广播电台播音，呼号 XHHA，创办人陈正章（后为乌济城）。1941 年 12 月被日军封闭。

10 月 17 日

截至本日，上海公共租界华商电台已有建华、李树德堂、明远、华泰、中西、永生、新华、大来、大美、航业、国华、华兴、大业、杨氏、金鹰、精美 16 家民营电台向日军上海广播无线电监督处登记。11 月 14 日，利利电台向监督处登记。不久，东陆电台也与监督处商妥登记。

10 月 25 日

日军侵占武汉。11 月，日军在汉口黄陂路 41 号设立汉口放送班（汉口广播电台），发射台设在汉口肖家地市电信局长途台内，有两部发射机。汉口放送班采用汉语、日语广播。汉语广播呼号 XGOW，频率 800 千赫，每天播音三次，全天播音八小时。日语广播呼号 XOJD，每天播音一次一小时。汉口放送班属日军报道班管辖，后迁至武汉中山公园西侧。台长多湖。

同月

日军占领广州后，建立日伪广东放送局，并利用广州市广播电台建立"广州市无线电广播电台"，共有员工 30 人，其中日籍 19 人、华籍 11 人。台长中村宽康。电台广播使用语言为日语、汉语（广州话）。

同月

广西省政府颁布《广西全省收音机统制办法》。

11 月 1 日

日伪延吉放送局改用 200 瓦中波发射机播音，频率 785 千赫，波长 382 米。延吉放送局初期采用汉语、日语、朝鲜语混合广播，以日语广播为主，除转播"新京（长春）中央放送局"的新闻节目外，还转播"新京（长春）放送局""奉天（沈阳）放送局"编播的讲演、文艺节目。

同日

上海难民救济协会劝募委员会成立，各民营电台主任及游艺界知名人士均为义务宣传劝募委员。

11月12日

国民党长沙广播电台当日播音结束后，次日凌晨遇"文夕大火"，随即停止播音。

11月19日

《申报》报道，刘子云、施春轩、刘春山、刘冶儿、黄兆麟等发起组织上海游艺播音联谊社，由故事、甬剧、苏滩、申曲、滑稽、弹词、评话等艺人联合组织。社址在云南路（今云南中路）福昌里8号。

11月29日

《申报》报道，上海播音界节目最脍炙人口的是弹词，每天共有103档，每档以40分钟计算，总数为4120分钟，如在一个电台连续播送要两天20小时多。

同月

广西省政府教育厅在省府内（桂林王城）设置放音台（即收音站），在桂林市主要街道安装广播喇叭，这成为广西有线广播的开端。

12月6日

新疆迪化广播电台增加《政治报告》节目，内容有《援助中国的反世界侵略运动》《日本经济能否持久作战》及《日本人民之反战运动》等。

12月9日

国民党中央执行委员会修正公布实施《中央广播事业指导委员会组织大纲》，大纲列有10项中央广播事业指导委员会的指导管理任务，包括广播计划与统制事项、广播电台之筹设与取缔事项、广播事业法规之订定事项、广播电台波长之分配与呼号之规定事项等。

12月12日

上海中义（商业）广播电台播音，呼号XQHT，创办人是意商。1943年意大利投降后为日军接管，1945年9月25日被国民政府接收。

12月15日

《申报》发表文章表露听众对广播电台广告的厌烦情绪："每只唱片播送之后，便有大批商品的广告开始播送，连篇累牍地口诵着，过了半刻钟或一刻钟之后口诵完毕，方才把无辜的听众从压迫中解放出来，让他们再听一只唱片，或者是一个歌曲，几分钟播送完毕，又是一大篇商品广告的口诵。"除了对广告厌烦外，听众对某些游艺、弹唱、说书、戏剧等艺人也颇为厌烦。评论称："有些老气横秋的播音家似乎多半是痰迷专家，终年患着伤风咳嗽，时常把咳声和吐痰声播送出来。"

12 月 16 日

新疆迪化广播电台定时播放反帝会指定的报告员所作的政治报告。教育厅厅长孟一鸣等 13 人为政治报告员。

12 月 18 日~25 日

上海新华广播电台两次举办听众歌唱播音,凡爱唱歌的听众可在该台登记一试歌喉,人数以 30 人为限。

12 月 20 日

伪满黑河放送局第一放送(日语广播)建立,呼号 MTSY,频率 795 千赫,归齐齐哈尔放送局管辖,地址在黑河省黑河(今黑龙江省黑河市)大道街。

12 月 24 日

伪满海拉尔放送局第一放送(日语广播)建立,呼号 MTRY,频率 935 千赫,归齐齐哈尔放送局管辖,地址在海拉尔市。

12 月 26 日

上海市播音界、游艺界在大陆电台举行联合播音救济难民劝募大会。31 日,新华、艺华、明星等影片公司男女影星在中西广播电台播音募捐。当时上海有难民 10 万名,月需给养 30 多万元,电台号召市民每月节省两元即可认养一名难民。

同月

上海天蟾广播电台创办,呼号 XQHG,创办人刘春山,1941 年被日军上海广播无线电监督处封闭;上海中美广播电台创办,呼号 XMHE,创办人麦正学,1941 年 12 月被日军封闭;上海美声广播电台创办,呼号 XQMS。

同年

"冀东防共自治政府"广播电台由伪华北广播协会"接管",呼号为唐山广播电台。当时内蒙古西部地区为绥远省,投靠日本帝国主义的蒙奸德穆楚克鲁普在张家口成立伪蒙疆联合自治政府,将张家口、大同、厚和豪特(今呼和浩特)、包头设为直辖市。随后成立伪蒙疆广播协会,先后在张家口、大同、包头、厚和豪特等城市办起了广播电台。

1939 年

1月1日

国民党贵州广播电台建成并开始播音。电台呼号 XPSA，短波频率 8465 千赫，波长 35.4 米；中波频率 1000 千赫，波长 300 米。台址设在贵阳市华问渠私房。第一次播音 6：55 至 8：00，第二次播音 12：30 至 14：00，第三次播音 18：00 至 21：00，每天播音时间约为七小时。该台的播音对象为本省、全国和东南亚一带人民，用国语、英语、马来语和广东话、客家话、厦门话、上海话播音，开办《新闻》《抗战纵谈》《演讲》《儿童教育》《妇女讲座》《教授国语》《教授歌咏》《话剧》等栏目，另辟答复国内外听众函件的节目，同时转播国民党中央广播电台及后来成立的国际广播电台的节目。该台首任台长董毓秀，正式员工 30 人，下设工务、传音、总务三科和财务室、台长室。贵州广播电台的行政与业务直接隶属国民党中央广播事业管理处，工资每月造具表册，中管处拨发。

同日

广西省政府设立的桂林广播电台开始试播，呼号 XGOE。1 千瓦发射机播出频率 1200 千赫，10 千瓦发射机播出频率 720 千赫。台长方维正。4 月，桂林广播电台短波机（1 千瓦）安装完工，7 月 1 日开始日语广播，每周播出三次。

1月15日

广东省政府从省会广州迁至粤北韶关后，建立广东省广播电台，呼号 XGOP，每天 11：00 至 22：30，用汉语（广州话）、日语播音。

1月29日

周恩来在《新华日报》上刊登《周恩来启事》，驳斥日军广播中的谣言，并对国外通讯社和国内报纸经常发表未经本人同意和校阅的稿件深表不满，声明对此决不负责。

同月

上海天声唱机唱片公司创办的天声广播电台开始播音。电台呼号 XHBC，频率 680 千赫，波长 440.1 米，地址在福煦路（今延安中路）540 弄 10 号。

年初

国民党中央广播事业管理处拨款,在贵阳市小团坡(现贵阳市半边街106号501台所在地),购买地皮31亩,修建房屋11座。5月,贵州广播电台发射机部分设施迁到新址,10千瓦短波机发射天线为双极式,高度10米,5千瓦中波发射机天线为铁塔式,高度40米,发音室仍在华问渠私房。至此,贵州广播电台有城台和乡台之称。城台为行政部门和播音室,乡台为技术设备发射台。

2月6日

国民党中央广播事业管理处利用英国提供的广播设备在重庆建立的中央短波广播电台开始播音,对北美广播呼号为XGOX,对欧洲和亚洲广播呼号为XGOY。发射功率35千瓦。1940年1月,该台定名为国际广播电台,英文名称Voice of China(简称VOC)。呼号固定为XGOY。当时,该台由国民党中央宣传部国际宣传处管理,台长王慎铭,半年后移交中央广播事业管理处管辖,由冯简任台长。

2月10日

伪满佳木斯放送局第一放送(日语广播)建立,呼号MTNY,频率615千赫,地址在三江省佳木斯市(今黑龙江省佳木斯市)中央大街187号。

同日

日伪营口放送局播音,日语广播和汉语广播的呼号皆为MTPY,发射功率各为50瓦。

同月

陈显宗在上海汉口路同安大楼创办华英广播电台,呼号XHHD,频率1440千赫,波长208.3米,1941年12月被日军封闭。

3月

日本人定次宫原在上海斜桥东弄(今制造局路91弄)19号创办雷通广播电台,呼号XHHR,发射功率100瓦,频率840千赫,波长357.1米。

同月

华盛广播电台在上海直隶路(今石潭弄)25号创办,呼号XQMW,频率980千赫,波长306.0米。

4月6日

上海各界公祝马相伯百岁寿辰。难民救济协会联合伶界、电影界在上海大陆电台播送特别节目三天,募款救济难胞。

5月1日

民营苏州广播无线电台正式播音。电台呼号XOJH,发射功率75瓦,频率1330千赫。台址在苏州北局国货公司(今人民商场)楼上。该台由陈正章(伪大上海广播电台台长）创办。1942年2月，陈正章把电台卖给汪伪中国广播事业建设协会，由日军和伪江苏省政府联合经办，改名为苏州广播电台。

5月30日

上海婴孩救济所敦请越剧坤伶和滑稽、故事、歌唱名家在大来电台（1120千赫）举行"五卅"义务播音，劝募经费。

5月31日

周恩来应邀到重庆中央广播电台发表题为《二期抗战的重心》的广播讲话，指出敌在华兵力约36个师的85%都使用在敌人占领区域的防卫与"扫荡"，二期抗战重心应在敌人后方，任务是建立游击根据地，消耗敌人有生力量。他号召人们要开展游击战争，争取最后胜利的到来。

6月7日～25日

中共地下党员茅丽瑛在上海大陆广播电台，以上海职业妇女俱乐部主席的身份主持平剧（京剧）大会唱，募捐物品并推销义卖代价券，救济难民和支援前线抗日战士。后来，该台还举行过一次粤剧大会唱，也收到了较好的效果。

6月10日

日军上海广播无线电监督处通知已登记的电台，其播音游艺员于6月20日以前向监督处登记。20日，监督处通知各电台经理，从7月1日起，制止所有未登记的游艺员到电台播音，也禁止已领取执照的播音游艺员去未登记的电台播音。

6月19日

杭州广播电台（日伪杭州放送局）由日军建立并开始播音。电台呼号XOTF，发射功率100瓦，架设32米高的自立式铁塔两座。每天播送9小时，用杭州话和日语播音。特设对日军广播《皇军将士》，并由汉奸亲日分子发表演讲。1941年3月29日，该台名义上由汪伪中国广播事业建设协会接收，呼号改为XGOD，但节目基本没有变化。1945年8月日本投降后，该台由国民党中央广播事业管理处接收。

6月20日

伪满齐齐哈尔放送局改为齐齐哈尔中央放送局，并建立第二放送（汉语广播），呼号MTLY，频率1075千赫。齐齐哈尔中央放送局负责管辖黑河和海拉尔放送局，地址在齐齐哈尔市宽宏街（今西二道街）。

6月29日

《上海无线电》报道：天蟾广播电台首次播讲《育婴常识》。

同月

法侨雷士比那司在上海虞洽卿路（今西藏中路）69号创办雷氏广播电台，呼号XQHO，发射功率200瓦，频率880千赫。

同月

上海新新公司广播电台在该公司六楼新都饭店内设立玻璃播音室，以广招徕。

同月和 1940 年 7 月

为强化日本殖民主义宣传，伪满新京（长春）中央放送局在新京（长春）宽城区广播发射台各增加一部 20 千瓦短波广播发射机，使用汉、日、蒙古、俄、英（有时使用德、法）等语言，分别对远东、欧洲、北美西部、中国南部、东南亚、澳大利亚等地广播，每天广播四次，全天播音 3 小时 55 分钟。

8 月

湖南广播无线电台竣工（湖南省政府西迁沅陵，国民党中央广播事业管理处以播音未可久停、旧有器材亟宜利用为由，决定在沅陵县筹建湖南广播无线电台，要求立即播音），11 月 1 日正式播音，呼号 XLPA，频率初为 859.6 千赫，后改为 920 千赫、900 千赫，台址设在沅陵县中山公园内。王溶如、王治隆先后出任该台台长。

同月

由西安广播电台改称的陕西广播电台在南郑（今陕西省汉中市）东关外磨子桥的一个道观里开始播音。电台呼号 XKPA，发射功率 500 瓦，频率 1290 千赫，波长 232.5 米。每天 19：00 至 23：00 播音一次。

10 月 1 日

伪满富锦放送局建立，呼号 MTQY，频率 1280 千赫，归牡丹江放送局管辖，地址在三江省富锦县（今黑龙江省富锦市）西南门外。

同月

徐磐在上海福建路（今福建中路）84 号创办亚开广播电台，呼号 XQHT，频率 1060 千赫，波长 283 米。1941 年 12 月被日军封闭。

11 月

宁夏省政府组织边疆教育巡回工作团到村镇宣传演讲，晚上选择适当地点，装设收音机，收播中外时事，受到当地农民欢迎。

12 月 6 日

日军上海广播无线电监督处以中西电台与未登记的上海东方电台和福音电台合作宣传基督教的重整道德行动为由，给予暂停播音处分。

冬

莫斯科电台先后五次对华播送苏联名曲及民间音乐节目。

同年

据不完全统计，国民党中央短波广播电台本年度共收到海外华侨听众来信 40 多封。

同年

民声广播电台在上海牛庄路691号创办，呼号XQHO，频率1420千赫，波长211.3米；意大利广播电台在上海大西路（今延安西路）10号播音。

同年

伪满兴安北省放送局建立，呼号MTRY，使用日、俄、蒙三种语言播音，用两个频率播音，一个为1260千赫，波长318米；另一个为935千赫，波长238米。局址在兴安北省省会海拉尔市以东的伊敏川岛。

同年

新疆迪化（今乌鲁木齐）市有线广播喇叭发展到775只，其中工商界103只，文化团体36只，部队218只，机关80只，学校23只，居民315只。

1940 年

1 月 5 日

参加世界重整道德大会的缅甸代表马宁泰女士回国途经上海，在上海福音电台播音演讲，宣传"目前世界情形复杂，重整道德实为当务之急"，"以重整道德精神为国策，至诚、纯洁、无私和博爱足以消灭种种冲突与战争"。

同月

在日寇的胁迫下，上海华侨广播电台售予美商《大美晚报》社，改名美商大美广播电台，当年 11 月重新开始播音，呼号 XMHC。台址设在上海中正东路（今延安东路）《大美晚报》馆。1941 年 12 月 8 日，被日军"接管"，改为黄浦广播电台。

同月

《无线电特刊》创刊，由四而社编印，同年 9 月停刊。

同月

伪满新京（长春）中央放送局为进一步扩大对内对外宣传，调整了内设机构，除保留原有的庶务课、技术课外，将放送课分解为三个课，即报道课、国际课、学艺课，同时，增加了工作人员。

2 月底

周恩来等从苏联回国，带回了苏联以共产国际的名义援助中国的一台苏制广播发射机。发射机拆卸装箱后空运到新疆，然后用汽车经兰州、西安等地运到延安。

同月

贵州广播电台用一部干扰机开始干扰日伪广播电台的华语节目。

3 月 18 日

国民党中央广播电台首次对苏联播出音乐节目，内容有抗战歌曲、民族乐曲等。

同月

日本共产党领导人野坂参三随周恩来一起由莫斯科来到延安。在延安，他参与研究敌情动态，除广泛收集有关报纸外，还经常收听日本、英国的广播。延安新华广播电台建成后，野坂还提议开办日语广播并负责审定日文广播稿。

同月

汪伪上海特别市政府开始检查租界中的电影和广播，清除反日宣传。太平洋战争爆发后，日军进入租界，美、英等国电台被接管，中国民营电台一律封闭，只剩下几座日伪直接管理的电台。

同月

侵华日军从本国运来100千瓦广播发射机一台，安装在北平通县双桥，进一步扩大了日伪北京中央广播电台的功率规模。

同月

侵华日军公布收音机的制作、装设规则和管理办法，采用强制手段推销只能收听日伪广播的所谓"协和式"标准收音机（日军统治期间，共销售8万台）。

同月

侵华日军"接管"原意大利商人在北平办的伯利维广播电台，改称北京中央广播电台分台。

春

中共中央决定成立广播委员会，领导筹建广播电台的工作。周恩来担任主任，成员有中央军委三局局长王诤、新华社社长向仲华等。周恩来赴重庆工作以后，由朱德主持筹建工作，王诤直接领导，承担具体筹建任务的是三局九分队。九分队队长傅英豪，政委周皖白，支部书记毛动之，成员有汤翰璋（丁戈）、苟在尚、唐旦、徐路等30多人，大部分是八路军战士和知识青年，只有少数无线电技术人员。

4月

国民党派中央广播事业管理处传音科长、工程师范本中为甘肃广播电台筹备处主任，中央调查统计局总干事蔡其璠协助。范、蔡二人从重庆抵达兰州后，持国民党中央宣传部部长陈果夫函件，同甘肃省政府主席朱绍良面谈在兰州建立广播电台和征用土地事宜，得到朱的支持。

同月

国民党中央广播电台在节目表中取消了《抗战教育》《抗战讲座》《抗战歌曲》等节目，停止播出原来作为开始曲的《义勇军进行曲》。

5月13日

国民党昆明广播电台建成试播，8月1日正式播音，呼号XPRA，发射机为英国产，功率50千瓦，频率690千赫，波长435米，是当时中国中波发射功率最大的广播电台，面对全国和东南亚各地华侨广播，每天间歇播音七小时，用国语、粤语、厦门话、英语、越南语五种语言播出新闻。该台系国民党中央广播事业管理处的直属台，从筹建到开播历时两年半，耗资约200万元。此外，国民党当局还在贵阳、西昌、兰州等地筹办起新的广播电台。

同日

甘肃广播电台筹备处在兰州市山字石103号成立。经勘察，该处选定南稍门外中山林陇右公学小学部（今兰州市甘肃广播电视器材供应站）为电台办公地址，西稍门外十华里处郑家庄（今兰州火车西站）为发射台地址。是年9月1日，中山林、郑家庄两处工程同时开工，甘肃省政府主席朱绍良题词刻碑，出席奠基仪式。

同月

好友广播电台开始播音，呼号XHHT，波长220.6米，负责人是三友实业社孙文毅，台址位于上海贵州路77弄12号。1941年12月被日军封闭。

同月

宁夏省政府教育厅配备无线电技术员一名，专司播音教育工作。

6月5日

《申报》刊登一篇题为《正告播音电台》的文章，指出当时广播电台存在的两个主要问题：一是抗战发生后，上海环境特殊，广播电台由于不受国民政府交通部的控制从而数量大增，频率相混杂，节目接收质量差，"这样一来，以营业为目的的电台，将因为听众的减少而减低它播音的效力"；二是广告的播出过于频繁，影响节目的播出效果，"不但不能增加广告的效力，反而使收听人感到厌恶而不愿意继续地听下去，致使广告的效力降低"。

6月7日

国民党中央宣传部国际宣传处奉令将国际广播电台交还中央广播事业管理处管理。

6月14日

德国广播电台开始在上海播音，呼号XGRS，台址在上海大西路（今延安西路）。该台又名欧洲广播电台，由德国驻沪领事馆主办，为德国政府在上海的宣传机关。1945年5月，德国投降后由日军接管，改为伪上海广播电台国际台。

7月8日

美国纽约时间7月7日，中国全面抗战三周年纪念日，美国国家广播公司邀请国民党总裁蒋介石至国际广播电台演讲，由蒋夫人宋美龄翻译，美国国家广播公司全美电台同时转播。

7月初

伪满哈尔滨中央放送局在日语广播第一放送的基础上，增设第二放送，即汉语广播，呼号MTFY，发射功率1千瓦，频率1055千赫。1935年成立、1936年解散的哈尔滨中央放送局放送话剧团（MTFY剧团）再度恢复。剧团在沙尘（洪微善）

主持下，曾演出《日出》和《晦明风雨》等进步剧目，配音演员苏秀等参加了演出。

同月

中共中央军委三局局长兼政委王诤主持广播电台的选址工作，经过多次勘察，确定将台址设在延安西北 19 公里处的王皮湾村。三局派出阙明等人，在王皮湾老乡的配合下，在延河支流西川南岸的半山腰开凿出两孔石窑洞，一孔窑洞里放置由周恩来从苏联带回的共产国际援助的广播发射机，另一孔窑洞里，用一部旧汽车的引擎带动发电机提供电源。甬道中间还开凿了一孔小窑洞准备放置器材和零件。另外，又在西川北岸沟口打了两孔土窑洞作为播音室和备稿室。播音室内用羊毛毡隔音，有一只旧话筒。11 月间，三局九分队的技术人员对广播发射机进行了多次改装、调试，终于使它能够适合语言广播使用，实际发射功率大约 300 瓦。

同月

上海先后开播的广播电台有：大新广播电台，呼号 XHHO，波长 227.3 米，负责人孙爱忠，台址设在上海南京路（今南京东路）819 号，1941 年 12 月被日军封闭；光明广播电台，呼号 XHHX，波长 217.4 米，负责人陈志文，台址设在上海浙江路（今浙江中路）神舟旅社 159 号，1941 年 10 月改名为妙音电台。

同月

汪伪华北政务委员会（1940 年 3 月，北平伪"临时政府"改称"华北政务委员会"）控制下的"华北广播协会"成立，直接控制北平、天津、济南、青岛、石家庄、太原、唐山和徐州等地的广播电台。日本广播协会名义上把华北地区的广播电台交华北广播协会"专营统制"，但真正掌握实权的仍是日本人。

8 月 13 日

上海救济难民儿童教养院通过新新电台、中西电台、国华电台和明远电台举行播音宣传大会。参加播音的有周信芳、高百岁、谭富英、上官云珠、白虹、周璇、陈云裳、陈燕燕、马樟花、袁雪芬、薛筱卿、杨振雄、施春轩等。

同月

经研广播电台在上海开始播音，呼号 XKLE。该台由日本组织的上海经济研究协会创建。

同月

重庆国际广播电台奉国民党中央宣传部电令，暂停德语节目。

9 月

中苏文化协会开始在国际广播电台举办《对苏音乐广播》节目。

11 月 10 日

日伪通化放送局开始播音，呼号 MTTY，发射功率 10 瓦，频率 1035 千赫，地址在通化大桥区甲 58 号，后迁至通化西关外（后来的新华大街隆发居民委员会区内）。初期，通化放送局采用汉语、日语混合广播。不久，增设一部 10 瓦发射机，开始办两套节目，第一广播 1035 千赫，第二广播 725 千赫。

同月

上海安华广播电台开始播音，呼号 XHHL，波长 545.4 米，负责人黄寅初，台址设在西摩路（今陕西北路）59 号，1941 年 12 月被日军封闭。

12 月 30 日

中国共产党创办的延安新华广播电台开始播音，呼号 XNCR（当时按照国际有关规定，我国无线电台呼号的第一个字母为 X，NCR 是英文 New Chinese Radio 的字头，即新中华广播）。山东《大众日报》于 1941 年 1 月 16 日报道了该台开始播音的消息。延安新华广播电台刚开始每天播音一次，共两小时，后增至两次三小时和三次四小时，先后使用的波长有 28 米、30.5 米、62 米等。播音内容有：中共中央和陕甘宁边区政府的重要文件、《新中华报》《解放》周刊及《解放日报》的重要社论和文章、国际国内的时事新闻、名人演讲、科学常识、革命故事等。此外，还有音乐、戏曲节目，主要内容是演播抗日歌曲。该台两位女播音员是从延安女子大学抽调的徐瑞章（麦风）和姚雯端（她们调离后，由肖岩、孙茜等接替）。延安新华广播电台隶属于新华社，稿件由新华社广播科编发，李伍、陈克寒先后任科长，编辑有刘克刚、李伍、陈笑雨和王唯真等。

同月

上海交友广播电台开播，负责人刘保和，1941 年 12 月被日军封闭。

同月

上海新亚药厂借新新广播电台播送特别节目一天，并通过其他电台对全市进行转播。广告播音没有专设节目，商品广告穿插在各项文娱节目里播出。在一些受听众欢迎的节目中，经常有 10 多家商号联合做广告，播送广告的时间超过了一档节目的大半时间。

同年

上海大华广播电台开始播音，呼号 XHHE，波长 306.1 米，负责人朱福钧，台址设在九江路 579 号。1941 年 12 月被日军封闭。

同年

宁夏省政府边疆教育巡回工作团在各县巡回宣传 160 多处，装设无线电收音机，收听中外时事 200 余次。

同年

南京汪伪政权成立后，伪满广播开始与南京伪中央电台交换节目，宣扬"日满华之间善邻友好、共同防共和经济合作"。

同年

国民党中央广播事业管理处设立广播修造所，地点位于重庆小龙坎国际广播电台内，主要负责电台维修，同时也利用进口零件组装收音机、扩音机和小功率广播发射机。抗战胜利后，国民党中央广播事业管理处将其迁往上海虹桥路，组建中央广播事业管理处广播器材修造所。

同年

云南学者周钟岳在《广播与内政》一文中，将广播的特点概括为"迅速灵便、普遍明瞭、不受间隔"三个方面。

同年

伪蒙疆厚和放送局迁至建有播出与发射机房和播音室的姑子板新台址，于1942年开始播音，发射功率扩大为500瓦，中波频率为815千赫，覆盖范围扩大至百灵庙、锡林郭勒南部、绥东、绥西等地区。厚和豪特（今呼和浩特）市收音机增至400多台。有线广播喇叭开始入户，全市达到2000多只。每天播音增至8至9小时。职工扩大到20多人。

同年

新疆迪化广播电台广播喇叭发展到1085只，全年支出经费4584.55元（新币）。

1941 年

1月23日

毛泽东撰写的《中国共产党中央革命军事委员会发言人对新华社记者的谈话》发表,文章揭露了国民党反动派1月7日发动皖南事变,消极抗日、积极反共的行径,警告他们必须悬崖勒马。延安新华广播电台当即全文向全国广播。

1月26日

《新中华报》刊登《新华社启事》,称"新华社广播电台决于二月一日开始播音,除报道国际国内及抗战消息外,并经常有音乐、名人讲演、科学常识、日语、革命故事……等节目,欢迎各界自由收听。时间——每日上午十时至十一时,下午八时至十时,波长二十八米,呼号XNCR"。

同月

国民党中央宣传部致函中央广播事业管理处,"以后不得再以《新华日报》之言论消息作广播材料用"。

同月

伪满政权对广播的监督机构实行所谓"一元化领导",决定由伪国务院弘报处直接监督。原来由伪交通部对广播宣传的审查以及监听国际短波的任务,也改由弘报处统一管理。这样,伪弘报处实现了对伪满广播的全面控制。

2月1日

伪满北安放送局建立并正式广播。第一放送为日语广播,呼号MTUY,频率725千赫;第二放送为汉语广播,呼号MTUY,频率1025千赫。台址在北安街北安省公署西侧(今黑龙江省北安市),归属哈尔滨中央放送局管辖。

2月20日

日军上海广播无线电监督处控制的上海市民营广播电台公会出版《广播无线电》半月刊,同年12月停刊。

2月22日

汪伪中国广播事业建设协会在南京成立,直属汪伪宣传部,是汪伪政权对广播事业的最高管理机构，理事长由汪伪中央宣传部部长林柏生兼任。该协会的任务是：办理各种广播事业建设，经营广播无线电台，筹募、保管及支配广播事业建设款项，培训及介绍广播无线电专门人才等。该协会下属电台有六处：汪伪中央电台和上海、汉口、杭州、苏州、宁波等台。华北方面，另有1940年成立的华北广播协会。其制定的《广播无线电台计划》提出要"负责接收各地日军电台"，"要统一管理"沦陷区的广播电台。

同月

汪伪行政院成立广播事业设计委员会，统筹广播事业设计事宜。

同月

日伪湖北省汉口放送班改名为"汉口放送局"，名义上改属汪伪中国广播事业建设协会领导，实际上仍然由日本人操纵和控制，放送局局长和下设各科科长均由日本人担任。局长小森。

3月23日

伪满弘报处发布《艺文指导纲领》，其第一条"我国艺文以建国精神为基调"，暴露出要把伪满文艺办成日本殖民主义、法西斯主义文艺的本质。

3月25日

伪满哈尔滨中央放送局由南岗长官公署街（今民益街）迁至南岗松花江街601号（今113号）新局址。

3月26日

汪伪中国广播事业建设协会常务理事韦乃纶等到南京廖家巷2号，"接收"日军报道部所办的"南京广播电台"，并改名为"中央广播电台"。使用与重庆国民党中央广播电台完全一样的台名、呼号及频率，企图混淆视听，蒙蔽舆论。伪中国广播事业建设协会理事王荫康任台长，1945年由黄燧接任。日军报道部的小森身为电台顾问，总揽一切技术大权。从台长到台内各个科室，也都被日军报道部严格控制。该台于1945年8月日本投降后停止播音。

同月

汪伪全国广播无线电台管理处成立。该处主要任务为：办理广播无线电台的登记注册及营业事项；取缔广播无线电台违法事项；编拟及执行全国广播无线电台法令；稽查广播无线电台工程机件及一切设备；调查广播无线电台一般营业状况及查验执照；指导广播无线电台播音技术事项等。该处直隶伪中央宣传部，并受伪交通部监督指导。

4月20日

延安新华广播电台广播了中国共产党就《苏日中立条约》发表的意见。《苏日中立条约》是第二次世界大战期间，苏联与日本于1941年4月13日在莫斯科签订的在战争中相互保证中立的条约。

4月30日

皖南事变爆发后，新四军军长叶挺与国民党军队谈判时被扣押。延安新华广播电台在广播中报道了叶挺被俘后严词拒绝反动分子诱降的消息。他说："新四军是人民抗日军队，共产党是人民抗日党派。我是新四军军长，我始终负责到底！今天要打、要杀，皆由你们；要我屈服，是不可能的！"

同月

日本帝国主义为配合德国在欧洲的进攻，加紧了对解放区，特别是对华北解放区的扫荡和蚕食，大搞"治安强化运动"。延安新华广播电台在广播讲演《华北现状》中，论述了自1940年8月"百团大战"后华北出现的新局面，分析了日本侵略者在敌后根据地军民打击下的困境。

同月

《中国广播无线电事业概况》出版，作者汤震龙。此文因是油印品，当时影响不太大。

同月

延安新华广播电台每天增加两次播音，每次1小时，主要内容有：中共中央重要文件、《新中华报》社论、国内外新闻、名人讲演等。延安台最初每天只在晚上播音一次。

同月

国民党中央广播事业指导委员会就设在南京的汪伪中央广播电台与重庆国民党中央广播电台使用同一称谓、呼号、频率一事发表声明，指责汪伪"冀图鱼目混珠、淆乱听闻"，要"全国听众勿为所弄"。

5月1日

陕甘宁边区中央局发布经中央政治局批准的《陕甘宁边区施政纲领》，共21条。该纲领是边区贯彻执行抗日民族统一战线的重要文件，就边区的团结、军事、三三制、司法、土地、农业、工商业、税收、文化、妇女、民族、华侨及外国人等诸方面关系作了政策规定。延安新华广播电台立即予以反复广播，供其他解放区抄收。

同日

延安新华广播电台专门广播了介绍陕甘宁边区选举经验的文章《选举运动中的宣传工作》，以供其他根据地参考，并先后播出《中国工人阶级的当前任务》《伟大的国际劳动节》《为加强中国工人阶级统一而斗争》等文章。指出，今年的"五一"国际劳动节，正逢帝国主义战争空前激烈和扩大，因此，"五一"应当成为全世界工人阶级和劳动人民坚决反对战争、力争世界和平的大动员的日子。

5月2日

延安新华广播电台播出《苏日条约签订后的援华问题》一文，针对国内亲日派把苏日中立条约的签订解释为苏联将改变援华政策表达了看法。

5月15日

毛泽东在中共中央书记处关于出版《解放日报》和改进新华社工作的通知中提出："《解放日报》的社论，将由中央同志及重要干部执笔。各地应注意接收延安的广播。"

5月25日

中共中央在《关于统一各根据地内外宣传的指示》中要求，"各地应经常接收延安新华社的广播，没有收音机的应不惜代价设立之。各地报纸和通讯社，应有专门同志负责接收与编辑的工作"，"各地报纸应经常发表新华社广播"。

同日

中共中央宣传部发出《关于电台广播工作的指示》，强调"电台广播是各抗日根据地目前对外宣传最有力的武器"，并对广播内容、稿件编写、播音方式等作了具体规定。要求广播内容应以当地战争及政治、军事、经济、文化教育等各方面的具体活动为中心，并以具体事实来宣传根据地的意义与作用。指示提出，广播材料应力求短小精彩，生动具体；均应采用短小的电讯形式；每节电讯应一次广播完结。

同月

甘肃广播电台两处工程竣工，电台筹备处移址到中山林办公。

6月12日

桂林广播电台在《大公报》登载广播节目时间表，全天播音330分钟，其中新闻节目155分钟，占全天播音时间的47%。

6月18日

广西省政府教育厅设立的粤西广播电台开始播音，呼号XPKA，发射功率100瓦，频率8100千赫。

6月20日

中共中央宣传部在《关于党的宣传鼓动工作提纲》中指出："在现代无线电事业发展的情形下，以及在中国交通工具困难的情况下，发展通讯社事业，无线电广播事业，是非常重要的。应当在党的统一的宣传政策之下，改进现有通讯社及广播事业的工作。"

夏

延安新华广播电台有了一部手摇唱机，但是缺乏唱片。毛泽东把自己保存的20

多张音乐戏曲唱片送给了广播电台,并当面嘱咐电台同志认真搞好广播工作。延安台的文艺节目播出了梅兰芳、马连良的京剧和贝多芬的《月光奏鸣曲》等唱片。

夏

延安新华广播电台的播音引起国民党当局的注意,国民党当局动用其军事委员会、组织部、宣传部、军统局、中央广播事业管理处、陕西电信局、河南广播电台等机构对延安台进行监听、侦测、干扰,并以抗日战争属"非常时期"为借口,禁止开设民营广播电台,使国民党广播垄断了大后方的广大地区。

夏

在中国共产党成立20周年前夕,延安新华广播电台播出题为《在毛泽东的旗帜下前进》的文章,指出:"马克思主义在中国问题上的发展,最主要、最明显的代表,是我们党的领袖毛泽东同志。"

7月29日

上海《大陆月刊》社在新新公司玻璃播音室举行文艺广播,由上海剧艺社广播话剧《求婚》,陈致通播送张天翼小说《稀松的恋爱故事》,蓝兰、叶璟珍等分别朗诵雪莱的《西风歌》、普希金的《离别了故乡》和翼汸的《月季花》等诗歌。

同月

任白涛出版的《综合新闻学》第二册第三卷第七章"现代的高速度通信机关及其作用"第三部分"无线电广播",对无线电广播的来历、无线电广播的功用、在中国的广播事业等进行了详细介绍。

8月1日

"苏联呼声"广播电台在日军占领下的上海开始播音,9月27日正式播音。该台以苏商名义创办,实际上属于苏联塔斯通讯社上海分社,目的在于加强在苏德战争爆发后的宣传工作。电台呼号 XRVN,频率 1470 千赫。该台办事室设在上海静安寺路(今南京西路)778号内23号。播音室分设两处:静安寺路993号及四川南路620号。广播用语使用汉语(包括上海话和广州话)以及俄、英、德语。节目内容主要报道苏联人民反法西斯斗争的消息和评论、苏维埃国家建设和人民生活情况等。1941年12月太平洋战争爆发后,该台成为上海地区报道战争进展真实情况的唯一大众传播媒介。该台还介绍中外优秀文艺作品,宣传革命和进步思想,大量介绍了鲁迅、郭沫若、茅盾、巴金、丁玲、臧克家和许广平等人的作品。1945年8月,苏联对日本宣战后被日军查封。不久,日本投降,该台随即恢复播音,1947年1月6日被国民党当局查封。

同月

刘瀚病逝于陕西凤县。刘瀚是中国早期无线电专家,中国自办广播电台——哈尔滨广播无线电台的创始人。

同月

伪满新京（长春）中央放送局调整对外广播，对德、俄和欧洲地区的广播都增加了广播时间，其中德语广播时间延长到每次30分钟。

9月11日

国民党国际广播电台为满足缅甸华侨的愿望，开办缅甸语广播。

同月

从本月起，国民党国际广播电台每周增办法语和德语《时评新闻》各一次。

同月

国民党中央广播事业管理处制定并公布《中央短波广播电台组织条例》。

10月31日

凌晨，上海新新公司六楼起火，新新公司广播电台玻璃播音室同时被焚，电台停办。该台是我国较早开办的私营广播电台。

11月7日

为纪念俄国十月社会主义革命24周年，毛泽东在延安发表讲演，号召全国人民加强团结，驱逐日本强盗出中国；呼吁全世界人民团结起来，把世界反法西斯的斗争推向更高的阶段。延安新华广播电台播出了广播讲演稿。

同月

甘肃广播电台在兰州中山林发射台采用一部重庆装配的100瓦电子管中波发射机试播，呼号XMRA，频率1400千赫，每天上午播音两小时。

12月3日

延安新华广播电台开办日语广播，每天播音半小时（与延安新华广播电台使用相同呼号和英文缩写），前后断断续续播出一年多的时间，对象主要是侵华日军。播音员为原清志（日籍，女，原名原青子、前岛青子）。太平洋战争爆发以后，日本军队士气低落，集体投降的人很多。有的日本士兵就是因为听了延安台日语广播，向八路军投降的。1995年3月15日，经广播电影电视部党组批准，将这一天定为中国人民对外广播事业和中国国际广播电台的创建纪念日。

12月6日

新疆省边防督办公署交通处处长王镜楠签发命令："广播电台台长杨德录属事不当，业经撤差。所有广播电台管辖各项事宜，均由电话局局长杨景山暂行办理。"从此，广播电台实际上划归电话局管理。

12月8日

日本对美、英等国宣战后，为适应所谓"大东亚圣战决战体制"的要求，实行"日满一体化",严格控制广播舆论,规定:各地方放送局只许转播"新京(长春)中央放送局"统一编排和播出的节目,不得自办广播节目;将每天第二广播(主要是汉语)中的《新闻》节目增加到10次,并随时中断正常广播,插播日本东京中央放送局的临时新闻;第一广播(日语广播)全部转播日本东京中央放送局节目。

同日

太平洋战争爆发。日军占领上海租界地区,尚存的28座民营电台一律封闭,同时又"接收"了美国人办的广播电台。至此,上海同其他沦陷地区一样,再也听不到民营广播电台的声音了。其后,日军报道部与宪兵队"接收"了设于租界的华美、民主、福音、电讯、奇开、大美等电台,并将福音电台改为大东电台,大美电台改为黄埔电台,华美电台改为东亚电台,统归汪伪中国广播事业建设协会管辖。

12月15日

为报道中日战争,日伪《新申报》于南京路哈同大楼屋顶设置最新式扩音机,随时广播时局重要新闻。

同日

伪满洲电信电话株式会社分配给通化放送局一部50瓦广播发射机,加强了汉语广播。不久又新增了一部50瓦广播发射机。伪通化放送局隶属"满洲电信电话株式会社奉天管理局"领导。

同日

伪满牡丹江放送局迁入新址(今牡丹江天桥北向阳街168号),同时建立第二放送(汉语广播)。这时,"牡丹江放送局"有两台功率各为500瓦的广播发射机和两付各30米高的发射天线,分别用1015千赫放送日语节目和745千赫放送"满语"节目,每天三次播音。"牡丹江放送局"在市内设一处无线电营业所,出售无线电(收音机),还设有牡丹江中继制作所和牡丹江修缮所。

冬

中国战场成为世界反法西斯战争的重要战场。由侵华日军操纵、汪伪政权管理的华北广播协会唐山广播电台积极配合侵华日军宣扬"东亚圣战",鼓吹"建立东亚新秩序",极力贩卖法西斯文化思想以及所谓"大和精神",沦为侵华日军"大东亚圣战"的宣传工具。

同年

抗日战争进入相持阶段后,国民党统治区的政治、经济遇到严重危机,人民生活日益贫困,延安新华广播电台播出了《政治经济双重压迫下大后方学生悲惨生活》《大后方工人生活》等文章,披露生活在国统区人民的悲惨现状。

同年

中国业余无线电学会宁夏分会成立，无线电爱好者逐年增加。之后几年，一些会员装置矿石收音机或电子管收音机，个别会员进行小功率广播发射试验。

同年

国民党中央广播事业管理处的《中国广播事业之沿革及发展情况》，对拨给贵州广播电台的中央广播事业管理处自制的10千瓦中型短波发射机颇多褒扬之辞，称开国人自制短波机之先声。

同年

日寇在华北地区五次开展"治安强化运动"。日本华北方面军参谋部制定的《"治安强化运动"实施计划》强调，要利用广播来"宣传东亚新秩序"的观念，规定"华北广播协会向管内及敌地区进行广播，并由地方各电台作为本地新闻进行广播"。为了所谓"治安肃正"有关广播宣传，日军特别支援华北广播协会广播发射设备和对重庆广播的定向天线，用来"对重庆进行广播宣传攻势"。

同年

汪伪政权规定，在其统治范围内，"民间不得再有广播电台"。伪中国广播事业建设协会在《中国广播事业建设协会组织章程》中宣称，"本会以集中全国官民力量以及联合友邦热心人士倡导社会协助政府发展广播事业，加强广播宣传，以促进国家建设、东亚复兴为宗旨"。

1942 年

1月21日

新疆交通处呈请新疆省边防督办公署对广播电台线路作全面整顿：一、整顿线路；二、修理线路期间暂停广播和安装喇叭；三、改善装修办法，一切用料均由电话局供给，加收装移材料费；四、原用户自备材料由交通处收买。

同月

日伪各地方局担当的节目全部停播，完全由新京局统一播出，各局只负责转播。新闻节目从每天七次增加到十次，且一旦东京局播新闻，各局都要中断原有节目，转播东京新闻。至此，伪满广播实现了"全满广播一体化"。

2月1日

天津广播电台特殊广播（也称天津广播电台特殊放送节目）正式播音，频率820千赫。该台由北京广益公司经过疏通日本华北派遣军报道部、伪华北广播协会等部门，联络伪华北广播协会会长周大文，确立由广益公司承担开办天津广播电台特殊广播的任务，并开始联系商户、聘请演员的筹备工作。特殊电台每天10:00开始播音，至凌晨2:00结束。该台节目主要是曲艺节目。所有节目均由播报广告的商户包订。天津广播电台特殊广播还开设英语新闻、俄语新闻节目，以扩大日本侵略政策的影响。

同月

汪伪苏州广播电台正式播音，呼号先后为XOJH和HCOJ。发射功率初为75瓦，后扩大为200瓦，频率1330千赫。该台由日军和伪江苏省政府双方人员共同担任台长，宣传内容和播出节目全部由日军严密控制。

3月28日

伪满东安放送局建立，呼号MTVY，频率915千赫，后归属"牡丹江中央放送局"管辖，地址在东安省东安（今黑龙江省密山）向阳台。

4月16日

汪伪政府宣传部公布施行《装设无线电收音机登记暂行办法》，强令持有收音机者登记，以防止广大人民群众收听抗日广播。宣传部为中央主管机关，各地警察局为登记执行机关。

5月13日

新疆省边防督办公署交通处发出训令:"广播线路既经整修完竣,所有请装广播各户,应立即恢复安装,于6月1日开始播放、收费。"

6月1日

蒋介石夫妇在重庆上清寺附近的广播大厦发表对美国广播讲演。蒋介石在这次讲话中,介绍了中国抗战情况,呼吁美国加速以军备援华。蒋介石用华语讲演,宋美龄用英语翻译,继而做简短的广播演讲,以澄清日本方面的"奸谲宣传"。

6月13日

国民党中央广播电台、国际广播电台播出宋美龄的英语讲话。这是一次为纪念宋美龄从美国魏斯里女子学院毕业25周年而安排的特别节目,它的特定收听对象本为该学院学生和校友,实为广大美国听众。

6月14日

国民党中央广播电台、国际广播电台组织"联合国日"庆祝活动。众多"党人"来到电台发音室发表对外广播讲话;现场转播一些参加纪念活动的中外人士广播演说;收转某些联合国成员国领袖人物对华广播等。

6月22日

苏联抵抗希特勒德国武装进攻一周年纪念日。国民党有关当局组织了较大规模的宣传,在重庆广播大厦举行了由众多高级官员及外国贵宾出席的茶会。立法院院长、中苏友好协会会长孙科于当晚发表对苏广播讲话,高度评价了苏联对德战争,强调中苏友好合作和广泛的国际团结,最后,以"预祝苏联爱国战争完全胜利"作结。

6月25日

上海方面日军最高指挥官通令上海地区无线收音机用户,不论国籍,均应于7月1日至8月31日之期限内向当局申请登记。

同日

新疆交通处向新疆省边防督办公署提出充实广播内容和组织稿源的七项建议报告:一、广播电台以往仅播出国际国内重要新闻,关于本省新闻很少播出,拟请将新疆日报第一、二、三版重要新闻全部交广播电台播送。每日社论亦宜播送,并由主稿人躬亲播放,俾得详细解释不致错误。二、关于政治报告及学术讲演,最好聘专人分别担任。三、关于抗战故事及话剧亦应聘专人或指定某机关负责担任。四、妇女动态,应由妇女协会经常派人播送。五、音乐、戏剧除请团体参加外,如有擅长者应广为延聘。六、使用收音机转播国内外音乐及戏剧。七、增加放送时间,每日下午5时起至9时止。如遇星期天或假日,均由早上8时起至中午12时止,下午

5 时起至 9 时止。

9 月 10 日

国民党国际广播电台接国民党中央海外部函称:"查自日寇逐步向南进迫,越南已陷敌手,泰、缅、马来亚及荷印等地情势日益紧张,敌人为遂其侵略目的,对各地人士,利用广播宣传挑拨煽惑,无所不至。"要求国际台每周拨出四次时间(每次25 至 30 分钟),增加越语、泰语、马来语等语言广播。

9 月 29 日

汪伪政府公布系列管理标准和条例。《无线电收音机取缔暂行条例》及《实施细则》把短波收音机列为"违禁收音机"而严加取缔。《违禁收音机使用持有特许标准》勒令短波收音机持有者限期到指定地点改装,违者将处以"一年以下徒刑、拘役或3000 元以下罚金"。同时成立负责审查的"特许委员会",审核持有者名单。特许委员会由"中国方面"及"日本方面"代表共五人组成,其成员为伪政权当地最高行政官署及当地警察机关代表各一人,日本当地领事馆、特务机关及宪兵机关代表各一人。有关档案材料显示,汪伪上海市政府秘书长因公需要使用短波收音机,除要经伪市长批准,还需致函日本宪兵队特高课审查核定。

10 月 2 日

新疆电信管理局转发国民政府交通部代电给省宣传委员会,代电称:"关于新疆省政府宣传委员会请设置公营广播电台一节,拟可照准,惟应由新疆省政府申请。兹随电附广播电台设置规划、许可证申请书及登记表各一份,仰查收转,请改用省主席名义填写申请。"新疆电信管理局恳请省宣传委员会按上述代电转请新疆省政府依章办理登记手续。

11 月 28 日

汪伪上海特别市范围内(两租界除外)登记收音机用户共 9972 户。

同月

伪满哈尔滨中央放送局建立第三放送(俄语广播),呼号 MTFY,发射功率 1 千瓦,频率 1280 千赫。日本人高桥将武任局长。

12 月 14 日

新疆交通处为 1943 年元旦广播征稿事向新疆省边防督办公署请示称:"广播电台现在每日播送节目,虽有国际及国内时事问题等,而对本省各部门之建设报告似嫌不多,不无缺点。兹值 1942 年将末而 1943 年将临时期,关于新省教育之扩充,工业之增进,以及农牧业之改进、市政修建、财政增收等概况,均宜宣扬,以广听闻。是以恳请俯准,饬令有关机关迅速准备题材,呈交反帝会审阅,利用新年假期派人来台播放。"

同月

延安新华广播电台由于发射功率小,又常出故障,时播时停。

同年

国民党中央宣传部编印的《无线电宣传战》出版,全书分为"无线电宣传——战争的工具""对敌宣传战""争取美国援助的无线电宣传战"三章,并从三个方面对广播抗战宣传进行了规划。该书认为广播是"战时机构中不可缺少的部门","在宣传战中发挥着最显著效能的无线电工具,已和外交策略、经济压力、军事力量并行不悖,成为外交策略的必备武器之一"。

同年

国民党国际广播电台共使用汉语、广州话、闽南话、英语、俄语、日语、西班牙语、荷兰语、马来语、泰语、缅甸语、朝鲜语、法语等13种语言和方言对外广播。

1943 年

1月2日

由福州迁往福建战时省会永安的国民党福建广播电台遭日机轰炸,台长钟震之被炸身亡。

1月13日

上海日军宪兵队长颁发告示,重申对违反取缔违禁收音机布告规定者"不问其国籍将采取严峻措置,切望未办手续者,从速于限期前办理"。

1月18日

汪伪上海特别市政府通告实施取缔违禁收音机。

2月5日

日伪建立的保定广播电台开播,呼号 XGHP,发射功率 100 瓦,频率 730 千赫。

2月17日

自即日起,伪满新京(长春)中央放送局连续三天播出日本关东军报道队录音班采制的日军"守卫"北方的报道。

3月5日

汪伪政府修正公布《无线电收音机取缔暂行条例》,规定:"未经许可制造、使用、持有或转让违禁收音机者处以一年以下徒刑、拘役或 3000 元以下罚金。"违禁收音机包括:一、七灯以上;二、收音范围超出频率(波长)550 千赫(545 米)至频率 1500 千赫(200 米)以外者;三、内部装置可任意改为发报或发话者。

同月

国民党中央广播事业管理处拟定《加强并改良广播工作方案》,其中提出国际广播电台五年后增至 500 人,经费为 260 万美元。增加 100 千瓦发射机六座。加强人才培训,拟培养各项技术和播音人才 3000 人,其中高级人员 10%,中级人员 20%,初级人员 70%。

春

汪伪"中国广播事业建设协会"成立上海事务所,原民营广播电台公会理事陈显宗任管理部参事。

4月1日

延安新华广播电台由于斗争环境越发艰苦，无线电器材补充困难，电子管损坏，播出的音质差，无法保证正常播音，暂时中断广播，直到1945年8月，在抗日战争胜利声中才恢复广播。

同月

国民党中央广播事业管理处编印的《广播通讯》创刊。该刊总共出版10期，于1944年4月终刊。

同月

为强化对广播宣传的直接控制，伪满洲电信电话株式会社把本部放送课与"新京（长春）中央放送局"合并，组成直属"满洲电信电话株式会社"的放送总局。放送总局拥有指导、监督和组织各地方放送局广播工作的权力。其内设机构有庶务课、监理课、编成课、报道课、国际课、学艺课和技术课。

5月

新疆迪化广播电台自当月中旬起每日增加特别节目一小时，其中总理遗教及"总裁"训词占45%，《中国之命运》占20%，时事常识占15%，故事及音乐占10%，专题讲演占10%。自7月份起，应民众要求，该台增加维吾尔语广播，每周两次。

6月1日

国民党中央广播事业指导委员会第24次会议决定，鉴于各战区加强对军队的宣传和前线喊话的需要，决定成立军中播音总队。该队隶属于国民党军事委员会政治部。当时总队拥有1千瓦短波机一部，10瓦流动广播机14部，各中队、分队都配有小型背负式10瓦收扩机、15瓦发射机、手摇发电机以及简易天线等器材。流动电台和军中播音总队均担负对前线部队和对敌广播的任务。

同日

伪满新京（长春）中央放送局为了反复宣传"防空生活化"的要求，灌输"职域（工作岗位）即战场"的意识，在广播中增设《产业体操》节目。在第二广播中举办两次所谓"慰问产业战士"文艺广播晚会，推行"对付南方决战"（指太平洋战争）和侵华战争，"加强北边镇护"（指反共反苏），"强化国内体制"（指加紧对东北人民的思想统治和经济剥削）和"发扬战时生活意识"的侵略政策。

同月

汪伪政府发布《战时文化宣传政策基本纲领》，提出要"强化中国广播事业建设协会，严厉取缔敌性广播，并谋对外宣传之积极与强化"。同时，要求由有关机关派出检查人员，实施广播节目的"严格审查"，声称要"采取积极指导方针，不仅在消极方面删除违反国策之文字，尤应在积极方面指导符合国策之思想"。

同月

在高尔基逝世七周年之际，上海苏联呼声广播电台播出纪念周特别节目，内容有高尔基的话剧《华莎》、小说《母亲》片段和《二十六个和一个》、散文诗《海燕》，同时还播出曹靖华的讲演词《高尔基的生平和创作》、郭沫若写的挽词等。

7月30日

汪伪政府于上午"接收"上海法租界。7月31日下午，汪精卫在上海作广播演说《怎样建设新上海》。8月1日，举行上海公共租界"接收"仪式。

9月29日

上海日本总领事馆告示："在上海特别地区内凡装有以收听广播无线电为目的之无线电收音机者，于10月1日至10月14日期间内与财团法人中国广播事业建设协会缔结《收听契约》。"

9月30日

汪伪政府宣传部公布实施收音机装置许可制，并准许中国广播事业建设协会自10月1日起得与收音机所有人缔结《收听契约》，按月收取听费中储券10元。

10月30日

汪伪政府行政院长汪精卫与日本全权大使谷政之在南京签订汪日《同盟条约》，沦陷区各广播电台转播。

10月下旬

伪满牡丹江放送局改为牡丹江中央放送局，呼号MTCY。局长为日本人长谷川，管辖"富锦放送局""东安放送局"。机构设放送课、中继课、技术课、业务课和普及课，全局45人。普及课限制中国人收听短波广播，后严格取缔短波，对收听短波者处以10年以下徒刑、5000元以下罚金。

同月

上海苏联呼声广播电台专门举办为期两周的《鲁迅逝世七周年纪念节目》，内容有鲁迅生平介绍，鲁迅小说《阿Q正传》《故乡》《风波》，根据鲁迅原作《长明灯》改编的独幕剧，杂文《现在的屠杀者》《聪明人和傻子和奴才》《娜拉走后怎样》等；还有冯雪峰的《鲁迅与中国民族及文学上的鲁迅主义》，罗果夫的《鲁迅与苏联文学》。

12月21日

新疆边防督办公署交通处上报新疆电政情况称：迪化安装有线广播机两部，全市安装扩音器（喇叭）300余个，传音线路属铁质，利用电话杆架设。

冬

日伪在包头建立放送局，中波发射功率为50瓦，每天早、午、晚三次播音，使用日、汉两种语言广播。包头放送局由厚和放送局领导，局长由包头邮政局局长兼任，放送室主任为日本人神田。地址在旧包头市和平路富三元巷40号，发射机房设在永合巷内。

同年

日伪张家口放送局分设两台播出。第一台以汉语为主，兼有蒙古语节目，发射功率500瓦；第二台为日语广播，发射功率10千瓦，一度为华北地区功率最大的广播电台。张家口放送局于1937年9月10日开始播音，呼号XGCA，是日伪广播的重要组成部分。

同年

由彭乐善所著的《广播战》一书由中国编译出版社出版。全书共九章，论述了世界各国的广播事业发展情况以及广播传音技术等。

同年

始建于1940年的赣县广播电台改名为新赣南广播电台，呼号XLDA，台址设在赣县章贡路（今属赣州市）。台内架设高30米天线杆，安装长25米T型天线，有50瓦中、短波发射机各一部及播音、录音扩音等设备，全天播音一次，计两小时，重大活动和节日延长播音时间。该台隶属江西省第四行政督察专员公署，由教育科主管，定编11人。台内设传音、机务、总务三课。台负责人先后有刘锦坤、肖涤新。1945年1月，因日军进犯赣县，该台停止播音，随专署迁至安远县，同年3月撤销，设备封存，人员遣散。

同年

国民党中央广播事业管理处发给贵州广播电台公用收音机，责成培训公共收音员，以便在公共场所收听播放。

同年

重庆先后出现复亚、华记行、行功三个私营广播电台。

1944 年

1 月

日本首相、伪满洲国总理和汪精卫互相交换广播讲话。

3 月 12 日

孙中山先生逝世 19 周年之际,美国举行纪念日活动。宋庆龄应邀到国民党国际广播电台发表对美广播演说,题为《孙中山与中国的民主》,讲解孙中山遗嘱的真谛和精神,把中国人民对政治局势的意见传播到了海外。

4 月 30 日

《广播通讯》特刊第 10 期刊登吴保丰的《十五年来我国广播事业之鸟瞰》一文,对国民党广播事业自建立以来的发展历程作了简要回顾,对当时广播的现实需要与存在问题进行了详细分析。

同月

伪满吉林放送局开始筹建,1945 年 2 月正式播音。电台呼号 MTWY,使用两部 50 瓦中波发射机,频率分别为 725 千赫、1160 千赫,设置汉语和日语两套节目,主要是转播"新京(长春)放送总局"编排的节目。该局隶属伪"满洲电信电话株式会社新京管理局"。

夏

广西省政府教育厅设立的粤西广播电台的器材、人员奉命向昭平县疏散。夏末,桂林广播电台设备疏散至柳州,后运到宜山丧失。

8 月 24 日

日伪华北夏季宣传会议召开,"为推行检阅工作顺利一元化起见",决定"派员 1 人至 3 人在(华北)广播协会办事,成立考察室,随时与检阅室联络,以免除检阅上的障碍"。沦陷区的许多居民深夜收听重庆的国民党广播,抵制日伪政权推销的廉价收音机。

9 月 1 日

伪鞍山放送局开始播音,呼号 MTJY,发射功率 10 千瓦,频率 725 千赫。

10月17日

汪伪中国广播事业建设协会上海办事处发表工作状况。伪上海广播电台台长陈正章宣布:"上海电台拟扩充游艺节目,并计划将上海经济新闻当日广播扩大到南京及华中一带。"10月份起,收听费涨至中储券100元,收音机装改费中储券300元。

同月

根据《联合国在华设立临时军用无线电台办法》,经国民党有关当局批准,美军在广西、云南、四川等地设立军用广播电台。其中驻昆明美军广播电台为最大,呼号XNAW,发射功率1千瓦。每天除两次新闻节目外,大部分时间播送专为美军制作的唱片节目,如《名诗朗诵》《士兵节目》《爵士音乐》《跳舞音乐》《古典名曲》等。桂林、云南驿、白市驿三地的军用广播电台,呼号依次为CB1、CB2、CB3,发射功率均为50瓦,专为美军播送娱乐节目。在重庆设置50瓦广播电台一座,1945年又在成都、泸县等地增设军用广播电台。

同月

署名"铿"的《广播在新闻事业中的地位》一文发表于《广播通讯》,该文从广播的起源,广播的时间性、空间性和复制性以及中外广播实践的历史角度,认为广播是新闻事业的重要组成部分。

11月

伪满兴安南省放送局正式播音。该局有中波发射机一部,发射功率不足500瓦,以蒙古语和汉语轮换播出,另用一部转播机转播伪新京放送局的日语节目。该局局长是日本人,局址在王爷庙(今乌兰浩特)。

同年

国民党中央广播事业管理处所属台财产总值统计表显示,贵州广播电台的财产总值达56.8万余元,其中四部发射机、一部干扰机、公共演讲机及与之配套的发音、增音和仪器等设备达44.2万元,唱片、国乐器、西乐器、图书等价值1.8万元。贵州广播电台的机件及配套仪器设备比甘肃、江西、陕西、湖南电台高出10万至30万元,位于中央电台、国际电台、昆明电台之后居第4位。

同年

日本侵略者在热河重镇赤峰建立赤峰放送局。有两部20瓦中波发射机,主要转播日本东京、伪满新京放送局和热河放送局的广播节目,有少量自办节目,用日、汉两种语言广播。局长为日本人,有职工27人。日本投降后,其设备由当时中共热中地委的《民生报》社接管。

同年

日伪天津广播电台播出三套节目:620千赫为华语广播,每天17:00至18:00

播自办节目,其余时间转播北京广播电台节目。1110千赫为日语节目,每天播出三次,全部转播日本"东京放送"的日语节目。820千赫为"特殊放送",主要播出曲艺、大鼓、评书、唱片等文艺节目,由播音员播出商业广告。

1945 年

1月26日

广东韶关沦陷,广东省广播电台迁至连县。

2月14日

新疆电信管理局局长王镜楠签发《有线广播押机费标准的规定》,要求各机关安装广播机,依照规定,每具应征收押机费新币20元,于本年1月份起开始征收。若逾期不交,即将广播机拆除。

3月1日

新疆迪化广播电台特别节目恢复播出,由国民党省党部指派专人播讲。汪洛生讲《种族优越思想批判》,杭炎甫讲《慰劳归来》,杨彬讲《音乐的起源》,刚伯讲《联合公演的意义》,霍然讲《本省剧运展望》,王为一讲《音乐演奏》等。

3月3日

从即日起,新疆文艺研究会在迪化广播电台播出《乌鲁木齐之恋》《长城谣》《抗敌歌》《夜半歌声》等歌曲。

3月11日

汪伪中国广播事业建设协会通告,对未交付收听费的30家收音机用户即日起取消其《收听契约》,并将收音机没收。

5月7日~19日

汪伪上海广播电台举行保甲工作宣传播音,内容有《保甲与治安》《强化保甲、协力保卫》等。

7月9日

甘肃广播电台经国民党中央广播事业管理处验收批准,正式开播。甘肃省党政军要员及社会知名人士数十人出席开播典礼,首任台长黄念祖。

8月10日

汪伪南京中央广播电台的值班人员转播重庆中央广播电台有关日本请降的消息,引起了市民的轰动和欢呼。

8月14日

国民党中央广播电台向敌伪各广播电台发布广播命令,严饬伪方工作人员努力保护机件器材,听候派员接管,允予立功自赎。

8月15日

延安清凉山新华社新闻台抄收到了英国路透社的"急电":"日本投降了!"朱德总司令签发勒令敌伪军向八路军、新四军投降的延安总部第一号命令,当即由新华社向全国广播。

同日

国民政府交通部、中央广播事业管理处派黄念祖等要员接管日伪天津广播电台。"中央广播事业管理处天津广播电台"随即成立,台长黄念祖。

同日

日本无条件投降,日本天皇裕仁于中午在广播上宣读《终战诏书》,成为日伪在东北放送(广播电台)的最后一次广播。下午,"哈尔滨中央放送局"的一些日本人开始毁坏大电子管。在放送局工作的中国人由赵乃禾带领,愤怒地冲进局长办公室,责令高桥将武制止破坏行动,及时保护了设备和器材。在日本宣布投降前,日伪在今黑龙江地区内建立的佳木斯、牡丹江、黑河、富锦、海拉尔、北安等六座放送局(广播电台)均遭破坏,只留下了哈尔滨和齐齐哈尔两座放送局。

同日

国民党中央广播电台和国际广播电台播送国民政府给日本侵华军总司令冈村宁次的命令,要其所属部队按照指定地点投降,同时通知收复区各敌伪电台,严饬工作人员,努力保管机件器材,听候派员接收。国民党中央广播事业管理处派黄念祖和齐昌鼎为接收伪华北广播协会及其所属伪北京中央广播电台的专员。汪伪"华北广播协会唐山广播电台"则极力封锁日本战败消息,妄图顽抗。

8月中旬

延安的无线电技术人员克服技术设备上的种种困难,安装成功一台无线电广播发射机,功率300瓦左右,开始试验播音。至此,延安新华广播电台在停播两年之后,恢复试播。试验播音第一天播送的是延安总部朱德总司令8月10日向各解放区所有武装部队发布的反攻进军命令。试播期间,还宣读了朱德总司令给日本侵华总司令冈村宁次的命令和给蒋介石的电报,接着播出了毛泽东主席8月13日、16日为新华社撰写的评论《蒋介石在挑动内战》《评蒋介石发言人的谈话》等,号召全国人民提高警惕,"团结起来,壮大自己的力量",制止内战。恢复播音后,稿件仍由新华社供给。新华社编辑科成立了口播组,负责编写口播稿件。口播组组长杨述,成员有张纪明、韦君宜等,播音员是李慕琳、孟启予等。电台使用频率7500千赫和9625千赫，波长40米与30.8米，每天播音两次，播音时间分别为11：30至12：30，18：30至19：30，每次1小时。节目有《时事新闻》《解放区消息》《时评》及《名人讲演》等，还有记录新闻。后来陆续新办的节目有《对国民党军广播》《人民呼声》等。

8月17日

日本宣布投降后，中共地下党组织在伪奉天放送局内成立"沈阳广播电台维持会"，并以沈阳广播电台的名义开始播音。21日，苏联红军对电台实行军管，停办节目。

8月19日

苏联红军派员接管伪满洲电信电话株式会社放送总局，改称长春广播电台，呼号为"格瓦里，长春"（俄语：这里是长春）。播送唱片，为苏军飞机导航。9月上旬，苏军通讯司令部派一名懂日语的少校到长春广播电台主持日语广播。9月10日，中共中央东北委员会派抗联干部王一知（化名佟涤心）、乔邦信以军代表身份进驻广播电台，主持汉语广播。该台发射功率3千瓦，频率560千赫，波长535.7米，每天播音三次，用汉语、日语、俄语广播。同年12月初，共产党领导的东北人民自治军撤离长春，电台由苏军军管，后苏军撤出，电台由国民党控制。1946年4月，解放军第一次解放长春，4月23日，中共中央东北局宣传部派周叔康以军代表的身份接管长春广播电台。次日，更名长春新华广播电台并开始播音，5月22日停止播音。1948年10月19日，长春第二次解放，中共中央东北局宣传部派东北新华广播电台副台长朱明接管被国民党控制两年多的长春广播电台。10月22日，长春新华广播电台恢复播音，呼号XCCR，发射功率200瓦，频率560千赫，波长537.7米，每天播音三次。不久，王建颖任该台台长。

8月20日

哈尔滨广播电台开始播音。该电台是苏联红军进入哈尔滨第二天，由刘亚楼（王松）代表中国共产党，在苏联红军的帮助下，接管日伪哈尔滨中央放送局，并利用其设备开办的。该台发射功率1千瓦，频率1055千赫，波长284米。刘亚楼亲自领导哈尔滨广播电台的工作。8月末，中共中央东北委员会委员、中共松江地区委员会负责人李兆麟接替刘亚楼，负责领导哈尔滨广播电台，后李兆麟任滨江省副省长，电台工作由滨江省政府宣传兼交际科科长张观主管，赵乃禾任台长。

8月24日

八路军收复华北重镇张家口后，张家口新华广播电台开始播音。其以接管日伪蒙疆放送局和宁远无线电发射台设备组建而成，呼号XGCA（后改为XGNC），每天以500瓦中波和10千瓦短波两部发射机分早、中、晚三次播出节目，开始曲为《开路先锋》，结束曲为《大路歌》。主要播出内容有新闻、评论、时事解说、百科知识、政策法令讲座、广播讲演以及各种文艺节目等，是当时解放区广播电台中发射功率比较大的电台。台长先后为张庆泰、哈文光。8月28日，延安新华广播电台同张家口电台通话，按照延安电台传达的"决定"，张家口电台除自办节目外，还每晚转播延安电台全部晚间节目。

同日

国民党中央宣传部委派特派员王亚民、中央广播事业管理处指派何柏身为接收专员，并带干事周温恭、王文棣由重庆到达湖北省汉口市，负责接收日伪汉口放送局等有关事宜。

8月27日

国民政府交通部江苏江南区电信规复处处长郁秉坚发出布告，暂行接管使用上海各广播电台及所存材料。

8月30日

国民党中央广播事业管理处派京沪区接收特派员冯简、接收专员叶桂馨等由重庆抵达南京。次日，叶桂馨等到南京廖家巷2号、江东门发射台察看情况，并在祠堂巷25号约见伪中国广播事业建设协会常务理事、代理理事长日本人内山清，通知接收伪中央广播电台日程及有关事项。后以廖家巷500瓦中波机和江东门不足10千瓦中波机，组建南京广播电台（暂名），呼号XGOB，于10月1日开播。

8月下旬

三青团上海团部创办青年（上海青年）广播电台，发射功率200瓦，频率1440千赫，台长王立本。1946年8月，电信局曾下令取缔该台，以后又多次取缔。1949年5月27日上海解放后，该台被上海市军管会接管。

8月下旬

国民党中央广播事业管理处陆续派专员分赴各地接收日伪广播电台，到1946年5月的10个月时间里，共接收日伪广播电台21座，大小广播发射机41部，总发射功率274千瓦。

同月

国民党江苏省武进县党部广播电台重新建立，恢复播音。电台呼号KLIK，功率初为100瓦，1946年10月增为200瓦，频率1330千赫。台址设在常州大庙弄中山纪念堂楼上。

同月

国民党中央广播事业管理处平津区广播电台接收专员黄念祖负责接收石门广播电台。该台用100瓦发射机广播，以转播北平广播电台节目为主，以后又开辟了第二广播时间，台名改为石家庄广播电台，呼号 XRDS，频率仍使用 980 千赫和 780 千赫，主要节目有本市新闻、箴言逻辑、名人演讲、国文讲座、无线电讲座、播音剧、国乐等。

同月

国民党中央广播事业管理处接管唐山广播电台，发射功率100瓦，频率900千赫。该台办有两套节目，一套是综合节目，每天两次播音，第一次 8：00 至 8：40，办有健身操、早晨的话、新闻节目；第二次 18：00 至 23：00，办有地方新闻、简明新闻与时评以及娱乐节目。另一套节目每天从 19：30 至 23：00，除 45 分钟新闻与政令外，全部是文艺、广告节目。

同月

绥远省政府接管伪蒙疆厚和放送局和包头放送局，厚和浩特（今呼和浩特）市改称归绥市，厚和放送局改称归绥广播电台，呼号 XGOK。包头放送局改称包头广播电台，由归绥台台长兼任包头台台长。该台发射功率与频率未变，当时只是转播台，没有自办节目。先归包头电信局管辖，后改由国民党包头县党部管辖，1946 年又改为包头市政府管辖。1947 年前后，潘丙心、沙养源相继代理台长。全台职工最多时达 20 余人。

9月2日

甘肃广播电台临时开办《庆祝抗日战争胜利特别节目》，并在兰州市内设置节目放送站数处，供市民收听。

9月3日

哈尔滨广播电台同步播出哈尔滨市庆祝"九三"胜利大会实况。东北抗联负责人之一李兆麟在大会上讲话。

9月5日

延安新华广播电台正式恢复广播，用《渔光曲》作为开始曲，后改用《兄妹开荒》。每天广播两次，每次 1 小时，内容包括新闻评论、政策讲座、解放区建设、战斗故事、文艺节目和记录新闻等。后来，广播时间延长到每天 3 小时。根据形势的变化，广播的主要对象为国民党统治区的群众和蒋军官兵，同时兼顾解放区军民。电台的编辑工作和播音工作归新华社口头广播组负责，技术工作由新华社有关部门管理。

9月6日

八路军冀热辽军区 16 军分区派人接管沈阳广播电台，任命李复为台长，孙茜为播音科长，仍以沈阳广播电台的名义播音。11 月，沈阳广播电台领导林超、李复、孙茜等分别随中共辽宁省工委、沈阳市委和部队离开沈阳，电台交苏军单方军管，沈阳广播电台随即停止播音。1946年3月，苏军从沈阳撤退。4月，该台由国民党中央广播事业管理处派人接收。

9月11日

延安《解放日报》报道："延安广播电台，即日起开始中国国语广播。呼号XNCR。同时用千周7500与9625，波长40米与30.8米，时间每日11：30至12：30，与18：30至19：30（上海时间）。播放节目有时事新闻、解放区消息、时评及名人讲演等。尚有记录新闻一类，以便各地抄收，希望各地注意收听。"

9月18日

国民党中央广播事业管理处接管日军的广州市无线电广播电台，改名为广州广播电台，呼号XGOK，后又改为XTPA和XPSA。

9月19日~20日

中共领导的沈阳广播电台播出东北抗联沈阳地区工作组负责人冯仲云在沈阳市纪念"九一八"雪耻大会上的讲话。

9月21日

八路军冀热辽军区16军分区派陈自新接收日伪本溪湖放送局，改名为本溪广播电台，9月28日播音，台长陈自新。1946年元旦，东北民主联军辽东军区成立，该台于同一天改称辽东军区新华广播电台。1946年3月，国民党军进犯，该台转移至凤城继续播音。5月又转移至安东（今丹东），并入安东新华广播电台。

9月22日

国民党平津区广播电台接收专员办事处成立。

9月24日

中共领导的通化广播电台开始广播。电台呼号XTHR，发射功率50瓦，频率725千赫，波长414米。台址在通化市西昌街（后来的新华大街隆发居民委员会区内），10月，迁址于龙泉路广场附近（后来的龙泉路1—26号）。该台有工作人员33人，其中编播人员10人，技术人员16人，行政人员7人。设有广播科、技术科、总务科。台长张东。通化广播电台是利用日伪通化放送局的设备建立起来的，以转播延安新华广播电台和张家口新华广播电台节目为主。

同日

国民党接收专员接收在汉口黄陂路41号设立的日伪汉口放送局、交通路长途电话站内的相谈所和肖家地武汉电讯局的广播发射台，接收300瓦和10千瓦广播发射机各一部。

9月25日

国民党中央广播事业管理处京沪区广播电台接收特派员冯简、接收专员叶桂馨接收上海市日伪的广播电台六所及机关两所。原上海广播电台及国际电台接收后合称上海广播电台，呼号 XORA，频率 800 千赫，台址在上海大西路（今延安西路）7 号，陈辅屏任台长。1949 年 5 月 27 日，上海解放后，该台由上海市军管会接管。

同日

国民党保定绥靖公署军人张会真呈请第十一战区政治部批准设立北平胜利广播电台，得到国民政府军事委员会委员长北平行营与该政治部的支持和批准。该台呼号 XLIB，发射功率 100 瓦，频率 1020 千赫，波长 249.1 米，台址在内二区北沟沿甲 49 号。该台"秉承第十一战区政治部之意旨，以宣扬党义、传播政令，提高文化水准，注重国民教育为目标，并代本市（北平）党政军各机关宣传政闻、公布法令及播送各项文告"。

同月

八路军冀热辽军区 16 军分区部队进驻抚顺，接收伪抚顺放送局，创办抚顺市人民政府广播电台，1946 年春开始播音。后国民党军进犯，该台撤至抚顺县境内。1948 年 10 月 31 日抚顺解放后恢复播音。1949 年 5 月改称抚顺人民广播电台，刘铭任台长。

同月

国民政府行政院公布《管理收复区报纸通讯杂志电影广播事业暂行办法》。收复区全国性事业接收委员会拟定了"广播事业接收三原则"："一、凡广播电台原系国营或敌伪设立者，由中央广播管理处接管运用；二、凡广播电台原系省（市）经营者，由各该省（市）政府接管运用；三、凡广播电台系原民营者，暂由中广处会同原主接收"。

10 月 1 日

国民党贵州广播电台取消沪、厦方言及马来语播音。在每天的简明新闻中，国语的比重加大，每天广播 25 分钟（每周五、六、日另增 15 分钟）。12 月，该台 10 千瓦短波发射机停播，仅余一部 500 瓦的发射机。

10 月 2 日

国民党中央广播事业管理处指派接收专员陈泽凤等到达浙江，设立浙江区广播电台接收专员办事处，接管日伪杭州广播电台，后又接收日伪宁波广播电台。10 月 4 日，浙江广播电台成立，呼号 XGOD，直属中央广播事业管理处，台址设在杭州英士街（今平海路）46 号。有员工 25 人。每天播音三次，全天播音 8 小时 20 分钟。

10 月 5 日

上海原民营无线电播音业同业公会请求国民政府交通部和中央广播事业管理处驻沪办事处，制止新成立广播电台使用原鹤鸣等 8 家会员台之相同频率，要求保留频率并早日复业。

10月6日

延安新华广播电台开始每星期六举办一次周末文艺节目,第一次播出了鲁艺文工团演出的歌曲《东方红》《庆祝胜利》《有吃有穿》和秧歌剧《兄妹开荒》。

10月8日

中共中央机关报延安《解放日报》和新华社编委会讨论口语广播问题,决定成立口头广播组,负责编辑口播稿。口播稿件包括解放区新闻,重大政治事件,党的主张、方针、政策,以及文艺节目、社会科学、社会服务、听众信箱、政策问答等内容,并播送记录新闻。

10月9日

国民党第十战区临泉指挥所接收委员会派孔园人接收日伪徐州广播电台,并在此基础上成立徐州广播电台。该台呼号XOPC,频率1010千赫,台址在徐州户部山三义庙,孔园人任台长。1948年12月1日,徐州解放。12月8日,徐州市军管会接管该电台。

同日

上海沦陷期存在的上海市民营广播电台公会所属28个单位要求复业,受到中央广播事业管理处特派员冯简的驳斥,指该公会"受敌伪当道之意志推动一切,出版刊物,为敌伪工作,确为不合法之组织"。

10月10日

由国民党平津区广播电台接收专员黄念祖接收并重建的北平广播电台开始播音,呼号XRRA。同日,任命沈宗汉为代台长。由于接收日伪北京中央广播电台的全部设备,发射功率较大。电台设四套节目,第一广播节目发射功率100千瓦,第二、三、四广播节目发射功率分别为500瓦、100瓦和15瓦(第三、四广播节目为广告台)。电台机构设总务科、传音科、业务科、工务科和会计室,共有员工210多人。电台执行国民党中央宣传方针,配合反共宣传。

同日

孙国珍任国民党天津广播电台代台长,翌年2月1日任台长。

10月18日

沈阳市民主政府公安局局长赵濯华在沈阳广播电台发表《镇压反动分子,保护人民正常生活》的广播讲话,同时还广播了沈阳市各界代表会议发布的《拥护民主政府宣言》。

10月20日

中共领导的冀热辽区行署营口市行政特派员办事处接管国民党控制的营口广播

电台，仍以营口广播电台名义继续播音。1946年3月，国民党军队进犯营口，该台将设备拆运转移他处。

10月中旬

中共滨江省工作委员会成立，工委委员张观和周维斌在沈阳向中共中央东北局副书记陈云汇报工作后返回哈尔滨，传达了陈云"接受政权、建立武装、发动群众、收集敌伪物资"的四点指示。其中在谈到发动群众时强调："要把党的宣传搞起来，把宣传材料带回去，把广播电台利用起来。搞一个大的宣传攻势，既反对帝国主义，又反对反动派，既拥护共产党，又拥护红军"，"揭露国民党不抵抗，'九一八'失掉东北，今天与敌伪合流，发动内战的罪行，启发群众觉悟"。要广播电台"做长期打算，编制节目，制定计划，使其内容充实"。月末，中共滨江工委召开会议，指出"宣传部门的工作：准备干部，加强电台、报馆、印刷工作中的物资以长期打算。要编制节目，制定计划，以便使其内容充实。总的宣传方针不予改变，其主要内容是帮助恢复社会的善后工作。今后接受的宣传工具应大量利用"。

10月21日

《解放日报》在第四版开辟广播专栏，开始陆续发表消息、文章，介绍解放区人民广播事业发展情况，并从11月起刊登延安新华广播电台的广播稿。

10月24日

由八路军接收原日伪鞍山放送局改造而成的鞍山广播电台开始播音，年底改称鞍山新华广播电台。1946年4月，国民党军进犯，该台撤出鞍山市，播音中断。1948年2月，鞍山重新解放，3月初电台恢复。后国民党军再度进犯，该台迁往海城，播音再次中断。11月初迁回鞍山恢复播音，仍称鞍山新华广播电台，台长王仲奎。1949年2月末，该台因机器故障而停播，至3月再次恢复，并由中共鞍山市委宣传部副部长邢路兼任台长，5月改称鞍山人民广播电台。

10月25日

延安《解放日报》发表《介绍XNCR》和《大家办广播》的文章。《介绍XNCR》指出：这个电台的宗旨，"在于使得不了解人民的政党、军队和解放区情形的人士，都能知道它的主张和事业"。并介绍了延安新华广播电台的《时事新闻》《解放区消息》《言论、政策和建设介绍》和《记录新闻》等主要节目的内容。《大家办广播》则提出了"大家办广播"的方针，主张"人民大众的号角要人民大众来鼓吹"。

10月29日

为使国统区人民了解解放区的情况和中国共产党的各项政策，延安新华广播电台播出广播讲话《十九个解放区的形势》，接着，又从11月2日起，增设《解放区介绍》《解放区政策》《解放区建设》三个介绍解放区的专题节目。《解放区介绍》每周播两次，至1946年2月共播出16次。从不同的角度介绍了陕甘宁、晋察冀、晋冀鲁豫、苏南、皖中等11个解放区以及烟台、威海卫两个城市。《解放区政策》《解放区建设》两个节目从1945年11月起，在两三个月的时间里介绍了解放区的人民权利、"三三"制政策和人民军队以及陕甘宁边区的普选、保育院、小学，张家口的自来水建设等，用生动的事例宣传中国共产党的各项主张和政策。

同月

安东新华广播电台开始播音，发射功率50瓦。1946年9月23日，该台作战略转移。1947年6月，安东第二次解放，6月20日，安东新华广播电台回到安东并正式播音。1949年5月，安东新华广播电台改名为安东人民广播电台。

同月

美军广播电台在天津开办，由美国海军陆战队主办，地址在河西区广东路美国驻军营盘。翌年因美军撤军停播。

同月

AEC无线电公司张寿椿在上海进贤路272号创办亚洲广播电台，呼号XMZC，发射功率300瓦，频率1180千赫，波长254.2米。1951年上海市军管会命令停播。

同月

上海大美广播电台开办。该台是由郑肇骥、王彦臣、季戴华等从《大美晚报》馆购入的，呼号XMHC，频率700千赫。1946年6月失火被焚，7月复业。1947年1月1日，因调查国籍问题暂停，9月继续营业。1951年4月1日，改名为"大众"电台。1952年10月加入联合台。

同月

中国共产党派人接管吉林、营口、鞍山、安东（丹东）等日伪放送局，分别以"吉林广播电台""营口广播电台""鞍山广播电台"和"安东新华广播电台"的名称开始广播。11月后又接收了锦州、大连、承德、齐齐哈尔、延吉、抚顺等日伪放送局，但是由于多种原因，这些电台在1945年年底前未能开始播音。

11月7日

《辽吉日报》发表署名"民役"（即通化广播电台台长张东）的文章《介绍通化广播电台》。该文阐述了新旧广播性质的区别，以及人民广播的根本任务和办台方针。

11月初

中共中央领导人毛泽东、刘少奇、朱德、任弼时和彭德怀、博古等视察了中央军委三局，听取了关于通讯工作和延安新华广播电台工作情况的汇报。毛泽东高度评价通讯工作和广播事业在革命战争中的重要作用。毛泽东、刘少奇还利用延安台的广播设备同张家口台进行了通话。

11月13日

上海民营广播电台商业同业公会整理委员会成立,王完白、苏祖国、张元贤任整理委员,后吸收陈靰春等七人为协助整理委员。

11月21日

吉林广播电台开始播音。该台是中共吉林市特别支部于10月间派李之白在苏联红军帮助下接管日伪吉林放送局后建立的,台长由李之白兼任,台址在吉林市南马路(后来的重庆路62号附近)。

同月

国民党中华海员特别党部在上海胶州路170弄7号创办中华海员广播电台,呼号XCSU,频率1360千赫,波长220.5米。1946年被上海电信局取缔。

同月

抗战期间设在沅陵的国民党湖南广播电台迁回长沙,设在耒阳的湖南广播电台停播。

同月

国民政府交通部上海市电信局兼管民营广播电台,郁秉坚任局长。

12月6日

上海广播电台对全市广播电台的调查结果为:有广播电台27家,其中已播音者16家,尚在筹备者11家。

12月7日

国民党北平广播电台代台长沈宗汉以"宿疾未瘳,难胜繁剧"为由辞职,改由接收专员黄念祖兼台长,齐昌鼎任副台长。

12月初

上海淞沪警备司令部设立电信检查科,检查各电台登记收音机及管理无线电材料,办理民营广播电台纳费、发给居留证、规定临时呼号及频率,其有效期俟民营广播电台设置规则公布即予停止。

12月14日

驻北平美军海军陆战队广播电台开始播音,呼号XGOY,发射功率50瓦,地址在前门内美军兵营。该台每天播音约10小时,主要供驻北平美军娱乐消遣之用。

同月

新疆迪化有线广播喇叭共358只,其中机关27只、企业5只、居民103只、团体9只、商号86只、学校7只、军警机关101只、医院13只、合作社1只、银行4只、国民党省党部2只。

同月

国民党文化运动委员会在上海市劳合路(今六合路)77号创办青年文化广播电台,呼号XGYM,频率1040千赫。1946年8月被上海市电信局取缔。

同月

国民党上海特别市执行委员会的杨士芳在公馆马路(今金陵东路)486号创办国民广播电台,呼号XGLA,频率1000千赫。1948年9月被上海市电信局取缔。

同月

国泰戏剧院院长顾宣元在上海迈尔西爱路(今茂名南路)275弄5号创办环球广播电台,呼号XUCC,频率1180千赫。1946年8月9日被上海市电信局取缔。

同年

国民党贵州广播电台开办的节目有《党政报告》《建国方略》《时事漫谈》《时事报道》《国际纵谈》《英语及各种方言新闻》《本省新闻》《国语新闻》《民众教育》《科学演讲》《平剧(京剧)》《国乐》《歌曲》《粤曲》,另辟商情和气象报告节目。

1946年

1月1日

延安新华广播电台播出元旦广播稿《庆祝新年XNCR的自我介绍》，再次阐明："XNCR的宗旨，在于使得各位了解人民政党、人民军队和人民自己建立起来的解放区的情况，了解它的主张和事业。"1月2日的延安《解放日报》刊载了该广播稿。

同日

中国业余无线电协会葛正心等在上海市威海卫路（今威海路）313号创办民声广播电台，呼号XPOC，发射功率500瓦，频率1240千赫，波长241.8米，1952年10月加入联合台；陈厚信等在上海创办中华自由广播电台，呼号XHHL，发射功率500瓦，频率820千赫，波长365.8米，1952年上海市军管会批准歇业申请，当年8月1日起停播。

同日

民营苏州文化广播电台开始播音。电台呼号XCSS，发射功率初为50瓦，后增大为100瓦，频率先后为1080千赫、830千赫。台址在苏州宫巷36号（今宫巷53号）。1946年9月11日，吴县电信局以该台未经国民党交通部批准，给予查封。与此同时，1946年春陆续开播的苏州久大、江南、力行、利康、明报、黎明等民营广播电台亦因未经交通部批准，于9月11日被查封。

同日

湖北省汉口市广播无线电台恢复播音，呼号XLRA，开始使用一部200瓦的中波发射机，频率800千赫、6045千赫。该台新闻稿件来源于国民党中央通讯社汉口分社。恢复播音时，台长为何柏身，一个月后，国民党中央广播事业管理处调陈济略任台长。全台编制60人，实有47人。

1月5日

李凤霖在上海南京西路1081号创办大中国广播电台，呼号XDCK，频率1310千赫，后改成1360千赫，波长分别为229米和221.3米。1952年12月14日停播。

1月11日

上海市电信局发布新闻稿："交通部令：关于民营广播电台设置规则正由行政院

审核中,在未奉颁示前,一律不准开放。其有已先擅自开播者,责令电信局会同市政府等予以取缔。"

1月14日

中和企业公司徐中和在上海创办中和广播电台,呼号XHLA,频率820千赫。1946年8月9日被上海市电信局取缔。

1月16日

中共领导的大连广播电台开始播音。该台是接管日伪广播设备建立起来的,呼号XGIR,发射功率1千瓦,频率1065千赫,波长281.7米。设有新闻、文艺节目,并转播延安新华广播电台和莫斯科广播电台的节目。第一任台长康敏庄。全面内战爆发后,因为特殊原因,大连广播电台没有受到战争的影响。1947年改为关东台,是解放区没有间断广播的电台之一。

同月

私营胜利广播电台在北平创办,呼号XLIB。

同月

吴敬恒、陈果夫、居正向国民党国防最高委员会第184次会议提交提案,建议将中央广播事业管理处改组为中国广播股份有限公司。

同月

通化广播电台改称通化新华广播电台。

年初

北平广播电台每天20:20至20:30用主频率转播美国旧金山节目(即美国之音)。在美军驻扎北平期间,每天还联播美国海军陆战队广播电台(XGOY)的节目。

2月1日

国民党中央广播事业管理处派员接收日伪厦门广播电台,厦门广播电台正式播音。电台呼号XUPB,短波发射机功率500瓦,频率8348千赫,波长35.95米;中波发射机功率200瓦,频率800千赫,波长357米。每天17:00至22:00播音。

2月14日

国民政府交通部公布实行《广播无线电台设置规则》,规定交通部所办广播电台称为国营广播电台;其他政府机关所办者称为公营广播电台;允许中国公民及完全华人组织的公司、厂商、学校和团体设立广播电台,称为民营广播电台;不准外籍机关、人民及非完全华人组织的公司、厂商、学校和团体在中国境内设立广播电台。上海市广播电台不得超过10座,其中民营电台不得超过半数,功率以50~500瓦为限,波长限用中波。

2月23日

通化新华广播电台为庆祝东北民主联军杨靖宇支队和李红光支队成立，当晚举办专题广播节目。

2月下旬

张家口新华广播电台开办《八路军介绍》和《解放区介绍》节目。

同月

吉林广播电台改称吉林新华广播电台。吉林《人民日报》社社长杨文元（化名赵福洪，现名杨子苍）、余平若先后任台长，有25名工作人员。设有广播科、技术科和总务科（与吉林《人民日报》社、新华通讯社吉林分社共用）。除转播延安新华广播电台的新闻节目外，自办《新闻》《市内新闻》《告知》《时评》《解放区通讯》《介绍》和音乐、戏曲节目等。重点宣传中国共产党在新民主主义革命时期的路线、方针、政策；宣传人民军队在抗日战争中的历史作用；播送毛泽东的《新民主主义论》《论联合政府》《中国革命与中国共产党》等著作；报道解放区军民支援解放战争和建设新生活的业绩；揭露国民党的独裁、卖国、内战政策。

同月

国民党军中之声广播电台和国防部第七十二广播电台在北平开始播音。这两座电台均属国民党军队管辖，流动性大，时建时迁。

3月5日

刘宝椿在上海创办大同广播电台，呼号XHDT，发射功率200瓦，频率1380千赫。1951年7月1日上海市新闻处勒令停播。

3月8日

哈尔滨广播电台举办《纪念"三八"国际劳动妇女节》专题节目，李兆麟将军作妇女解放的演讲，号召妇女起来反对内战。

3月10日

中联广播电台开始播音。这座电台是以"上海市文化运动促进会"的名义开办的，呼号XGCA，发射功率500瓦。上海市文化运动委员会主任委员陈高佣任台长，实际宣传和技术业务都掌握在中共上海地下党组织手里。开播当天，该台聘请著名演员梅兰芳主持揭幕，并组织播出特别节目，同时在报纸上大做广告，引起社会注意。该台所办的节目，除戏剧、评弹、歌曲之外，还特别组织了少年儿童、文学、学术等节目。新闻节目采取灵活办法，随时插播，把根据地党内外进步报刊提供的材料加以改编播出。7月，国民党上海当局借口"整顿"，与其他民营台一起遭查封。

3月21日

上海市电信局公告：上海市公营及民营广播电台于3月25日至30日备具正式

公函到四川路（今四川北路）872号电信局公务处领取广播电台设置规则及登记表格，当时前去电信局登记的电台共有108家（含将设电台）。

3月下旬

哈尔滨广播电台举办悼念李兆麟将军的《特辑广播节目》，用事实揭露国民党当局破坏和平、不断制造内战的行径，连续十几天作了大力报道，在社会上引起强烈反应。李兆麟将军是3月9日被国民党特务暗杀的。

同月

国民政府交通部以上海地方未经核准即行架设之广播电台为数过多，另订《整顿上海市广播电台的初步办法》，对四种情况之民营广播电台将予勒令撤销：一、天线电力不满50瓦特或超过500瓦特者；二、机件简陋、周率不稳、音质不佳者；三、抗战前曾受过勒令停播处分者；四、有代敌宣传或其他附逆行为者。

4月4日

中华海员工会上海分会张耀明在上海创办的前进广播电台开播，1946年8月9日被上海市电信局取缔。

4月5日

上海市广播电台联合会成立，会员约40多个单位，由国民广播电台负责人杨士芳任主席。

同月

中国共产党领导的吉东行政督察专员公署从苏联红军手中接管延吉广播电台。当时，该台只有十几名职工。

同月

无锡民营吉士广播电台开始播音。电台呼号XOTS，发射功率50瓦，频率850千赫，台址在无锡中山路277号。该台由无锡吉士照相馆开办。1949年4月，无锡解放前夕，该台停播。

5月1日

齐齐哈尔广播电台开始广播，发射功率1千瓦，频率1075千赫，同年6月改名为齐齐哈尔新华广播电台，7月改称西满新华广播电台。1947年10月恢复齐齐哈尔新华广播电台之名。

同日

承德新华广播电台开始播音。电台呼号XGCT，发射功率15瓦，频率1280千赫，波长234.27米。中共冀热辽分局书记程子华出席开播仪式剪彩并讲话，热河省副主席杨雨民发表广播讲话。

5月5日

国民政府迁回南京。国民党中央广播电台由重庆迁回南京继续播音,除面向全国外,又办起对国外广播,规模较战前有所扩充。同一天,国民党中央广播事业指导委员会和中央广播事业管理处也由重庆迁回南京。

同日

中共中央东北局发出《关于成立辽宁分省委及干部配备的决定》,依此,原通化省委领导的通化新华广播电台划归辽宁省委(分委)宣传部直接领导,成为辽宁省省台。

5月8日

南京益世广播电台正式播出。电台呼号XPBK,发射功率200瓦,频率940千赫,台址在南京铁管巷78号。该台由天主教南京教区总主教于斌任董事长,天主教神父杨慕时任台长。1949年3月,南京即将解放,该台匆忙南迁,后辗转到台湾。

5月10日

中联广播电台举行空中座谈会,题为《建国时期的教育问题》,张耀翔、傅统先等10余人出席。

5月初

林超担任长春新华广播电台军代表。不久,因国民党军队占领梅河口、四平一带,东北民主联军开始战略转移。5月22日,长春新华广播电台根据中共中央东北局宣传部的通知,停止播音。

5月16日

上海市电信局报告对各电台调查结果。机件设备优良者(A级)4家,尚佳者(B级)7家,平常者(B⁻级)7家,劣者(C级)8家,最劣者(D级)29家,需复查者18家,此外尚未装设者35家。

5月25日

在贺龙领导的晋绥解放区工作的徐明收听延安广播后,心情激动,写了一首诗,题目是《听延安XNCR广播》,诗中写道:"收音机发出嗡嗡的声音,屋子里挤满了人,延安XNCR开始广播,大家含着微笑,侧耳静听……"后来这首诗用笔名"徐挺秀"发表在当年5月31日的《抗战日报》上。

5月28日

中共中央东北局决定哈尔滨广播电台停播,广播设备迁到佳木斯,台名改为东北新华广播电台。

同日

东北民主联军撤出吉林市。中共吉辽省委(不久后改称吉林省委)机关迁至延吉。吉林新华广播电台停止播音，部分工作人员随军撤往延吉。

5月30日

蒋介石在电令中指责上海有二三十家广播电台"任意造谣生事，流弊极大"，"应由中央广播事业管理处会同交通部拟具管制办法，以杜流弊"。

同月

新华社口头广播组扩大为语言广播部（通称"口播部"），温济泽任主任，编辑有韦君宜、苗力沉、刘志云、刘衡、高虹等，播音员先后有王恂、钱家楣、于一、杨慧琳和吴作贤等。

同月

国民党中央宣传部致函中央广播事业管理处，再次强调"今后广播重要新闻要以中央通讯社电讯为准"。

同月

国民党成立中央广播电台扩充工程处，进行扩充建设。

同月

顾文辉在上海创办建声广播电台，呼号XMKS，频率960千赫，1946年8月9日被上海市电信局取缔。

同月

无锡民营锡音广播电台开始播音。这是无锡在抗战后，经国民政府交通部正式批准成立的唯一民营电台。电台呼号SLAV，发射功率100瓦，频率970千赫。台址在无锡北大街懋纶绸布庄三楼，创办人方天炜。无锡解放后，该台于1949年4月29日停播。

同月

大德广播电台在天津开办，创办人黄邦彦、王正哉。该台以宣传医学知识为主，由于未获批准，播出月余后停办。

6月1日

桂林广播电台经国民党广西省政府决定，用粤西广播电台设备恢复试播，呼号XGOE，发射功率100瓦，频率9868千赫。6日，正式恢复播音。

同日

甘肃广播电台在兰州中山林发射台增设一部1千瓦短波发射机，频率9750千赫。

6月初

中共吉辽省委宣传部派王建颖等三人到延吉广播电台，重新组建延吉新华广播电台（即省电台）。6月16日，试验播音。7月1日，用汉语、朝鲜语正式播音。电台呼号XNYR，发射功率50瓦，频率785千赫，波长382.1米。台址在延吉市延新街（今光明街）。全台有工作人员 19 人，机构设有广播科、技术科，台长王建颖。该台是解放区第一个用少数民族语言播音的电台。

6 月 21 日

新华社总社制定的《语言广播部暂行工作细则》正式实施，规定语言广播部的任务是："建设全国性的语言广播机关，宣传党的政策和主张，报道国内外时局的动向，有计划与有系统地宣传我党我军与解放区的事业和功绩，揭发国民党的腐败黑暗统治并宣传与鼓励其统治区广大人民的民主运动"。这是解放区广播史上最早的一份关于宣传工作的规章制度。暂定的具体业务为：一、研究国内各主要语言广播的宣传工作以及国外语广播宣传工作。二、编写语言广播的新闻、通讯、报告、论文等稿件，并组织其他广播节目。三、指导语言广播台的业务。

6 月 25 日

国民党东北区广播电台接收专员董毓秀接管长春广播电台。电台呼号 XQRA，发射功率 10 千瓦，频率 560 千赫，波长 535.7 米，台址在长春市中山广场路西（后来的西安大路 2 号）。每天早、午、晚三次播音，全天 7 小时左右。1948 年 10 月停止播音。

6 月 28 日

国民党中央广播事业指导委员会召开第 29 次会议，研讨上海市广播电台的问题。会议通过的管制办法草案规定："由交通部限制上海民营广播电台数目，绝对不得超过 20 座，余由淞沪警备司令部执行封闭"，"由交通部指定 10 个周率（在 700 千周以上）分配以上 20 台轮流使用"。

同月

国民党中央通讯社附设长春之音广播电台。电台呼号 XPVG，发射功率 100 瓦，频率 850 千赫，波长 353 米，台址在长春市中央大街（后来的斯大林大街）35 号。1948 年 10 月停播。

夏

国民党上海市电信局先后批准 22 家民营广播电台营业，其中亚美、元昌、福音等九家系战前的老民营台，它们在上海沦陷时期，有的不甘附逆，自动停播；有的被日寇没收了设备。战后它们多次申请恢复播音，但上海市电信局迟迟不予批复。虽然一年后批准它们恢复营业，但是，除了福音广播电台独占一个频率外，其余八家只能轮流使用四个频率播音。

7 月 9 日

驾机起义的原国民党空军第八飞行大队上尉飞行员刘善本在延安新华广播电台发表广播演讲《赶快退出内战漩涡》。此后，延安台还播送了国民党起义军官张受益、唐世耀、李嵘琛、江焕章等人对国民党统治区的广播讲话。

7月12日

延安新华广播电台开始举办不定期的对国民党军节目（1947年9月5日，正式开办《对蒋军广播》节目，1948年5月18日起改名为《对国民党军广播》）。这个由延安电台创造、为陕北新华广播电台继续利用的"放下武器蒋军军官介绍及书信"的广播形式，在对蒋军进行的政治宣传中起了重大作用。据统计，陕北新华广播电台自1947年10月下旬起的14个月中，一共播送俘获的蒋军将校名单289件，共2800名，播送战俘书信299件。

7月15日

自即日起，张家口新华广播电台每天20：40至21：00增加英语广播。当时的广播对象主要是在中国的外国人。播音员先后有李敦白、魏琳（女）、冯培。同年10月，八路军撤出张家口，英语广播停播。

7月19日

国民党上海市电信局、淞沪警备司令部电信监察科和上海市警察局三方代表商讨整理上海市广播电台方法。决议：亚洲、合作、中华自由、金都、民声、九九6座A、B类电台自8月16日起两台合用一个频率轮流播音；建成、中国文化、大同、合众、新声、大中国、新沪7座B类电台限8月15日前改善机件，再行复查；请求复查及C、D类电台一律停止播音；尚未装设之电台除9家老民营电台外，其余停止办理。电信局设立稽查电台，随时监察各电台广播内容。

7月中旬

国民党中央广播事业管理处派赵家兰到吉林市组建广播电台，并开始播音，称吉林广播电台，呼号XQDK，发射功率50瓦，频率725千赫，波长414米，台址在吉林市南马路（后来的至庆路52号附近）。每天早、午、晚三次播音，每天播音8小时左右，此外，还转播国民党中央广播电台的《简明新闻》《时评》和美国旧金山广播电台对华节目。

7月25日

新华社电讯稿《延安广播电台广泛征求听众意见》向全国各地及东南亚听众发出公开信，从延安电台广播的节目内容、播音时间到收听效果一一向听众询问，并欢迎听众来信提出具体意见。电讯稿首次称延安台成立于1945年9月5日。当年把此日作为延安新华广播电台正式成立的日子。后来，又把这一天当作中国人民广播事业创建纪念日，直至1980年，中国人民广播事业创建纪念日改为1940年12月30日。

7月28日

上海被取缔的26家民营广播电台在国际饭店举行记者招待会，当晚，派五名代表到南京向国民党交通部请愿，未获结果。

7月底

通化新华广播电台临江分台建成并开始播音。该台发射功率50瓦，以转播延安新华广播电台和通化新华广播电台节目为主，也有一些自办节目，负责人是宋雨枫。其为全国解放区内最早建立的分台。

同月

遵照中共中央和毛泽东的指示，延安新华广播电台在宣传中进一步揭露国民党反动派"假和平，真备战"的阴谋和向全国解放区进攻的事实真相，报道人民解放军在各个战场英勇作战的胜利消息。

8月1日

中共领导的大连广播电台第一个业余广播文艺团体——海星合唱团成立，东北文工团的刘炽任团长，后由姜毅继任。

8月5日

上海《胜利无线电》播音节目半月刊创刊，发行人吴明，编辑张元贤等。

8月6日

国民党上海市电信局、淞沪警备司令部和上海市警察局召开会议，勒令被取缔的电台自8月9日0：00起停止播音。9日，三方派员实施取缔，12日下午结束。

8月16日

国民党上海第五区执委会上海工商协济会正诚通讯社创办的九九广播电台正式播音。电台呼号XGNP，发射功率250瓦，频率1280千赫。1952年10月加入联合台。

同日

上海第一批核准的6座广播电台（亚洲、合作、中华自由、金都、民声、九九）开始轮流播音，两台合用一个频率。31日，第二批核准的5座广播电台（建成、中国文化、新声、大中国、新沪）开始播音。9月6日，第三批核准的广播电台中的大同、和众两台开始播音。

8月23日

国民党中央宣传部在发给中央广播电台的材料中称："兹拟由本部编造中共祸国殃民的新闻交贵电台发表，其方式如下：（一）每日十数条；（二）不必特设一栏，可分插于贵台之新闻广播节目中；（三）措词完全客观，不取谩骂……"由此，国民党广播中充斥大量反共内容。

9月1日

邯郸新华广播电台开始播音。该台是中共晋冀鲁豫中央局领导建立的广播电台，台长常振玉，编辑部主任萧风，副主任顾文华。该台1946年初开始筹建，台址在今涉县沙河村，呼号 XGHT。使用两部发射机广播，短波频率 6200 千赫，波长 49.2 米；中波频率 1240 千赫，波长 240 米。每天上午和晚上各播音一次。1948 年冬，该台停止自办节目，改为陕北新华广播电台的转播台。

9 月 5 日

为纪念恢复广播一周年，延安新华广播电台举办专题节目。当天播出了中共中央宣传部部长陆定一写的纪念文章《延安广播电台一周岁》，还播出广播稿《大家都来说话——XNCR 周年纪念广播》。《延安广播电台一周岁》一文指出："我们的广播事业，从它存在的第一天起，就为中国的独立、和平、民主事业服务，就为中国人民的解放事业服务。我们的广播工作同志们，在极其困难的条件下惨淡经营，得到了巨大的成绩。他们对于中国人民，作了极重要的贡献。"

9 月 7 日

国民党国防部召开会议，商讨外国人在华设立广播电台的取缔方法，23 日，通过《取缔外国人在华设立广播电台决议案》，凡外国人在沪设立的广播电台一律取消（美国军用广播电台不在此限）。

同日

国民党上海市电信局、淞沪警备司令部和上海市警察局联合召开八家"不合格"广播电台（国民、新运、上海青年、青年文化、铁风、远东、胜利、海员）负责人座谈会，劝令自动停播。

9 月 8 日

抗战中未向日本侵略者屈服的上海 9 家老民营广播电台（亚美、麟记、元昌、鹤鸣、东方、华美、大中华、大陆、福音）举行复业开幕典礼。几天后，国民党上海市电信局奉命通知，除福音台之外的 8 家电台只准使用两个频率。同时，上海市电信局还宣布"封闭"54 家民营电台，被封闭的民营台反抗无果，另谋出路。

9 月 14 日

中国共产党机关刊物《群众》第 12 卷第 8 期刊载文章，分别介绍延安、张家口和邯郸三个新华广播电台的呼号、波长、播音时间和节目类型。

9 月 15 日

民本广播电台在上海创立。

9 月 20 日

上海新沪通讯社凌曙东创办的新沪广播电台开播，发射功率 200 瓦，频率 1360 千赫。1949 年 12 月公私合营，改名大沪广播电台。

9 月 21 日

苏州民营新中国广播电台被查封。该台是抗战后苏州唯一一座经交通部批准建立的民营电台，因违章，尚未开播即被查封。

9月23日

东北新华广播电台在佳木斯正式广播，呼号XNMR，发射功率1千瓦，频率1055千赫，波长284.4米，属中共中央东北局宣传部领导。该台是利用原哈尔滨广播电台的设备在佳木斯筹建起来的，每天早、中、晚播音三次，总计7个半小时，是当时解放区每天播音时间最长的广播电台。

同月

国民党吉林省政府主办的广播电台开始播音，呼号XKCL，发射功率50瓦，频率1160千赫，波长260米，台址在吉林市南马路（后来的北京路1号）。该台每天播音三次，主要节目有新闻、演讲、政府通告、文艺等。1948年3月停播。

秋

无锡锡青广播电台开播，呼号XWTI，发射功率50瓦，频率1400千赫，台址在无锡沈果巷四弄2号。该台由三民主义青年团无锡分部出面开办，1947年秋停播。

10月3日

八路军中原军区第一副司令员兼参谋长王震将军在延安新华广播电台发表演讲《人民军队是不可战胜的》称：从中原突围的一二零师三五九旅，在两年中间，南下北上，跋涉祖国山河，达两万一千里，经过八省境地，英勇地战胜了日寇、汪精卫和蒋介石，艰苦地克服了严寒酷热和江河山岳的自然阻碍，这证明了毛泽东主席和朱德总司令的旗帜下的军队，在反抗外国帝国主义侵略的战争中，在打败卖国贼反动派的战争中，经得起严峻的考验。爱国主义和英雄主义的人民的军队，永远是不可战胜的。呼吁全国人民反对蒋介石卖国打内战。

10月10日

张家口新华广播电台的工作人员在完成最后一次播音工作后，将需要带走的广播器材打包装箱，随同部队撤离张家口，转移到河北省阜平县。

同日

为配合"要求美军退出中国运动周"，延安新华广播电台开始举办名人讲演。第一天讲演的是陕甘宁边区政府主席林伯渠，演说的题目是《继承辛亥革命的精神》，以后陆续讲演的还有李鼎铭、廖承志、姚尔觉、何思敬、张仲实、李敷仁、马海德等。

同日

国民党军中广播电台（"军中之声"）在南京正式播音。电台呼号XMAP，频率720千赫、12220千赫。台址在南京汉中门蛇山10号。该台抗战期间成立于重庆，原称国防部军中播音总队。1946年5月6日该队迁至南京。后定名为南京军中广播电台。南京解放后，1949年5月，由南京市军管会接管。

同日

江西广播电台正式播音。电台呼号XUPC,发射功率3千瓦,频率1080千赫,全天播音四次,计四小时。该台由国民党江西省政府设立。正式成立后,筹备处主任王溶如调离,汤一鹗任台长。次年9月1日,该台由南昌市北坛街44号迁至南昌市五纬路3号,在城北公园荒地兴建天线和敷设地网。1949年南昌解放前夕,台长汤一鹗以"无法维持,决即设法赴穗面请救济"为由弃职出走,并指定由工程师曹自明代理台务,主持工作。当年5月21日,国民党军队弃城西逃,该台停止播音。

10月11日

上海市民营广播电台商业同业公会成立,当月16日在元昌广播电台举行成立大会,会员电台21家。大会通过会章,选出张元贤等九人为理事,王叔贤等三人为监事。至1948年,会员电台增至23家。

10月20日

美籍友人马海德用英语在延安新华广播电台向美国人民及驻华美军发表广播演说,题目是《为着美国人民的利益,应该撤退驻华美军》。

10月21日

延安新华广播电台自当日起每天增加播音半小时,用来播送记录新闻。

10月30日

通化新华广播电台于中午做了最后一次播音。翌日,人员、设备随同省委机关一起撤出通化。最后撤离人员有张东、刘称华、单书章、陈广亮、郑春玉。11月初,通化新华广播电台与临江分台合并,改称临江新华广播电台。当时该台没有播音。

同日

南京青年文化广播电台播音。电台呼号XYMC,频率1200千赫,台址在南京厅后街10号。该台由三民主义青年团南京分团团部创办。1949年1月南京解放前,该台迁往杭州,杭州解放后被杭州市军管会接管。

10月下旬

安东新华广播电台由台长陈自新率领,转移到朝鲜新义州后开始播音,呼号有时称"新华广播电台",有时称"八路军广播电台",频率1260千赫,每天早、午、晚三次播音,坚持播音达七个月之久。

10月下旬

东北新华广播电台台长赵乃禾编写的广播剧《宁死不当亡国奴》播出。

同月

民营国华广播电台在北平创办,11月开始播音。电台呼号XPKH,发射功率100瓦,频率1410千赫。台址在内一区东单帅府园,电台负责人国震宇。1948年7

月改称军友广播电台。

11月10日

国民党中央军事统计局主办的华声广播电台在天津开播，呼号 XLMA，发射功率 500 瓦，地址在寿德大楼（今和平路东方饭店）。该台白天播广告，夜间为南京播发各种情报，并为飞机导航，1949 年 3 月被天津市军管会接管。

11月12日

由中美电机厂主办的中国广播电台在天津开播，台址在日昌洋行旧址（今和平路四面钟处）。该台除进行商业性的广告广播外，还设立了一个维修部。1949 年 3 月 20 日被天津市人民政府封闭停播。

11月21日

国民党交通部电信总局发布《取缔外国人在华设立广播电台决议案》，饬上海市电信局遵照办理。

同日

桂林广播电台改为国民党广西省立教育广播电台，呼号仍用 XGOE，发射功率 100 瓦。省教育厅电教处副主任陈汀声兼任台长。

11月30日

周恩来给廖承志、余光生写信，谈广播新闻的特点。周恩来在信中说："据我想，它的特点，应为：一、带综合性报道各地战况，要具体生动，但重要捷报，又必须成为头条独立新闻；二、带综合性报道各地动员参战实况，更要生动具体，但也不取消个别典型故事，毋宁说更重要；三、报道各地政治、经济、文化、社会改革和建设情况，尤其在事实的描写；四、后方不易得或不被注意的国际新消息，但非每天都有，这与对解放区广播不同；五、解放社论、评论乃至发言人谈话或记者评论，甚重要；六、每周或半月军事、政治、国际述评甚为重要，须指人撰述；七、军事上各种统计，每月须有几次，可与尚昆同志定货，要他指定童陆生局长编制；八、解放区文艺动向或短作品，每周有一两次报道，也有必要。综合这些内容，其特点便为以解放区的情况、中共的意见，有系统的教育大后方人民。"

同月

中国广播电台开始在北平播音。电台呼号 XPCK，分为发射功率 500 瓦、频率 710 千赫和发射功率 200 瓦、1060 千赫的第一、二两台，台址在外二区前观音寺。董事长楼兆元，经理段维纲。

同月

周恩来在有关部门参加的战备工作会议上，指示延安新华广播电台要保证在战争环境中不中断广播。会议决定立即在延安东北 90 公里的子长县筹建延安台的第一战备台。人民解放军主动撤出延安前,毛泽东、周恩来、朱德等中央领导人曾先后同新华社社长廖承志和中央军委三局局长王诤谈话,强调要保证无线电通信和广播畅通。

同月

无锡青年广播电台开播。电台呼号XQYM,发射功率100瓦,频率870千赫。台址在无锡小娄巷23号无锡青年馆内。该台由三民主义青年团无锡青年馆出面创办。

同月

国民党长春广播电台附设的长春广告电台正式播音,呼号XQRA,发射功率50瓦,频率943千赫,波长318.1米。台址在长春市新发路长春广播电台业务处楼上(后来的大经路1号)。该台每天15:00至18:00播音,主要节目有《商业新闻》《各地行情》《政令传播》《要闻简述》《趣味漫谈》和文艺性节目。1948年年初停播。

12月1日

国民党空军广播电台在南京创办。12月15日,以"空军之声"台名正式播音,1949年迁台湾继续播音。

同日

上海市广播电台呼号改为XLAA2、XLAA3、XLJA2、XLJA3十组共20个。

12月12日

为纪念西安事变10周年,延安新华广播电台举办专题讲演,应邀讲演的有杨虎城将军之子杨拯民等人。

12月15日

由中行贸易公司主办的中行广播电台在天津开办,发射功率500瓦。

12月20日

中国广播股份有限公司在南京召开成立大会,经国民党中央选定的77位股权代表人参加。会上推选董事21人,监察7人,并通过公司章程。

同日

国民党上海市电信局通告:除经交通部核准电台外,其余各台统限于12月31日以前停止播音,并将电台撤销。

12月28日

世界新闻广播社在天津成立,地址设在罗斯福路(今和平路)189号。该社又称为"世界电台",呼号XNBA,发射功率200瓦。除了商业性的广告节目外,还播送国内外新闻及时事述评、施政问答、法律讲座、名人演讲等节目。1949年3月20日,被天津市人民政府封闭停播。

同月

无锡民营凯声广播电台开播，发射功率100瓦，频率1130千赫，台址在无锡北大街23号。1949年4月23日，无锡解放，电台停播。

同月

华声广播电台在北平开始播音。电台呼号XPAG，发射功率100瓦，频率1130千赫。台址在北平内一区八面槽椿树胡同。经营者张芷江兼任台长。

冬

延安新华广播电台第一战备台在瓦窑堡（即子长县）的好坪沟村建成。电台设在村口的一座门楼里，上层的观音庙作为播音室，下层的门洞改建成发射机房，动力设备安放在村民的窑洞中，编辑部设在离此约十公里的史家畔村。

同年

延吉新华广播电台于年底播出由顾秀林根据发表在《吉林日报》上的一个生动的拥军小故事编写而成的广播剧《黎明前的黑暗》。剧中主人公是游击区的一个农民，他把受伤的八路军安置在自己家地窖里养伤，被敌人发现后，受到种种迫害，最后舍命保住了伤员。该剧反映了解放区和游击区的群众不怕艰难险阻，支援八路军打败蒋介石，解放全中国的动人事迹。

同年

中共领导的大连广播电台创办《评词选播》节目，请一些民间艺人到电台演播新内容的大鼓和评词。

同年

国民党归绥广播电台改呼号为XKPA。该台沿用"厚和放送局"的频率，每日三次播音，共约七至八小时。除少量自办节目，大部分时间转播国民党北平广播电台和军中之声广播电台的节目，每晚转播国民党中央广播电台的新闻联播节目。归绥市当时共有收音机2000多台，其他中心城镇如平地泉、丰镇、萨拉齐等地共有300多台。该台隶属国民党中央广播事业管理处直接领导，经费由中央广播电台拨给，不属地方管辖。

同年

宁声广播电台开播。这是由全平及其弟妹五人合办的家庭广播电台，台址设在宁波市湖西树巷14号，发射功率15瓦，频率1500千赫，波长200米。后因全平赴四明山革命根据地参加新四军浙东游击纵队，电台由其三弟全一毛做采编，四弟全山石播音，五弟全永金管机房，妹妹全芝英做广告。该台节目内容有新闻、戏曲、歌曲、地方曲艺、广告等，每天播音最多时达16小时。

1947 年

1月1日

朱德总司令在延安新华广播电台发表广播演讲《一九四七年的十大任务》，内称："今天是一九四七年的元旦。我向全国同胞、海外侨胞、解放区人民和解放军全体将士，祝贺新年快乐！全解放区军民和全体爱国同胞，都要深刻了解自己对国家民族的神圣责任，人人坚定胜利的信心，反对悲观失望，反对盲目乐观，团结一致，积极工作，艰苦奋斗，英勇牺牲，来克服目前的困难，迎接将来的光明。"

同日

晋察冀新华广播电台恢复播音，电台呼号仍然是 XGNG，发射功率 500 瓦，频率 8660 千赫，波长 35 米。开始曲是《黎明铁匠》。每天播音一次。其前身为张家口广播电台，1946 年 10 月，人民解放军撤出张家口，该台迁往阜平山区，改为现名。

同日

南京民营首都广播电台开始播音。电台呼号 XLAY，发射功率 100 瓦，频率 850 千赫，台址在南京延龄巷 40 号。1949 年 4 月南京解放前夕停播。

1月3日

天津友声广播电台开始播音。电台呼号 XPBA，频率 760 千赫，地址在陕西路安养里口。因没领到执照，1948 年即停播。

1月6日

国民党下令封闭上海"苏联呼声"广播电台，引起上海进步舆论和中外听众的震惊。苏联莫斯科广播电台发表评论指出，封闭"苏联呼声"广播电台是对中苏友好的打击。

同日

上海法商国泰广播电台被封闭。

1月20日

延安新华广播电台《对蒋军广播》节目增加新内容，介绍各个解放区战场上放下武器脱离内战的国民党将校尉级军官的姓名、部别、职别、简历、在何地放下武器以及现在生活情况等，每天中午和下午播送两次，共一小时。

同月

南京民营金陵广播电台正式播音。电台呼号 XLAW，发射功率 200 瓦，频率 1030 千赫，台址在南京建康路 318 号。1949 年春，南京解放前停播。

同月

国民党中央广播电台由重庆运回南京的 7.5 千瓦短波发射机投入使用，以 11835 千赫联播中央广播电台节目。

年初

长春新闻广播电台设立。电台呼号 XPNA，发射功率 50 瓦，频率 745 千赫，波长 403 米。播音几个月后即停播。

春节后

根据中共辽宁省委宣传部的通知精神，临江新华广播电台台长张东率领三名工作人员，援建朝鲜江界放送局（广播电台），并赠予 50 瓦中波发射机一部、增音机一台、高级收音机一台。5 月上旬，张东等人返回临江镇重建临江新华广播电台。

2 月 1 日

上海民营广播电台商业同业公会通知各会员台：因物价上涨，提高广告费，每档 40 分钟，每月法币 50 万～100 万元；星期日每次 27 万～75 万元；小报告每天三次，每月法币 15 万元。

2 月 8 日

国民党行政院通令禁止广播和灌制 100 多首歌曲，其中包括《义勇军进行曲》《五月的鲜花》等进步歌曲。

同月

延安新华广播电台播送通讯《刘胡兰慷慨就义》，详细介绍了刘胡兰慷慨就义的过程，结尾为"全村的父老，都记下了这个血海深仇。他们决定立一块碑，永远纪念这位人民的好女儿"。

同月

上海美军东方（原西华美电台）、大美广播电台被封闭。大美电台后经调查确系国人设立，于 9 月 28 日恢复播音。

同月

承德新华广播电台全部人员撤到齐齐哈尔市，同西满新华广播电台合并。此后，西满新华广播电台与承德新华广播电台举办无线电广播技术训练班和编辑干部训练班，学期半年。

同月

广州广播电台从连新路迁到沙面肇和路 67 号。

3月3日

宇宙广播电台在天津开始播音，地址在万全道87号，未到年底即停播。

3月7日

上海查封电台达30家，但宪兵司令部和市警察局的市警电台未受影响。

3月初

原任新华总社南京分社社长的梅益担任新华社副总编辑，分工领导延安新华广播电台的宣传工作。

3月14日

国民党飞机进犯陕北，延安新华广播电台坚持在延安播音到中午。晚上，开始在瓦窑堡（即子长县）好坪沟的战备台播音，台名未改。这是延安台的第一次战略转移。在子长县坚持工作的编辑有温济泽、张潮、杨兆麟等，女播音员有钱家楣、杨慧琳等，机务人员有刘振中、李志海等。

3月18日

上海民营广播电台商业同业公会与申报馆商定合作广播新闻细则，申报馆每日早、午、晚三次将稿件送电台广播，每次约五分钟。播毕，要求播音员说明："以上消息由申报馆供给。"

3月20日

延安新华广播电台在广播中向全世界宣告：在给予国民党军队重大杀伤后，人民解放军主动撤离延安，保卫延安的任务已经完成，中共中央机关完好无损，仍然留在陕北继续指挥全国的爱国自卫战争。

3月21日

延安新华广播电台撤出延安后，即日起更名陕北新华广播电台，始用"陕北"电头，先后在陕北、太行、平山等地播音。

3月24日

陕北新华广播电台播出人民解放军总部发言人谈延安保卫战的报道，内称：这次延安保卫战，我军以极小代价，打死打伤敌人5000，并打死敌48旅旅长何奇。发言人揭穿了国民党宣传机关制造的消灭人民解放军1万人的谣言，并说："如果胡宗南真的俘虏了我们1万人，就请他像我们新华广播电台一样把名单公布出来，但不许伪造，否则就证明他完全是造谣。"

3月25日

周恩来、朱德先后到好坪沟陕北新华广播电台播音室，看望电台的工作人员，鼓励他们坚守岗位，确保及时把党中央的声音传播到全国去。

3月28日

陕北新华广播电台播出《陕甘宁人民解放军创造模范战例》，报道了青化砭大捷歼灭蒋介石部队4000人及活捉旅长李纪云的胜利消息。晚上，陕北台的工作人员坚壁清野，埋藏机器以后，连夜撤离史家畔和好坪沟。

3月29日

晚，设在晋冀鲁豫解放区的第二战备台发出陕北新华广播电台的呼号，继续播出青化砭大捷的消息。30日，正式接替陕北台的广播。这座新的广播电台设在太行山东麓的河北省涉县沙河村，和晋冀鲁豫解放区的邯郸新华广播电台建在一起，编辑部设在涉县西戌村。之后，陕北台人员分两批来到这里。这是延安（陕北）台的第二次战略转移。

同月

为了加强广播电台的宣传工作，邯郸新华广播电台正式成立编辑部，负责人为萧风，编播人员有顾文华、田蔚、王景训、张晋德、顾湘、于韵琴等。邯郸台使用两部发射机，有中波、短波两种波长，每天中午、晚上各播音一次，除转播陕北新华广播电台节目外，自办有向人民解放军广播、对国民党军广播、国内外新闻、本区新闻报道以及文艺节目等。

同月

国民党中央广播电台在南京新街口中央商场附近征购土地9.58亩，连同有千人座位的中央大舞台、设备齐全的胜利餐厅以及有三层楼房的游艺场等建筑与设施，以总价19.5亿元购进，用以兴建中国广播电台大厦。这一工程延至1948年，因国统区局势动荡，物价飞涨，进展缓慢，草草收工，没有交付使用。

同月

青联广播电台在天津成立，发射功率200瓦，频率1340千赫、1480千赫，由国民党军统局天津区保密组青年联谊会开办。地址在辽宁路锦州道附近的常盘大楼"青年联谊会"的楼上。该台首次播出童话《稻草人》。是年12月因无营业执照被查封。

同月

华声、中行、中国、世界、友声五家广播电台成立"天津民营电台联谊会"。会址设在华声电台内，该会又名为"天津民营电台联谊社"。

3月~4月

国民党陕西广播电台举办反共的《戡乱建国特别节目》，配合胡宗南军队进犯陕甘宁边区的军事行动。

4月20日

重建的哈尔滨广播电台开始播音。电台呼号XMHR，发射功率200瓦，频率

1280 千赫，波长 234.4 米。同时增办俄语节目，供该市俄侨收听。

4月21日

邯郸新华广播电台在《邯郸台口播编辑技术初步经验》和《邯郸台播音技术的点滴经验》中对播音和编辑工作进行了总结并提出要求，细化了新闻播音语言规范要素。

4月27日

常州常青广播电台开始播音。电台呼号 XLYC，发射功率 200 瓦，频率 760 千赫，台址在常州城内公园西侧。该台隶属三青团常州分团。1949年4月23日常州解放，常州市军管会接管该台。

同月

中共晋冀鲁豫中央局宣传部提出邯郸新华广播电台的宣传方针是"立足本区，面向全国"。

同月

军民广播电台在上海创办。电台呼号 XJMC，频率 1380 千赫，波长 217.3 米。10月29日被上海市电信局查封。

同月

上海市参议会唐梦熊创办新都广播电台。电台呼号 XLST，发射功率 500 瓦，频率 1330 千赫。1949年5月27日上海解放，该台被上海市军管会接管。

同月

国民党上海市警察局在上海创办警声广播电台，频率 1100 千赫，波长 272.6 米。1949年5月27日由市人民政府公安局接管。

同月

中坚出版社许劲先在上海创办天声（中坚天声）广播电台。电台呼号 XMTS，发射功率 300 瓦，频率 1080 千赫，波长 217.3 米。1949年5月27日被上海市军管会接管。

同月

国民党上海师管区司令部祝文豪在上海创办沪军广播电台。电台呼号 XOSM，发射功率 300 瓦，频率 1140 千赫。1948年10月经国民党国防部核准，1949年5月27日被上海市军管会接管。

同月

资源广播电台在天津开播。该台由国民党政府资源委员会主办，发射功率 500 瓦，频率 1500 千赫。

同月

国民党贵州广播电台每天播音 13 小时 10 分钟，为开播以来日播最长时间。该台实有员工 53 人，为人数最多的一年。

同月

苏州国立社会教育学院实验广播电台播音，发射功率 100 瓦，频率 1480 千赫，台址在苏州东北街拙政园社会教育学院内。该台 1941 年创办于四川璧山，1946 年迁至苏州。1949 年 4 月苏州解放后，苏州市军管会在该台基础上筹建苏州新华广播电台。

同月

常熟民营久福广播电台开始试播。同年 12 月 23 日，国民党交通部发给播音执照，电台正式播音。该台发射功率 200 瓦，频率 1010 千赫，台址在常熟老县场道南街 9 号常熟电厂内。1949 年初停播。

5 月 1 日

东北解放区的大连广播电台改名为关东广播电台。

同日

国民党在张家口建成察哈尔广播电台，发射功率 500 瓦。该台办一套节目，每天早、晚两次转播北平广播电台的重要新闻，兼播一些自编的卫生、文体等方面的小知识，以及自己组织的歌曲、相声、评书等节目。

5 月 7 日

上海民营广播电台商业同业公会奉命通告：因上海 6 日发生抢米风潮，自即日起不得报告米市行情。

5 月 8 日

上午，上海被抢米商向市府请愿。因迁怒于华兴广播电台播音员筱快乐播唱骂米蛀虫歌词，电台被请愿米商捣毁。同日，筱快乐在民粹广播电台继续骂米蛀虫。事后，米商公会赔米 200 石，剧艺界以此转赠慈善团体。

5 月 9 日

陕北新华广播电台播出《评蟠龙大捷》，内称："4 月 14 日西北人民解放军歼灭胡军一三五旅之后，我们早就指出：不管胡宗南此后继续进攻或者转为防御，他的凶焰从此下降，西北战局已经到了转折点。人民军队在 5 月 2 日这一天把蟠龙包围了起来，胡军主力听得后方危急，米脂也不去了，黄河边上也不去了，像热锅上的蚂蚁在绥德周围转了三天。就在这三天，人民解放军打下了蟠龙。"

同日

陕北新华广播电台播送新华社的一篇社论《同打仗一样要紧的事》，内称："今年的春耕是一件大事，对争取爱国自卫战争的胜利，有极其重大的意义。除了争取打胜仗，和进行土地改革之外，全体一致尽力来把春耕做好，胜利才有更大的保证。"

5月20日

陕北新华广播电台播出评论《祝蒙阴大捷》，庆贺华东野战军在山东蒙阴东南孟良崮山区取得全歼国民党军美械装备的五大主力之一——74师的重大胜利。

同月

私营革新电台在广州市开办，呼号 XLCA，频率 930 千赫。

6月3日

因修筑天（水）兰（州）铁路，甘肃广播电台奉命将位于铁道旁的郑家庄发射台迁至兰州黄河北岸赵家庄（今甘肃省广播电影电视总台 535 台所在地）。

6月9日

安东市第二次解放，安东新华广播电台台长陈自新等五名工作人员，从朝鲜新义州返回安东，第二天，安东新华广播电台恢复播音。

6月10日

温济泽起草了新华总社语言广播部《XNCR 陕北阶段工作的简单总结》，介绍了 XNCR 的简史，工作中的成绩和缺点，并提出了编辑的几点经验。还专门提出加强记录新闻的播音，"要求应比口语新闻更简练，可用通俗文言，但在不多增加字数的范围内，应尽量用白话，句子要短，以便抄收"，对新闻语言规范提出了具体要求。

同日

新华总社制定《对目前改进语言广播的几点意见》，其中提出：过去一般"以蒋管区听众为对象"，今后根据形势要求，除此外，更强调蒋军军官这一对象，并把前线我军也作为对象之一。《意见》中提出加强新闻消息类报道时说："随着胜利攻势的发展，我军离后方愈远，愈看不到报纸，就愈感到收听播音之重要……加强新闻类稿件中广播评论的播音，要多写广播评论，重要的较长的评论，必须全文播送者，可在每段前说明其中心意思；说明和原文，最好由两个音调不同的人播；重要的评论，十天军事及国际一周等，均摘要作记录新闻，特别重要的评论，全文作记录新闻。"

6月28日

中共中央宣传部发出《关于加强广播电台工作的通知》，内称："叶、王并朱、刘、伯达、承志及各中央局宣传部：已回电悉。现我方语言广播电台，日渐加多，应作通盘筹划，以免浪费精力。兹提出方案如下，请你们考虑，并将意见电告。一、拟在哈尔滨设立大台，对外国及华侨宣传，已请东北局计划并建立。二、对全国现已有陕北（暂设在邯郸）、邯郸、晋察冀三台，波长三十五米至四十九米，似已足够。

今后任务：（甲）加强陕北台电力，（乙）逐渐增多节目（须视力量与条件，勿过急），（丙）征询国内各地是否收听得好，如要求改变波长，则将三台调剂适应之（此事请叶王注意征询，并提出调剂意见）。三、建立中波电台，向解放区已有城市（如哈市、齐齐哈尔等）乡村，及解放区附近城市（如平津张垣等），利用该地有大量中波收音机之特点，进行宣传。为此，各解放区必须进行调查，并计划在若干适当地点设中波广播台，设立后应经常检讨改善工作。提议晋察冀，设中波台对平津张垣，晋绥设台对太原、大同、归绥。东北已有中波台情形如何希告。四、请各中央局注意一个新事业，即在我们已有许多广播台后，如何利用此工具来便利工作。为此目的，须设法使军队每个团，地方每个县，都能收听我们的言语广播，开始可以从地委和旅做起，使各种指示及消息能很快传达下去。如何办理，望各中央局宣传部切实研究计划并执行之。五、晋绥现在建立的一千瓦三十米短波台，如能改为中波台更好，否则照叶王已回电办理。"

同月

国民党中央广播电台发射台装成两部20千瓦短波机，开始对美国广播。此外，该台还有10千瓦中波机一部，7.5千瓦和4.5千瓦短波机各一部，共六个中短波频率。

同月

天声广播电台在天津成立，地址在锦州道宁静里4号。8月，因未领到执照停办。此间成立的还有国民党天津市政府教育局附设电台，由市政府教育局和河北省立工学院合办，下半年因经费困难未正式播出即停办。

初夏

中共北平地下党组织安排陆元炽等每天抄收陕北新华广播电台的新闻、消息和评论。根据记录稿，编印《新闻资料》分送各党支部，重要内容广为散发，有的还直接送到国民党军政人员手中。据有关资料记载，《新闻资料》到翌年初秋共编印了近60期。

7月1日

临江新华广播电台开始播音，呼号XLCR。10月18日，该台停止播音。11月2日，迁往海龙镇，改称海龙新华广播电台。

7月6日

蒋介石到国民党中央广播电台发表演讲，以纪念"七七"抗战10周年为名，污蔑中国共产党"公开叛变"，要求全国人民"举国一致""戡平叛乱"，叫嚷要"以抗日精神剿共"。

7月21日

国民党上海市电信局致电国民党中央广播事业指导委员会，要求严格审查广播节目，电称："兹以沪上人士对于广播节目每有批评及指摘，故审查节目内容实有加紧之必要。初饬本局稽查台随时注意收听广播节目内容，及于必要时采取录音方法以免物议。"

7月31日

陕北新华广播电台播送新华社社论《祝鲁西大捷》，庆祝刘伯承、邓小平率领晋冀鲁豫解放军取得鲁西战役的胜利。

同月

《无线电读本》在哈尔滨市印刷出版。这是董林与酒井重作等人合作编写的一本系统讲述无线广播技术知识的书，共40万字，精装16开本，印刷500册。

8月1日

陕北新华广播电台编播广播剧《红军回来了》，参加演播的有左荧、黄炽、杨兆麟和叶华等。

同日

邯郸新华广播电台开办《对本军广播》节目，每天7：00至9：00，用记录速度对前方人民解放军广播。内容有战报、国内时事、解放区后方、参军参战、生产建设、文教卫生等消息及社论、时评、一周战况、国际一周、通讯等。

8月15日

上海公建广播电台开播。电台主持人为国民党淞沪警备司令部稽查处处长陶一珊及电信监察科科长胡振庸等。

同日

牡丹江广播电台开始播音。电台呼号XMMR，发射功率200瓦，频率1015千赫，波长295.5米。除汉语广播外，同时办有朝鲜语广播，并转播陕北新华广播电台节目。

8月17日

上海市播音协会在南京西路130号金国大戏院举行成立大会，会员总数222人，出席大会187人。会议通过简章，选举沈菊隐为理事长，钱无量为常务监事。

同月

国民党甘肃广播电台改名为兰州广播电台，全台设传音、工务和总务三课，并附设兰州电离层观测所。

9月5日

为纪念延安（陕北）新华广播电台恢复播音两周年，陕北新华广播电台调整节目，增加节目时长到三小时，正式开办《对蒋军广播》（1948年5月18日改称《对国民党军广播》）和《星期文艺》节目。陕北台在告听众书中称："各位听众！今天是本台成立两周年的日子。从今天起，本台有了若干改进：第一，许多听众要我们增加播音时间，我们从今天起每天增加播音一小时。第二，有些听众觉得我们报告新闻的时间太长了，我们从今天起规定新闻时间25分钟，另外增加简明新闻，每天19：45开始播送，时间10分钟左右。第三，有些听众要求多播一些评论，我们规定以后每天至少播送一篇，每天在19：00开始播送。第四，有些听众要求增加文艺节目，我们除去经常播送一些故事、歌谣之类，特别在每个星期日增加《星期文艺》，专门介绍解放区文艺作品，民谣、音乐、文化界活动等，在每个星期日19：20开始播送。第五，有些听众要求把重要评论都摘作记录新闻，我们已经在做了，今后一定继续这样做。第六，有些听众，特别是有些外国人，要我们增加英语新闻，我们准备从本月11日开始增加。第七，以后规定18：00到18：32，专门对蒋军广播。"

同日

国民党交通部公布《广播无线电设置规则》，规定：天津可设民营广播电台6座，超额不准申办。

9月8日

延吉新华广播电台开始使用1千瓦中波发射机广播。

9月11日

陕北新华广播电台在邯郸涉县沙河村正式开办英语广播，最初每天播音20分钟。稿件由新华社英语广播部（兼管文字广播和口语广播）编发。英语广播部主任沈建图，副主任陈龙，播音员魏琳、钱行、王禹。《开播的话》提出："我们要通过这个电台在上海时间8点40分，也就是20点40分向讲英语的世界各地听众播送有关中国时事的简明、真实的报道，因为我们相信这样的材料是不容易从其他地方得到的"，"我们准备向听众报道中国正在前进——全人类五分之一的人民正在排除一切障碍走向新的民主生活，这将对今后世界发展的道路发生深刻的影响"，"我们的目的是为你们服务，我们衷心希望你们向我们提出建议和批评"。当时有邯郸、晋察冀、西满、东北、哈尔滨、安东、牡丹江、延吉和临江9座新华广播电台转播陕北台的节目。

9月12日

陕北新华广播电台打破惯例，连续四天反复播出新华社社论《人民解放军大举反攻》，指出："人民解放军的大举反攻，标志着战争形势的根本改变，蒋介石的全面攻势已被打得粉碎，已经一去不复返了。"次日，香港《华商报》以《陕北中共电台宣布大反攻已展开》为题在头版头条加以报道。

9月26日

哈尔滨广播电台在道里区水道街设立服务部，10月2日正式营业。

9月27日

国民党吉林广播电台频率改为730千赫，波长411米。

同月

据国民党行政院新闻局编印的《广播事业》一书,当时国统区有广播电台131座,总发射功率406千瓦。另据估计,全国约有收音机100万台。

同月

北平民生私营广播电台开始播音,呼号XPMS,发射功率100瓦,频率970千赫。董事长楼兆元,经理朱熙元。台址在内三区马市大街。

同月

北平北辰私营广播电台开始播音,呼号XPPC。

10月9日

陕北新华广播电台从当日开始,在半个月内反复播送《中国人民解放军宣言》和《训令》,从此,"打倒蒋介石,解放全中国"的口号响遍中国大地。

10月13日

湖北省首家民营电台——正声广播电台试播,15日正式播音。电台呼号XIOA,发射功率200瓦,频率1000千赫。1949年元旦,呼号改为BEL327。该台筹建于1947年7月,由正声无线广播股份有限公司主办,台址设在汉口黄兴路天福里精业大楼。董事长徐国华,经理张声麟,股东有陈震汉等11人。1949年2月1日停播,发射机拆迁至柳州,被国民党军队炸毁。

10月28日

国民党上海市电信局、淞沪警备司令部及市警察局再次召开会议,讨论取缔非法电台问题。

10月30日

为纪念人民音乐家冼星海逝世两周年,陕北新华广播电台在新开办的《星期文艺》中播送《黄河大合唱》。

同月

东北新华广播电台通过自己改装的发射机,开始以记录新闻方式向陕北新华广播电台提供新闻,此为地方广播电台向陕北新华广播电台提供新闻的首例。

同月

私营联合广播电台在北平创办,呼号XPAY。

同月

私营风行电台在广州市开办,呼号XLCB。

同月

国民党掌管的吉林广播电台各类节目的比例是:新闻占22%,演讲占30%(其中,宣传占14%,教育占16%),文艺节目占48%。

同月

国民党江苏省政府特设无锡广播电台开始播音,发射功率100瓦,频率1110千赫。该台的前身是江苏省立教育学院实验广播电台,创建于1932年。1945年抗战胜利后,改以公营电台性质恢复播音。

11月21日

自贡市开办自贡市政府广播电台,1948年11月25日停播。

11月26日

陈毅、滕代远到河北涉县看望广播电台的工作人员。陈毅说:"你们的播音有力量,听得清楚。部队中,干部都经常听广播,每天都抄记录新闻印发,教育战士。你们的工作给了我们部队很大帮助,我代表华东野战军的全体同志向你们致谢。"陈毅还说:"部队中喜欢听的东西据我所知,有这样几类:第一类是社论。第二类是口头广播,大家很关心,几乎每个干部都听(华野共有180部收音机)。没有收音机的,就打电话互相询问,第一句就问:今天有什么大消息。记录新闻,一般都记下来,油印散发士兵阅读,对事实教育有帮助。"

同月

延吉新华广播电台短波广播开播。

同月

国民党交通部修正《广播电台设置规则》,上海市使用频率从10个放宽至15个。

12月

东北新华广播电台在东北地区首先播出毛泽东的重要文章《目前形势和我们的任务》。

同月

公营广东(胜利)电台在广州泰康路开办,该台曾用呼号有三个:XTPB、XPCB、XKPN,曾用频率1243千赫、1360千赫;私营时代电台在广州惠爱西路开办,呼号XLCC,频率1000千赫;广东第一座有线广播站——私营声光有线广播站在顺德县勒流镇开办;私营华电电台在佛山开办,频率730千赫。

同年

国民党中央广播事业管理处所属广播电台增加到42座,总发射功率423千瓦。

同年

国民党贵州广播电台面向国内的方言用语广播全部取消,唯一用语为国语。根据中央广播事业管理处的规定,与中央航空委员会合作,负责导航,协助飞机安全航行。

1948 年

1月1日

陕北新华广播电台自即日起,连续一周反复播出毛泽东1947年12月25日在中共中央会议上的报告《目前形势和我们的任务》。从1日到5日,每天以记录速度分段播送,6日起又连标点符号一起播送一遍,以供听众校对。国统区的北平、上海、重庆等地均有人秘密抄收,并油印散发。中共重庆市委办的地下刊物《挺进报》就刊登了这个报告。

同日

陕北新华广播电台开办代播国民党军军属家信节目。

同日

海龙新华广播电台开始播音。电台呼号XHCR,发射功率500瓦,频率1035千赫,波长289.8米。台址在海龙镇东关外路南,原银行旧址。全台工作人员24人。机构设有广播股、技术股、总务股、电讯台(后撤销)、修理部。台长张东,指导员朱受之。5月该台又在通化市原通化新华广播电台旧址内办起海龙新华广播电台通化分台,发射功率50瓦,频率1270千赫,并于5月中旬开始转播陕北新华广播电台和海龙台的节目。11月,海龙台撤销,设备及人员迁往四平。通化分台改由中共通化地委宣传部和安东新华广播电台领导。1949年秋,东北新华广播电台(总台)决定撤销通化分台。

1月14日

国民党上海市警察局一职员私设的建军广播电台开始播音。电台呼号XMHA,频率860千赫,同年10月2日被国民党国防部核准,1949年5月27日,被上海军管会宣教部接管。

1月15日

国民党国防部颁布《军用广播电台设置与管理暂行办法》,规定上海市军用电台不得超过八座,无正式编制及经费之电台得酌列商业节目,惟不得超过全日播音时间十分之一。

1月16日

中共领导的大连广播电台的短波广播开始试播,发射功率2千瓦,频率12420千赫,波长24.15米。该短波发射机是大连台技术科与日本技术人员合作,自行设计改装的。试播期间,每天广播一次,从19:00至22:30。1949年底停办。

1月21日

延吉新华广播电台增设《对蒋区广播》《朝鲜语时间》节目,播音时间由1947年7月的305分钟增加到645分钟(包括短波广播时间),每天新闻节目次数由6次增加到9次。用汉语、朝鲜语两种语言播音。

同月

东北新华广播电台迁回哈尔滨,与哈尔滨广播电台合并,哈尔滨广播电台改名为哈尔滨新华广播电台,成为东北新华广播电台的一部分——对哈尔滨地区广播。

2月1日

国民党昆山县广播电台开始播音,发射功率100瓦,频率1350千赫,台址在昆山县玉山镇中山堂。1949年4月停播。

2月11日

毛泽东在为中共中央起草的党内指示《纠正土改宣传中的"左"倾错误》中,对陕北新华广播电台曾经播出的某些不正确的新闻提出批评。在中共中央、毛泽东主席指出宣传问题后,陕北新华广播电台在1948年2月写的《关于土改等报道的检讨》中,检查了前一时期广播对土地改革、新解放城市、老解放区的工商业、政权建设和整党等宣传中的"左"倾错误,并且重新研究和确定了以后的宣传方针。经过开展批评和自我批评,陕北新华广播电台的工作有了很大改变。

2月28日

国民党新疆省政府宣传委员会委托第六区公路局温复等人筹建的新疆广播无线电台开始试播,波长暂定为75米。

同月

国民党北平广播电台在《北平之声》特别节目中播出《反正共匪论功行赏之办法》的解说,在《空中晚会》特别节目中歪曲学生运动。

同月

国民党宁夏省政府决定建立宁夏广播电台,地址在现银川市兴庆区文化东街59号。天津无线电公司依照合同派工程师来银川安装调试,架设36米高天线。

3月3日

国民党第一绥靖区司令部正声广播电台在南通正式播音,呼号XQNT,发射功率100瓦,频率1100千赫,台址在南通市水仓巷1号。1949年2月1日南通解放后,南通市军管会派员接管了这座电台。

3月18日

吉林新华广播电台在吉林市恢复播音。电台呼号 XNKR，发射功率50瓦，频率730千赫，波长411米。每天早、午、晚播音三次，全天播音6小时15分钟。除转播陕北新华广播电台《对蒋军广播》《新闻》《时评》《通讯》和延吉新华广播电台《对蒋区广播》等节目外，自办《新闻》《地方新闻》《时评、通讯》《军事新闻》以及音乐、戏曲唱片等节目。1949年4月，该台功率改为300瓦，频率改为1250千赫，波长240米。

3月22日

国民党交通部发布命令，禁止收听解放区的短波广播。

同月

中共中央宣传部发出关于文件口播的指示。指示说：凡文件及文件性质的东西，陕北新华广播电台口头广播时应严格依照文件本身，不要改动删节增添，这是原则。

4月2日

毛泽东在山西兴县蔡家崖村接见《晋绥日报》社编辑人员。他在对编辑人员的谈话中强调，报纸、广播要宣传好党的方针、政策，并说："我们正在进行土地制度的改革，有关土地改革的各项政策，都应该在报上发表，在电台广播，使广大群众都能知道。群众知道了真理，为了共同的目的，就会齐心来做。"

4月22日

陕北新华广播电台播送《收复延安》，内称：英勇的西北人民解放军已经收复延安。延安是去年3月19号我军主动撤离的，到现在一年一个月零三天，又回到了人民手中。

4月23日

陕北新华广播电台播送延安通讯《毛主席万岁》，原作者是汤洛。内称：在延安周围游击队活动的地方，不管是墙上、门上，或者是石牌柱子上，到处写满了"消灭胡宗南！""打倒蒋介石！"各式各样的标语。在这些标语当中最大、最显著的就是"毛主席万岁！"

4月25日

湖北省汉口市广播无线电台正式改用600千赫、11500千赫、830千赫播出，全天播音5小时15分钟。

4月29日

上海青年电台（1440千赫）改称"中央广播事业管理处上海广播电台管理青年广播电台"（简称"上海青年广播电台"），在中正东路（今延安东路）915号继续播音。

同月

人民解放军光复延安后,延安成为中共中央西北局所在地。党中央决定在延安建立西北新华广播电台。

同月

国民党交通部修正公布《广播无线电收音机登记规则》,规定凡装设收音机者,均应填写申请书,向当地电信局登记,并领取登记证;登记证不准顶替、转让或租借;电信局将随时派员检查收音机装置情形并调验登记证;用户迁移或变更收音机时,应办理登记手续,违反上述规定者将给予处罚。

同月

天津召开由国民党天津广播电台主办的公民营电台座谈会,参加会议的有警备司令部电监组、电信局、教育局和各民营电台的负责人。其目的是控制各民营电台。

5月1日

齐齐哈尔新华广播电台在齐齐哈尔市内建成有线广播。张文翯在当年9月9日《东北日报》上发表题为《我们的广播要进一步与群众相结合》的文章,介绍了办有线广播的经验。

同日

公营新生广播电台在广州爱群大厦5楼开办。该台曾用呼号XPCC、BDEA,频率1300千赫。

5月23日

遵照中共中央的指示,进行第三次战略转移的(延安)陕北新华广播电台开始在河北省平山县境内播音,发射功率总计为4千瓦。编辑部设在西柏坡附近的一个村子里,发射机房和播音室设在张胡庄(后迁到井陉县窟窿峰村)。从编辑部到张胡庄约20公里,到窟窿峰村约40公里。广播稿件每天上午编好,下午由通讯员骑马送到播音室,傍晚播出。有些捷报用电话传送,以保证及时播出。

5月26日

国民党联勤总部政工处在上海创办勤政广播电台,6月25日被上海电信局查封,10月2日被国民党国防部核准,1949年5月27日,被上海军管会宣教部接管。

5月28日

东北新华广播电台迁回哈尔滨后正式播音。此前,3月19日曾试播。播音中使用短波广播,覆盖哈尔滨、沈阳、长春等地,北平、天津、邯郸等地也可以听到。该台还开办对东南亚、香港地区的《英语广播》节目,每天播音1小时30分钟,其中有《英语新闻》《英语评论》等,由东北局宣传部特聘英国共产党党员阿兰·魏宁顿主持,播音员是周砚和周春墀。节目面向海外侨胞和国外听众,内容以新闻为主，宣传中国共产党和人民解放军的方针、政策和对国内外重大事件的立场和态度。1949年4月6日，该台奉命终止自办的英语广播，改为转播北平新华广播电台英语广播。

5月29日

陕北新华广播电台播出中共中央《一九四八年土地改革和整党工作指示》。温济泽致信播音组称："今天播送的中央指示，非常重要。主席亲笔批示，叫不要播错一个字，请你们万分注意。"全文3300字，播音员没有播错一字。

同月

东北新华广播电台开办《对国民党广播节目》，组织大批国民党军起义、被俘、投降的高级官员到电台广播，配合解放战争，对敌开展政治攻势。

同月

国民党宁夏广播电台试播，呼号XGRA，发射功率300瓦，频率1130千赫，台长由马友梅（马鸿逵军部通讯营长）兼任。

同月

由瀛西药房主办的瀛西广播电台在天津开播。地址在东马路，当月因未获批准而停办。

6月1日

国民党联勤总部上海医院王文刚创办伤友广播电台，6月25日被上海电信局查封，10月2日由国民党国防部核准。1949年5月27日，被上海军管会宣教部接管。

同月

高秀石商业有线广播站在番禺县市桥镇开办。

同月

军友广播电台在天津开播。国民党天津警备司令部政工处主办，地址在辽宁路91号，播音未到两个月即停播。

7月1日

为执行中共中央关于晋察冀新华广播电台并入陕北新华广播电台的决定，晋察冀电台全体人员在编辑部主任黎韦率领下到达西柏坡附近的封城村，同廖承志、梅益领导的陕北电台会师。

7月9日

中共中央东北局发布《关于统一广播电台的决定》。决定指出：广播电台是现代化的宣传武器，党应该加强领导，统一、集中使用广播电台，在今天尤为重要。东北局作出决定：一、全东北解放区各电台，统一属东北新华广播电台领导管理（包括供给）。二、现在各广播电台的干部人员（包括编辑、机务和事务人员）和全部器材均由东北新华广播电台接受（收）统一分配，统一处理。三、东北新华广播电台作为东北解放区各地方电台的领导机关，设在东北局所在地，直属东北局宣传部领导。各地按照地理情况分设四个中波电台。四、各个地方电台不设短波，只设中波，专门转播陕北新华广播电台和东北新华广播电台节目，中波电台只能播送经过市委审查后的本市新闻。各省新闻统一由东北新华广播电台播送。五、各县或市内小的中波电台，任务与地方中波台同。六、广播电台统一后，党的支部生活由地方党委领导。七、统一后的东北新华广播电台，应将各地配备后多余的编辑人员、广播员、机务人员，集中训练，进行各项业务教育，提高政治水平和科学技术水平，以应革命发展的需要。

7月11日

陕北新华广播电台播送消息《中共中央贺睢杞大捷》，庆祝华东和中原人民解放军在豫东睢杞地区歼灭蒋军约5万人的伟大胜利。

同月

新华总社为加强对语言广播（包括英语广播）工作的领导，专门成立第二编委会，同时将语言广播部和英语广播部合并为广播管理部。这两个机构都由社长廖承志负责，梅益任广播管理部副部长。

同月

陕北新华广播电台开始建立抄收外台的工作，由孟启予领导的第五组负责。任务是收听国民党中央广播电台、莫斯科广播电台、美国之音和英国广播公司（BBC）四家电台的广播，并每天写出收听汇报。中央要求该组成为耳目喉舌。

同月

东北新华广播电台开办《粤语节目》，每天20分钟，由黄伊华主持，节目在港澳、东南亚等地都能听到。与此同时，该台还开办《日语新闻》节目，每天播送20分钟，覆盖可达日本、东南亚等地。日本友人八木宽任编辑，播音员为日籍的小松次郎、宫晓珊（女）、儿玉洋子（女）和儿玉绫子（女）。

同月

吉林新华广播电台成为东北新华广播电台的分台，行政业务由东北总台领导，日常政治思想宣传工作由中共吉林省委宣传部委托中共吉林市委宣传部领导。

同月

北平国华广播电台改名军友广播电台。

同月

钟镜广播电台在天津开播，由迪明无线电行和野玫瑰无线电行合办，地址在长春道，12月因未领执照而停办。

7月、8月

陕北新华广播电台制定《播音手续》，对台号呼叫次数，以及不同情况下报告的范式，开头和结束语，播音室话筒使用的要求，声音质量的保证，尤其是播音时要依照原稿，不出差错，以及出现差错后更正程序等方面都给予明文规定。

8月1日～22日

第六次全国劳动大会在哈尔滨召开。会议通过《关于中国职工运动当前任务的决议》，并决定恢复中国工人阶级统一的全国组织——中华全国总工会。东北新华广播电台总台现场报道了大会的实况，除编发新闻、通讯外，还开辟讲话的特别节目。大会现场情景，由东北电影制片厂拍成新闻片，在《民主东北》第七辑中播映。

8月7日

东北新华广播电台在哈尔滨市召开东北地区各广播电台台长联席会议。这是东北地区第一次广播工作会议。会议由东北台台长罗清主持，朱明、马皓、林青、郝吉明等参加会议。会议就统一领导、统一管理干部、广播设备和器材、宣传问题进行讨论，一致同意成立东北新华广播电台总台，管理东北地区的人民广播事业。会议通过了《关于统一广播电台的决定》。

8月15日

吉林新华广播电台转播吉林市各界隆重纪念"八一五"东北光复三周年庆祝大会实况，还转播了北山脚下和南马路运动场两处露天剧场的文艺演出实况。

同月

吉林新华广播电台台长由中共吉林省委宣传部部长陈南生兼任，副台长王世民主持日常工作。该台机构设有播音科、机务科和总务股。宣传主要面向城市，除增加转播东北新华广播电台《新闻》《评论》等节目外，还增设了自办的《讲座》（包括社会科学、自然科学、市政报告等内容）和《工商业广告》等节目。

同月

南通民营大声广播电台开始试播，发射功率50瓦，台址在南通城内西大街90号大声电料行内。该台试播不久即行停播。1949年2月1日，南通解放后，南通市军管会根据政策，将该台机器作价收购。

同月

国民党新疆省政府宣传委员会批准正式组建新疆广播无线电台。温复为总工程师兼台长。

夏秋

国民党北平广播电台及其所属部门人员在抗战胜利后曾多达600多人。由于国民党发动内战，给电台拨款减少，经费困难，大量裁员，此时全台仅剩四五十人，职员薪水只能发半数，勉强维持广播。双桥电台的三座发射塔也被逐节拆下变卖，以维持生活。

9月3日

陕西新华广播电台播送《新华社奉命驳斥和谣——所谓周恩来给张治中的信完全是蒋介石匪帮的捏造》。这篇广播稿是毛泽东为新华社写的声明。声明说："国民党中央宣传部伪造所谓周恩来给张治中的信，发给各省市党部，并指使各大城市的国民党特务散布和谣，籍此给李（宗仁）、何（应钦）、宋（子文）等以打击，以便保持蒋介石的地位。"

9月10日

陕北新华广播电台播送通讯《董存瑞舍身炸碉堡》，介绍英雄董存瑞和他舍身炸碉堡的英勇事迹。

9月12日

华东新华广播电台在山东临朐县程家庄试播，呼号 XNEC。每天早、中、晚三次播音。10月20日正式播音，使用5020千赫、6222千赫、9500千赫三个短波频率，由济南、徐州两台用中波频率转播，每天播音五个半小时，主要内容是转播陕北新华广播电台的节目和自编的华东台的新闻、评论。12月27日，中共中央华东局批准华东新华广播电台成立以周新武、苗力沉、陈浩天等七人组成的管理委员会。周新武任管委会主任，苗力沉任副主任。下设编辑室、工务室、秘书室。

9月21日

在济南战役中，中国人民解放军华东军区济南特别市军事管制委员会无线电部接管了国民党山东广播电台。

9月24日

晚，陕北新华广播电台打破惯例，重新开机，播出由电话传来的"号外"消息：山东人民解放军于当天下午5时解放济南市。

9月29日

新华总社广播管理部在《今后的工作和准备提交广播会议讨论的几个问题》中，提出增建西北广播电台，以形成华东台面向东南，邯郸台面向华中、华南，西北台面向西南、西北的扇形广播网。10月初，广播管理部对关内广播电台工作会议的建议中，关于即将成立的西北台的节目设置意见是：除转播陕北新华广播电台节目以外，可设置《对敌军广播》《本区介绍》《对野战军服务》《娱乐节目》及《简明新闻》等节目。

9月30日

陕北新华广播电台播送《新华社发表社论庆祝济南解放的伟大胜利》。

同月

国民党当局节节败退，无心办广播，即令宁夏广播电台停播，设备封存。

10月7日

陕北新华广播电台发布《陕北台播音组关于训练和培养播音员的意见》，提出："应全盘有计划有步骤有组织的训练一批播音员，尽可能招收一定数量的男女播音员，集中训练，成立训练班，除政治政策等训练科目外，要有播音技术座谈、练习、收听等科目，还需了解一般浅显的无线电常识及机器使用及简单原理。"同时意见还规定"在训练班经一定步骤的训练，经考试后，分发各台见习作正式播音员"。

10月8日

新华总社广播管理部召开关内广播电台工作会议。廖承志、徐建生、祝志澄、梅益、胡若木、陈龙、常振玉、王中青、黎韦、温济泽、苗力沉等出席。会议研究了在解放战争不断取得胜利的新形势下，发展人民广播事业的问题，并布置了关于构成全国性的联播网、增强广播宣传效果、训练培养干部以及接管敌台等项工作。决定短波台的增设要少而精，关内短波台一律转播陕北台短波广播。还决定总社广播管理部成立两个编辑部，一个管新闻，一个管对外，并设立技术管理部门，有步骤地完成对全国各广播台技术方面的统一管理。会议由梅益主持。

10月初

中共中央宣传部派黎韦、杨洁、王志轩三人到济南筹建广播电台。

10月12日

国民党淞沪警备司令部转国防部参谋总长顾祝同10月2日代电，暂准公建、胜利、铁风、沪军、天声、联合、凯旋、远东、新苏、远征十座军用电台，仍用原频率播音。勤政与伤友、军声与军训、建军与民本六座军用电台，两台合用一个频率。以上每台每日必须增加两小时以上的"戡乱"宣传节目。

10月14日

新华总社决定，广播部编委会由廖承志、梅益、温济泽、沈建图为委员，廖承志为主任委员，梅益为副主任委员，黎韦、陈龙、胡若木等列席编委会。口播与英播两部分设部务会议，成立广播部统一的编辑室，编辑对外宣传的稿件。

10月15日

锦州解放，八路军冀热辽军区十六军分区派杨志理接收了国民党锦州广播电台，成立锦州新华广播电台。12月15日正式播音，呼号XQCT，发射功率100瓦，频率950千赫。

10月16日

上海民营广播电台同业公会公告，即日起使用国民党交通部增拨给上海民营电台的五个频率，原四家广播电台合用一个频率改为两家合用一个频率。

10月20日

陕北新华广播电台播送长春前线急电《解放长春》。

10月21日

上海军用伤友电台与民营金都电台争用780千赫频率。伤友电台滑稽演员杨筱峰带领穿制服伤兵五六人闯入中正西路（今延安西路）580号金都电台，强令停止播音。

10月22日

陕北新华广播电台播送郑州前线急电《解放郑州》。

10月25日

陕北新华广播电台首次明确使用"广播评论"这一概念，播出《驳斥国民党中央社对长春问题造谣》。评论指出："中央社的造谣，就像胆怯的人，走过坟场吹口哨，只不过是越吹越心慌了。单是这一点，也就可以看出，国民党反动派的最后崩溃，已经是越来越迫近了。"

10月27日

陕北新华广播电台播送毛泽东写的消息《华北各首长号召保石沿线人民，准备迎击蒋傅军进扰》，报道保石沿线军民已经在三天内做好一切准备，以利作战，并且说明，令敌人怕被歼灭不来，我们有这种准备，总是有利无害的。

同日

陕北新华广播电台播送辽西前线急电《辽西蒋军五个军被我军包围击溃》，内称：由沈阳窜进辽西的蒋军五个军，今天已经全部被我军包围和击溃。我军俘敌几万人，现正在勇猛扩张战果中。

10月31日

陕北新华广播电台播送广播稿《评蒋傅军梦想偷袭石家庄》，指出：这里发生了一个问题，究竟他们要不要北平？现在北平是这样空虚，只有一个青年军二零八师在那里，通州也空了，平绥东段也只稀稀拉拉的几个兵。总之，整个蒋介石的北方战线，整个傅作义系统，大概只有几个月就完蛋了，他们却还在那里做偷袭石家庄的梦。由于毛泽东亲自撰写了三篇消息并向全国播发，将从国民党内部获悉的秘密军事行动和兵力部署加以公开揭露，迫使华北剿总偷袭石家庄的险恶计划破产。此举被史家称为现代版"空城计"。

同月

陕北新华广播电台制定《编稿发稿工作细则》，对新闻稿件的审定、字数要求、记录新闻播音速度以及新闻语言应口语、简明、易懂等方面都提出了明确的要求。

该细则规定:"每条新闻字数力求简短";"评论、通讯、综合报道等稿件……一般的每篇以 1000 字到 1500 字为宜";"临时抽动稿件,必须得到发稿人的同意。播音员请示修改稿件时,政治问题由发稿人决定,技术性问题可由主编或副主编决定"。

11 月 1 日

中共领导的延吉广播电台重新建立,发射功率 50 瓦,后增加到 200 瓦,频率 785 千赫。用汉语、朝鲜语两种语言播音,全天播音时间 7 小时 20 分钟。设置的节目有《新闻》(国内外新闻译播)、《地方新闻》《评论》《戏剧》《文娱活动》《社会服务》。该台有工作人员 15 名,内设机构有编辑组、播音组、机务组、总务组。

11 月 2 日

辽沈战役胜利结束,东北全境宣告解放。当天,东北新华广播电台总台领导亲自撰写了《本台消息》,其后电台作了连续报道。

11 月 3 日

陕北新华广播电台播送消息《我军攻克沈阳 东北全境解放》,文中称:"东北全境以内除了营口和锦西狭窄滩头阵地还有少数敌军外,其余敌军已经全部肃清。东北全境解放,军民欢腾若狂。"

11 月 4 日

东北新华广播电台副台长朱明率队到达沈阳,接收国民党沈阳广播电台和国民党军队的军中广播电台,成立沈阳新华广播电台,并开始播音。

同日

济南特别市新华广播电台举行成立大会,中共济南市委宣传部部长夏征农到会讲话。11 月 8 日 7:00,利用原国民党山东广播电台设备建立的济南特别市新华广播电台正式播音。电台发射功率 100 瓦,频率 1370 千赫,波长 219 米,每天播音 7 小时。台长黎韦。

11 月 6 日

周恩来批示新华总社致华东野战分社并华东总分社的指示电:"凡有重要战果如攻克城市,歼灭大量敌军及俘获重要将领等,应迅速发表","除供应文字广播材料外,望注意组织口语广播稿件供给我们,如描写敌军溃败覆亡的通信,及我方军政首长或敌俘对敌军劝降的广播词等。广播词要解说得出,听得进,要有煽动性"。

同日

陕北新华广播电台播送时事述评《东北解放震撼南京蒋家小朝廷》,讲述东北解放后,南京蒋家小朝廷惊慌失措、分崩离析的情形。

11 月 9 日

陕北新华广播电台播送淮海前线消息《淮海战役开始》。文中称:"强大的人民解放军解放淮海地区的战役已经开始。在这次作战中，解放军士气极盛，敌人不断地忙于逃跑，每天害怕被消灭，结果被消灭的更快。这次敌人一八一师，只经过一夜作战就被消灭。"

11月11日

陕北新华广播电台播送淮海前线消息《人民解放军各路大军合围徐州》，内称：徐州地区战局发展迅速。人民解放军各路大军已向徐州东、西、南、北急速推进，将该地区敌军加以包围。

同日

《新华总社关于应注意陕北台记录新闻的意见》指出：东北总分社转东北广播台，太行分社转邯郸台，华东总分社即转华东广播台、济南台。各线胜利接踵而来，你们应注意陕北台每日记录新闻，记下各种战报，在当日重要新闻中播出。

同日

新华总社致电华东总分社："发来陈金城、霍守义等口播稿已阅，均可用"，"这类稿件有一共同的缺点，即大道理讲得太多太生硬，思想上与国民党军官及国民党区一般听众的距离太远"，"讲政治道理时也要把国民党原来讲的一套举出具体实证加以具体批驳，如此才能使听众乐于接受"。

11月13日

国民党交通部命令全国各地民营电台于每晚中原时间9点至9点30分一律转播国民党中央广播电台的新闻节目。

11月20日

中共中央作出《对新解放城市的原广播电台及其人员的政策决定》，规定：新中国的广播事业由国家经营，人民解放军将全部接管国民党所辖的广播电台，并利用其设备建立人民的广播电台；纯系私人营业性质的广播电台，准许其在军管会管理之下暂时继续营业；外国资本和外国人经营的广播电台一律停播。

11月22日

陕北新华广播电台播送淮海前线急电《人民解放军全部歼灭黄伯韬兵团》，内称：徐州以东一百里内碾庄地区的国民党军黄伯韬兵团已经在今天下午5时全部歼灭，无一漏网。

11月25日

国民党汉口军中广播电台试播。电台呼号XMPD，发射功率200瓦，频率1100千赫。每天播音两次，第一次7：30至8：30，第二次18：30至23：30。播送内容有新闻、"戡乱"宣传、军中通讯、音乐、京剧、楚剧等。该台隶属国民党军中播音总队。武汉解放前夕，在随国民党南撤途中，其人员和设备被中国人民解放军第四野战军缴获。

11月27日

陕北新华广播电台播出毛泽东在淮海战役中,以中国人民解放军总部和中原人民解放军司令员刘伯承、华东人民解放军司令员陈毅名义撰写的《人民解放军总部向黄维兵团的广播讲话》和《刘伯承、陈毅两将军向黄维兵团的广播讲话》。

11月29日

陕北新华广播电台播送广播稿《人民解放军总部再向黄维兵团的广播讲话》,内称:国民党十二兵团司令黄维将军和各位军官们,士兵们!现在中国人民解放军总部向你们讲话。你们已经到了最后一步了。你们被我们压缩在纵横不过几里的极狭小的地区里,伤亡惨重,饥寒交迫,士无斗志,官兵纷纷要求投降。只要你们实行缴枪,我们保证对你们无论官兵,一个不杀。这是我们给你们的最后警告。你们应当立即决定。

同月

四平新华广播电台成立。该台是以海龙新华广播电台的工作人员和广播设备为基础建立起来的。电台发射功率500瓦,频率1440千赫,波长208.33米。台址在四平市道里三马路(后来的南天桥街39号)。该台以转播陕北新华广播电台(后为北平新华广播电台)和东北新华广播电台(后为沈阳人民广播电台)的节目为主。每天中午和晚上播音两次。

同月

吉林省洮南广播电台在原有的县有线收音站的基础上(该站建于1947年8月)改建而成。电台发射功率100瓦,频率1330千赫。台址在现在县武装部院内。全台有工作人员六名,其中编辑一名(另有县委宣传部一名干部兼任编辑),播音员两名,技术人员三名。

12月1日

陕北新华广播电台播送淮海前线消息《人民解放军包围黄维兵团》。

同日

国民党军声广播电台在天津开始播音,地址在湖北路45号。当时的正式名称是"天津警备司令部政工处附设军声广播电台",以商业广告为主。1949年1月15日解散,4月21日被天津市军事管制委员会下令查封。

12月2日

陕北新华广播电台播送广播稿《人民解放军总部给黄维兵团的最后警告》,称:国民党十二兵团司令黄维将军和各位军官们,士兵们!现在人民解放军总部向你们发出最后警告。你们最后全部被消灭的时候已经到了,你们横直是要缴枪的,拖延几天还是要缴枪,不如早些缴枪,少死些人,对你们好些。快快下决心罢,缴枪不杀。

12月3日

国民党淞沪警备司令部订定《戒严期间本市各广播电台应行注意事项》,规定:各电台应增播"戡乱"节目;严加考核电台职工思想、行动等。

12月7日

新华总社发出通知,强调对外宣传的材料选择、解释问题的方法、用词用语均应与老解放区的宣传有所不同。一方面,所有这些稿件,都要合乎实际,不能夸大,应多讲详细实事,少讲大道理;另一方面,解释问题时,则要合乎国民党统治区上述听众的经验与认识水平,对在老解放区已成常识的问题,需有必要解释。

12月12日

陕北新华广播电台配合前线战事的进展,重播《人民解放军总部给黄维兵团的最后警告》和《刘伯承、陈毅两将军给黄维的命令》两篇广播稿,向黄维兵团展开了强大的政治攻势。

12月12日~13日

中共冀东区委派庄华接管国民党中央广播管理处管辖的唐山广播电台,更名为唐山新华广播电台,发射功率200瓦,频率1130千赫,波长265米,台址在今唐山市财神庙街。12月13日,唐山新华广播电台正式开始播音。每天早、午、晚播音三次,共8小时。1949年7月2日改称唐山人民广播电台。

12月17日

陕北新华广播电台反复广播毛泽东以中原和华东人民解放军名义撰写的《敦促杜聿明等投降书》,一直延续到翌年1月上旬。此间,先后共有一万四千多名国民党军人投降。

12月18日

新华总社就西北新华广播电台即将正式播音发电报给西北总分社。指出,广播稿要特别注意:一、有战斗性;二、内容要能为听众所了解;三、文章结构,语句的构造,用词的选择,都要适合口播特点,都要口语化。

12月24日

张家口市第二次解放后,利用接管的原国民党察哈尔广播电台设备重建的张家口新华广播电台开始播音。起初为有线广播,年底无线广播开通,功率100瓦,频率1000千赫,波长300米。1949年5月1日改称张家口人民广播电台,同时增设第二台,以1260千赫向察哈尔全省广播。

12月25日

东北新华广播电台总台于月初由哈尔滨迁至沈阳,与沈阳新华广播电台合并,本日起开始播音。留下部分设备和人员继续进行哈尔滨新华广播电台的广播。沈阳新华广播电台（市台）暂时停播。

12月27日

国民党政权危在旦夕之际，国民党中央广播电台着手遣散人员，拆迁机器，将100千瓦中波发射机及两部20千瓦短波发射机连夜拆卸，赶装木箱1000只，准备撤离南京。这三部发射机拆卸后，该台以10千瓦中波发射机及7.5千瓦短波发射机维持播音。

12月30日

陕北新华广播电台广播毛泽东为新华社写的1949年新年献词《将革命进行到底》。

12月下旬

天津市军管会在河北省霸县胜芳镇组建了接管国民党天津广播电台及筹办建立天津新华广播电台的机构，负责人为鲁西良。此组织由天津日报社和新华社天津分社编委会领导。同时在报社还建立了为广播电台供稿的口播编辑组。

同月

新华社出台《口播清样送审办法》，规定了口播稿件清样送审的程序、时间，并规定"新闻稿件是将清样发到播音组，然后把工校（注：当时中共中央的代号）负责同志改的地方打电话告诉播音组改正后播出"。

同月

1943年创刊、1946年9月在南京恢复出版的《广播周报》，至此已无法维持，在出版312期后宣告终刊。

同年

公营军中电台在广州市三育路开办，呼号XMPA，频率860千赫；公营广州市府电台在市府大楼西侧四楼开办，呼号XGOK，曾用频率1050千赫、1350千赫；公营新闻电台在广州市惠福东路开办，曾用呼号XGNB、XPCA，曾用频率1100千赫、1140千赫；顺德县黄莲镇大光电厂办起有线广播站。

同年

贵州拥有收音机1000台。国民党贵州广播电台城台的技术设施有两间小播音室、一间大播音室、一间增音室、一间机务室。乡台的技术设施有一部500瓦中波发射机、一部闲置停开的10千瓦短波发射机、一部由100瓦改装的200瓦中波发射机、一部70千瓦柴油发电机以及发射天线等。城台至乡台的传音线为八对16号铜线架空明线，总长4000米。实有正式职工21人。

1949 年

1月1日

为配合中国人民解放军向长江以南进军和解放全中国的胜利形势，陕北新华广播电台增加节目播出时间，全天播音两次，共计七个半小时。当日，继续播出毛泽东为新华社撰写的1949年新年献词《将革命进行到底》。

同日

陕北新华广播电台第一转播台建成，发射功率3千瓦。

同日

中共中央西北局领导建立的西北新华广播电台在延安开始试播。金照为负责人，武英任编辑部主任。编辑室（俗称口播部）设在清凉山半山坡上的一孔窑洞里，发射机安装在凤凰山。试播时，中国人民解放军西北野战军副司令员赵寿山作了题为《告西北国民党军官兵》的广播讲话，号召西北国民党军官兵认清形势，站到人民方面来。

同日

济南特别市新华广播电台增加一部1千瓦发射机，每天播出时间增加到13小时，电波可达徐州、青岛、京津等地。

同日

国民党交通部根据国际无线电会议决定，中国各无线电台呼号一律将X字母开头，改为B字母开头，规定从即日起各广播电台呼号以BE两字母开头。

同日

由国民党天津警备司令部政工处主办的阵中广播电台开始播音。当月14日停播。

1月5日

西北新华广播电台在延安正式播音，呼号XGYA。该台发射机是延安新华广播电台使用过的机器改装而成的，发射功率1千瓦，频率8007千赫，波长37.47米。每天播音三个多小时。18：15至20：30转播陕北新华广播电台节目，20：30至21：30播送自办节目。节目有《对西北国民党军及国民党统治区人民广播》《西北新闻》《记录新闻》以及音乐、戏曲等。当日，陕甘宁边区政府副主席杨明轩作了题为《消灭胡匪，建设新西北》的广播讲话。该台由中共中央西北局宣传部领导，日常工作由群众日报社、新华社西北总分社社委会负责。

1月初

东北新华广播电台（总台）发表《广告条例》，其中规定："为繁荣经济、推广文化，特定于1月10日起，在每天下午一时半到二时半作为广告时间"，"愿对沈阳市公私企业和文化事业有所服务"，而且"不论公私，只要内容纯正，一律收接"。

1月12日

哈尔滨新华广播电台改由中共松江省委、省政府领导。2月上旬，林青任该台台长，原副台长马皓随人民解放军南下。

1月14日

陕北新华广播电台播发《中共中央毛泽东主席关于时局的声明》，批驳蒋介石的元旦求和文告，提出和平谈判的八项条件。

同日

晚，华东野战军司令员陈毅等到济南特别市新华广播电台视察，参观播音室、机房后，和电台部分工作人员见面，鼓励大家努力做好广播工作。

同日

中国人民解放军进入天津，占领南市华安大街99号国民党天津广播电台。天津广播电台停播。

1月15日

新华总社发出通知，要求从2月1日起，解放区各广播电台广播时一律使用自己的台名（即"地名+新华广播电台"）为呼号，取消原英文字母呼号。今后新建或新解放城市的广播电台也不要以英文字母作为呼号。根据此通知精神，东北新华广播电台（总台）通知各分台，从2月1日起，在广播中一律取消原有的英文字母呼号，直接以本台台名为呼号。

同日

下午，中国人民解放军东北野战军经过29个小时的激战解放天津。天津市军事管制委员会派军代表鲁荻、刘文等17人接管了国民党天津广播电台。当晚20：10左右，以"天津新华广播电台"的呼号播出天津市军管会第一号公告。天津新华广播电台归天津日报社社委会领导，社委会下设口播组。

1月17日

天津日报社口播组和接管电台人员合并为报社广播部，对外称天津新华广播电台。部长由报社总编辑朱九思兼任，副部长为鲁荻，全部人员74人。天津新华广播电台在《天津日报》上公布每日广播节目及时间表。当日，开办《本市新闻》及《重要文告》节目。

1月20日

中共中央西北局为西北新华广播电台正式播音给各地委、工委、军分区政治部发出指示。指示说："西北新华广播电台是宣传我党政策，争取国民党统治区广大群众与瓦解敌军，及向我边区内地迅速传播党的政策、时事的有力武器。各地委、工委的城工部、宣传部和军分区政治部接到指示后应迅即讨论，利用西北新华广播电台开展工作，并应负供给稿件与反映当地情况的责任。"

同日

新华总社发出《关于东北台担负国际宣传任务的规定》。《规定》指出：日语广播继续由东北新华广播电台负责，并要求各台转播东北台英语广播、日语广播及以港澳和海外侨胞为主要对象的粤语节目。

1月22日

淮海战役1月10日胜利结束，南京国民党统治集团处于崩溃前夕。21日，蒋介石以"因故不能视事"为由宣告"引退"，李宗仁代理总统。在这个背景下，国民党中央广播电台台长吴道一放下正在扩建中的"中央广播电台扩充工程"和正在兴建中的"中国广播大厦"工程，开始裁减和遣散员工，于22日率领部分员工乘装载100千瓦中波发射机及两部20千瓦短波发射机机件的"万国轮"东撤。2月初抵达上海，在上海加装半年前由南京调往上海的50千瓦中波发射机的全部机件南下广州，准备重建中央台，未果，又辗转到了台湾。吴道一走后，由传音科科长张维和任代理台长。

1月28日

陕北新华广播电台播出毛泽东以中共发言人名义，就国民党审判战犯军事法庭宣判日本侵华战犯冈村宁茨无罪一事发表的谈话。

同日

天津新华广播电台为庆祝天津解放后的第一个春节（1月29日），特邀请天津市各文艺团体、名艺人于16：00至24：00演播相声、大鼓、评剧、河北梆子、京剧等节目。

1月31日

北平宣告和平解放，中国人民解放军进入北平。当晚，解放军北平市军事管制委员会派接管小组组长徐迈进、小组成员及陕北新华广播电台的编辑人员进驻西长安街3号，接管了国民党北平广播电台以及私营广播电台，组建北平新华广播电台。

2月1日

徐州新华广播电台正式开始播音，主要转播陕北新华广播电台和华东新华广播电台节目，播送军管会和政府的政令、公告。1948年12月1日徐州解放，26日，中共中央山东分局派员接管了国民党徐州广播电台。接管后，以徐州市军管会无线电技术人员为主，并在原徐州电台人员的配合下，对广播发射机进行维修、调试，仍用原频率开始试播。试播期间，正值淮海战役最激烈的时候，广播除播送淮海战役战况，还不分昼夜地反复播送对国民党军队的劝降书和中国共产党优待俘虏的政策，报道国民党军队起义、投诚的消息，播放国民党军队官兵和家属向自己的亲人、同事劝降的讲话。1949年1月24日，中共中央山东分局决定成立徐州新华广播电台，任命张梦达为台长。该台发射功率50瓦，频率1010千赫，台址仍在原地，即徐州市南关户部山上。这是江苏境内第一座属于人民的广播电台。

2月2日

11：40，北平新华广播电台以聂耳作曲的《大路歌》为前奏开始播音，使用频率为850千赫（波长353米）和770千赫（波长393米）。该台管委会主任为徐迈进。开始时，主要播送中国人民解放军北平市军管会和人民政府的布告、法令，转播陕北新华广播电台的节目。当日，该台反复播送中国人民解放军平津前线司令部的布告与北平和平解放的经过等有关报道、述评。

2月6日

天津新华广播电台陆续增加《重要新闻》《时事述评》《文献政策》等新闻节目和《职工时间》《青年》等对象节目以及专题性和服务性节目。

2月13日

中共中央中原局领导建立的中原新华广播电台在郑州试播。该台由新华社中原总分社筹建，由总分社口播科负责编辑工作，科长阎廼一。3月1日，正式开始播音，使用200瓦短波发射机一部，频率7350千赫，波长40.8米。每天中午、晚上各广播一次，共计8小时30分钟。5月，停止播音。

2月17日

华东新华广播电台由临朐县程家庄迁到济南，和济南特别市新华广播电台合并一起播音。2月21日6：30，华东新华广播电台正式在济南市播音。

2月18日

陕甘宁边区蒙古族参议员旗海田在西北新华广播电台发表《告蒙古同胞》的广播讲话。

2月23日

天津新华广播电台转播大舞台戏院演出的新平剧（京剧）《三打祝家庄》。这是该台第一次转播文艺演出实况。

2月28日

中共中央就关于天津私营广播电台处理办法一事致电天津市委并告华北局、北平市委,规定了中共中央处理私营广播电台的办法。该办法主要是准许私人继续经营广播电台,但必须向市人民政府(或天津广播事业管理处)登记,报告其资本来源、波长、播送节目、工作人员及播音员之籍贯、履历等。经审查批准后,方得营业。只许使用中波广播。同意天津市接管四家私营电台,准许私人继续经营三家电台。

同月

鞍山新华广播电台时而因机器故障停播。3月间,恢复播音。中共鞍山市委宣传部副部长邢路兼任台长。

3月1日

沈阳新华广播电台(市台)恢复播音。

同日

东北新华广播电台(总台)通知:全区广播电台从5月1日起一律改称"人民广播电台"。

3月4日

天津新华广播电台开设《妇女时间》和《少年儿童时间》节目。

3月10日

中共中央西北局机关报《群众日报》发表著名诗人柯仲平用《保卫黄河》原曲谱写的《西北新华广播电台序曲》。

3月12日

国民党"武汉行辕"系统的华中广播电台正式播音。该台登记为民营电台,呼号BEL34,发射功率200瓦,频率1040千赫,波长285米。台址设在汉口明星路同丰里。电台提出的办台宗旨是:宣传广告,振兴市面,提倡正当娱乐。经费靠集资和广告收入维持。台长潘采侠。

3月19日

民营华声广播电台被接管,改为天津新华广播电台的广告台,播出时间从8:00到24:00,除播送经济新闻、行情外,大部分是广告和文艺节目。

3月20日

由中共南通地委领导的南通新华广播电台成立并开始播音。该台发射功率50瓦,频率1000千赫,波长300米。台址在南通市北公园。台长孙大翔。南通2月1日解放,南通市军管会派出接管小组接管了国民党第一绥靖区司令部南通正声广播电台和南通大声广播电台。正声台为国民党军队系统电台,予以没收;大声台属私人资本,根据政策对其机器设备作价收购。南通新华广播电台是利用这两台的机器配套改装建立的。

3月23日

陕北新华广播电台播发中国共产党第七届中央委员会第二次全体会议（3月5日～13日在河北省平山县西柏坡村召开）新闻公报。毛泽东在会上作报告，其中指出：进城后"通讯社报纸广播电台的工作，都是围绕生产建设这一个中心工作并为这个中心工作服务的"。

3月25日

中共中央及所属机关于3月23日陆续离开河北省平山县西柏坡村，前往北平，25日凌晨抵达北平。陕北新华广播电台随新华通讯总社同时迁入北平，更名为"北平新华广播电台"，当晚正式开始向全国广播，同时用英语对国外广播，开始具有对全国广播的中央台性质。当天播音时间增加到12小时，发射功率增加到50多千瓦，人员增加到30多人。负责人廖承志。原来对北平广播的北平新华广播电台更名为北平人民广播电台，向北平市广播，归新华社口播部和中共北平市委共同领导。

3月27日

《人民日报》报道：天津市军管会接管由前国民党中统、军统控制的文化广播电台、青联广播电台、华声广播电台，将"文化""华声"两台中的私人股份发还。

同月

刘少奇到天津视察并在耀华中学礼堂发表讲话，天津新华广播电台进行实况转播。这是天津人民广播史上第一次转播中央领导的长篇讲话实况。

同月

察哈尔日报社广播部撤销，张家口新华广播电台改由中共察哈尔省省委宣传部领导。台长吕朗，副台长马清士。

4月1日

关东广播电台更名为大连新华广播电台。7月14日，大连新华广播电台更名为大连人民广播电台。

4月15日

营口新华广播电台恢复播音，中波发射功率50瓦。

4月20日

吉林新华广播电台开始使用自己组装的300瓦中波发射机，频率改为1250千赫，波长240米。同时，开办《吉市节目》（政令通告、社会服务）和《轮回节目》。

4月21日

鉴于前一天国民党政府拒绝在《国内和平协定（最后修正案）》上签字，国共北平和平谈判破裂。当日，中国人民革命军事委员会主席毛泽东和中国人民解放军总司令朱德发布《向全国进军的命令》，北平新华广播电台反复播送该《命令》。

4月22日

北平新华广播电台播出毛泽东撰写的《我三十万大军胜利南渡长江》《人民解放军百万大军横渡长江》两篇重大消息。

同日

北平人民广播电台调整节目，办有《军管会布告》《法令》《职工时间》等近20个节目，加上转播北平新华广播电台的节目，全天播音时间增至8小时50分钟。

4月23日

无锡市解放。无锡广播电台（前身为江苏省立教育学院实验广播电台，后改为国民党江苏省政府特设电台）因工作人员根据中共地下党组织指示，妥善保护电台的机器设备，迎接解放，因此，无锡解放后，无锡军管会未立即接管该台，而是责成其仍以无锡广播电台的呼号继续播音。

同日

深夜，中国人民解放军第二、第三野战军解放南京。消息传来，北平新华广播电台负责人廖承志决定，电台立即出动广播车，由播音员齐越、丁一岚随车广播，吸引了北平老老少少，人们蜂拥街头，欢呼胜利。

4月24日

上午，根据上级指示，北平新华广播电台播音员齐越，以北平新华广播电台的名义，与南京国民党中央广播电台留守人员进行广播通话。接话人为原国民党中央电台代理传音科长蔡骧。齐越询问了南京情况后，传达指示："遵守中国人民解放军的约法八章，保护好机器设备，配合接管。"当日下午，国民党中央广播电台改以"南京广播电台"名称播音，呼号XGOB，全部转播北平新华广播电台的节目。

同日

晚，西北新华广播电台播送人民解放军于23日午夜解放南京的消息。消息播出不久，延安的街头和四周的山坡上一片灯笼火把，锣鼓喧天，鞭炮齐鸣，延安全市沸腾起来。

4月25日

中国人民革命军事委员会主席毛泽东、中国人民解放军总司令朱德发布《中国人民解放军布告》，由新华社和北平新华广播电台发表。

同日

太原新华广播电台开始播音。该台发射功率100瓦，频率1270千赫。21：50首次由于明昭和吴砺两位女播音员播音，发布的新闻主要有：太原市已于24日中午全部解放，太原军管会和太原市人民政府正式成立，还播报了军管会和市人民政府发布的各项政策和法令。中国人民解放军第一野战军于4月24日解放山西省会太原市，以常振玉为首的接管组（共21人）接管了国民党山西广播电台，组建太原新华广播电台，常振玉任台长，何静任副台长。该台由中共山西省委宣传部直接领导。

4月27日

常州广播电台开始试播。常州于4月23日解放，新华社三野前线分社派员接管了设在常州大庙弄30号中山纪念堂二楼的国民党武进县党部广播电台和设在常州第一公园的三青团常青广播电台，并在此基础上成立常州广播电台。该台发射功率100瓦，频率760千赫，波长394.7米，台址在常州第一公园，新华社三野前线分社社长邓岗负责。5月2日，邓岗随军东进，该台具体工作交由新华社常州支社社长张伏年负责。10月1日，该台正式播音。

同月

天津新华广播电台从天津日报社分出，成为独立的宣传机构，隶属市委宣传部直接领导，中共天津市委宣传部副部长曹裕民兼台长，鲁荻任副台长。全台共有职工56名。

5月1日

延安各界1600多人在宝塔山下、延水河畔的南关广场举行纪念"五一"、欢庆南京解放大会。西北新华广播电台播送了庆祝大会的消息。

同日

东北新华广播电台（总台）更名为沈阳新华广播电台（区台），直属中共中央东北局宣传部领导。新华社东北总分社社长高戈兼任台长，副台长为朱明、董林、李文涛。原沈阳新华广播电台更名为沈阳人民广播电台（市台）。

同日

鞍山新华广播电台更名为鞍山人民广播电台。发射功率200瓦，频率1043千赫。邢路兼任台长，工作人员八人。

同日

营口新华广播电台更名为营口人民广播电台。发射功率100瓦，频率1270千赫，波长236.2米。中共营口市委宣传部部长、副市长马成德兼任台长，工作人员14人。

同日

锦州新华广播电台更名为锦州人民广播电台。

同日

吉林新华广播电台更名为吉林人民广播电台。发射功率300瓦，频率1250千赫，波长240米。台址在吉林市南马路。该台由中共吉林省委领导，兼负吉林市电台的宣传任务。

同日

长春新华广播电台更名为长春人民广播电台。发射功率200瓦，频率560千赫，波长535.7米。自办节目35分钟。台内设广播科、工务科、总务科、服务部等，共有职工61人，负责人王建颖。隶属中共长春市委直接领导。

同日

哈尔滨新华广播电台更名为哈尔滨人民广播电台。

同日

牡丹江新华广播电台更名为牡丹江人民广播电台，台长由牡丹江市委宣传部部长许法兼任。

同日

张家口新华广播电台更名为张家口人民广播电台。同时，增设第二台，以1260千赫向察哈尔全省广播。

同日

广西省立教育广播电台改订播音时间表，每天播音四小时，其中新闻节目时间两个半小时。

5月2日

新疆广播无线电台正式播音。在开播典礼上，国民党新疆省主席包尔汉、副主席伊敏先后致词。该台呼号新疆之声BYA，频率7050千赫，波长42.55米。每天8：30至11：30为播音时间，主要用汉语普通话播音，有时插播维吾尔语新闻。台址在迪化（今乌鲁木齐）市和平北路122号。

5月5日

《人民日报》发表题为《改造私营广播电台》的短论。短论指出：解放后的北平，某些私营广播电台仍然整日播送淫荡色情歌曲，引起人民的不满。人民要求私营广播电台进行必要的改革，靡靡之音应该停止，而代之以人民大众的雄壮呼声。短论提出：必须加强对私营台的监督和领导。希望人民政府设立专门机构同他们联系，从政治上保证对私营台的具体领导，切勿使之继续自流下去，贻害人民。

5月6日

中国人民解放军代表陈浩天率领16人和一个警卫班，接管了位于杭州市国货路13号的国民党浙江广播电台，利用该台设备建立浙江新华广播电台。当日，连续播出毛泽东、朱德发布的《向全国进军的命令》《三大纪律八项注意》和杭州市军事管制委员会《告全市人民书》等重要文件。当时，该台设备简陋，只有100瓦中波机和380瓦短波机各一部，有30米高的木杆天线，仅覆盖杭州市区。

同日

中国人民解放军南京市军事管制委员会文教委员会派李强、陆亘一、路星源等人组成接管组，分别接管国民党中央广播电台和国防部新闻局所属的军中之声广播电台。当时，原国民党中央广播电台江东门发射台尚有10千瓦中波发射机一部、7.5千瓦和4.5千瓦短波发射机各一部，连同发射铁塔、机房等设备尚属完好。接收后，以此为基础，筹建南京人民广播电台。

5月8日

国民党汉口市广播无线电台奉命停播，设备准备南撤。在中共地下党江汉区委城工部郭承先、乐安铭、范治家等人周旋下，设备器材全部被保存下来。这些设备后来被改装成汉口人民广播电台的主要发射设备和播出设备。

5月10日

齐齐哈尔新华广播电台更名为齐齐哈尔人民广播电台。该台体制为报社、广播电台二位一体。台长马宗媛，副台长刘丹华。

5月15日

苏州新华广播电台成立并正式播音。电台发射功率100瓦，频率1480千赫，波长203米，台址在苏州拙政园内。台长丁正铎。该台是利用抗日战争期间创办于四川璧山、1946年迁至苏州的国立社会教育学院实验广播电台的机器设备建立起来的。

同日

哈尔滨人民广播电台开始举办《俄语讲座》节目。每星期播出六次，每次30分钟。

5月18日

南京人民广播电台正式成立并开始播音。该台发射设备主要是接收国民党中央广播电台的发射机及其他机器设备，其中中波发射机一部，功率10千瓦，频率660千赫，波长454米。还有两部短波发射机。一部功率7.5千瓦，频率5985千赫，波长50.01米；另一部4.5千瓦，频率9730千赫，波长30.8米。另有于1930年由德国得律风根公司制造的125米的铁塔。台址在祠堂巷原国民党中央广播电台旧址，发射台在江东门北河口，原国民党中央广播电台发射台旧址。该台由中共南京市委领导，中共南京市委宣传部副部长石西民兼任台长，路星源任副台长。初建时，全天播音五小时。12:00开始播报本市新闻，18:20至19:30播送文化娱乐节目，19:30起转播北平新华广播电台节目。

同日

天津新华广播电台更名为天津人民广播电台。

5月19日

中国人民解放军第四野战军5月16日、17日分别解放武昌、汉阳和汉口。解放军先头部队进城后,根据中共武汉市委(地下)指示,连夜检修机器设备,很快将拆毁的广播机修复,改装成一部50瓦广播发射机。19日上午,汉口市广播无线电台以"汉口人民广播电台"呼号播音。早、中、晚三次反复播送《中国人民解放军布告》《告民众书》《三大纪律八项注意》及人民解放军颁发的宣传材料等。5月23日18:30,以汉口人民广播电台为基础建立起来的武汉新华广播电台在汉口开始播音,频率600千赫,波长500米。该台有职工20人,台内设编辑科、广播科、机务科、总务科。编辑科下设新闻组、广播组、监听委员会。罗东任台长兼总编辑。阎廼一任编辑科长。该台直属中共中央中原局宣传部领导。汉口人民广播电台停止播音。

5月22日

济南特别市改称济南市,济南特别市政府改称济南市人民政府。6月13日起,济南特别市新华广播电台改名为济南新华广播电台,6月20日起改称济南人民广播电台。

同日

中国人民解放军第二野战军解放江西省省会南昌市。人民解放军派戴帮为代表到原国民党南昌广播电台,利用其设备组织播出。该台中波发射功率1千瓦,频率1080千赫,波长277.8米。25日,以"南昌新华广播电台"为呼号开始播音。当晚,播送《中国人民解放军约法八章》及《解放军进行曲》等。

5月25日

经过短期筹备,浙江新华广播电台宣告正式成立并在杭州开始播音,频率1280千赫。该台正式播音后,安装了20千瓦中波发射机,架设了60米高的木杆天线。全天播音两次,第一次从12:00开始,转播北平新华广播电台的节目;第二次从18:00至22:00,自办节目有《新闻》《布告法令》及文艺节目。该台负责人陈浩天。6月9日更名为杭州人民广播电台。

同日

浙江省宁波市解放。原"宁钟""宁声""宁波"三家私营广播电台在宁波市军事管制委员会的领导下继续播音。

5月27日

中国人民解放军第三野战军解放上海。华东新华广播电台人员随人民解放军进入上海市,接管了国民党上海广播电台的设备。当晚,上海人民广播电台开始正式播音。该台有一套节目,两个频率。一个频率990千赫,波长333米;另一个11780千赫,波长25米。有三部发射机,总功率1.8千瓦。每天用普通话和上海话播音三次，全天播音9小时20分钟。周新武任台长，苗力沉任副台长。台址在延安西路129号（原大西路7号）。7月起，上海人民广播电台接替华东新华广播电台的宣传任务，华东新华广播电台在济南停止播音。

5月29日

上海市军事管制委员会派军代表接管国民党中央广播事业管理处所属在上海的大中华唱片厂。8月，该厂出版了新中国第一批唱片——"人民唱片"。

同月

北平人民广播电台开始在本市工厂、机关、学校发展广播通讯员。通讯员的任务是组织节目、撰写稿件、组织收听广播、反映群众对广播的意见要求。

同月

徐州新华广播电台开始自办节目，主要有《新闻》《工人节目》《青年节目》《妇女节目》《听众服务》《大众常识》等。

同月

安东省和附近一些地区合并为辽东省后，安东人民广播电台成为省级电台，由辽东省委宣传部领导。

同月

四平新华广播电台更名为四平人民广播电台。

同月

延吉广播电台改称延吉人民广播电台。

同月

中共冀中区党委决定在保定筹建广播电台，8月，建成试播。

6月1日

西北新华广播电台迁至西安播音。6日，该台更名为西安新华广播电台，负责人金照。该台在当天《群众日报》上刊登启事，说明每天播音时间为18：30至22：30。频率8007千赫，波长37.47米。中国人民解放军第一野战军于5月20日解放了古城西安。

同日

太原新华广播电台更名为太原人民广播电台。当月，太原人民广播电台成立编委会，常振玉任总编辑，何静任副总编辑。该台下设秘书、本市、服务、播音四个组和工务、行政两个科。到9月份，全台职工总数为78人。

6月2日

中国人民解放军第三野战军解放青岛。人民解放军青岛市军事管制委员会文教部接管了国民党青岛广播电台，建立青岛人民广播电台。当晚20：30，青岛人民广播电台正式开始播音。

6月3日

南昌新华广播电台更名为南昌人民广播电台。中共江西省委宣传部任命王族光任台长,曹自明为副台长,谷林为指导员。每天从15:00至21:30共播音6个半小时,主要转播北平新华广播电台的节目,自办节目有《重要新闻》《本市新闻及通讯》。文艺广播主要是播送音乐和戏曲唱片。

6月5日

中共中央发出《关于成立中央广播事业管理处的通知》。《通知》说,为了适应广播事业日趋扩大的需要,中共中央已决定将原新华总社的口头广播部扩充为中央广播事业管理处,管理并领导全国广播事业。《通知》指出:中央广播事业管理处与新华总社为平行组织,同受中央宣传部的领导。各中央局所属的广播电台,今后应受各该中央局宣传部与中央广播事业管理处之两方面领导。各地广播电台与中央广播事业管理处之关系,与各地新华总分社、分社与新华总社之间关系相同。广播事业管理处的任务为:一、直接领导与管理北平新华广播电台之编辑及工程建设等业务,并将各种广播稿件印成清样送呈中央审查。二、计划与建立全国广播网,批准各地广播电台之设立,审定各地广播台之播音时间与节目,规定各地广播电台之波长与天线方向,并组织联播节目。三、审阅与研究各地广播台的工作报告,指导各地广播台之业务。四、组织口播通话网,指导各地广播电台之编辑采访工作。五、训练广播事业干部。六、管理各地私营广播电台,规定管理各地私营广播电台的条例,指导管理各地私营电台的工作。广播事业管理处设管理委员会作为党委制的领导机构,由廖承志、李强、梅益、徐迈进、温济泽、李伍、陆亘一等七人组成。廖承志任处长兼北平新华广播电台台长,李强任副处长兼北平新华广播电台副台长。广播事业管理处下设办公室、北平新华广播电台编辑部、工程部、联络部。徐迈进为办公室主任,李伍为副主任;李强兼工程部部长;梅益为编辑部第一副部长,石西民为第二副部长,李伍为副部长;温济泽为联络部部长。

6月9日

中共中央宣传部、中央广播事业管理处联合发出《关于地方广播稿件审查问题的指示》。《指示》要求:各广播电台广播的地方新闻,尤其记录新闻,对于迅速传布重要消息是有成绩的,应当坚持。但第一,必须经中央局、分局或市委负责审查;第二,其中特别重要的问题,影响及于全国者,必须事先向中央宣传部或新华总社请示,或待总社于北平新华台广播后再发。因地方广播与报纸不同,地方报纸的影响,一般是地方性的,地方广播的影响,则不受地方限制。望各地凡有地方新闻节目的广播电台接此电后,即将各地党委审查记录新闻情形及经验教训电告本部及本处为要。

6月13日

中央广播事业管理处发出《关于各地广播电台转播北平新华广播电台节目的规定》。规定从6月20日起,各地广播电台一律转播北平新华广播电台20:30至21:30的新闻、综合报道、评论和国际时事节目。这是最早的各地人民广播电台联播节目。另外,还规定上海、南京、天津、汉口、青岛各台必须转播北平新华广播电台21:30的英语新闻。

同日

上海市军事管制委员会公布《关于上海市私营广播电台暂行管制条例》。《条例》共8条。文件要求尚在继续播音的私营广播电台向军管会文化教育管理委员会新闻出版处报告本台的有关情况。还规定各台每天广播节目及内容,必须于次日向新闻出版处作书面报告,并必须转播军管会所指定的节目;非得军管会许可,不得有任何自播之政治性节目,如新闻评论、政治性讲演及通讯等;不得有反对人民政府、反对人民解放军及任何反共、反人民、反对世界民主运动的反动宣传与败坏风俗之节目;不得与其他电台进行通话联络,亦不得使用短波。凡要求开设或复业的私营广播电台必须先行登记。这是在已解放城市中颁布的第一个大城市管理私营电台的法令。

6月15日

中共中央宣传部批转华东局《关于加强宣传工作纪律性的指示》,针对新解放城市宣传工作中存在的问题,规定12条宣传工作纪律,其中包括:"新收复城市的广播电台应按中央指示原则处理,如须向外广播时,其所用名称、广播内容,须经前委或区党委以上的党委机关审查批准。"

6月20日

北平新华广播电台在全国各地广播电台转播时段播放毛泽东6月15日在新政治协商会议筹备会第一次全体会议(6月15日~19日在北平召开)上的讲话录音,同时播出的还有周恩来的开幕词和朱德、李济深、沈钧儒、郭沫若、陈叔通、陈嘉庚等各界代表的讲话录音。

同日

北平新华广播电台对日本的日语广播开始播音,开始时为15分钟。广州话、潮州话、厦门话广播也开始播音,这三种语言广播以广东音乐《连环扣》作开始曲,主要是对广东、广西、福建一些待解放的地区以及海峡彼岸的台湾省广播,但在东南亚地区的华侨也能收听到这些节目。

同日

北平新华广播电台开办对职工、青年、妇女的轮回节目,同时开办《国际时事》

节目和固定的文艺节目。

同日

天津人民广播电台设立职工台。这是全国最早设立专门对职工广播的电台。

同日

沈阳新华广播电台停办《日语节目》和《粤语节目》。

6月30日

中央广播事业管理处发出《对各地广播电台暂行管理办法》,规定:除作为中央台的北平新华广播电台外,全国各地所设的广播电台一律统称"某地人民广播电台";中央局所在地的人民广播电台的日常工作由中央局宣传部管理,其重要工作方针、重要技术设施与重要人事配备须报告管理处批准;普通城市的人民广播电台的日常工作由所在地的市委、区委、省委宣传部管理,其重要工作方针、重要技术设施与重要人事配备须报告中央局所在地的人民广播电台批准。另外,还规定了各广播电台应建立的请示报告制度。

同日

北平新华广播电台播出毛泽东为纪念中国共产党成立28周年而撰写的《论人民民主专政》。

同月

鲁荻任天津人民广播电台台长。

7月1日

中国人民解放军总司令朱德在北平新华广播电台发表纪念中国共产党成立28周年广播讲话。

同日

西安新华广播电台更名为西安人民广播电台,仍为西北大区台,承担面向西北地区广播的任务。原主编普金调离,毛岚调到电台任主编。

7月2日

唐山新华广播电台更名为唐山人民广播电台。

7月6日

19:50,周恩来亲临北平新华广播电台,以新政协筹备会常务委员会副主任身份,宣读了新政协筹备会各党派、各团体和各界民主人士发表的纪念"七七事变"12周年宣言。

7月7日

中国人民解放军总司令朱德通过北平新华广播电台向全国军民发表纪念"七七事变"12周年的广播讲话。

7月8日

南通新华广播电台更名为南通人民广播电台。该台除主要转播北平新华广播电台的节目外，还自办《新闻》《综合节目》《文艺》《商情》等节目。全台有职工七人。

同日

西藏摄政达扎·阿旺松绕与印度驻拉萨总领事里查逊（英国人），以西藏境内的汉人中有共产党为由，切断拉萨对外的电讯联络，封闭在拉萨的汉人学校，殴打南京国民党政府驻藏官员，限令蒙藏委员会办事处人员如期撤离，在制造"驱汉事件"的同时，利用原有的通讯联络电台成立"西藏广播电台"，分别用藏、汉、英三种语言广播。

7月15日

中共中央华中局发出《关于武汉新华广播电台工作的通知》。《通知》指出："武汉新华广播电台是华中局直接领导的宣传机构之一，是代表华中局直接向华中人民进行新民主主义教育的一种工具。要求从广播里所发出的一字一句，能够完全无误的代表华中局的原则立场与严正态度。"

同日

中央广播事业管理处编印出版人民广播史上第一份业务刊物《广播资料》。该刊主要内容是中共中央、中央宣传部、中央广播事业管理处和新华总社关于发展广播事业、做好广播宣传的有关指示、决定和通知等。介绍各广播电台的编播工作经验，还刊登介绍苏联、英国、加拿大等国广播事业的资料。共出版三期，10月停刊。

7月20日

江西省解放后第一座县级收音站——修水县广播收音站成立。

7月中旬

国民党军从台湾派飞机轰炸南京，南京人民广播电台江东门发射台院内中弹七枚，一座仓库被炸毁。空袭时，发射台工作人员坚守岗位，保证播音正常进行。

7月26日

太原人民广播电台与山西日报社、新华社山西分社共同召开第一次工人通讯员会议。其后，该台成立采通科，负责对通讯员的联络工作。

7月底

齐齐哈尔人民广播电台台长马宗媛调离。《黑龙江日报》总编辑殷参兼任齐齐哈尔人民广播电台台长。该台与《黑龙江日报》实行报台合一体制。电台搬到齐齐哈尔市丰恒胡同。

同月

辽北、辽西两省合并为辽西省后，原设在辽北的四平人民广播电台的24名工作人员和全部设备并入锦州人民广播电台。新组建的锦州台由中共辽西省委领导。

同月

吉林人民广播电台开始建立广播通讯组织,注重发展工人通讯员。该台编辑部下设编辑、播音、文艺三个组,编播工作各成体系,编辑工作开始趋于独立。

同月

南京人民广播电台为配合《教唱节目》,印发《活页文选》,刊载解放区的群众歌曲。这是江苏解放后最早出版的广播刊物。1950年4月,改为《广播歌集》,后又改为《教唱教材》。

8月1日

中央广播事业管理处发出《关于电台名称等问题给上海人民广播电台的指示》。《指示》第一项规定:"广播电台的名称,除北平用'新华'外,其他各地一律用'某地'(用城市名)人民广播电台";中央局所在地的人民广播电台可分为两台,其对中央局所辖全区广播者,名"某地人民广播电台第一台",其对本市广播者,名"某地人民广播电台第二台"。

同日

中共中央宣传部和中央广播事业管理处联合发出《关于成立华东广播事业管理处的指示》。《指示》指出:为统一管理和领导华东地区的人民广播电台和私营广播电台,决定成立华东广播事业管理处。《指示》规定该处的任务是管理并领导华东各地人民广播电台、管理华东各地私营广播电台和管理华东各地收音机的调查、登记、配售等事项。该处处长由夏衍兼任,周新武任副处长。文件对如何办好人民台、管理私营台等问题提出了明确要求。

8月4日

国民党湖南省政府主席兼长沙绥靖公署主任程潜、第一兵团司令陈明仁率部起义,省会长沙宣告和平解放。随后,中共湖南省委、湖南临时省政府作出建立长沙人民广播电台的决定。

8月6日

无锡市军事管制委员会派田志强、万冰、吴垲接管国民党江苏省政府特设无锡广播电台,筹建无锡人民广播电台。

8月8日

中央广播事业管理处发出《关于波长问题给各地广播电台的指示》。《指示》规定:"短波台为远距离广播及对国外广播之用,除北平新华广播电台设置短波台外,各地人民广播电台均以使用中波台播送为宜。"

8月10日

苏州新华广播电台更名为苏州人民广播电台,台址迁至甫桥西街147号。同年11月,该台发射功率增为500瓦,改频率为1265千赫。

同日

国民党桂林绥靖公署桂林广播电台开始试播,9月1日正式播音。该台短波呼号BEV7,频率11500千赫;中波呼号BEL5,频率830千赫。代台长丁作超。11月初,该台改回原台名"华中军政长官公署广播电台"。

8月14日

北平新华广播电台收到新西兰无线电DX联盟会员阿瑟·T·库森的来信。信中说:"我很高兴能报告你们,在1949年8月9日21:30你们播送英语新闻节目时,441.2米波长此间收听情况极佳,各个短波波长也很好。"信中把其他波长的收听效果也都一一做了介绍。最后他又写道:"我为你们增加了一个这样有趣的英语新闻节目致贺,我发觉它可以供给很多消息。"

8月15日

热河人民广播电台开始正式播音,发射功率500瓦,频率835千赫,波长359.3米。程广泰任台长。此前该台于8月1日在承德开始试播。

8月20日

上海人民广播电台在中共中央华东局台湾工作委员会指导下开办对台湾广播节目,使用频率5985千赫。这是最早开办的大陆对台湾广播。每天晚上播音30分钟,闽南语节目和普通话节目各15分钟。

8月23日

中国人民解放军福州军事管制委员会指派新华分社主任孙明率领吴徕、邢航川、刘泓、李祖植、厉青五人于20:00进驻福州市东大路汤井巷3号,接管国民党福建广播电台。在此基础上建立的福州人民广播电台于24日19:00正式播音。电台发射功率250瓦,频率720千赫,波长416.6米。19:00至23:00,使用普通话、福州话、厦门话反复广播《中国人民解放军布告》,并转播北平新华广播电台新闻节目。中共福建省委宣传部宣传科科长、办公室主任张传栋兼台长。福建省省会福州市于8月17日解放。

8月26日

中国人民解放军第一野战军解放甘肃省省会兰州市。下午,兰州市军事管制委员会派军代表普金与工作人员施致铳进城,在中共地下党员陆寰安、何谧等协助下,顺利接管国民党兰州广播电台。

9月1日

为使面向全国的北平新华广播电台和面向北平市的北平人民广播电台的节目布局更加合理和在宣传上相互配合,中央广播事业管理处决定北平新华广播电台为第一台。北平人民广播电台更名为北平新华广播电台第二台。

同日

北平新华广播电台与中华全国自然科学工作者代表会筹委会联合举办《自然科学讲座》节目。这是该台举办的第一个知识性节目,每周播送六次,每次15分钟。

同日

保定人民广播电台开始正式广播。电台发射功率500瓦,频率770千赫。全天播音一次,播出时间5小时10分钟。耿耀任台长,余信任副台长。全台27人。台内设编辑科、工务科和总务科。

同日

太原人民广播电台实行相对固定的节目时间表。除转播三次北平新华广播电台新闻节目外,每天还开办本市新闻、报告物价和时事、教唱歌曲节目等。此外,还开办卫生讲座、新人生观讲座、广播服务等不固定轮流节目,及苏联介绍、唱片和职工、青年节目等。

同日

上海人民广播电台以"上海人民广播电台第一台"和"上海人民广播电台第二台"两个呼号播音。第一台对华东地区广播,使用800千赫、5985千赫,设有《华东新闻》《华东通讯》节目,并办对台湾广播节目。第二台对上海市广播。两个台每天播音的总时间为36小时30分钟。

同日

徐州新华广播电台更名为徐州人民广播电台,频率改为1350千赫。

同日

常州广播电台更名为常州人民广播电台。10月1日正式播音。11月1日改频率为1000千赫,波长300米。12月1日又将频率改为1300千赫,波长230.7米。

同日

无锡人民广播电台正式成立并开始播音。电台发射功率150瓦,频率1110千赫,台址在无锡社桥,田志强任台长。设台长办公室、总务科、工务科、编辑部。每天播音三次,全天播音550分钟。自办节目10个,其中有《新闻》《苏南新闻》《评论及其他》《听众服务》《商情》《革命故事》《记录新闻》等。

同日

武汉新华广播电台更名为武汉人民广播电台。该台新增一部从武汉电信局拨来的 600 瓦短波发射机，使用频率 9740 千赫，波长 30.8 米。罗东任台长兼总编辑，熊景钊任副台长。台内设编辑部、机务科、总务科。编辑部设新闻组、文教组、政法组、工人组、少儿组、文艺组、播音组。该台隶属中共中央中南局宣传部。

同日

国民党柳州江汉广播电台正式播音并举行开播典礼。电台呼号 BEL33，发射功率 200 瓦，频率 980 千赫。台长郑光华。台址在柳州中山东路翠园村。

9月7日

兰州人民广播电台正式成立并开始播音，发射功率 100 瓦，频率 1400 千赫，波长 214.2 米。每天 12：00 至 13：00、18：00 至 22：30 播出两次。主要播送兰州新闻及军管会重要文告，转播西安人民广播电台、北平新华广播电台的新闻节目。台址在兰州市中山林。甘肃省新闻系统总负责人阮迪民兼任台长。

9月10日

沈阳新华广播电台（区台）更名为沈阳人民广播电台（区台），同时兼负市台的宣传任务。原沈阳人民广播电台（市台）停播。

9月14日

西宁人民广播电台成立并开始播音，发射功率 1 千瓦，每天播音一次，两小时左右。该台有职工 16 人，其中编播人员 2 人，技术人员 5 人，行政人员 9 人。负责人王珏。归青海省军事管制委员会文教处领导。9 月底，改由新华社青海分社领导，设工务科、总务科、播音组。中国人民解放军第一野战军于 9 月 5 日解放青海省省会西宁市，在接收国民党西宁广播电台的基础上建立了西宁人民广播电台。

9月19日

国民党西北军政副长官兼国民党绥远省政府主席董其武等 39 人致电毛泽东、朱德、聂荣臻、薄一波，宣布脱离国民党集团，加入人民民主阵营，绥远和平解放。包头广播电台改为包头人民广播电台，并开始播音。

9月20日

根据中共中央宣传部和中共中央西北局关于加强城市广播的精神，西安人民广播电台增设专门对西安地区的中波广播。中波发射机是用原在延安使用的 1 千瓦短波机改装的。当日开始试播，频率 1300 千赫，波长 230.8 米。除转播北平新华广播电台节目外，还播送《西北新闻》《西安新闻》《市场行情》《政令通告》以及职工、青年、妇女、少数民族节目等。

9月21日

19：00，中国人民政治协商会议第一届全体会议在北平中南海怀仁堂开幕。21：15，北平新华广播电台以实况录音的形式播送毛泽东在会上的开幕词《中国人从此站立起来了》。各地人民广播电台转播了毛泽东致开幕词的实况。

9月25日~26日

国民党新疆警备总司令陶峙岳和国民党新疆省政府主席包尔汉分别向毛泽东、朱德、彭德怀等发出起义通电,新疆和平解放。从此,开始兴建新疆各族人民的广播事业。

9月27日

中央广播事业管理处发出通知,为庆祝中华人民共和国成立,北平新华广播电台与全国人民广播电台以及私营广播电台于人民首都举行庆祝大会之日,全部转播大会实况。私营广播电台如因设备关系不能转播者,在全国联播庆祝大会时间内,亦应停止其本身之播音。

同日

晚,北平新华广播电台更名为北京新华广播电台。中共中央主席毛泽东于前天(25日)20:00在中南海丰泽园召开关于国旗、国徽、国歌、纪年、国都问题协商座谈会。与会者一致同意国都设在北平,并改称北京。

9月29日

中国人民政治协商会议第一届全体会议通过《中国人民政治协商会议共同纲领》,其中第49条规定:"发展人民广播事业。"

同日

北京市军事管制委员会公布《关于北京市私营广播电台管理暂行办法》,共12条。《办法》规定:凡北京市私营广播电台(北京市有"中国""民生""军友""华声"四家私营广播电台)均须向军管会登记,外国人一律不许设台播音。批准营业之私营台不得进行任何反人民民主事业的宣传,在军管期间不得播送自行编写的新闻节目;每天必须转播北京新华广播电台的新闻节目;私营电台在法令限制范围内,可播送正当的纯商业性的广告;私营台一概不得用外国语播送讲演及新闻等(教授外国语文的讲座除外);各台不得广播军管会及人民政府已禁止之一切含有毒素的音乐、戏剧及歌曲等;各台之播音节目表须事先(每周)呈报军管会得到批准。其广播的原稿,须事后送军管会备案。同时,还规定私营电台只准用中波机,功率不得超过250瓦,频率不得低于900千赫。播音频率由军管会规定,不得更改。

同日

吉林人民广播电台举办《庆祝中国人民政治协商会议》特别节目。吉林省人民政府主席周持衡发表《祝人民政协开幕,祝新中国诞生》的广播讲话。

9月30日

北京新华广播电台第一次以实况广播的方式,现场报道了中国人民政治协商会议第一届全体会议闭幕的盛况,播出毛泽东当选为中央人民政府主席的消息。

同月

中共中央发出《关于对旧广播人员政策的补充指示》。

同月

安东人民广播电台归中共安东市委宣传部领导。

10月1日

中华人民共和国开国大典在天安门广场隆重举行。北京新华广播电台在天安门城楼上作实况广播,梅益在现场主持实况广播工作,负责技术工作的是李伍、傅英豪、黄云和李志海等。胡若木、高而公、杨兆麟提前进行采访,撰写实况广播稿,播音员齐越、丁一岚现场解说。全国各解放区的广播电台同时转播。北京新华广播电台的英语和日语节目均向国外作了广播。15:00,中央人民政府委员会秘书长林伯渠宣布庆祝大会开始。毛泽东主席向全世界庄严宣告:"中华人民共和国中央人民政府今天成立了。"顿时,广场上欢声雷动,群情激昂。这声音通过电波传遍全国、传向世界。在代国歌《义勇军进行曲》的雄壮旋律中,毛泽东按动电钮,新中国第一面五星红旗冉冉升起。同时,54门礼炮齐鸣28响。随后,毛泽东向全世界宣读了《中华人民共和国中央人民政府公告》。中国人民解放军总司令朱德检阅了陆海空三军部队,首都参加大会的30万人举行了规模盛大的群众游行。整个开国大典的现场广播持续了6个半小时,至21:25圆满结束。这是中国人民广播史上第一次对全国的实况转播。

同日

中共中央决定,中央广播事业管理处改组为广播事业局,直属中央人民政府政务院新闻总署领导(1967年12月起,广播事业局为中共中央直属部门序列,在中央有关文件中开始使用中央广播事业局的名称,直至1982年5月改组为广播电视部。本书为行文前后一致,以下统称为中央广播事业局)。中央广播事业局的任务主要是领导全国各地人民广播电台的工作;直接领导中央人民广播电台对国内和国外(呼号为"北京电台")的广播;普及人民广播事业;指导和管理各地私营广播电台;培养和训练广播事业干部。李强任局长兼总工程师,梅益任副局长兼总编辑,徐迈进任副局长兼秘书长,温济泽为第一副总编辑,左漠野为第二副总编辑。

同日

安徽省淮南电厂用自己装配的一台扩大机,向电厂工人和附近的煤矿工人转播首都北京举行开国大典的实况广播。

10月6日

上海市军事管制委员会向在沪外国记者发出通告:自即日起,凡与中华人民共和国没有外交关系的外国报纸、刊物、通讯社、广播电台等在上海的记者,无论其为中国籍还是外国籍,一律停止以记者身份进行活动。

10月7日

中国人民解放军第四野战军解放广东省北部城市韶关。中共北江地委开始在韶关市区筹建有线广播站。这是中华人民共和国建立后在广东省筹建的首个中等城镇有线广播站。

10月8日

北京新华广播电台播送苏联文化艺术科学工作者代表团副团长、著名作家康·西蒙诺夫对中国听众发表的录音广播讲话。该代表团应邀于9月28日~10月29日访问中国。

10月10日

中央人民政府副主席李济深在北京新华广播电台发表题为《正告华南西南反动统治下的军政人员》的广播讲话,提醒他们在中国革命即将取得彻底胜利的时候,要当机立断,顺应历史潮流,举行起义,走向新生。

10月17日

广州市军事管制委员会派出接管小组到沙面肇和路67号接收国民党广州广播电台,创建广州人民广播电台。18日,广州人民广播电台开始试播,20日,正式开始播音。广州市是中国人民解放军第四野战军于10月14日解放的。

同日

中国人民解放军第三野战军解放福建重镇厦门市。厦门军事管制委员会派员接管国民党厦门广播电台。

10月中旬

中国人民解放军逼近贵州。国民党贵州广播电台台长黄天如在电台召开"应变会议",决定拆卸机器,向重庆转移。

10月21日

苏联文化艺术科学工作者代表团抵达济南访问。济南人民广播电台完成建台后的第一次重要外事宣传任务。

10月23日

新闻总署作出要求报道城乡实际工作,反映和指导劳动人民生活和斗争的决定,指出"报纸和新闻广播,要联系和提高群众,除了报道一般政治动态而外,必须经常地有系统地反映和指导劳动人民的生活和斗争"。

10月25日

北京市军事管制委员会下令查封三家反动广播电台。军管会经过长期调查,证实"中国""民生""军友"三家广播电台属国民党特务经营并一直从事反革命宣传活动。根据"镇压一切反革命活动，剥夺一切反革命的言论自由"的原则，以及北平市各界代表会议通过的《处理本市各家所谓私营广播电台的决议》，军管会下令查封这三家电台。私营华声广播电台继续播音。

10月26日

《人民日报》发表题为《取缔反动广播电台，发展人民广播事业》的短评，指出：广播电台是近代化的强有力的宣传工具。它和广大人民的联系是非常密切的，经常影响大量的听众。在北京和其他大城市解放以前，这个工具绝大多数操在封建买办阶级及其集中代表者国民党当局手里。除了官办广播电台外，还假借私营名义，设立广播电台，由特务分子支持和主使，进行各种反人民的宣传。短评指出：解放后，人民获得了政权，要求掌握这个重要的宣传工具，使它成为教育群众，提高群众的政治觉悟和文化水平，传播工作经验，推动生产建设的最便捷的利器。《共同纲领》还特别规定要"发展人民广播事业"，因此，我们除了应该办好国营广播电台外，对于真正私营广播电台，只要它不从事破坏国家人民利益的反动宣传活动，不利用广播进行造谣欺骗与诽谤，真正为人民服务，不但允许其存在，还要帮助他们进步。

10月下旬

国民党广西省立教育广播电台奉命从桂林搬迁到南宁。11月21日，该台在南宁播音，12月1日停止播音。

同月

北京新华广播电台抽调40多位专业人员，组成广播剧组。

同月

南京人民广播电台创办《儿童节目》。

11月5日

杭州人民广播电台调整节目，新增节目有《广告和音乐》《农村新闻》《农村工作通讯》《新编越剧和弹词》《市政讲话》《广播漫谈》以及《苏联介绍》等。

11月7日

为纪念俄国十月社会主义革命32周年，中央人民政府副主席宋庆龄在上海人民广播电台作录音广播讲话，题目是《我看到了新中国》。她说："现在，这个城（指北京市）变成了人民的讲坛，我们听到了人民声震云霄的洪大的呼声。"还说："毛泽东主席宣布中华人民共和国的成立。这是一个非常庄严的典礼。"最后说："总结一句话，我这一次北行真是一个灵感。它使我更认识了人民的力量。我看到凭人民的力量，我们的具有历史性的政府诞生了。我亲眼看到由于中国共产党和我们伟大的领袖毛主席的正确领导和真正革命精神所获得的杰出成就。"

同日

湖南省长沙人民广播电台开始正式播音。在首次《省市新闻》节目中播出的消息是总编室主任雷震寰采写的《西蒙诺夫率苏联文化艺术科学工作者代表团抵长》。评论节目中播出的第一篇评论是他撰写的《论十月革命节》。

11月11日

甘肃省兰州人民广播电台开办《甘肃新闻》《评论（综合报道）》《通知政令通告》《社会服务》等节目。每星期六13：30开办周末文艺节目。第一次周末文艺节目是由中国人民解放军第一野战军战斗剧社演播的歌剧《兄妹开荒》。

同日

国民党贵州广播电台台长黄天如等人携带500多张唱片及部分物资、案卷、黄金逃往乌江，后又匆忙返回贵阳。

11月15日

中国人民解放军第二野战军解放贵州省省会贵阳市。贵阳市军事管制委员会派军代表接管国民党贵州广播电台，建立贵阳人民广播电台。11月17日起，贵阳人民广播电台每晚转播北京新华广播电台第一台节目。同时，播送市军管会的通告和新华社的稿件。

同日

新华社随军记者延国民以迪化（今乌鲁木齐）市军管会代表身份奉命接管新疆广播无线电台。

11月16日

中南军政委员会新闻出版局规定严禁各地收听敌台广播节目。为避免若干地区收音站因收听工作不明确，或领导放任不管而产生收音站在收听时喜收敌台广播节目及单纯为娱乐而收听文娱节目，影响广播收音站日常工作与发生政治上不良影响，中南军政委员会新闻出版局规定：严禁各地收音站收听敌台广播节目，各广播电台及专区、县府文教部门须加强收音站和收音员的管理及教育工作，严防再次发生收听敌台广播行为。

11月18日

在中国人民解放军挺进四川、直指重庆的时候，西北军区副司令员王维舟在西安人民广播电台向四川各界发表广播讲话，题目是《四川人民行动起来，迎接解放》。

11月20日

中宣部发出《关于克服新闻工作系统中无政府无纪律现象，坚持请示报告制度的指示》。《指示》指出："请示审查制度是保障党和国家宣传工作的统一，防止政治上、政策上发生错误的重要步骤，破坏这种制度，会使我们在政治上遭受损失，是绝对不能允许的无政府无纪律状态。"《指示》要求各级宣传部门,特别是报社、通讯社、广播电台系统中从事新闻工作的同志,重新阅读和讨论中央1948年6月5日关于宣传工作中请示与报告制度的规定,联系实际工作进行检查,作出决议并规定具体办法。

同日

吉林人民广播电台发射功率由300瓦增加到1千瓦。频率由1250千赫改为1353千赫。

同日

西安人民广播电台现场直播著名京剧表演艺术家程砚秋在西安群众堂演出的京剧《春闺梦》。

11月24日

国民党军在柳州溃逃时,炸毁柳州广播电台的全部设备和柳州江汉广播电台的天线。11月27日,中国人民解放军柳州市军事管制委员会接管柳州江汉广播电台。在此基础上,筹建柳州人民广播电台。

11月28日

牡丹江人民广播电台迁往哈尔滨,与哈尔滨人民广播电台合并为松江人民广播电台,留下部分技术人员和设备,改建为牡丹江中波广播转播台。

同日

蒋介石离开重庆飞往成都前夕,密令军警当日将设在重庆的国际广播电台的广播设备全部炸毁。11月30日,中国人民解放军第二野战军解放重庆市。重庆市军事管制委员会派军代表接管国民党国际广播电台,并筹备创建西南人民广播电台和重庆人民广播电台。

11月29日

中央广播事业局举行第一次局务会议。会议通过《广播事业局暂行组织条例》。《条例》全文如下:第一条,广播事业局依照中央人民政府新闻总署组织条例之规定组织之。第二条,广播事业局负责领导全国广播事业并管理国家广播机构。第三条,广播事业局由中央人民政府政务院任命局长1人,主持全局工作,副局长2人,协助局长执行管理。第四条,广播事业局对中央人民政府新闻总署负责并报告工作。第五条,广播事业局为执行中央人民政府新闻总署所赋与之任务,行使下列职权:一、领导全国各地人民广播电台,审核批准各地人民广播电台之重要工作方针、重要技术设计、重要人事配备。二、直接领导中央人民广播电台及国际广播电台工作。三、普及人民广播事业,推行中心城市之有线广播建设,以组织与教育工厂、铁路、机关、部队、学校之听众。四、指导与管理各地私营广播电台,培养与训练广播事业干部。第六条，广播事业局设下列各室、部、处主持各部门的日常事务：一、总编辑室设总编辑1人，副总编辑2人，负责领导下列各部门工作：中央人民广播电台编辑部；国际广播电台编辑部；地方台广播研究部。二、技术室设总工程师1人，负责领导下列各处、室工作：工程处、工务处、研究室。三、秘书室设秘书长1人，副秘书长1人，秉承局长副局长之命，处理日常局务，并负责领导下列各处工作：人事处、财务处、行政处。第七条，本局科级以上之负责人员，提请中央人民政府新闻总署任命之。第八条，广播事业局局务会议，由局长、副局长、总编辑、副总编辑、总工程师、秘书长、副秘书长组成之，每周举行1次，由局长召集之。局长根据需要，指定有关人员列席。第九条，广播事业局各室、部、处于必要时，经呈准中央人民政府新闻总署，待增加、减少或合并之。第十条，广播事业局各室、部、处之组织条例另订之。第十一条，本条例经局务会议通过，呈准中央人民政府新闻总署后执行。

同月

天津人民广播电台播出根据苏联小说《钢铁是怎样炼成的》改编的第一部广播剧《保尔·柯察金》，在没有录音设备的条件下，在演播室现场直播，名为"播音剧"。

同月

南京人民广播电台成立广播服务部。这是江苏境内第一个广播服务部。

12月1日

哈尔滨人民广播电台使用新的开始曲，在每天三次广播中，早晨为《太阳一出红满天》，中午为《歌颂领袖毛泽东》，晚上为《你是灯塔》，全天播音终了音乐是《好地方》。

同日

《新黔日报》第一版刊登贵阳人民广播电台播音时间广告：贵阳人民广播电台今日开机广播，请各界准备收听（波长300米，周率1000周）。

12月5日

经中共中央批准，北京新华广播电台第一台正式改名为中央人民广播电台，仍归中央广播事业局直接领导。负责人廖承志、李强。发射功率70千瓦。中央广播事业局和中共北京市委决定，北京新华广播电台第二台更名为北京市人民广播电台，宣传上受中共北京市委领导，事业上仍受中央广播事业局领导。丁一岚任台长。

同日

北京市人民广播电台开办《俄语广播讲座》。

12月7日

军代表陈华等三人小组进驻新疆广播无线电台。当时，新疆日报社、广播电台、新华通讯社新疆分社合署办公。中共中央新疆分局常委、秘书长、宣传部长邓力群兼任这三个单位的主要负责人。

12月9日

国民党云南省政府主席卢汉在昆明宣布起义,云南省宣告和平解放。当晚,昆明广播电台奉命停播。10日,开始播出有关起义的新闻。昆明解放前夕,中共地下党云南省委(滇工委)派张仁坚等以"云南临时军政委员会专员"名义先行接收了昆明广播电台。

同日

为庆祝正式播音一周年,济南人民广播电台在《大众日报》发表《加强广播,利用广播推动工作》的特稿,总结了一年来的广播情况,检讨了工作中存在的问题,同时期望各机关团体和各界听众给予更多的帮助和支持。

12月11日

上海人民广播电台与中苏友好协会上海分会联合开办《俄语讲座》节目。后来,在讲座的基础上与上海中苏友好协会联合建立俄语广播学校。

12月18日

中央人民政府新闻总署发布播字第116号通告,内容是中央人民政府新闻总署广播事业局成立。其主要任务是:一、领导全国各地人民广播电台,审核批准各地人民广播电台的重要工作方针、重要技术设施、重要人事配备。二、直接领导中央人民广播电台及国际广播电台工作。三、普及人民广播事业,推行中心城市的有线广播建设,以组织与教育工厂、机关、团体、部队、学校的听众。四、指导与管理各地私营广播电台。中央广播事业局由李强任局长兼总工程师,梅益任副局长兼中央人民广播电台总编辑,徐迈进任副局长兼秘书长。中央广播事业局设编辑室、技术室、秘书室。中央广播事业管理处奉党中央宣传部之命即日结束办理处务。

12月21日

新疆省迪化人民广播电台成立,使用汉语和维吾尔语开始播音,维吾尔语对外呼号为"乌鲁木齐人民广播电台"。中共中央新疆分局常委、秘书长、宣传部长邓力群兼任迪化人民广播电台台长,陈华任副台长。后由新疆日报社党组书记、副社长郁文兼任电台台长。电台下设编辑组、传音组、工程组、材料组、总务组。每天播音三小时,内容有新闻、施政报告、科技常识及歌曲、音乐、京剧、评剧等文艺节目。该台除留用原电台人员外,调进一批从老解放区晋南日报社进疆人员,又从新疆日报社等单位调进部分人员,电台人员增加到41人,其中维吾尔族干部2人。

12月24日

中国人民解放军第四野战军13兵团派代表接收国民党在南宁的两座电台的全部

设备（其中1千瓦和100瓦短波发射机各一部，500瓦和10千瓦中波发射机各一部）和工作人员35人，交南宁市军事管制委员会文教部。该部和新华社广西分社派员，以接收的设备和人员为基础，开始筹建广西人民广播电台。

12月25日

厦门人民广播电台正式开始播音，发射功率300瓦，频率1310千赫，波长229米，晚上广播3小时30分钟。

12月31日

贵阳人民广播电台成立大会在贵阳市举行。会上，中国人民解放军贵阳市军事管制委员会文教接管部部长申云浦代表中共贵州省委宣布：《新黔日报》社社长刘子毅兼任贵阳人民广播电台台长，张经武任副台长兼编辑部主任，确定1950年1月1日为贵阳人民广播电台成立日，开始正式播音。

同月

吉林人民广播电台开办广告节目《吉林行情》，每天一次，每次5分钟。

同月

山西全省开始建立广播收音网，并举办第一期收音员训练班，各地共81人参加培训，学会了联接电池、安装天线、使用机器收听，并能抄收新闻、检修机器等。

同年

全国（未包括港、澳、台）共有包括接管及经过改造的旧中国留下的广播电台49座。其中，中央台1座，地方台48座。发射总功率138千瓦，其中，中央电台为78千瓦，地方电台为60千瓦。还有11座市、县广播站。

同年

中央广播事业局职工总计550人。其中正副局长3人，正副处长级15人，正副科长级28人，工程师5人，科员及办事员356人，勤杂工143人。

同年

上海市"大沪""沪声"广播电台分别实行公私合营。

1950 年

1月1日

中央人民广播电台改用代国歌《义勇军进行曲》为开始曲。

同日

山西省太原人民广播电台增加到两套节目,对全省广播的称第一台,对太原地区广播的称第二台。第一台开办《记录广播》节目,宣传对象是地、县各级领导。

同日

浙江省温州人民广播电台开始试播,发射功率300瓦,频率1420千赫,主要转播中央人民广播电台节目。1月6日,该台开始自办新闻、评论、商情、歌曲等节目。用普通话、温州话和闽南话广播。

同日

利用接管的国民党贵州广播电台的设备建立的贵阳人民广播电台开始播音。1月3日,该台开始使用正式时间表,开设《省市新闻》《各地通讯》《革命故事》《轮回节目》《音乐》《地方戏曲》《京剧》《听众服务》和《商情》等节目。加上转播中央人民广播电台的两次《新闻》及联播节目,每天播音两次,共360分钟。

同日

西南人民广播电台在重庆开始试播,1月4日,以重庆人民广播电台名义正式播音。

1月2日

中华全国总工会执行委员、西北总工会筹委会委员、西北军区后勤兵工部总工会主席赵占魁在西安人民广播电台发表《为建设大西北而努力》的广播讲话。

1月5日

成都人民广播电台成立并正式播音。中国人民解放军第二野战军于1949年12月27日解放成都,成都市军事管制委员会派出沈以等七人组成的接管小组,在接管国民党成都广播电台和撤至四川的"军中之声"等广播电台的基础上组建了成都人民广播电台。

1月初

松江省收音机的社会拥有量 2.8 万台左右,其中哈尔滨市 2.5 万台,牡丹江市 1700 台,佳木斯市 200 台,各县 1000 多台。

1月15日

甘肃省兰州人民广播电台与兰州市中苏友好协会联合举办《俄语讲座》节目。

1月24日

中央广播事业局颁发《关于规定各地人民广播电台分区管理办法的通令》,规定华北五省、京、津两市及唐山等人民广播电台由广播事业局直接管理。各大行政区人民政府及军政委员会所在地之人民广播电台负责管辖本大行政区内各人民广播电台及私营广播电台。华东区仍由华东军政委员会广播管理处负责。

2月1日

中央广播事业局编印的《广播通报》第一期出版,是不定期出版的内部刊物,主要刊登中宣部、新闻总署和广播事业局给各地方台的重要指示和通知、中央人民广播电台各部门的工作总结和节目情况、地方电台的工作报告和节目情况等。共出三卷,1952 年 6 月终刊。

2月4日

中央广播事业局国际广播编辑部向中央提交书面工作情况报告,提出对外广播宣传的四项主要方针:一、宣传中国人民解放战争的胜利,人民民主专政的增强和巩固以及经济和文化建设方面恢复与发展的成绩;二、介绍中国革命工作的经验;三、宣传以社会主义苏联为首的世界和平民主阵营力量的强大和发展以及中苏友好的增进,报道亚洲各殖民地国家的民族解放、人民民主运动和人民武装斗争;四、揭露以美帝国主义为首的反民主阵营的危机、恐慌和矛盾及其侵略备战的阴谋。

2月6日

国民党飞机轰炸上海。上海电力公司杨树浦发电厂等处被炸,上海人民广播电台从 15:00 起一度停播,至 18:00 接通法商水电公司电源,19:30 恢复播音。

2月7日

为纪念京汉铁路工人"二七"大罢工 27 周年,中央人民广播电台播出广播剧《一万块夹板》。这是新中国成立后中央电台编播的第一部广播剧。

2月13日

中共中央转发《新闻总署关于公布中苏友好同盟互助条约给新闻机关的指示》。《指示》指出:新华总社预定于 14 日 8:00 起与 9:00 起以新闻密码广播两次中苏友好同盟互助条约及其他两个协定、两个议定书、两个换文。15 日上午 3 点左右,可将上述条约协定等签字消息明码播出。《指示》提出:各广播电台应自 15 日起有准备地请人广播并对各文件做通俗讲解,并与春节艺术广播节目相结合。

同日

广西南宁人民广播电台筹建组在南宁市明德街安装100瓦短波发射机转播中央人民广播电台节目。这是广西人民广播事业的发端。

2月14日

《中苏友好同盟互助条约》和其他两个协定签字仪式在莫斯科克里姆林宫举行。斯大林和毛泽东出席签字仪式。周恩来外长和维辛斯基外长分别代表本国政府在文件上签字。15日,中央广播事业局组织各地方台转播和组织收听关于《中苏友好同盟互助条约》签订的特别节目。全国有200万以上人次收听了这次特别节目。

2月16日

天津人民广播电台播出春节特别节目。综合台主要播出戏剧、灯谜、歌咏、杂耍;职工台主要播出工人俱乐部春节演出节目;广告台主要播出曲艺节目。

同日

柳州人民广播电台开始播音,发射功率100瓦,频率980千赫。

2月21日

松江省哈尔滨人民广播电台的4.5千瓦中波广播发射机正式投入使用,频率835千赫,波长359.3米。从此,哈尔滨人民广播电台有了两套节目。

2月25日

山东省济南人民广播电台创办的《广播通讯》第一期出版,旨在加强电台与各方面的联系,帮助听众了解与检查节目情况,与各兄弟台互通情报,交流经验。

2月27日

新闻总署召开京津新闻工作会议。会议讨论了报纸、通讯社和广播电台的发展方向与相互关系问题。关于广播电台的发展方向,会议提出:"广播电台应以发布新闻、社会教育及文化娱乐为主,市台则应着重社会教育","人民广播电台对全国及对国际广播节目,应集中于中央人民广播电台;地方人民广播电台除联播中央人民广播电台外,并应特别加强地方性节目"。会议还提出:"全国性与全世界性的重要新闻,报纸与广播台均应主要依靠新华社。但除公告及主要公告性新闻外,各报社及广播台亦应在可能条件下对国内外重要新闻进行自己的采访工作。新华总社应将重要新闻尽早交中央人民广播电台发表。"另外,"任何外国通讯社稿件,均须经过新华社才能发表,各报及广播电台均不得自行抄收与采用","广播电台应采用报纸言论及消息,并应有自己的新闻和评论"。会后,中央人民广播电台在仅有的一套节目中设置了新闻性、教育性和文艺性三类节目,每天播音9小时20分钟。

2月底

松江省哈尔滨人民广播电台在哈尔滨市总工会协助下,举办工厂企业建立广播收音站训练班,共培训31名学员。市总工会还发布《关于在工厂企业中建立职工广播站的决定》。

3月4日

云南省昆明市军事管制委员会发布公告,将原昆明广播电台改编为昆明人民广播电台,并正式开始向全省播音。黎韦任台长兼总编辑,张仁坚任副台长兼副总编辑。

同日

北京市市长聂荣臻和副市长张友渔、吴晗批复同意北京市人民广播电台划归北京市府建制。

3月8日

中央人民广播电台开办《电影录音》栏目,播出电影录音剪辑《白衣战士》。这是中央电台播出的第一部电影录音剪辑。

3月10日

平原省新乡人民广播电台开始播音。

3月12日

中央广播事业局向各地人民广播电台发出《关于宣传政务院统一国家财政经济工作决定的通知》。这是广播事业局建立以来下发的关于广播宣传的第一个指示。《通知》要求各地人民广播电台全力组织讨论,联系当地实际情况,拟定宣传计划。《通知》还要求有些省台将政务院的决定和中共中央的通知等文件以记录新闻播送,以使交通困难、报纸传递迟缓的地方尽快知道。中央人民政府政务院于3月3日召开第22次政务会议,通过《政务院关于统一国家财政经济工作的决定》。

3月18日

北京市人民广播电台《广播学习讲座》节目开始播讲新民主主义理论。讲座由教育部高等教育司组织,共分九次,题目是《中国革命的历史特点》《中国新民主主义革命史》《中国革命的主要经验》《新民主主义的政治》《新民主主义的经济》《新民主主义的文化》《中国革命的前途》,到6月17日结束。天津人民广播电台转播了北京市人民广播电台的《广播学习讲座》。

3月20日

公安部颁发《公字第47号布告》,《布告》就外国侨民在中国境内私设电台一事作出规定:一、凡在中国境内居留之外国侨民及其团体,一律不准私设电台,如有违反,严惩不贷。二、外国侨民已装设电台或持有类似电台之设备者,自本布告公布之日起，限七日内拆除，并将电台及其附属设备呈缴当地公安局。

3月29日~4月16日

新闻总署在北京召开全国新闻工作会议。会议就全国新闻工作的现状和问题展开讨论。关于广播工作，会议认为，应在全国建立广播收音网，设置收音员，使人民广播事业建立在确实的群众基础上，发挥其应有的宣传教育作用。3月31日，中央广播事业局副局长梅益在会上作题为《人民广播事业概况》的报告。他说，人民广播事业独有的特点是"以其广播为广大人民服务，在工作中不断加强他们与听众的联系，并使它成为新闻的源泉、教育的讲坛和文化娱乐的工具"。

4月1日

中央广播事业局发出《关于各人民台联播中央人民广播电台节目的规定》，要求各地人民广播电台必须联播7：00（或7：45）和21：00的两次新闻节目及21：15的评论节目；北京、天津、沈阳、上海、南京、汉口、广州、西安、重庆等九地市台应用一个波长联播22：30的新闻节目。

同日

政务院总理周恩来就中国参加国际广播会议代表一事再次致电国际电讯联盟秘书长艾奈斯特。电文称，中国政府已任命李强、宗之发、林定勋三人为参加4月1日在意大利佛罗伦萨召开的国际广播会议的代表，并请艾奈斯特转知国际电讯联盟有关各国。

同日

华东人民广播电台在上海成立并开始播音。该台是华东行政区广播电台，同时接替华东广播事业管理处负责管理本地区内的广播事业。华东电台与上海人民广播电台合署办公，两块牌子，一套班子。华东人民广播电台使用频率5985、800千赫（称第一台），上海人民广播电台使用990千赫、1020千赫、1280千赫（称第二台）。华东电台设立负责对台湾广播工作的台湾室。

4月2日

上海人民广播电台播出由苗力沉撰稿并制作的第一个录音报道《我们的一天——上海台生活片断》。

4月4日

中宣部发出关于中央人民广播电台设立《社会科学讲座》节目的通知，要求各地组织干部收听，以推动政治学习。4月10日，中央电台开始举办《社会科学讲座》，播出时间为每天19：00至20：00，次日8：00至9：00重播。首先开办的是艾思奇主讲的《社会发展史》和于光远、王惠德主讲的列昂节夫著的《政治经济学》。这是新中国成立初期影响最大的两个帮助干部学习马克思列宁主义理论的讲座节目。全国有 27 个省、市组织收听。仅登记收听《社会发展史》讲座的就有 8 万人。《社会发展史》讲座共讲 23 次，到 6 月底结束。下半年，又开办《帝国主义论》《国家与革命》和《新民主主义论》等讲座。

4 月 6 日

山西省太原人民广播电台开办一套广告节目，称太原人民广播电台经济台。

4 月 10 日

中央人民广播电台开始举办《首都报纸摘要》节目，每次 15 分钟。3 月 20 日，中央电台在给新闻总署的报告中说："《首都报纸摘要》将要介绍当日首都报纸的言论动向和它的对于重要事件和问题的反映"，"由于首都是全国的政治、文化中心，首都报纸的言论动态必为全国所关心。建立这样的节目，将受到听众的欢迎"。

同日

中央人民广播电台开办《书刊、电影、戏剧、歌曲介绍》《人物故事》（第一个介绍的是女英雄刘胡兰）和《人民讲坛》节目，还增办 15 分钟的《评论》节目。

同日

中央人民广播电台开始在广播中实行自动报时。

同日

中央广播事业局对外广播开始使用"北京广播电台"呼号播音（北京广播电台是中国对外广播机构，即现在的中国国际广播电台。本书使用"北京广播电台"，简称"北京电台"，以区别于对北京市广播的北京人民广播电台。1978 年 5 月 1 日，中国对外广播机构改名为中国国际广播电台，简称"国际台"）；对华侨广播仍用"中央人民广播电台"呼号。从此，对国内和对国外广播开始使用不同的呼号。

同日

北京广播电台开办的对东南亚地区华侨广播的广州话、厦门话、潮州话、客家话节目正式开始播音，内容包括新闻、通讯、评论、文艺节目以及供华侨报纸采用的记录新闻。该台开办的越南语、缅甸语、泰语和印度尼西亚语节目也开始播音，内容包括新闻、通讯。朝鲜语节目开始试播，7 月 2 日正式开播，开始时，每天一次，30 分钟。这是北京电台对外广播的第三至七种外语广播。

4 月 15 日

沈阳人民广播电台更名为东北人民广播电台，并开始播音。该台是东北行政区广播电台，除面向东北地区听众广播外，还负责管理本地区范围内的广播事业。

同日

云南省昆明市工商广播电台成立并开始播音。该台业务由昆明人民广播电台统一领导，除设有少量政治节目外，主要播送工商广告和文艺节目。

4月17日

中央广播事业局复信皖北行署区淮南矿区总工会筹委会,同意成立淮南煤矿职工广播电台。5月1日,安徽境内第一座人民广播电台——淮南煤矿职工广播电台开始播音,发射功率500瓦,每天18:30至20:00播音一次。节目有《矿区新闻》《为职工服务》《小说连播》等。罗虹任台长。

4月22日

中央人民政府政务院新闻总署发布《关于建立广播收音网的决定》。该决定指出:"无线电广播事业是群众性宣传教育最有力的工具之一,在我国目前交通不便、文盲众多、报纸不足的条件下,作用更为重大。"《决定》还指出:全国各县、市的人民政府应一律指定政府内适当人员兼任收音员,人民解放军部队应在各级政治机关指定适当人员担任收音员,全国机关、团体、工厂、学校亦应酌量设置收音员。收音员的"任务为收听或记录中央和地方人民广播电台广播的新闻、政令和其他重要内容,向群众介绍和预告广播节目,组织听众收听重要节目"。这是中华人民共和国成立后第一个由政府部门发布的有关无线电广播的政令。

4月23日

中央人民广播电台发表题为《拥护新闻总署关于建立广播收音网的决定》的广播评论。评论号召全国广播工作者尽力使这个决定迅速在我国实现。

4月25日

新闻总署作出《关于省市区新闻机关员额暂行编制的决定》,具体规定了各级人民广播电台的员额编制。

4月26日

中央广播事业局发出《为实施新闻总署关于建立广播收音网的决定给各人民台的通知》,规定各地人民广播电台应根据当地情况拟定建立收音网计划。要求各大行政区电台拟定调查与解决收听设备和训练收音员的计划;各地电台设立听众联络机构,以指导和协助收音员工作;加强新闻编写和新闻法令的通俗解释工作。

同日

中央广播事业局《关于各台编播分工、工程方针、中波波段分配、短波机使用及干扰敌台办法的规定》指出:"各级人民广播电台应明确分工。中央台为发布新闻、社会教育、文艺娱乐三者并重。对全国及对国际广播应统一于中央台。大区台与省台应着重于发布报告新闻、传达政令及新闻、政令的通俗解释工作。市台则以社会教育为主"。

同日

教育部主办的《教育广播》(每周举办一次)首次在中央人民广播电台播讲。主讲人是教育部副部长钱俊瑞,题目是《教育为工农服务的方针》。

同日

人民日报社主办的《新闻工作》双周刊第9期发表中央广播事业局副局长梅益撰写的文章《如何加强广播与听众的联系》。文章提出四点意见:首先,电台与听众的联系主要应该是政治的联系;其次,必须办好节目,特别是与主要听众有关的节目;第三,每个节目的组织工作要尽可能与各个有关部门配合进行;第四,要广泛地去组织听众,特别是要在有组织的群众中组织收听小组。

4月29日

中央人民广播电台公布《中央人民广播电台收音员条例》。

同月

据统计,中国大陆共有33座私营电台,分布在上海(22座)、北京(1座)、天津(1座)、宁波(2座)、青岛(1座)、广州(3座)和重庆(3座)。

同月

由中央人民广播电台编印、中央广播事业局出版的《人民广播》创刊。主要刊登中央电台的广播稿件,公开发行。11月终刊,共出18期。

同月

为贯彻落实全国新闻工作会议精神,吉林人民广播电台开办《社会科学讲座》和《学习问答》节目。《社会科学讲座》每周一次,每次一小时,播送《社会发展史》《政治经济学》《大众哲学》《联共(布)党史》讲座。《学习问答》每月一次,每次15分钟,解答各级干部在理论学习中遇到的疑难问题。吉林省各级机关按本单位收音机分布情况,编成收听小组,按时组织干部收听广播讲座。负责领导学习的干部及各收听小组组长,担当吉林电台的收音员。吉林电台还开办理论节目《学习》,每周一、三、四、六播出。《学习》节目的对象是基层干部、广大职工和农民群众。其任务是普及马克思主义基本理论和社会科学基本知识,宣传党的路线、方针、政策及其理论根据。

同月

新疆迪化人民广播电台在迪化市开办有线广播,广播机输出功率为720瓦,线路长50多公里。安装各种型号喇叭181只,利用市内输电线杆架线。

同月

新疆省伊宁市有线广播站建成。这是各专区建立的第一个有线广播站。

5月1日

根据中国人民解放军总政治部的建议,中央人民广播电台开始举办《部队节目》。同时,为满足广大少年儿童收听广播的需要,开办对少年儿童广播节目。

同日

天津人民广播电台转播天津市举行4万人参加的庆祝"五一"国际劳动节集会及游行实况。

同日

山东省济南人民广播电台转播济南市举行的庆祝"五一"劳动节纪念大会和群众游行的实况。

同日

中南人民广播电台(与武汉人民广播电台合为一个机构,开办两套节目)在武汉开始播音。该台是中南行政区广播电台,同时管理本地区范围内的广播事业。罗东任台长。

同日

广西省南宁人民广播电台正式播音,发射功率500瓦,频率1010千赫。该台除转播中央人民广播电台节目外,自办《省市新闻》《记录新闻》《音乐》等新闻性、教育性、文艺性、服务性节目。每天播音一次,19:30开始播音,22:30结束,用普通话、粤语播音。广播综合人口覆盖率为1.5%。当天,中共广西省委书记、广西省人民政府主席张云逸到台播讲《"五一"广播词》。该台负责人张磊。设编辑科、机务科、总务科,共有员工48人。

同日

川南人民广播电台在泸州开始试播。

5月3日

江西省南昌人民广播电台台长王族光调离,万超任台长。

同日

吉林人民广播电台第一次播出自己采制的录音报道。

5月4日

14:50至17:00,天津人民广播电台综合台播出"五四"讲演比赛大会的录音。这是天津电台录播的第一个政治广播实况录音节目。17:00以后,该台举办"五四"广播庆祝晚会。

5月5日

西南人民广播电台在重庆正式成立并开始播音。该台受中共中央西南局宣传部和西南军政委员会直接领导,与重庆人民广播电台合署办公,一套领导班子和编播队伍,分工办两台节目。主要负责人荣一农、涂国林、邵子南、李林、黎韦。

5月9日

针对拉萨地方当局以摄政达扎·阿旺松绕为首的亲帝分裂势力仍抗拒西藏解放,

想把西藏从中国分裂出去，变为帝国主义附庸的行径，青海省人民政府副主席喜饶嘉措在西安发表广播讲话，指出西藏是中国领土的一部分，解放西藏的各路解放军行将出发，告诫僧俗人等不要听信英、美帝国主义侵略者挑拨离间的谰言，敦促西藏当局派遣代表赴京进行和平谈判。

5月9日～17日

东北区第二次广播会议在沈阳举行。会议传达了全国新闻工作会议精神和决议，讨论了建立收音网以及改进广播工作等问题。会议制订出东北区台收音员条例和具体建网计划。

5月11日

中央广播事业局发出《关于人民广播电台制订广播节目时间的规定》，规定了各人民广播电台节目的增设、改变或取消，节目内容的选择，节目时间的安排等，省市台应经大行政区台批准，大行政区台和局直属台应经中央广播事业局批准。

5月13日

中央人民广播电台开始举办《新歌剧讲座》，由戏剧家张庚主讲。这是中央电台第一次举办文艺性讲座节目。

同日

中国人民保卫世界和平大会委员会主席郭沫若在中央人民广播电台发表题为《巩固革命胜利与保卫持久和平》的广播讲演。

同日

中共中央中南局发出《关于中南及武汉人民广播电台工作的通知》。《通知》的主要内容是，中南区台为中南大行政区及湖北省级之广播台，并受中南局宣传部及湖北省委宣传部之直接领导。武汉市台为武汉市级之广播台，受武汉市委宣传部之直接领导。中南人民广播电台与武汉人民广播电台实行合署办公，一套人马，两块牌子。台长罗东，副台长黄铸夫、熊景钊。

同日

开封人民广播电台开始试播，负责人班寿山。

5月16日

常州人民广播电台停止播音。6月1日，苏州人民广播电台停止播音。常州、苏州、无锡三家电台合并，共同筹建苏南人民广播电台。

同日

湖北省武汉人民广播电台文艺编辑曾强建议把民间"说善书"更名为"湖北大鼓"，获得广泛赞同。通过广播电台播出后，"湖北大鼓"这种艺术形式开始流行，传承至今。

5月17日

为宣传世界拥护和平大会常设委员会发表无条件禁用原子武器的呼吁书和宣布"首先使用原子武器进行侵略战争的政府为战争罪犯"的宣言，以及中国人民保卫世界和平大会委员会号召全国人民在这一宣言上签字，表示中国人民反对原子武器、反对侵略战争的决心和力量，天津人民广播电台综合台开办《保卫和平》节目，并在电台门前设和平签名处，有1200人前来签名。为号召更多市民签名，该台还出动宣传车走上街头。

5月18日

中央广播事业局批准同意天津人民广播电台将810千赫改为920千赫，100瓦预备机改为870千赫。

5月20日

中央人民广播电台为与人民日报社加强业务联系，订立《人民日报与中央人民广播电台联系办法协议》。同时，与新闻总署国际新闻局和新华社也订立了同样的联系协议和合同。

5月中旬

贵阳人民广播电台开办《社会发展史讲座》《政治经济学讲座》《自然科学常识讲座》《时事讲座》《俄语讲座》等讲座节目。

5月22日

中央人民广播电台藏语广播正式开始播音。这是中央电台开办的第一个少数民族语言广播。开播初期，每周广播三次，每次30分钟（23：30至24：00）。

5月23日

湖北省武汉人民广播电台成立一周年，中共中央中南局第三书记邓子恢题词："充分使用近代化工具，传播政策，反映群众要求，指导群众运动，这就是今天人民广播事业的主要任务。"

5月30日

浙江省人民政府发出《关于加强广播工作的指示》，要求各级政府坚决贯彻新闻总署《关于建立广播收音网的决定》，迅速配置收音机，开展组织收听工作。同日，中共浙江省委发出《关于加强广播工作的通知》，要求各级党委负责人和各部门的党员负责干部都应关心广播工作，并推动组织收听。《浙江日报》为此发表题为《更好地发挥广播电台作用》的社论。

同月

北京广播电台开始抄收美国纽约、日本东京以及台北广播节目，以供领导参考。

同月

中共甘肃省委调雪凡到兰州人民广播电台主持工作，对电台进行调整，在人事、财务等方面与《甘肃日报》分家，健全内部机构。兰州电台成为独立的新闻单位。

同月

新疆省塔城专区中苏友好协会从苏联购置扩音机和喇叭，主要转播苏联塔什干电台节目。

6月1日

北京人民广播器材厂成立。该厂由上海广播器材厂、大华唱片厂、精美喇叭厂、乐富电容器厂、环球电位器厂迁京后组成。中央广播事业局工程处副处长卢克勤兼任厂长。

同日

松江省哈尔滨人民广播电台分第一台、第二台对外播音，呼号仍为"哈尔滨人民广播电台"。第一台除转播中央人民广播电台和东北人民广播电台的节目外，还设有《职工》《妇女》《青年》《儿童》节目和《松江信息》《记者新闻》等，面向全松江省广播。第二台发射功率500瓦，频率679千赫，波长447.8米，面向哈尔滨市广播。

同日

广东省人民政府发出《关于在全省建立广播收音站的通知》。

6月6日

《人民日报》发表题为《各级领导机关应当有效地利用无线电广播》的社论。社论指出："无线电广播事业是群众性宣传教育的最有力的工具之一"，"特别是在我国目前交通不便、文盲众多、报纸不足的条件下，如果我们善于利用它，它可以发挥极大的作用"，"无线电广播在传布新闻，下达政令，交流经验和提供正当的娱乐等方面，也是极出色的工具"。社论认为：各级领导机关应当迅速执行新闻总署《关于建立广播收音网的决定》，充分地和多方面地利用广播来推动和改进工作。

同日

在苏联对外文化协会驻哈尔滨代表协助下，松江省哈尔滨人民广播电台第二台开办俄语节目，每天播出一次，每次30分钟。服务对象是侨居哈尔滨及中长铁路（中国长春铁路）沿线的苏联侨民。

6月9日

根据新闻总署《关于建立广播收音网的决定》，北京市人民广播电台决定在市区及近郊广泛设置收音员及收音小组。市各机关、部队、工厂、企业、学校、群众团体中愿担任组织收音工作者，均可向该台申请，经该台审查合格准予登记后，即为该台收音员。收音员的主要工作为：组织群众收听该台的重要节目；按期向该台报告收听情况和听众意见,并介绍听众投稿及参加播音。收音员所享受之权利为:按优待办法向广播事业局所属的人民广播器材厂购买、订制、修理收音机或扩音器及唱片;订阅中央人民广播电台出版的《人民广播》和按优待办法购买中央人民广播电台出版的各种丛书;按优待办法购买该台出版的《北京广播》及其他出版物;参加该台召集之座谈会联欢会等活动。

同日

上海人民广播电台成立"广播之友"组织,并召开第一次"广播之友"座谈会。

6月13日

皖北行署区电台——合肥人民广播电台正式开始播音,发射功率1千瓦,频率760千赫。发射台设在城南包公祠。中共皖北区委宣传部长陆学斌兼任台长,于坎任副台长。

同日

中共云南省委宣传部发出《关于有效地利用无线广播的通知》,要求各级党委宣传部把利用广播和开展广播工作列为重要日常事务之一。

6月15日

无锡人民广播电台使用两个频率播音。一台发射功率1千瓦,频率870千赫,担任苏南行政区台任务,面向苏南各县;二台发射功率500瓦,频率760千赫,为无锡市市台,面向无锡市区。台址迁至无锡市中山路88号。

6月16日

广东省广州人民广播电台分为两个台。一台为广东人民广播电台,面向全省广播;二台为广州人民广播电台,面向广州市广播。负责人马皓。

6月18日

松江省人民政府发布《关于建立广播收音网的决定》,规定哈尔滨人民广播电台第一台担负对全省广播的任务,第二台担负对哈尔滨市的广播任务。同时,哈尔滨人民广播电台还颁发了《收音员条例》。

6月23日

天津人民广播电台与天津市中苏友好协会联合举办《俄文讲座》节目,并成立俄文广播讲授班,给学员以特定福利,定期举行考试,召开座谈会解决学习中的问题。

6月25日

中央人民广播电台播出《告台湾、金门国民党军政界书》。前国民党第六战区司令长官孙蔚如、前国民党东北挺进军总司令马占山、前国民党第一战区副司令长官高桂滋、前国民党第四集团军总司令李兴中在《告台湾、金门国民党军政界书》中表示，希望那里的国民党军政界迅速脱离反动阵营，响应解放军解放台湾和金门的斗争。

同日

苏北地区扬州人民广播电台开始播音。

6月26日

中南军政委员会发出要求所属各单位10月前在全区建立收音网的通知。通知要求：一、应于7月10日以前完成各省所属各县市所有收音机调查。原则上一县要设置一架收音机（较大市镇亦可设立）；大中城市则以机关、团体、学校为单位设立。二、完成收音机的购置和分发。经费原则上一半由各省市广播事业费内开支，一半由省市地方经费内负担。三、各县必须迅速指定专任或兼职收音员两名，并应于8月底以前完成收音员训练。四、各县收音站工作，规定为收抄中央台、中南台、各该省台记录新闻，并至少将上述各台政令通告、新闻、评论、讲演、武汉及广州报刊摘要等广播时间内重要内容，摘要送县级领导机关，并通过油印报、黑板报、屋顶广播等形式向群众迅速传播。其他节目即可组织群众收听，逐日预告重要广播内容。

同日

浙江省杭州人民广播电台召开儿童广播节目座谈会，讨论有关儿童节目问题，并由有关部门参加成立儿童节目编委会。

同月

中央人民广播电台举办《收音员服务》节目，每周一次，播送收音员、听众来信和问题解答。

同月

根据新闻总署《关于建立广播收音网的决定》，新疆省喀什、阿克苏、莎车、和阗、焉耆、哈密六个专署所在地建立收音站，每站配备站长一人，收音员一人，摇机员四人（用手摇发电机发电），NC—46收音机一台，手摇发电机一部，于6月底、7月初先后开始工作。这是新疆各专区建立的第一批收音站。

同月

吉林省吉林人民广播电台文艺广播播放延边文工团演奏的管弦乐。这是该台播放的第一个音乐节目。

7月1日

新闻总署发出《关于宣传和平签名运动的指示》，要求各地广播电台注意报道各城乡签名运动发展状况，把反对美国侵略朝鲜（朝鲜内战6月25日爆发。28日，中国政府发表声明，对美国侵略行为进行严厉谴责和抗议），纪念"七七"和平签名运动结合起来进行宣传。为此，中央人民广播电台组织各民主党派和人民团体负责人发表广播讲演，号召全国人民起来反对美国侵略，保卫世界和平。

同日

浙江省杭州人民广播电台中波发射功率由原100瓦扩大为1千瓦，使用频率为1180千赫。原200瓦发射机的天线设备经大修更新后改善了播音质量，以670千赫作为第二套节目播出。另增设短波发射机一台，频率为5552千赫，转播华东人民广播电台对台湾广播节目。

7月5日

太原人民广播电台成立第一个业余合唱团。

7月11日

中央广播事业局发出《关于调查广播电台〈听众服务〉节目的通知》，调查的目的是为了系统地研究各种节目，总结经验，以便逐步提高各地人民广播电台的编稿业务水平。

7月15日

新疆省迪化人民广播电台增办记录广播节目《记录新闻》，每天播出2至3小时，汉语和维吾尔语各占一半左右。广播内容主要有党政领导机关的政令、指示，国内外重要新闻等。各地收音站和报社抄收后，在当地报刊登载或出版油印简报。

7月16日

《人民日报》报道东北区各主要城市普遍建立广播收音网的工作。报道说，东北人民政府文化部6月发布《关于东北区建立广播收音网的指示》。从5月下旬到6月中旬，吉林、黑龙江、松江、辽东和辽西等省人民政府先后发出建立省内收音网的通令或指示，要求各省所属各县、市和各级机关、团体、工厂、学校以及较大企业等单位，指定专人担任广播收音员，开展收听工作。东北、沈阳、长春、哈尔滨、齐齐哈尔、吉林、安东和锦州等人民广播电台也先后发布收音员条例，开始征求收音员。据统计，仅长春一地广播电台在机关、部队、工厂、企业、团体和大、中、小学校建立起收听组织的，就有99个单位169名收音员。

7月23日

甘肃省兰州人民广播电台举办反对美帝国主义侵略我国台湾、朝鲜宣传周。

7月25日～8月4日

华东地区第一次广播工作会议在上海召开。会议讨论了广播工作的任务、对象、工作重点、基本方针；总结和交流了华东各台过去两年来的工作经验；根据新闻总署《关于建立广播收音网的决定》，讨论了华东地区建立广播收音网的工作问题。华东、上海、南京、济南、杭州、福州、无锡、扬州、合肥、青岛、厦门、徐州、南通等人民广播电台负责人及有关业务部门代表共46人出席会议。

7月30日

天津人民广播电台首次播出电影录音剪辑,播出的是苏联影片《巴甫洛夫》。

7月31日

中央广播事业局国际编辑部(即北京广播电台)有工作人员58人,下设对华侨广播科(包括广州话、厦门话、潮州话和客家话)、日朝语科、英语科、东方语科(包括泰语、印尼语、缅甸语、越南语)等。

7月下旬

松江省哈尔滨人民广播电台创办第一本业务刊物《收音往来》,用来交流收音工作经验,指导收音工作。

8月1日

8:00,"庆祝'八一'、反对美国侵略"大会在北京故宫太和门广场举行。中国人民解放军陆海空部队和公安部队以及北京市工人、学生和各机关工作人员的代表4万余人参加大会。中央人民广播电台播出大会实况。

同日

福建省福州人民广播电台与中共福建省委对台湾工作委员会联合举办的对台湾广播节目正式开播。每天21:30至22:30播出。设置《新闻》《伟大的祖国》《对国民党军政人员讲话》三个节目,分别使用普通话、闽南话、客家话播音。

同日

中共贵州省委宣传部发出《关于加强广播工作的通知》,要求在各县普遍建立广播收音站,贵阳市及各地委所在地凡有收音设备的机关、工厂、学校均应建立收音小组。

8月2日

华东军政委员会发出《关于开展广播工作的指示》,要求各地在秋收以前普遍建立广播收音网,并对收音员加以初步训练。一、各级政府必须认识广播事业不仅对群众的政治生活与文化生活而且对迅速传达政府法令、政策及推动各级政府工作的重要作用。二、为保证广播工作的开展,各级政府必须配备适当工作人员,担任广播电台工作,及时供给各地人民电台以新闻、法令、公告、指示及其他各种广播稿件与资料。三、各级政府应责成各地新闻行政机关及当地人民电台共同研究,根据新闻总署决定和广播事业局、新闻出版局的指示和通知,订出确实的工作计划,有步骤地建立起广播收音网,并解决器材、经费、收音人员之配备训练,及供应稿件等问题。

8月14日

中央广播事业局发出《关于广播电台如何进行批评与自我批评工作的指示》。《指示》指出:"由于我们这一宣传工具——无线电广播,是个没有距离的报纸,传播得很广很远,同时我们用声音来宣传,不像有记录的文字,可以反复研究,有时人们只听到它的片断,而没有听到它的全篇,很可能被断章取义,产生适得其反的效果。"根据上述特点,《指示》分别就市台和矿区台、省台、大行政区台和中央台应如何进行批评与自我批评工作作了具体的说明。《指示》指出:"在进行具体的批评和自我批评这一工作上,大行政区台与中央台一般地不是一个适当的武器。"

8月15日

新闻总署发出关于管理私营广播电台给上海新闻出版处的指示。根据中央有关决定,明确指出:"我们对于一些私营广播电台,只是在目前国家人力物力顾不及将其收归国营的时候,暂时容许其存在,但并不依靠它来作宣传工作,因此,我们对于私营广播台,不能与一般工商业中的公私关系等量齐观。"文件指出,在规定波段时,绝不能为照顾私营台的播音,而影响人民台的播音,造成严重损失。

同日

中央人民广播电台蒙古语广播节目正式开始播音,每天一次,每次30分钟(18:00至18:30)。这是中央电台开办的第二种少数民族语言节目。

8月20日

浙江省杭州人民广播电台在杭州市举办全省第一期收音员短期训练班,各县收音员参加学习。省委宣传部部长林乎加、省电台台长萧文、浙江日报社社长陈冰在开学典礼上讲话。学习结业,学员带收音机回县,建立县收音站。

8月26日

周恩来以外交部长名义致电国际电信联盟秘书长缪拉齐埃,通知中国已经任命李强为出席该联盟行政理事会的中国理事,并要求其驱逐国民党集团的"代表"。

同日

甘肃省兰州人民广播电台邀请中共兰州市委书记强自修、市长吴鸿宾发表广播讲话,庆祝兰州解放一周年。

8月28日

中共中央山东分局宣传部下达《关于建立全省广播收音网的通知》。

8月29日

中央广播事业局给东北人民广播电台发出信件,指出大区台应设立机构加强对地方电台的业务指导。

同月

中央人民广播电台举办《听众服务时间》节目。每逢星期日举办一次，播送收音员、听众来信和问题解答，也播送浅显的电学常识和收音机使用常识等。

同月

王夷黎任山东省济南人民广播电台台长。

同月

甘肃省兰州人民广播电台开办广告节目，在音乐等文艺节目中插播有益于生产建设和文化教育的广告。

9月1日

北京市人民广播电台全文广播朝鲜驻华大使李周渊于8月31日在中山公园音乐堂发表的演讲，题目是《朝鲜人民为祖国的统一独立而斗争》。

同日

河北省石家庄新华有线广播电台改建为石家庄人民广播电台，并正式开始播音。

同日

陕西省西安人民广播电台更名为西北人民广播电台，并在西安开始播音。该台是西北行政区广播电台，同时负责管理本地区范围内的广播事业。

同日

云南省昆明人民广播电台与云南大学、昆明师范学院联合创办昆明空中文化大学，帮助技术工人、在职干部和失学青年学习科学文化知识，共开设俄文、国文、数学、物理等八门课程。这是昆明电台运用无线广播开展社会教育的初次尝试。历时一年结束。

9月3日

西北人民广播电台广播文艺工作团成立，任务是以陕西、西北人民喜见乐闻的短小精悍的文艺形式及时配合党的各个时期的中心工作。

9月5日

西南军政委员会发布由西南军政委员会主席刘伯承签署的《关于建立西南区广播收音网的决定》。接着，重庆市人民政府作出关于建立全市收音网的决定。

9月7日

中宣部批转中共中央东北局宣传部8月21日作出的《关于加强广播电台工作的决定》，要求各地党委宣传部门加强对广播电台的领导，吸收电台负责人列席党政机关的某些重要会议，并指出各地党报必须与电台编辑部门在工作上互相联系与配合等。中宣部的批示要求各中央局宣传部和各省、市委宣传部讨论上述决定，作出改进本地广播工作的相应决定。

9月10日

浙江省温州人民广播电台正式开始播音。

同日

山东省广播收音员首期训练班开学。

9月14日

中央广播事业局发出《关于庆祝国庆节给各人民广播电台的通知》，决定各地人民广播电台从10月1日到3日的广播节目应以庆祝国庆为中心内容，并应组织庆祝国庆特别节目。

同日

中央广播事业局发出《关于审查人民广播器材厂唱片的通知》。《通知》列举不应再发行、不宜继续制片并在人民台介绍播送的唱片名称，要求人民广播器材厂和人民台执行。

9月15日

《人民日报》报道全国广播收音网在人民文化生活中发挥巨大作用。报道称：自从4月22日新闻总署发布《关于建立广播收音网的决定》以后的4个多月中，东北人民政府文化部、中南军政委员会、华东军政委员会、西北军政委员会、西南军政委员会和河北、察哈尔、平原、绥远、松江、黑龙江、吉林、辽东、辽西、热河、广东、湖南、浙江和苏南区等14个省人民政府和人民行政公署以及张家口、唐山、长春、鞍山、青岛等5个市人民政府和厦门市军管会、齐齐哈尔文教局先后发布了关于建立广播收音网的通令或指示。中国共产党各级领导机关，为了使各地党组织重视建立广播收音网的工作，并且在各地党的机关建立广播收音网，中共中央东北局、华东局、中南局、西北局、华南分局和山西、热河、湖北、浙江、福建、苏南、皖北、云南和贵州等9省省委和区党委以及张家口、唐山、南京、青岛、西安、成都、昆明等七个市的市委，也先后发布了关于建立收音网的指示和通知。在全国6大行政区28个省8个行署1个自治区中，有24个省、4个行署和38个有广播台的大中城市及工矿区建立了或正在建立广播收音网。报道还说：广播收音网通过无线电广播传达各级政府法令、指示和通知，及时指导工作，成为最好的宣传工具。报道说，各县收音员的主要工作是抄收全国的、大行政区和省的重要新闻和政策法令，送交当地党政领导机关，把每天国内外发生的重要新闻迅速地传达到各县区，使各县区能及时地进行时事政策解说，也大大推动了工作，提高了人民的政治觉悟。城市收音员的主要任务是组织各工厂、机关、团体、学校及各阶层人民收听各种广播。在社会教育方面，组织收听广播对帮助干部学习和提高广大人民的文化水平也表现了卓著的成绩。

9月15日~17日

国际新闻工作者协会第三届代表大会在芬兰赫尔辛基举行。出席大会的中国代表胡乔木当选为该协会副主席。大会通过的决定指出：一切进步新闻记者应以一切方法，通过报纸、广播、电影和艺术作品反对鼓吹战争的宣传。

9月23日

中共中央中南局宣传部发出关于中南、武汉人民广播电台工作中的几个问题的决定。决定在中南局宣传部领导下成立广播工作委员会，由王澜西、熊复、许道琦、李尔重、罗东、黄铸夫、熊景钊等人组成，熊复为书记。

9月30日

江西省人民政府发出《关于广播收音工作的指示》，要求各级政府、人民团体重视广播收音站工作，尽可能扩大收音网，并对收音站的隶属关系、人员编制及任务作出明确规定。

同月

中共江西省委宣传部副部长莫循兼任南昌人民广播电台台长，林敏、万超、曹自明任副台长。

同月

全军战斗英雄胡青山、刘四虎、周黑子、张八等，应邀到兰州人民广播电台举行广播座谈会，痛斥美帝国主义侵略罪行。

同月

中共甘肃省委宣传部发出《关于开展广播工作的指示》，确定兰州人民广播电台作为甘肃省台兼兰州市台。省台以发布新闻、传达政令为主；市台以社会教育为主，兼顾文艺节目。

10月1日

《人民日报》发表郭沫若撰写的文章《一年来的文教工作》。在谈到广播事业发展时，文章指出，全国已有55座人民广播电台，其中一座为国际广播台，用12种不同的语言向国外进行广播；全国已有24个省和4个行署建立了或正在建立收音网。

同日

云南省昆明人民广播电台开办《新闻和报纸摘要》节目，主要摘播《云南日报》的要闻和评论。

10月1日~3日

中央人民广播电台举办《庆祝中华人民共和国第一届国庆节》节目。节目内容包括"北京市庆祝中华人民共和国国庆节大会的实况广播"、"英雄模范讲演"、"正在访问新中国的世界民主青年联盟代表团代表的演讲"、"各地国庆文艺节目"、"各民族国庆文艺节目"、"文艺晚会"等。

10月15日~24日

中南区首次广播工作会议在武汉举行。会议议定了广播工作联系实际、联系群众和巩固收音站的工作方针。

10月19日

为加强对工商界服务，及时报道政府有关工商界的政策法令，解答工商界经营管理上存在的各种问题，北京市人民广播电台决定与市工商联筹委会联合举办《工商节目》，从11月起开播。当日，北京市人民广播电台召开《工商节目》筹备会，市新闻、劳动、商业等局处及织染、百货、粮食、绸缎呢绒、土产、五金、国药等行业的21个单位的代表参加会议，讨论并初步通过节目的时间、次数以及在私营工商户中设置收音员的组织办法草案。

10月24日~11月2日

中央广播事业局召开大区广播电台台长及大城市市台台长会议。会议汇集了全国新闻工作会议后广播电台联系实际、联系群众和收音网建设情况，研究了各台波长的分配，讨论了广播事业局对各台的领导问题。

10月25日

天津人民广播电台成立抗美援朝特别节目组，宣传抗美援朝运动。

10月26日

山东省人民政府再次下达《关于开展广播工作，建立收音网》的指示，并正式决定济南人民广播电台为省台兼济南市台。10月27日，济南人民广播电台省台开始面向全省播音，发射功率1千瓦，频率1250千赫，波长240米，称济南人民广播电台省台（一台）。济南市市台用100瓦发射机，860千赫向全市播音，称济南人民广播电台第二台。1951年3月5日，济南人民广播电台省台更名为山东人民广播电台，济南人民广播电台第二台改称济南人民广播电台，3月26日，济南人民广播电台改称济南人民广播电台经济台。

同月

针对贵州交通不便，报纸邮递不及时的情况，贵阳人民广播电台开办《记录广播》节目，播送政策法令、党政部门的通知、指示、宣传要点、重大新闻、科技知识、气象预报等，通过收音员抄收、印发，在发布当天就可以到达各专区、县领导和部门负责人手中。

11月1日

长沙人民广播电台更名为湖南人民广播电台。湖南人民广播电台以"长沙人民广播电台"为呼号开办一套面向长沙市区的节目。和柯任台长。

同日

乌兰浩特人民广播电台在内蒙古自治区首府乌兰浩特市开办。17：50，该台用蒙古语、汉语正式开始播音。开始曲为蒙古族舞曲《红旗颂》。开办有新闻、文艺等节目。该台有一部2千瓦中波发射机，频率1270千赫。蒙古语、汉语广播同用一部机器一个频率，分段交叉播出，每天播音3小时45分钟。

11月2日

天津人民广播电台播出天津市市长黄敬的讲话，号召全市人民开展抗美援朝时事宣传活动，加紧生产、工作、学习，积极援助朝鲜人民，保卫祖国和平建设。

11月4日

天津人民广播电台编辑出版《广播之友》，向邮政局提交公开发行申请书。

11月6日

太原人民广播电台第一台举办《抗美援朝特别节目》，每天播出一次，每次30分钟，对全省人民进行爱国主义和国际主义教育。

11月7日

朝鲜战争爆发（6月25日）后，新华社第一次公开报道中国人民志愿军入朝参战情况。中央广播事业局发出通知，要求各地人民广播电台根据情况组织节目，进行抗美援朝的宣传。中国人民志愿军10月19日跨过鸭绿江，进入朝鲜战场，开始了中国人民抗美援朝战争。

11月初

山东省政府副主席郭子化、省军区司令员许世友、济南市市长谷牧等题词，祝贺济南人民广播电台建台两周年暨省台开播。

11月15日

南宁人民广播电台更名为广西人民广播电台。中波发射功率500瓦，频率1010千赫，波长297米。

11月30日

张家口人民广播电台第一台更名为张家口人民广播电台；张家口人民广播电台第二台更名为察哈尔人民广播电台。

同月

中央人民广播电台加强关于抗美援朝运动的宣传。在宣传计划要点中规定了在各种节目中展开抗美援朝、保家卫国的宣传。新闻节目要大量发布各地抗美援朝的活动，评论节目要以有关的时评和专论为主；《人民讲坛》节目以抗美援朝为中心；《社会科学讲座》节目内增设"美国真相"和"美国侵华史"讲座。

同月

吉林人民广播电台由吉林市南马路迁至船营区永兴胡同6号。

同月

配合中国人民解放军进军西藏,甘肃省兰州人民广播电台邀请西北民委委员黄正清(藏族)发表广播讲话,题目是《西藏同胞动员起来,为自己的彻底解放而斗争》。

12月2日

林夫任新疆省迪化人民广播电台台长。

12月11日

中共广西省委书记、广西省人民政府主席张云逸为广西解放一周年在广西人民广播电台发表题为《广西一年的工作》的广播讲话。

12月20日

太原人民广播电台第一台更名为山西人民广播电台;第二台仍称太原人民广播电台。原台长常振玉调离,何静任山西人民广播电台台长、总编辑,刘江任副台长、副总编辑。

同日

为贯彻新闻总署《关于建立广播收音网的决定》,云南省第一期收音员训练班开学。1951年9月10日结业,154名学员分配回各地,建立广播收音站。

同日

华东人民广播电台对台湾广播科从上海迁至南京,用南京人民广播电台10千瓦发射机播送对台湾广播节目,呼号为"华东人民广播电台"。1952年9月,华东台对台湾广播迁回上海,南京台不再担任对台湾广播任务。

12月21日

新疆省人民政府发出《关于利用广播和建立全疆收音网的决定》。《决定》要求:一、省级各领导机关必须足够认识广播的巨大作用,并利用其推进各项工作。二、迪化人民广播电台要在各专区、县设立收音站一处。三、各专区、县收音站,每天要抄收中央、西北区及迪化人民广播电台的记录新闻、政令指示等。四、今后凡经迪化人民广播电台播送的政令、文告与印件有同等效力。五、各专区收音站和县收音站,委托当地党委宣传部领导,业务上受迪化人民广播电台指导。六、各级收音站所需器材均由本省地方经费内开支。

12月23日

中共天津市委印发《关于开展广播工作的决定》。天津市政府印发《关于开展广播收音网工作的决定》。

12月24日

江西人民广播电台召开第一次"广播之友"座谈会,听取听众对广播节目的意见和要求。

12月25日

天津市政府及市总工会发出《在工厂企业中建立收音网的通知》。

12月29日

甘肃省人民政府发布关于建立广播收音网和加强广播工作的指示,要求各级政府必须重视和经常关心广播工作,充分发挥广播电台的作用。省市各级负责干部应经常到广播电台担任播讲和通俗解释各项政令、指示等工作,并应切实负责,经常给兰州人民广播电台组织各种稿件,迅速而逐步地建立和扩大收音网,按时收听中央人民广播电台、西北人民广播电台和兰州人民广播电台的广播节目,按期将收听情况和意见向电台汇报。

同月

青海省人民政府发出《关于建立收音网和加强广播工作的指示》,要求各地尽快建立收音站,配备收音员,充分利用广播,向广大基层干部和各族群众传达政令,发布新闻,进行宣传教育工作。

同月

新疆省伊犁地区各县纷纷建立起收音站。塔城地区广播站成立,主要收转中央人民广播电台和迪化人民广播电台节目。

同年

截至年底,全国(未包括港、澳、台)共有65座广播电台和68座市、县广播站。

同年

中宣部副部长胡乔木提出"广播要学会自己走路",即要从广播的实际出发,要发挥广播本身的特点与优势,不能完全依靠报纸和通讯社。

同年

在抗美援朝和镇压反革命运动中,广播宣传出现了一种中国特有的宣传形式——"广播大会"。这种形式是上海、沈阳等地方台首先运用的,是由"广播联欢会"和"广播会"等发展和提高而成的。"广播大会"利用广播宣传网和广播收听网的结合,把广播这一媒介的鼓动功效发挥到了最大。这种形式在我国20世纪五六十年代运用较多。

同年

中央人民广播电台和苏联广播电台建立了互相交换文艺节目的关系,随后,同波兰、匈牙利、民主德国、捷克斯洛伐克、保加利亚等国签订的文化合作协定中也都有交换音乐广播节目的规定。后来，又发展成为与上述一些国家签订专门的广播合作协定，交换的内容也从单纯的音乐节目发展到多种形式的节目。

同年

北京广播电台收到日本听众来信43封，还收到英语、印尼语听众以及华侨听众来信。

同年

天津市各工厂等单位建立60多个广播站。

同年

吉林省吉林人民广播电台编辑部设新闻、讲述、文艺、播音、联络五个组，编辑开始按行业或按节目分工。按照规定，新闻组负责编写本省新闻；组内四名编辑分别负责农业、工业、社教、财经方面稿件的编写任务。讲述组负责主办各种教育性节目，组内三名编辑分别编写《职工时间》《儿童时间》和《省政节目》。文艺组负责文艺节目编排制作和播出。由此，新闻性、教育性、文艺性节目分别有了专职编辑。

同年

根据新闻总署《关于建立广播收音网的决定》，内蒙古、广东、湖南、贵州等省区的市县普遍建立了收音站。

同年

太原人民广播电台增加转播中央人民广播电台《首都报纸摘要》《社会科学讲座》节目，还开办《俄文讲座》《儿童》和《妇女》节目等。

同年

旅大行署区撤销，改设旅大市，为全国直辖市之一。大连人民广播电台更名为旅大人民广播电台。

同年

广东省广州人民广播电台在全省建立收音网，开办《记录新闻节目》。

同年

昆明501台两部500千瓦中波发射机、两部120千瓦短波发射机、六部50千瓦短波发射机投入使用。

同年

新疆迪化人民广播电台从上海等地购置两部钢丝录音机，开始外出录制剧场文艺演出节目，丰富了广播节目内容。

1951 年

1月1日

中共中央发布《关于在全党建立对人民群众的宣传网的决定》，包括六项内容。《决定》指出，目前党的各级组织忽视对人民群众进行经常的宣传工作，许多错误和反动的宣传和谣言经常在群众中流传，没有得到打击；党的政策与主张，没有及时在人民群众中进行充分的宣传解释。《决定》要求有系统地建立对人民群众的宣传网，即在党的每个支部设立宣传员，在党的各级领导机关设立报告员，并建立关于宣传员、报告员工作制度。《决定》特别提出宣传员的工作方法之一是"收听和传布人民广播"。

同日

河南人民广播电台在开封正式开始播音。

同日

中共云南省委书记宋任穷在昆明人民广播电台发表新年讲话，题目是《充分发动群众，打下坚实基础》。

1月2日

中共山西省委书记赖若愚在山西人民广播电台发表广播讲话，题目是《1951年后的工作方针和任务》。

1月8日

上海人民广播电台转播苏联体育代表团男子篮球队同上海"沪联"篮球队的友谊比赛实况，由播音员张之和电影演员陈述担任解说。这是新中国成立后首次通过电台转播体育比赛的实况。

1月16日

中央广播事业局发出《关于调整全国各地人民电台中波频率的通知》。

1月21日～27日

华东区举行第二次广播工作会议。周新武主持会议并作总结讲话。

1月22日

经天津市人民政府审定同意，天津人民广播电台制定的《工厂企业广播站组织简则》《各工厂企业宿舍收听站工作办法》公布实行。

年初

山西人民广播电台成立党组，何静任党组书记。

1月底

林青调东北台工作，王建颖任哈尔滨人民广播电台台长。哈尔滨电台发射功率扩大到10千瓦。

同月

北京广播电台增加对驻在朝鲜、日本和太平洋其他地区的美军广播的半小时节目，主要内容是揭露美帝国主义的欺骗宣传，阐明中国抗美援朝的严正立场和主张。

同月

南昌人民广播电台更名为江西人民广播电台。

2月1日

川西人民广播电台在成都开始播音，与成都人民广播电台合署办公。主要负责人叶石、沈以。

2月6日

合肥人民广播电台第一次用录音播出文艺节目——上海新春旅行团演播的《鸭绿江上》等抗美援朝歌曲。

2月15日

广西省第一座有线广播站——梧州市广播站建成并开始播音。

2月16日

中共广西省委发出指示，要求各级党委加强广播收音站的领导，本着"全党办广播"的精神，号召全体党员积极参加广播通讯工作。

2月25日

中共中央发出《关于健全各级宣传机构和加强党的宣传教育工作的指示》。针对各级党委宣传部机构不全和工作范围狭隘的状况，《指示》要求中央局、分局、省委、市委、区党委必须定出计划，在一两年内逐步充实宣传部的机构和人力，并督促其有步骤地按照不同等级的职务范围，进行群众宣传、理论教育、文化艺术、学校教育、报纸和广播、书刊出版、干部管理等七个方面的工作。关于报纸和广播工作，《指示》要求各级党委"拟定党关于报纸和广播工作的政策或地方性的方针，并监督其实施。领导或协助领导同级的党报、通讯社组织和广播电台的工作，检查和领导下级的党报、通讯社组织和广播电台的工作"。

2月27日

为了适应广播收音网已在全国多数地区普遍建立的情况，中央广播事业局发出

《关于记录广播内容与时间的规定》。《规定》要求各地人民台"应该利用这一有利条件，增设记录广播，并将记录广播的内容逐步加以改善，把迅速传布新闻、政令，组织时事宣传的任务担负起来"。为了便于各地收音员抄收记录广播，还具体规定了中央台、大区台和省台记录广播内容的分工及播送时间等事项。

2月28日

中央广播事业局发出《关于维护收音机给各地人民广播电台的指示信》。

同月

中央人民广播电台在春节期间组织特别节目，慰问革命烈士家属、革命军人家属、革命残废军人、复员军人和人民解放军指战员。节目内容有：内务部部长谢觉哉、人民革命军事委员会总政治部副主任肖华的讲话。

3月1日

中央人民广播电台编印的《收音员通讯》月刊第一期出版。这是中央电台为适应全国收音网建设蓬勃发展，加强和各地收音员密切联系而创办的一种刊物。内容主要是发表各地收音工作开展情况的报告和工作经验介绍、收音员业务常识等。

同日

苏南地区镇江市有线广播站成立并正式播音。站址在镇江市双井路1号市文化馆内。这是江苏境内第一家城市有线广播站。开通时，有五只高音喇叭，年底时增加五台扩大机，设立五个放大站，安装了30多只小喇叭。

3月3日

江西人民广播电台开出"和平之神"广播车，参加南昌市各界人民反美示威大游行。

3月4日

昆明人民广播电台成立一周年，编辑出版纪念特刊。中共云南省委书记宋任穷为特刊题词，指出："人民广播电台是党和人民政府联系群众和人民群众自我教育的有效工具之一"，"各级组织应该很好运用广播开展工作，推行政策，交流经验，联系群众"。

3月5日

中央广播事业局发出《关于各地人民广播电台变更台名的通知》，要求各区、省、市、矿区人民广播电台自3月份起，均以所在的大行政区、省、市、矿区的名称命名。

3月5日～31日

北京市人民广播电台反复播送北京市、区各界人民代表扩大联席会讨论惩治反革命罪犯的实况录音。北京市人民政府和市各人民团体分别发出通知组织收听，收听人数在30万以上。大会实况录音反复播送了七天。中央人民广播电台向全国播送了大会的实况录音。天津、济南、青岛、上海、南京、广州、武汉、重庆、西安等电台同时联播。

3月7日~26日

三名中国人民志愿军归国代表在上海先后出席上海市各界人民举行的欢迎大会47次，向43万以上市民作报告。上海人民广播电台转播报告实况。连同收听广播的听众和传达会上的听众在内，全市约有百万人以上听了志愿军代表的报告。

3月10日~17日

浙江省第一次广播收音工作会议在杭州召开。会议主要交流了各地收音工作经验。各地委宣传部的代表、各市县文化馆收音站收音员共90多人参加会议。

3月11日

北京市人民广播电台更名为北京人民广播电台。

同日

中国人民赴朝慰问团西北分团团长李敷仁出发前，在西北人民广播电台发表题为《我们把西北人民的心带到朝鲜去》的广播讲话。

3月15日

新闻总署就区、省、市广播电台及新闻行政机构关系问题批复西南新闻出版局，指出："各级人民广播电台，都应当受当地新闻行政机构的领导，区台与省、市台在广播业务上是指导关系，但日常编播业务及配合当地的宣传工作等均应由当地宣传机关领导，至于有关经费方面的问题，应由当地新闻行政机关负责办理。"

同日

哈尔滨人民广播电台第一台更名为松江人民广播电台，成为松江省省台，发射功率10千瓦，频率835千赫，波长359.3米，负责人王建颖。

同日

苏北地区扬州人民广播电台更名为苏北人民广播电台。主要负责人张正。

3月17日

中国人民保卫世界和平反对美国侵略委员会苏南分会与无锡人民广播电台联合举办"苏南人民反对美国武装日本广播大会"。大会自当日晚开始，连续举行三个晚上，于19日22:00结束，共播出14小时。三天里，苏南地区有150万人次收听。

3月18日

中央广播事业局发出为普及和深入抗美援朝的宣传工作给各地人民广播电台的通知。4月4日又发出补充通知。

3月20日

天津人民广播电台编辑的通讯刊物《天津广播》出刊，16开本，主要刊登有关广播工作的一些指示、经验、稿选、听众来信、收听知识等。

同日

齐齐哈尔人民广播电台更名为黑龙江人民广播电台，成为黑龙江省省台，发射功率1千瓦，频率1075千赫。

同日

迪化人民广播电台更名为新疆省人民广播电台，对外呼号"新疆人民广播电台"。林夫任台党支部书记。全台干部职工共计43人，其中汉族33人，维吾尔族6人，其他民族4人。

3月23日

昆明人民广播电台更名为云南人民广播电台。黎韦任台长兼总编辑。原昆明工商广播电台更名为昆明人民广播电台（昆明市台），另成立昆明人民广播电台广告台。三台合署办公。

3月25日

辽东省安东人民广播电台更名为辽东人民广播电台。负责人张东、刘丹华。

3月26日

合肥人民广播电台更名为皖北人民广播电台。

3月29日

天津市、区各界人民代表扩大会议通过《关于严厉镇压反革命分子的决议》。天津人民广播电台及时向全市转播大会实况。在三小时内，收听广播的群众纷纷向广播电台发表拥护政府镇压反革命的意见。4月24日，《天津日报》发表社论《更有效地利用无线电广播》，肯定了天津电台在宣传抗美援朝、镇压反革命、摧毁反动会道门、反对美帝武装日本及开展爱国主义生产竞赛方面获得的显著成绩。

同月

广州人民广播电台成立工商台。是广州人民广播电台第二台，集中播送工商广告、行情牌价和水位消息等。办台方针是宣传财经政策，解释工商法令。

4月1日

保定人民广播电台更名为河北人民广播电台。

同日

锦州人民广播电台更名为辽西人民广播电台。

同日

淮南煤矿职工广播电台更名为淮南人民广播电台并正式播音。

同日

苏南人民广播电台正式成立，使用无锡人民广播电台一台频率，一台不复存在。

二台仍称无锡人民广播电台，频率改为 670 千赫。主要负责人田志强。

同日

兰州人民广播电台更名为甘肃人民广播电台。阮迪民任台长，雪凡任副台长。

同日

西宁人民广播电台更名为青海人民广播电台。增设编辑部（含播音组），职工增至 28 人。该台装设 150 瓦扩大机一部，在西宁市区安装高音喇叭八只。

4月2日

山东人民广播电台与山东省府文教厅联合召开全省 11 个专属收音站和具有代表性的 53 个县（市）收音站的收音网工作会议。中共山东分局宣传部副部长夏征农到会讲话。

4月3日

《人民日报》发表题为《镇压反革命必须大张旗鼓》的社论。社论指出，最近，北京和天津先后大张旗鼓地进行了镇压反革命工作。社论肯定了广播电台转播镇压反革命大会实况的做法。社论希望全国各地学习北京、天津的榜样，充分利用各界协商会、代表会、群众控诉会、群众审判会、报纸和广播电台，大张旗鼓地向人民公敌反革命分子进攻。

同日

中国与波兰在华沙签订文化合作协定。协定第二条辛项规定：中波两国交换广播节目之录音片。

4月4日

中共中央发出《关于应着重利用广播和收音网推动工作的指示》。

4月5日

贵阳人民广播电台更名为贵州人民广播电台，分属贵州省人民政府新闻出版处和中央广播事业局领导，宣传业务由中共贵州省委宣传部分管。

4月6日

杭州人民广播电台更名为浙江、杭州人民广播电台，分省、市两台播音，使用两个频率，播送两套节目。一套呼号为"浙江人民广播电台"，另一套呼号为"杭州人民广播电台"。浙江台频率改为 1150 千赫，以播送新闻、社会教育类节目为主；杭州台频率为 670 千赫，以播送文化娱乐类节目为主。当月，发射台从国货街 13 号搬到电政街 8 号。

4月6日～8日

中央广播事业局召开华北各广播电台台长会议。会议研究了普及和深入进行抗美援朝宣传工作问题。

4月11日

重庆市举行7万人公审反革命分子大会。重庆人民广播电台转播大会实况,全市30万人收听广播。

4月初

中央人民广播电台播出由魏巍撰写、著名播音员齐越播送的战地通讯《谁是最可爱的人》。魏巍听了以后,特地写信赞扬齐越,说:"你的播音既把我在文章中表达出来的感情充分地表达出来,又把我想表达而没表达出来的感情也充分地表达出来了。"1950年12月,时任《解放军文艺》副主编的魏巍受解放军总政治部派遣前往朝鲜,在志愿军前线前沿阵地采访了三个月。归来后写成通讯,以"最可爱的人"讴歌了志愿军指战员崇高的情操和感人事迹。

4月初

中央人民广播电台派出三个文艺采访小组,分赴东北、华北、华南等地录音采访,搜集各地有关以抗美援朝、反对美国武装日本、和平签名运动为题材的新文艺创作及演唱,在电台广为传播。

4月15日

武汉市举行各界人民镇压反革命广播大会,全市有50万人收听。中南、武汉、江西、湖南、河南等电台联播了这次镇反大会的实况录音。

同日

云南省昆明市军事管制委员会召开省、市各界人民代表扩大会,讨论惩治一批反革命首恶事宜。云南人民广播电台转播了大会实况。昆明市12万人收听广播。

4月16日

中央人民政府人民革命军事委员会总政治部发布《关于建立部队广播及广播收音网的指示》。文件指出:"目前部队驻地辽阔……而多处交通不便,难以及时看到报纸,且大部分人员文化水平不高。在此情形下,无线电广播——这种最快,最直接而可以不受群众文化水平限制的宣传武器更能适合部队的迫切需要。"《指示》对在全军部队中建立部队广播与广播收音网的工作作了具体部署。

4月17日

毛泽东批转中共中央西北局关于加强镇反宣传工作的指示。批语指出:西北局这个指示强有力地指出在镇反工作中展开宣传工作的重要性,并规定了五条办法,一切地方都应当这样做。西北局规定的五条办法中的第三条是"报纸、广播、文艺活动的全面配合"。另外,还提出"在3万人以上的城市应以公安部门为主,吸收党的宣传、统战部门及报纸、广播电台负责干部,组成镇反宣传委员会,作为推进宣传工作的指挥机关"。

4月18日～20日

浙江人民广播电台与省、市抗美援朝分会联合举办"浙江人民反对美帝武装日本广播大会"。每天18:00至22:00播出,连续播放三天。据统计,听众达64万人次。大会收到控诉、表态的信件近2000封,接到电话千余次(其中长途电话400多次),收到听众自发捐款4亿多元(旧币)及各类慰问品,送到电台的写给志愿军的慰问信7000多封。

4月20日

由中共皖南区委、皖南行署筹建的皖南人民广播电台在芜湖开始试验播音。5月15日,正式开始播音。发射功率500瓦,频率950千赫。台长范源。

4月21日

西北人民广播电台转播西安控诉反革命罪行大会实况,并通过全市各区的9个广播站组织广大群众收听。这样的会共开了两次,收听群众达44万。

4月22日

张家口人民广播电台撤销,并入察哈尔人民广播电台。

4月23日

《人民日报》发表题为《必须重视广播》的社论。社论指出:"无线电广播是群众性宣传教育的强有力工具之一。这在抗美援朝和镇压反革命分子的宣传教育工作中,已得到了充分的证明。"社论说:"广播收音网的普遍建立,已使人民广播事业获得了确实的群众基础,并发挥了巨大的宣传教育作用。"还说:"我国的人民广播事业目前已具备了相当的物质条件和群众基础,已有可能去执行巨大规模的宣传教育工作","我国各级的领导机关应充分重视和着重利用这一新的宣传教育工具,用它来推动工作,教育人民"。

4月23日～26日

云南省大理三月街物资交流会期间,云南人民广播电台在当地设立临时广播站,使用白语、藏语、汉语播音,向赶街的各族群众进行关于抗美援朝爱国主义的宣传教育。

4月25日

为响应中国人民抗美援朝总会及东北分会的号召,东北各广播电台4月下旬纷纷与该省抗美援朝分会举办"普及和深入抗美援朝、反对美国重新武装日本广播大会"。当日,举办全东北广播大会,东北各地15个广播电台同时联播,有组织听众达50万以上。

同日

天津人民广播电台与天津市有关部门在全市联合举办"拥护和平公约签名,反对美国武装日本广播大会"。154万多人参加签名投票。

4月29日

中共中央发出《关于加强镇压反革命宣传工作的指示》。《指示》指出，镇压反革命的宣传不足，在多数地区至今仍是一个严重问题。《指示》列举了五条行之有效的重要经验。其中，第五条是"各级宣传机关（如宣传部、报社、出版社、广播台、文联及工会、青年团等）和公安机关应当成立临时联合委员会，宣传机构出人，公安机关出材料，共同出主意"。

同月

中央人民广播电台和各地人民广播电台通过广播教唱《国歌》《国际歌》《中国人民志愿军战歌》等五首歌曲，准备迎接"五一"示威游行。

同月

北京广播电台日语广播连续播出日本人民要求缔结和平公约和反对美国武装日本的签名投票运动。

同月

在抗美援朝运动中，收音员携带收音机下乡宣传，成绩巨大。仅据河北等3省统计，在10天中，有222个收音员在农村组织了133万农民收听，先后举行了61次控诉会。在这些会上，有80万农民签名拥护五大国缔结和平公约，投票反对美国武装日本。

5月1日

中央人民广播电台创办《全国各地人民广播电台联播》节目，时间一般安排在19:30，播送时间半小时，内容包括国内外重大政治新闻、国家重大成就、模范人物的先进事迹等。同时还开办《对少年儿童广播节目》（每天播出两次，每次30分钟）和《部队节目》（每周播出两次，每次30分钟）。

同日

北京广播电台各语言节目开始在播音结束前征求听众对节目的意见。

同日

乌兰浩特人民广播电台更名为内蒙古人民广播电台第二台，发射功率扩大到20千瓦。

同日

川南人民广播电台在泸州正式开始播音。主要负责人张笑仙。

5月4日~16日

全国篮排球比赛大会在北京举行，中央人民广播电台向全国转播了比赛实况。这既是新中国诞生后第一次全国性球类运动会，也是中央电台第一次向全国现场转播体育比赛实况。解说员张之成为新中国第一位体育实况广播解说员。

5月7日~23日

中国共产党第一次全国宣传工作会议在北京召开。会议结束前，刘少奇作关于党的宣传工作的历史和现状的总结报告。报告从六个方面进行了总结。在"今后如何加强党的宣传工作"部分，报告提出："进行宣传工作要运用好各种宣传工具，如宣传员网、报纸、刊物、出版、戏剧、电影、美术、音乐、广播、学校等，要把这些宣传工具都搞好、加强，统统动员、运用起来。"

5月9日~11日

江西人民广播电台与省市抗美援朝分会联合举行"省市各界人民欢迎志愿军归国代表广播大会"。三名志愿军代表在广播大会上作报告。全省41万余人收听广播，群众当场捐献12亿多元（旧币），还有不少人捐献金银首饰，1.7万多人自愿献血，8000余人要求参加担架队。

5月16日

中共中央发出《关于不必过多利用广播大会及诉苦会问题的指示》。在发给中央局、分局、省市委的指示中提出："在大城市中，利用广播电台举行广播大会，是对人民群众进行突击性的大规模动员的有力方法。但这种宣传方式影响社会各阶层人民生活很大，而且在动员和组织群众收听和反映上每次都必须花费很大力量，不能经常采用，以免群众疲劳。以后在大城市中除广大群众普遍关心的事情，同时必须进行大规模紧急动员者外，不必过多地采用这种方式。"

5月18日

皖北人民广播电台在《皖北日报》刊登举办广告节目启事。

5月23日

西南人民广播电台开办《藏语节目》，用前藏话、后藏话和西康藏语三种方言播音。

5月25日

江西省南昌市人民政府主办的南昌人民广播电台建成并开始播音，发射功率250瓦，频率1385千赫，全天播音11小时10分钟。同时，设置300瓦扩音机一台，在市区安装号筒扬声器48只，转播省市台节目，用有线广播与无线广播覆盖全市。该台与江西人民广播电台合署办公。

5月28日~6月1日

东北区举行第四次广播电台台长会议。

5月31日

中央广播事业局编印的《广播通报》刊载了广播事业局地方广播事业部编写的

《一年来全国广播收音网建设的成就及今后的方针》一文。文章指出，全国广大基本群众已经初步具备了收听广播的条件，这是人民广播事业中具有重大意义的变化。

6月1日

中国人民抗美援朝总会发出号召推行爱国公约、捐献飞机大炮和优待烈属、军属的通告。6月7日，总会公布《关于捐献武器支援中国人民志愿军的具体办法的通知》。同日，总会和中国人民银行总行联合发出关于全国各地捐献统由人民银行代收的通知。通知要求当地银行的收款地点、工作时间和收款方式等要利用报纸或广播电台等广为宣传。

同日

中央广播事业局发出为纪念"七一"给各地人民广播电台的通知。通知说："今年7月1日，为中国共产党建党30周年纪念日。各台自即日起，应即着手准备纪念节目，并于6月中旬起陆续播送。"通知对宣传的内容及办法提出了具体意见。要求"纪念节目应尽量照顾广播特点，内容应力求生动，但又必须注意严肃。文艺节目安排也须注意质量"。

同日

为了及时传播本省经济信息，浙江人民广播电台增设经济台，发射功率100瓦，频率920千赫。

6月6日

新闻总署发出《关于各地人民广播电台与新闻行政机构关系的补充与说明》。文件确定"各大行政区的省、市人民广播电台，为了保证政治上和业务工作上以及广播事业发展上得到及时的领导与帮助，以受当地宣传工作领导机关、新闻行政机关和本区区台的双重领导较妥"。

6月7日

为响应中国人民抗美援朝总会关于捐献飞机大炮的号召，天津人民广播电台举办特别节目。

6月8日

甘肃省兰州市召开各族各界人民镇压反革命大会，甘肃人民广播电台作实况广播，全市约15万人收听。

6月9日

中央广播事业局给各地广播电台发出《关于捐献"人民广播号"飞机的信》。年底，超额完成捐献"人民广播号"战斗机的计划。

6月11日~18日

中南区第二次广播工作会议在武汉召开。会议讨论了进一步巩固各县收音站和发展城市收音网的工作。中共中央中南局宣传部副部长熊复作关于巩固收音站问题的专题报告。40人到会。

6月15日

云南省抗美援朝分会和云南人民广播电台合办的《抗美援朝专题节目》开始播出。

6月15日~27日

华东区举行第三次广播工作会议。会议着重讨论了关于城市广播工作问题。

6月21日

西安各界人民举行"欢迎中国人民赴朝慰问团第一分团胜利归来广播大会"。有10万多人收听了大会实况广播。大会进行中,广播电台收到听众来信120多件,电话96次,其中长途电话6次。不少听众当场捐献人民币和金戒指、手表等财物,作为购买飞机、大炮之用。

6月22日

甘肃省人民政府主席邓宝珊发表广播讲话,动员全省人民响应抗美援朝总会号召,制订爱国公约,捐献飞机、大炮。

6月26日

皖北人民广播电台频率改为940千赫,波长319.15米。7月1日正式使用。台址迁至合肥小南门官盐巷小洋楼。

同月

贵州人民广播电台开办《对青年广播》和《对少年儿童广播》节目,每周各一次,每次30分钟。

同月

皖北人民广播电台文艺组成员携带钢丝录音机在安庆一带第一次采录黄梅戏。其中采录了尚未受到重视的严凤英的一些精彩唱段。该台用这些录音第一次向全省人民介绍了这一日后名扬海内外的安徽地方戏。

7月1日

宁夏人民广播电台在银川正式开始播音。负责人梁大钧。

7月4日

中共浙江省委宣传部发出《关于在全省范围建立区镇收音站点通知》。《通知》指出,为了使收音工作逐步深入区乡市镇,逐步建立农村收音网,决定年内在全省建立收音站130处,一般每县两处。要求各县县委宣传部会同文教部门对县收音站工作进行一次检查,迅速解决收音员专职问题,并帮助他们解决具体困难,加强对收音工作的领导。

7月12日

中国文化部部长沈雁冰和匈牙利文化代表团团长埃里克·莫尔那尔在北京签署中匈文化合作协定。协定第二条辛项规定：促进缔约国双方广播电台在文艺节目上的合作并交换广播特别节目的录音片。匈牙利文化代表团是6月23日来华访问的。

7月13日

《人民日报》发表题为《把报告员的工作经常化》的社论。社论提出加强报告员制度的五项办法。其中，第三项是"在有广播电台的地方，有计划地组织报告员到广播电台作报告"。

7月25日

经中共苏南区党委和中央广播事业局批准，苏南人民广播电台经济台成立并正式播音，发射功率100瓦，频率920千赫，台址在无锡市北大街九纶绸布庄楼上，使用的是解放前民营凯声广播电台原来的发射机、机房、播音室。这是江苏境内解放后成立的第一座经济广播电台。该台以沪语广播，全天播音560分钟。主要任务是通过播送广告、市场行情、商品信息，促进城乡物资交流，繁荣经济。

同月

中央人民广播电台少年广播合唱团成立。这是新中国成立后创建的第一个少年儿童课余演唱团体。

同月

张明任山东人民广播电台台长。

同月

新疆人民广播电台与新疆省文化局、中央音乐研究所合作，邀请吐尔地阿訇父子完整演唱《十二木卡姆》，用钢丝录音机第一次录制了这部维吾尔大型音乐套曲。

8月1日

沈阳广告台在东北行政区政府所在地沈阳开办，以所得收入支援抗美援朝，捐献"人民广播号"飞机。

同日

韩化夫任黑龙江人民广播电台台长。

8月10日

中央人民政府政务院举行第九十七次政务会议，新闻总署署长胡乔木作关于《新闻总署1950年1月至1951年6月工作及1951年下半年工作计划要点的报告》。《报告》说，全国共有73座广播电台，其中私营电台23座，公私合营电台1座。《报告》还提出：中央广播事业局将召集一次广播会议，总结和扩大收音网工作。

8月20日

中南人民广播电台、武汉人民广播电台开展"广播通俗化学习"活动。中南局宣传部副部长熊复向编辑部全体职工作学习报告。

同日

中共浙江省委宣传部发出《关于加强收音站工作的通知》。《通知》指出，区镇收音员培训班（于7月23日至8月20日举行）已经结束，收音员返县开展收音站工作。区收音站在政治上、行政上由区委、区政府领导，业务上由县收音站领导。区收音站要负责推动建立群众性的收音网，组织干部及广大群众经常收听广播节目，有计划地建立广播小组，开展农村广播工作，整顿农村黑板报，及时供给黑板报材料。

8月26日

甘肃人民广播电台《人民讲坛》节目播出《广大农民要求土地改革》的文章。从此，电台开始土地改革运动宣传。

同月

吉林人民广播电台设立收音工作组。

同月

山东省境内厂矿企业建立50座广播站。

同月

海南人民广播电台在海口开始筹建。

9月1日

中共湖北省委、省政府发出《关于巩固和健全广播收音站工作》的联合指示。

9月7日

中央广播事业局设立技术部，由李强局长兼任技术部主任，李伍任副主任，负责领导各技术部门的业务。

9月12日

新闻总署、中华全国总工会联合发布《关于在全国工厂、矿山、企业中建立广播收音网的决定》。《决定》指出：收听广播已经成为广大职工文化生活中不可缺少的一部分，全国各工厂、矿山、企业中的各级工会应该重视广播收音工作。凡是还没有建立有线广播电台或收音站的，应按照新闻总署1950年4月发布的《关于建立广播收音网的决定》，在行政方面或资方的帮助下和当地人民广播电台的协助下建立起来；已建立的，应经常关心和认真领导广播收音工作，使之在工人生产、学习及文化生活中发挥更大的作用。

9月13日

《人民日报》发表题为《大力开展工人中的广播工作》的社论。社论指出：一年多来，全国已设立15200个收音站和收音小组，其中小城镇有2254个；全国有14260位收音员。本年3月至5月间，全国各广播电台举行了关于抗美援朝和镇压反革命的广播大会和录音广播89次，听众3600万人，收到捐款28亿多元（旧币）、电话信函10万余件。各地取得的主要经验是：一、工厂、矿山、企业中有线广播台的主要任务，不是单纯转播当地人民电台的节目，而要以组织自己的节目为主。二、工厂的有线广播台应有一定的组织机构和工作制度。三、各地工会应该重视这一工作，经常讨论定期检查工厂的广播工作。

同日

为适应业务需要，中央广播事业局对机构、人事做出调整。撤销原局务办公室，另设秘书处，陈竞寰任处长。秘书处在处长领导下处理一般局务工作，并领导收发、文书、档案等科股和印刷所的工作。原局务办公室负责的收音员联络工作，改由地方广播事业部领导；原局务办公室负责的一般行政事务，改由行政处负责处理。

9月14日

中央广播事业局发出《关于国庆节广播宣传给各台的通知》。《通知》指出：国庆节广播宣传的重点是号召加强抗美援朝，巩固国防和宣传国家建设的伟大成就。

9月15日

按照文化部发出的《关于国庆节唱歌的通知》，全国各地广播电台教唱《歌唱祖国》《全世界人民心一条》，以迎接国庆。

9月15日~17日

华北五省二市广播广告工作会议在天津召开。会议检查了两年来的广播广告情况，对非政治性的单纯营利思想作了批判。确定了广告台的经营方针是：第一，必须把国家经济政策、工商业发展情况和群众需要密切结合起来；第二，为保持广告播音的严肃性，要建立严格的监听制度；第三，加强对播音艺人的领导，定期向他们进行教育；第四，保持文艺节目的完整性，尽量避免在文艺节目中插播广告。

9月18日

北京人民广播电台和北京市工商界联合会共同举办"迎接国庆，加强抗美援朝广播大会"。全市136个行业的收听者达20万人。会后三小时内，工商界捐款23亿多元（旧币），会后10天捐款累计达到212亿多元（旧币）。

同日

山东省人民政府下发《关于在全省有发电设备的中小城市建立有线广播站》的指示。

9月28日

福州人民广播电台更名为福建人民广播电台。

9月29日

中央广播事业局发出为执行《关于在全国工厂、矿山、企业中建立广播收音网的决定》给各地人民广播电台的指示,对如何贯彻执行该项决定提出了具体要求。

同月

甘肃人民广播电台召开第一次全省收音工作会议。会议在总结工作基础上,着重研究如何为土地改革运动服务问题。会议表扬、奖励了工作成绩突出的李世康等12名收音员和康县收音站。省委书记张德生在会议闭幕时讲话,就进一步搞好广播工作作出指示。

10月1日

中华人民共和国成立两周年。中央人民政府在天安门广场举行国庆典礼,共有40多万人参加。中央人民广播电台、北京广播电台播出当天阅兵典礼和群众游行的实况及实况录音。各地人民广播电台转播了中央人民广播电台播送的首都庆祝中华人民共和国国庆游行实况。

同日

重庆人民广播电台第二台成立。

10月5日

华北区城乡物资交流展览会在天津跑马场举行。在中央广播事业局的领导下,由北京、天津、河北、山西、平原、察哈尔等电台共16人组成报道组,采用特别节目、记录广播和文艺节目等形式,向包括内蒙古在内的5省(区)2市发稿。7家电台用14个频率广播。中央人民广播电台还和各地联合转播了展览会的开幕式。从9月16日到10月底,各台共举办特别节目63次,大会实况转播2次,工厂现场转播3次,座谈会转播3次,记录新闻41条。

10月7日

中央人民广播电台《收音员服务》节目播送中国人民志愿军归国代表柴川若的讲话,题目是《人民广播协助志愿军归国代表扩大了宣传效果》。他说,半年来,代表们曾在全国各地电台举办的28次广播大会上讲话,有1500万人收听了广播,如果包括听到录音的人,至少在1亿人以上。他们深深感到广播事业对抗美援朝、国家建设及各方面所起的作用。

10月9日

中国文化部部长沈雁冰和德意志民主共和国文化代表团团长柯尼希代表两国签订《中德文化合作协定》。协定第三条丁项规定:双方交换有关广播的工作经验。德意志民主共和国文化代表团是9月26日来华访问的。

10月10日

中央广播事业局发出《为广泛宣传〈争取持久和平、争取人民民主〉周刊给各地广播电台的通知》。该周刊是欧洲九国共产党与工人党情报局的机关报。

10月12日

云南省人民政府发布《关于建立广播收音网的指示》，要求各专署、市、县从10月起普遍建立广播收音站，开展收音工作。

同日

贵州省安顺专区和镇远专区建立广播站。

10月15日

中央广播事业局发出《关于纪念志愿军出国作战一周年广播宣传的通知》。10月25日是中国人民志愿军抗美援朝、保家卫国出国作战一周年纪念日。

10月19日

甘肃人民广播电台在《农民节目》中首次采用广播对话形式进行宣传。当日的对话题目是《土改工作团到了我们乡》。

10月23日

中共广西省委宣传部发出《关于巩固收音网，加强土地改革宣传的指示》。

10月23日～11月1日

全国政协第一届委员会第三次会议在北京举行。中央人民广播电台播送了大会实况，包括毛泽东的开幕词、闭幕词的录音和周恩来的政治报告的录音。

10月下旬

北京广播电台首次印刷对外广播节目时间表1万份，分别寄往驻外使馆、侨委会、国际新闻局及东南亚各国群众团体、报社和听众。

10月下旬

遵照中共云南省委的指示，云南人民广播电台举办《土地改革讲座》节目，讲稿由省委政策研究室撰写，供各地党委抄收印发，指导土地改革运动。

10月31日～11月1日

中央广播事业局召开第三次华北各台台长会议。会议讨论和布置了关于厉行节约、反对浪费的宣传等。

同月

中央人民广播电台制定《编辑部暂行工作制度》，共12章72条。其中规定总编室碰头会每天召开一次，汇报情况，布置当天工作；编委会每周召开一次，由总编辑主持，传达和研究时事政策问题，讨论和布置工作。

同月

贵州人民广播电台将《评论与综合报道》和一些不固定的节目合并为《农村时间》节目。这是对农民进行宣传教育的综合性节目,有重大新闻、政策法令的宣传讲解、农业科技知识、卫生知识、农村新人新事、听众问答以及适合农村的文艺节目。

11月15日

北京广播电台开始播送侵朝美军俘虏的讲述录音。美军战俘通过广播向自己的家属讲述他们在战俘营中受到的人道主义待遇,揭穿美国和李承晚集团捏造的所谓朝中"虐待"战俘的谎言。

11月18日

新疆人民广播电台召开第一次台务会议。会上宣布上级批准的电台机构和领导体制。电台下设办公室、编辑室、工务科、总务科。编辑室下设政教、财经、农牧、时事、文艺、播音、翻译组。台务会议由台长、副台长、编辑室主任、办公室主任、工务科长、总务科长组成。

11月21日

由北京、天津、沈阳等地的无线电台技术工作人员组成的"抗美援朝广播收音工作团"出发到朝鲜前线。他们携带1000台长短波收音机和大量干电池。到达朝鲜前线后,设立"中国人民志愿军广播收音服务站",开办志愿军收音员训练班。广播收音工作为志愿军各部队丰富了政治、文化生活内容,在前线流行的《广播新闻》《战壕新闻》《战地传单》等,都是根据广播收音的材料编印而成的。

11月24日

《人民日报》发表题为《推广体操运动,发展人民体育事业》的社论。社论指出:新闻总署广播事业局和中华全国体育总会筹委会联合决定在中央人民广播电台和各地人民广播电台举办广播体操节目,领导人民做体操。这个决定,将要在全国人民中间引起一个体操运动,而且对体育活动的普及化和经常化将起很大作用。11月25日,中央广播事业局发出《关于全国各台举办广播体操节目的通知》。

11月25日

广西人民广播电台新建的1千瓦发射台投入使用,频率1000千赫。

同月

海南人民广播电台开始在海口试播。

同月

江西省第一座工矿有线广播站——萍乡煤矿广播站建成并开始播音。在矿区公共场所安装号筒式扬声器20余只。而后,在职工院户安装舌簧扬声器2000余只。

12月1日

中共中央发出《关于实行精兵简政、增产节约、反对贪污、反对浪费和反对官僚主义的决定》。从此，全国范围的"三反"斗争迅速展开。12月28日，中央广播事业局发出《关于反贪污运动应如何进行宣传的通报》。《通报》指出：中央台或某些由于电力或地理关系，其广播能达国外的地方台，对具体案件，目前一概不播。如公审大贪污犯案件确需广播时，须由上级决定。有关反贪污的原则性的评论，可以广播。但重点应放在增产节约的号召和报道。地方性人民台的尺度可以放宽，当地发生的具体贪污案件可以广播。

同日

中央人民广播电台创办《广播体操》节目，专门播放为第一套广播体操配制的乐曲、口令，每天播放两次。全国各地广播电台也陆续举办。

12月12日

中国与罗马尼亚在北京签订文化合作协定，代表两国签署协定的是中国文化部部长沈雁冰和罗马尼亚教育部部长杜列亚努。协定第二条辛项规定：促进缔约双方广播电台在文艺节目上的合作并交换广播特别节目的录音带。

12月22日

中国人民抗美援朝总会、青年团中央、教育部及新闻总署广播事业局发出联合指示，号召全国少年儿童春节期间慰劳烈军属。联合指示规定，这一运动以大、中城市的小学四年级到中学三年级的学生和同等年龄其他有组织的少年儿童为主，以集体慰劳为主。活动时间为1952年1月20日到2月10日。少年儿童慰劳之后，应向当地广播电台作书面或口头报告，挑选出优秀的报告在人民广播电台广播，同时邀请烈军属讲话。春节期间约有83万以上的小朋友参加了这一活动。

12月24日～26日

中央广播事业局召开各大行政区区台台长会议。会议讨论了1952年全国各台的工程建设、人员编制和广播收音网建设等问题。

12月28日

皖南人民广播电台停止播音。部分人员去合肥，参加筹建安徽人民广播电台。大部分人留下来开办芜湖人民广播电台。

同日

国际广播组织宣布中国为该组织的正式会员。国际广播组织是一个进步性国际组织，由捷克斯洛伐克发起，成立于1946年，总部设在布拉格。参加者有苏联、捷克斯洛伐克、民主德国等十余个社会主义及新民主主义国家。其宗旨为联络同业感情，交流经验，为和平而斗争。

12 月 29 日

中央广播事业局发布《1952年广播收音网建设工作的方针和计划》，规定1952年广播收音网建设工作的方针是：健全和巩固县的、工厂矿山企业的和部队的广播收音站，并有计划地在全国建立中等以上学校的收音站；有重点地在有电源的中小城市推广有线广播，在靠近大中城市的农村推广矿石机；在华北及华东若干地区建立收音站。

同日

中央广播事业局发出关于工程建设方面的指示，规定为防止全国各台盲目扩充电力及未经设计即施工造成损失等五项原则。

12 月 30 日

中央广播事业局发出《为在春节期间组织对农村广播、发动收音员下乡、展开增产节约宣传活动给各区、省人民台的指示》。

12 月 31 日

内务部部长谢觉哉在中央人民广播电台向解放军和志愿军全体指战员、残废和伤病军人、烈军属发表新年贺词。

12 月下旬

中共江西省委书记陈正人在江西人民广播电台作《关于如何分村进行土改斗争》的广播讲话，指导全省土地改革运动。

同月

北京人民广播电台第四台（广告台）改进广告管理工作，取消私人演员、剧社"包时间""包节目"为私营工商业作广告宣传的办法；取缔了广告工作中的一部分"把头式"和"拉纤式"的恶劣作法；保留了正当广告社的做法及其合法利润。所有广告业务统由电台管理。

同年

全国（未包括港、澳、台）共有广播电台74座，比上年增长13.85%。另有市、县广播站188座。

同年

中央广播事业局施工处组建的天线工程队（年底并入北京人民广播电台广播器材厂），利用拆除军阀段祺瑞时代指挥海军电台所得的旧料，建成一座250米高的铁塔，架设在北京郊区发射台。这个铁塔由广播事业局局长李强设计，为当时国内的最高建筑物。

同年

中央人民广播电台播控中心开始使用钢丝录音设备，代替部分唱片录音设备，改进了存储节目的手段。

同年

北京广播电台收到18个国家和地区的听众来信650封。

同年

天津人民广播电台组织的全市收音站287个，广播站197个。

同年

吉林人民广播电台编缉部制订严格的审稿制度，并列入爱国公约。同时，在全台开展消灭差错运动，逐日登记，按周统计，按月总结。

同年

吉林人民广播电台派工程师蒲野（日本籍）、熙崇焕等人帮助九台县安装扩大机并支援了一些电子元件。为了配合"三反运动"，先用一台20瓦的扩大机对城区广播。

同年

皖北地区阜阳县插花区在全地区农村首建区级收音站。

同年

平原省新乡人民广播电台更名为平原人民广播电台。主要负责人袁声、杨子毅、郭子光等。

同年

广东省102个县都建立了收音站。

1952 年

1月1日

中央人民广播电台播送中国人民志愿军司令员兼政治委员彭德怀《给志愿军指挥员和战斗员同志们的元旦贺信》。信中指出，中国人民志愿军入朝作战 14 个月以来，与朝鲜人民军一起，将美国侵略者及其帮凶军逐回到三八线附近，并使敌军的兵力和战斗力遭受了极惨重的损失和消耗。14 个月中，中朝人民军共计歼灭敌军 49 万人，美军有生力量的损失在 30 万人以上。美军飞机的损失，不少于 2500 架。《贺信》号召志愿军继续英勇战斗，保证取得 1952 年的更大胜利。

同日

云南省第一个县级有线广播站——昭通县广播站建成并开始播音。

1月5日

华东军政委员会工业部租用英商百代公司的厂房和设备，成立上海唱片厂（又称上海唱片公司），出版"中华唱片"。

同日

天津人民广播电台与天津市总工会、天津市人民政府财经委员会、中共天津市国公营企业委员会、青年团天津市工委联合举办"爱国增产节约运动广播动员大会"。各公私营工厂企业职工在不影响生产及业务原则下，组织收听。从下午到大会结束时，共收到挑战书、应战书、计划书 337 份。

1月9日

中央人民广播电台播出政务院举行的"三反"运动报告大会。周恩来主持大会。中央人民政府节约检查委员会主任薄一波在会上作题为《为深入地普遍地开展反贪污、反浪费、反官僚主义运动而斗争》的报告。薄一波在报告中介绍了"三反"运动的情况、运动的性质和运动的方针、政策。此外，还指出："应当在工商界中开展一个反行贿、反偷税漏税、反盗窃国家资财、反偷工减料和反盗窃国家经济情报的斗争。"参加大会的有中央、华北和京津两市的党政军机关、群众团体的高级干部，以及工商界人士，文艺、科学、新闻工作者共 2300 余人。在京所有工作人员收听了实况广播。天津人民广播电台转播了中央电台的实况广播。

1月10日

中央人民广播电台创办《经济生活》栏目。这是中央电台开办的第一个经济专题栏目，每周播出六次（周六播文艺节目），每次30分钟，内容涵盖工业、农业、财贸等各方面的内容，形式有新闻、述评和通讯等。

1月10日～12日

东北区各人民广播电台台长会议在沈阳召开。会议除讨论编制、经费等问题外，决定16个人民广播电台记者联合采访东北工农业劳模代表会议，统一发稿，同时播出。

1月16日

天津人民广播电台播出天津市各界举行检举贪污行贿分子大会的实况，到会各界群众共有3万余人，收听天津电台实况广播的有100多万人。

1月21日

随着皖南、皖北两个区党委合并成立中共安徽省委，皖北人民广播电台（合肥市）和皖南人民广播电台（芜湖市）相应合并，并在合肥开始联合播音，呼号为"皖南、皖北人民广播电台"。

1月27日

浙江人民广播电台发起为时半个月的"春节广播下乡宣传活动"。全省有135台收音机参加，巡回1883个行政村，组织1400万人收听以增产节约为中心的春节特别节目。于2月10日结束。

1月28日

中国人民志愿军在中朝后方一些地区首次发现美军飞机布撒各种带菌昆虫。针对美国在朝鲜发动细菌战，北京广播电台及时播出有关消息和报道，在听众中引起很大反响。

1月31日

中国人民志愿军代表团和朝鲜人民代表团各分团分赴各大行政区作报告，介绍他们跟美国侵略者作战的英勇事迹。志愿军归国代表团团长李雪三、朝鲜人民访华代表团团长洪淳哲和部分战斗英雄、工作模范在中央人民广播电台作了广播演讲。

同月

北京广播电台制定的1952年调整工作方案指出：必须有步骤地加强国际广播，使它成为进行国际宣传、配合外交斗争和团结广大华侨的有力武器。方案提出："对敌人的造谣污蔑，一般不作针锋相对的驳斥，而着重作正面宣传，只有必要时才加以正面的打击"，"广播的内容应尽可能切合外国听众的实际，并且认真做好听众来信工作，包括赠送书刊、画报、画片的工作"。方案确定：各语言广播组由11个组编为五个组，即：英语广播组、日语广播组、朝鲜语广播组、东南亚语广播组（下设越南语、印尼语、缅甸语、泰语四个小组）、对华侨广播组（下设广州话、厦门话、潮州话、客家话四个小组）。

2月1日

11:00，北京市举行公审大贪污犯大会，最高人民法院组织了临时法庭。有关部门的代表在大会上控告了各该部七名大贪污犯的罪行。中央人民广播电台广播了大会实况，天津人民广播电台转播了中央电台的实况广播。京津两市的工厂、机关、学校、团体、商店及各界市民收听大会实况广播。

2月2日

天津人民广播电台综合台每天15:00、20:30举办《"三反""五反"特别节目》。每天13:00举办《"三五反"新闻》。

同日

黑龙江省伊春森林工业管理局美溪森工局五道库有线广播站建立，使用300瓦扩大机，自用1.5千瓦发电机发电，有两名电工和一名兼职播音员。这是伊春林区的第一个有线广播站。

2月10日

河北人民广播电台转播河北省人民法院临时法庭公审大贪污犯刘青山（曾任中共天津地委书记）、张子善（曾任天津地区行署专员）大会实况。刘青山、张子善在天津地区工作时，挪用飞机场建筑款、救济水灾区造船贷款、干部家属救济粮、地方粮，克扣民工供应粮及骗取银行贷款等总计达171亿元（旧币），用于经营秘密掌握的"机关生产"，供其挥霍浪费。11日、12日重播实况录音。中央人民广播电台、天津人民广播电台播出了河北电台采制的大会录音报道。

2月18日

根据1951年12月7日举行的中央人民政府政务院第114次政务会议原则通过的《政务院关于调整机构紧缩编制问题的决定》，新闻总署正式撤销。中央广播事业局归中央人民政府政务院文化教育委员会领导，宣传业务归中宣部领导。

2月21日

川北人民广播电台在南充开始试播，5月1日开始正式播音。

2月27日

天津人民广播电台综合台举办《抗议美国侵略者使用细菌武器特别节目》。职工台从19:00起，播送天津市医务工作者抗美援朝救护委员会召开的"天津市细菌学家及医务工作者抗议美国侵略者撒播细菌大会"实况录音。

同月

青海人民广播电台安装 2 千瓦中波发射机一部，提高了发射功率，扩大了覆盖面。

3月1日

中国人民志愿军归国代表和朝鲜人民军代表在广西人民广播电台播音室报告抗美援朝情况。

4月1日

全国第一座以县为区域范围的广播站——吉林省九台县广播站正式开始播音。10 条广播干线从县城通往各区、乡，线路总长 348 公里，大部分是利用县政府的电话线路实行单线传输、定时广播（广播时间不能通电话）。区、乡通往各村庄的线路有 104 条，全长 651 公里，大都是各乡、村自己筹集杆线建起来的。全县 330 只舌簧喇叭分布在各区、乡、村人民政府和互助组、供销社、学校、文化站等公共场所。九台县广播站土法上马，因陋就简，以仅有的 4 名工作人员，坚持每天中午、晚上 2 次播音，播出时长为 3 小时 50 分钟，除重点转播中央人民广播电台和省台节目外，广播站也自办一些节目，如《农村通讯》等。据统计，每天有一两万人聚集到安装喇叭的地方收听广播。

4月5日

18:00，中国人民志愿军归国代表团团长李雪三和朝鲜人民访华代表团团长洪淳哲报告广播大会在陕西省西安市政府广场举行。西安市和陕南、关中等地区收听广播的人数达 30 多万。收到向两位团长和中朝人民军队的致敬信件 1778 封。

4月10日~17日

中央人民广播电台在北京召集各大区台和部分市台的文艺工作者代表，举行第一次文艺广播工作会议，商讨加强中央电台和地方电台文艺广播部门的联系，充实文艺广播节目。

4月24日~29日

国际广播组织理事会第 21 次会议、大会第 11 次常会、大会第 4 次特别会议和技术委员会第 6 次会议在布拉格和哥特瓦尔多夫举行。中国广播组织的代表第一次出席上述会议。会上，举行了中华人民共和国广播组织加入国际广播组织的庄严仪式。会议同意汉语作为国际广播组织合法语言之一。中国代表在会上作题为《中国广播组织的目的和任务》的报告。20 日，中央广播事业局局长李强、副局长梅益致电国际广播组织，祝贺会议的召开。

同月

湖南人民广播电台建立电池厂，专为收音站生产收音机使用的甲乙干电池。

同月

广东人民广播电台在广州市海珠区宝岗建立 808 发射台，拉开了广东广播发射台建设的序幕。

5 月 6 日

中国政府和捷克斯洛伐克政府在北京签订文化合作协定。协定第二条癸项规定：促进缔约国广播电台在文化节目上的合作，并交换广播特别节目录音资料。捷克斯洛伐克宣传和文化部部长柯别茨基率捷克斯洛伐克政府代表团于 4 月 13 日～5 月 10 日访华。

5 月 11 日

川北行署主任胡耀邦到川北人民广播电台发表录音讲话，题目是《开展"万户千组一百乡"的农业增产创模运动》。

5 月 15 日

中共中央新疆分局宣传部和新疆人民广播电台联合发出通知，决定全疆收音网经费自 1952 年起统由新疆人民广播电台事业费内开支。

5 月 30 日

中央广播事业局关于收音员编制问题复信中南人民广播电台，指出，收音员编制问题获得解决，各台应立即整顿收音业务。

5 月下旬

江西人民广播电台在南昌市召开第一次全省专职收音员会议，省委宣传部副部长莫循在会上作题为《必须做好广播收音工作》的报告，各县收音员 100 余人出席会议。

同月

中央机关生产管理委员会批准各地人民广播电台附设的修理服务部门以企业化方式经营。

同月

甘肃人民广播电台首次播出该台记者采访的批评性稿件《平凉新华书店和邮局在书报发行中出现强迫命令现象》。

6 月 1 日

随着皖南、皖北行署合并成立安徽省人民政府，皖南、皖北人民广播电台更名为安徽人民广播电台。范源任台长、于坎任副台长。当日，该台在合肥正式开始播音，发射功率 1 千瓦，频率 940 千赫。安徽电台成立后，设收音网工作组，管理、指导全省收音网工作。

6月5日

河北人民广播电台开办专门为农民服务的《对农村广播》节目。

6月7日

中央人民政府政务院文化教育委员会决定成立唱片审查委员会,吕骥任主任委员,徐迈进、赵沨任副主任委员,贺绿汀、马思聪等16人为委员。

6月15日

中共江西省委任命林敏为江西人民广播电台台长,批准设立台务委员会。

6月25日

山东全省第二次广播收音网工作会议召开。

6月30日

北京市人民政府接受私营华声广播电台的申请,将该台的全部设备和财产作价收购,并对其从业人员给予妥善安排。至此,北京市最后一家私营电台停止播音。

同月

为推广中国人民解放军西南军区某部文化教员祁建华创造的速成识字法,甘肃人民广播电台举办广播速成识字教学节目,每天19:30至21:00用1400千赫播出。

7月1日

新中国第一条铁路——成渝铁路(东起重庆,西到成都,全长505公里)通车。西南人民广播电台组成报道小组随列车进行流动性实况转播。当日上午,在重庆火车站转播通车典礼实况。列车载上广播车开出,晚上到达内江,和从成都开出的列车相会,该台转播了会车典礼实况。2日,列车到达成都,该台转播了成都车站举行欢迎大会和天成铁路(天水至成都)开工典礼的实况。

同日

甘肃人民广播电台《农村节目》播出全国丰产模范李顺达给甘肃农民的一封信,希望广大农民兄弟互助合作,搞好爱国增产,支援抗美援朝。

7月14日

中华人民共和国和保加利亚文化合作协定在索菲亚签字。中华人民共和国中央人民政府委员马寅初和保加利亚科学艺术文化委员会主席卢宾·列维分别代表各自政府在协定上签字。协定第四条乙项规定:促进缔约国双方广播电台在文艺节目上的合作,并交换广播特别节目。

7月15日

新疆省喀什市建立当地首个收音站。

7月22日

青海人民广播电台开办藏语(安多语)节目。每周播出一次,每次20分钟,安排在该台汉语《综合节目》中交叉播出。

同月

山西省政府作出《关于加强全省广播收音工作的决定》，主要内容是扩充广播收音设备，发挥广播积极作用；把山西人民广播电台的发射功率扩大到 7.5 千瓦；给全省 600 个区政府各配发一部收音机。

8月1日

东北各地广播电台组成调查团，调查、总结吉林省九台县有线广播网的作用和经验，将调查报告编印成册。这是第一份系统介绍农村有线广播的资料。

8月3日

中央人民广播电台转播中国男子篮球队与波兰男子篮球队的比赛。这是中央电台首次转播国际体育赛事实况。

8月4日

中南人民广播电台、武汉人民广播电台开展"消灭差错"活动，大力整顿文风和粗枝大叶的工作作风，建立起业务学习和各种工作制度。

同日

上海举行"华东暨上海市人民爱国卫生运动广播大会"。上海市市长陈毅（代理饶漱石主持中共华东局和华东军政委员会工作）在会上发表讲话。他说，1952 年 4 月起，华东各区展开了一个大规模的爱国卫生运动，使得环境卫生和个人卫生都有了空前改进，广大群众的生活环境改变了面貌，提高了人民的健康水平。

8月16日

吉林人民广播电台在丰满电站大坝南端露天会场转播了吉林丰满发电站大坝加固工程竣工、全厂职工庆祝竣工报捷大会实况，并对大坝现场做了口头报道。这是吉林电台第一次成功地进行远距离实况转播和现场口头报道。

同日

甘肃人民广播电台播放兰州地区举行的各族各界欢庆天兰铁路（天水到兰州）铺轨到兰州大会的实况录音。

同月

中央广播事业局局办室成立听众服务组，专门处理听众来信。

同月

中央人民广播电台以实况广播形式播送解放军全军第一届体育运动大会（8月1日~11日在北京举行）的多项竞赛实况。

同月

新疆人民广播电台调整机构。编辑室改称编辑部，下设综合组、新闻组、文艺组、播音组、翻译组、资料组。

同月

江西人民广播电台在编辑部门开展"消灭差错"活动，成立检查小组，对每天的编稿和播音进行检查登记，每周将检查结果张榜公布，编播人员受到"字字对人民负责"的教育。

9月1日

中央广播事业局局办室编印的《广播业务》出版。这是由《广播通报》改版而成的，以活页形式随时印发各电台，目的是及时贯彻广播事业局对各地方台的业务指导及迅速交流各电台的工作经验，共出版了38期，于1953年6月停刊。

同日

中央人民广播电台播送教育部副部长钱俊瑞祝贺全国小朋友新学年开始的广播讲话。

同日

西康省西康人民广播电台在雅安开始正式播音，使用中波发射机，功率1千瓦，频率1130千赫。主要负责人荣一农、苏景轼。

9月3日~9日

中央人民广播电台《经济生活》栏目连续播出由该台和全国合作总社联合举办的《新中国合作事业介绍》特别节目。

9月4日

吉林省延边人民广播电台演出组成立。

9月6日

西北军政委员会副主席习仲勋发表广播讲话，题目是《普遍深入开展爱国卫生运动》。西北人民广播电台、西安人民广播电台当天分别安排三个时间播出习仲勋的讲话。中共中央西北局、西北军政委员会领导在"土改""三反""五反"运动中多次到广播电台作广播讲演，利用广播指导工作。

9月15日

天津人民广播电台与天津市工商联在综合台举办"天津市工商界订好购销计划，迎接华北地区物资交流大会广播大会"。全市收听广播大会的有五万多人。大会进行中，掀起了做好购销计划或保证完成交易任务、迎接大会、迎接国庆节的挑战和迎战热潮。

9月15日~22日

配合《调查在朝鲜和中国的细菌战事实国际科学委员会的报告书》的发表，中央人民广播电台、北京广播电台展开了大规模的关于反细菌战的报道。北京广播电台在各语言广播中播出大量信息、评论和文章，其中包括俘虏证实美国进行细菌战的声明等。

9月19日

政务院第149次政务会议通过有关人事任免决定，任命梅益为中央人民政府文化教育委员会广播事业局局长，徐迈进、温济泽为副局长，并批准免去李强广播事业局局长职务、梅益副局长职务。

9月23日～30日

国际广播组织理事会第22次会议和技术委员会第7次会议在布达佩斯举行。以中央广播事业局局长梅益为首的中国代表团出席上述会议。理事会会议通过了致国际电信联盟会员及出席国际电信联盟全权代表大会代表书，要求该会驱逐国民党残余集团的代表，接受中华人民共和国代表出席大会。会议选举梅益为国际广播组织1953年度主席。

9月23日～28日

云南人民广播电台主持召开第一次全省广播收音工作会议。会议总结了各县收音站建立以来的成绩和经验，讨论了进一步加强广播收音工作的措施。

9月28日

根据中宣部9月13日发出的《关于建立通俗的新闻广播的决定》，新华社设立地方部和播音室。从10月1日起，每天播发口语记录新闻5000字，供各专区及专区以下的地方报、工矿、城市、部队小报，其主要读者对象是工人和农民，兼顾部队和一般市民。呼号为"中央人民广播电台"。

同日

山西人民广播电台开办《农民节目》，对象是全省广大农村干部和群众。

9月30日

财政部部长薄一波在中央人民广播电台作《中华人民共和国三年来的成就》的广播讲演，讲演全面总结了新中国成立三年来各方面所取得的伟大成就。

同日

随着四川省人民政府的成立（9月1日），原川东、川南、川西、川北四行政区人民行政公署撤销。本日，以设在四川省省会成都市的川西人民广播电台为基础，合并川东、川南、川北人民广播电台组建四川人民广播电台。10月1日，四川人民广播电台正式播音。负责人张笑仙。

9月底

松江人民广播电台工务科长任洪武带领技术人员到延寿县广播站，协助建设县到区的有线广播。到12月下旬，延寿县广播站正式开始对农村广播。这是松江省第一个把广播延伸到农村的广播站。

同月

北京广播电台继续报道朝鲜战况和朝鲜停战谈判情况。为揭露美国片面处理战俘拖延停战谈判的阴谋,该台播出了以下内容:一、美方承认狂轰滥炸目的是为屠杀朝鲜和平居民;二、刽子手波纳供认美方野蛮虐杀战俘的罪行;三、美方应负破坏朝鲜停战谈判的全部责任;四、美方片面处理战俘的新阴谋。

同月

在浙江人民广播电台服务部帮助下,浙江省金华市城区有线广播站成立,第一批安装了300只喇叭。这是全省第一个将喇叭装入居民户的广播站。浙江电台在金华市召开现场会,推动全省有线广播站的成立。

10月1日

中央人民广播电台转播首都庆祝中华人民共和国成立三周年阅兵典礼及群众游行实况。晚上,转播首都庆祝国庆节联欢晚会实况。北京广播电台各语言组播送了国庆阅兵典礼和群众游行的录音报道。在国庆前后播出的专稿主要有《中华人民共和国三年来的伟大成就》以及介绍三年来水利建设、农业生产、东北工业生产的成就等。

同日

上海联合广播电台成立并正式播音。该台由上海人民广播电台与已经公私合营的大沪、沪声两台和其他14家私营台联合组成,上海人民广播电台作为公方代表,在编辑业务上对联合广播电台负有政治领导责任。

同日

浙江人民广播电台在《浙江广播》第6期上公布《关于1952年度评选工作优良收音站条例》和《关于奖励1951年工作优良收音站点通报》。经评定,绍兴市和嘉善县、新登县、新登城岭区收音站为1951年度一等工作优良收音站;杭县、诸暨、吴兴、海盐、上虞、宁海、慈溪、江山、缙云、遂昌、临海等县和嘉善西塘、平湖乍浦、松阳古市、东阳巍山、杭县闲林、富阳大源、海门特区等区镇收音站为1951年度二等工作优良收音站。

10月13日

北京广播电台转播北京庆祝亚洲及太平洋区域和平会议在北京胜利闭幕的大会实况,以汉语、英语、日语、西班牙语解说。这次会议于10月2日开幕,宋庆龄致开幕词,郭沫若作题为《团结一心 保卫和平》的总报告。出席会议的共有37个国家的正式代表344人,列席代表34人。会议期间和闭幕后,北京电台共邀请21个国家的82位代表作了广播讲话。

10月13日~18日

东北区广播编播工作会议在沈阳召开。会议总结了广播为经济建设服务的经验，并研究了如何进一步提高质量的问题。

10月15日

宁波人民广播电台接管私营宁钟广播电台。

10月25日

中央广播事业局成立基本建设处，负责工程设计和筹建工作，从此开创了我国的广播电视设计事业。

10月27日

中央人民政府文化教育委员会办公厅人事处发出回复中央广播事业局人事处的《关于广播事业局编制的函》，指出：你局1952年编制业经政务院机构编制审查委员会审核同意，批准广播事业局编制共952人，计：干部编制857人，勤杂人员编制95人。还表示同意广播事业局《机构调整报请批准》的文。广播事业局下设局务办公室等15个处、室、部。局务办公室共设5个组，人员编制共34名。其中，副秘书长1名，副主任1名；秘书组14名；城市广播组4名；省台广播组5名；普及组3名；国际联络组6名。

10月31日

苏南人民广播电台和苏北人民广播电台同时在无锡、扬州停止播音。因江苏省建制即将建立，经中央广播事业局和华东人民广播电台批准，苏南、苏北两台主要工作人员和机器设备调往南京，与南京人民广播电台合并，组建江苏人民广播电台。11月1日，苏南、苏北、南京三台合并后，在南京以"苏南苏北人民广播电台联合播音"的呼号向全省广播，发射功率10千瓦，频率870千赫，全天播音435分钟，播出节目有《工人节目》《工人俱乐部节目》《新闻》《新闻评论及通讯》《讲座》《记录广播》和每天180分钟的各类文艺节目。

同月

安徽省第一届收音网工作会议在合肥召开。会议系统地总结了建网工作，研究制定了今后的建网任务。

同月

云南人民广播电台与昆明市总工会联合举办工矿广播干部训练班。年底，全省300人以上的公营工厂、矿山分别建立了广播站。

11月1日

华东人民广播电台第二台成立，任务是宣传党和政府的财经政策和华东建设成就，促进城乡物资交流，对财经工作人员进行政策教育，交流经验，推动劳动竞赛，贯彻增产节约方针。当晚，举行广播会，华东财委副主任方毅发表广播讲话，经济学家沈志远和各界人士100多人到会。1953年底，华东电台第二台节目撤销，改为转播中央人民广播电台节目。

11月3日

山西人民广播电台播送劳动模范李顺达参观苏联回国后所作的报告，每天分上午、下午两段时间，连续向全省广播28次。各县都组织了收听。

11月4日～12月6日

中央人民广播电台为庆祝俄国十月革命35周年和"中苏友好月"，专门组织《中苏友好月特别节目》，每日广播一小时，内容由广播讲话、专题讲话和文艺节目三部分组成。北京广播电台每天增设一次《中苏友好月节目》，用俄语对苏联听众广播，主要由讲演和中国音乐两部分组成。

11月6日

中央人民广播电台播送郭沫若就庆祝俄国十月革命35周年对苏联人民的广播词。郭沫若代表中苏友好协会的全体会员和全中国人民向苏联人民表示衷心的祝贺，并表示要继续巩固和发展中苏之间的兄弟友谊，更进一步向苏联学习，把中国建设得更强大。

11月7日

在纪念俄国十月革命35周年活动期间，贵州人民广播电台举办《中苏友好特别节目》。在前后一个月中，播出有关新闻、讲话、故事、电影片介绍，共计240篇。

11月19日

天津市举行中苏友好广播大会。苏军红旗歌舞团部分团员应邀出席中心会场的大会，部分团员分赴各收听会场和群众见面。苏军红旗歌舞团和中央音乐学院、天津市人民艺术剧院和著名豫剧演员常香玉在会上表演了节目。收听广播实况的各界市民共120多万人。

11月20日

南京电子管厂试制成功五灯收音机用电子管。

11月27日

南京人民广播电台和南京中苏友好协会为欢迎苏军红旗歌舞团，联合举办"南京中苏友好广播大会"，使用四个频率广播，无锡、南通人民广播电台同时用专线转播。江苏全省有200多万人收听（来信4万多封）。苏联友人还到16个收听点参观。这是江苏省规模最大的一次广播大会。

11月30日

平原人民广播电台奉命结束工作，停止播音。此前，11月15日，中央人民政府委员会第十九次会议决定撤销平原省。

11月下旬

中央人民广播电台陆续播出宋庆龄、伊·爱伦堡关于迎接世界人民和平大会（12月12日～19日在奥地利首都维也纳举行）的论文。

同月

中共中央发出《关于广播干部不得另调工作的通知》。《通知》指出："广播事业为宣传工作中主要武器之一，目前干部甚少，维持已感不足，何况这是新的事业，亟需培养干部、积累经验，以备进一步开展，才能适应国家建设的需要，故广播干部不应轻易调动，而应使他们在这一工作岗位上长期专业化。"

同月

中央人民广播电台邀请访华的苏联艺术家代表团和苏军红旗歌舞团来台录制节目。这是最早到中央电台录制节目的外国文艺团体。

同月

随着各县建政、土改工作的需要，新疆省阿克苏专区库车、新和、沙雅、阿瓦提、乌什、柯坪、温宿、阿合奇八个县相继建立收音站。县收音站均属县委宣传部领导。

12月1日

广西人民广播电台开办《俄语节目》，成立俄文广播业余学校，参加俄语学习的学员达3000多人。

12月1日～11日

中央广播事业局在北京召开第一次全国广播工作会议。参加会议的有各大区、省、市、自治区广播电台台长，5个广播器材厂厂长，部分编辑、记者、工程师、播音员和17个县的广播收音员及广播事业局有关负责人，共计176人。这次会议是在三年经济恢复时期行将结束、国家大规模经济建设即将开始的背景下举行的。会议的主要议题是总结中华人民共和国成立三年多来广播工作取得的成就、经验和存在的问题，研究确定1953年广播工作的方针与任务。中央人民政府政务院文化教育委员会副主任马叙伦到会讲话。中宣部副部长、文化部副部长、党组书记周扬，全国总工会秘书长赖若愚，政务院副秘书长、农业部部长廖鲁言，中宣部副部长、新华总社社长熊复分别作了报告。中央广播事业局局长梅益作题为《1953年广播工作的方针和任务》的讲话。梅益在讲话中宣布：根据当年10月的统计，全国现有71座人民广播电台，台数比1947年10月国民党反动统治时期增加36座，比1949年10月增加26座。据不完全统计，两年多来，各地已先后建立了20519个收音站和4664个广播站。广播第一次走进了农村。全国共有1056个收音站出了收音小报。会议确定了"重点建设，稳步前进"和"精办节目"的方针。会议提出国内广播网建设，采取先中央台、后地方台，先对国外广播、后对国内广播的方针，即集中力量建设中央台的方针。会议确定1953年的任务是：一、集中力量建设中央电台，训练基本建设骨干；二、调整人力，精办节目，培养编播干部，提高工作质量；三、巩固广播站和收音站；四、统一规定广播工业的生产计划，加强对各厂的管理与技术指导；五、加强对地方广播的管理工作。在会议结束时，梅益作了总结发言。他首先谈了大家关心的三个问题，即广播工作的特点、对象和任务。然后，着重讲了三个业务问题：一、关于精办节目和改进编辑部工作的问题；二、关于广播收音网的问题；三、关于区台和省兼市台的问题。会后，梅益向中宣部作了关于会议情况的报告，中宣部批准了他的报告，认为会议确定的方针、任务和办法是正确的，并电告各中央局、分局、省（市）委及宣传部，要求各级党委督促行动，采取多种措施，全面贯彻落实。

12月6日

根据中央人民政府委员会第十九次会议通过的《关于调整省、区建制的决议》，察哈尔省建制撤销。当日，察哈尔人民广播电台随之停止播音。

12月9日

在第一次全国广播工作会议期间，中央人民广播电台播音组召开播音工作座谈会，提出"播音员不是传声筒"，是"有丰富政治感情和艺术修养的宣传鼓动家"等观点。

12月15日

苏联艺术家代表团到太原演出，山西人民广播电台在当晚现场直播了艺术团演出实况，录音重播了3次，收听者达20多万人次。

12月21日

新疆人民广播电台在迪化市老满城新建的发射台落成，安装发射机4台，功率为4.55千瓦。新建的维吾尔语和汉语播音室同时投入使用。全台干部职工共计73人，其中汉族58人，维吾尔族10人，其他民族5人。

12月23日

云南省第一届工农业劳动模范生产代表会议与云南人民广播电台分别举办工、农业劳动模范开展增产节约劳动竞赛挑应战广播大会。许多地区和单位组织工农群众收听大会实况，热烈响应劳模们的号召，揭开了全省增产节约竞赛的序幕。

12月26日

中共山西省委宣传部发出《关于训练收音员给各地委宣传部的通知》。

12月31日

新疆全省有9个专区、69个县共建起78个收音站，共有工作人员277人。

同年

中央广播事业局制定《全国各地人民广播电台 1953 年员额编制草案》。一、大行政区台及所属大城市台：东北及沈阳人民台 210 人，华东及上海人民台 230 人，中南及武汉人民台 173 人，西南及重庆人民台 190 人，西北及西安人民台 132 人；二、甲种编制台：北京人民台 92 人，天津人民台 138 人，广东及广州人民台 142 人，南京人民台 105 人；三、乙种编制台（80 人到 90 人）：河北人民台、山西及太原人民台、松江及哈尔滨人民台、旅大人民台、浙江及杭州人民台、苏南及无锡人民台、山东及济南人民台、江西及南昌人民台、福建及福州人民台、湖南及长沙人民台、云南及昆明人民台、四川及成都人民台、新疆人民台；四、丙种编制台（50 人到 80 人）：察哈尔人民台、平原人民台、辽东人民台、辽西人民台、黑龙江人民台、吉林人民台、热河人民台、长春人民台、苏北人民台、安徽人民台、青岛人民台、河南及开封人民台、广西及南宁人民台、海南人民台、贵州人民台、西康人民台、西藏人民台、青海人民台、甘肃人民台、陕西人民台、内蒙古人民台第二台；五、丁种编制台（34 人到 40 人）：芜湖人民台、川南人民台、川北人民台、绥远人民台、唐山人民台、鞍山人民台、抚顺人民台、本溪人民台、延边人民台、厦门人民台、南通人民台、徐州人民台、宁夏人民台、石家庄人民台、宁波人民台。

同年

我国首次实行全国大学生统一分配，中央广播事业局在李强、卢克勤等努力下，本届全国电机系 200 多名毕业生绝大部分分配给了广播事业局，他们连同之前分配来广播事业局的大学生后来都成了我国广播电视战线上的技术骨干和领导力量。

同年

中央人民广播电台开办《教唱歌曲》节目，每天一次，每周教唱一首歌。与中华全国曲艺联合会合办最早的曲艺节目《广播文艺》。与中苏友好协会合办系列音乐节目《苏联音乐广播欣赏会》。

同年

北京广播电台收到 33 个国家和地区的听众来信 1000 余封。

同年

天津市人民政府拨款 11 亿元（旧币），为天津人民广播电台在丁家桥建佟楼发射台。发射台启用后，发射机房使用 6 个频率，即 620 千赫 500 瓦，820 千赫 100 瓦，920 千赫 300 瓦，1110 千赫 100 瓦，790 千赫 200 瓦，1350 千赫 100 瓦。

同年

吉林省在全省范围内建立农村有线广播站。到年底，通广播的村、屯有 1120 个，有线广播喇叭 3000 多只。

同年

第一届全国戏曲观摩演出大会（由文化部主办，10月6日~14日在北京举行）后，湖南地方戏曲活跃，丰富了湖南人民广播电台的戏曲广播。花鼓戏《双送粮》中的插曲《浏阳河》唱遍全国，最先是通过广播传开的。

同年

陕西人民广播电台第一发射台建成并投入使用。这是陕西省最早建立的广播专用发射台。

1953 年

1月1日

根据中央人民政府委员会第十九次会议通过的《关于调整省、区建制的决定》,苏南、苏北两个行署区撤销、合并,复设江苏省。1952年12月17日,政务院决定,原属华东军政委员会直辖的南京市改为江苏省人民政府直辖市。由于省、区建制的调整,苏南人民广播电台和苏北人民广播电台合并,建成江苏人民广播电台,南京人民广播电台保留呼号,从当日起,分别使用"江苏人民广播电台"和"南京人民广播电台"的呼号开始在南京播出。同时,终止苏南人民广播电台和苏北人民广播电台在南京使用两台呼号联合播音。

同日

中共山西省委书记高克林和省人民政府主席裴丽生向全省干部群众作有关工作方针、任务的广播讲话。山西人民广播电台从1日~3日连续广播五次,各县都组织了收听。

同日

设在齐齐哈尔的黑龙江人民广播电台组装的5千瓦屏调中波广播发射机投入运行。

1月7日

邮电部、中央广播事业局发出《关于各地人民台架设市内播音线或对讲专线办法的联合通知》。

1月15日

云南人民广播电台新建的六合村广播发射台开播,原普坪村发射台撤销。

同日

江苏省徐州人民广播电台撤销。

1月16日

江苏省南通人民广播电台撤销。

1月22日

中央广播事业局向各地人民广播电台发出关于宣传日食、月食的通知。

1月25日

为集中力量办好山西人民广播电台的节目，太原人民广播电台呼号撤销。

1月26日

山东省召开全省第三次收音网工作会议。广播收音网在山东各地大致普及并进入巩固阶段。

1月27日

中央广播事业局发出《关于贯彻婚姻法运动的宣传提要》。1月14日，中央贯彻婚姻法运动委员会举行第一次委员会议。会议认为，为了根本摧垮封建主义的婚姻制度，必须开展一个大规模的宣传和检查《婚姻法》执行情况的群众运动，并决定3月为宣传贯彻《婚姻法》的运动月。广播事业局在《关于贯彻婚姻法运动的宣传提要》中要求各地人民广播电台自1月下旬至4月底，分阶段运用各种方式，开展一次广泛而深入的贯彻婚姻法运动的宣传鼓动工作。《提要》指出，必须广泛运用各种文艺广播形式，因为这种广播形式最易深入人心。

同日

中央广播事业局发出《关于春节期间组织对农民广播，发动收音员下乡宣传的通知》，要求各地广播电台组织对农民特别广播节目，发动收音员下乡，向广大农民群众广泛而深入地进行新形势、新任务的宣传。同时，进行调查研究，以便改进对农民的广播宣传，为创办农民节目、整顿与巩固收音站工作作准备。

同月

北京广播电台在1953年工作计划要点中提出三项任务：一、报道中国大规模建设的成就以及普选、制宪的意义和成果；二、宣传以苏联为首的世界和平民主阵营力量的强大、中苏友谊的增进、抗美援朝的胜利，亚洲殖民地、半殖民地国家民族解放运动的发展，鼓舞世界人民保卫和平的斗争；三、揭露以美帝国主义为首的侵略阵营的内部矛盾、危机和阴谋。在业务工作方面，强调精办现有节目，提高质量；增加文艺节目，要求在30分钟节目里，要有5分钟文艺节目，以介绍中国音乐、诗歌、文艺作品为主，外国作品为辅。在1953年改进工作方案中提出：外国语广播应该为国际主义的目的，为巩固各国人民的友谊和增进各民族之间的友好合作，为保卫和平和民主服务。对华侨的方言广播应该为巩固侨胞和祖国的关系，为加强华侨内部团结，为增进华侨和当地人民之间的友谊服务。

同月

中共广西省委宣传部、省文教委员会发出《关于加强我省广播工作的几项规定》。

同月

经新疆省人民政府文化教育委员会批准，内部月刊《新疆广播》用维吾尔文、汉文两种文字出版。这是新疆第一个指导广播和收音工作的专业性刊物。哈密专区收音站利用每天抄录的记录新闻，创办不定期的油印小报《新闻广播》，并用维吾尔、汉两种文字出版，每期汉文发行 150 份，维吾尔文发行 100 份。

2 月 1 日~6 日

江西人民广播电台在南昌市召开全省第二次专职收音员会议。江西电台台长林敏传达了第一次全国广播工作会议精神，并报告了全省 7 个月来收音工作开展的情况。全省各县市广播收音员和 3 个专区的广播修理员共 80 余人出席会议。

2 月 3 日

天津人民广播电台成立广告部。

2 月 5 日

中央广播事业局就举办观测日食广播讲解节目发出有关通知。该节目于 2 月 14 日举办，特请中国科学院紫金山天文台台长、天文学家张钰哲和北京大学教授戴文赛现场指导听众观测。

2 月 10 日

浙江省宁波人民广播电台建成并正式播音，发射功率 200 瓦，频率 750 千赫。

2 月 12 日

中央广播事业局局长梅益在写给中宣部的关于第一次全国广播工作会议总结的报告中说，广播事业局为迎接大规模经济建设和做好 1953 年度广播事业计划，召集了第一次全国广播工作会议，会议提出"重点建设、稳步前进"的方针。并决定 1953 年的主要任务是：集中力量进行中央台的基本建设；调整人力，精办节目，提高广播宣传的质量；整顿与巩固广播站和收音站；统一制订广播工业的生产计划，统一管理全国工厂与修理服务机构。具体措施是：统一调用地方台技术干部；逐步撤销大行政区台和一部分小台，以其人力加强中央台与省、市台；加强对工人、农民的广播，在七个大城市成立对工人广播的专台；训练少数民族编播干部，准备增设少数民族地区的广播台和少数民族语言的广播节目；罗致民间艺人，扩充文艺性节目；收音站以巩固为主，除少数民族地区和西南、西北边沿地区外，暂不增设；全国五个工厂从 1953 年第二季度起统一管理并按计划分工生产等。

2 月 14 日

陕西人民广播电台在西安开始播音，频率 880 千赫，波长 340.9 米，和西北人民广播电台共用技术设备，每天 17：15 至 19：50 播音，办公地址设在西安市粉巷 34 号。金照任台长。该台开播时适逢春节，第一次新闻评论节目播出陕西省人民政府主席赵寿山的广播讲话《向全省人民祝贺春节》。

2月15日

山东人民广播电台开办《农民节目》。

2月19日

中共中央华东局批转上海市委《关于加强与新闻机关、报纸、通讯社及广播电台联系的通知》，规定市委和市政府召开的一些重要会议，必要时通知包括人民广播电台在内的媒体负责人列席。

2月22日~3月1日

江苏人民广播电台在南京召开全省第一次收音工作会议。出席会议的有85个县（市）收音员、8个专区收音指导员和地委宣传部代表共113人。会议总结了1952年下半年以来的收音工作，传达了第一次全国广播工作会议精神，研究部署了1953年的广播收音工作任务。

2月24日

中宣部为送审中央广播事业局局长梅益关于第一次全国广播工作会议总结的报告致信毛泽东主席。信中指出："梅益报告中提出的1953年工作方针和办法是可行的。为促使各地党委更加重视广播工作，我们准备再加研究，为中央草拟一个关于加强对广播工作领导的指示，待后送上。"3月4日，毛泽东对中宣部部长习仲勋指示："拟可先将梅益报告由中宣部发给各中央局分局省市委及其宣传部，然后再发你所说的中央指示。"5日，中宣部将梅益的报告批转各中央局、分局并转省（市）委及宣传部，指出："报告中提出的1953年的工作方针、任务和办法，是正确的，望即督促和帮助各地广播事业机关认真实行。"

2月下旬

松江人民广播电台（包括哈尔滨人民广播电台）的领导体制改为政治上由中共松江省委宣传部领导，行政上由省文教委员会领导，业务上由中央广播事业局领导。

同月

吉林人民广播电台收音工作组改为广播站指导科，兼管服务部。工作重点由主要面向城市转为主要面向农村。

同月

江西人民广播电台贯彻省委以农业为重点的方针，调整人员和节目，集中力量精办省内新闻和农民节目。将编辑科改为编辑部，下设新闻、农业、播音、文艺、收音联络、群众服务、通联、资料等八个组。

同月

湖南人民广播电台主办的《广播节目报》在长沙创刊。

同月

春节期间，云南省各县收音站收音员携带收音机下乡，组织农民收听中央人民广播电台和云南人民广播电台举办的春节特别节目。据50个县收音站的统计，听到这次广播宣传的群众共计20万人。

同月

甘肃省第二次收音工作会议的工作报告指出：甘肃的广播宣传应该是面向农村，面向农牧业经济，兼顾城市工业建设。

3月1日

安徽省芜湖人民广播电台奉命撤销，工作人员分赴华东人民广播电台和安徽人民广播电台。

同日

广州人民广播电台增设第三台，主要播出古今中外和全国各地的优秀文艺节目。

同日

新疆人民广播电台服务部成立，地址在迪化市南大街694号。服务部实行企业化管理，经销、维修各种型号的收听工具和无线电元器件，为全疆的广播事业服务。

3月2日

广东首座地方无线广播电台——海南人民广播电台正式播音，发射功率1千瓦，每天播音两次，约10小时，用普通话和海南话播出。负责人陈克攻。

同日

武汉人民广播电台工人台正式播音。

3月5日

苏联共产党中央委员会书记、苏联部长会议主席斯大林于莫斯科时间21：50因病逝世。中央人民广播电台报道了有关斯大林逝世的消息，并播放哀乐。3月7日~9日，根据中央人民广播电台的通知，各地广播电台原定各种节目停播，全部改为悼念斯大林逝世的节目。

3月9日

中共迪化市委发出《关于在工厂、矿山、企业中建立广播收音网的指示》，要求300人以上的公营工厂、矿山、企业单位筹建广播站。广播站以自办节目为主，并转播中央人民广播电台和新疆人民广播电台与职工有关的节目。

3月10日

福建省第一座农村有线广播站——顺昌县农村有线广播站建成。

同日

广西省人民政府工业厅、广西省总工会、广西人民广播电台发出关于建立和健全工厂、矿山、企业广播收音网的指示,凡职工 300 人左右的公私合营工厂、矿山、企业必须建立有线广播站,100 人以上的设立收音站。

同日

甘肃省人民政府副主席、省贯彻《婚姻法》委员会主任霍维德在甘肃人民广播电台发表题为《认真学习婚姻法》广播讲话。

3月23日

安徽人民广播电台成立党组,范源任党组书记。

3月26日

中央人民政府政务院文化教育委员会党组批复同意广播事业局党组组成人员:梅益、温济泽、左漠野、李伍、胡若木、张纪明、柳荫、左荧、卢克勤、董林,梅益任书记。

3月28日

中央广播事业局通知东北人民广播电台,决定成立东北工务工作队,加强对东北各台维护业务与基本建设中的技术指导。为此,指派松江人民广播电台工务科长徐崇华任工作队队长。

同月

中央广播事业局派记者高而公、胡懋德等到朝鲜,随中国人民志愿军采访。

同月

天津人民广播电台进行机构调整,台长兼总编辑;编播工作下设政治部、广播编辑部、播出部三个部门;办公室下设人事保卫、行政、工务三个科。

同月

天津广播曲艺团成立。

同月

刘江任山西人民广播电台台长、总编辑、党组副书记。

同月

上海唱片厂划归中央广播事业局管理,改名上海人民唱片厂。

4月1日

国际广播组织主办的《文件与情况公报》(双月刊)中文版第一期由中央广播事业局翻译出版。

同日

江苏人民广播电台《农民节目》正式播出。在第一次节目中播出江苏省第一次劳动模范代表会议的录音通讯,其中有陈永康等 18 个互助组和农业生产合作社向全省人民的挑战书。

4月4日

经中央人民政府政务院文化教育委员会批准,调原任中央广播事业局技术室主任李伍担任中央广播事业局秘书长,左荧任副秘书长,领导局办公室工作。局务办公室下分设秘书处、地方广播管理处、财务处、人事处、行政处。局务办公室的主要职责是负责本局日常行政工作和机关事务工作,包括公文处理、会议组织、检查与督促决议的执行、掌握本局总资产、管理现金及会计工作,机关内部生活管理等事项。

同日

中央广播事业局党组决定张纪明任副总编辑兼国际广播编辑部主任。

4月6日~10日

云南省第二次全省广播收音工作会议召开。根据国家开始大规模经济建设的形势,会议着重讨论了农村广播收音工作如何更好地为发展农业生产服务的问题。

4月9日~13日

中共山西省委宣传部、省人民政府文教委员会召开全省首次农村广播收音工作会议。全省各专、市、县、区收音员231人参加会议。会议为模范收音员颁了奖。

4月14日~28日

国际广播组织理事会第23次会议、大会第12次常会和技术委员会第8次会议在布拉格举行。以中央广播事业局局长梅益为首的中国代表团出席上述会议。大会批准了上届行政理事会通过的国际广播组织领导机构的改选。

4月17日

经中央广播事业局和天津市建设委员会规划处批准,天津人民广播电台新址定在卫津路天津大学对面,占地25亩,全部工程造价33.422亿元(旧币)。10月8日破土动工。

4月20日

根据中央广播事业局提出的精办节目的方针,安徽人民广播电台决定举办《农民节目》《工人节目》《干部学习节目》《政经节目》,加上以前开办的《新闻节目》《文艺节目》《记录广播》,共七个节目。

同月

中央人民政府人民革命军事委员会总政治部发出《关于进一步加强部队广播及广播收音网的指示》。《指示》在叙述了两年来部队广播和收音网工作的成绩及存在的问题后,要求部队的各级政治机关进一步做好整顿与巩固现有的收音网工作,确定收音网与有线广播站的负责人选,并规定有线广播站的广播节目中文字稿应占1/2至2/3,文艺节目占1/3,最多不超过1/2。

同月

中央人民广播电台先后成立广播民族管弦乐团和说唱音乐团（后改为广播说唱团）。

同月

东北人民广播电台开播《俄语广播讲座》第一期（学期两年）。

同月

经中共中央山东分局宣传部批准，山东人民广播电台成立编委会，具体领导电台的全面工作，大规模、有计划地抽调编播人员连续下乡下厂，深入生活。编委会由张明、李新雨、张晓枫、陶国鉴、陈日辰、励群组成，张明任主任。

同月

福建人民广播电台贯彻第一次全国广播工作会议精神，以精办节目和巩固广播收音工作为中心进行业务改革。决定撤销市台节目，停办青年节目、儿童节目，增设第二套节目。确定办好六个节目，即农业节目、工人节目、新闻评论通讯节目、讲座节目、记录广播和文艺节目。

5月7日

中华人民共和国广播事业局与捷克斯洛伐克共和国广播委员会广播合作协定在布拉格签订。协定规定：双方定期交换供对方广播之有关节目，并尽可能交流各种有关广播技术特别是录音技术的经验和有关国际广播活动的意见等。这是中华人民共和国同外国签订的第一个广播合作协定。

5月16日

安徽省淮南人民广播电台奉命撤销。

5月中旬

广西人民广播电台的播出频率由1000千赫改为1360千赫，全省收音效果初步好转。

5月23日

在《和平解放西藏办法协议》签字两周年之际，西藏军区司令员张国华在中央人民广播电台作题为《团结藏族人民，为建设新西藏而奋斗》的讲话。他回顾了西藏和平解放两年来，进藏部队协助中央人民政府的进藏工作人员在经济、文化、卫生方面做的许多有益于西藏人民和受西藏同胞欢迎的事情。并表示：西藏是伟大祖国不可分离的一部分，进藏部队在民族团结的基础上有全国人民的支援以及中国人民志愿军胜利的鼓舞，有充分的决心和西藏民族一道，把西藏建设好。

同月

设在哈尔滨的松江人民广播电台技术人员将原1千瓦广播发射机改制成20千瓦的屏调中波广播发射机，并交付使用。

同月

吉林人民广播电台《工人时间》节目改为《工人节目》，以通讯、小故事、特写、录音报道、访问记、演讲、座谈等多种形式，向厂矿企业、基建工地的工人、技术人员宣传社会主义过渡时期总路线及各项方针、政策，进行爱国主义、国际主义教育。该台还开办《农民节目》。

同月

云南人民广播电台对农民广播开始举办《农村巡回收听特别节目》，供各县收音站巡回下乡组织收听。节目采用"李宣传员"和"赵大爷"对话形式，进行政策、时事宣传。每月开办一次，连续广播四天。

6月15日

新疆人民广播电台维吾尔语广播和汉语广播实行分频率播出，结束了维吾尔语和汉语用一个频率交错播出的历史。同时撤销编辑部，分设维吾尔语、汉语两个编辑室。维吾尔语编辑室下设翻译组，汉语编辑室下设新闻、农牧、市政、文艺、播音、收音员联络组。

7月7日

上海人民广播电台广播乐团徐炜等八人随中国青年艺术团前往布加勒斯特，参加"第四届世界青年与学生和平友谊联欢节"（8月2日～16日举行），并到波兰和民主德国巡回演出。这是广播系统第一次派乐团团员到国外演出。

7月20日

陕西省西安人民广播电台工人台开始播音。

7月27日

朝鲜停战协定在板门店签字，朝鲜战争结束。中共中央发出关于朝鲜停战的宣传指示，要求包括广播电台在内的各种媒体即在人民群众中进行广泛深入的时事宣传。当日，中央人民广播电台于11：00、13：00、18：00和20：00，多次播送停战协定签字消息。

7月28日

7：00，中央人民广播电台记者在开城录下中国人民志愿军司令员彭德怀在朝鲜停战协定签订后发表的谈话。然后，通过电话线路传送到台里播出。北京广播电台也于同日播出彭德怀的谈话录音。

同月

北京广播电台制定关于朝鲜停战后的广播计划。计划提出的宣传报道方针是：一、宣传朝鲜停战是中朝人民坚决进行反侵略斗争和全世界人民支援的结果，是中朝人民，也是全世界人民一贯坚持和平解决朝鲜问题的主张的胜利，是以苏联为首的世界和平运动的一个重大胜利；二、报道全国人民热烈拥护停战协定和中朝方面忠实执行停战协定的情况，报道中国关于朝鲜停战后的一系列外交问题的主张；三、报道全世界人民热烈拥护朝鲜停战协定的情况和进一步和平解决国际争端的要求，报道全世界人民争取和平运动的进一步高涨；四、报道美帝国主义侵略计划的失败，外交上陷入孤立，内部困难和矛盾的增长，同时要揭露美帝国主义为继续推行侵略政策可能采取的新的侵略行径。

同月

济南人民广播电台经济台更名为山东人民广播电台经济台。

同月

中国人民解放军独立支队宣传部与西藏地方政府（噶厦）协商后，决定筹建拉萨有线广播站。

8月5日

中共中央转发公安部《关于文化保卫工作的指示》，将广播列入文化保卫工作的范围。

8月11日

中央人民广播电台与中央气象台订立《关于危险天气广播办法》，规定关于危险天气的情报，中央电台应在各次新闻节目里随时播出；特别紧急的气象情报，临时在其他节目里播出。

8月28日～30日

中央广播事业局在北京召开各大区台台长会议。会议着重讨论：一、广播电台的领导关系问题；二、广播宣传问题；三、关于贯彻"逐步取消大区台的方针与因地制宜原则"的问题；四、收音网、服务部、修理站和广播器材厂的领导与管理问题；五、培养干部问题等。会议对上述问题没有作出最后结论，只把一致的意见带到各地方电台充分讨论，再向广播事业局汇报，以便在第二次全国广播工作会议上讨论并作出决定。

同月

江西人民广播电台对3千瓦发射机再次进行扩大功率的技术改造，使之达到6千瓦。

9月3日

在抗日战争胜利八周年之际，陕西人民广播电台编辑黄可风和录音员金永明及播音组的成员共同制作《纪念九三抗日战争胜利特别节目》，其中配有音乐和飞机声、炸弹声、孩子的哭声等。播出后，效果很好。这是陕西电台第一次用配乐和音响效果录制的专题节目。

9月7日~10日

中央广播事业局在北京召开所属广播器材厂厂长会议。会议讨论了广播事业局对各企业的领导方针及工厂服务部与商业部的关系问题。

9月15日~10月2日

国际广播组织理事会第24次会议和技术委员会第9次会议在北京举行。苏联、波兰、捷克斯洛伐克、匈牙利、罗马尼亚、保加利亚、蒙古的广播组织负责人和国际广播组织秘书长狄奥多·热列兹尼出席会议。理事会会议由国际广播组织理事会主席、中华人民共和国广播事业局局长梅益主持。会议审查并通过了关于国际广播组织活动的报告和国际广播组织1954年的节目活动草案。会议一致通过中华人民共和国代表团提出的支持世界和平理事会关于开展旨在缓和国际局势而以和平方式解决国际争端的世界性运动的建议，号召所有广播工作者积极参加并促进这一运动的开展。会议选举波兰广播委员会的罗·加多姆斯基担任国际广播组织1954年度主席，梅益当选为副主席。

同月

公私合营上海联合广播电台私方代表提出自愿将私方财产实行转让。上海市人民政府以九亿元人民币（旧币）收购了私方的设备和器材，联合台并入上海人民广播电台，对外呼号暂时保留"联合台"的名称，1954年底取消该台名称。至此，中国最大的私营广播电台集中地——上海的私营台改造任务宣告完成。

同月

由陕西人民广播电台主办的《陕西广播》在西安创刊，为4开4版的周刊。

10月1日

西藏第一个人民广播机构——拉萨有线广播站开播。广播站有75瓦扩大机1台，1千瓦汽油发电机1台，喇叭6只。每周一、三、五的10：30至12：00播音。全部节目用藏语直播。

10月7日

出席国际广播组织理事会第24次会议和技术委员会第9次会议的苏联、波兰、捷克斯洛伐克、匈牙利、保加利亚、蒙古等国的代表及国际广播组织秘书长共19人到杭州参观。浙江人民广播电台台长萧文、副台长郑汉杰迎送。

10月10日

政务院文化教育委员会同意中央广播事业局和铁道部发布《加强铁路列车、车站广播工作的联合指示》。《指示》规定列车、车站广播的主要任务是介绍铁路业务和旅行常识；进行文化娱乐活动；进行政策宣传和爱国主义教育。在进行此项工作时，应注意保证旅客休息。

10 月 15 日

中华人民共和国广播事业局与匈牙利人民共和国广播事业局广播合作协定在北京签订。协定规定：双方应广泛宣传对方的音乐艺术，为对方国庆节组织特别广播节目，交换有关重要稿件及录音报道等。

同日

中华人民共和国广播事业局与波兰人民共和国部长会议广播委员会（波兰电台）广播合作协定在北京签订。协定规定：双方定期交换供对方广播之有关节目，并尽可能交流各种有关广播技术特别是录音技术的经验和有关国际广播活动的意见等。

同日

中华人民共和国广播事业局与罗马尼亚人民共和国部长会议广播委员会广播合作协定在北京签订。协定规定：双方应广泛宣传对方的音乐艺术，为对方国庆节组织特别广播节目，交换有关重要稿件及录音报道等。

同日

中华人民共和国广播事业局与保加利亚人民共和国部长会议广播委员会广播合作协定在北京签订。协定规定：双方定期交换供对方广播之有关节目，并尽可能交流各种有关广播技术特别是录音技术的经验和有关国际广播活动的意见等。

同日

安徽省第二次全省收音工作会议在芜湖召开。

同日

云南人民广播电台和云南省中苏友好协会合办的《俄文讲座》开始播出。这是云南电台首次举办外语讲座节目。

10 月 18 日

中央广播事业局召开北京市各界广播爱好者座谈会。与会人员就广播宣传方针、思想性、形象化、口语化及节目内容、时间安排与播音工作等方面提出了意见。出席座谈会的有工厂、企业、部队、机关、学校等 15 个单位共 20 人。

10 月 20 日

安徽人民广播电台与安徽省军区气象站签订《关于危险天气广播办法》。

同月

青海省全省建立专区收音站 26 个，区收音站 10 个，共有收音机 350 部。

11 月 14 日

中央人民广播电台少年儿童部在北京举行辅导员座谈会。15 个城市的 17 位优秀辅导员参加座谈会。

11月22日

中共山西省委宣传部下发《关于有线广播站转播山西人民广播电台有关节目的通知》。通知说："山西人民广播电台从1953年11月1日起，正式使用新发射机向全省广播，基本上解决了各地晚上听不见、听不清问题。"

11月30日

北京人民广播电台改进节目，调整机构。取消对象节目，新设《首都生活节目》。这是该台建台以来对节目作的最大一次改变。

同月

北京广播电台制定的工作计划要点提出各语言节目共同的报道中心：一、揭露美国破坏战俘解释工作和阻挠、拖延召开政治会议的阴谋；二、介绍新中国增产节约运动和经济建设的情况，并以具体事例向海外华侨宣传新中国过渡时期的总路线和总任务。

12月1日

中央人民广播电台总编室编印的《编播业务》第一号出版。这是中央电台内部刊物，内容主要是各个时期宣传报道计划和各部的工作汇报、总结等。

12月7日

中央人民广播电台开始举办《过渡时期总路线宣传节目》。1952年9月24日召开的中共中央书记处会议上，毛泽东说，我们现在就要开始用10年到15年的时间基本上完成到社会主义的过渡。这是酝酿提出过渡时期总路线的开始。1953年6月15日召开的中共中央政治局会议上，对过渡时期总路线和总任务的内容形成了比较完整的表述。12月28日，中共中央转发中宣部编写的《关于党在过渡时期总路线的学习和宣传提纲》。毛泽东对《提纲》作了重要修改。他指出："从中华人民共和国成立，到社会主义改造基本完成，这是一个过渡时期。党在这个过渡时期的总路线和总任务，是要在一个相当长的时间内，逐步实现国家的社会主义工业化，并逐步实现国家对农业、对手工业和对资本主义工商业的社会主义改造。这条总路线是照耀我们各项工作的灯塔，各项工作离开它，就要犯右倾或'左'倾的错误。"这是对党在过渡时期总路线、总任务的完整表述。中央人民广播电台举办的关于过渡时期总路线的讲座一直延续到1954年5月，先后播出十多篇文章，系统、通俗地讲解党提出过渡时期总路线的理论根据以及这条总路线的具体内容和有关政策。据调查，全国各地几百万有组织的听众收听了这个讲座。

12月18日～22日

中共江西省委第一副书记、省人民政府副主席方志纯在江西人民广播电台作题为《把国家在过渡时期总路线和总任务的学习在全省范围内热烈地开展起来》的广播讲话。

同月

东北区各电台第一次交换文艺节目。

同月

吉林人民广播电台创办第一个业务刊物《广播通讯》,主要栏目有《稿件研究》《广播站及通讯工作述评》《听众意见》《节目介绍》《通讯员来信》和《广播站及通讯经验交流》。共出 26 期。

同月

福建省厦门人民广播电台撤销,改为厦门有线广播站,逐步在市区和郊区发展有线广播网。

同月

甘肃人民广播电台在所有节目中开始宣传过渡时期总路线。农村节目开办《李满仓、张二嫂谈社会主义》专题,着重宣传过渡时期的总路线和怎样才能过渡到社会主义,并以游记形式连续介绍苏联社会主义建设成就和苏联农民的幸福生活。工人节目播出学习苏联社会主义建设先进经验的稿件。

同年

全国(未包括港、澳、台)共有广播电台 63 座。

同年

全国广播工作人员总数为 5348 人。其中:编播人员 1902 人,文艺人员 433 人,技术人员 1169 人,行政人员 1844 人。中央广播事业局干部总数 1115 人。其中编播人员 295 人,文艺人员 132 人,技术人员 547 人,行政人员 141 人。

同年

根据形势需要和广播事业状况,中央广播事业局制定的广播事业发展第一个五年计划中,确定先中央台、后地方台,先对国外广播、后对国内广播的重点发展方针。该计划还包括广播大楼的建设,建设对内广播和对外广播的发射台、节目传送台和监测台等。

同年

中央广播事业局设计处第一次设计中央人民广播电台的播音馆工程和大型短波对外广播发射台工程。

同年

中央广播事业局派遣 10 名技术人员赴捷克斯洛伐克实习,其中 2 人(章之俭、钟培根)实习电视技术,4 人实习广播发射机,2 人实习广播电视节目传送,2 人(何晶莹、曾宪泽)实习天线技术。另外还有 2 人(李光宇、全金关)去匈牙利实习广播发射机。

同年

北京广播电台收到 42 个国家和地区的听众来信 1906 封。新增加的国家和地区有：奥地利、荷兰、阿根廷、冰岛、菲律宾、哥伦比亚、朝鲜、捷克斯洛伐克、法属留尼汪岛等。

同年

吉林人民广播电台迁至吉林市松江路 11 号。台内机构设编辑部、工务科、广播站指导科和行政科。编辑部下设新闻组、讲述组、文艺组、节目组、播音组和资料室。全台有职工 67 人。其中编辑 20 人，播音员 4 人，技术人员 8 人，行政人员 24 人。台长王世民、副台长马景隆。同年，在吉林市江南乡新建发射台，购置了 7.5 千瓦广播发射机，节目信号由架空电缆传送。10 月正式投入使用。

同年

湖南人民广播电台开始使用磁带录音机，设备是两台苏制 3 型录音机。

同年

湖南人民广播电台录制的第一个广播剧是由文艺部编辑李习人编导的《聂耳小传》，该剧介绍了人民音乐家聂耳的生平及主要作品，全剧 30 分钟。

同年

新疆人民广播电台全台干部职工共计 104 人，其中汉族 70 人、维吾尔族 23 人、其他民族 11 人。

1954 年

1月1日

中央人民广播电台首都文艺台开始播音。4月16日,"首都文艺台"呼号取消,改称"中央人民广播电台",全天以播送文艺性节目为主。

同日

中共山西省委第一书记陶鲁茄、省人民政府主席裴丽生分别通过山西人民广播电台向全省人民发表元旦广播讲话。山西人民广播电台新安装的7.5千瓦发射机投入使用,使全省82个县听到了山西电台的广播,占全省95个县的86.3%,覆盖面扩大了两倍多。

同日

天津人民广播电台调整机构,设置总编辑室、文艺科、记者科、调查研究科、播音科、办公室、行政科、人事科、会计科、广告科、工务科、服务部、收发室。

1月20日

中共中央西北局发出关于西北人民广播电台工作的指示,要求各地充分利用这一现代化宣传武器。

同月

根据中苏间协议,北京广播电台广州话播音员王瑞深、黄志澄被派往莫斯科电台当播音员。

同月

江西人民广播电台、江西省委农村工作部、省农业厅联合作出重点建立农村生产合作社收音站的决定。

同月

广西人民广播电台为加强党在过渡时期总路线的宣传,《记录新闻》节目从一小时增加到三小时。

同月

中国铁路工会、甘肃省总工会和甘肃人民广播电台联合举办的全国铁路系统广播收音员训练班结业。

同月

甘肃人民广播电台赵家庄发射台架起84米高木杆发射天线。这是当时全国最高的木杆天线。

同月

新疆人民广播电台编委会成立。撤销维吾尔语、汉语两个编辑室,成立编辑部。编辑部下设新闻组、农牧组、职工组、维吾尔语编辑组、哈萨克语编辑组、翻译组、文艺组、维吾尔语播音组、汉语播音组、收音员联络组。办公室改为秘书室。

春节前后

吉林人民广播电台在新闻节目中以较大规模宣传工农联盟。当全国著名劳动模范、鞍钢工人孟泰来到吉林省访问蛟河县保安屯时,该台记者刘延参加了采访。在台领导的鼓励和支持下,他在播音室里直接向听众绘声绘色地讲述了采访中的所见所闻。这是该台历史上最早出现由记者主持的新闻节目。

2月6日~17日

沈阳人民广播电台派出55名干部分赴沈阳市郊20个区,组织农民收听宣传党在过渡时期总路线的特别节目,有组织的收听听众达7.4万多人。

2月中旬

上海人民广播电台广播剧团奉命调往北京,并入中央人民广播电台文艺部,建立中央广播剧团。

同月

根据中央人民广播电台《关于建立地方记者网若干问题的规定(草案)》,山西人民广播电台成立记者组。组长刘江,副组长张文昭。

同月

山西省人民政府下达《关于省政府各部门有效地运用山西人民广播电台〈记录广播〉节目推动各项工作的通知》。

同月

上海人民广播电台广播乐团正式成立。

3月1日~5日

按照中共中央2月16日发出的《关于斯大林同志逝世一周年纪念办法的通知》要求,中央人民广播电台举办《纪念斯大林逝世一周年节目》。1日下午开始播出纪念节目。2日至4日下午和5日全天,继续播放纪念节目,主要内容包括关于斯大林的故事和民间传说,歌唱斯大林的歌曲以及劳动模范、文学家、科学家、志愿军战斗英雄等诵读纪念斯大林的讲稿等。

3月4日

山东人民广播电台主办的《广播节目介绍》创刊,为4开4版周刊。

3月6日

中央人民政府政务院发布《关于加强灾害性天气的预报、警报和预防工作的指示》。《指示》规定各地人民广播电台和海岸电台等对于各级气象预报台、站的大范围灾害性天气的预报、警报应定时予以广播,必要时并临时增加广播次数;各地广播收音站也应认真组织收听,并尽可能向邻近地区进行传达。同时,还要求各地人民广播电台经常注意对大范围灾害性天气的预报、警报、预防方法及有关的气象知识进行广泛宣传。此后,中央及各地人民广播电台都与当地气象台、站取得密切联系,及时广播或转播有关消息和情况。

同日

绥远人民广播电台更名为内蒙古人民广播电台。张荣森任台长,解长春任副台长。根据政务院举行的第204次政务会议通过的决议,绥远省正式撤销省建制,划归内蒙古自治区(4月25日,归绥市更名为呼和浩特市,为内蒙古自治区首府)。当日,内蒙古人民广播电台汉语广播正式播音。开办新闻、对农村牧区广播、时事政治讲座、为听众服务、文艺、天气预报、记录新闻等。每日早、午、晚三次播音,共九个多小时。

3月13日

西安人民广播电台第一次广播眉户剧《梁秋燕》。这是剧作家黄俊耀在深入关中农村,参加新婚姻法宣传工作中编写的一个大型剧本。因受听众欢迎,成为陕西人民广播电台、西安电台的保留节目。

3月15日

中央人民广播电台举办《科学知识讲话》节目,每周播出两次。节目方针是传播和普及自然科学和技术知识。

3月23日

根据政务院《关于加强灾害性天气的预报、警报和预防工作的指示》精神,中央气象台和中央人民广播电台决定加强关于灾害性天气预报、警报的广播。广播的内容包括:影响范围在两个大区以上的寒潮、大风、霜冻和影响中国沿海及附近洋面的台风以及因为台风、寒潮而引起的暴风雨(雪)。影响范围虽不在两个大区以上但特别严重的灾害性天气的预报、警报也将广播。为了便利各方面收听灾害性天气预报和警报,中央人广播电台自当日起,凡有此项新闻,将在固定的三次节目中广播,这三次节目的时间是:6:40至7:00和12:30至12:50的新闻节目,20:30至21:00的《全国各地人民广播电台联播》节目。遇有特别紧急的或严重的灾害性天气警报，除了在上述固定时间内广播外，将随时在其他节目中广播。中央气象台和中央人民广播电台希望各级政府部门特别是各级工业、农业、林业、水利、航运、铁道、渔业、牧业、盐业等部门和各地广播收音站注意收听和抄收，以便各地早做准备，防止和减少人民生命财产和国家资财的损失。

同月

中央广播事业局安装工程队成立。这是中国广播系统第一支安装技术队伍。

同月

中央广播事业局在北京开办广播技术训练班，开始正规培训中级技术人员，学习期限为半年到两年。训练班共办了六期，培训技术人员969人。

同月

浙江人民广播电台用1千瓦发射机、频率990千赫，采用"有源向南弱定向发射"进行试播。其中"有源向南弱定向天线"技术属国内首创。

4月1日

中央广播事业局、中华全国科学技术普及协会发出关于举办农业科学知识广播的联合通知，要求各省广播电台和科普协会分会联合举办一些农业科学知识的广播。

4月2日

北京广播电台日语组举办答复听众来信节目，每两周一次。

4月5日

松江省松江人民广播电台和哈尔滨人民广播电台出版《广播节目介绍》。

4月16日

中国第一座大功率中波发射台在北京郊区投入使用。该发射台主要技术设备是两架150千瓦中波发射机和四座铁塔天线。两架发射机可以并机使用，四座铁塔天线可对南方各省定向发射。这些设备在中国都是首次使用，使用结果表明，发射机的电声指标达到了当时最高水平。发射台在建设过程中得到了苏联的援助。

4月23日

中央广播事业局人事处制定《创办工务人员训练班的意见》，规定：将来所办之训练班，可命名为广播技术人员训练班，以培养中等技术干部为目的；训练班设主任1人（兼任）、副主任1人、生活管理员1人；另外，数学、无线电、政治、俄文、语文专兼职教员各1人；训练班班址设在412台。《技术干部训练班组织计划》（草案）规定：训练班目的是培养技术维护人员，为新建电台准备一定数量的技术干部；学习期限暂定半年至10个月；学员条件为初中学业以上或具有同等学历，身体健康，年龄在18岁至25岁，不分性别；政治清白、思想纯正、愿从事无线电广播事业；服从统一分配。

4月27日

江苏省宜兴县有线广播站建成并开始广播,使用250瓦扩大机1台,利用电话线429.5公里,自架杆线56.5公里,安装喇叭240只,将广播送到和桥、铜官等6个区、镇及附近农村。每天向全县7个区、59个乡播音1小时。广播站设编辑室、播音室、机房和修理部,有专职人员4名。这是江苏省建立的第一座农村有线广播站。

4月30日

中南人民广播电台停止播音,在该台基础上成立湖北人民广播电台。5月1日,湖北人民广播电台在武汉正式播音。武汉人民广播电台独立建制,隶属中共武汉市委领导。

同月

中央人民广播电台增设对国内广播的第二套节目,其任务是进一步发展新闻广播,增办对象性节目和知识性节目;重播第一套节目里重要的政治性节目,并且播送文艺性节目。

同月

中央人民广播电台举办《工业》节目,专门报道工业方面的内容,并配合中心任务举办各种专题特别节目。

同月

北京广播电台英语组正式从新华社划归中央广播事业局建制。

同月

上海人民广播电台柳和均等与中国钟厂联合试制成功的中国第一套广播自动报时设备投入使用,报时误差不超过千分之五秒。

同月

河南人民广播电台主办的《一周节目表》在郑州创刊,为8开4版的周刊,内部赠阅。

同月

甘肃人民广播电台开始发布灾害性天气预报,在《记录广播》中播出,供各地抄收。

4月~7月

由卢克勤率领的专家组共六人,赴苏联邮电部设计院审查我国大功率短波发射中心的初步设计,并作出详细设计。当时决定由苏联和捷克斯洛伐克各提供两部短波发射机,由捷克斯洛伐克提供6×30天线交换闸。

4月~8月

中央人民广播电台文艺部派出两支采访队伍,分别到新疆、内蒙古、吉林、延边等地采录了 30 多个小时的少数民族音乐，丰富了中央电台的少数民族音乐广播。

5 月 1 日

内蒙古人民广播电台蒙古语广播开始播音，蒙古语和汉语节目用同频率交替广播。

5 月 5 日

中央人民广播电台创办长篇文学作品连续广播节目《长篇连播》，开始播出连阔如播讲的长篇评书《三国演义》。

5 月 11 日～20 日

国际广播组织理事会第 25 次会议、大会第 13 次常会和技术委员会第 10 次会议在华沙举行。会议听取和讨论了 1953 年国际广播组织工作的报告。会议通过决议，认为应极力设法使中华人民共和国在国际电信联盟的合法权利得到承认。

5 月 13 日

卢敬任江苏人民广播电台台长。

5 月 17 日

中央广播事业局在北京东郊建成一座对国外广播节目传送台，使用 8 部 7.5 千瓦短波发射机。

同日

新疆人民广播电台将原来的《省政节目》改为《对农牧区广播》，周一至周五播出，每天两次，每次 20 至 30 分钟，最多时达到 60 分钟。

5 月 20 日

经中宣部批准，中央广播事业局发出《关于建立大城市转播台和中央台改用夏季节目表的通知》，规定从 5 月 30 日开始，上海、天津、沈阳、武汉、西安、重庆六个市的人民广播电台拨出一个频率，全天转播中央人民广播电台 640 千赫（或与 640 千赫同时播音的其他频率）除记录新闻外的全部节目。

5 月 24 日

福建人民广播电台主办的《广播节目介绍》创刊。

5 月 27 日

上海人民广播电台建台五周年，华东、上海台拥有八个频率、七套节目，全天播音 93 小时。

5 月 31 日

作为贯彻"精办节目，培养干部"方针的一项重要措施，云南人民广播电台在全台开展"消灭差错"运动，历时一个月。

同月

中央广播说唱团灌制第一批唱片,其中有梅花大鼓《拷红》、山东琴书《拔牙》等。

同月

内蒙古人民广播电台第二台随中共内蒙古自治区东部区委员会迁至海拉尔市。

6月1日

中央人民政府文化教育委员会规定,中央广播事业局进出口录音带及唱片由广播事业局自行审查。

同日

广西人民广播电台的发射功率增大到5千瓦并开始试播。

6月10日

中华人民共和国广播事业局和德意志民主共和国国家广播委员会广播合作协定在柏林签订。中华人民共和国广播事业局副局长温济泽和德意志民主共和国国家广播委员会主席库尔特·赫斯分别代表本国政府在协定上签字。协定规定:双方定期交换供对方广播之材料,在对方国庆节及重要节日前后举办特别广播节目并尽可能交换有关广播宣传及广播技术等方面的进步经验。还规定:双方尽可能交换有关国际广播活动的情况和意见,并在国际重大事件宣传中紧密合作。

6月15日

中共广西省委宣传部、农村工作部发出通知,要求在临桂等43个县的重点区、社建立收音站48个。

6月16日

中华人民共和国宪法起草委员会第七次全体会议6月11日通过《中华人民共和国宪法草案(修正稿)》。自当日起,中央人民广播电台开始举办《中华人民共和国宪法草案宣传节目》。节目内容包括广播讲话、宪法草案通俗讲话和有关的消息、通讯等。

6月17日

史继明任安徽人民广播电台代理台长(1955年4月27日任台长)。原任台长范源另有任用。

6月中旬

松江人民广播电台发射台完成3千瓦长波屏调发射机装机和调机任务,开始播出松江电台节目,主要任务是作为传送节目信号,供各地广播站收转用。频率270千赫,天线是两座高100米的接地拉线铁塔。这是新中国第一部长波广播发射机。

同月

经新疆省人民政府文教委员会和中共中央新疆分局宣传部批准,乌鲁木齐市业余广播乐团成立,由省文化局和新疆人民广播电台共同领导。乐团由 120 人组成,主要任务是通过广播和组织音乐会推动全疆各族群众的音乐活动。

6 月~8 月

湖北省发生历史上罕见的洪水。在洪涝灾害面前,全省抗洪大军在暴风雨袭击中战胜了长江六次大洪峰。在连续几个月的防汛斗争中,湖北人民广播电台派出一批记者深入防汛第一线进行了全方位深入的报道。

7 月 1 日

浙江人民广播电台发射台由杭州市电政街迁至杭县勾庄金家渡,征地 120 亩。经过一年多的筹办,新建一部 20 千瓦发射机与两座 60 米高的木杆天线(有源向南弱定向发射),架空传音线 13 公里,正式投入使用,频率仍为 990 千赫。

7 月 2 日

新疆省第一次全疆广播收音工作会议在乌鲁木齐召开。会议总结交流了建设广播收音站的经验,部署了今后的工作任务。

7 月 6 日~9 月 5 日

以中央广播事业局副局长温济泽为团长的中国广播工作者代表团一行 18 人赴苏联访问。这是第一个访问苏联的大型中国广播代表团。在苏联期间,代表团访问了苏联文化部广播局及其所属的录音机构和电视中心,还访问了列宁格勒和基辅的广播电台和电视中心。代表团回国后,在当年 11 月举行的第二次全国广播工作会议上作了关于苏联广播工作经验的报告。1955 年出版了《苏联广播工作经验》一书。

7 月 9 日

中宣部批转中央广播事业局党组《关于在地方台中设立中央台的地方记者的决定》。批示指出:这项重要措施将改进中央台的广播宣传,同时也有助于地方台宣传业务的提高。广播事业局的《决定》规定:地方记者由各地方台集体担任。地方记者的任务是:组织地方台的力量,以其适合于向全国广播的稿件和录音报道供给中央台,使中央台的广播能进一步反映国家经济建设的成就,反映全国人民的生活和各民族的友爱团结,提高宣传的思想性,更好地为国家过渡时期的总路线服务;地方记者原则上应包括全部地方台,但目前采取逐步发展的方针,先指定天津、河北、山西、内蒙古、沈阳、鞍山、黑龙江、上海等 18 个地方台集体担任中央台的地方记者。

7 月 9 日~8 月 14 日

山西省宪法草案讨论委员会与山西人民广播电台共同举办《中华人民共和国宪法草案广播宣传》节目,主要内容有省政府副主席邓初民讲《我们国家为什么要制定宪法》等。

7月16日

中宣部、中组部发出《关于组织对台湾广播编辑部的几项具体办法的通知》，决定在北京设立对台湾的广播电台，贯彻中央关于迅速采取措施加强对台湾的宣传工作的指示。

同月

浙江人民广播电台开办《新闻和报纸摘要》节目。

同月

新疆人民广播电台与中国音乐家协会合作，用磁带录音机录制维吾尔大型音乐套曲《十二木卡姆》，共录制两套，每套50余盘，时长约27小时。这两套磁带一套由新疆人民广播电台保存，一套由中央民族音乐研究所保存，成为珍贵的维吾尔文化遗存。

8月1日

松江省的建制撤销，新的黑龙江省成立。位于齐齐哈尔市的原黑龙江人民广播电台和位于哈尔滨市的原松江人民广播电台，合并成新的黑龙江人民广播电台，并开始播音，台址设在哈尔滨市南岗区松花江街113号，由王建颖和韩化夫共同负责。8月16日，该台成立编辑委员会，由王建颖、韩化夫、王克、陈林、鲁莽五人组成。齐齐哈尔市原黑龙江人民广播电台留下的部分人员和设备，成立齐齐哈尔人民广播电台并开始播音。

8月15日

中央广播事业局正式开办对台湾广播，呼号为"中央人民广播电台对台湾广播"，每天播出四小时，普通话、闽南话各一小时的综合节目，各重播一次，内容有国内外要闻、建设成就、人民生活、家信等。华东人民广播电台的对台湾广播节目停办。对台湾广播部机构及宣传业务归广播事业局对外部领导，主任为鲁西良，副主任为谭天铎、胡懋德。1971年8月，对台广播部归属中央人民广播电台建制。

同日

广州人民广播电台制订《广播广告条例》并开始实行。《条例》规定播放广告的宗旨是："配合国家经济建设，扩大城乡物资交流，活跃市场，繁荣经济，促进工农生产发展。"广播广告在电台文艺节目时间中插播。

8月16日

政务院文化教育委员会党组将中央广播事业局党组关于中央人民广播电台文艺广播工作情况的报告批转文化部、中宣部。文委党组认为："文艺广播工作确应大力加强，要求文化部认真讨论一次，订出切实可行的改进方案，组织文学艺术团体各方面的力量，协同广播局贯彻执行。"

8月17日

中共浙江省委宣传部、浙江省编制委员会联合发出《关于广播收音站编制与领导问题的通知》，规定：一、各县广播收音站在县委宣传部领导下进行工作，各县收音员编制配备在县委宣传部；二、各县收音员一职必须配备专职干部；三、各县尽可能少调收音员参加突击工作和下乡工作，以保证收音工作的正常进行。

8月21日

中华人民共和国中央人民政府政务院文化教育委员会广播事业局和苏维埃社会主义共和国联盟文化部广播局关于广播事业合作的协定在莫斯科签订。中央广播事业局副局长温济泽和苏联广播新闻总局局长阿·阿·普津分别代表本国政府签字。协定规定：双方为对方广播电台提供本国语言的广播节目；经常交换音乐作品的录音带和唱片；相互交换广播工作经验等。

8月24日

中央人民政府体育运动委员会、教育部、卫生部、中央广播事业局和中国新民主主义青年团中央发出《关于在全国小学中推行少年广播体操的联合指示》。此前，由于没有一套完善的适合少年儿童身体发展的少年体操，很多小学校都采用成年人广播体操代替。为改变这一状况，中央体委与其他有关部门于3月间共同编制了少年广播体操。《指示》要求1954年上学期开始在全国各小学推行这套体操。从8月22日起，中央人民广播电台在广播中教授本套体操，全国各地人民广播电台也举办这类节目。

同月

中央人民广播电台编委会就加强对地方记者工作领导的若干问题作出规定。这是进一步贯彻"联系实际，联系群众"和"集中力量办好中央台"的方针的重要措施。

同月

新疆人民广播电台与新疆省气象局协商制定《关于危险天气警报广播的协议》。根据《协议》，省气象局气象台每天两次向新疆电台传送天气预报，由新疆电台播出。

8月~11月

云南人民广播电台连续举办两期区收音员培训班，每期两个月，共培训216人。

9月1日

宁夏省建制宣布撤销，部分旗、县划归内蒙古自治区，其余地区并入甘肃省。宁夏人民广播电台随之改为甘肃人民广播电台的转播台。

同日

随着东北行政委员会撤销，辽东、辽西两省合并，恢复辽宁省，东北人民广播电台停止播音。以该台人员、设备为基础，合并原辽西人民广播电台和辽东人民广播电台，正式成立辽宁人民广播电台，并在沈阳开始播音，负责人丁健生。锦州人民广播电台重新建立。

同日

扩建后的甘肃省兰州赵家庄发射台安装一部由北京广播器材厂生产的7.5千瓦中波发射机，频率780千赫，播出甘肃人民广播电台节目。后又安装一部1千瓦短波发射机和一部20千瓦中波发射机，成为新中国成立以来甘肃省第一座骨干中波发射台。

9月3日

中宣部发出《关于全国人民代表大会的宣传应注意事项的通知》，规定："大会期间，主要议程都由中央人民广播电台向全国作实况广播。"

同日

福建前线人民解放军炮击大小金门岛国民党军队。厦门有线广播站纳入人民防空范围，在有线广播中安装警报和指挥系统。

9月5日

吉林人民广播电台随中共吉林省委、省政府从吉林市迁至长春市。吉林电台与长春人民广播电台合署办公，由中共吉林省委领导，对内为一套机构，对外挂吉林人民广播电台、长春人民广播电台两块牌子，用两个频率、两个呼号正式播音。吉林人民广播电台发射功率7.5千瓦，频率580千赫。设总编办公室（含工业组、农业组、财经组、记者组、政教组、文艺组、播音组、秘书组、听众来信组）、工务科（含控制室、录音组、发射组）和行政办公室。第一副台长乔子林兼总编辑，第二副台长王新宇，副总编辑魏秉文。实行台长负责制。

同日

随着西南行政区建制撤销，西南人民广播电台停止播音。

9月8日

吉林市人民广播电台建立，发射功率500瓦，频率1390千赫，设一套节目，每天播音5小时10分钟。该台是在吉林人民广播电台迁往长春市时留下的13名工作人员和部分设备的基础上组建起来的。台址在松江路11号。

9月初

西北人民广播电台和西安人民广播电台采录达赖喇嘛和班禅额尔德尼在西安市相会实况。达赖喇嘛和班禅额尔德尼均当选为第一届全国人民代表大会代表。9月初，他们途经西安去北京，在西安相会。西北电台和西安电台派记者伍西林和杨毓森等参加采访，并录制了相会的实况。这一史料后交中共中央西北局保存。

9月10日

随着西北行政区建制撤销,西北人民广播电台停止播音,设备、资产、人员等一起移交给陕西人民广播电台。

9月15日~28日

中华人民共和国第一届全国人民代表大会第一次会议在北京中南海怀仁堂召开。中央人民广播电台派出大型报道组采访这次重要的会议,并转播了会议开幕、闭幕、通过《中华人民共和国宪法》和《政府工作报告》以及毛泽东当选为中华人民共和国主席、朱德当选为国家副主席、刘少奇当选为第一届全国人民代表大会常务委员会委员长、宋庆龄等13人当选为副委员长、周恩来任国务院总理等重要议程的实况。全国各地广播电台转播了中央电台节目。北京广播电台向国外作了报道。

9月24日

中央人民广播电台开始播送莫斯科广播电台对中国听众广播的华语节目。这是莫斯科电台按照中苏广播合作协定把录制好的节目胶带寄到北京播送的。

同日

中华新闻工作者联谊会在北京成立。邓拓任会长,吴冷西、梅益、金仲华、王芸生任副会长。

9月25日~11月6日

华东区举办戏曲观摩演出大会,参加演出的有35个剧种的158个剧目。中央人民广播电台投入大量人力物力,采录了会演中的大批节目。

9月28日

在中华人民共和国第一届全国人民代表大会第一次会议闭幕之际,西安各族各界人民当晚举行庆祝活动。陕西人民广播电台记者录制了游行实况录音。第二天一早送到机场,委托中苏民航机组人员把钢丝录音带送往北京。中央人民广播电台当天即向全国广播。

同月

根据国务院决定,北京、上海、天津三个广播器材厂移交给第二机械工业部第十管理局,重庆广播器材厂移交给地方,长春广播器材厂撤销。

同月

吉林人民广播电台和长春人民广播电台共同编印《一周节目预告表》,16开4版,内部发行。

同月

东北人民广播电台撤销后,《俄语广播讲座》由辽宁人民广播电台续办,每周七次,每次一小时。《俄语广播讲座》由辽宁电台、沈阳电台与辽宁省、沈阳市中苏友好协会联合举办。学员遍及部队、机关、工厂、学校以及街道居民。据统计,坚持学习的学员有1300多名。

同月

山西省新建起1400个农业广播收音站。

10月1日

庆祝中华人民共和国成立五周年典礼在天安门广场举行。乐队高奏国歌,礼炮齐鸣。接着,举行阅兵式。之后,北京各界群众50万人举行了盛大的节日游行。中央人民广播电台现场直播国庆典礼活动,还插播了上海、天津、沈阳三个地方台采录的当地游行实况录音。北京广播电台对当天活动作了录音报道。

同日

安徽人民广播电台新发射台(南郊姚公庙)建成,7.5千瓦发射机投入使用。

10月9日

中央人民广播电台开始举办对部队《台湾问题讲话》节目。节目共分10讲,目的在于对中国人民解放军和中国人民志愿军全体指战员进行一次系统的"一定要解放台湾"的宣传教育。

10月14日

中国和阿尔巴尼亚在北京签订中阿文化合作协定。协定第二条壬项规定:促进缔约国广播电台在文化节目上的合作,并交换广播特别节目的录音资料。

10月17日

中共中央批转中宣部《关于尼赫鲁来华访问的宣传通知》。《通知》指出:印度总理贾瓦哈拉尔·尼赫鲁应我国政府的邀请,将于10月19日来中国访问,30日回国。这是资本主义国家政府领袖第一次对中国的访问,是日内瓦会议取得协议以后国际局势发生了有利于和平力量的重大变化之后的一个发展。《通知》要求"新华社要做出自己的宣传报道和摄影计划,电影局和中央广播事业局也要准备做好这方面的宣传工作"。

10月19日

湖南人民广播电台的电池厂移交新疆人民广播电台,厂址设在乌鲁木齐老满城附近。该厂生产的甲、乙电池,供全疆收音站使用,生产的干电池供民用。

10月27日

印度总理贾瓦哈拉尔·尼赫鲁应邀在中央人民广播电台发表录音广播演说。

10月31日

国务院召开常务会议和第二次全体会议。周恩来作关于国务院办公机构设置和领导人员分工等问题的讲话。会议宣布国务院办公机构负责人名单,其中梅益为中央广播事业局局长。

同月

中国人民解放军总政治部在中央人民广播电台开办第一个对台湾军事宣传节目《听众服务》，以"寻人启事"的形式，与台湾的国民党军官兵谈家常、报平安、叙亲情、通消息，唤起他们爱家乡、爱祖国的情怀。

同月

捷克斯洛伐克广播工作者代表团访问中国。这是第一个访问中国的外国广播代表团。访问期间，代表团参观了北京、上海等几个大城市。

10月~12月

中央广播民乐团移植改编《瑶族舞曲》（彭修文配器）、《陕北组曲》（谢直心配器）、《将军令》（彭修文改编）等乐曲，并投入排练。由彭修文、曾寻担任责任指挥。这批乐曲经中央广播事业局艺委会审听后，获得一致好评。

11月3日

苏联国立莫斯科音乐剧院在北京天桥大剧场演出著名古典芭蕾舞剧《天鹅湖》。中央人民广播电台录制了全剧音乐。

11月8日~20日

第二次全国广播工作会议在北京召开。出席会议的有各省、自治区、直辖市广播电台台长、副台长、编辑部主任、副主任及中央广播事业局处以上干部118人。中央广播事业局局长梅益在会上作题为《学习苏联广播工作经验，改进我们的广播工作》的报告。中宣部副部长张际春在会议结束时到会讲话。会议介绍了苏联广播工作的经验，并结合我国具体情况，研究了广播宣传如何为国家过渡时期总路线服务的问题，确立了广播宣传工作的基本任务，讨论了改进我国广播宣传工作的方案。会议强调，政治广播必须紧密结合党和政府当前的任务；必须反映一切为广大人民所关心的重大问题，必须准确地、生动地、及时地和多方面地报道人民的生活和经济、政治、文化建设的成就；必须加强经济宣传；应加强时事包括国际问题的宣传，还应配合全国理论学习的进程，办好通俗而有系统的各种学习讲座。文艺广播应以依靠中央和地方的文艺团体为主，来开辟文艺节目的来源。逐步提高文艺节目的质量和增加文艺广播的时间，培养听众的欣赏能力，筹办音乐和文学教育的节目。会议提出，中央电台和地方电台应密切结合，以中央电台为基础、地方电台为补充，构成一个宣传的整体，逐步克服目前广播工作中存在的分散状态。保证当地听众能听到中央电台的重要节目，也是地方电台的重要任务。

11月10日

国务院发出《关于设立、调整中央和地方国家行政机关及其有关事项的通知》，规定：中央广播事业局技术、行政业务由国务院第二办公室领导，宣传业务仍由中宣部领导。

11月22日

甘肃人民广播电台创办《甘肃广播节目报》。开始内部赠阅，后改为公开发行。

11月23日

中央广播事业局召开少数民族地区广播工作座谈会。与会代表就发展少数民族地区的广播事业问题交换了意见。

同日

《人民日报》发表中央广播事业局局长梅益撰写的纪念莫斯科广播电台建立30周年的文章，题目是《苏联广播——为共产主义胜利而斗争的强大武器》。

11月27日

中央广播事业局提出改进唱片出口业务的四项办法，并规定所有新旧唱片母版一律不得出口。

11月29日

中央人民广播电台编印的《收音快报》第1期出版，主要刊载美、英、日、印等国电台广播的要闻，也收载莫斯科台的广播，供中央有关机关领导和中央电台有关编辑部门参考。

11月29日～12月11日

国际广播组织理事会第26次会议、技术委员会第11次会议和节目委员会成立会议在布拉格举行。中央广播事业局副局长温济泽等三人参加会议。理事会会议制定了国际广播组织1955年活动纲要。

12月9日

中央人民广播电台、农业部、中华全国科学技术普及协会联合举办《农业技术广播推广站》专题广播节目。

12月15日

当日出版的《文件与情况公报》（国际广播组织主办）发表题为《中国广播事业的胜利发展》一文。

12月16日

缅甸联邦总理吴努应邀在中央人民广播电台发表录音广播演说。吴努总理是12月1日～16日访问中国的。

12月24日

北京广播电台开始举办对苏联听众的俄语寄送广播节目。这是按照中苏广播合作协定把录制的节目胶带寄到莫斯科广播电台播送。每周一次，每次30分钟。

12 月 31 日

华东行政区撤销，华东人民广播电台随之停止广播。

同日

山东人民广播电台经济台撤销。

同月

中央广播事业局作出关于建立中央人民广播电台广播乐团的决定。乐团以上海人民广播电台广播乐团为基础，团址仍在上海。

同年

全国（未包括港、澳、台）共有广播电台 61 座。全国建成县广播站 547 座、中小城镇广播站 705 座，有线广播喇叭约 5 万只。

同年

中央人民广播电台播控中心开始使用磁带录音设备，淘汰钢丝录音设备。

同年

北京广播电台收到 47 个国家和地区的听众来信 2296 封。

同年

辽宁人民广播电台设置《辽宁各地人民广播电台联播节目》，每晚一次，每次 20 分钟。内容为该省最新要闻、评论、通讯及录音报道、讲话等。与此同时设置的《辽宁新闻》，每日早、晚各一次，每次 15 分钟。

同年

青海人民广播电台播音时间由原先每日两小时增加到五小时。除转播中央人民广播电台主要节目外，自办节目时间增加到 3 小时 25 分钟，播出次数增加为每日早、中、晚三次。

同年

拉萨有线广播站搬迁到桑都仓播音，并从印度购进一部扩大机和 16 只喇叭。播音时间和播出次数都有所增加。

同年

新疆人民广播电台为喀什市收音站配发 750 瓦柴油发电机 1 台、100 瓦和 30 瓦扩音机各 1 台、25 瓦喇叭 5 只以及铜线数千米。喀什市收音站利用这些简单的设备与器材，扩建有线广播收音站，转播新疆人民广播电台的节目，并不定期地安排一些政策宣传和文艺性节目。

1955 年

1月1日

中央人民广播电台创办对少年儿童广播节目《星星火炬》。

同日

天津人民广播电台主办的《天津广播》节目报创刊。

同日

吉林人民广播电台文艺广播创办《每周一歌》节目,每次五分钟。

同日

上海人民唱片厂更名为中国唱片厂。产品牌号改为"中国唱片"。

同日

上海人民广播电台主办的《每周广播》节目报创刊,4开2版。

1月4日

中共山西省委组织部发文,决定撤销原山西人民广播电台党组、编委会,组建新编委会。新编委会由刘江、陈远、张文昭、李纪明、王元直等组成,刘江任总编辑。

1月6日

中共山西省委宣传部下发《关于春节发动收音员下乡宣传的通知》。同时,山西人民广播电台从农历正月初三到正月二十日,每天12:30至13:30和19:00至20:00举办《春节宣传特别节目》。

1月10日

周恩来对中央广播事业局于1954年12月31日上报的关于对国外广播的发射情况和发展计划的报告作了如下批示:"林枫同志:新广播台的种类、地址、基建计划、技术条件和需要的人员是否适合第一个五年计划的要求和国际外交政策,请你作专题研究,并在一月份内提出你的报告。"

1月17日

中共北京市委与中央广播事业局决定,北京人民广播电台自1955年1月起行政系统划归中央广播事业局,作为直属中央人民广播电台的一个编辑部(对首都广播部),对市内广播仍用"北京人民广播电台"呼号,仍负有配合市内工作进行宣传的任务。3月8日，中宣部复信北京市委宣传部，同意该项决定。

1月19日

贵州省气象局、贵州人民广播电台联合发出通知，要求各专州、县、区收音站应注意抄收气象预报，各地气象站和收音站在工作上互相支持。

1月22日

中组部通知：中央批准以梅益、徐迈进、刘程云、温济泽、金照、李伍等人组成广播事业局党组，梅益为党组书记。

1月23日

全国人大常务委员会副委员长林伯渠和内务部部长谢觉哉在中央人民广播电台向解放军、志愿军指战员及其家属发表春节慰问讲话。

1月27日

中共广西省委宣传部、农村工作部发出通知，要求省级各领导机关指导农村工作的各项政策、指令、通知等，均尽先摘要或全文由省广播电台在《记录广播》中播出，各县收音站应按时准确抄收，及时送县委领导及有关部门研究执行。

同月

北京广播电台《1955年工作计划纲要》提出对外广播的总任务是宣传中国的和平外交政策，介绍中国的建设成就和人民生活，驳斥敌人对中国的造谣和诽谤。还提出拟在年内聘请一批外籍专家，以加强对各国的评论和编辑工作；拟设立播音、翻译委员会，开展学习研究，提高播音、翻译质量。

同月

为贯彻执行广播"以中央台为基础，地方台为补充"的精神，云南人民广播电台撤销了当时办得较有成效的《工人节目》，减少了《农民节目》的播出时间，新办以全民为对象的《工业节目》和《农业节目》。

同月

西藏昌都地区有线广播站在地委小礼堂建成播音。

2月5日

中央广播事业局就1957年在北京建立中等规模电视台给国务院二办写了报告。2月12日，周恩来批示："将此事一并列入文教五年计划中讨论。"

2月6日

泛亚社东京电：北京日语广播听众越来越多。据当局调查，"现今收听共产党广播的日本人有50万左右"。

2月7日

中央广播事业局批复贵州人民广播电台1955年工作计划，并提出可以以贵州地方话播一些重要时事消息。

2月15日

全国各大城市少年儿童音乐表演会在北京举行。这次会演由教育部、中央广播事业局、青年团中央、中国音乐家协会联合举办。320多个参演节目的录音是从北京、天津、上海、武汉、重庆、乌鲁木齐、呼和浩特等24个城市于本年元旦前后举行的少年儿童音乐表演会上选出的,将近20万名7至15岁的少年儿童参加了音乐表演。

同日

上海人民广播电台台长周新武调中央广播事业局。4月12日,中央批准周新武为广播事业局党组成员。

同日

经中共中央新疆分局宣传部、中央广播事业局批准,新疆人民广播电台开办哈萨克语广播,每周播出六次,每次30分钟,其中政治性广播20分钟、文艺性广播10分钟。

2月25日

赵中任江西人民广播电台总编辑。

同月

春节前夕,中央人民广播电台播出第一个春节文艺晚会节目《春节猜谜文艺晚会》。

同月

北京广播电台开始用日语、朝鲜语向日本及朝鲜广播中央气象台发布的预计将侵袭日本及朝鲜地区的8级以上大风及其他严重的灾害性天气预报。

同月

辽宁人民广播电台贯彻第二次全国广播工作会议精神,减少了自办节目,适当增加了转播中央人民广播电台节目的时间。《辽宁新闻》由每天早、晚播出,改为早、午播出,播出时间由15分钟缩短为10分钟。《辽宁各地人民广播电台联播节目》播出时间、次数与过去相同。

3月1日

中共中央下达《关于宣传唯物主义思想 批判资产阶级唯心主义思想的指示》。该《指示》提出必须"利用广播向听众宣传辩证唯物主义和历史唯物主义",还提到应当充分利用广播等工具,对广大劳动人民认真进行自然科学和无神论思想的通俗宣传、马克思主义关于社会发展规律的宣传。

同日

中苏友好协会总会和中央广播事业局提出在中央人民广播电台设立中央俄语广

播学校并在全国实行联播的计划。当日，中宣部部长陆定一批示，认为不妥，以免其他国家也提出这样要求。3月2日，周恩来批示，同意陆定一意见。

3月3日

国务院第六次全体会议通过刘程云、周新武、金照、李伍任中央广播事业局副局长。

3月10日

甘肃省天水县广播站正式开播。站内安装一台英国造250瓦扩音机，每天播音3次，广播听众约3万人。这是甘肃省面向农村的第一个有线广播站。

3月14日~4月2日

由中央广播事业局地方广播处组织的"全国播音业务学习会"在北京举行。学习会以学习怎样播好普通话的新闻、评论和通讯为重点，着重讨论了广播节目的播音问题。

3月21日

中央人民广播电台开始举办《唯物主义讲座》节目，连续播送中共北京市委、中国文学艺术界联合会等单位主办的关于宣传唯物主义和批判资产阶级思想的演讲录音。马克思列宁主义学院副院长杨献珍主讲了第一讲《共产主义世界观和唯心主义世界观的斗争——批判胡风小集团的哲学思想》。

3月28日

中宣部同意中央广播事业局把《每周节目表》改为《广播节目报》，并由邮电部门公开发行。

3月29日

国务院发布《关于在农业、畜牧业、渔业生产合作社重点建立收音站的指示》。《指示》指出，为了加强对农业的社会主义改造的宣传，普及时事政治和农业生产技术知识，预防恶劣天气和潮汛对农、牧、渔业的损害，以及部分解决农民文化娱乐的要求，有必要在全国一部分组织比较巩固和户数比较多的农业、畜牧业和渔业生产合作社建立收音站。《指示》提出了五条建站办法，分别涉及：一、收音站建站数目及费用。一次在全国建立一万个收音站。建站所需的收音机由中央广播事业局在1955年4月内一次供给。收音员的配备和收音机的维护费用每年约100到120元，由建站的生产合作社本身解决。二、收音站建站原则。以互助合作先进地区为主；以农业生产合作社为主；一个乡有几个生产合作社的，只能共设一个收音站。三、收音站建站具体办法。四、收音站服务、修理工作。五、收音站的工作由所在社的宣传委员会负责领导。

同日

国务院发布《关于在边远省份和少数民族地区建立收音站的通知》。《通知》指出，为了加强对边远省份和少数民族地区人民群众的爱国主义教育和政策时事宣传，预防恶劣天气对农业、畜牧业的损害，以及部分满足农民对文化娱乐的要求，特拨出1500部收音机，在云南、贵州、西康、甘肃、青海、新疆、广西、海南和内蒙古自治区建立收音站。建站所需的收音机由中央广播事业局免费提供。《通知》还对建站所需的条件以及各省、自治区人民委员会的配合工作做出了指示。收音员的配备和收音机的维护费用由各省、自治区人民委员会负责解决。各省、自治区人民委员会应指定机构及专门干部经常领导及检查收音站工作。

同月

甘肃人民广播电台调整机构，增设总编室、记者组，业务人员47人，占全台人数的47%。

4月1日

中央人民广播电台开始举办固定的《对农村广播》节目。

同日

中央人民广播电台创办第一个体育专题节目《体育谈话》。

同日

北京广播电台英语广播开办每周一次的《听众信箱》节目。

同日

遵照中宣部和中共湖北省委的指示，为加强领导，集中力量精办节目，湖北人民广播电台与武汉人民广播电台合署办公，两台一套人马，阎迺一任台长，张献庆、倪满和、陈正亮、吕令国任副台长。

同日

天津人民广播电台由南市华安大街99号迁到卫津路91号新址办公。

4月3日

中央人民广播电台接办北京市台的节目。

4月4日

中央人民广播电台1950年开办的《首都报纸摘要》节目18：30至18：45以《中央报纸摘要》的名称开播。7月4日，《中央报纸摘要》节目更名为《新闻和报纸摘要》。早晨第一套节目首播，第二套节目重播。《新闻和报纸摘要》节目名称使用不到一年，改为《新闻和中央报纸摘要》。

同日

中央人民广播电台恢复《国际生活》节目，每天播出15分钟。

同日

中央人民广播电台和解放军总政治部宣传部合办对部队广播节目，原部队组改为军事组，并从当日开始进行不定期广播。

4月7日

贵州省人民委员会转发国务院《关于在边远省份和少数民族地区建立收音站的通知》，开始在部分农牧生产合作社和边远少数民族地区建立收音站。

4月9日

中央人民广播电台民族管弦乐团举办了具有民族特色的第一次"广播音乐会"，演出的节目有《瑶族舞曲》《金蛇狂舞》《春江花月夜》等。此后，民族管弦乐团定期举办广播音乐会，每两周一次，每次30分钟。

4月11日

中国出席亚非会议代表团的部分成员和记者包乘的印度国际航空公司"克什米尔公主号"飞机在香港被国民党特务装上定时炸弹，在飞赴雅加达途中爆炸，失事坠海。机上共有11人遇难，其中包括中央广播事业局对外广播部副主任杜宏（以中央人民广播电台记者身份参加会议报道）。

同日

文化部、中国文联、中国剧协在北京天桥剧场联合举办梅兰芳、周信芳舞台生涯50年纪念大会。中央人民广播电台开始举办《梅兰芳、周信芳舞台生活50年纪念节目》。

同日

为了通过广播向农业生产合作社社员和广大农民进行社会主义教育，传播农业生产技术知识，适当满足农民的文化娱乐要求，中央拨给山西直流电收音机500部。为此，中共山西省委农村工作部和省委宣传部下发《关于建立农业社广播收音站的通知》。山西人民广播电台下发《关于建立农业广播收音站的初步意见》。

4月中旬

黑龙江人民广播电台抽调部分编辑记者成立市台组，并开始筹建哈尔滨市台编辑部，以加强哈尔滨市的广播宣传工作。

4月21日

为纪念列宁诞辰85周年，中央人民广播电台播送《向伟大的列宁学习》广播稿。

4月25日

中央人民广播电台编辑出版的《广播节目报》在北京创刊，全国发行，4开4版，每周一出版。

同日

吉林人民广播电台播出本台第一个电影录音剪辑《人民歌手江布尔》，此后播出的有《上甘岭》《铁道游击队》《永不消逝的电波》《五朵金花》《家》等。

同月

中宣部发出《关于加强广播收音工作领导的指示》。该《指示》是就国务院3月29日发布的《关于在农业、畜牧业、渔业生产合作社重点建立收音站的指示》和《关于在边远省份和少数民族地区建立收音站的通知》而发出的。《指示》要求各级党委宣传部充分重视和经常监督收音站的工作。

同月

中央人民广播电台成立采访报道国内重大政治和外事新闻的时政报道组，有组织、有计划地进行时政新闻采访。

同月

浙江人民广播电台在嘉兴、宁波、温州、金华四地区建立记者站。

同月

根据第二次全国广播工作会议精神，福建人民广播电台把《农民节目》改为专业性的《农业节目》。

同月

从当月起，贵州人民广播电台增加转播中央人民广播电台节目的次数。《中央报纸摘要》节目增加到三次，《国防生活》节目一次，《全国各地人民广播电台联播》节目一次，共五次85分钟。自办的地方新闻也有所加强。

同月

云南省召开第三次全省广播收音工作会议，会议主要议题是巩固、提高专州、县、区、社收音站。会议要求各地以主要精力加强广播收音网的宣传工作。

同月

根据第二次全国广播工作会议精神，甘肃人民广播电台对节目进行调整，增加了转播中央人民广播电台节目的数量。

5月1日

为庆祝"五一"国际劳动节，北京各界50万人在天安门广场举行盛大的庆祝大会和游行。中央人民广播电台转播活动实况。北京广播电台播出庆祝活动的录音报道。

同日

江西人民广播电台主办的《每周广播》创刊，8开2版，每周1期，公开发行。

5月2日

天津人民广播电台调整部分节目。《天津新闻》取消第二台15：00的节目，将《天津最后消息》提前到21：05广播。第三台在7：30增加广播一次。单独设立气象报告节目，每天广播五次。文艺节目增加戏曲节目，听众可以听到四次以上的戏曲广播。

5月6日

为纪念科学家波波夫发明无线电60周年，邮电部和中央广播事业局等单位举行"亚·斯·波波夫发明无线电60周年纪念会"。

5月9日

为庆祝捷克斯洛伐克解放十周年，中央人民广播电台邀请捷克斯洛伐克民族英雄尤利乌斯·伏契克的夫人向中国听众作广播讲话。9日至15日，中央电台还举办"捷克斯洛伐克音乐周"。

5月10日

应中华全国民主妇女联合会邀请来华访问的国际民主妇女联合会主席、世界和平理事会副主席、法兰西妇女联盟主席欧仁妮·戈登夫人在中央人民广播电台发表录音广播演说。

5月21日

西藏日喀则地区广播站正式成立并开始播音。

5月24日

根据中共天津市委肃反工作的部署，天津人民广播电台成立五人小组办公室，制定肃反工作计划。

5月30日

安徽人民广播电台主办的《每周广播》节目报在合肥试刊，8开2版，6月20日正式出刊。

同月

甘肃人民广播电台开办《听众特约文艺节目》，由听众根据自己爱好点播文艺节目。

6月6日

中央广播事业局局长梅益通知，为加强广播技术训练班的领导，兹决定：一、由李伍副局长兼任训练班主任；二、孙振先、刘志远为训练班副主任；三、黄治为广播技术训练班政治指导员。

6月7日

印度尼西亚总理阿里·沙斯特罗阿米佐约应邀在中央人民广播电台发表录音广

播演说。沙斯特罗阿米佐约总理是 5 月 26 日~6 月 7 日访问中国的。

6 月 18 日

云南人民广播电台开办德宏傣语和西双版纳傣语广播节目，每周播出一次，每次 30 分钟。这是云南电台第一次举办固定的少数民族语言广播。

6 月 20 日

山东省第一个农村有线广播站在聊城县建成。

6 月 25 日

河北人民广播电台主办的《河北广播报》在石家庄创刊。该报 8 开 2 版，每周 1 期，主要介绍广播节目内容。

6 月 27 日

中央广播事业局发出《关于地方台应协助中央台做好听众联系工作的通知》。《通知》指出，地方台听众来信部门应加强和中央台听众来信组的联系：一、各台听众联络部门要结合当地具体情况向当地听众宣传中央台的广播节目。二、各台听众联络部门应注意汇集当地听众收听中央台广播节目的情况和意见，在每月底向中央台作一次简要的汇报。如有特别重要的政治性广播节目，需要及时反映收听情况和意见的，由中央台临时通知作专题汇报。

6 月 28 日~7 月 2 日

山东人民广播电台召开全省第一次中小城市有线广播会议。至此，全省中小城市已建成初具规模的广播站 13 处。

6 月 30 日

国家建设委员会主任薄一波在中央人民广播电台发表广播讲话，题目是《反对铺张浪费现象，保证基本建设工程又好又省又快地完成》。这篇讲话成为当时开展的增产节约运动的重要学习文件之一。

同月

中央人民广播电台举办《地方戏曲介绍节目》，陆续介绍了川剧、扬剧、评剧、沪剧、吕剧、豫剧、汉剧、秦腔、锡剧、越剧、湘剧、山东梆子、赣剧、黄梅戏、倒七戏、梨园戏等剧种的历史、音乐和优秀剧目。

同月

云南人民广播电台《广播节目》报创刊，8 开 2 版，每周 1 期，主要刊载电台节目信息。

7 月 1 日

由中央人民广播电台编印的《收音员通讯》改刊而成的《广播爱好者》第一期出版，共出版 18 期。

7月4日

中央人民广播电台《全国各地人民广播电台联播》节目正式定名为《各地人民广播电台联播》节目。

同日

中央人民广播电台的《记录新闻》节目改变广播对象,供地、县级和县以下地方报纸抄收采用。

同日

中央人民广播电台举办《每周一歌》节目,每周向听众推荐一首歌曲。第一次教唱的歌曲是献给第五届青年与学生和平友谊联欢节的歌曲《青年友谊圆舞曲》。

同日

中央人民广播电台开始用音乐会的形式编排音乐广播节目,大致分为民族音乐会、群众歌曲音乐会、轻音乐会、室内音乐会、小品音乐会、交响音乐会、歌剧音乐会和综合音乐会等。

7月6日~14日

江西人民广播电台在南昌市召开全省第三次广播收音网工作会议。会议传达了第二次全国广播工作会议精神,学习了苏联广播工作经验,确定县、市有线广播站必须坚持"以中央广播为基础,地方广播为补充"的方针,要求在保证转播好中央人民广播电台、江西人民广播电台节目的前提下,努力提高自办节目质量。全省各县、市收音员88人以及农业合作社收音站收音员四人出席会议。

7月7日

越南劳动党中央委员会主席胡志明应邀在中央人民广播电台发表录音广播演说。胡志明是6月25日~7月7日率越南民主共和国政府和越南劳动党代表团应邀正式访问中国的。

同日

中国和越南关于文化合作议定书在北京签订。议定书的附件《中华人民共和国政府和越南民主共和国政府关于扩大两国文化合作的几项办法》的第三条第二项规定:中国以物质援助越南新闻广播事业所需要的设备器材。

7月10日

中央人民广播电台广播剧团举办第一次文学戏剧欣赏会,主要内容是广播剧、广播小说、散文朗诵等。

7月11日

中宣部转发中央广播事业局《关于组织地方人民广播电台承担中央人民广播电台集体记者的决定》。《决定》规定将地方记者的称谓改为集体记者,并扩大名额。

集体记者应由地方台编辑部集体担任，并指定编辑部一名负责人具体掌握。集体记者的任务是：一、供给本地区各项重要新闻和适合于向全国广播的通讯、录音报道和讲话；二、完成中央电台指定的报道和组织一定节目的任务；三、汇报当地和广播有关的各种情况。当月，经中宣部批准，广播事业局又发展集体记者31个，加上原有的18个，共为49个。至此，全国绝大部分地方台都担负起中央电台集体记者的任务。

同日

中央人民广播电台举办《关于第一个五年计划的讲话》节目。

7月18日

中央人民广播电台举办"胡适思想批判"演讲。

7月19日

江苏省无锡市有线广播站成立。无锡成为江苏省第一个既有无线广播电台、又有有线广播站的城市。

7月24日

中央人民广播电台播出广播说唱团举行的第一次相声新作试演会的实况录音，主要节目有《打百分》《跳舞迷》等，受到听众欢迎。

7月30日

第一届全国人民代表大会第二次会议于7月5日～30日召开。会议通过《中华人民共和国关于发展国民经济的第一个五年计划（1953～1957）》，计划第九章第二节第四项"广播"一款规定："广播事业以发展电力计，五年内增加2174.4千瓦，1957年全国总发射电力将达到2650.2千瓦，比1952年增长4.6倍。其中：中央台达到2150千瓦，增加6.4倍；地方台达到500.2千瓦，增长1.7倍"，"到1957年，中央电台对国内的广播，将使兰州、成都、昆明以东人口稠密的地区能够收听到中波广播，全国都能收听到短波广播。中央台的国内广播将同时播送三类（套）节目。其中包括用五种少数民族语言播送的广播节目。多数省（区）的广播电台的发射电力，基本上能够满足本省收听的需要。对国外的广播事业也将有进一步的发展"，"到1957年，全国城市、乡村的广播站和收音站将达到三万个左右"。

8月1日

广东人民广播电台增办《全省有线广播站联播节目》《对全省中小城镇广播节目》和《广州之窗》。上述节目都是综合性的新闻节目，并增办《南海海洋天气预报》《广播体操》《工间操》等服务性节目。

8月4日

广西省人民委员会发出通知，决定在全省各县再建立区和农业社收音站356个。

其中，少数民族自治县的区、农业社收音站经费由省财政统一拨给。

8月5日

为纪念恩格斯逝世60周年，中央人民广播电台播送马特撰写的广播稿《恩格斯对马克思主义哲学的贡献》。

8月14日

中央人民广播电台播送第一批文学朗诵唱片。这套唱片是教育部和人民教育出版社为了提高中学语文教学质量，委托中央电台邀请演员和播音员录制的。

8月16日

浙江省人民委员会发出《关于在农业、渔业、林业生产合作社重点建立收音站点指示》，对建站的原则和条件、建站步骤、人员、经费和收音站点领导等作了规定。

8月22日

中央广播事业局发出《关于地方台转播中央台节目若干问题的指示》。《指示》说：为使地方台在转播中央台节目时能保持一定的音质音量，在遇到特殊情况时地方台可以停止转播。《指示》对特殊情况作了明确的规定。

8月25日～9月3日

全国农村有线广播工作座谈会在北京举行。8月26日，中央广播事业局局长梅益在会上发表题为《大力发展农村有线广播》的讲话。座谈会着重介绍了福建、吉林两省建设农村有线广播的经验，并确定了多数省份应采取"重点示范、分批发展"的方针，积极地发展农村有线广播。会议认为，农村有线广播应按照实用和节约的原则，充分利用农村现有的物资设备进行建设，即首先在现有小城镇广播站的基础上，利用地方电话线，依靠地方的积极性和群众的人力物力，将广播送到农村。会议期间，代表们前往吉林省，参观了位于该省的全国第一座以县为区域范围的广播站——九台县农村有线广播站。

同月

中央广播事业局制定的《发展广播事业的第一个五年计划（1953～1957）》定稿。

同月

日本新闻界、广播界访华代表团成员——日本广播协会文化广播研究所所长中村茂和九州广播电台东京支社社长白石末彦访问中央人民广播电台。中央广播事业局局长梅益和副局长温济泽接待了他们。

9月1日

中共浙江省委宣传部向各地、县发出《关于在农业、渔业等生产合作社建立收音站及加强收音工作领导的通知》。

9月2日

江苏、南京人民广播电台主办的《广播节目报》（周报）及《广播歌选》（半月刊）创刊。1956年1月，《广播歌选》与《广播节目报》合并，仍称《广播节目报》（该报出版至1960年6月第248期，因国家经济困难，纸张缺乏而停刊。停刊的前一期节目报发行12290份）。

9月5日～11日

中国广播组织代表以国际广播组织观察员身份出席在泰国曼谷举行的联合国协会世界联合会第十届全体大会。

9月10日

中国第一座监测台在上海郊区建成，用于监测中央直属发射台的播出质量。

9月12日

国务院发布《关于地方人民广播电台管理办法的规定》，规定各省、自治区、直辖市、省辖市人民广播电台为各该级人民委员会的直属机构，其编制、财务、计划及一般行政业务，受各该级人民委员会及中央广播事业局的领导；其广播业务、广播技术和广播事业建设规划，受广播事业局的领导。省辖市人民广播电台的上述业务，由广播事业局通过该省人民广播电台加以领导。各省、自治区人民委员会及各省、自治区人民广播电台对所辖市人民广播电台的管理范围，由各该省、自治区人民委员会规定后实施。《规定》还明确了广播事业局领导和管理地方人民广播电台的12项工作。一、审查和批准地方人民广播电台的新建、合并和撤销；二、检查地方人民广播电台执行政府和广播事业局有关广播事业的决议、命令和指示的情况；三、批准地方人民广播电台的广播节目时间表，规定其联播中央人民广播电台广播节目的时间，管理地方人民广播电台的集体记者；四、供给地方人民广播电台适用的文稿、录音带及专用唱片；五、总结和推广有关广播工作经验；六、统一管理与国外广播机构的联系；七、统一提出全国广播事业建设的方针并规划其任务，审核地方人民广播电台广播事业长期计划及年度计划，综合编制和平衡全国广播事业长期计划及年度计划并检查其执行情况；八、审核或协助进行有关地方人民广播电台广播技术基本建设的设计；九、统一分配广播频率和监督频率的使用；十、协助地方人民广播电台改善技术管理，制定有关技术定额和技术规程；十一、研究和推广广播站、收音站的工作经验；十二、代办广播器材的国外订货。

同日

中央人民广播电台播送新疆维吾尔族的古典音乐《十二木卡姆》的部分乐曲。

9月13日

中宣部发出《关于各级党委宣传部应加强对广播宣传的领导和监督的通知》。《通知》指出，国务院《关于地方人民广播电台管理办法的规定》实行后，地方人民广播电台的日常宣传业务，广播电台工作的政治思想领导以及广播电台干部的教育管理，仍应由各级党委领导。各级党委宣传部应从下列四个方面加强对地方人民广播电台的监督和领导：一、定期讨论和检查当地广播电台及广播收音网的工作；二、审查批准广播宣传计划，对重要的宣传任务及时给予指示，并对广播电台为完成宣传任务而进行的社会活动给予支持；三、适当吸收广播电台的党员负责干部列席党委的会议，阅读党内文件和电报，使他们能及时地、全面地了解党委的领导意图和当地的各种情况；四、加强对广播电台干部的教育和管理，对个别党员过少的广播电台，当地党委宣传部应适当抽调有相当宣传工作经验的党员干部加以补充。

9月20日

中央广播事业局发出《关于今明两年在全国有条件的省、自治区逐步建设农村有线广播的指示》。根据近两三年来各地试建广播站的经验，文件指出："农村有线广播，应该成为今后我国建设农村广播收音网的主要方向。"《指示》说，农村有线广播有三个优点：第一，省钱，便于管理和易于在农村中推广；第二，除转播中央电台和省电台的重要节目外，可供当地领导机关直接向广大农民进行宣传鼓动；第三，可以有效地控制收听，杜绝敌台影响，而且在国防方面具有不可忽视的价值。《指示》就如何发展农村有线广播作了七项说明。

9月21日

国家统计局发布《关于1954年度国民经济发展和国家计划执行结果的公报》。《公报》第九项指出："1954年人民广播事业获得了进一步发展，发射电力较1953年增加了78%。"

9月22日

苗力沉任上海人民广播电台台长兼总编辑。

9月26日

北京人民广播电台和有关单位举办的广播函授学校开学。广播函授学校以广播讲授和自学为主，目的在于帮助没有考取高中的初中毕业生自学。讲授的课程有高中语文、代数、政治、时事常识等。

9月28日

中华人民共和国广播事业局和阿尔巴尼亚人民共和国广播事业局广播合作协定在北京签订。中央广播事业局局长梅益和阿尔巴尼亚文化代表团团长、对外文化联络委员会主席法迪尔·帕奇拉米代表中阿双方在协定上签字。协定规定：双方经常交换政治、文艺性广播材料。在对方国庆日及重大节日前后举办专门纪念节目，还规定双方广播电台在和平、民主和社会主义阵营各国合作范围内，在重大国际事件的宣传中紧密合作。

9月29日

中央广播事业局作出《关于改进唱片出版工作的决定（草案）》，对唱片的出版方针、计划人员编制、领导关系作了具体规定。

同月

根据国务院颁发的《关于地方人民广播电台管理办法的规定》，吉林人民广播电台成为吉林省人民委员会的直属机构，宣传业务受中共吉林省委宣传部领导，事业管理受中央广播事业局领导。

同月

江苏人民广播电台主办的《江苏广播》在南京创刊，4开4版，周刊。

同月

江西人民广播电台主办的《江西广播》在南昌创刊，4开4版，周刊。

10月1日

新疆维吾尔自治区成立。新疆人民广播电台转播自治区暨乌鲁木齐市、喀什市各族、各界人民庆祝中华人民共和国成立六周年和新疆维吾尔自治区成立大会和游行实况。9月20日~30日，新疆省第一届人民代表大会在乌鲁木齐举行第二次会议。29日，会议通过《关于拥护全国人民代表大会常务委员会〈关于成立新疆维吾尔自治区、撤销新疆省建制的决议〉的决议》。

同日

中央人民广播电台开办包括青年、体育、科学的轮回节目，其中《青年生活》每周播出两次，每次15分钟。

同日

四川人民广播电台开办藏语（康巴语）节目，每日播出两次，其中一次重播。

同日

随着西康省建制的撤销，西康人民广播电台停播，部分人员调到四川人民广播电台。

10月2日

全国第一届工人体育运动大会开幕式在北京先农坛体育场举行。中央人民广播电台转播开幕式实况。运动大会于10月9日结束。

10月3日

中央人民广播电台举办《第一个五年计划通俗讲话》节目。

同日

中央人民广播电台创办直接为听众服务的节目《一周节目介绍》。

同日

江西人民广播电台抽调业务、技术人员，并邀请即将建立广播站的永新、乐平等八县收音员，共同组成工作组赴高安县进行县级农村有线广播站建站的试点工作。经过50天的施工，到11月22日，全省第一座农村有线广播站——高安县广播站建成播音，全县9个区、88个乡和132个农业社通广播，安装扬声器230余只。

10月5日

中央人民广播电台《学习讲座》节目开始批判梁漱溟唯心主义思想。

10月11日

毛泽东在中国共产党第七届中央委员会第六次会议（扩大）（10月4日～11日召开）上发表讲话，其中提出"发展农村广播网"的要求。

10月13日

中央广播事业局发出通知，规定各地方台必须转播中央人民广播电台的《各地人民广播电台联播》《新闻和报纸摘要》和《国际时事》节目。

10月15日～23日

全国文字改革会议在北京召开。大会通过决议，提出"大力推广以北京语音为标准音的普通话"，并建议"在全国各省市设立推广普通话的工作委员会，组织社会力量，特别是广播电台和文化馆站，大力提倡学习和使用普通话"。

10月22日

中央人民广播电台和北京人民广播电台联合举办第一次首都广播爱好者联谊晚会。

同日

中共山西省委宣传部发出关于重点建设农村广播站的指示，首先在榆次、临汾、潞安、大仁、忻县等五个县试办农村有线广播站。11月18日，山西人民广播电台召开农村有线广播站建站会议，上述五县派出21人参加会议。

10月25日～26日

教育部召开研究推广普通话问题的座谈会。会议要求中国科学院、中央人民广播电台、人民教育出版社等有关单位编辑、出版和供应正音字汇、普通话挂图、介绍经验的书籍以及教学留声片等。

10月25日～31日

中国科学院在北京召开现代汉语规范问题学术会议。会议强调团结全国语言工作者以及文学、戏剧、广播、新闻、出版等方面工作者为现代汉语规范化共同进行语言学研究的重要性。

10月26日

《人民日报》发表题为《为促进汉字改革、推广普通话、实现汉语规范化而努力》的社论,社论提出"特别要注意利用广播电台教学普通话"。

10月30日

中共浙江省委批转浙江人民广播电台《关于巩固和发展农村有线广播站计划的报告》,批示规定农村有线广播站可以免费使用乡村电话线,同时就领导关系及建站报批手续作了明确规定。从此,未建站的县开始着手筹建有线广播站。

10月31日

中央人民广播电台开始举办《政治经济学讲座》。这次讲座按照《政治经济学教科书》各章提出的若干主要问题进行系统讲授。听众遍及全国各地,驻在朝鲜的中国人民志愿军部队也收听这个讲座。很多单位的收听人数占到学习理论的干部的60%~70%,最多的达到92%,有的单位完全依靠收听广播进行理论学习。

同月

由中央广播事业局编印的《广播业务》创刊。该刊是全国性广播业务刊物。

11月2日

中央人民广播电台举办《农业合作化问题讲话》。

11月12日

中共中央下发《关于南斯拉夫联邦人民共和国建国10周年的宣传通知》。《通知》共有六条,其中第四条规定:"中央人民广播电台除在纪念日选播各中央级报纸的社论,并且编写专门介绍南斯拉夫人民建设成就的稿件向全国广播外,还可将南斯拉夫科罗民间歌舞团在我国表演时的音乐录音向全国选播。"

同日

安徽省第一个县级农村有线广播站——滁县广播站开始建设,12月中旬建成,共架设广播支线100多公里,信号通达全县29个乡、153个农业社。

11月14日~12月2日

国际广播组织第14次常会、大会第5次非常会议、理事会第27次会议、技术委员会第12次会议和节目委员会第2次会议在莱比锡举行。大会听取了在过去一段时间内国际广播组织活动的总结报告,通过了1956年的活动纲要。中国代表当选为1956年度副主席。

11月16日

中央人民广播电台举办《马克思列宁主义基础知识讲座》节目。

11月19日

国家体委、教育部、卫生部、中央广播事业局、中国人民保卫儿童全国委员会、全国妇联、青年团中央、中国音乐家协会发出《关于在全国小学推广儿童广播体操的联合指示》。

11月28日

为纪念恩格斯诞生135周年，中央人民广播电台播送吴江撰写的广播稿《恩格斯对于工农联盟和农业合作化理论的贡献》。

同月

中央人民广播电台1950年开办的《电影录音》栏目正式定名为《电影录音剪辑》。

同月

贵州人民广播电台创办科技广播节目《知识与生活》，主要是普及和宣传与人们生活息息相关的科普知识。

12月3日

国际广播组织和中华人民共和国广播事业局关于使用中华人民共和国境内第三区收测站的协定在莱比锡签字。

12月5日

文化部、中国文联、中国音乐家协会在北京首都剧场联合举办聂耳逝世20周年、冼星海逝世10周年纪念音乐会。中央实验歌剧院、解放军总政治部文艺工作团、中央人民广播电台管弦乐团、中央人民广播电台少年广播合唱团、中央新闻纪录电影制片厂管弦乐队的400多位音乐工作者及爱好者演唱并演奏了聂耳和冼星海的作品。周恩来与首都各界人士及在京国际友人1000多人出席音乐会。

12月13日～20日

越南民主共和国越南之声电台台长陈林访问中国。访问期间，与中方座谈了两国广播情况和经验，并参观了中国广播设施和业务活动。

12月15日

北京广播电台对东南亚华侨、对驻苏联和东欧人民民主国家的中国使馆人员广播的汉语普通话节目正式播音。对驻外使馆的普通话节目原由对内广播编辑部于1952年创办，现在正式移交北京广播电台对华侨广播组主办。

同日

北京广播电台英语广播增办对欧洲方向的节目。

12月15日～22日

中央广播事业局在北京举行第三次全国广播工作会议。参加会议的有全国省、市、自治区和省辖市人民广播电台台长以及张家口、承德、四平、苏州、南通等城市有线广播站的负责人。会议的主要任务是：一、讨论发展广播事业第二个五年计划和十五年远景规划，修订第一个五年计划后两年计划；二、讨论发展农村有线广播的方针、规划问题。中央广播事业局局长梅益在会上作题为《关于发展农村广播网的方针、规划和全国广播事业发展计划》的报告。会议提出，1956年全国将增加有线广播站900多个，带有喇叭45万～50万个，其中80%将设在农村。到1957年底，全国农村广播站将达到1800多个，喇叭136万多个。有的省份将达到村村、社社都可以听到广播。1962年全国农村有线广播站将达到5400多个，带有喇叭670多万个，全国所有的村庄、农业生产合作社和一部分农民家庭都有收听广播的工具，可以经常听到北京和本省、本县的广播。为实现上述目标，会议确定在发展农村广播网时，应采取"依靠群众，利用现有设备，分期发展，逐步正规，先到村社，后到院户"的方针。会议还对农村有线广播站的领导、经费、节目以及与邮电部门的分工等问题进行了讨论，并且交流了各地建立农村有线广播站的经验。16日，中央广播事业局又邀请有关地区的人民广播电台台长举行了少数民族地区广播工作座谈会，就发展少数民族地区广播事业的问题交换了意见。22日，梅益在总结报告提纲中指出，对外广播重于对内广播，这是国际形势和客观需要所决定的。报告要求在第三个五年计划期间，必须完成用41种语言对国外广播，每天播音120小时，并需保证全世界都能清楚地听到中国的短波广播，中国的多数邻国都能清楚地听到中国的中波广播，并使对亚洲广播的播音用语和播音时间占居世界第一位。

12月16日

湖北人民广播电台主办的《广播节目报》在武汉创刊。

12月17日

内务部发出《关于1956年春节期间开展拥军优属活动的通知》。《通知》提出："在新年春节期间，各地应当通过报刊、广播电台、宣传画等方式向人民群众进行拥军优属和《兵役法》的宣传和教育。"

12月21日

中华人民共和国广播事业局和蒙古人民共和国广播委员会广播合作协定在乌兰巴托签订。中央广播事业局副局长温济泽和蒙古广播委员会主席普尔分别代表本国政府在协定上签字。协定规定：双方定期交换政治、文艺性材料，在对方国庆日前后组织特别广播节目，交流广播宣传和广播技术方面的经验，还规定双方广播机构在和平阵营内，在国际广播活动中进行合作。

12月25日

德意志民主共和国总理奥托·格罗提渥应邀在中央人民广播电台发表录音广播演说。格罗提渥总理是12月8日～18日以及22日～26日率政府代表团访问中国的。

同日

中华人民共和国和德意志民主共和国文化合作协定在北京签订。协定第二条第九项规定：双方按照已达成的协议，加强广播机构间的合作。

12月27日

中央广播事业局向各地人民广播电台发出通报，要求各台充分重视灾害性天气预报工作。通报转述了10月16日山东人民广播电台因转播缅甸文化代表团演出实况，停播了19：15到22：30的各次节目，其中包括19：45的灾害性天气预报。17日，山东沿海的威海市、蓬莱县、昆仑县、长山岛等地，因遭受灾害性大风造成生命财产损失。

12月28日

辽宁人民广播电台主办的《辽宁广播报》在沈阳创刊，4开8版。

12月30日

《人民日报》发表题为《发展农村广播网》的社论，社论指出：我国已具备了迅速地和大规模地发展农村广播网的条件。从1950年起，全国就开始建设农村收音站，1952年又建立了农村有线广播站，5年来已建立了将近2.5万个收音站和800多个中小城镇和农村的广播站，培养了5000多个受过初步训练的工作人员和约1万个收音员。全国现在已有40多万公里的电话线路可利用。目下全国各地正在紧张地准备着农村广播网的发展工作。在今年第四季度，全国新建、扩建和改建的有线广播站就有1050多个。第三次全国广播工作会议已经提出了7年内发展全国农村有线广播站的目标。这是一项艰巨的任务，地方各级领导机关应该充分关心和重视这一工作，把它列为地方全面规划的一个重要项目，并且加强对它的领导。

同日

中央广播事业局局长梅益到吉林省视察农村有线广播工作后，在《人民日报》上发表题为《吉林省的农村有线广播工作》的文章，充分肯定了吉林省发展农村有线广播的方向。

同日

新疆各专区、县和部分县辖区建收音站累计达到191个，有收音机266部。

同月

北京人民广播电台开始宣传资本主义工商业社会主义改造。12月29日，转播市长彭真在北京市工商界联合会第九届执委会扩大会议上的讲话，并两次重播。12月31日，广播了全国妇联副主席章蕴在北京市资本家家属拥护社会主义改造大会上的讲话录音。

同月

中国人民解放军总政治部发出《关于〈部队节目〉的通知》。《通知》确定了《部队节目》的报道方针、任务、对象和内容等。中央人民广播电台的《对部队广播节目》

自当年 4 月 4 日起与总政治部宣传部合办。这个节目以公开形式对部队进行经常的广泛的宣传教育活动，以各种部队的广大士兵和连队军官为主要对象，适当照顾军外听众。

同月

安徽人民广播电台在合肥市召开第一次全省广播工作会议。会议传达贯彻第三次全国广播工作会议提出的"依靠群众，利用现有设备，分期发展，逐步正规，先到村社，后到院户"的建设有线广播网方针和农村广播站"以转播为主"的方针。

同月

湖北省人民委员会发出《关于今明两年在农村建立有线广播站的通知》。

同年

全国（未包括港、澳、台）共有 58 座广播电台。全国广播电台发射机的发射功率比 1954 年增加了 48%。

同年

中央人民广播电台播出教育性音乐节目《民族器乐讲座》，共 10 讲，每讲 30 分钟。

同年

北京广播电台收到 52 个国家和地区的听众来信 7365 封。

同年

天津人民广播电台使用四个频率：第一台 860 千赫，第二台 1010 千赫，第三台 1410 千赫，预备台 1110 千赫。四个台全年总计播音时间 12254 小时，平均每天播音 33 小时 34 分钟。各节目所占比重：转播中央人民广播电台节目占 22.5%，政治性节目占 26.5%，文艺节目占 39.1%，其他节目占 11.9%。

同年

天津人民广播电台将北戴河人民广播电台移交河北省。

同年

内蒙古人民广播电台为北京首届全国广播文艺节目交换会选送的节目，民族与地方特色浓郁，令与会者耳目一新，备受关注，所有节目几乎都被各台复制。

同年

吉林人民广播电台主办的《一周节目预告表》在长春创刊。

同年

吉林省九台县饮马河农庄建立广播站，并且放大县站信号，为广泛发展农村有线广播事业提供了新的途径。这是吉林省第一个农村乡级广播站。

同年

黑龙江垦区所属绥棱、克山、海伦、虎林850、集贤291等农场于下半年相继建立有线广播站。291农场广播站使用的是一台50瓦扩音机,在工地、家属区安装7只高音喇叭,转播中央人民广播电台和黑龙江人民广播电台的新闻节目,也播放一些歌曲和音乐。甘南查哈阳农场广播站购进一台500瓦扩音机,有线广播开始通到分场。

同年

上海人民广播电台按照第二次全国广播工作会议确定的"以中央台为基础,地方台为补充"的方针,将1953年已设置的9套节目减为5套,广播时间从120小时减为67小时。

同年

广西人民广播电台发射功率增大到5千瓦,电台人员由原来的48人增加到66人,全天播音时间达410分钟,实现用普通话、广州话、柳州话播音。全省共建立广播收音站480个,其中县收音站70个,区收音站240个,生产合作社收音站170个。通过广播收音网的传播,广西人民广播电台直接和间接的听众有70多万人。

1956 年

1 月 1 日

中央人民广播电台所属的广播乐团、民族管弦乐团、说唱团、学生广播合唱团、北京业余广播合唱团和少年广播合唱团六个文艺团体举办向听众祝贺新年广播音乐会。

同日

北京广播电台对欧洲、非洲华侨广播的普通话节目，从当日起兼顾向中国驻欧、非使馆人员广播，播音方式有所不同，重要公报等采用记录速度。

同日

北京市南苑区红星集体农庄建成的北京市第一个有线广播站正式开播。

同日

随着热河省建制撤销，热河人民广播电台停播。该台的编播、技术人员及大部分机器设备并入河北人民广播电台和内蒙古人民广播电台。原电台改为河北电台承德转播台。热河省建制撤销是第一届全国人民代表大会第二次会议于 1955 年 7 月 30 日作出的决定。

同日

吉林人民广播电台开办《天气预报》节目。每天定时播出两次，每次 10 分钟。内容除灾害性天气预报、警报外，平时播送未来 24 小时的天气情况，包括气温、风力、降水、天气变化。

同日

湖南省第一个农村有线广播站——长沙县有线广播站建成并开始播音。

同日

广西省第一座县广播站——昭平县广播站建成并开始播音。

同日

经新疆维吾尔自治区人民委员会批准，新疆省人民广播电台更名为新疆维吾尔自治区人民广播电台，呼号仍用"新疆人民广播电台"。新疆省建制撤销，成立新疆维吾尔自治区是第一届全国人大常委会第二十一次会议于 1955 年 9 月 13 日作出的决定。

1月2日

天津人民广播电台提出《关于天津市郊区建立有线广播站的初步规划报告》。

1月4日

以维科斯拉夫·皮尔皮奇为团长的南斯拉夫新闻工作者代表团访问中央人民广播电台，中央广播事业局局长梅益接待了代表团成员。

1月6日

中国第一套有线广播设备（TV牌仿苏式）在上海广播器材厂试制成功。

1月9日

中央人民广播电台开办《进一步做好资本主义工商业改造工作》节目。节目内容包括邀请中央各有关机关的负责人就对资本主义工商业改造的政策、原则和办法等问题向听众作广播讲话，已经实行公私合营的企业的公方和私方负责人介绍合营后企业发展的情况以及工商业者谈自己的体会等。

同日

中央人民广播电台开办讲解《农业生产合作社示范章程（草案）》节目。

同日

中央人民广播电台开办《在祖国各地》《新戏曲》《新相声》和《听众信箱》等节目。这几个节目是由原来的《戏曲广播杂志》分出来的。《在祖国各地》以报道祖国各地戏曲创作、演出活动为主要内容，后来停办。《新戏曲》以介绍戏曲改革工作方面出现的优秀剧目为主要内容，1959年5月改名为《戏曲漫谈》节目。《听众信箱》到1959年5月改名为《文艺信箱》，成为文艺范围的听众信箱节目。

1月10日

北京人民广播电台播出北京市人民委员会召开的该市资本主义工商业全行业公私合营大会实况和6万多人庆祝游行和游园联欢大会的录音报道。

1月12日

赵中任江西人民广播电台台长。

1月13日

中央人民广播电台开办《农村俱乐部》节目，播出各种形式的文艺节目，丰富农村文娱生活，帮助农村开展业余文化活动。

1月15日

北京市各界在天安门广场举行庆祝社会主义改造胜利联欢大会，20多万人参加大会。北京市市长彭真在会上宣布，北京市对农业、手工业和资本主义工商业的社会主义改造已经完成，北京市已经进入社会主义社会。北京人民广播电台转播了大会实况。

1月17日

上海人民广播电台举办《在欢腾的大转变中》特别节目，反映社会主义改造高潮中出现的生动景象。节目共举办七天。

1月19日

中央人民广播电台开办《手工业社会主义改造》节目，主要内容是邀请中央各有关部门负责人就手工业实行社会主义改造的方针、政策和办法等作广播讲话。

同日

天津人民广播电台举办庆祝天津市进入社会主义社会广播晚会。

1月20日

新疆人民广播电台调整机构，撤销编辑部，成立总编室、节目组、宣传组、文艺组、广播网管理科。总编室下设时事组、播音组、通联组、哈萨克语组。

1月21日

上海市50万人举行庆祝社会主义改造胜利大会和游行活动。上海人民广播电台转播大会及游行活动实况。

1月22日

天津人民广播电台转播天津市资本主义工商业改造胜利联欢大会。

1月23日

毛泽东主持召开中共中央政治局会议，讨论通过《1956年到1967年全国农业发展纲要（草案）》。《纲要》（草案）规定：从1956年起，按照各地情况，分别在7年或者12年内，基本上普及农村广播网。此后，农村有线广播网建设掀起高潮。

1月23日~2月2日

黑龙江人民广播电台召开第一次全省广播工作会议。会议讨论了黑龙江省广播事业12年（1956~1967年）发展规划（草案）。各市、县委宣传部、政府文化科及广播电台、广播站负责人共70多人参加会议。

1月26日

西藏拉萨有线广播站正式转播中央人民广播电台藏语广播节目。

1月28日

甘肃省第一次农村广播网工作会议在兰州召开。会议研究制定全省农村广播网发展规则，确定发展农村广播网的方针是：广泛动员，充分利用现有设备（首先利用农话线），先村社、后院户，因陋就简，逐步正规。两年内所有县（市）建立广播站。1956年农村发展广播喇叭1800只，使乡乡社社都能听到广播。甘肃各地、县代表116人参加会议。

同日

山西人民广播电台成立建站办公室,专门负责全省各地、县、区建立有线广播站的有关事宜。

1月29日

甘肃人民广播电台开办《科学杂志》节目,每月播出一次,主要宣传全国科技工作新成就,介绍有关农业生产和人民生活的科学知识、卫生常识,解答听众提出的科技疑难问题。

1月30日

中共广西省委宣传部批准广西人民广播电台成立党组,谭流任党组书记。

1月30日~2月7日

中国人民政治协商会议第二届全国委员会第二次全体会议在北京举行。北京广播电台派出记者采访。当天主要议程完毕后,发综合消息。会后,发一篇回顾性报道,专门报道会议的民主精神。

同月

北京人民广播电台报道北京全市手工业合作化。

同月

内蒙古莫力达瓦达斡尔自治旗建立全自治区第一座农村有线广播站,并开始自办节目,使用达斡尔语和汉语播音。

同月

江苏省人民委员会批准并转发江苏人民广播电台拟定的《关于全省自1955年至1962年发展农村广播网规划》。根据第三次全国广播工作会议的精神,对全省各县和省辖市的郊区建立农村有线广播站的步骤和方法提出了具体要求。

同月

山东人民广播电台召开第五次全省广播工作会议。会后,建设农村有线广播工作迅速在全省展开。

同月

为加强和改善转播中央人民广播电台节目的效果,湖北人民广播电台将转播发射机的功率由原来的400瓦增大到3.5千瓦。

同月

贵州全省第四届广播收音工作会议召开,会议决定"巩固现有收音站,大力发展农村广播网"。

同月

甘肃人民广播电台成立无线电化科,负责管理全省农村广播网工作。

同月

新疆维吾尔自治区托克逊县广播站成立，每天用维吾尔语、汉语转播中央人民广播电台和新疆人民广播电台的节目。

2月1日

周恩来对中央广播事业局关于建立新台等问题作了批示："拟同意广播局提出的三项请求。"三项请求中，有两项同对外广播有关。即"在今年春季委托苏联勘测、设计昆明第一中波台工程，并在1957年或1958年初提交整套设备，以加强对东南亚和对日本的播音；由外交部通知驻外使馆，设法协助物色外语翻译和播音人才"。

2月3日

中央广播事业局发出《关于注意保存各地重大政治事件的录音资料的通知》。《通知》说："目前各大中城市先后举行农业、手工业和资本主义工商业社会主义改造胜利庆祝大会，各地电台在配合宣传时，都作了实况转播和录音报道。这些录音和各地其他方面重大事件的录音都是极为宝贵的资料，望各台注意把重要的录音节目保存起来。"

2月4日～10日

山西省人民委员会召开全省交通运输、邮电、有线广播工作会议。山西人民广播电台台长刘江传达了第三次全国广播工作会议精神并作山西省1956年建设有线广播方针任务的报告。会议作出《关于建立农村有线广播站的决定》。

2月6日

国务院发布《关于推广普通话的指示》。规定：全国各地广播电台应该同各地的推广普通话工作委员会合作，举办普通话讲座。各个方言区域的广播站，在他们的日常播音节目中，必须适当地包括用普通话播音的节目，以便帮助当地的听众逐步地听懂普通话和学习说普通话。同时，还规定：全国的播音人员必须受普通话的训练，少数民族地区广播电台的汉语广播应该尽量使用普通话。

2月7日

文化部发出关于农村有线广播工作给江西省文化局的复信。复信指出：各地建设农村广播网的工作，仍由当地党委领导，由广播电台执行。但是，各地文化行政机关应该积极支持，并且配合各地人民广播电台和邮电部门发展农村有线广播网工作。

同日

中央人民广播电台开办《1956年到1967年全国农业发展纲要（草案）》特别节目，请有关部门负责人、科学家和各界人士就草案各条作通俗具体的讲解和阐述。

同日

浙江人民广播电台增设广播普及部，以适应农村有线广播发展的形势，加强对各县农村广播工作的管理和辅导。

2月8日

中央人民广播电台开办《根据听众要求编排的音乐、戏曲》节目。

2月12日

中央民族事务委员会主任乌兰夫通过中央人民广播电台藏语广播发表讲话，向藏族人民祝贺藏历新年。

同日

甘肃人民广播电台播出藏语节目，每周一次，每次30分钟。在第一次播出时，邀请甘肃省副省长黄正清（藏族）作广播讲话。

2月14

为庆祝中苏友好同盟互助条约签订六周年，中央人民广播电台和苏联莫斯科电台同时播出北京—莫斯科"呼应"广播节目，即两个城市通过广播互相致意。

同日

新疆维吾尔自治区人民广播电台和苏联哈萨克共和国阿拉木图广播电台联合举办庆祝中苏友好同盟互助条约签订六周年的节目。

2月16日

柬埔寨王国首相诺罗敦·西哈努克亲王应邀在中央人民广播电台发表录音广播演说。西哈努克亲王率柬埔寨国家代表团于2月13日～21日访问中国。

2月19日

中央人民广播电台开办《乐曲解说》节目，介绍世界各国著名作曲家的古典的、现代的优秀音乐作品，帮助听众欣赏世界名曲。

2月20日

国务院发出《关于农村广播网管理机构和领导关系的通知》。《通知》规定中央广播事业局和省、自治区、直辖市都设立相应的管理机构负责全国和各级的广播网领导和建设工作。省、自治区、直辖市的广播管理机构属于各级人民委员会，在业务上受中央广播事业局领导。县农村广播站为县人民委员会的直属单位，在业务上受省、自治区人民广播电台指导。《通知》还规定：中央广播事业局负责全国农村广播网建设的规划，编制全国农村广播网的年度发展计划，提供农村广播站的机房、播音室的定型设计，统筹器材，介绍和总结农村广播网的经验等。为此，广播事业局可设一相应的管理机构，编制暂定为15至20人。

同日

由于从外国电台收到的节目日益增多，中央人民广播电台从当日起定期播出《国外新寄来的音乐》专栏节目。

2月24日

中共山西省委在《山西省12年农业发展规划（草案）》第27条中规定：从1956年开始，在三年内，每个县建起一个广播站，计划安装喇叭19万只，收音机达到6000部，平均每17户有一个收听工具。

同月

中央广播事业局决定任命：对外广播部主任张纪明，副主任张化；对台湾广播部主任鲁西良，副主任胡懋德，对华侨广播部主任赵节，副主任葛雨笠；播音组组长郑宁。

同月

根据国务院《关于农村广播网管理机构和领导关系的通知》精神，中共北京市委成立农村有线广播网处。

同月

吉林省文化局内增设广播事业管理处，管理全省的广播事业。

3月1日~11日

中国新民主主义青年团中央、林业部、水利部黄河水利委员会在延安召开陕西、甘肃、山西、内蒙古、河南5省（自治区）青年造林大会。全国各省、市、自治区的青年代表共1204人出席大会。青年团中央书记处书记胡耀邦在会上作题为《青年们！把绿化祖国的任务担当起来》的报告。大会通过《关于绿化黄土高原和全面开展水土保持工作的决议》。陕西人民广播电台派出王任为组长的报道组到会采访，通过长途电话线转播。这是陕西人民广播电台第一次远距离现场转播。

3月10日

中央人民广播电台对台湾广播部编印的内部刊物《台湾近况》第一期出版。

3月10日~4月1日

遵照周恩来的指示，中央人民广播电台广播说唱团演员侯宝林、马增芬、李金山、马增慈等去上海，与上海评弹、滑稽演员进行南北曲艺交流演出。临行前，中央广播事业局领导对他们说，提高说唱形式的创作与表演水平，使它能更好地为社会主义建设服务。

3月11日

中央人民广播电台开始定期举办《世界著名歌剧剪辑》节目。

3月12日

湖南省邮电局与湖南人民广播电台联合发出《关于县、市邮电广播部门共同协作发展有线广播的几项规定》，规定：农村有线广播站利用地方电话线开放广播时，县内电话必须全部停止。但遇有紧急军政防空电话，则必须暂停广播，先将电话接通。

3月15日

在上海人民广播电台广播乐团的基础上组建的中央广播乐团迁到北京，4月，在首都剧场举行首次向首都人民和音乐界汇报演出。

3月24日

以越南之声电台副台长阮金刚为团长的越南民主共和国广播工作者代表团来中国访问。29日，代表团和中央广播事业局领导、中央人民广播电台有关人员举行经验交流座谈会。代表团4月20日离京回国。

3月27日

中央广播事业局直属527转播台在江西省南昌地区建成开播。该工程由中央人民广播电台与江西人民广播电台合建。1955年3月破土动工，总投资643万元。该台安装中波发射机两台。功率135千瓦机，用频率820千赫转播中央人民广播电台第一套节目。功率30千瓦机，用频率1400千赫播出江西人民广播电台节目。

3月30日

山东省人民委员会发出关于成立广播管理机构的通知。7月，山东省广播管理局在山东人民广播电台成立。由于山东电台原台长张明已于1955年11月调离省台，电台的日常工作由副台长陈岱全面主持，所以山东省广播管理局虽然已批准成立，但一直到1958年5月，仍然是归山东电台兼管的一个处室。1958年5月10日，宋寒毅出任山东省广播管理局局长兼山东人民广播电台台长，作为直属省人民委员会的一个行政部门，山东省广播管理局正式挂牌成立，有编制10人，和山东电台合署办公，机构设宣传业务科、技术器材科、基建统计科。

同月

中央人民广播电台在民族组的基础上建立民族部，共44人，耿耀任主任。除已开办藏语、蒙古语节目外，还准备开办朝鲜语、维吾尔语、壮语节目，向各少数民族地区广播。

同月

北京广播电台英语广播播出根据柔石名著《为奴隶的母亲》改编的广播剧，改编者为美国专家艾琳。

同月

北京人民广播电台播送丰台区1.5万人参加的春耕动员大会的实况录音，受到中共北京市委批评。北京市委指出:"春耕大忙开始,如此兴师动众地召开大会,是追求形式主义的工作作风,电台再予广播,更加助长了这种作风。"

同月

中共北京市委农村工作部召开郊区县委农村工作部部长会议,作出在郊区各区县全面建立有线广播网的决定。

同月

天津人民广播电台所属天津业余广播剧团成立。

4月2日

贵州省人民委员会决定成立贵州省广播管理处,与贵州人民广播电台合署办公,台长刘立平兼任处长。

4月3日

中央广播事业局发出《关于推广普通话的指示》。《指示》指出:广播电台和广播站通过声音进行宣传,拥有广大听众,因而是推广普通话的有力工具。全国广播工作者应该把推广普通话作为自己光荣、重大的责任,积极地、认真地去进行这一工作。《指示》就地方台转播中央人民广播电台的北京语音教学广播讲座节目、介绍普通话的留声片、举办普通话的讲座节目等作了规定。《指示》还对有方言广播节目的各地方台、少数民族地区的各地方台、城市广播站、全国收音站、全国广播工作者提出了一系列任务。

4月11日～19日

第一次全国广播技术维护工作会议在北京召开。

4月14日

山西人民广播电台和各地党委根据各县准备工作和器材供应情况决定:定襄、代县、阳高、武乡、平顺、盂县、平定、交城、安邑、洪赵、临猗、安泽、隰县、新绛14个县为第二批建站县。

4月15日

中国和埃及文化合作协定在开罗签订。《协定》第八条规定:缔约双方将进行新闻、广播事业方面的合作,互派新闻工作者代表团赴对方访问。

4月21日

福建省广播事业管理局成立,同福建人民广播电台合署办公,干部编制10人。

同日

江西省人民委员会决定成立江西省广播管理局,与江西人民广播电台合署办公,江西电台台长赵中兼任广播管理局局长。

4月22日

西藏自治区筹备委员会在拉萨正式成立。以国务院副总理陈毅为团长的中央代表团赴西藏参加各项庆祝活动。中央人民广播电台和北京广播电台报道了重要活动的消息。拉萨有线广播站报道了中央代表团在藏各项活动情况，重点报道了筹委会成立大会及相关的庆祝活动。

4月23日

河北省组建河北省人民委员会广播管理处，余信任处长。

同日

中共屯留县委会收音员、共产党员王荣奎（山西省甲等模范收音员）三年中在收音工作上做出显著成绩，被中央广播事业局确定为出席全国先进文化工作者会议的正式代表。

4月28日

湖北人民广播电台在荆州、黄冈、襄阳、恩施四个专区建立首批记者站。5月，又在宜昌、孝感两个专区设立记者站。

4月30日

黑龙江省广播事业管理处成立，为省人民委员会直属单位，与黑龙江人民广播电台合署办公。

同日

安徽人民广播电台对广播节目作部分调整：《农民节目》《当前问题谈话》《广播杂志》停办；同时新办《对农村广播》《安徽生活》节目。

同日

青海人民广播电台为配合柴达木盆地的资源开发，开办《对资源勘察人员广播》专题节目，每周三次，每次20分钟。

4月30日~5月10日

中华全国总工会在北京召开全国先进生产者代表会议。中央人民广播电台开办《全国先进生产者代表会议特别节目》，报道会议情况，播送大会的重要报告和先进生产者的发言录音。此前，4月21日，中央广播事业局同全国总工会联合发出通知，要求各地组织收听。

同月

邮电部、中央广播事业局联合颁发《利用县内电话线路建立农村有线广播网暂行规则》。

同月

江西人民广播电台在庐山举办有线广播技术与编播人员训练班，为全省各县市建立广播站作准备。160余人参加学习,训练班于4月底结束。

同月

云南人民广播电台制定云南省农村有线广播网发展规划,并于4月~7月分两批培训了县级有线广播技术员186人。全省各地随即普遍开展建网工作。

同月

新疆人民广播电台维吾尔族职工艾沙·玉素甫获"全国文教先进工作者"称号。

5月1日

天津人民广播电台开办对农村广播节目《建设社会主义新农村》。

5月6日

中国科学院院长郭沫若应邀在中央人民广播电台《科学知识》节目作广播谈话,题目是《向无线电科学进军》。

5月7日

中央人民广播电台和农业部发出《关于举办〈农业增产竞赛〉节目的通知》。

同日

中央人民广播电台开办《中国民歌讲座》节目。

同日

江西省邮电局、江西人民广播电台发出《关于利用乡村电话线路建设农村有线广播的联合通知》。

5月11日

天津人民广播电台《关于设立天津市广播事业管理局(处)机构及其工作方案的报告》,明确该局(处)直属天津市人民委员会领导,同时在业务上受中央广播事业局领导。该局局长(处长)由电台台长或副台长兼任。与电台为平行机构,无领导关系。

同日

全国农业劳动模范,山西省平顺县西沟、川底、羊井底的李顺达、申纪兰、郭玉恩、武侯梨联名向全国提出开展农业增产竞赛运动。山西人民广播电台特邀他们向响应倡议的农业社报告他们的生产情况,在《建设新农村》节目中播出金星农林牧生产合作社李顺达、申纪兰的报告。

5月13日

中国赴捷克斯洛伐克实习的技术人员回到北京。6月,中央广播事业局派专攻电视技术的章之俭等人与清华大学无线电系教师合作,共同进行黑白电视中心设备的研制工作。

5月14日

中央人民广播电台开始播送《普通话语音教学讲座》。该讲座是教育部和中央电台联合举办的，目的在于帮助各级学校的老师学习普通话。

5月15日

经国务院批准，山西省人民委员会发出成立山西广播管理局的命令。山西省广播管理局负责管理和领导全省有线广播站和收音网的工作，编制定为20名，从行政编制名额内拨给。6月，该局成立。

5月16日~22日

国际广播组织第一次音乐专家会议在布拉格举行。中国出席1956年"布拉格之春"国际音乐节代表团团长、中南音乐专科学校校长程云代表中央广播事业局出席会议。

5月21日

江西人民广播电台成立编辑委员会，赵中任总编辑，张君、姚柏森、刘根任副总编辑。

5月21日~26日

中央广播事业局在北京召开农村广播网工作汇报会。各地汇报了建设农村广播网的情况和问题，交流了建设工作的经验，并根据中央勤俭办社的指示精神和当年可能供应的器材量，修订了当年建设广播网的计划草案。会议期间，还分别座谈了广播站编播工作和地方台服务部经营管理问题。

5月28日

中央广播事业局党组向中共中央汇报广播事业发展规划。中共中央副主席刘少奇听完汇报后，代表党中央对广播工作作了系统的指示。刘少奇共讲了10个问题。一、发展农村有线广播很重要，要依靠群众，但不要因此加重群众的负担；二、要加强对国外广播，"我们一定要照毛主席说的，把地球管起来"，"像我们这样的国家，请百来个外国人当对外广播的顾问是可以的"；三、要尽快创办电视，自己生产电视发射机和电视接收机，先搞黑白的，但重点是搞彩色的；四、所有收听工具，包括收音机、广播喇叭、广播扩大器等的售价都要降低，让更多的人能买得起，广播影响才能扩大；五、不要急于收取广播收听费，不要因收费而影响广播事业的发展，将来要收费也要慎重，收费问题影响许多人，要很慎重，不能操之过急，有些城市广播电台可以播广告；六、加强对广播事业的领导；七、广播系统独立负责自己的技术工作很好，应采用新技术；八、要创办大学，应该有一个大学来训练广播干部，培养专门人才；九、中央广播事业局机构的设置和调整；十、广播宣传要密切联系人民的思想、人民的生活、人民的需要，应该关心人民的生活问题。

同月

新疆维吾尔自治区各专区（州）、县收音站发展到92个，区收音站419个，农牧合作社收音站124个，形成了一个全疆性广播收音网。这一时期，收音站的主要宣传任务，一是组织干部群众收听转播自治区台节目；二是出版油印小报为各地提供信息；三是提供时事宣传材料；四是送广播下乡，利用"巴扎日"（集市）进行宣传；五是组织干部收听马列主义广播讲座，提高干部思想理论水平。

同月

中央广播事业局组织北京的少年儿童参加南斯拉夫贝尔格莱德广播电台主办的"少年儿童到月球去旅行"科学幻想艺术作品国际比赛，获得集体一等奖。

同月

吉林人民广播电台开办《广播剧院》节目，每周一次，每次1小时，主要播出大型戏曲录音剪辑，也向听众介绍新上演的剧目。第一次播出的剧目是京剧《评雪辨踪》。

同月

内蒙古自治区第一次全区广播工作会议在呼和浩特市召开。

同月

江苏人民广播电台播出《唯物主义通俗对话》节目。9月开办《唯物辩证法通俗对话》节目。播出稿均由江苏人民出版社出版。

同月

西藏那曲地区有线广播站成立。

6月1日

根据中央广播事业局、邮电部联合发出的《利用县内电话线路建立农村有线广播网暂行规则》的精神，新疆维吾尔自治区伊犁地区各县广播站普遍利用电话线路传送广播节目。

同日

上海人民广播电台少年儿童合唱团成立后，每年平均录制30多首儿童歌曲，在《少年儿童节目》中播放。

6月2日

中央广播事业局就少数民族广播情况和进一步办好民族广播等事宜致函民族事务委员会，希望民委经常提供民族情况和政策的资料，邀请中央人民广播电台民族广播工作人员列席有关会议，以便及时了解民族工作意图，做好广播宣传工作。

6月9日～21日

最高人民法院组织的特别军事法庭分别在沈阳、大连两地对17名日本战争犯罪分子进行审判，并分别判处徒刑。21 日，最高人民检察院宣布第一批在押日本战犯共计 335 人免于起诉，立即释放。北京广播电台日语部连续报道了中国政府对在押日本战犯严正而宽大的处理。同时，播送了获得释放的日本战犯的谈话及座谈会的录音、日本战犯表演的文艺节目录音、被依法判刑的日本战犯和前来探望他们的家属的谈话录音等。日本各地电台多次转播上述节目，并通知战争犯罪分子家属收听。日本各地听众纷纷来信，表示对中国政府和人民的感谢。

6 月 10 日~15 日

中央广播事业局副局长温济泽参加在赫尔辛基举行的国际新闻工作者会议。

6 月 11 日

中央广播事业局、中央气象局发布《关于在各人民广播电台、有线广播站建立〈天气报告〉广播节目的联合通知》，规定：为进一步满足广大人民群众和农业生产及其他生产建设单位的需要，自 6 月份起逐步在全国各人民广播电台和有线广播站建立《天气报告》广播节目，每日定时广播天气预报。一、各人民广播电台应与当地气象台联系，在广播电台每日的广播时间内开辟 2~3 次固定的《天气报告》节目，定时广播天气预报；二、各级气象台应加强天气预报工作，提高预报准确率，健全制度；三、各人民广播电台应保证《天气报告》节目的广播，除在特殊情况下并征得气象台的同意外，一般不得占用《天气报告》广播节目的时间；四、气象台所在地如无人民广播电台，可在本地有线广播站开辟《天气报告》节目，每日广播本地天气预报。此外，《通知》还对《天气报告》节目的接收、与群众的互动、工作开展问题作了规定。

6 月 12 日

安徽人民广播电台不定期内部刊物《编播业务》第一期出刊，从 1957 年第 21 期起改为全省广播系统的业务刊物。

6 月 18 日

天津人民广播电台开始广播天津市及河北省各地的天气预报和警报，每天广播三次。

6 月 20 日

根据新疆维吾尔自治区人民委员会《关于 1956 年在自治区试建农村有线广播站的指示》和第三次全国广播工作会议精神，新疆人民广播电台举办有 80 多名编播和技术人员参加的学习班。接着，在全疆县一级开始建立有线广播站。当年建成 18 个。

6 月 21 日

中共江苏省委批准成立江苏省广播管理局，郁启祥任局长，与江苏人民广播电台实行局、台合一体制。

6月24日

中央人民广播电台开始每周播送一次《本台新录制的音乐节目》。

6月25日

中央广播事业局局长梅益发出如下通知：为适应广播事业发展的新情况，保证广播事业计划的顺利完成，我局现在的领导方法和工作方法需要作必要的改进，现行机构也需作相应的改变，为此决定：一、建立基本建设总管理处，设立必要的机构，管理原基本建设处、设计处和安装工程队的工作，并直接领导各基本建设工地组织。在基本建设总管理处建立后，原基本建设处即撤销。二、建立无线电总管理处，设立必要的机构，管理原维护管理处和实验处的工作，并直接领导发射台、收测台、收音台、巡视监测队等。在无线电总管理处建立后，原维护管理处和实验处即撤销。

同月

重庆人民广播电台主办的《重庆广播节目报》创刊。

同月

贵州人民广播电台开办《全省农村广播站联播节目》。

7月1日

内蒙古自治区包头人民广播电台开始播出自办节目。

7月2日

中国新民主主义青年团中央发出《关于在青少年中逐步推广普通话的通知》，要求"团组织可根据自愿原则，适当组织团员和青年收听普通话语音教学广播讲座"。

7月4日

中央广播事业局编委会讨论对国内广播和对国外广播分设为两个局的问题。编委会作出的决定指出："对国内广播同对外广播两个局，中央已经同意分设。分设两个局的意义是要独立进行工作，所以应该有完善的独立的办事机构，目前的对内、对外核心小组应该逐渐发展为独立的编委会。两个局应创造条件尽早分设为宜。"此前几个月，已将编委会成员分成两个核心小组，一个是对内核心小组，另一个是对外核心小组。

7月5日

中国和苏联文化合作协定在莫斯科签字。协定第二条第三项规定：双方互派广播、电视工作者进行访问和考察，参加会议和学术讲演等。

7月6日

中央人民广播电台朝鲜语广播正式开播。这是中央电台开办的第三种少数民族语言节目。

7月9日

上海人民广播电台正式设立《气象报告节目》，内容有灾害性天气报告（大风、暴雨、台风等）和天气预报两大部分，每日播出三次。

7月10日

中央人民广播电台开办《高级农业生产合作社示范章程学习会》节目。

7月25日

湖北人民广播电台汉口姑嫂树收讯台正式建成，接收中央人民广播电台全部节目，供发射台转播。

7月25日～8月16日

中央广播事业局在北京召开第四次全国广播工作会议。参加会议的有各省、市、自治区广播电台负责人、中央广播事业局有关人员共计52人。会议根据毛泽东的《论十大关系》和刘少奇关于广播工作的指示精神，讨论了广播事业的体制、第二个五年计划（1958～1962）、改进广播宣传以及广播电台的工作方针和任务等问题。副局长周新武作题为《关于广播事业体制方案研究的情况和意见》的报告。局长梅益作题为《让广播更好地为社会主义建设服务》的总结报告。会议回顾了几个主要方针的制定和执行情况，认为：将宣传、技术两项业务放在电台统一领导下同时发展的方针，是有利于事业发展的；在基本建设计划中先中央后地方、重点发展的方针，也基本上是正确的，但在执行这个方针的过程中有偏差，影响了地方积极性的发挥。考虑到我国的具体情况，宣传工作以中央台为基础、地方台为补充的决定是错误的，应该加以否定。地方台以一定时间联播或转播中央台的某些节目仍是必要的，但更重要的是努力办好自办节目，有条件的电台还要适当增加波长、增添节目、延长广播时间，使听众们可以选择收听自己喜爱的东西。规定发展有组织的收听为主、个体收听为次的方针，这在我国现实情况下是正确的，今后三五年内，农村广播网仍应以从村社到院户的集体收听为主。会议还对业务领导、领导作风和培养干部等问题作了检查。会议认为，为要改进广播宣传工作，广播电台应该以新闻性节目和文艺性节目为主。今后首先应该改进新闻报道，做到多、快、短、好，凡是人民关心的事情都应该加以报道；要扩大节目取材范围，加强和群众的联系，更多地关心和指导人民生活；要在广播中展开批评和自我批评，纠正缺点和错误，以教育人民和做好工作；要根据广播特点来对待"百家争鸣"，在广播中展开自由的讨论，经常向听众介绍正在进行的学术性争论情况，不宜播送长篇论文；要贯彻"百花齐放"的精神，办好文艺广播；要丰富节目的内容和形式，让听众听到更多的节目。

同月

黑龙江省双鸭山市广播站在黑龙江人民广播电台普及科协助下，开始利用低压电力线（即电灯线）传输广播节目，促进了有线广播的发展。

同月

贵州人民广播电台向各地（州）、县发出《关于全省广播站转播中央台及省台节目的通知》，规定必须转播中央人民广播电台和省台的《联播》节目，以便于群众收听。随着各县广播站的相继建立，收音站的功能逐渐被广播站代替，记录广播节目停办。

8月1日

内蒙古自治区广播事业管理局成立，与内蒙古人民广播电台合署办公，内蒙古电台台长张荣森兼任广播事业管理局局长。

同日

甘肃人民广播电台开办《全省农村广播站联播节目》，每天一次，每次30分钟，主要任务是面向广大农民和农村干部进行社会主义、爱国主义教育，动员广大农民为实现农业社会主义改造、发展农业生产和支援社会主义工业化而斗争。

同日

甘肃人民广播电台正式开办《天气预报》节目，除播出当天的天气情况外，还预告第二天的气象信息。

8月6日

云南省气象局和云南人民广播电台共同举办《天气预报》节目，每天定时预告本省天气变化情况。

同日

云南人民广播电台开始播出《普通话语音教学讲座》，帮助各级学校的教师学习和掌握普通话。

8月8日

中央广播事业局制定的《广播事业局七年干部培训规划》强调：对现有干部必须采取"重点培养、系统训练、普遍提高"的方针。重点培养，以首先保证新建项目的需要，加强电视广播、超短波等；系统训练，以保证逐步提高干部业务水平，解决领导骨干缺少的困难；普遍提高，以适应社会主义建设和广播事业迅速发展，逐步满足国内外听众对广播宣传日益提高的要求。

同日

湖南省广播管理局成立，与湖南人民广播电台合署办公，实行局、台合一体制。全局（台）职工150人。

8月10日

北京广播电台增加对北非、西亚的普通话节目。

8月13日

中华人民共和国广播事业局和朝鲜民主主义人民共和国中央广播委员会广播合作协定在平壤签订。协定规定：双方经常交换政治、文艺性广播资料。在对方国庆节和重要节日前后组织特别广播，双方交流广播技术等方面的成就和经验，还规定双方在可能范围内，在国际广播活动方面进行合作并交换意见。

8月16日

青海省第一个有线广播站——西宁广播站成立，由中共西宁市委宣传部领导。

8月27日

天津郊区有线广播网建设工程结束。截至8月20日，进行播音的广播站有：南郊区、北郊区、西郊区、东郊区、塘沽区、工农联盟农业社、光明之路农业社。

8月28日

老挝王国首相梭发那·富马亲王应邀在中央人民广播电台发表录音广播演说。富马亲王是应中国政府邀请于8月19日~28日率老挝王国政府代表团对中国进行友好访问的。

8月28日~9月5日

中央人民广播电台在北京组织召开第一次全国音乐广播专业会议。会议着重讨论了音乐广播如何贯彻"百花齐放，百家争鸣"的方针等问题。中央电台音乐部主任向隅在《关于音乐广播的方针、任务》的专题发言中，提出音乐广播的方针是：为工农兵及其干部服务；中西形式并存，发扬民族传统。音乐广播的任务是：对人民进行社会主义、爱国主义的思想教育；满足人民欣赏音乐的要求；提高人民的音乐水平。

8月30日

中共山西人民广播电台党组成立，刘江任党组书记。

同月

中共北京市委农村工作部所属有线广播网处制定第一个郊区县有线广播建设规划，被列入第一批的有海淀、丰台、石景山、昌平、南苑、东郊、京西矿七个区县广播站。

同月

内蒙古人民广播电台办公楼建成，总面积2100平方米，建有蒙古语、汉语播音室，录音室，控制室和180平方米播音馆等，机房配备了当时先进的遥控技术设备。

同月

根据第四次全国广播工作会议精神，浙江人民广播电台改进宣传工作。两套节目的新闻由1955年的每天7次增至10次。文艺广播贯彻"双百"方针，增办《文艺之窗》《百花齐放》《广播剧院》等节目，主动配合政治运动，积极为党的中心工作服务。

同月

郁启祥任江苏人民广播电台台长。

9月1日

中央广播事业局地方广播部编印的《广播动态》第1期出版。出版这个刊物的目的是为了便于全国各地方台及时了解广播事业发展的情况和广播宣传工作的经验，以便各台改进业务、提高宣传质量。该刊共出版289期。

同日

天津人民广播电台在刚建成的天津市人民体育馆转播罗马尼亚国家篮球队与天津市篮球队的比赛实况。这是天津电台首次实况转播国际体育赛事。由该台记者担任解说。

9月3日

北京广播电台对西欧方向的西班牙语广播开始播音。这是北京电台对外广播的第八种外语节目。

同日

天津市人民委员会向市建设局、公安局、建工局、电业局、民航局、海洋气象台、警务司令部发出《关于协助人民广播电台准备建立转播台各项资料的通知》。

9月4日

中央人民广播电台创办对5～7岁的学龄前儿童广播的《小喇叭》节目。

9月10日

天津人民广播电台的组织机构调整为三室（台长室、总编辑室、办公室）、二部（政治广播编辑部、文艺广播编辑部）和五科（人事保卫科、行政科、工务科、实验科、录音科）。该台共有干部职工323人。

同日

根据第四次全国广播工作会议精神，云南人民广播电台撤销《工业节目》和《农业节目》，确定重点办好新闻性和文艺性节目，加强了以农民为对象的《对农村广播》。增设《对家长广播》《科学卫生》和《农村俱乐部》节目。

9月10日～15日

山西省第二次全省广播工作会议召开，山西人民广播电台台长刘江传达了第四次全国广播工作会议精神。会议总结、交流了各广播站宣传工作的经验和存在的问题，讨论制定了改进节目的计划。

9月15日

北京广播电台对中近东的英语广播开始播音,不久,又举办对北美东部和对印度次大陆的英语广播,至此,英语广播共有六种广播节目,即对东南亚、对印度和巴基斯坦、对欧洲、对北美东部和北美西部、对澳大利亚和新西兰等。

9月15日~27日

中国共产党第八次全国代表大会在北京举行。中央人民广播电台和北京广播电台在新闻节目中及时向国内外报道大会进行情况。中央电台每天早晨、中午、下午、晚间辟出专门时间,播送代表大会上的各项报告和重要发言。大会闭幕的当晚,中央电台播出了"八大"会议的录音报道。

9月27日~10月26日

应中央广播事业局邀请,以苏联对外广播局总局长肖明为团长的苏联广播工作者代表团一行7人访问中国。

9月28日

中华人民共和国广播事业局和阿尔巴尼亚广播事业局广播合作协定在北京签订。协定规定:双方经常交换政治、文艺性广播材料,在对方国庆日及重大节日前后举办专门纪念节目。还规定:双方广播电台在和平、民主和社会主义阵营各国合作范围内,在重大国际事件的宣传中紧密合作。

同月

上海人民广播电台重建广播乐团,隶属文艺部。

10月1日

为欢度国庆节,天津人民广播电台和北京人民广播电台联合举办京津两市互播的剧场转播节目。

同日

黑龙江人民广播电台和哈尔滨人民广播电台主办的《黑龙江广播节目报》出版发行。它是由1954年4月松江人民广播电台和哈尔滨人民广播电台出版的《广播节目介绍》发展而成的。

10月3日

中央人民广播电台对台湾广播创办客家话专题节目。

10月5日

中央广播事业局主办的中等技术人员训练班第一期开学。

10月10日

印度尼西亚总统苏加诺应邀在中央人民广播电台发表录音广播演说。苏加诺总统是应毛泽东主席邀请于9月30日~10月15日来华进行国事访问的。

10 月上旬

黑龙江人民广播电台成立第一个文艺表演团体——黑龙江广播说唱团。只有曲艺队,演员 30 多人。

10 月 11 日

尼泊尔王国首相坦卡·普拉萨德·阿查里雅应邀在中央人民广播电台发表录音广播演说。阿查里雅首相是应国务院总理周恩来的邀请于 9 月 25 日～10 月 11 日访问中国的。

10 月 13 日

中央广播事业局作出《关于各地方台转播中央台冬春季节目的规定》。《规定》指出:《各地人民广播电台联播》《国际时事》节目,各地方台都必须转播;早上《新闻和中央报纸摘要》节目,各地方台选择转播其中一次;其他节目是否需要转播,可由各地方台根据当地情况自行决定。

10 月 15 日

新疆维吾尔自治区轮台县撤销收音站,建立广播站,站内有 2×250 瓦扩大器 1 台、盘式录音机 1 部、控制台 1 个。在轮台县城安装大喇叭(25 瓦)4 只、小喇叭(1 瓦)45 只。每天傍晚播音三小时,或收音转播,或放录音,或间播县内新闻。一套节目,维吾尔语、汉语混播。

10 月 19 日～28 日

为纪念鲁迅逝世 20 周年,中央人民广播电台举办《鲁迅纪念旬》节目。此前,10 月 14 日,上海人民广播电台在虹口公园墓地现场广播了鲁迅灵柩迁葬仪式的全部实况。宋庆龄、茅盾、许广平以及中外来宾 2000 余人参加迁葬和鲁迅雕像揭幕仪式。

10 月 23 日

巴基斯坦总理侯赛恩·沙希德·苏拉瓦底应邀在中央人民广播电台发表录音广播演说。苏拉瓦底总理是应国务院总理周恩来的邀请于 10 月 18 日～29 日来华进行正式访问的。

10 月 29 日～11 月 16 日

中央广播事业局组织的农村广播业务学习会在北京举行。会议着重讨论了关于对农村广播的方针、任务、对象和节目的安排等问题。

同月

我国自建的首个大功率短波发射中心在北京郊区投入使用,这座发射台在建设过程中得到了苏联和捷克斯洛伐克的帮助。

同月

湖南人民广播电台抽出六人为驻湘潭、常德、衡阳、邵阳、郴县专署和湘西苗族自治州的记者,并首次成立记者组。同时,实行驻地记者与台里的编辑定期轮换制度。

11月3日~12日

中央人民广播电台举办纪念孙中山先生诞生90周年节目。

11月5日

中央人民广播电台开办《普通话朗读教学广播讲座》。这是继《普通话语音教学讲座》以后举办的第二个推广普通话的知识性节目,主要目的是帮助小学和初中一、二年级的语文老师用普通话教学。

同日

沈毅任天津人民广播电台台长。鲁荻调离电台。

同日

甘肃人民广播电台藏语节目改由该台第二套节目播出。

11月6日

中央人民广播电台开办《时事谈话》节目。

11月9日

中央广播事业局在北京召开有10个地方台参加的关于如何解决农村广播站的编制、经费问题的座谈会。副局长周新武在会上对广播网的建设和财政情况作了介绍。到会人员的共同意见是,广播站的编制列入省(市)或县(市)的机动编制调剂解决,经费从省(市)或县(市)的地方自筹经费中设一广播专用科目开支。

11月14日

哈尔滨市编委文件通知,经中共哈尔滨市委常委会议决定,单独成立哈尔滨市广播电台,设立编制40名,由广播事业费开支,自11月份开始执行。但实际上并未单独成立哈尔滨市的广播电台,仍由黑龙江人民广播电台内的市台编辑部编发稿件,对外使用"哈尔滨人民广播电台"的呼号。

11月15日

毛泽东在中国共产党第八届中央委员会第二次全体会议上发表讲话,提出要在报刊上宣传勤俭建国,提倡艰苦朴素。讲话指出:"要抓报纸。"还说:"广播电台讲的那些东西,恐怕也是从报纸上来的。所以,要把新闻记者、报纸工作人员和广播工作人员召集进来开会,跟他们交换意见,告诉他们宣传的方针。"

11月16日

国务院人事局发文通知,经国务院全体会议第四十次会议通过,刘江任山西省广播管理局局长，陈远任副局长。

11月19日~12月1日

中央广播事业局在北京召开广播网技术研究会。参加会议的有吉林、辽宁、山东、甘肃、江苏、福建、广东七个省台的广播网技术人员。会议主要研究建设、发展广播网技术问题。各台就广播网技术问题作了专题发言并进行了研究和讨论。

11月21日

陕西人民广播电台在各专区设立记者站。省委宣传部7月7日向各地委宣传部发出给陕西人民广播电台在各专区设记者站的通知。到11月中旬为止，各地委已配好九名记者。经过1~2个月的学习后，汉中、商洛、延安、安康、榆林的记者回专区开始工作。

11月22日~27日

国务院总理周恩来应邀对柬埔寨王国进行友好访问。访问期间，赠送西哈努克亲王一座功率为20千瓦的中波发射台。中央广播事业局派出专家代为安装。

11月26日

广西省广播网管理处成立，与广西人民广播电台合署办公，为广西省人民委员会直属机构。

同月

中共中央决定对国外宣传工作的领导由中宣部划属中央对外联络部。中联部通知中央广播事业局，每两周召开一次对外宣传工作会议。广播事业局决定副局长温济泽出席会议，并在对外核心小组会议上讨论、部署。与对内宣传有关的内容向对内核心小组传达、汇报。

同月

为抗议美国在第十六届国际奥林匹克运动会上制造"两个中国"的阴谋，中央人民广播电台派往澳大利亚墨尔本的记者退出了运动会的采访。

11月~1957年1月

内蒙古人民广播电台同中央人民广播电台、中央实验歌剧院、中央广播文工团等单位联合到哲里木盟采录民间音乐歌曲。

12月5日

中央人民广播电台开办《音乐常识》讲座，共38讲，介绍了有关欣赏音乐应具备的常识。

12月10日

中央人民广播电台维吾尔语节目正式开播。这是中央电台的第四种少数民族语言广播节目。

12月12日

中共陕西省委发出关于加强对《陕西日报》、陕西人民广播电台各专区（县）记者站工作的领导的通知，要求各地党委加强对记者站工作的领导，以便他们能及时地报道和反映各地工作中的经验和问题。

12月15日

北京广播电台柬埔寨语和老挝语广播开始播音。这是北京电台对外广播的第九、第十种外语节目。

12月16日

中国和缅甸两国1.5万边民联欢会在云南边境重镇芒市举行。中国总理周恩来、缅甸总理吴巴瑞出席联欢会。云南人民广播电台派出的采访组把两国总理的讲话和联欢实况分别传送到北京、昆明。中央人民广播电台当晚20：00在《各地人民广播电台联播》节目中播出联欢会的录音报道。云南电台在当晚21：00的《省市新闻》节目中播出。周恩来是应缅甸联邦政府的邀请，于12月10日~20日对缅甸进行友好访问的。

12月17日~22日

中央广播事业局在上海召开广播网工作汇报会议。会议汇报了各省、区、市一年来建网工作的情况，广播网管理处作了关于1956年广播网建设的情况和1957年工作意见的发言。19个省以及内蒙古自治区、上海市等共21个单位的代表参加会议。

12月18日

国务院人事局下发通知：国务院第四十一次全体会议通过，免去徐迈进的中央广播事业局副局长职务。

12月20日

贵州人民广播电台向中央广播事业局汇报自第四次全国广播工作会议以来宣传业务方面的主要情况。报告说：新闻报道贯彻又多、又快、又短、又好的方针后，新闻节目有了明显的改进。每天新闻由三次增加到四次，80%的稿件每则在200字左右，贵阳市的重大新闻一般都能在当天播出。

同日

天津市曲艺团与1953年3月成立的广播艺术团合并，由天津人民广播电台领导。

12月26日

吉林人民广播电台技术人员设计、改装的150千瓦自动屏调大功率发射机投入使用，功率扩大到新中国成立时的150倍。

12月27日

中共中央发出《关于1957年新年期间宣传工作的通知》。《通知》提出："中央认为有必要利用 1957 年新年的机会，直到旧历新年前后，在全国各地广泛地、深入地向各级干部和广大群众进行一次关于目前形势的宣传。"通知范围包括人民日报社、新华社、中央广播事业局。

12 月 30 日

广东人民广播电台增办《最后新闻》《新闻和时事解说》《服务性新闻》《理论讲座》《棋艺欣赏》等节目，并提出了改进广播工作，注意广播特点的问题。

12 月 31 日

黑龙江人民广播电台频率为 250 千赫的长波广播发射机调试成功。从设计到调试成功只用了三个多月。国际电联规定，长波 250 千赫这个频率属中国所有。

同日

中央广播事业局中国唱片厂副厂长王景训和工程师陈祖祥等启程赴法国访问。他们是应 1956 年 5 月到中国访问的法国文化代表团成员、法国百代唱片公司代表布尔诺瓦的邀请前往法国的。1957 年 2 月 18 日离开巴黎回国。

同月

江苏省 81 个县、市都建立起广播站。至此，江苏省农村有线广播的创建任务基本完成。

同月

浙江全省有 29 个县、6 个市和杭州市郊区、宁波市郊区以及庵东盐区建立了有线广播站，喇叭总数达 2.7 万只。全省拥有收音机 6 万台，矿石机约 1.5 万台。

同月

安徽人民广播电台在芜湖、安庆、六安、蚌埠、淮南等地市派出常驻记者。

同年

全国（未包括港、澳、台）共有广播电台 58 座，发射总功率比 1952 年增加了 4 倍，比上年增加了 55%，其中中央电台增加 5.66 倍。全国有三分之二的县（市）建立了 1458 个有线广播站，广播喇叭 50.6 万只，其中 80% 装在农村。

同年

中央广播事业局和 32 个国家的 51 个广播机构进行了联系和接触，比前一年增加了 13 个国家。在这一年中，中国和朝鲜签订了广播合作协定；苏联、越南广播工作者代表团应邀访问了中国；民主德国、捷克斯洛伐克、日本等 13 个国家的广播电台记者访问了中国。广播事业局收到了 15 个国家 29 个广播机构寄来的音乐录音带约 130 小时、录音报道和录音讲话 194 个、广播稿 236 篇；同时给 32 个国家的 48 个广播机构寄送了音乐录音带 120 小时、录音报道和录音讲话 139 个、广播稿 268 篇。

同年

被誉为"人民广播功臣"的 1 千瓦发射机从西安调北京展出。这部发射机是 1940 年 2 月由周恩来从苏联带回。以它为主要设备，1940 年 12 月 30 日办起了我国最早的人民广播电台——延安新华广播电台，所以有"人民广播功臣"之称。1947 年，胡宗南进犯陕北解放区，延安新华广播电台转移到外地播音，这台发射机疏散到晋绥解放区。延安光复后，这台发射机又作为筹建西北新华广播电台的主要设备，从山西运回延安，改装为功率 1 千瓦。西安解放后，用牛车从延安运到西安，改装为中波机，为人民广播服务直到 1953 年。1956 年，北京中国人民革命历史博物馆把这台发射机作为珍贵革命文物，标名为"功臣机"，在北京展出。

同年

中央人民广播电台第一、第二套节目的播音时间增加到 23 小时 55 分钟。加上少数民族语言广播和对台湾广播，每天总计播音 38 小时 40 分钟。编辑、民族语言翻译、播音员从 1949 年的几十人增加到 200 多人。

同年

北京广播电台收到 62 个国家和地区听众来信 15284 封。

同年

山西人民广播电台主办的《广播节目报》在太原创刊。

同年

内蒙古人民广播电台单独成立蒙古语文艺部，开始有计划地采录和制作传统民歌、"乌力格尔""笑呵"等蒙古语文艺节目。著名的蒙古族艺术家宝音德力格尔、哈扎布等人的作品很快在区内外流传开来。内蒙古电台实际上已成为全国录音、收集、保留、传播蒙古族文艺的资料中心。该台还开办《家庭生活》《可爱的内蒙古》《文化与生活》等十余个栏目。

同年

吉林省第一个专业广播文艺团体——吉林省广播曲艺团成立。

同年

贵州人民广播电台录制花灯剧《七妹与蛇郎》《打舅娘》，黔剧《秦娘关》《秦琼哭头》《孝儒草诏》等一批神话故事剧和新编历史剧。

同年

中央广播事业局计划会议决定投资 10 万元建设贵州人民广播电台收音台，并决定在贵州建立大功率广播发射台。会议期间，贵州电台向北京广播机器设备厂订了 150 千瓦自动屏调发射机。

同年

陕西人民广播电台技术人员从 1954 年开始，自己动手利用旧机架装制了一部 2 千瓦中波发射机。1955 年调试，质量指标达到上海复旦制造的 2 千瓦发射机水平。1956 年初，将新装的发射机与播省台节目的复旦 2 千瓦机并机工作，使省台功率扩大为 4 千瓦，频率不变，两机可互为备份，增加了可靠性。

同年

中央广播事业局在陕西省咸阳筹建直属发射台的同时，为陕西人民广播电台新建一座中功率中波发射台（即第三发射台），占地面积约 30 亩，机房建筑面积 241 平方米。

同年

新疆人民广播电台使用麦克八型磁带录音机，制作了第一部电影录音剪辑《梁山伯与祝英台》。使用磁带录音机制作节目在新疆广播技术史上是一大进步，不仅能使各种节目实现录音播出，而且能储存有价值的政治性和文艺性节目，还可以与兄弟省区交换文艺节目。

同年

新疆维吾尔自治区喀什市在广播收音站的基础上建立了广播站，发展有线广播，扩大宣传范围。

1957 年

1月1日

内务部部长谢觉哉通过中央人民广播电台向解放军、志愿军、烈属、军属、残废军人和复员军人发表元旦贺词。

同日

吉林人民广播电台调整节目,增加地方新闻的品种、次数,开办《新闻和地方报纸摘要节目》《简明新闻》,还创办《生活与知识》节目。

1月12日

山西人民广播电台为纪念女英雄刘胡兰烈士遇难10周年举办特别节目,广播了毛泽东为刘胡兰烈士的题词"生的伟大,死的光荣",还播送了共青团山西省委负责人的讲话、刘胡兰的母亲胡文秀和刘胡兰生前战友等的讲话,并介绍了刘胡兰烈士的生平事迹以及文水县各界青年代表在云周西村公祭刘胡兰烈士的实况录音及特写。

1月21日

文化部向各省、自治区、直辖市文化局(厅)发出通知,请协助各地广播电台文艺广播工作。通知指出:"为了加强广播电台的文艺广播工作,我部主管司、局和各省、市文化局与广播电台建立一种业务上的指导关系是必要的。这种关系的建立,不是具体的去指导广播业务,而主要的是加强与广播电台的联系,及时地将文艺团体的重要演出、活动和有关会议通知他们,使他们能有准备地有计划地布置文艺广播节目;同时,对他们制定重大文艺活动的广播计划加以必要的指导和帮助。"

1月27日~31日

中央广播事业局在西安召开广播网工作座谈会。会议重点讨论了少数民族地区发展广播网的基本方针问题。陕西、内蒙古、甘肃、四川、青海五省、区的广播网管理部门和广播站派代表参加。

1月28日

云南人民广播电台与昆明军区政治部联合举办的《对云南境外国民党军残部广播》节目开始播出,每天播出两次,每次30分钟。

同月

天津人民广播电台开办《文化生活广播杂志》节目，是一个教育性、知识性并带有文艺色彩的综合节目。

同月

甘肃人民广播电台首次在全省各地区设立记者站。人员由地区选调，列入省台编制。记者的主要任务是为各类节目特别是新闻节目采写稿件。同时，记者还要做通联工作，写反映情况的内参。

年初

中央广播事业局批准青海人民广播电台使用1250、1010、6260、6500千赫四个频率播音。该台从上海人民广播电台调来两部7.5千瓦短波发射机，安装在正在建设中的位于西宁市湟水北岸朝阳村的560发射台，改善了青海边远地区的收音效果。

2月7日

安徽省广播管理处与安徽人民广播电台决定，撤销合肥广播修理站机构，成立安徽人民广播电台服务部。

2月8日

中央人民广播电台开办《中国古典文学作品介绍与欣赏》节目。

2月14日

为庆祝中苏友好同盟互助条约签订七周年，中苏两国广播电台举办"呼应"广播节目。中共中央委员、中苏友好协会总会副会长吴玉章和全苏工会中央理事会主席符·格里申等在广播节目中发表了讲话。

2月15日

辽宁人民广播电台根据第四次全国广播工作会议精神，制订出改进广播宣传工作方案。

2月15日～21日

纪念俄罗斯作曲家格林卡诞生100周年，中央人民广播电台举办《格林卡音乐周》节目。

2月17日

中央广播事业局设计室总工程师王成武、工程师李孝勋和技术员徐士恢、桂信安前往苏联进行电视台工程设计实习，于1958年7月24日实习任务结束后回国。

2月18日～21日

第二次国际广播组织会员国音乐专家会议在布加勒斯特举行。中央人民广播电台音乐部主任向隅出席会议。

2月26日

由北京广播器材厂研制成功的大功率（120千瓦）短波发射机在北京郊区正式投入使用。

同月

江西人民广播电台在南昌、赣州与吉安地区建立记者站。

3月1日

北京广播电台对驻各国使馆的普通话和英语记录新闻正式开播。

3月8日

中华人民共和国文化代表团和蒙古人民共和国文化代表团在乌兰巴托签订1957年文化合作计划。根据计划，两国间为了相互交流经验，拟互派文化、科学、作家和艺术家代表团，并且进一步发展科学、国民教育、卫生、电影和广播方面的合作关系。

3月11日~16日

山西省广播管理局在太原召开第三次全省有线广播工作会议。会议总结了1956年的工作，讨论了1957年广播网工作的方针和任务，交流了各市、县建站的经验。全省已经正式播音和即将播音的市、县广播站站长参加会议。

3月14日

黑龙江人民广播电台和哈尔滨人民广播电台共同组建一个编委会，统一领导省台政治广播编辑部、市台政治广播编辑部、文艺广播编辑部及其他有关两台编辑工作。

3月14日~16日

中国新闻工作者第一次代表会议在北京举行。会议正式宣布成立中华全国新闻工作者协会。会议讨论并通过《中华全国新闻工作者协会章程》，选举出由65人组成的协会理事会。邓拓当选为会长，王芸生、吴冷西、金仲华、范瑾和梅益当选为副会长。

3月14日~30日

国际广播组织第15次大会、理事会第28次会议、技术委员会第13次会议和节目委员会第3次会议分别在索非亚举行。大会及理事会会议讨论了进一步加强广播和电视方面的国际合作问题。大会选举中国代表为1957年度副主席；还委托中国的广播电台代表为国际广播组织副秘书长，以扩大和亚洲国家广播机构的联系。

3月15日~4月3日

中央广播事业局在北京召开全国录音报道业务学习会，着重研究有关提高录音报道质量的一些基本问题，并且讨论了录音报道的真实性、音响和解说词的关系、如何配乐、如何提高录音报道的思想性等问题。

3月18日

安徽省人民委员会决定撤销广播管理处，其业务交安徽人民广播电台广播网工作部具体负责。

同日

中共湖北省委宣传部批准成立湖北、武汉人民广播电台编委会。

3月18日～23日

江西省广播管理局在南昌市召开全省第四次广播收音网工作会议。地县级广播站或收音站负责人和各地、市委宣传部代表共100余人出席会议。

3月27日

中国和捷克斯洛伐克文化合作协定在北京签订。协定第四条第一项规定：双方将鼓励两国广播机构之间各种形式的合作以及两国广播机构之间合同的签订和执行。

3月30日

中国和越南在河内签订1957年文化合作计划。根据计划，双方互相加派留学生，促进在新闻、广播方面的合作。

4月1日

捷克斯洛伐克共和国总理威廉·西罗基应邀在中央人民广播电台发表录音广播演说。西罗基总理是应邀于3月9日～17日及3月20日～4月1日率政府代表团访问中国的。

同日

北京广播电台开办《国际一周》节目。

4月10日

贵州人民广播电台开办《天气预报》节目，分别用普通话和地方方言、正常速度和记录速度播报天气变化情况。

4月12日

中国和苏联广播合作协定1957执行计划在莫斯科签订。

同日

山东人民广播电台开始举办对沿海和内地的渔业广播节目。

4月14日

波兰人民共和国部长会议主席约瑟夫·西伦凯维兹应邀在中央人民广播电台发表录音广播演说。西伦凯维兹主席是4月6日～14日率政府代表团来华访问的。

同日

印度尼西亚广播代表团抵达北京访问中国。

4月15日～25日

中央广播事业局在南京召开地方台领导工作经验座谈会。会议讨论了台长、编委会如何进行工作；省台的宣传方针、任务和对象；联系群众，深入实际；培养干部；在广播中如何贯彻"百花齐放、百家争鸣"的方针和党委对电台的领导等问题。

4月21日

周恩来在北京剧场观看中央广播剧团演出的话剧《北京人》。演出结束后，周总理走上舞台接见演员，对该团的演出给予鼓励和赞扬，并与全体演员合影留念。

4月24日～5月1日

越南之声电台台长陈林访问中国。4月24日，访问中央广播事业局。

4月25日

世界工会联合会总书记路易·赛扬应邀在中央人民广播电台发表关于支持阿尔及利尼亚民族解放斗争的录音广播演说。录音胶带是由世界工联寄送到北京的。

4月27日

中共中央发出《关于整风运动的指示》，决定在全党进行一次以正确处理人民内部矛盾为主题，以反对官僚主义、宗派主义、主观主义为内容的普遍的、深入的整风运动。整风运动开始后，中央广播事业局多次召开会议，发布指示，布置广播系统职工积极参加整风运动，同时要求各广播电台要搞好整风运动的宣传报道。

4月29日～5月5日

庆祝内蒙古自治区成立十周年，中央人民广播电台举办庆祝节目，播出纪念文章、庆祝大会报道以及文学、音乐节目。

4月30日

内蒙古自治区成立十周年庆祝大会在呼和浩特举行。国务院副总理李先念代表中共中央、中央人民政府和毛泽东主席前往祝贺并致祝辞。内蒙古人民广播电台转播了庆祝大会实况。

同月

中国广播代表团首次访问罗马尼亚。

同月

中共山西省委决定把山西人民广播电台的发射功率在原有基础上扩大20倍，并开始筹备扩建工程。

同月

为促进青海广播事业的发展，国家投资10万元，在西宁建成560发射台。中波改为1250千赫，主要服务于以西宁为中心、半径100至150公里范围的听众。短波改为6500千赫，主要服务于果洛、玉树和海西等边远地区。中央广播事业局又从丹东人民广播电台调去一部 7.5 千瓦中波发射机和天线杆、传音电缆，使 560 台的发射功率有所增加。

5 月 1 日

北京 50 万人举行庆祝"五一"国际劳动节大游行。毛泽东、刘少奇、周恩来、朱德、陈云等党和国家领导人检阅了游行队伍。中央人民广播电台转播了游行实况。

同日

北京广播电台增办对北美华侨广播的汉语普通话节目，每天两次，每次 30 分钟。至此，对国外的汉语普通话广播已有对东南亚华侨，对欧洲、北非、西亚使馆人员和留学生以及对北美华侨三套节目。

同日

新疆维吾尔自治区焉耆县广播站首次用"焉耆县人民广播站"的呼号试转首都北京庆祝"五一"国际劳动节活动的实况。

5 月 4 日

湖南人民广播电台第一次制定《记者工作定额规定条例（草案）》，以计分法计算记者工作定额，并实行超额奖励制度。根据记者不同条件和工作环境，确定不同定额标准。一般要求每个记者每月采写消息六篇、通讯两篇、内部情况一篇。

5 月 6 日

中央人民广播电台开办《在祖国各地》节目，用特写、通讯、录音报道等形式反映祖国各地在政治、经济、文化生活等方面的变化；介绍各地城市和乡村的新面貌、新气象；介绍各地的名胜古迹；反映全国人民在社会主义建设中的进步。每天一次，每次 15 分钟。这个节目的前身是《祖国建设和人民生活》节目。同日，还开办《听众服务》节目。内容包括一周节目谈、听众信箱、书刊介绍，法律常识和对家长广播等。这两个节目连同《广播谈话》节目，都是由新成立的机构——综合编辑组负责编发的。

同日

中央人民广播电台第一套节目的短波发射中心在北京东郊建成并投入使用。使用的设备为 15 千瓦国产短波发射机 8 部，中央电台第一套节目可以传播到全国几个主要地区。

5 月 11 日

中央广播事业局局长梅益发布任命通知：任命杨子毅为副秘书长（仍兼任干部处处长）；任命卢杰为办公室主任兼计划处处长。

5 月 20 日～25 日

为纪念毛泽东《在延安文艺座谈会上的讲话》发表 15 周年，中央人民广播电台举办文学广播周。

5月21日

陕西人民广播电台第三发射台建成并投入使用。该发射台建筑面积666平方米，发射功率30千瓦，频率980千赫。投入使用后，使省台的中波发射功率比以前增加了6.5倍。

5月21日~6月7日

中央人民广播电台在《整风特别节目》中播出有关整风的稿件57篇。

5月26日

中共湖北省委批准湖北人民广播电台成立党组，阎逦一任书记，张献庆任副书记。

同日

江西人民广播电台召开正确处理人民内部矛盾座谈会，邀请省、市民主党派人士、高级知识分子座谈"长期共存，互相监督"、"百花齐放，百家争鸣"等方针政策问题，并广播了座谈会实况录音。

5月27日~28日

中央广播事业局在北京召开唱片专业会议，研究加强对唱片事业的管理。会议认为对唱片事业的管理必须加以重视。唱片本身虽然是一种商品，但从它的内容及性质上看，主要的还是文化宣传事业。会议提出成立唱片社，统一管理有关唱片事业的编辑、生产和发行等各方面的工作。

同月

北京广播电台英语广播除原有的《听众信箱》《中国文化》《中国音乐》三个固定节目外，增设《中国在建设中》《中国常识测验》《中国音乐家介绍》和《世界各国音乐》四个固定节目。

同月

天津人民广播电台建立少年儿童合唱团、广播剧团。

同月

吉林省九台县广播站建立编播组，编播人员共六人。为了办好自办节目，解决稿源问题，县广播站整顿全县通讯员队伍，向300名骨干通讯员发出聘书，实行稿酬制度，每天可收到通讯员采写的稿件。年底，来稿500多篇，用稿400篇左右。

6月1日

北京广播电台根据听众要求举办的对北美华侨的台山话广播开始播音，每天两次，每次30分钟。

6月2日

中央广播事业局根据2月27日毛泽东在最高国务会议第十一次（扩大）会议上发表的题为《如何处理人民内部的矛盾》的讲话（6月19日，《人民日报》公开发表时，题目改为《关于正确处理人民内部矛盾的问题》），提出"广播怎样进行关于正确地处理人民内部矛盾的宣传"的初步意见。意见强调："广播在报道人民内部矛盾的时候，应当尽可能选择那些具有代表性的为多数人所关心的、而又可以公开报道的事例，并且尽可能交待背景，分析原因，使各种不同的听众对矛盾和它的正确处理能有比较全面的了解。关于人民内部矛盾的报道一般地不要零敲碎打，不要追求数量，也不要作纯客观的报道，而应该更多采用综合和分析的方法。"广播电台应该组织一些通俗地向听众讲解为什么人民内部有矛盾和怎样处理这些矛盾的节目。

6月4日

中央人民广播电台开办《正确处理农村内部矛盾》专题节目。

6月7日

中国与南斯拉夫文化合作协定在北京签字。协定第五条规定：双方支持两国广播电台、电视台的合作。

6月8日

中共中央发出《关于组织力量准备反击右派分子进攻的指示》。为此，《人民日报》发表题为《这是为什么》的社论，标志着反右派斗争的开始。在党中央的统一部署下，广播电台播出《人民日报》刊载的新闻报道和文章。有些电台还举办了反击右派的专题节目或特别节目。

6月21日~7月3日

辽宁、天津、山西、陕西、青海、四川、湖北、广东、江苏、无锡、上海、福建等电台和中央人民广播电台的戏曲编辑在北京，就广播中的戏曲剧目问题举行座谈会。

6月25日

中央广播事业局成立研究室。其方针和任务是：收集有关广播工作的资料和史料，研究广播宣传的重要问题，总结广播宣传经验，编写广播教学提纲，对宣传业务提出改进意见，为逐步提高广播宣传质量服务。

6月27日

中央广播事业局决定成立中国唱片社，统一管理唱片的编辑、生产和发行等工作。

上半年

吉林省48个县（市、旗）都建立了有线广播站，并有42个乡建立了广播放大站。

全省有线广播喇叭发展到 9.3 万只。

7月1日

山西广播器材厂扩建。新建厂房 1971 平方米，职工增加 140 人。每年除生产 3 万多只有线广播喇叭外，还将生产 2000 部六灯交流电收音机。

7月3日

著名作家老舍到新疆维吾尔自治区参观讲学期间，应邀到新疆人民广播电台，与编辑部人员座谈有关新闻写作问题。

7月4日～10日

广西省第一次全省广播工作会议在南宁召开。会议对整顿、巩固、发展广播网，提高节目质量等项工作进行了部署。65 人出席会议。

7月5日

中共中央电复吉林省委关于省台对反右派斗争的宣传的请示。中央在复电中批示："反右派斗争目前已经成为工农参加的群众性的政治斗争，地方广播台可以在省委的领导下对当地主要的右派典型人物的反动言行进行揭露和驳斥。"

7月7日

德意志民主共和国国家广播委员会评论员拉德曼和亚洲部主任玛科希应中华人民共和国广播事业局邀请抵达北京，14 日，离京回国。

7月8日

天津人民广播电台设立党组，沈毅任党组书记，杨循任副书记。

7月13日

中宣部召集中央新闻单位座谈当前农村宣传问题。中宣部副部长张磐石主持会议。会后，他专门和中央人民广播电台与会人员谈到了对中央电台农村节目和有线广播的意见。他说，农村广播对农村作用很大，要办得生动一些，要结合实际，要故事性强一些，形象化一些。

7月14日

中央人民广播电台邀请首都部分经常和电台保持密切联系的听众（有工人、战士、干部、教育工作者、学生）举行座谈会。中央广播事业局副局长金照及中央电台的编播人员到会听取了大家的批评和建议。

同日

匈牙利篮球队和中国联二队进行比赛，北京人民广播电台首次转播体育比赛实况。

7月14日～8月22日

日本民间广播联盟代表团访问中国。7月25日，国务院总理周恩来接见日本民间广播联盟代表团以及日本共同社、《朝日新闻》记者，就中日关系发表重要谈话，驳斥了岸信介政府敌视中国、挑拨亚洲国家和中国关系的谬论。

7月17日~24日

中央广播事业局召集12个省、市人民广播电台的负责人开会，检查了整风开始后的广播宣传工作，研究了若干业务问题，各台汇报了内部反右派斗争的情况。7月23日，中宣部副部长周扬到会讲话。

7月20日

中共中央发出《关于知识分子工作中三项组织措施的指示》，其中提到要抽调一批得力干部去担负广播单位的领导工作。

7月28日~8月11日

第六届世界青年与学生和平友谊联欢节在莫斯科举行。参加本次联欢节的有127个国家的约10万名青年代表。中央人民广播电台派记者采访联欢节，从莫斯科发回有关联欢节和运动会的消息、通讯及精彩节目的实况录音、重要体育比赛的录音报道和各国青年友好联欢活动的报道。另外，中央广播民乐团20名演奏员参加中国青年艺术团出席本次联欢节。在文艺表演比赛中，他们演奏的中国民乐《春江花月夜》《金蛇狂舞》获得金质奖章。

7月29日

天津人民广播电台在农村建立五个有线广播站，共有11766只喇叭、19部广播机。广播输出功率7千瓦，利用线路1845公里，自架线路1679公里，放大站七个，职工总数29人。

同月

江西省广播管理局、江西人民广播电台开展反右斗争，斗争延续到1958年5月。全局、台92名职工，有九名被划为右派分子（1979年5月，全部甄别改正）。

7月~1958年4月

浙江人民广播电台共有17名干部被划为右派分子，其中党员10名。两位副总编辑均被划为右派分子，下放劳动。台长顾耕初不仅被划为极右分子，而且还被送劳动教养。其余14名干部被取消公职，从事体力劳动（对以上17名干部的处理，至1979年10月已全部作了改正，并落实了政策）。

8月9日

湖北省人民委员会决定成立湖北省广播事业管理局，作为全省广播电台、收音网、广播站的管理机构。

8月10日

天津人民广播电台在反右斗争中有12人被划为右派分子，先后被下放农村劳动

（1978年初予以改正）。

8月11日～17日

中央广播事业局在成都召开有四川、云南、贵州、重庆人民广播电台参加的广播宣传座谈会。座谈会交流了各台前个时期鸣放宣传的情况、经验和问题，讨论了广播事业局党组准备向中共中央提交的《关于广播宣传会议的报告》。会议期间，还召开了农村广播站座谈会，了解部分广播站鸣放宣传、反右派宣传和开展社会主义教育宣传的情况。

8月13日～14日

国际广播组织委员会《最后消息》编辑部代表会议在莫斯科举行。中国中央人民广播电台记者杨兆麟、张之出席会议。

8月14日

中共中央发出《关于宣传报道农村社会主义思想教育运动的指示》。《指示》指出：在全国农村中，正开始进行一场社会主义教育的大辩论。各地报纸、刊物、广播电台等宣传机关对于农村这个运动的报道，应着重于好的经验的介绍，正面道理的宣传（包括对于资本主义思想的驳斥）。在反映农村反社会主义的言论和行动时，要恰如其分，不要使人感到漆黑一团。省市委、地委、县委必须注意对于报刊电台这方面宣传工作的掌握和领导。

8月17日

中央广播事业局党组决定设立北京电视实验台筹备处。任命罗东为主任，孟启予、胡旭为副主任。试验筹建工作由副局长李伍领导。要求北京电视台于1958年5月1日实验广播。8月28日，局长梅益发布任命通知。

8月19日

中央人民广播电台开始举办专门为农村听众组织的《关于统购统销问题》专题节目。

8月19日～23日

中央广播事业局局长梅益到山西视察广播工作，听取了山西人民广播电台、省广播局负责人、榆次等县广播站负责人的汇报，视察了山西广播器材厂、服务部和太原市广播站，并向省局、台全体干部作了报告。

8月中旬

黑龙江省松花江出现特大洪水，洪峰逼近哈尔滨市，水位超过1932年水位，哈尔滨人民进行抗洪斗争。黑龙江人民广播电台派出记者采访，录制了哈尔滨松花江段防汛的录音报道。记者写了脚本、录了现场实况和现场采访音响，配上播音员按记者所写脚本的解说，完成了该台早期一次合成录音报道。

8月21日

教育部发出《关于继续推广普通话的通知》。《通知》指出："中央和多数省、市的广播电台举办了普通话语音教学广播讲座，收听人数估计在200万人以上。"

8月24日~9月2日

中央广播事业局在长沙召开有湖南、广东、广西、江西人民广播电台参加的广播宣传座谈会。座谈会交流了各台前个时期鸣放宣传的情况、经验和问题，讨论了广播事业局党组准备向中共中央提交的《关于广播宣传会议的报告》。会议期间，还召开了农村广播站座谈会，了解部分广播站鸣放宣传、反右派宣传和开展社会主义教育宣传的情况。

8月25日

吉林人民广播电台在长春市南岭体育场转播吉林省队同阿尔巴尼亚足球队比赛实况。这是吉林电台第一次转播体育比赛实况。

8月28日

中央广播事业局党组向中宣部并中共中央提交《广播事业局党组关于广播宣传会议的报告》。《报告》总结了7月17日~24日召开的广播宣传会议的情况，就会上讨论的五个问题及意见作了汇报。一、关于"鸣放"的报道和反右派斗争宣传的问题。根据中共中央指示"广播是第四道防线"的精神，"鸣放"期间在新闻节目中以报道左派的意见为主，同时有选择地报道中派的意见和揭露主要右派分子的反动论点，并剔除其恶意诬蔑中伤的内容，这种做法是容许的。但是，不应该播送右派分子的反动言论。二、关于正确处理人民内部矛盾的报道问题。应该适当播送根据党的政策正确处理人民内部矛盾的值得推广的经验，避免采用可能发生副作用的稿件。社会主义建设和人民政治、经济、文化生活的报道，仍然是广播的主要内容。三、关于在广播中进行批评的问题。由于广播电台的影响很大，它不宜于进行单纯的揭露和指名指姓的批评。凡是有关重要事件的指名指姓的批评除有特殊需要并经当地党委批准者外，一般不应当播送。四、关于广播如何贯彻"百花齐放、百家争鸣"方针的问题。文艺广播应该以满足多数听众的需要为主，同时适当照顾少数听众的喜好，尽量扩大取材的范围和放宽选材的标准。文艺广播既不应该生硬地庸俗地强求和政治任务配合，忽视它在满足广大听众文化娱乐要求方面的作用，也不应该过分强调满足文化娱乐的要求以致忽视它对人民的政治倾向、思想意识和社会风气的积极影响。广播电台可以规定一定时间，对一般社会问题开展自由讨论。这种讨论应该是有领导的，但是不必急于对每一个问题做出结论。五、关于纯洁广播队伍和加强党的领导的问题。广播是一种新的事业，队伍普遍很弱，有些电台干部政治不纯的情况十分严重。各广播电台都普遍感到在运动中可以依靠的党员干部太少，许多广播电台长期不能建立编辑部党的领导核心。全国还有一些广播电台经常得不到党委的指示，不能参加党委的会议。建议中共中央对上述情况做出相应的决定，以加强党对广播的领导，纯洁、充实广播的队伍。

8月29日

中央人民广播电台编委会决定向农村群众大张旗鼓地宣传社会主义，并建议全国各地电台、广播站互相配合，造成声势。

8月30日

中共山西省委任命刘江为山西人民广播电台编委会总编辑。

同月

北京广播器材厂开始试制电视发射和播送系统设备。

同月

天津人民广播电台文艺部推出音乐专题节目《推荐歌曲》，受到听众欢迎。该节目播出的第一首歌是作曲家彦克创作的《骑马挎枪走天下》。

同月

林青任黑龙江人民广播电台台长，王建颖调往吉林省。

同月

江西人民广播电台在上饶、抚州、九江专区建立记者站。

夏

内蒙古人民广播电台蒙古语记者报道了草原上的文艺轻骑兵——乌兰牧骑。不久，毛泽东、周恩来接见了乌兰牧骑代表，并指示到各地巡回演出。

9月16日

上海市自学广播学校成立，设有初中班和高中班，学制四年。同年，又增设业余学校教师进修班。

9月20日～10月9日

中国共产党第八届中央委员会第三次全体会议（扩大）在北京召开。会议通过了中共中央政治局提出的《1956年到1967年全国农业发展纲要（修正草案）》。《纲要》主体部分40条。10月26日，《纲要》在《人民日报》上公布。《纲要》第32条"发展农村广播网"一项规定："从1956年起，按照各地情况，分别在7年或者12年内，基本上普及农村广播网。要求大部分农业、林业、渔业、牧业、盐业和手工业的生产合作社都能收听广播。"第22条"加强气象水文工作"一项规定："各地应当注意收听关于气象的广播，以便预防水、旱、风、冻等自然灾害。"

9月24日

中央广播事业局同意天津人民广播电台自10月1日起使用1070千赫频率。

9月25日

印度副总统萨瓦帕利·拉达克里希南应邀在中央人民广播电台发表录音广播讲话。拉达克里希南副总统是9月18日~28日访问中国的。

同日

中共黑龙江省委同意将省广播事业管理处与黑龙江人民广播电台合并，成立黑龙江省广播事业管理局，受省人民委员会领导，对外仍保留黑龙江人民广播电台名义，广播中仍用"黑龙江人民广播电台"呼号。

9月26日

吉林省人民委员会决定撤销吉林省文化局广播事业管理处，另设吉林省广播事业管理局，与吉林人民广播电台合署办公。机构设有吉林电台编辑部、长春电台编辑部、文艺部、秘书组、记者组、播音组、工务科、录音组、技术管理科、编播业务指导科。

9月30日

天津人民广播电台第四台开始播音。该台除举办一些政治、科学讲座外，主要是增加文化娱乐及体育活动的节目，如转播各剧院著名演员的演出实况和各种球类比赛等。

同月

中央广播事业局和辽宁人民广播电台在沈阳联合召开辽宁省内各市台广播宣传座谈会，探讨鸣放期间的宣传报道，汇报各台反右斗争情况。

同月

新疆维吾尔自治区喀什市广播站开始架设广播专线，安装广播喇叭。

10月1日

新疆人民广播电台在乌鲁木齐市团结路八户梁新建的5000平方米的业务中心落成，电台机关及业务科室迁入新台址办公。

10月3日

埃及青年代表团团员、埃及广播电台记者阿里·罗西蒂到中央人民广播电台访问。

10月8日

浙江省舟山人民广播电台建成试播，发射功率7.5千瓦，频率1150千赫。12月20日，该台正式播音，每天播出四次气象节目，遇到灾害性天气时，随时反复播出，使渔民的生命和生产安全有了保障，并且还可以通过广播指导渔业生产。该台是中国第一座专门为海上渔民和渔业服务的广播电台。

10月12日

保加利亚人民共和国部长会议主席安东·于哥夫应邀在中央人民广播电台发表录音广播演说。于哥夫主席是于9月14日~24日、9月30日~10月6日、10月9日~12日率政府代表团访问中国的。

10月14日

北京人民广播电台开办的《北京青年自学辅导广播讲座》开课。这个和北京市教育局合办的讲座，主要是指导未能升学的初中毕业生进行有计划的自学。课程有政治、语文、代数。

10月14日~11月底

中央人民广播电台举办《连队社会主义教育》节目，播送中国人民解放军官兵撰写的反映农村情况的文章，报道在社会主义教育中部队指战员思想觉悟提高的新气象。

10月15日

北京广播电台波斯语广播正式播音，每天两次，每次30分钟。这是北京电台对外广播的第十一种外语节目。

同日

武汉长江大桥建成通车。湖北人民广播电台、武汉人民广播电台把广播设备安装在新落成的大桥汉阳桥头，进行现场实况广播。

10月16日

中共中央批转《广播事业局党组关于广播宣传会议的报告》，批语指出：中共中央同意广播事业局党组关于广播宣传会议的报告，希望各地党委检查一次广播电台的工作，帮助他们总结经验，改进工作。批语还指出：各地党委应加强对广播电台的领导，使之严格控制在党的领导之下。若干广播电台中干部政治不纯的严重状况，应该迅速加以改变。广播电台的领导岗位、编辑播音部门和技术部门都应当掌握在党员干部和党外左派人士手中。领导骨干缺乏的地方，党委应当设法加以配备。广播电台的高级技术人员，政治上可靠而又具备入党条件的，应该吸收其入党，以便加强对广播技术部门的领导。在广播电台内部，应该建立和健全党的领导核心和加强编委会，经常注意改进党的组织工作和保卫工作，并加强对党员和群众的政治思想教育。在广播电台机关内部，应继续深入开展整风和反右派斗争，批判各种右倾政治观点和资产阶级的新闻观点。

10月18日

中央广播事业局确定电视台试播方针：试播期间，节目主要靠实况转播和电影以及少量的室内节目。自己摄制的节目开始时只能限于新闻纪录短片。

10月19日

中央广播事业局、新华社就改进记录新闻的发播工作达成协议：一、恢复对各县广播站的记录新闻，时间是8:30至9:30；二、对县报广播，改为星期一、三、五14:00至15:00广播；三、把对专区农民报广播的记录新闻，改到23:30至凌晨2:00；四、记录新闻编稿内容安排由新华社负责，发播的技术方面全部由广播事业局负责。

同日

中央人民广播电台开办《星期演讲会》节目，按专题通俗地介绍自然科学、社会科学和文学艺术方面的一般知识、科学工作的动态以及科学技术的新成就。第一次的讲题是《长江大桥》，由铁道科学院院长、桥梁专家茅以升主讲。

10月21日

中央人民广播电台开始举办第三套广播体操节目。这套广播体操分为成人、少年和儿童三种。

同日

北京广播电台土耳其语广播正式播音，每天两次，每次30分钟。这是北京电台对外广播的第十二种外语节目。

10月23日

黑龙江省广播事业管理局和黑龙江、哈尔滨人民广播电台的机构作了变动。省广播事业管理局所属机构有秘书科、总务科、计划财务科、人事科、技术部、广播网管理处。黑龙江人民广播电台和哈尔滨人民广播电台的所属机构有总编室、新闻广播部、对农村广播部、文艺广播部、哈尔滨台政治广播部、对少年儿童广播组、知识与生活编辑组、播音组、记者组、广播说唱团。

10月25日

云南人民广播电台开办《傈僳语广播》节目，每周播出一次，每次30分钟。

10月27日

阿富汗王国首相萨达尔·穆罕默德·达乌德应邀在中央人民广播电台发表录音广播演说。达乌德首相是10月22日～30日访问中国的。

10月30日

中央广播事业局局长梅益率领中国广播代表团启程赴苏联访问。

同月

新疆人民广播电台在整风反右中，有17人被划为右派分子（1983年落实政策时全部平反）。

11月1日

阿富汗喀布尔电台台长本纳瓦访问中央广播事业局。

11月2日~21日

毛泽东率领中国代表团访问苏联，6日，出席苏联最高苏维埃庆祝十月革命40周年大会。在此期间，中央人民广播电台展开了大规模的庆祝十月革命40周年宣传活动。11月4日、5日，中央电台第一次向全国听众播送了列宁的讲话录音。6日，转播了首都各界庆祝大会的实况。7日，转播了莫斯科红场盛大检阅的实况。

11月3日

北京广播电台对西亚、北非国家的阿拉伯语广播开始播音，每天两次，每次30分钟。这是北京电台对外广播的第十三种外语节目。

11月5日

中央广播事业局广播网管理处编辑的《广播网工作》第1期出版，其任务是指导和帮助全国有线广播站的宣传工作和技术工作，内容以介绍有线广播宣传的基本知识，交流各地有线广播站的宣传经验和技术设施为主，共出了29期。

11月7日

社会主义国家广播电台联合举办音乐节目，庆祝俄国十月革命40周年。节目内容有各国人民为庆祝十月革命发表的讲话、各国音乐家和歌唱家演奏和演唱的音乐节目。苏联、中国、阿尔巴尼亚、保加利亚、匈牙利、民主德国、波兰、罗马尼亚、捷克斯洛伐克等国家的电台参加。

11月11日

为迎接广西壮族自治区成立（1958年3月5日，当时名称为广西僮族自治区），中央人民广播电台壮语广播开始播音。至此，中央电台计划开办的五种少数民族语言节目全部开播。

11月12日

为庆祝俄国十月革命40周年，中央人民广播电台举办业余合唱音乐会。参加本次音乐会演出的全部是北京的业余合唱团体，包括北京工人艺术团合唱队、教师合唱团、北京业余广播合唱团、中央电台学生广播合唱团、中央电台少年广播合唱团等13个团体。

11月13日~12月底

云南人民广播电台举办《广播讲坛》专题节目。播出的内容有党和政府领导人对重大政策措施的阐述，对各项工作和群众关心的问题的讲解以及先进人物介绍经验的讲话、文章等。

11月14日

中央广播事业局举办的新播音员训练班开学,共招收83名青年学生。学习结束后,根据各地方电台的需要和学员的学习情况分配工作。

11月15日~21日

中国和苏联在莫斯科举行关于1958年文化合作的会谈。参加谈判的中国代表团团长是文化部部长沈雁冰,苏联代表团团长是文化部部长米哈伊洛夫。双方拟订的1958年执行计划包括戏剧、音乐、造型艺术、电影、博物馆和图书馆、新闻出版和广播、教育和卫生保健等方面的合作事项。

11月17日

贵州人民广播电台开办苗语和布依语节目对全省广播。节目对象是贵州农村的广大苗族和布依族群众,内容主要是介绍少数民族中的好人好事和先进生产经验,破除迷信,解放思想,传播科学技术知识。

11月18日

中央人民广播电台开办《汉语拼音字母教学讲座》。

11月25日

中央人民广播电台开办《农业发展纲要专题广播》节目,配合《全国农业发展纲要(修正草案)》的公布,阐述《纲要》提出的各项主要任务,介绍实现《纲要》规定的任务的经验和做法,并请中央有关部门负责人讲解。讲稿汇集成书,由中国青年出版社出版。

同月

为庆祝俄国十月革命40周年,云南人民广播电台举办文艺直播晚会。省、市各界人士近300人应邀参加。著名演员在晚会上表演了京剧、滇剧、花灯和曲艺节目。

同月

新疆维吾尔自治区喀什地区各县人民广播站已全部成立,各站除转播中央人民广播电台、新疆人民广播电台节目外,还开办了部分自办节目。

11月~12月

北京人民广播电台和《北京日报》共同举办群众评选"受观众喜爱的足球运动员"。这是第一次由新闻单位举办这样的活动。从11月1日到12月25日,共收到来自全国各地的选票1447张。最后选出的10名运动员,全部参加过国家队,其中有9名是运动健将。

12月5日~10日

中央广播事业局在武汉召开湖北、湖南、广东、江西、江苏五省广播网工作座谈会。会议主要讨论了广播站宣传工作如何争取党委重视和依靠党委领导,有哪些方面可供党委运用，在突击性运动的宣传中如何贯彻党委意图等。

12月6日

国务院第二办公室下发《关于同意开办编辑播音业务干部训练班的批复》。文件同意中央广播事业局在1958年利用现有房屋开办一个编辑播音业务干部训练班，从各地方广播电台选派约200名干部参加学习。要求在事前充分做好各项准备工作。

12月11日

根据中苏广播合作协定1957年执行计划来中国访问的苏联广播电台工作人员三人到达北京。他们是声学专家阿那托利·奥尔菲诺夫、音响导演尤利·柯杰扬和少年儿童广播编辑依果尔·杜布罗维斯基。他们来访的目的是深入交流两国广播工作经验。

12月12日

应日中友好协会东京都联合会和日中文化交流协会的邀请，以卢克勤为团长的中国广播技术访日代表团一行三人到达东京，对日本进行访问。

12月15日～1958年3月6日

中央广播事业局派出由罗东、孟启予等人组成的电视代表团赴苏联和德意志民主共和国考察，学习办电视节目的经验，考察两国电视节目的设置安排情况。

12月17日

北京广播电台增办的对拉丁美洲的西班牙语节目广播，每天两次，每次一小时。至此，西班牙语节目已有对欧洲和对拉丁美洲两个方向的广播。

12月20日

中共黑龙江省委批复同意黑龙江省广播事业管理局在利用现有广播服务部的设备和技术力量基础上，成立广播器材厂。厂址设在哈尔滨市道里三道街的一个半地下室里，厂房面积280平方米，有职工30多人。哈尔滨广播器材厂是全省第一座广播工业工厂。

12月23日～27日

中央广播事业局在济南召开广播网建设、管理、维护工作经验座谈会。会议主要讨论了如何依靠党委、依靠群众贯彻勤俭办广播的方针，如何维护线路，提高传输质量，如何做好广播站的管理工作等。山东、辽宁、福建、安徽、河北、河南等省的代表参加会议。

12月24日

天津人民广播电台根据试播结果，正式提出使用1070、1390、790、870千赫四个频率的申请报告。

12 月 27 日

国务院发出《关于改进文教事业管理体制的规定》(修改稿)。《规定》指出：地方广播事业由地方管理，但地方广播电台的频率和发射功率的确定和变更，由中央广播事业局核定。

12 月 31 日

铁道部、邮电部、电力部、中央广播事业局、中国人民解放军通信兵部联合颁发《架空电力线路与弱电流线路接近和交叉装置规程》。这是四部一局所属各系统之间技术方面的法规。

同月

安徽省第二次全省广播工作会议在合肥召开，会议要求全省 76 个县市 1958 年要全部建成有线广播站，发展喇叭 4 万只以上。

同月

江西省广播管理局、江西人民广播电台下放 30 名职工到鄣公山、云山、乐化垦殖场劳动。

同年

经过第一个五年计划，全国（未包括港、澳、台）对国内广播电台共有 60 座（因个别省辖市电台合并和大区电台撤销，电台总数比 1952 年底减少 11 座），比上年增长 5.17%。各台对国内广播共 84 套节目，其中中央人民广播电台有 4 套。全国广播电台平均每天对国内外广播 756 小时。发射总功率为 2030 千瓦，比 1952 年底增长 5.1 倍，其中中央电台为 1330 千瓦，地方电台为 700 千瓦。对国外广播新建 8 部 120 千瓦短波发射机投入使用。收音机的社会拥有量由 1949 年的 100 万台左右增至 209 万台。

同年

据中央广播事业局的一份统计材料显示，截至 1957 年 12 月 31 日，全国广播系统共批判、斗争了 364 名右派分子。其中编播人员 277 人，占 76.1%；技术人员 68 人，占 18.7%。

同年

中央人民广播电台划定右派分子 17 人（在后来的甄别平反中，都予以平反）。

同年

反右斗争中，北京广播电台划定右派分子 14 人，占参加运动总人数 307 人的 4.6%。右派分子一律调离本部门。

同年

北京广播电台收到 76 个国家和地区的听众来信 29398 封。

同年

中国自行设计的北京郊区监测台建成。这是继上海监测台后建成的第二座监测台。从此,南北两座监测台以长江为界,各自负责中央直属台的播出质量监测任务。

同年

内蒙古 501 发射台的设备增加了一倍,基本形成了由中、短波广播组成的内蒙古自治区无线广播网,覆盖范围扩大到自治区中部和东西部地区。

同年

山东全省建成 86 个县(市)广播站,9679 个自然村通达有线广播。

同年

广东省有线广播网从城镇扩展到农村,全省 5.1 万多个广播喇叭,在农村的占了 3.79 万多个,平均 200 户就有一个喇叭。广东全省的喇叭占全国有线广播喇叭总数的 1/8。

同年

新疆维吾尔自治区托克逊县有线广播普及到全县各村。

1958年

1月1日

安徽省合肥人民广播电台（作为省台二台）建成并开始播音。8月1日正式播音。发射功率500瓦，频率1270千赫。全天播音十小时。

同日

浙江人民广播电台在杭州市菩提寺路2号新建的播音馆正式投入使用。播音馆楼高3层，总建筑面积1300平方米，内有125平方米演播室1个，45平方米中播音室1个，12平方米语言播音室3个，以及总控、副控、磁带库等。

同日

青海人民广播电台汉语、藏语广播分成两套节目播出。汉语节目平均每天播音10小时16分钟。藏语广播平均每天播音2小时40分钟，每天两次，开办《新闻》《文艺广播》《广播谈话》《音乐》等节目，并转播中央人民广播电台的《藏语节目》和《天气预报》，后又增设《简明新闻》《青海好》《格萨尔说唱》等。

1月3日

毛泽东对《浙江日报》社论《是促进派，还是促退派》作出批语，指出："此篇很好，可转载，并可广播。"

1月7日

天津人民广播电台第一台转播天津市居民整风和社会主义教育运动广播动员大会实况。中共天津市委第一书记、天津市市长黄火青在中国大戏院向2000多名街道居民作目前形势和整风运动意义的报告。各区街分别组织居民收听。

1月13日

也门国副首相兼外交大臣、国防大臣巴德尔王太子应邀在中央人民广播电台发表录音广播讲话。巴德尔王太子是1957年12月31日~1958年1月31日访问中国的。

1月17日

中央人民广播电台开办《清除黄色歌曲的毒素》专题节目，以批判黄色歌曲的毒素、帮助听众认识黄色歌曲的危害性为主要内容。

1月20日~24日

中央人民广播电台和天津、上海、广州、武汉、沈阳、哈尔滨人民广播电台负责对少年儿童广播工作的人员，在北京举行第一次对少年儿童广播业务座谈会，就少年儿童节目的方针、任务，一些业务问题及中央电台与地方电台对少年儿童广播部、组如何加强联系的问题交换了意见。

1月27日

中央广播事业局第一批下放干部548人到河北省沧县、黄骅农村参加农业生产劳动。

1月31日

中国人民解放军总政治部宣传部提出关于改进《对部队广播节目》的方案，建议《对部队广播节目》更名为《解放军生活》节目，由中央人民广播电台主办，5月6日正式更名。这个节目主要面向全国听众介绍人民解放军在保卫国防和生产建设方面取得的成就，介绍人民解放军在继承和发扬光荣传统方面的事迹。也是对解放军广大官兵的节目，帮助各部队之间互相了解，互相学习。

同月

中国和朝鲜1958~1959年文化合作计划在北京签订。计划规定中国派广播代表团赴朝鲜访问。

同月

北京广播电台制订《1958年至1960年苦战三年的工作纲要》，提出"苦战三年，使对国外广播的面貌大大改观"。

2月1日

青海人民广播电台开始每天增开9500千赫频率播出汉语节目。全省大部分地区可以收听到该台节目。

2月9日

中央人民广播电台、中苏友好协会总会和北京市中苏友好协会联合举办"苏联莫斯科广播电台庆祝十月革命有奖比赛授奖晚会"。为庆祝十月革命40周年，苏联莫斯科广播电台曾在对华广播中举办有奖问题解答比赛，中国有15万听众参加了比赛。14名获得了收音机、手表、照相机等奖品，4000多人得到了纪念章、明信片等纪念品。

2月11日

水利电力部、中央广播事业局联合发出《关于在低压电力线上传送有线广播的联合通知》。规定在采取一些保证安全的技术措施后，可利用低压电力线路传送有线广播节目。

2月14日

罗洛任江苏人民广播电台台长。

2月17日

江苏省广播事业局广播网部工程师罗鹏拧研制广播载波机取得初步成果。这一技术研究成果在全国处于领先地位，引起全国广播系统的重视。

2月21日

中华人民共和国和蒙古人民共和国文化合作协定1958年执行计划在北京签字。计划第二条规定：双方互派新闻、广播工作者进行访问、考察、讲学和参加重要会议及其活动。

同日

安徽省农村工作部和宣传部在安徽人民广播电台举行"春季造林绿化广播大会"，全省收听群众达500余万人。

2月22日

中央广播事业局整风领导小组提出《对右派分子处理方案》，对于定性的69名右派分子做出处理方案：开除公职劳动教养2人，撤销原职务监督劳动6人，自动离职2人，开除党籍3人，开除团籍4人，撤销职务降低级别17人，撤职降级开除党籍3人，撤职降级开除团籍7人，降职降级13人，降职降级开除党籍1人，降职降级开除团籍1人，降低级别5人，按反坏分子处理5人。

2月23日

庆祝苏联军队建军40周年，叶剑英元帅应邀在中央人民广播电台发表讲话。

2月26日

为纪念《共产党宣言》发表110周年，中央人民广播电台邀请中共中央马恩列斯著作编译局副局长姜椿芳作广播讲话。

3月1日～11日

中央人民广播电台各发射台台长会议在北京举行。会议讨论了技术维护水平指标等问题。

3月3日

广西人民广播电台壮语节目正式播出。

3月6日

江苏人民广播电台成立业余广播合唱团，后来又成立业余广播乐队及曲艺队。

3月8日

内蒙古人民广播电台举行第一次全自治区广播大会，主题是"全区春耕生产广播动员大会"。"大跃进"期间，还数次举办"大炼钢铁现场广播大会""赛诗广播大会"等。

3月9日

根据第一届全国人民代表大会第五次全体会议 2 月 11 日通过的《关于将直辖市天津市改为河北省省辖市的决议》，河北省省会由保定市迁往天津市，河北人民广播电台随同搬迁，并与天津人民广播电台领导机关合并，名称为"河北、天津人民广播电台"。播音时两台分别呼号。余信任台党组书记、台长，沈毅、杨循、孟介夫、李惠任党组副书记、副台长。

同日

安徽人民广播电台创办《新闻和报纸摘要节目》，主要选编当天《安徽日报》的重要报道，着重介绍该报第一版重要消息，同时适当配发电台记者采编的新闻报道。

3月12日

北京广播器材厂制造的 1 千瓦黑白电视图像发射机和 500 瓦伴音发射机调试成功，发射半径 25 公里。7 部摄像机也装试完毕。

3月13日

中国第一台半导体收音机在上海制成。这种收音机以三节干电池作电源，可以连续收音四五百个小时。

3月15日

中华人民共和国广播事业局和越南民主共和国越南之声电台合作协定在河内签订。协定规定：双方交换政治、文艺性广播材料，在对方国庆节之际组织特别广播节目，交流广播宣传和广播技术方面的意见和经验，还规定在国际活动中双方密切合作。

同日

北京电视实验台筹备处在检查了各方面的工作进展情况后，向中央广播事业局报告："预计自 1958 年 5 月 1 日起，北京电视实验台即可按计划向首都地区开始进行实验性广播。"报告提出："根据目前物质条件和干部条件，北京电视实验台举办的节目有可能暂定为每周 2 次，每次 2 至 3 小时。"

同日

甘肃人民广播电台发表评论《比比看，谁的指标高，谁的干劲大》，批判农业生产领导工作中的右倾保守思想。

3月17日

中央人民广播电台开办《大家跟着唱》节目。这是为京剧爱好者开办的节目，预先将播送剧目的唱词刊登在节目报上，听众可以从演员的分析和演唱中学习京剧的唱腔。同日，还举办《春耕生产》专题节目。

同日

中国第一台电视发送设备在北京试制成功。晚上试播时，400多名观众坐在电视机前，观赏了由这台电视发送设备播送的电影动画片《小猫钓鱼》和中央广播乐团、广播剧团演出的五个节目。在离电视台25公里范围内的首都居民可以从电视机里看到电视节目。

3月中旬

黑龙江省广播事业管理局筹备在哈尔滨市中山路117号建设黑龙江人民广播电台播音馆。

3月26日

中央人民广播电台开办《怎样提高单位面积产量》专题节目。

3月27日

中央人民广播电台定期广播国际广播组织主办的《科学为和平服务》节目。在这个节目里，各国著名科学家介绍了现代科学技术中的新成就和发展远景。首次播送的是世界和平理事会副主席、英国皇家学会会员贝尔纳教授的谈话《科学在社会中的作用》。

同日

中央人民广播电台开办《地方工业大跃进》专题节目。

3月28日

为纪念俄罗斯著名作家高尔基诞辰90周年，中央人民广播电台举办文学朗诵节目，连续三天，播送了《海燕》《鹰之歌》《丹柯的心》和《母亲》等的全文或片断。

同日

甘肃人民广播电台举办《以反浪费、反保守为纲，推动生产大跃进》专题广播，批判工交战线的右倾保守思想。

3月31日

中共内蒙古自治区委员会发出《关于加强广播领导的指示》，要求在三年内各旗县普遍建立广播站，有条件的农业地区收听工具要普及到户，牧区使每个蒙古包都有一个收听工具。《指示》还要求各地党委对广播事业实行全面领导。

同月

中央广播事业局局长梅益指出对外广播存在着右倾的危险。随之，北京广播电台开始检查稿件，并召开有关对外广播宣传方针问题的"务虚批判"会议。

同月

中共上海市委正式批准筹建上海电视台，隶属上海人民广播电台。4月2日，建立电视台筹建小组。

同月

吉林省广播事业管理局制成第一套远距离直流供电设备，解决了公社有线广播的电源问题。

同月

黑龙江省广播事业管理局决定在省会哈尔滨市创办全省第一座电视台，命名为哈尔滨电视台，并决定播出设备由自己研制。

同月

根据中共山东省委提出的"1958年社社通广播"的要求，山东省召开第六次宣传工作会议。会议向全省文教战线提出了"百日奋战"的号召。之后，全省再次掀起大办农村有线广播的高潮。

同月

江西广播器材厂成立，与江西人民广播电台服务部合署办公，隶属江西省广播管理局。任务是试制、生产广播设备。

春

根据瑞典"短波收听者俱乐部"（拥有2.9万名会员）的要求，北京广播电台英语组举办特别节目，主要是音乐节目。该俱乐部为此在瑞典、芬兰、挪威、丹麦及其他一些国家的会员听众中组织了大规模的收听比赛。

春

中共新疆维吾尔自治区委员会第一书记王恩茂到阿克苏视察工作，由地委书记贺劲南陪同来到正在筹建中的阿克苏广播站。王恩茂勉励县站职工早日建好广播站，为各族群众服务。

4月1日

中共浙江省委同意将温州人民广播电台由市台改为专区台，开办温州地区广播站联播节目。

4月5日

云南人民广播电台副台长兼总编辑成刀戈在赴北京参加第五次全国广播工作会议途中，因飞机失事殉职。5月7日，云南省人民委员会追认成刀戈为革命烈士。

4月7日

福建人民广播电台举办《全民大跃进节目》，暂时停办《综合节目》中的《科学知识》《思想与生活》《福建古今谈》《福建人民革命斗争故事》等专栏节目。

4月7日～18日

第五次全国广播工作会议在北京举行。出席会议的有各省、市、自治区广播电台台长、副台长，编辑部主任、组长等共154人，以及中央广播事业局有关负责人。

会议期间，中宣部副部长周扬作题为《宣传工作中的两条道路和两种方法》的报告。国务院第二办公室副主任钱俊瑞到会讲话。中央广播事业局局长梅益在开幕会上讲话，并作题为《政治是广播大跃进的统帅》的总结发言。会议主要内容是讨论广播工作大跃进的方针、目的以及在办节目和事业建设中如何贯彻执行"多、快、好、省"的方针；广播事业体制问题；建立和扩大广播工作者队伍和加强党的领导等问题。会议认为，广播工作要更好地为生产大跃进、社会主义建设服务，就必须来一个大跃进。广播工作大跃进的方针就是多快好省地办节目、办事业，为教育和团结广大人民，为保卫祖国、灭资兴无，为促进社会生产力的发展服务。要以节目工作为重点，大力提高节目的质量，同时在兼顾需要和可能的条件下适当增加节目的数量。要实现节目工作的大跃进，不仅需要在政治上思想上来一个大跃进，而且一定要在文风方面来一个大跃进。会议提出广播有三个任务：宣传政治、普及知识、文化娱乐。这些构成了广播节目的三个组成部分，缺少哪一项都将削弱广播的作用。会议强调要改进文风。广播稿件第一要准确，第二要鲜明，第三要生动。准确性、鲜明性、生动性，不但是思想立场的问题，而且是思想方法的问题，同时又是表现方法的问题。会议认为"在阶级社会里广播是阶级斗争的工具"。在广播宣传工作中存在着两条道路、两种方法的斗争，强调"政治是广播大跃进的统帅"，广播是党和政府的喉舌。广播电台的领导权一定要紧紧掌握在党和工人阶级的手里。会议提出"广播工作大跃进的关键在于干部"，强调必须从政治上、思想上、组织上建立一支又红又专的广播工作的队伍。为了解决力量问题，一方面要合理地使用现有干部，充分挖掘潜在力量，一方面力争外援，开门办台，开门办站。会议还要求广播电台的领导干部过问政治，主持宣传业务。会议期间，全国广播网工作展览会在北京举行。展览会以图表、照片和实物等形式介绍了1949年到1957年底，全国农村广播网建设和发展的成就。

4月10日

罗马尼亚人民共和国部长会议主席基伏·斯托伊卡应邀在中央人民广播电台发表录音广播演说。斯托伊卡主席是3月31日～4月10日率罗马尼亚政府代表团访问中国的。

4月15日～22日

贵州省召开第三次广播工作会议。会议认为：广播是党和政府的喉舌。事业和节目两者是密切相关的，若事业不发展，节目的作用就难以扩大；没有好的广播节目，就会大大地影响广播宣传效果。因此，办好节目是整个广播工作的主体。会议提出1958年全省要建82座广播站，安装3.2万只喇叭，达到县县有广播站，80%的乡和35%的农业社装上喇叭。要多、快、好、省地办节目，加强节目的计划性和做好通联工作，力争节目内容做到准确、鲜明、生动、通俗易懂，能够吸引听众、打动听众、说服听众。

4月18日

中央广播事业局局长梅益在第五次全国广播工作会议上说，第一个五年计划期间，广播事业是我国文教事业中发展最快的。全国文教事业发展最快的五项指标，其中广播事业占了三项（指百分比的前三项）。1957年和1953年的比数是：广播网喇叭发展数5980.73%，广播发射功率数593.53%，广播站数531.19%，电影放映队数594.50%，公共图书馆483.13%。文教各部门基本建设投资在各该部门全部预算中所占的比重，广播事业最高，达到58%。从投资的比重，可以看出党和政府对广播事业巨大的支持。

4月19日

中央广播事业局技术人员训练班主任倪正义汇报训练班急待解决的问题：根据新的培训干部的内容，有必要改变现在培训机构的形式。如何改变？广播事业局副局长周新武提出改成广播专科学校的意见，经有关人员讨论和研究，都同意这个意见。

4月19日~21日

中共中央于1月3日向各省委、市委、自治区党委发出《关于在全国开展以除"四害"为中心的爱国卫生运动的通知》。2月12日，中共中央、国务院发出《关于除"四害"讲卫生的指示》。根据中央的指示，4月19日清晨4：30，首都围剿麻雀总指挥部发布总攻令，近300万人连续三天轰赶麻雀。北京人民广播电台在全市人民围剿麻雀的战役中，举办特别节目，连续三天，从清晨4：30开始播音，及时报告战果、介绍战斗经验。19日、20日，每天广播特别节目六次，到21：30结束。在灭雀的战斗中，广播成为北京市总指挥部传达命令、指挥战斗、鼓舞士气的有力工具。

4月19日~24日

中央广播事业局召开农业广播座谈会。会议研究了在农业广播中如何做到"政治就位，灵魂附体"，同时交流了各台在农业生产大跃进宣传中的经验、做法和问题。各省、自治区台和一部分市台的台长、副台长、编委或农业组长参加会议。

4月24日~30日

国际广播组织亚洲会员国民间音乐广播会议在北京举行，开幕式由国际广播组织理事会副主席温济泽主持。会议的主要目的是介绍与会各国广播电台在民间音乐广播方面的成就，交流经验，建立和加强民间音乐广播方面的联系与合作。出席会议的有12个国家的代表和观察员共18人。中央人民广播电台音乐部主任向隅代表中国参加会议。与会各国代表和观察员分别作了关于各国民间音乐广播的报告，欣赏了与会的 12 个国家有代表性的优秀的民间歌曲和乐曲 172 首，讨论和交流了各国通过广播传播民间音乐的经验。会议期间，中央人民广播电台举办了《亚洲国家音乐会》节目。

4 月 25 日

贵州人民广播电台开办《全省厂矿联播》节目，面向厂矿，为工人听众服务。每天播出两次，每次 25 分钟。

4 月 29 日

中央广播事业局党组在给中宣部、国务院并转党中央的报告中提出：北京电视台应当根据自己的工作特点，担负起宣传政治、传播知识和充实群众文化生活的任务。在实验期间，电视广播很难担负起党的各项宣传任务，但在定期的播出节目中，必须根据党的方针政策，尽可能地反映当前国家和人民政治生活中的重大事件，报道社会主义建设的成就，宣传科学技术知识以及介绍各种优秀剧目和艺术影片，并为少年儿童观众准备一定数量的节目。报告得到批准。

4 月 30 日

上海市第一个农业合作社自办广播站——嘉定县马陆乡裕农农业合作社广播站建成。

同月

北京电视台完成全套电视广播设备的安装工作。

同月

山东人民广播电台为适应形势需要，增办《社会主义大跃进》《工业战线》《渔业节目》，撤销《广播杂志》节目。

5 月 1 日

中国第一座电视台——北京电视台开始实验播出黑白图像电视节目，北京地区收看情况良好。该台采用二频道，在新建的广播大楼楼顶桅杆上架设蝙蝠型发射天线，发射功率 1 千瓦。19：00 开始播出标志、开始曲和当日节目预告；19：05 播出政治节目，内容有工业先进生产者和农业生产合作社主任庆祝"五一"节座谈；19：15 播出纪录影片《到农村去》（中央新闻纪录电影制片厂摄制）；19：25 播出文艺节目，诗朗诵《工厂里来了三个姑娘》《大跃进的号角》，朗诵者：中央广播剧团李燕、王显；19：30 播出舞蹈《四小天鹅舞》《牧童和村姑》《春江花月夜》；19：50 播出科学教育影片《电视》（由莫斯科科学普及电影制片厂制作）。以后，每周四、日 19：00 至 21：00 播送电视节目。北京电视台建台初期参加节目组织工作的只有 40 多人。编辑部下设政治组（包括编辑、摄影、播音、剪辑）、文艺组、少儿组、美工组、办公室（负责节目调度和管理）。电视台领导是罗东、孟启予、胡旭。沈力

（女）成为中国第一名电视播音员。新华社为此发布消息，向全世界宣告了新中国第一座电视台的诞生。当时，北京市的电视接收机只有30多台。

同日

中央人民广播电台举办的第一次广播优秀歌曲评奖揭晓，获得一等奖的歌曲是《真是乐死人》《我的祖国》和《合作社就是好》。

同日

内蒙古自治区巴彦淖尔人民广播电台正式播音。

同日

江苏省苏州人民广播电台恢复播音，发射功率500瓦，频率1330千赫。

同日

山东省济南人民广播电台恢复播出，人员由济南市配备，宣传归山东人民广播电台代管。

同日

陕西省开始筹建西安实验电视台。

同日

甘肃省兰州人民广播电台正式开播，暂附设于甘肃人民广播电台。

5月2日～7日

湖北省第一次广播网工作会议在武汉召开。

5月4日

北京电视台首次播放影片《林冲》。这部影片在电影院首轮上映时间为7月份。

5月5日～23日

中国共产党第八次全国代表大会第二次会议在北京召开。会议通过了党中央根据毛泽东的倡议而提出的"鼓足干劲、力争上游、多快好省地建设社会主义"的总路线。此后，各级广播电台开始掀起宣传社会主义建设总路线的热潮。

5月5日

中央人民广播电台开始举办《长篇小说连续广播》节目，每周七次，每次30分钟。第一次播送的是曲波的小说《林海雪原》。

同日

吉林省长春实验电视台正式申请创办。

5月7日

中共中央发出经常向人民群众进行军事宣传的指示。指示说，向人民群众进行军事宣传，是党的宣传工作的一部分。为了今后做好宣传工作，指示提出三点，其中包括"报刊、广播电台记者经军区、省军区或军的同意，即可到部队采访"。

5月8日

北京电视台第一次播送国外电视节目——民主德国为庆祝"五一"国际劳动节和中国第一座电视台开始实验广播寄来的祝贺词和电视新闻片。

5月10日

中央人民广播电台开始举办《广播剧院》节目,每星期六播送一次,内容是整出戏曲、话剧、歌剧或大型音乐会。

5月10日~18日

广西僮族自治区(1958年3月成立,1965年10月改名为广西壮族自治区)广播管理处召开第二次全自治区广播工作会议。会议主要传达第五次全国广播工作会议精神,讨论、修改广西1958年至1962年广播网发展规划。103人参加会议。

5月12日~22日

国际广播组织第16次大会在莫斯科举行。会议决定在1959年举办"和平和友谊"国际优秀音乐节目比赛,并决定着手筹办国际电视影片比赛。会议期间,还召开了国际广播组织理事会第29次会议,技术委员会第14次会议,节目委员会第4次会议,电视委员会第2次会议。中国代表团由中央广播事业局副局长温济泽、国际联络部主任朱凤熙和总工程师刘永蝶组成。

5月15日

北京电视台第一次播出自办的电视新闻节目《图片报道》,介绍中国制造小轿车的情况,题目是《"东风牌"小轿车》,节目长约四分钟。

5月15日~23日

云南省第四次全省广播网工作会议在昆明召开,会议着重讨论了农村广播网工作大跃进的问题。

5月18日

江西人民广播电台制订《江西人民广播电台苦战半年纲要》,提出战斗口号:"苦战半年,广播面貌一新,实现二快,三多,五好。"二快是贯彻党委意图快,新闻报道快;三多是节目花色品种多,团结教育听众多,来稿来信多;五好是思想交锋好,贯彻三性(准确性、鲜明性、生动性)好,播出质量好,组织干劲好,广播网普及好。《纲要》分14个方面,提出了具体要求。

同日

新疆人民广播电台调整机构,下设总编室、节目组、采通组、文艺组、播音组、哈萨克语组、翻译组、办公室、人事保卫科、工务科、广播网科、广播器材服务部。

5月25日

中央人民广播电台开始举办亚洲各国民间音乐连续广播节目,主要是介绍国际广播组织亚洲会员国家民间音乐广播会议。会议参加国有印度尼西亚、蒙古、朝鲜、苏联、越南等。

5月26日

为贯彻中共云南省委关于组织各级干部学习科学技术的指示，省科普协会和云南人民广播电台开始联合举办《农业科学技术知识广播讲座》。

5月29日

北京电视台播出电视新闻片《朱德副主席为石景山钢铁厂扩建工程剪彩》。同日，播出该台组织的第一个少儿节目——中国木偶艺术团演出的《两个笨狗熊》等五出木偶小戏。

同月

北京电视实验台筹备处改为北京电视台编辑部，原筹备处主任、副主任改为编辑部主任、副主任。主任罗东、副主任孟启予、胡旭。编辑部下设政治组、文教组、文艺组、播出组、办公室。电视台的技术工作仍由中央广播事业局技术部门负责。

同月

中央人民广播电台增办《中国轻音乐》专栏节目，同外国轻音乐轮流播送，每天一节，每节20分钟或25分钟。

同月

吉林省广播事业管理局撤销技术管理科、编播指导科、工务科，成立广播网处和技术处，分别负责全省有线广播技术管理和电台的播控、录音及发射等技术管理工作。

6月1日

北京电视台播出记者李华、孔令铎摄制的电视新闻片《中共中央〈红旗〉杂志创刊》。

同日

江苏省南通人民广播电台恢复播音，发射功率300瓦，频率1400千赫，1965年发射功率扩大至1千瓦。

同日

新疆人民广播电台所属的电池厂移交乌鲁木齐工业局。

6月1日~8日

江西省广播管理局在南昌市召开第五次全省广播网工作会议。会议传达了第五次全国广播工作会议精神，讨论了1958年广播工作大跃进的方针和规划，发出"解放思想，破除迷信，贯彻多、快、好、省办节目、办事业的方针，实现全省广播工作大跃进"的号召。省委书记处书记方志纯到会讲话。省委宣传部副部长刘寒影就如何开展社会主义建设总路线的宣传作报告。江西省地县级广播站站长、地市委宣传部代表、省属13个垦殖场党委代表共120余人出席会议。

6月5日

北京广播电台对欧洲法语广播开始播音，每天播出两次，每次30分钟。这是北京电台对外广播的第十四种外语节目。

6月5日～7月1日

德意志民主共和国广播委员会主席艾斯列尔教授访问中国。

6月8日

为了配合《红旗》杂志创刊号上发表毛泽东撰写的《介绍一个合作社》，北京电视台安排河南封丘县应举农业生产合作社主任崔希贤作电视讲话。这是该台第一次播送电视讲话。

同日

中央人民广播电台开办《技术革命和文化革命》专题节目。

6月9日

湖南省长沙人民广播电台重新组建，恢复播音，隶属中共长沙市委、市人民委员会。在宣传工作中，与湖南人民广播电台联合办公，政治节目单独编排，文艺节目与湖南电台合一，有工作人员13人。8月下旬，单独成立编辑部。

6月10日

浙江人民广播电台编委会向中共浙江省委宣传部呈报《关于建议建立杭州电视台的请示报告》。7月4日，中共浙江省委宣传部批复同意在1959年建立杭州电视台，要求服务范围尽量扩大。

同日

河北、天津人民广播电台编辑的《业务研究》第一期印发。

6月13日

河南人民广播电台举办庆祝丰收、乘胜前进广播大会，有组织的城乡听众达2200万人。

6月15日

北京电视台播出中央广播实验剧团演出的中国第一部电视剧《一口菜饼子》。由于没有正式的演播室，就在一个60多平方米的房间演出和现场直播。该剧以解放后的农村为背景，通过主人公姐姐向妹妹讲述一口菜饼子的故事，反映解放前她们一家人的悲惨遭遇，告诉人们不要忘记过去的苦难。

6月16日

国务院第二办公室批复中央广播事业局："同意你局对现行机构的调整，将原属于基本建设方面的各单位合并成立基本建设总管理处;原维护、实验两处合并为无线电总管理处;原计划财务处分设为计划处和财务处。"

同日

中央人民广播电台开办《社会主义建设总路线宣传》节目。节目内容是讲解总路线的基本精神和内容,报道各地贯彻总路线的情况,播送宣传总路线的文艺节目。

同日

黑龙江人民广播电台打破常规,从清晨3:30开始举办农民广播节目,配合农业生产战线的跃进高潮。

6月17日

中国唱片社正式成立,同时建立音乐、戏曲、文教、出口等编辑组。中央广播事业局副局长周新武兼任社长。

同日

云南人民广播电台开办《党的社会主义建设总路线》专题广播,主要播讲总路线的精神和基本内容。

6月18日

山东人民广播电台编委会向中共山东省委提交《关于发展农村广播网和建立济南电视台、改进省台播音设备的请示报告》。

6月19日

北京电视台首次现场转播体育比赛实况:"八一"男女篮球队同北京男女篮球队表演赛。解说用中央人民广播电台实况转播声道。

6月26日

北京电视台首次在剧场进行现场实况直播,内容是革命残疾军人演出的文艺节目。

6月27日

贵州省人民委员会转发贵州省广播事业管理处关于贵州广播网的建设情况和今后的发展意见的通知,要求各县在短期内把公社广播站建立起来,根据需要自办政治性和文艺性节目。

6月30日

广东人民广播电台同中共广东省委、省人民委员会联合举办"报丰收、庆丰收广播大会"。全省约有1000万农民和城市居民、机关干部收听了这次广播。1958年,广东电台分别同广东省和广州市领导机关、各有关部门联合组织广播大会16次。

6月底

广东人民广播电台先后建立驻佛山、韶关、汕头、湛江记者站。

同月

为配合文化部自 6 月 13 日起在北京举办的"戏曲表现现代生活座谈会"和"现代题材戏曲联合公演",中央人民广播电台举办《现代题材戏曲展览月节目》。选择了各个戏曲剧团的优秀现代题材戏曲,每天播送一次。先后播送了京剧《白毛女》《智擒惯匪座山雕》、豫剧《刘胡兰》、吕剧《李二嫂改嫁》、评剧《小女婿》等数十个剧目。

同月

北京广播电台制定宣传社会主义建设总路线的计划,要点是:一、报道中国人民贯彻执行总路线在各方面建设中取得的成就;二、报道技术革命和文化革命的重大意义和进展情况;三、报道经过整风,中国人民精神面貌和内部关系的新变化,等等。

同月

天津人民广播电台向中央广播事业局申请两个频率,开办广播大学。

同月

安徽省第三次全省广播工作会议召开。会上传达了第五次全国广播工作会议提出的广播工作大跃进的方针,要求全省各地提前于当年完成《全国农业发展纲要》第 32 条规定的基本普及农村广播网的任务。

同月

中共山东省委在黄县召开全省小麦现场会,省委书记谭启龙参加并讲话。山东人民广播电台进行了现场直播。

同月

新疆维吾尔自治区喀什市人民广播站开播。

7 月 1 日

江苏省徐州人民广播电台恢复播音,发射功率 500 瓦,频率 1450 千赫。

同日

重建的芜湖人民广播电台正式播音。该台属中共芜湖地委领导。发射功率 500 瓦,频率 1490 千赫。台长高振远。

同日

福建省福州人民广播电台建成并开始播音。发射功率 1 千瓦,频率 1330 千赫,广播节目分有线、无线两套播出。

同日

牡丹江人民广播电台重新建立并开始播音,发射功率 1 千瓦,频率 680 千赫,波长 441.2 米。

同日

湖北省黄石人民广播电台开始播音,频率1476千赫,每天播音10小时35分钟。

同日

广西人民广播电台新建发射台建成并投入使用,发射功率20千瓦。

7月4日~10日

唐山、抚顺、鞍山、本溪和阜新五座工业城市广播电台第一次协作会议在抚顺举行。会议着重讨论了电台领导工作和广播的群众路线等问题。

7月7日~10日

东北、华北各电台协作会议在郑州举行。会议着重交流和讨论了半年来各台在地方工业宣传方面的情况、经验和问题。

7月14日~24日

江西人民广播电台先后报道早稻小面积亩产3749市斤、4088市斤、6187市斤、7746市斤、9145市斤以及星子县、南昌县、萍乡县大面积亩产802市斤、818市斤、848市斤等丰产"卫星"消息。

7月15日~22日

第一次西北、西南广播工作协作会在成都市举行。会议根据第五次全国广播工作会议精神,就政治挂帅,改进领导方法,组织实现跃进规划,宣传社会主义建设总路线等问题进行了讨论。陕西、甘肃、青海、云南、贵州、四川、重庆七省市电台代表参加。

7月16日

天津市创办红专广播函授大学。这是一所正规的、多科系的、综合性的高等学校。该大学是在中共天津市委领导下,由市教育局、天津人民广播电台和有关高等院校及机关共同举办的。教学人员由大学教授和有实际经验的工程师、技术革新者担任。学员主要是在职职工和干部。开设语文、农业、机械、电机、化工、冶金六个系。

7月21日

中共新疆维吾尔自治区委员会转发新疆人民广播电台《关于召开全疆广播工作座谈会的报告》。《报告》指出,广播事业是党的一个有力的宣传工具。凡尚未建立广播站的县,均应积极调动地方和群众的力量迅速建设起来;已建站的县,党委必须加强对广播宣传的领导,增强宣传效果。

7月27日

中央广播事业局党组给中宣部、中联部、国家机关党委《关于副局长、党组成员温济泽和中央台编委邹晓青、张纪明的严重错误的报告》,《报告》列举了他们"破坏党的团结，进行分裂党的宗派活动；政治思想上背离了党的立场，蜕化变质，堕落为右倾机会主义者；在外事活动中无组织无纪律，严重丧失立场；在整风运动中态度消极，在反右斗争中严重右倾，包庇右派，在干部工作中严重违反党的干部政策"等错误，将他们定为"温、邹、张反党反社会主义小集团"。7月29日，中宣部讨论并同意了这个报告。广播事业局党组8月5日发文，将报告下发各省、市人民广播电台台长内部参阅。

7月28日

江西省第一座乡广播站——杨圩乡广播站正式开播。

7月29日

中央人民广播电台开办《怎样使小麦高产再高产》专题广播，邀请夺得小麦高额丰产和大面积丰收的农业合作社代表介绍丰产经验和事迹。

7月30日

江西人民广播电台在星子县召开现场广播大会，庆祝早稻空前大丰收，夺取晚稻更大丰收。江西省委书记刘俊秀讲话，号召全省人民鼓足更大干劲，争取一年完成五年粮食生产计划。

7月31日～8月14日

捷克斯洛伐克广播委员会主席涅洽谢克和副主席费拉别茨访问中国。

同月

中央广播事业局党组召开扩大会，对温济泽、邹晓青、张纪明"反党小集团"进行斗争，批判他们的"右倾机会主义和资产阶级新闻观点"。强调对外广播的指导思想和战略目标是灭帝国主义阵营，兴社会主义阵营，推翻旧世界，建立新世界，强调加强节目的政治内容和思想性。在党组扩大会之前，温济泽已被停职，进行隔离检查。

同月

北京电视台拍摄播出中国第一部电视纪录片《英雄的信阳人民》，内容是反映河南信阳地区人民抗旱事迹。

同月

山西人民广播电台陆续在晋中、晋东南、晋南、忻县、雁北等地区和大同市建立了六个记者站，主要任务是报道当地的重大新闻事件和重大典型，同时组织通讯员队伍。

同月

辽宁省筹建沈阳电视台。

同月

吉林省吉林市人民广播电台创办《广播生活报》，每周一期，刊登吉林市电台一周内的主要广播节目内容，介绍文学、戏曲、音乐作品的梗概及无线电知识等。

8月1日

北京广播电台增办对北美、中南美洲华侨两个小时的广州话节目。

同日

山东省济南东郊发射台正式启用150千瓦发射机。

同日

内蒙古自治区锡林郭勒人民广播电台开始试播。

8月4日

中央人民广播电台开始举办连续文学广播《跃进中的工业交通事业》，以广播剧、广播小说和特写等形式介绍工业交通事业中的跃进事迹。

8月8日

中央人民广播电台在《各地人民广播电台联播》节目中发表评论《再接再厉，为农村广播网更大跃进而奋斗》。评论指出：全国现在已经具备了迅速普及农村广播网、提前并且超额完成《全国农业发展纲要》第32条的条件。评论要求各地广播网工作者把广播网的建设工作和生产大跃进结合起来，在建设广播网的工作中充分发挥群众的积极性和创造性。

8月9日

毛泽东在山东省历城县北园乡视察时说："不要搞农场，还是办人民公社好，和政府合一了，它的好处是，可以把工、农、商、学、兵结合在一起，便于领导。"讲话发表后，全国各地立即掀起了大办人民公社的运动，各级广播电台、广播站都作了大量宣传。

8月13日

四川人民广播电台、成都电讯工程学院、719厂、西南设计院、成都市城建委、建工局等六单位组成成都电视台筹备小组，负责设计修建广播电视馆和电视播送设备的研制工作。

8月16日

经中共贵州省委同意，贵州人民广播电台招收20名高中毕业生，派赴北京学习电视业务。

8月17日～30日

中共中央政治局扩大会议在北戴河召开。会议通过《关于在农村建立人民公社问题的决议》。在此前后，各级人民广播电台大力宣传了人民公社化运动。

8月18日

江西省广播管理局派工作组，协助南昌市广播站在胜利区杨家厂成功地试验利用电灯电线传输建立全省第一座街道广播站。

8月22日

中宣部批复中央广播事业局："同意出版《电视节目报》周刊。"

8月23日

中国人民解放军福建前线炮兵部队奉命炮击金门，严惩蒋介石集团对大陆沿海地区进行挑衅破坏活动。为了配合这一行动，福州军区党委和中共福建省委决定由军区政治部负责筹建中国人民解放军福建前线广播电台。8月24日18：00，电台正式开始向金门广播。总呼语是"对国民党军官兵广播"。这是全军唯一的专业广播电台。建制属南京军区，由中国人民解放军总政治部联络部进行业务指导。负责人范景岳。

8月25日

贵州省召开专区、州广播干事会议，研究确定广播干事工作职责范围和工作任务。广播干事的工作职责是地、州党委领导广播工作的助手，协助地、州党委管理和指导全地、州的广播工作。

8月27日

柬埔寨王国首相诺罗敦·西哈努克亲王应邀在中央人民广播电台发表录音广播讲话。西哈努克亲王是8月14日~27日访问中国的。

同日

根据第五次全国广播工作会议精神，新疆人民广播电台召开座谈会，邀集各地、州党委宣传部长座谈交流建设广播网的经验。会议要求认真贯彻自治区党委的批示，力争广播网工作显现新进展。

8月31日

吉林省提前九年实现《全国农业发展纲要》第32条规定的在农村普及广播网的任务。中央广播事业局打电报表示祝贺。

同月

天津广播剧团成立。

同月

甘肃省有关方面提出1960年建立兰州电视台的设计任务书。

9月2日

经过四个月的实验播出，北京电视台即日起正式播出，每周播出四次（星期二、四、六、日），每次两个半小时左右。

同日

中央广播事业局在原有的广播技术人员训练班的基础上创办的北京广播专科学校成立。这是广播事业局直属的第一所高等专科学校。学校设立发送、传音、电视三个专业。该校的培养目标是具有大专水平的广播电视技术人才，学制两年。9月底，首届357名新生入学。他们是各地广播电台从当地应届高中毕业生中按照高考成绩录取后选送来学习广播技术的。10月2日，广播专科学校正式开学。11月，设立波斯语班，开始培养第一批本科生。

9月2日~6日

中南各广播电台协作会议在武汉举行。会议交流了对农村广播工作的经验，讨论了战役性宣传和经常性宣传如何结合等问题。

9月4日

北京电视台播出反映上海广慈医院抢救严重烧伤的钢铁工人邱财康的真实事迹的电视剧《党救活了他》。这是中国第一部专为电视创作的电视报道剧。

9月6日

国务院总理周恩来代表中国政府发表《关于台湾海峡地区局势的声明》，批驳美国国务卿杜勒斯4日发表的关于台湾海峡问题的声明。中央人民广播电台播送了周总理的声明。一小时后接连播出全国十大城市对上述声明的反应。北京广播电台播出周总理声明后，马来西亚、印尼、苏联等国家听众纷纷来信，支持中国人民解放军解放台湾的斗争，完全拥护周总理的声明。

9月8日

中国唱片厂试制成功密纹唱片并正式投产，29日，出版中国第一批慢转密纹唱片。

同日

甘肃人民广播电台举办《怎样建立人民公社》专题广播。根据中共甘肃省委领导意见又举办《钢铁专题广播》，每天播出两次。

9月12日

福建人民广播电台举办历时一个月的《向英勇的福建前线将士致敬》节目。北京、上海、天津、新疆、云南、黑龙江、河南、四川、广东、山东、甘肃、湖北、浙江、安徽、吉林等省、市、自治区的领导和各界代表人物通过当地的广播电台寄来了慰问节目。新疆维吾尔自治区主席赛福鼎、上海市副市长金仲华、黑龙江省长李范五、河南省副省长邢肇棠和福建省副省长魏金水等，在广播里向福建前线将士作了慰问讲话。劳动模范孟泰、郑依姆、志愿军特级战斗英雄黄继光的妈妈邓芳芝等也在广播里向海防战士致敬。诗人臧克家、作家沙汀和著名演员刘淑芳、袁雪芬、范瑞娟、常香玉、郎咸芬等专门为前线将士朗诵了诗歌、演唱了精彩的节目。

同日

武钢一号高炉流出第一炉铁水时，湖北人民广播电台记者以最快速度完成武钢一号高炉胜利建成出铁的录音报道，保证了中央人民广播电台当晚播出。

9月14日

中央人民广播电台开办《在钢铁战线上》专题节目，每天两次，共20分钟。

同日

巴西广播电视艺术家代表团应邀在中央人民广播电台举办广播音乐会。

9月15日

湖南省广播管理局创办湖南广播技术学校，学制三年。

9月17日

中央人民广播电台开办《迎接人民公社化》专题节目，向听众系统讲解人民公社的优越性、人民公社的性质、任务、组织机构和分配制度等问题，并介绍先进地区和先进公社的办社经验。

9月17日~19日

国际广播组织理事会第30次会议在布拉格举行。中华人民共和国广播事业局副局长金照等三人参加会议。会议通过了进一步发展广播和电视合作的决议。

9月20日

广西广播器材厂在广西人民广播电台服务部一个车间的基础上正式成立，其任务是生产广播器材，满足广西有线广播发展的需要。

9月29日

浙江省杭州人民广播电台成立，10月1日正式播音，使用原浙江人民广播电台第二套节目，频率1350千赫。该台属杭州市委领导，地址在人民路1号市府大院内。杭州市有线广播站同时成立，主要转播杭州电台节目。

9月30日

国家经济委员会主任薄一波在中央人民广播电台发表题为《把全党全民办钢铁工业的高潮推向新的高峰》的广播讲话。

同日

江苏省提前九年实现《全国农业发展纲要》第32条关于普及农村广播网的任务。

9月下旬

天津人民广播电台举办"赛诗广播大会"，把文艺广播和政治广播结合起来。

同月

中国广播代表赴朝鲜商谈国际广播组织亚洲会员国技术人员会议事宜。

同月

山西人民广播电台新建的四层办公楼开始使用,编采播控人员搬入新办公室。

同月

上海人民广播电台自制成功一部250瓦调频发射机。1959年1月1日对外试播。

同月

福建广播学校成立。

秋

甘肃人民广播电台在新闻节目中先后报道西礼县罗川公社亩产16万斤洋芋、敦煌县深翻地1丈2尺等消息。

10月1日

北京电视台使用国内研制生产的第一辆黑白电视转播车,转播了在天安门广场举行的庆祝中华人民共和国成立九周年阅兵典礼和群众游行。晚上,转播了焰火会实况。与此同时,该台还组织记者拍摄庆典活动的新闻纪录片,片长20多分钟,及时播出。

同日

河北省沧州人民广播电台开始播音。该台是在中央广播事业局下放干部的帮助下建立起来的。

同日

吉林省四平人民广播电台正式播音,发射功率500瓦,频率1130千赫,台址在四平市南新华大街41号。建台初期有职工18人,其中编播人员9人,技术人员6人,行政人员3人。机构设有编辑部、工务室、行政科。该台设置的栏目有《四平新闻和地方报纸摘要》《四平新闻》《简明新闻》《跃进四平专题广播》《每周一歌》《评书连播》《星期天听众约播》《天气预报》等。每天播音时间9小时55分钟,其中转播中央人民广播电台和吉林人民广播电台节目时间为2小时35分钟。

同日

吉林省通化人民广播电台重新建立并开始播音。该台技术人员将一台200瓦旧中波广播发射机修复,频率1340千赫(后改为910千赫),全天播音7小时40分钟,其中自办节目5小时5分钟,占总播出时间的66%;转播中央人民广播电台和吉林人民广播电台节目时间为2小时35分钟,占总播出时间的34%。该台建立初期有工作人员15人,机构设办公室、编辑部、机务室、广播服务部。自办节目有《本市新闻》《报纸摘要与本市新闻》《综合节目》《文艺节目》。

同日

上海电视台正式建成,并在五频道(发射功率500瓦,伴音发射功率250瓦)开始试播黑白电视节目。这是中国第二座电视台,也是最早建立的地方电视台。台址设在南京东路627号新永安大楼,共有编辑、技术、行政三个组34人。负责人赵庆辉。除部分零件由国外进口外,大部分设备均由国内设计、制造,其中图像和伴音发射机由上海人民广播电台技术部自行设计制造。当天播出的第一条新闻是《1958年上海人民庆祝国庆大会和游行》。

同日

江苏省扬州人民广播电台重新建立并恢复播音,发射功率1千瓦,频率1370千赫,台址在扬州市东关街365号。当天,转播了扬州专区暨扬州市庆祝国庆九周年大会和庆祝游行实况。

同日

安徽人民广播电台150千瓦自动屏调广播发射机正式投入运行。发射铁塔高142.5米,全省大部分地区都能较好地收听省台广播。

同日

广东省汕头人民广播电台正式播音,这是除海南岛外广东内陆地域首座地级市台。

同日

陕西省宝鸡人民广播电台开始播音。

10月2日

甘肃省人民委员会批准成立甘肃省广播事业管理局,局内设办公室、宣传业务科和事业建设科,人员编制18人,与甘肃人民广播电台合署办公。

10月6日、13日、25日

福建前线广播电台依次播出以中华人民共和国国防部部长彭德怀名义发表的《告台湾同胞书》《中华人民共和国国防部命令》《中华人民共和国国防部再告台湾同胞书》等文告。这些文告都是毛泽东主席撰写的。

10月6日~10日

中南六省(区)广播网工作座谈会在广州举行。会议着重讨论了广播网建设的方向、技术政策和措施等问题。

10月8日

经过半年多的大会小会批判,中央广播事业局党组召开大会,宣布《批判以温济泽为首的反党小集团的总结》。《总结》指出:"他们看不到东风已经压倒西风的国际形势,背叛了灭资兴无的根本立场,主张两个世界长期共存,使我国的对外广播为国内外资产阶级服务。"会上还指出：温济泽提出的对外广播和对内广播在对象、任务、宣传内容和宣传方式方法有"四大不同"，反对党组提出的成立一个对内一个对外统一发稿编辑部的整改方案，而主张对内和对外应分别成立两个编委会，这是"对外广播特殊论"，是要搞"独立王国"的"反党纲领"。会上宣布温济泽为右派分子，开除党籍，撤销党内外一切职务；邹晓青、张纪明撤销对外领导小组及其他职务，留党察看两年。三人都调离广播事业局。（1978年1月，温济泽调中国社会科学院任科研组织局副局长。温济泽就被错划右派问题写了申诉书。中共中央组织部部长胡耀邦指示中组部有关部门复查，并及时征得中央广播事业局党组的同意，随即批示温济泽的错案应予改正，中组部同时将此事通知中央广播事业局，使对邹晓青、张纪明的错误处理同时得到平反。温济泽后担任中国社科院研究生院副院长、院长）。

10月10日

中华人民共和国广播事业局和罗马尼亚人民共和国部长会议广播与电视委员会广播和电视合作协定在布加勒斯特签订。协定规定：双方交换政治、经济、文化生活和文艺方面的节目。协定还规定双方交流组织、技术和节目等方面的经验，并在有关国际活动中进行合作。

同日

根据江西省第一届人民代表大会第一次会议决定，江西省人民委员会决定在南昌市建立电视台。随后，江西省广播管理局成立电视组，着手筹建电视台。组长栾苓和，副组长吴纯祖、叶江泉。

同日

山东省青岛人民广播电台开始举办夜间（零点至两点）《对钢铁阵地人员广播节目》。

10月15日

宁夏回族自治区即将成立（10月25日），宁夏人民广播电台重新组建，并在银川市正式播音。中央人民广播电台和北京、上海、安徽等省市台抽调了一批编播业务干部和工程技术人员支援宁夏电台。

10月15日~21日

在云南全省钢铁铜高产周期间，云南人民广播电台增设《为钢铁铜战线上夜战大军举办的节目》，每天凌晨三点至四点播出。

10月15日~31日

江苏省无锡人民广播电台举办对钢铁工地的夜间通宵广播。

10月17日

中央广播事业局广播科学研究所成立。这是中国第一个专门进行广播电视技术应用和开发、研究为主的专业科研机构。刘永嵘为第一任所长，副所长何大中。

10月中旬

山西人民广播电台录音组试制成功直流手摇录音机。在无电源的地方也可以录音。

10月20日～28日

西南、西北各广播电台文艺广播协作会议在西安举行。会议讨论了文艺广播为政治服务、开门办台、贯彻文艺节目应由配合政治任务、现代题材和传统作品三类节目组成的"三三制"原则等问题。

10月23日

甘肃省广播事业管理局与甘肃人民广播电台由东岗西路迁到民主西路甘肃日报社院内办公，台内除保留总编室外，其他部门与《甘肃日报》、新华分社、《人民日报》记者站、甘肃人民出版社联合成立"甘肃新闻公社"。

10月25日

上海电视台以现场直播形式播出第一部电视剧《红色的火焰》。

10月28日

吉林省辽源人民广播电台正式成立并试验播音，发射功率500瓦，频率1290千赫。建台时有职工15人，其中编播人员7人，技术人员6人，行政人员2人。节目设有《本市新闻》《科学与生活》《解放军节目》《共产主义和人民公社讲座》《广播剧院》《天气预报》等。每天播音三次，共10小时40分钟。其中，转播中央人民广播电台和吉林人民广播电台节目5小时30分钟，占全天总播出时间51.5%；自办节目5小时10分钟，占全天总播出时间48.5%。1959年3月1日正式播音。

10月底

中国人民解放军总政治部联络部在厦门召开对台宣传工作现场会，总结炮战期间福建前线广播电台对台湾宣传的经验。会议肯定了福建前线电台在对台宣传上的重要作用。认为"这个电台事实上已形成为军中电台，代表我军讲话，对外影响较大。因此应加强领导，保证把它办好"。会议还决定"适当调配干部，加强编辑工作"，同时要"继续加强发射装备，设法把播音范围扩张到台、澎、金、马都能听到，发挥更大的作用"。

同月

中央广播事业局编委会决定，由副局长左漠野、原领导小组成员余宗彦为对外广播编辑部领导小组负责人。

同月

中国人民解放军总政治部在中央人民广播电台开办第二个对台湾军事宣传节目

《对国民党军广播》。

同月

中国技术人员小组赴苏联学习和了解磁带、磁头的制造和录音机的设计等技术。

同月

东北、华北八省、区广播电台第一次协作会议在天津举行。会议交流了各电台大跃进以来广播宣传工作的情况和经验，着重研究了河北人民广播电台政治挂帅、开门办台的经验。

同月

天津电视台筹备委员会成立。李耐波任主任。

11月1日

甘肃省广播学校正式成立，设有新闻、无线广播和有线广播技术三个专业，五个班，学生150人。

同日

太原人民广播电台正式恢复播音，每天播音三次，全天播音9小时25分钟，编辑部设在省台内，编辑部主任杜汀。

同日

江苏省洪泽县建立无线广播电台并播音，发射功率150瓦，频率2.36兆赫，呼号为"洪泽县广播站"。每天除早、中、晚三次播报天气预报外，还转播中央人民广播电台和江苏人民广播电台节目，每天播音380分钟。是江苏地区最早建立的一座县级无线广播电台。

11月2日

北京电视台开始播出口播新闻节目《简明新闻》。这是电视新闻的又一种形式。每次5分钟，由中央人民广播电台供稿。

11月3日

中央人民广播电台开办《临时编排的节目》，根据形势的发展，及时宣传党的方针政策，有重点地报道和交流社会主义建设中的创造和经验，最先办的节目是《教育与生产劳动相结合》专题广播。

同日

安徽人民广播电台开办《全省联播节目》，供各市、县台站转播。

同日

广西人民广播电台开办《全区各地广播站联播节目》。

同日

经中共新疆维吾尔自治区委员会宣传部同意，新疆人民广播电台增办蒙古语广播，每天播音一次，每次 35 分钟，与哈萨克语广播合用一套设备。

11 月 8 日

内蒙古自治区锡林郭勒人民广播电台开始播音。

11 月 10 日

陕西省广播事业管理局正式成立。

11 月上旬

江西人民广播电台报道波阳县（今鄱阳县）古县渡公社桂湖生产队晚稻亩产 22.8 万斤丰产"卫星"消息。

11 月 15 日

中央广播事业局决定，在原安装工程队预制件厂的基础上成立广播事业局广播设备制造厂。该厂的主要任务是生产广播专用的铁塔和配套设备，并建立天线和安装两个工程队，承担铁塔架设和广播发射机的安装任务。

11 月 19 日～12 月 1 日

中央广播事业局广播网管理处在北京召开广播网技术研究会，邀请吉林、辽宁、山东、甘肃、江苏、福建、广东等省的广播网工作技术人员参加会议。

11 月中旬

天津电视台开始安装电视试播用的中心立柜设备。

11 月 21 日

北京广播电台对南亚、东南非地区华侨的广州话广播开始播音。这是对居住在国外华侨的广州话广播的第三套节目。

11 月 24 日～30 日

六座工矿城市广播电台第二次协作会议在唐山举行。会议交流了第五次全国广播工作会议以后各台组织广播宣传大跃进的情况。鞍山、抚顺、本溪、阜新、唐山和石家庄电台参加会议。

11 月 25 日～28 日

华东各省广播电台和部分市台协作会议在杭州举行。会议主要交流了大跃进以来各台宣传工作情况，出席会议的各台认为文艺广播中大搞群众文艺是正确方向。

11 月 28 日～12 月 3 日

德意志民主共和国广播代表团在广播委员会副主席皮尔克率领下应邀访问中国。

11 月 29 日

中南六省广播工作协作会议在南昌举行。会议研究讨论了公社化后发展农村广播的方针及各级广播台（站）在节目宣传上如何配合等问题。

同月

福建省广播事业管理局决定建立广播科学研究所,以统一规划和组织本省广播科学研究工作。

12月2日～11日

西北、西南各广播电台播音工作经验交流评比会议在重庆举行。会议讨论了播音工作如何贯彻第五次全国广播工作会议的精神以及播音工作的性质和任务、播音工作中如何加强党的领导和贯彻群众路线等问题。

12月4日

沧州人民广播电台并入天津人民广播电台,以"天津电台第五台"呼号向沧州播音。

12月5日

朝鲜民主主义人民共和国艺术团应邀在中央人民广播电台举办广播音乐会。

同日

青海人民广播电台从青海省人民委员会院内迁入昆仑路新址,配有设备先进的播音馆,低频设备属国内地方台一流水平,音响隔音设备比较完善,电气系统性能良好,讯号联络及控制系统操作安全方便。

12月10日

黑龙江省伊春人民广播电台开始播音,发射功率1千瓦,频率909千赫。

12月13日

江西省各界群众举行庆祝1958年农业大丰收广播大会。省委书记刘俊秀作报告,全省收听人数达400多万。

12月15日

内蒙古自治区乌兰察布人民广播电台在集宁市开始播音,用一部1千瓦中波发射机,蒙古语、汉语两种语言节目同机交替播出。

12月15日～20日

中央广播事业局在北京召开全国电视台基本建设工作座谈会。会议研究了中国电视广播事业发展的方针、发展规划和技术方案以及电视台基本建设中的关键问题。会上,局长梅益就电视节目的指导思想和电视台建设中的几个原则问题发表讲话。他强调电视广播节目应该是新闻性、知识性和文艺性三者并重,而新闻性节目应力求及时地反映社会主义建设和人民生活中的重要事件,具有强烈的鼓动性。他还指出,电视广播是在技术革命和文化革命中向广大人民传播知识的一个重要的工作。电视广播事业的发展,在规模上应由小到大,技术上由低到高,发展上由点到面,应努力发动群众,力争有关部门的大力协助,以促进我国电视事业的迅速发展。

副局长周新武就电视广播事业的发展方针作了报告，指出必须贯彻因陋就简，逐步正规，大中小结合，电视与调频相结合的方针。

12月16日

中央广播事业局发出《关于评选优秀的广播稿、广播文艺作品和录音报道的办法》，对评选范围和标准、方法作出具体规定。

同日

青海省广播事业管理局成立，与青海省人民广播电台合署办公，为青海省人民委员会直属机构。事业管理受中央广播事业局领导，宣传工作受中共青海省委宣传部领导。该局下设总编室、记者室、政治广播室、文艺广播室、藏语广播室和工务室。局台职工增加到112人。

12月20日

18:30，黑龙江省哈尔滨电视台开始试验播出。它是自力更生、土法上马建成的中国第三座电视台。林青任台长。当晚，哈尔滨市内的机关、工厂、学校、街道和公共场所设立了10个电视接收点，人们在哈尔滨第一次看到了本地的电视节目。

12月中旬

天津电视台利用一部从中央广播事业局借来的图像40瓦、伴音25瓦的电视发射机及一部从国营天津无线电厂借来的工业用电视摄像机，与自行安装的同步立柜配套，播放出了方格图像。

12月22日

位于北京复兴门外的中央广播大楼基本建成，投入使用。中央人民广播电台迁入大楼播音，中央广播事业局各部门开始在大楼办公。1953年秋季，广播事业局把建设广播大楼工程列入第一个五年计划，并获得中央批准，当年开始设计，1955年12月动工兴建，全部工程在1958年年底竣工。广播大楼是苏联对我国技术援助的项目之一。全套广播技术设备均由苏联供应。在施工中，苏联专家参加了指导。广播大楼建筑面积68562平方米，中央部分共11层，顶端红色五星距离地面87米。大楼由东翼技术区、西翼办公区和中央部分的音乐厅、会议室和电视发射机房几部分组成。

12月23日~28日

中央广播事业局在徐州召开全国中等城市新建广播电台现场会议。46座电台的负责人出席会议。会上交流了广播工作的经验，并根据中国共产党八届六中全会精神检查和总结了1958年的工作。会议认为，过去一年中，各新建台在事业发展方面基本上贯彻了多快好省、因陋就简、自力更生的方针，使广播事业得到迅速发展；在广播宣传方面，紧密配合了党的中心工作，打破常规办节目，对群众运动起了相当大的鼓动作用。徐州人民广播电台代表在会上介绍了多快好省地发展广播事业和组织宣传工作大跃进的经验。

12月24日

为纪念革命音乐家张曙逝世20周年,中央人民广播电台举办纪念节目。连续三天,向听众介绍张曙的生平和创作,播送纪念张曙音乐会上的节目,并在《每周一歌》节目中播送了张曙的作品《洪波曲》。

12月25日

中央人民广播电台开始举办《农业先进单位代表会议》和《全国农业展览会》专题节目。

同日

厦门人民广播电台建制恢复,并重新开始播音,发射功率增加到7.5千瓦。

12月26日

广东省广播事业管理处决定组织一次全省广播网迎接1959年大放"卫星"运动,要求全省公社全部建立广播站,喇叭数翻一番,达到60万只。

12月28日

西藏拉萨有线广播站借用拉萨邮电局一部3.5千瓦的短波发射机,使用9490千赫,波长31.61米,以"拉萨人民广播电台"呼号开始无线广播试播,并一举成功。第二天,昌都地区机关发来电报说收听到了"拉萨人民广播电台"的广播。

12月31日

吉林省长春电视台开始试验性播出。

同月

中央广播事业局副局长李伍率代表团访问朝鲜。这是中国广播代表团首次访朝。

同月

《广播业务》第12期发表中央广播事业局局长梅益的文章《总结跃进经验,迎接更大丰收》。文章总结了1958年"大跃进"以来广播宣传工作取得的三点经验:党委领导,政治挂帅;为生产建设服务,为中心工作服务;结合群众运动,坚持群众路线。

同月

山西全省102个县、市全部建起有线广播站,达到了县县都有有线广播站,提前完成《全国农业发展纲要》规定的任务。

同月

山西人民广播电台广播说唱团成立。

同月

湖北省广播大楼开始动工兴建。

同年

全国（未包括港、澳、台）有广播电台89座，比1957年增加31座。除西藏地区外，全国各省、市、自治区都已经有了电台，许多省、区的直辖市也设立了广播电台。电视事业也有了初步的发展，北京、上海的两座电视台先后开始广播。哈尔滨电视台等也开始了试验性广播。全国广播电台的总发射功率为4287.45千瓦，比1957年增加了50%。全国广播电台平均每天对国内外广播1170小时。总计办有120套节目。中央电台对少数民族用5种语言广播，平均每天广播5.25小时。北京广播电台对外广播使用21种语言，平均每天对国外广播40多小时。一年中，全国89个广播电台收到国内听众来信196087封，北京电台收到国外92个国家和地区的听众来信32593封。一年中，全国88个地方台开了1296次广播大会，收听人数约有11.9亿人次。农村有线广播网已经基本建立起来。全国共有县（市）及人民公社广播站6772个，接近1957年的4倍，其中县（市）广播站1741个，人民公社广播站5031个。全国已有83.4%的县（市）和18.7%的人民公社建起了广播站。全国广播喇叭达到298.75万只，比1957年增加了2倍。广播工业也有了新的发展。一年中，各地办起358个广播器材厂。全年收音机产量达到100多万台，为旧中国20多年间进口及本国装配收音机数量的总和。

同年

中央广播事业局广播科学研究所开始研制北京广播四型录音磁带，经过五年艰苦努力研制成功，开始实现我国广播用录音磁带的国产化生产。以后国家投资在西安建立了磁带厂，所生产的录音磁带供我国广播电台使用长达20年之久。

同年

广播事业开始执行第二个五年计划，除继续重点加强对国外广播外，基本上是中央和地方同时并举，对国外广播和对国内广播同时并举。

同年

日本东京成立中国文化通讯社。岛田政雄、米村芳子等专门收录北京广播电台日语广播并印发中国文化通讯社会刊，给日本有关团体、工会及报社等新闻单位，为介绍中国、扩大北京电台的影响起到积极作用。

同年

天津人民广播电台建立教育台，频率954千赫。

同年

吉林省广播事业管理局在怀德、永吉等县做了用机械钟控制开闭广播机的试验。

同年

内蒙古人民广播电台录制第一部汉语广播剧《为了六十一个阶级兄弟》。

同年

内蒙古人民广播电台蒙古语、汉语广播各自办成一套完整的广播节目。

同年

安徽省广播管理局成立,与安徽人民广播电台合署办公。史继明任局党组书记、局长,王潮民任副书记。

同年

广东、广州人民广播电台开展筹办广东首座电视台工作。

同年

甘肃省临洮县广播站和武威县广播站试验利用电灯零线传送广播信号获得成功,分别在城区利用低压电灯线安装喇叭80多只和600多只。此后,兰州市城关区、天水市也开始利用电灯线安装入户喇叭2900多只和5000多只。

同年

新疆人民广播电台推行半导体母子收音机,建设小片广播网新技术。伊犁哈萨克自治州各县在部分乡村建起了母子收音站。

1959 年

1月1日
北京电视台由每周播出四次改为每周六次。

同日
18:00 至 19:00,北京广播电台对南太平洋的广州话节目开始播音。

同日
内蒙古自治区哲里木人民广播电台、昭乌达盟人民广播电台正式开始播音。

同日
江苏省常州人民广播电台恢复播音,发射功率 1 千瓦,频率 1520 千赫。

同日
安徽省安庆人民广播电台建成并开始播音,发射功率 1 千瓦,频率 1350 千赫。该台既是市台,又是安庆地区台。

同日
河南省开封人民广播电台开始播音。

同日
四川省成都人民广播电台正式播音。

同日
贵州省遵义人民广播电台建成并正式播音。

同日
西藏拉萨有线广播站正式开始无线广播,呼号"拉萨人民广播电台",3月改呼号为"西藏人民广播电台"。频率 9490 千赫,波长 36.61 米。每天使用藏语和汉语播音三次,全天播音八小时。除了按时转播中央人民广播电台的藏语节目和《新闻和报纸摘要》《各地人民广播电台联播》《国际生活》等节目外,还自办《地方新闻》《国内国际新闻》《科学常识》和文艺节目等。负责人阎迺一。

同日
中国和捷克斯洛伐克共和国开始互相寄送广播节目。北京广播电台寄送给捷方的节目中,有中捷友好协会会长许广平的新年贺词等。

1月3日

中央广播事业局发出《关于人民公社化后农村广播工作问题的意见》。《意见》指出:"人民公社化在全国农村迅速实现,为普及农村广播网提供了更加有利的条件,同时也向农村广播事业提出了更加重大的任务。"《意见》要求加速农村广播网的发展,以适应形势需要。

1月6日~10日

华东地区第一次广播网协作会议在南京举行。会议在总结1958年全区广播网工作大跃进的成绩和经验的基础上,讨论了1959年广播网工作的方针、任务,各级广播机构在宣传上的配合和协作以及城市广播网和推广收音机等问题。

1月8日

吉林省白城人民广播电台正式成立,1月24日开始试验播出,5月1日正式播音,发射功率1千瓦,频率1270千赫(后改为1320千赫)。

1月10日

甘肃人民广播电台播出录音报道《光辉的1958年——甘肃省1958年农业展览会介绍》。展览会的材料说,全省产粮达到"200亿斤,人均口粮1540斤",并以此成就,批判"观潮派"、"怀疑派"、"秋后算账派"。

1月10日~15日

广西僮族自治区首次全区广播站站长会议在贵县召开,会议传达贯彻第五次全国广播工作会议精神,讨论制订了广西1958~1962年广播发展规划。92人出席会议。

1月12日

天津市广播函授大学正式成立,由市教育局、天津人民广播电台、机电工业局、重工业局、天津大学、南开大学、天津师范学院等共同创办。

1月15日

黑龙江省鹤岗人民广播电台在市广播站的基础上建成,并正式开始播音。

1月16日

中国和越南文化合作协定在河内签订,协定规定双方互派广播工作者访问对方。

1月19日

中央广播事业局给山东省广播事业管理局发出贺信,祝贺莱阳县创造了贯彻"小土群"方针,多快好省地建设人民公社广播站的经验。

1月20日

为庆祝古巴人民推翻独裁政权的重大胜利,中央人民广播电台举办音乐广播节目,播出古巴和拉丁美洲其他国家的民歌。

1月26日

为庆祝苏联共产党第二十一次代表大会开幕,中央人民广播电台举办连续的音乐节目,另外,在《国际生活》《国防时事》和对少儿广播等固定节目里及时播送有关大会的报道评述,并介绍了苏联七年计划以及所取得的成就的文章。

同日

云南省气象局和云南人民广播电台联合举办《对全省州、县气象台、站和公社气候站的专门广播》,每天定时用慢速播发短、中、长期天气预报和农业气象预报以及播种期、收获期、森林火险、灾害性天气预报等。

1月28日

国务院人事局通知:国务院第84次会议通过,免去刘程云的中央广播事业局副局长职务。

1月29日

山东省人民委员会批准山东省广播事业管理局的报告,同意建立山东省无线电器材厂。

1月31日

广西僮族自治区人民委员会同意广西人民广播电台机构设置如下:办公室、人事科、行政科、新闻组、理论宣传组、联播组、编译组(壮语节目组)、文艺组、播出组、技术部,人员编制150人。

同月

吉林省广播事业管理局成立电视筹备组。

同月

中共贵州省委批准,贵州省筹建贵阳电视台,当年投资17万元。

同月

云南人民广播电台组建云南广播器材厂,开始小批量生产扩音机和广播喇叭等,供应全省各地广播站。

2月7日

内蒙古自治区呼和浩特人民广播电台正式开播,使用功率为300瓦的旧中波发射机,频率1210千赫。1960年改用1050千赫、1330千赫,只办一套汉语节目。

同日

天津电视台用一台工业电视摄像机与自制设备配套,播出电影图像信号。

2月8日

中央人民广播电台举办的第二次广播歌曲评奖揭晓,歌曲《社会主义好》获得一等奖。

2 月 13 日

北京广播专科学校就建立广播学院问题向中央广播事业局党组、编委会汇报相关情况。关于发展规模，汇报提出：一、1959～1963 年期间，学院以招收新生为主，正常人数为 1500 人左右。二、1963～1970 年期间，学院转以轮训在职干部为主，这期间的人数扩大到 3500 人左右，这是学院的最大规模。每年除招收约 200 名新生外，还能轮训干部 500 人左右。三、1970 年以后，根据中央普及后再提高的指示，把总人数再恢复到 2000 人左右（包括可能有的外国留学生在内）。

2 月 17 日

中央人民广播电台发出《关于举办〈各省、市、自治区人民广播电台编排的节目〉的通知》。

2 月 19 日

周恩来总理和陈毅、薄一波、习仲勋副总理等到新建成的中央广播大楼，视察了广播播音室、总控室、电视播送室等技术设施，并听取了关于广播电视工作情况的汇报。

2 月 20 日

晚，中共安徽省委举办春季大生产运动广播动员大会。这是安徽省历次广播大会中规模和声势最大的一次。全省逐级组织了 1400 万人参加大会。省委第一书记曾希圣在动员报告中，号召大家在苦战三年的第二年中，来一个更大更好更全面的跃进。接着，许多县又相继召开广播大会贯彻，纷纷修订生产计划，争取更大跃进。

2 月 21 日

中央广播事业局党组研究决定：成立北京广播学院，在校生规模 5600 人，连同工作人员 1400 人，共 7000 人。并上报教育部。4 月 2 日，教育部复文广播事业局，同意成立北京广播学院。

2 月 23 日～3 月 3 日

第六次全国广播工作会议在北京召开。中央广播事业局有关负责人和各省、市、自治区广播电台台长、副台长或总编辑及部分地方广播局（处）负责人等共 52 人出席会议。会议主要内容是总结 1958 年宣传工作的主要经验；研究 1959 年广播如何为社会主义建设大跃进服务等问题；讨论广播事业第二个五年计划草案以及各台在广播宣传和事业建设方面的协作问题。与会代表听取了农业部副部长刘瑞龙关于农业问题的报告、国家计委副主任安志文关于工业问题的报告以及外交部部长助理兼办公厅主任韩念龙关于国际形势问题的报告。会议期间，中共中央领导人周恩来、陈毅、李富春、康生、薄一波、杨尚昆等接见了全体会议代表并合影。中央广播事业局局长梅益在会上作题为《广播要更大更好更全面地配合大跃进》的讲话。会议认为，政治挂帅，为中心工作服务，当促进派，走群众路线是办好广播的关键。会议肯定了全国广播工作者为配合大跃进而创造的许多新的广播形式和工作方法。会议认为，广播工作出现了大跃进，反过来又促进了全国社会主义建设的大跃进。至于存在的缺点和错误，如较多地注意了突击性的宣传，放松了配合中心工作的经常性宣传，片面性和浮夸，宣传缺乏辩证的观点以及事业建设上注意数量、忽视质量、有浪费现象等，都不是根本性的、涉及方针政策路线的缺点和错误，因此只是"一个指头"或者不到"一个指头"的问题。会议确定1959年广播工作的主要任务是：继续大力宣传总路线，宣传大跃进，进一步提高节目质量，发展人民公社广播网，培养和训练广播工作干部。会议最后强调广播仍然要更大、更好、更全面地配合全国的大跃进。

2月25日

国务院副总理陈云、彭德怀和李富春，全国人大常委会副委员长彭真等先后到中央广播大楼视察工作。

2月28日

华北、东北八个省（区）台拟定了1959年协作协议书。

同月

中共山东省委宣传部批复，济南人民广播电台改由中共济南市委直接领导，省、市台分开办公。

同月

甘肃省兰州市城关区贡元巷街道建成甘肃省第一个街道广播站，利用电灯线安装喇叭100多只，供居民院落收听广播节目。

同月

湖北省武汉电视台开始筹建。

3月1日

北京广播电台马来语广播开始播音，每天两次，每次30分钟。这是北京电台对外广播的第十五种外语节目。

同日

江西省景德镇人民广播电台开始播音，发射功率300瓦，频率1400千赫。

3月2日

中央人民广播电台开始举办《各省、市、自治区人民广播电台编排的节目》，报道各地区在大跃进中的先进事迹和建设成就。这个节目由各地方台轮流采录、编制，由中央电台广播。节目形式包括新闻、通讯、录音报道和综合报道等。1962年停办。

同日

煤炭工业部和中央人民广播电台联合举办"全国煤炭职工红旗竞赛广播大会"。这是煤炭系统为完成 3.8 亿吨煤炭任务展开的红旗竞赛。广播大会由煤炭工业部部长张霖之主持。参加全国煤炭工业干部会议的各省、市和自治区煤炭管理局、厅长和煤炭部各矿务局局长和矿长提出了红旗竞赛的条件、措施和决心。薄一波副总理向全国煤矿职工讲了话，勉励煤矿职工按旬、按日抓计划，迅速提高全国煤炭日产水平；大搞以技术革命为中心的高产高质的群众运动；认真贯彻"全国一盘棋"的方针。全国有一百多万煤矿职工收听了大会广播。该专题广播每月逢"3"（即 3 日、13 日、23 日）播送一次。

3 月 3 日

黑龙江人民广播电台第一次为中央人民广播电台的《各省、市、自治区人民广播电台编排的节目》提供节目，在中央电台第一套节目 18:30 至 19:00 播出。该节目首次采用了口头报道形式。

3 月 10 日

日本共产党总书记宫本显治应邀在北京广播电台日语广播中对日本听众发表广播讲话。宫本显治总书记是 2 月 23 日～3 月 9 日率领日共代表团访华的。

3 月 13 日～20 日

东北、华北各省、区台协作会议在哈尔滨举行。会议研究了改进广播文风的问题，并就迎接国庆 10 周年报道交换了意见。

3 月 15 日

北京广播电台印地语广播正式播音，每天两次，每次 30 分钟。这是北京电台对外广播的第十六种外语节目。

3 月 16 日

冶金工业部和中央人民广播电台联合举办"全国钢铁职工高产、优质竞赛广播大会"。广播大会从 14:00 至 17:30 在中央电台第一套节目播出；当晚 18:30 至 20:00 在第二套节目中重播大会的实况录音。国务院副总理李富春在广播大会上讲话，阐述了 1958 年我国钢铁战线在以钢为纲、全面跃进的方针下所取得的伟大成绩，1959 年完成 1800 万吨钢的伟大意义和有利条件。全国钢铁工业战线的各路大军在会上互下战表，开展"高产、优质、多品种"的"社会主义竞赛"。

3 月 19 日

中央广播事业局党组扩大会议通过《关于调整机构的决定》。《决定》指出："我局整风运动已经基本结束，党组认为有必要在整风的基础上结合当前干部情况和今后业务发展的需要，对全局的组织机构进行较大的调整。第一，建立单一的领导机构。现广播事业局党组和中央人民广播电台的编委会合一，其主要任务为领导对内广播、对外广播和电视广播的业务以及促进全国广播事业建设的发展。第二，全局按不同业务，分为如下八个部门：1.对内广播部门，即中央人民广播电台。2.对外广播部门，即北京广播电台。3.电视广播部门，即北京电视台。4.文艺表演团体，即现有五个专业表演团体统一组成。5.基建总管理处。6.维护总管理处，包括中央控制室。7.广播科学研究所。8.广播学院。第三，精简原有职能机构，设如下七个处和一个科：干部处、计划财务处、广播普及处、国际联络部、保卫处、行政处、秘书处、技术机要科。第四，为加强日常业务的具体领导和机关的政治思想工作，建立三个办公室：总编室、技术办公室、政治办公室。"

3月23日~27日

华北、东北协作区各台播音工作经验交流会在天津举行。会议集中讨论了在播音工作中贯彻政治挂帅、进一步提高播音质量的问题，并就如何注意积累经验、逐步建立系统的播音理论问题交换了意见。

3月28日

经新疆维吾尔自治区科委批准，新疆广播科学技术专业小组成立，主要承担广播设备、有线广播、收音机及电视技术等方面的科学技术研究。

3月30日

铁道部召开关于进一步开展"全面跃进红旗竞赛运动"有线广播大会。全国40多万铁路职工在各地铁路建设工地、铁路工厂、车站参加大会。国务院副总理薄一波在讲话中指出，举行广播大会的目的是动员铁路战线的一切力量、一切积极因素，完成1959年特别是第二季度的国家运输和铁路建设任务。

同日

中央广播事业局第二批下放干部112人赴江苏赣榆县劳动锻炼。

同日

天津人民广播电台转播苏联列宁格勒泽尼特足球队和河北队比赛实况。4月5日，转播泽尼特足球队和吉林队比赛实况。由体委夏忠朴、刘荫培担任解说员。

同月

本月10日，西藏地方政府和上层反动集团在西藏发动反革命武装叛乱。14日~23日，邓小平召开中共中央书记处会议，讨论西藏叛乱及军队平叛等问题。20日，中国人民解放军西藏军区发布《关于西藏僧俗人民协助人民解放军平叛的布告》。20日上午10：00，中国人民解放军开始反击，经过两天多的战斗，彻底粉碎了拉萨市区的叛乱。21日，中共中央作出《关于在西藏平息叛乱中实现民主改革的若干政策问题的指示（草案）》。28日，周恩来签署关于解散西藏地方政府的国务院命令。

新华社发表《关于西藏叛乱事件的公报》。29日，班禅额尔德尼·确吉坚赞致电拥护国务院解散西藏地方政府和平息叛乱的命令以及西藏军区的《布告》。在平叛期间，中央人民广播电台、北京广播电台以及地方电台用大量时间播出相关消息、评论、文章。西藏第一代广播工作者仅有11人，他们冒着枪林弹雨，因陋就简，架设线路，安装高音喇叭，坚持在地堡里播音，向市民、叛乱分子宣传党的方针政策，及时报道平叛战斗的动态。同时，还打破常规，日夜不停地播送中央驻西藏代表、西藏军区政治委员谭冠三将军给达赖的三封信，播送阿沛·阿旺晋美对盘踞在大昭寺、布达拉宫的叛乱分子的劝降讲话。

同月

辽宁省人民委员会广播事业管理处改为辽宁省广播事业局，6月20日同辽宁人民广播电台合署办公。

4月1日

《人民画报》发表文章和图片介绍中央人民广播电台。中央广播事业局副局长周新武撰写的《和平、建设、友谊的声音》一文介绍了十年来中国人民广播事业的发展状况。

4月4日

中国人民保卫世界和平委员会主席郭沫若在中央人民广播电台发表题为《消除战争威胁，维护世界和平》的广播演说，指出北大西洋集团十年来加紧备战成为威胁和平的新战争策源地。

4月6日

中华人民共和国广播事业局和匈牙利广播电视事业局合作协定在布达佩斯签订。协定规定双方将交换有关政治、经济和文化生活方面的广播和电视节目，还规定了双方交流广播宣传工作经验及进行广播技术方面的合作等。

4月7日

中央人民广播电台和冶金工业部开始联合举办"全国钢铁职工高产、优质竞赛"专题广播。每月7日播送一次。

4月10日

中央广播事业局所属广播表演团体办公室正式成立，下辖广播说唱团、广播民族管弦乐团、广播乐团（包括广播交响乐团和广播合唱团）、广播剧团。表演团体办公室对各分团实行统一领导，仍由中央人民广播电台文艺部兼管。

4月10日~14日

东北、华北协作区各台文艺广播协作会议在长春举行。会议主要讨论了如何贯彻第六次全国广播工作会议精神，使文艺广播在1959年继续为大跃进服务的问题。

另外，还交流了文艺广播的经验，并且交换了节目。

4月13日

北京广播学院建院筹备委员会成立，中央广播事业局副局长李伍任主任，确定广播学院的任务是：培养广播电视方面的高级人才，包括编辑、记者、播音员、翻译、工程技术人员等；以培养本科、专科生为主，在职干部为辅。

同日

为纪念《黄河大合唱》上演20周年，中央人民广播电台举办专题音乐广播。专题节目包括《黄河大合唱》、音乐故事《黄河在咆哮》和《冼星海在法国》等。

4月15日

中华人民共和国广播事业局和波兰广播事业委员会（波兰电台）广播和电视合作协定在华沙签订。根据协定，双方将经常交换广播和电视节目，并在技术方面进行合作。此外，双方还签订了中波广播和电视合作协定补充议定书。

4月16日

第一机械工业部和中央人民广播电台联合举办"全国机械工业职工多快好省地完成六大设备竞赛广播大会"。国务院副总理薄一波在广播大会上讲话，指出：机械工业职工要打好按期按质按量和成套地完成六大设备的制造任务，必须大搞技术革命，过好技术关，还要确实保证产品的质量，做好设备的成套供应工作，并且搞好协作。全国各地30多个机械厂的代表和先进生产者提出了他们挑战和应战的条件。

同日

北京人民广播电台举办"防霜冻特别广播"，历时四小时。各区县干部社员深夜守候田边，只等广播一声令下，到处点火熏烟。结果大部分地区并未出现霜冻，群众很有意见。

同日

中共广东省委同意成立广东省广播事业管理局。

4月17日

黑龙江人民广播电台成立第二个文艺表演团体——黑龙江广播电视文工团。

4月18日~29日

第二届全国人民代表大会第一次会议在北京举行。这次人代会的报道和对西藏问题的报道紧密结合进行。中央人民广播电台举办《关于第二届全国人民代表大会第一次会议和中国人民政治协商会议第三届全国委员会第一次会议特别节目》。北京广播电台对外摘发了周恩来的《政府工作报告》以及其他报告、大会发言，并播发新华社、《人民日报》等关于西藏问题的消息、评论、文章等。18日，北京电视台第一次直播周恩来作《政府工作报告》的实况。21日，北京电视台把报道二届人大一次会议的电视新闻纪录片航寄给苏联、民主德国、罗马尼亚、匈牙利、波兰、捷克斯洛伐克的电视台。这是该台第一次向国外寄送电视片。

4月21日

意大利共产党代表团到中央人民广播电台参观访问。中央广播事业局副局长周新武接待了代表团，并向代表团介绍了广播事业局的一般情况，同时就邀请意大利语专家一事同对方进行了初步商谈。

同日

澳共中央负责宣传工作的爱尼·桑顿从悉尼写信给在北京广播电台工作的澳大利亚专家戴蒙德，谈到澳共中央负责人对北京电台向澳洲、新西兰地区广播的英语节目的意见。他建议：一、广播稿应该是特别为广播而写的；二、广播稿应该是专门为澳大利亚而写的；三、新闻节目应缩减到15分钟。如果缩短了新闻，也就会迫使电台去掉那些到处充塞的多余的细节。

4月22日～25日

中央人民广播电台加强关于西藏问题的宣传，对国内广播的政治性节目绝大部分是关于西藏问题的稿件。22日和23日的《各地人民广播电台联播》节目都延长了播出时间。

4月25日

中央人民广播电台编印《中央人民广播电台工作情况简报》，每天一期，内容以宣传工作为中心，及时向中央领导反映中央电台和全国广播工作各方面的重要情况和问题。

同日

中共中央书记处候补书记胡乔木召集各新闻单位布置有关西藏问题的宣传，指示中央人民广播电台的对印度广播要写评论，每天一篇。中央电台编委会当晚开会讨论，并作了安排：一、对国内和对国外广播以集中编排的方法，充分利用各国的反面言论。二、群众反应除《各地人民广播电台联播》节目选用外，其他节目大量使用。三、对国内广播的《新闻和中央报纸摘要》节目和对外广播的所有语言节目，都介绍当天《人民日报》刊登的各国反面言论的情况。四、对国外广播的中心部和对国内广播的国际生活部共同抽调四人成立对印度广播的评论小组，由中心部一名副主任负责，立即开始工作。

同日

中华人民共和国广播事业局和德意志民主共和国国家广播委员会广播和电视合作协定在柏林签订。协定规定双方有系统地交换政治、经济、文艺等方面的节目和资料，还规定双方互派工作人员进行访问及在有关国际事件中双方在广播方面相互提供必要的协助。同时，根据协定还签订了电视合作议定书。

4月27日~30日

国际广播组织成员国亚洲地区技术专家会议在平壤举行。会议交流了关于无线广播和电视广播的科学技术经验和成就。会议期间，中国代表作了题为《北京电视台建设情况》的报告，受到代表们的欢迎。

4月28日

新疆维吾尔自治区广播事业管理局成立，与新疆人民广播电台合署办公。全局干部职工共计351人。

4月30日

中华人民共和国广播事业局和捷克斯洛伐克广播与电视委员会广播和电视合作协定在布拉格签订。协定规定双方将交换有关本国人民在社会主义建设各个方面所获得的成就的材料，举办介绍对方的特别节目，并在重大国际事件的宣传中紧密合作。

同月

西藏举行平息叛乱庆祝大会，西藏人民广播电台技术人员在布达拉宫广场对大会进行全程录音。

5月1日

北京电视台首次在天安门广场转播首都各界人民庆祝"五一"国际劳动节大会和群众游行的实况，并在当晚播出记者拍摄的新闻片。

同日

江苏省新海连人民广播电台建立并开始播音，发射功率1千瓦，频率1350千赫，台址在连云港新浦区民生路210号。

同日

湖南省衡阳人民广播电台正式播音。

同日

陕西省铜川人民广播电台正式播音。

5月4日

中央人民广播电台开办《在社会主义国家》节目，播送各社会主义国家广播电台寄来的对中国听众广播的节目、中央电台编制的介绍这些国家的政治、经济、文化生活的节目。

同日

中央人民广播电台开办《农村广播站联播节目》，每天两次，每次20分钟。这个节目的基本对象是公社社员和公社各级干部。原有的《对农村广播》节目停办。

5月5日~11日

安徽省第四次广播工作会议在合肥召开。会议总结了一年来农村广播网发展的经验，商讨了今后的发展规划。

5月6日

中央人民广播电台和第一机械工业部开始联合举办"机械工业专题广播"，每月6日、21日各播送一次。

5月7日

匈牙利工农革命政府总理明尼赫·费伦茨率领匈牙利党政代表团访华期间，应邀在中央人民广播电台发表录音广播演说。

5月8日

陕西省广播事业管理局向陕西省人民委员会提交报告，请示筹建西安电视台。副省长李启明5月12日批示："同意今年进行干部方面的培训筹备工作。此项工作由广播事业管理局进行筹划。"根据批示精神，省广播事业管理局开始了筹备工作。

5月9日

中央人民广播电台与莫斯科广播电台举办了一次北京—莫斯科少先队员"呼应"节目。

同日

中央人民广播电台开办《音乐花开遍地红》节目，主要是反映各地的音乐动态，介绍各地的优秀音乐作品，稿件由各地人民广播电台提供。

5月9日~28日

保加利亚广播局局长伊万诺夫应邀访问中国。

5月15日

北京电视台和中国文字改革委员会联合举办《汉语拼音字母电视教学讲座》。这是中国第一个电视教育节目。

5月18日

中共山西省委决定山西人民广播电台编委会与山西省广播管理局党组合并，成立山西省广播管理局编委会。刘江任总编辑。

5月19日

自即日起，中央人民广播电台连续两天通过国家民委先后请班禅额尔德尼·确吉坚赞和阿沛·阿旺晋美作广播讲话（录音）。

5月20日

经新疆维吾尔自治区党委批准，新疆广播文工团成立。

5月20日~23日

广西僮族自治区第三次全自治区广播工作会议在南宁召开。会议主要传达第六次全国广播工作会议精神,总结贯彻"充分利用现有设备,由小至大,土洋结合,因陋就简"的建设广播网方针取得的成绩,研究提高广播宣传质量,进一步依靠党委、依靠群众、开门办广播的方针。到会代表110人。

5月21日

根据中朝两国广播机构协议,从6月份开始,中央人民广播电台和平壤广播电台定期互办广播节目。中央电台准备每月第一、第三周的星期二,播送平壤广播电台对中国听众举办的广播节目。

同日

越南之声电台副台长黄文典率领越南广播代表团来北京访问。

5月25日

中共中央委员、中国文字改革委员会主任吴玉章参观中央广播大楼,会见了中央人民广播电台播音员。吴玉章说,播音工作是个重要工作,把党的文件精神,通过语言准确、生动地传达出去,会起很大作用。这是不容易做好的工作。要努力学习马列主义,提高政治思想水平;要锻炼播音技巧,爱护嗓子;注意休息;要培养新生力量。

5月28日

广西僮族自治区广播事业管理处发出通知,规定各市、县广播台、站凡有转播条件的,都应转播自治区台的《全区各地广播站联播节目》,《新闻和区级报纸摘要节目》应尽可能转播,其他节目可根据具体情况选择转播。

5月31日

中共陕西省委、省人民委员会举行夏收广播动员大会。

5月下旬

北京广播电台召开音乐广播工作会议,听取各语言组音乐编辑意见。大家对举办固定节目《星期音乐会》和系列节目《远方的客人在北京》《音乐家的新创作》《中国各民族音乐介绍》等表示肯定,并建议开办《中国乐器介绍》《音乐家介绍》等节目。

同月

农业部、中央人民广播电台和山东、山西、陕西、河南、河北、江苏、安徽、甘肃、北京等省、市联合举办"十省市争取小麦丰产丰收广播大会"。

同月

中联部同意北京广播电台派记者采访兄弟党代表团来华活动。

同月

浙江人民广播电台为加强工农业生产和建设的宣传，增办《对农村广播》节目；改进工业节目，在《全省联播节目》中增加了国内外新闻。在《对农村广播》节目中，开办《勤俭嫂谈家常》专题，采用越剧对白语言播出，以谈家常的形式，向农民宣传勤俭持家、移风易俗、生活常识、科学卫生等方面的内容和知识，受到广泛欢迎。

6月1日～7日

华北、东北八省（区）台第三次协作会议在太原举行。会议讨论了根据社会主义建设跃进形势的特点，广播工作如何继续鼓干劲、促跃进的问题。会议认为：根据新的跃进形势的特点，改变宣传报道的思想作风是提高广播宣传质量的重要关键。宣传上既要轰轰烈烈，又要踏踏实实。编辑记者的思想作风必须深入、细致和实事求是。

6月3日～11日

第一次全国大城市台协作会议在上海举行。会议交流了大城市台工业宣传和文艺广播方面的经验。

6月5日

中央广播事业局党组、中央人民广播电台编委会做出关于对内、对外广播部门编采工作分工、配合的规定。对国际生活部和对外部的关系以及对内各专业部、新闻编辑部同对外部的关系作了具体的规定。

同日

中央广播事业局局长梅益在编委会讨论对外广播工作时说，要改进对外广播，应该从思想问题下手。可以采取如下措施：第一，把有关几个思想问题和如何改进对外广播的方案在干部中来一次鸣放，一方面彻底解决思想问题，一方面集思广益，把改进措施定得更合理。第二，按需要和可能调整节目时间。第三，确定改进步骤。第四，集中力量改善新闻评论节目。其后，北京广播电台召开四级干部会，讨论对外广播部门的工作和提高节目质量问题。改进方案强调，今后应"以各国政治上的中间分子作为我们的主要对象"，"所有节目要以他们的接受程度和认识水平出发，内容要含蓄，调子要适当，态度要谦虚，工作要耐心细致，多侧重典型事实，多作解释阐明，让他们自己得出结论"。

6月8日

北京广播电台为加强对老挝的广播，在每天18：00、20：30的两次老挝语节目之外，于8：00增办一次老挝语节目。三次广播时间各为30分钟。

6月10日

福建人民广播电台开办《对马祖地区广播》节目。

6月15日

中央人民广播电台开始举办中国人民解放军全军第二届文艺会演（6月1日~7月24日举行）特别节目，播送会演的实况录音选辑。

6月18日

北京电视台播出电视评论《谈西柏林近况》。全部影片材料及部分录音资料是民主德国电视台供给的，来件并附有评论稿。

6月20日

黑龙江人民广播电台制订《无线电广播技术管理规程（草案）》，共分五篇18章，包括节目播出、节目制作、收音和发射四个方面的技术维护管理。

6月25日

中央广播事业局局长梅益在修改对外广播的一份音乐稿时，作了如下批语："对外广播的文艺节目，特别是音乐节目的主要任务是表现我们在艺术方面达到的成就。艺术成就越高，说明了党的文艺政策获得了越大的成就"，"它同时也作为语言节目的调剂，使我们的节目多样化，能吸引人"，"对外广播音乐节目和对内的不同，除特殊情况外，它不应担负任何直接鼓动的任务"，"我们也不要企图在每个音乐说明中宣传党的政策和我国的面貌。有些拙劣的解释反而使我们的音乐节目不能得到应有的效果"。

6月28日

经过一个星期的努力，北京电视台完成第一批出国新闻片的拍摄工作。

同月

中央人民广播电台注意按中央精神对本年各地夏收产量数字的报道严加掌握，力戒虚夸。为此设了三道关口：一、产量是否核实，要省委第一书记或第一书记指定的负责人签字；二、是否符合中央精神；三、对有疑问的稿件，询问中央农业部粮油局。凡不合规定的一律不报。

7月1日

天津电视台开始试播黑白电视节目。沈毅任台长。

同日

河北省秦皇岛人民广播电台正式播音。

同日

内蒙古自治区伊克昭人民广播电台正式播音，仅有一部500瓦中波发射机，自办蒙古语、汉语节目同机交叉播出，并转中央人民广播电台和内蒙古人民广播电台新闻节目。

同日

广西南宁人民广播电台恢复播音。

7月2日

中央广播事业局编委会讨论了北京电视台的工作。编委会认为，一年来电视事业从无到有，电视台工作有成绩，培养了一批干部，初步掌握了无线电运用于电视方面的技术，摸索到一些电视宣传的经验，为今后发展电视事业打下了基础。但工作中存在较大缺点，不能满足观众要求（北京市拥有电视机5000台左右）。编委会指出：节目花色不多，内容单调，编、导、演、摄、播、装饰工作粗糙，思想水平和艺术水平低，经常出错；技术方面，图像不稳定，故障频繁。主要原因是缺乏经验，还没有摸到电视宣传的基本规律。人力和物力不足。目前北京电视台编辑部只有编辑、导演、摄影、摄像、播出、美工、洗印、剪辑等工作人员60多人。编委会要求电视台编辑部总结一年工作，把节目质量提高一步，同时进一步改进播出状况，减少事故。

7月6日

山西省广播学校成立。

7月7日

北京广播电台土耳其语组播出小型广播剧《第一声爸爸》。

7月11日

中国和阿尔巴尼亚广播合作协定在地拉那签订。协定规定两国在广播事业上加强合作。中国驻阿尔巴尼亚大使罗士高和阿尔巴尼亚广播委员会主席彼得罗·基托在协定上签字。

7月12日

中央人民广播电台转播北京首次演出的贝多芬第九交响乐的实况。这是这部作品第一次在中国演出。中央广播乐团合唱队参加演出。

7月13日~25日

国际广播组织大会第17次常务理事会第31次会议、节目委员会第5次会议、技术委员会第15次会议、电视委员会第3次会议和非常会议在赫尔辛基召开。中华人民共和国广播事业局副局长周新武率代表团出席会议。在17次大会上通过决议，"国际广播组织"改名为"国际广播和电视组织"。中国广播机构当选为1959~1961年度副主席。

7月15日

北京广播学院上报《北京广播学院建设、设计任务书草案》。《任务书》提出广播学院办学最大规模为8000人（其中在校生5000人，教职工、专家、研究生共

3000人），设新闻系、无线电系、外语系，主要为我国广播电视事业培养编辑、记者、播音员、技术人员和外语人才，每年毕业生约500人。拟订建筑面积33.7万平方米，院址拟设在北京北郊沙河镇，总投资3000万元，分10年完成。

7月16日～21日

第一次全国少数民族广播协作会议在呼和浩特市举行。全国各自治区（西藏未参加）、延边朝鲜族自治州和办有少数民族语言节目的中央、四川、青海、云南、贵州、甘肃等广播电台代表参加会议。会议讨论了正确认识少数民族地区广播宣传的任务，根据民族特点、地区特点进行广播宣传和少数民族文艺广播及培养民族广播干部等问题。会议就少数民族地区的广播协作形成共识，为各台间交流节目奠定了基础。中央广播事业局局长梅益出席会议并讲话。他指出：少数民族地区的广播一定要注意民族的特点，大力宣传党的民族政策；少数民族地区的文艺广播，必须认真重视少数民族的文化遗产；为了迎接少数民族地区广播事业的更大发展，必须大力培养少数民族干部，特别要注意培养一批掌握无线电技术的民族干部。

7月20日

江苏省淮阴人民广播电台建立并正式播音，发射功率1千瓦，频率1530千赫，台址在淮阴市八面佛。

7月20日～25日

华东地区第二次广播网工作会议在济南举行。会议着重讨论了整顿、提高人民公社广播网和提高县广播站的广播宣传工作质量等问题。

7月22日～26日

东北、华北六工业城市台协作会议在旅大举行。会议着重交流和讨论了领导工作经验以及国庆10周年宣传等问题。参加会议的有包头、齐齐哈尔、安东、佳木斯、青岛和旅大等六市电台。

同月

北京电视台开始向社会主义国家电视台寄送自制的电视片。

同月

吉林人民广播电台创办的《广播生活报》出版，到第49期停办。

同月

吉林人民广播电台在长春人民广播电台第二套节目开办《音乐广播杂志》《文学广播杂志》节目，各播出37期。《音乐广播杂志》设有《推荐音乐书刊》《作品评价》《名曲欣赏》等栏目，介绍音乐界动态、音乐修养以及音乐欣赏知识。

同月

湖南人民广播电台150千瓦发射机投入使用。

同月

中央拨 400 万元专款修建西藏广播办公大楼和 602 发射台。中共西藏工委批准成立筹建西藏人民广播电台领导小组。随即成立西藏电台基建办公室，负责广播大楼和 602 发射台的筹建工作。

8 月 3 日

中国第一批电视摄影干部共 70 多人，经过在北京电影学院一年的学习，正式结业。他们是由全国 20 多个省市广播电台或电影厂选送的。

8 月 5 日

人民日报社、新华社、中央人民广播电台分别召开编委扩大会、编委会，讨论宣传报道问题，注意加强大鼓干劲，反对右倾情绪和松劲现象。

8 月 6 日

中央广播事业局副局长周新武率广播代表团访问保加利亚期间，在索非亚和保加利亚签订两国广播电视合作协定。

8 月上旬

黑龙江人民广播电台播音馆在哈尔滨市中山路 117 号开工，建筑面积 2800 平方米。

8 月 13 日～20 日

东北、华北各省（区）台协作会议在哈尔滨举行。会议研究了改进广播文风的问题，还就迎接国庆 10 周年报道交换了意见。

8 月 15 日

广东省广州电视台正式成立。

8 月 18 日～31 日

为迎接国庆 10 周年，山西人民广播电台组织全国省台和本省各县广播站在省台复制文艺节目。21 家电台、29 个市、县广播站在 14 天里共复制各种文艺节目 477 小时。同时，各台站同山西电台交换了 14 个小时的文艺节目。

8 月 19 日

中央广播事业局局长梅益在云南人民广播电台同编辑、记者座谈。他在讲话中谈了几点意见：广播宣传的关键是干部问题，编辑记者要加强学习，下决心成为本行的专家，要研究广播特点，写稿要口语化，适合于耳朵听；要密切联系群众，编辑应和附近农民建立走亲戚的关系。

8 月 25 日

国务院第 91 次全体会议通过，任命梅益为中央广播事业局局长，周新武、李伍、金照为副局长。9 月，任命顾文华、董林、左漠野为副局长。

8月26日~27日

8月26日,《中国共产党第八届中央委员会第八次全体会议公报》和《关于开展增产节约运动的决议》公开发表。中央人民广播电台26日的《各地人民广播电台联播》节目及27日的《新闻和中央报纸摘要》节目,均延长为一小时,播送《公报》和《决议》。北京广播电台的英、西、法、日、阿拉伯等16种语言节目,因受播音时间限制,分别播出《公报》和《决议》的详细摘要3~4次,共计播出41次,对国外华侨广播的6种语言先后播出详细摘要17次。中央电台在27日下午的各次新闻和《各地人民广播电台联播》节目中连续报道了各地反应。从26日夜到27日20:00,中央电台收到集体记者反映群众拥护《公报》《决议》的新闻59件(其中录音报道12件)。天津人民广播电台8月26日用3个主要频率转播中央电台广播的《中国共产党第八届中央委员会第八次全体会议公报》和《关于开展增产节约运动的决议》,并在当晚集中播放各界人民拥护八中全会《公报》和《决议》的反应。

8月31日

中央人民广播电台开始举办《大型音乐作品欣赏》节目。

同月

新疆维吾尔自治区广播事业管理局创办新疆广播器材厂,生产交直流收音机和扩音机。

9月1日

北京广播电台调整节目时间。每天的节目播音总时数为46小时30分钟,比调整前增加3小时45分钟。这次调整要求突出重点节目,首先办好对印度、巴基斯坦、锡兰和对非洲、西欧的英语节目,日语节目,印尼语节目,对北非、西非和西欧的法语节目。这些重点节目的播音时间都分别增加了30分钟到1小时。

9月4日

中央人民广播电台播音组召开"播音工作十年"座谈会。

9月5日

中央人民广播电台开始举办《解放以来优秀戏曲选播》节目,介绍、播送解放以来在中国共产党的"百花齐放"方针指引下各种地方戏曲整理创作的优秀剧目。

9月7日

北京广播学院正式成立,开学典礼在中央广播大楼音乐厅举行。中央广播事业局局长梅益、主持学院工作的副局长周新武在开学典礼上讲话。北京广播学院是中国第一所培养广播电视各类专门人才的综合性高等学校。学院设新闻系、无线电系和外语系。新闻系设编采、播音、文艺及电视摄影专业;无线电系设发送、传音及电视专业;外语系设英语、波斯语、西班牙语、葡萄牙语、土耳其语及意大利语专业。

共招收新生 573 名，连同原广播专科学校转入的学生，在校学生为 917 名。中央广播事业局从中央人民广播电台等直属单位抽调大批中层领导干部和业务骨干到该校任职任教。

9 月 7 日～11 日

社会主义国家对外广播工作第四次会议在莫斯科举行。中华人民共和国广播事业局副局长金照出席会议。这是中国首次派代表参加这一国际会议。会议交流了各国对外广播和互相寄送节目的经验。

9 月 7 日～19 日

为迎接中华人民共和国成立十周年，中央人民广播电台举办《光辉的十年》广播节目。该节目集中反映了十年来新中国在工业、农业、科技、国防建设方面取得的伟大成就，通过新旧中国的对比，宣传了中国十年来的巨大变化和新面貌。

9 月 8 日

四川省人民委员会批准成立四川省人民委员会广播事业管理局。

9 月 9 日

中央人民广播电台和第一机械工业部联合举办《全国铸锻红旗竞赛评比特别节目》。

9 月 11 日

北京广播电台召开翻译工作经验交流座谈会。会议认为翻译既要准确，忠实于原文，又要适合对象国听众使用语言的习惯，让听众易懂。

9 月 12 日

周恩来在梅益陪同下来到新建成的广播大楼视察，当见到中央人民广播电台播音员齐越、潘捷时，周总理语重心长地对他们说："广播大楼建成了，比起延安窑洞来，条件好多了，但是，延安精神不能丢，你们一定要用延安精神做好工作。"

9 月 13 日～10 月 3 日

中华人民共和国第一届运动会在北京举行。中央人民广播电台举办特别节目，并且进行了六次实况转播。北京电视台直播了开幕式和足球、篮球、排球等重要比赛。

9 月 14 日

中央人民广播电台向各地集体记者发出通知，要求江苏、山西、湖南、上海、西藏、辽宁等 20 个地方台分别寄送反映大办农业、大办粮食和人民公社优越性的专题节目。在工业方面，请各地送来煤炭工业增产节约竞赛、小高炉优质高产运动以及红旗单位和先进人物为迎接国庆做出的新成就新创造等报道。

同日

江西人民广播电台举办《胜利的十年》专题节目，庆祝国庆十周年，每周播出六次，重播六次，每次 20 分钟，10 月 30 日结束，共播出 41 期。

9 月 19 日

为扩大电视接收范围，北京电视台用国内自制的 5 千瓦电视发射机开始试播，准备在国庆期间正式使用。

9 月 22 日

中央人民广播电台和冶金工业部、中国重工业工会全国委员会联合举办"全国钢铁职工竞赛评比广播大会"。大会检阅了年初以来全国钢铁战线在生产竞赛运动中取得的成就，奖励了生产成绩卓越的 100 多个红旗单位。国务院副总理薄一波在广播大会上讲了话。全国几百万钢铁企业的职工收听了大会的实况广播。

9 月 25 日

中央人民广播电台和蒙古广播电台举办"呼应"广播节目。

同日

北京广播学院编制《北京广播学院建院设计任务书》。提出：广播学院的方针任务，主要是培养中央台和省、市、自治区台所需要的广播、电视方面的高级人才，其中包括编辑、记者、播音员、科学研究人员、工程师、高级技术员、翻译、驻国外记者等。为了满足广播、电视事业发展的急迫需要和提高现有干部的水平，也将根据条件附设开办一些短训班。关于学院大致规模，《任务书》规定广播电视新闻系电视摄影班、外语系、无线电子专科齐全时，在校学生共 4000 人。在职干部轮训每年 200 人。专家、教职员、研究生和工人等按 1000 人计算，连同学生，总人数最多时约 5200 人。学院应根据 5200 人的规模进行建设。

同日

广西梧州人民广播电台建成，10 月 1 日开始试播，11 月 18 日正式播出，发射功率 1 千瓦，频率 1410 千赫。

9 月 27 日

应中央人民广播电台邀请，中华人民共和国副主席宋庆龄为全国少年儿童写了一篇广播稿，题目是《写给孩子们》。在对少年儿童广播节目里播送。10 月 1 日重播。

同日

沈阳电视台试播。该台设置《沈阳新闻》节目，每周播出一次，每次约 10 分钟，主要形式有电视新闻、图片、口播的简明新闻。电视新闻由该台记者摄制，图片除该台记者拍摄部分外，由新华社供稿。负责人王洪州。

9月30日

庆祝中华人民共和国成立十周年,中央人民广播电台举办《伟大的十年》节目,通过述评、配乐报道、实况录音等形式介绍十年来中国人民在中国共产党的领导下所取得的胜利。

同日

广州电视台试播,使用二频道试播黑白电视节目,发射塔临时建在越秀山,覆盖半径40公里。负责人田蔚。

9月30日~10月1日

中央人民广播电台播送社会主义国家为祝贺中华人民共和国成立十周年寄来的专题广播节目,内容包括这些国家的先进工作者和知名人士的贺词以及各国的音乐节目。

同月

为保留戏曲老艺人和名演员的优秀剧目,中央人民广播电台在国庆节前邀请多位名演员到电台录制了34个优秀节目。包括京剧演员梅兰芳、肖长华、荀慧生、尚小云、谭富英、马连良、张君秋、裘盛戎,昆曲演员欧阳予倩、俞振飞、言慧珠,评剧演员小白玉霜,河北梆子演员大李桂云、珍珠钻,粤剧演员马师曾、红线女,越剧演员王文娟、徐玉兰,川剧演员胡漱芳和闽剧演员郭西珠。

同月

为保证国庆十周年大典期间各种政治活动的全面展开,中央广播事业局技术部门抽调大批技术力量,参加了天安门、人民大会堂、工人体育场的扩声等工程的施工和调试工作。广播科学研究所和设计室的科技人员在新建的人民大会堂建成了一个广播电视转播中心。三大工程共安装扩声设备118台,声柱281个,喇叭855个;人民大会堂还安装了12种语言的口译系统,10个讯道的电视设备,敷设电缆总共300多公里,并将从东单到西单的全部扩声系统改为129个高质量的声柱。同时,还按时完成了民族宫、新火车站、航空港的扩声工程。

同月

在迎接国庆十周年之际,吉林市人民广播电台举办《光辉的十年》特辑节目。全台编辑、记者深入第一线采访,播出《古老江城日日新》《化工城的假日》等70余篇报道。这是吉林市电台建台以来规模最大的广播宣传活动。

同月

山西人民广播电台150千瓦发射机投入使用。发射台天线铁塔高136米。太原人民广播电台的发射功率也由1千瓦提高到7.5千瓦。

同月

山东省广播事业管理局党组成立，宋寒毅任党组书记、局长，李新雨任党组副书记、副局长。

10月1日

中央人民广播电台转播在北京举行的庆祝中华人民共和国成立十周年盛大阅兵典礼和群众游行实况。北京广播电台各语言节目播送国庆典礼实况录音报道。北京电视台在天安门广场直播首都国庆十周年阅兵典礼和群众游行实况。当晚，播出记者拍摄的国庆大典新闻片。

同日

哈尔滨电视台在哈尔滨市人民政府门前广场，利用自己组装的黑白电视设备，成功地转播了庆祝中华人民共和国成立十周年大会盛况。这是哈尔滨电视台建立后进行的第一次现场实况转播。

同日

吉林省长春实验电视台（对内称吉林人民广播电台电视部）使用二频道试验播出，每周一次。台址设在长春市工人文化宫四楼，负责人何仁。播出的第一条新闻片是记者用16毫米摄影机拍摄的《吉林省暨长春市各界人民热烈庆祝国庆十周年大会和盛大游行》活动。

同日

上海电视台正式播出。自1958年10月1日首次试播以来，共播出126次。

同日

江苏省苏州电视转播台以二频道试转上海电视台五频道节目获得成功。这是江苏省最早试办的电视转播台。

同日

江西省宜黄县率先在全省实现利用县至公社电话中继线开放载波广播，解决了广播与电话公用线路不能同时开放的矛盾。

同日

河南省焦作人民广播电台正式播音。

同日

广州电视台和广东、广州人民广播电台首次联合转播"广东省、广州市庆祝中华人民共和国成立十周年大会"和群众游行实况。当晚，广州电视台播出第一部自己拍摄的纪录片《羊城新貌》，然后是广东电视最早播出的小歌剧《三月三》。

10月2日

天津电视台播出自己拍摄的第一部电视新闻纪录片《天津市各界人民庆祝建国

十周年大游行》。

10月5日

安徽人民广播电台年初开办的《全省农村广播站联播节目》改为《全省广播电台、广播站联播节目》，并开始播出。

10月15日

周恩来亲临包头钢铁厂为一号高炉出铁剪彩的现场录音报道，在内蒙古人民广播电台《全区联播》和中央人民广播电台《各地人民广播电台联播》节目及第二天早晨的《新闻和中央报纸摘要》节目中播出。

10月17日

广州电视台开办《电视台的客人》直播栏目，邀请一部分广东省和广州市劳动模范同观众见面。

10月19日

国家主席刘少奇到中央广播事业局视察工作，在听取有关我国1958年春生产出第一部1千瓦黑白电视发射机和播送设备，并于同年5月1日试播的汇报后，刘少奇表扬了广播事业局的工作人员，并指示，下一步应该搞彩色电视。他还对广播局的干部培养问题表示了极大的关心，强调指出：广播电视是一项专业性很强的工作，它不同于报纸和通讯社。你们需要的干部应由你们自己来培养，包括在职干部的培训。广播、电视事业今后要大发展，必须尽早培养各种人才，包括外语干部、记者、播音员和工程师。

同日

"中央人民广播电台听众联系工作展览会"正式开幕。展览会分三个馆，介绍了中央电台听众联系工作的发展概况和基本成就，广播宣传所起的影响及联系听众的九种主要方式。20日，中央广播事业局局长梅益参观了展览会，并就听众联系工作提出了意见，指出要主动地、积极地采取多种方式，如座谈、调查、写信等加强同听众的联系，要学习服务性行业那种"送货上门"的办法，主动了解收听情况和需要。

10月21日

中央人民广播电台和煤炭工业部联合举办"全国煤矿生产红旗竞赛广播大会"。国务院副总理薄一波在广播大会上讲话，号召全国煤矿职工在实现提前和超额完成今年煤炭生产计划的同时，为明年的连续大跃进做好准备。

同日

为庆祝全国工业、交通运输、基本建设、财贸方面社会主义建设先进集体和先进生产者代表大会（10月26日～11月8日）在北京召开，中央人民广播电台开始举办《在群英会上》特别节目。

10 月 23 日

位于广州市花县的广东省 522 中波发射台正式投入使用。该发射台是新中国成立后广东省建成的第一座大功率中波广播发射台。

10 月 27 日

中央人民广播电台和中央运输指挥部联合举办"全国短途运输广播大会"。国务院副总理薄一波在大会上讲话。大会号召把在全国开展的群众短途运输运动迅速推向高潮，力争提前和超额完成本年的运输计划。全国各地水、陆、空交通运输部门和企业的职工 600 多万人收听了大会的实况广播。

10 月底 ~ 1960 年 1 月底

中央广播事业局机关进行反右倾整风运动。运动中 30 人受到重点批判，其中 14 人受到不同的处分，3 人被定为"右倾机会主义分子"（1962 年进行了甄别，认为运动中发生了斗争扩大化和斗争过火等错误，撤销了对 14 人的错误处分）。

11 月 1 日

桂林人民广播电台建成并正式播音，发射功率 500 瓦，频率 1450 千赫。

11 月 2 日

中央人民广播电台开始按新制订的《各项新闻性节目安排标准》发稿。新标准规定《各地人民广播电台联播》《新闻和中央报纸摘要》节目是重点节目。每天最早两次和最晚一次的新闻是最新要闻的汇编，稿件要简短，一般情况下每 15 分钟节目要播 5 条到 20 条。9：00 新闻节目播发《新闻和中央报纸摘要》节目用不上的重要消息。12：00 新闻节目播发专稿、集体记者来稿、本台采访稿。16：00 新闻节目播出当天晚报可能见报的重要新闻。19：00 新闻节目要有一定数量的文教科技体育方面的新闻，每周六专门播送一次知识新闻。23：00 新闻节目除播送最新的重要国内新闻外，至少要有一半国际新闻。节目调整后，中央电台的新闻节目全天总次数从 15 次增为 17 次。《国际时事》和《国际生活》两个节目合并，定名为《国际生活》节目。《钢铁》《煤炭》《机械》三个专题广播节目到 1959 年底结束。

同日

吉林人民广播电台创办《文艺广播小辞典》节目，以传播文艺知识为宗旨，每次 5 分钟。每次节目只介绍一至两个内容，节目面向各阶层，文字简练，雅俗共赏。

11 月 3 日

广西僮族自治区编制委员会批准广西人民广播电台建立 10 人以内的广播演奏说唱团。

11 月 6 日

由中共中央财政贸易工作部、国务院财贸办公室和中央人民广播电台联合举办的"全国农产品收购工作广播大会"在北京举行。中共中央和国务院的财贸、农业各有关部门的负责人和正在北京参加全国群英会的财贸方面的先进工作者等1500多人参加大会。全国各省、市、自治区党委主管财贸工作的书记、省长，全国人民公社、生产队的财贸干部和广大社员群众收听了大会的实况广播。大会由中共中央财贸部部长马明方主持。他在致开幕词时说，召开这次大会的目的是为了把农业产品收购运动推向更大的高潮，提前完成和超额完成国家农产品收购任务。中共中央政治局委员、国务院副总理李先念在广播大会上讲话，题目是《乘胜前进，再接再厉，完成和超额完成农产品收购任务》。全国各地有1.7亿人收听了本次广播大会。

同日

中央人民广播电台和第一机械工业部、农业机械部、第一机械工业工会全国委员会联合举办"全国机械工业跃进广播大会"。国务院副总理薄一波在大会上讲话，号召提前完成本年国家计划，并尽早为1960年生产做好准备。参加大会的800多个代表提出了用更多更好的机械装备工业和农业的倡议。

11月9日~13日

江西省广播管理局在南昌市召开全省第六次广播网工作会议，地县级广播电台、站的负责人120余人参加。会后，部分代表去宜黄县参观载波广播，部分代表去萍乡县考察广播宣传工作。

11月10日

中央人民广播电台和轻工业部、中国轻工业工会全国委员会联合举办"全国轻工业跃进广播大会"。国务院副总理薄一波在会上讲话，号召轻工业系统职工扩大原料来源，积极发展轻工业、手工业生产，为社会创造更多的财富。

11月10日~17日

西北、西南六省（区）台改进文风问题座谈会在贵阳举行。代表们交流了第六次全国广播工作会议以来在改进文风、提高广播宣传质量的情况和经验，并根据中国共产党八届八中全会关于反右倾、鼓干劲的指示，对进一步改进文风交换了意见。

11月17日

中央人民广播电台和铁道部、交通部、冶金工业部、煤炭工业部联合举办"全国铁路交通冶金煤炭系统大协作广播大会"。国务院副总理薄一波在会上讲话。全国各地铁路、交通、冶金和煤炭系统1000多万名职工收听了本次广播大会。

同日

新疆维吾尔自治区广播事业管理局召开第二次全疆农村广播网工作会议。会议总结了1958年以来发展农村广播网的经验，确定了今后广播网发展的方针和任务。

11 月 18 日

湖北省人民委员会决定成立湖北省新闻出版广播事业管理局，主管全省新闻广播出版发行工作，同时撤销省广播事业管理局。

11 月 19 日

中宣部通知：中央 10 月 10 日批准，周新武任北京广播学院院长兼任党委书记。

11 月 22 日

中央人民广播电台和国务院水土保持委员会联合举办"黄河、永定河中上游地区水土保持广播大会"。

11 月 30 日

北京电视台第一次摄制向国外电视台和观众祝贺新年的电视片（贺年片），由中央新闻纪录电影制片厂代拍，内容包括广播员宣读的 1960 年新年贺词和歌舞、技巧节目，12 月，陆续寄往苏联、东欧各国和古巴。本年，北京电视台开始同苏联和东欧国家的电视台交换电视片。已送出国的片子共 61 个，其中自己拍摄的 41 个，电影制片厂的成品 20 个。

同日

中央人民广播电台对台湾广播的《听众服务》节目年初以来已播出在大陆的蒋介石集团人员家属信件 2123 件，包括讲话录音 290 个。

同月

中央人民广播电台文艺部把《长篇小说连续广播》更名为《小说连续广播》，这样可以不受"长篇"的限制。文艺部把这个节目列为重点文学节目，节目对象主要是工农群众和一般市民，也包括中小学生。

同月

国务院文教办公室秘书长钱俊瑞来信提出，对于梅兰芳、程砚秋、谭富英、马连良、荀慧生、尚小云等名演员的录音要进行"系统的搜集、整理""挑他们具有代表性的作品出唱片"。中央人民广播电台文艺部和唱片出版社抽调专人着手选编，确定梅、程的选集目录。梅兰芳集分两部分，第一部分选自解放前唱片，共选入 114 面，剧目 53 个；第二部分选自解放后到 1959 年的各种录音，有 14 个剧目和一段清唱。程砚秋集分"早年的演唱"和"晚年的演唱"两个部分，还有两个介绍唱腔的讲话。

同月

印度尼西亚发生大规模反华排华事件。9 日，外交部部长陈毅写信抗议印尼排华活动，提出全面解决华侨问题的三点建议。北京广播电台从 12 月 11 日 18：30 开始播出。最早播出的是印尼语组，接着，对华侨广播的五种方言节目也陆续播出。随后集中进行反击印尼排华报道。这一系列行动引起印尼政界、军界和新闻舆论界震动。陈毅外长的信播出后，北京电台收到印尼华侨来信。有的信中说，陈外长的信广播后，成为（印尼）街头巷尾侨胞们必谈的事。

同月

浙江人民广播电台电视组在杭州西湖玉皇山顶安装了电视接收天线，组装了一台功率为50瓦的电视发射机，试验收转上海电视台节目。

同月

拉萨人民广播电台更名为"西藏人民广播电台"。

11月~12月

安徽一些省级领导机关频繁地在安徽人民广播电台举办广播大会，两个月总共举办13次。多数广播大会的主办单位都事先发电通知各地组织收听，所动员的人数，据称常在几十万、几百万。安徽电台事后在总结这一阶段的工作时认为：这种滥开广播大会，追求形式，以此轰开局面的做法，对社会上的"五风"（共产风、浮夸风、命令风、干部特殊风、对生产瞎指挥风）起了推波助澜的作用。

12月4日~5日

中央人民广播电台在4日晚、5日晨先后播出最高人民法院遵照中华人民共和国主席特赦令特赦首批战争罪犯的消息和中央国家机关、各民主党派中央机关根据中共中央、国务院《关于确定表现改好了的右派分子的处理问题的决定》摘掉确已改好了的右派分子的帽子的消息。北京广播电台也作了报道。对台湾广播部组织了一批战犯讲话、访问记或录音报道。其中有最高人民法院宣布首批战犯特赦大会的录音报道，杜聿明、王耀武、曾扩清、郑庭笈、宋希濂、杨伯涛、陈长捷、邱行湘的访问记，以及他们8人和周振强、卢浚泉、爱新觉罗·溥仪共11人的讲话。

12月5日

安徽省召开全省第五次广播工作会议。会议提出，把建立人民公社广播站和发展大队、生产队和食堂的广播喇叭作为重大任务。

12月10日

中央人民广播电台和农业部、农业机械部、林业部、水利电力部、全国妇女联合会、第一机械工业工会全国委员会、共青团中央委员会联合举办"开展全国水利'五比'红旗竞赛和以水利施工工具为中心的'五比'工具改革运动广播大会"。

同日

28个省、市、区广播电台派人来中央人民广播电台交换各种文艺节目，选出可供交换的节目达200小时，其中中央电台的节目占1/3以上。全国电台交换文艺节目，每年两次。

12月11日

为了充分报道中国政府抗议印度尼西亚政府大规模反华排华活动的有关消息,北京广播电台对东南亚的汉语普通话节目每天增加30分钟。

12月15日~19日

华东各省台第二次协作会议在合肥举行。会议交流了中国共产党八届八中全会以来的宣传情况和经验,讨论了在新形势下如何搞好突击性宣传和经常性宣传、群众工作、文艺广播为政治服务、改进文风等问题。

12月19日

新疆人民广播电台举行建台10周年庆祝大会。新疆维吾尔自治区党委书记处书记、自治区人民委员会主席赛福鼎·艾则孜以及自治区党政军领导出席庆祝大会。赛福鼎·艾则孜在会上作题为《更大地发展人民广播的作用》的报告。《新疆日报》为庆祝新疆人民广播电台建台10周年,发表题为《实现自治区人民广播事业的继续跃进》的社论。

12月20日

哈尔滨电视台开始正式播出,发射功率500瓦。该台举办《建台一周年纪念特别广播电视节目》,内容有中共黑龙江省委书记处书记、副省长王一伦的电视广播讲话、黑龙江广播电视文工团编排的电视剧《生活的赞歌》,还有电视新闻、简明新闻和曲艺节目等。正式播出后,每周三、五播出两次,18:30开始,21:00结束,开始曲用《社会主义好》。21日,为纪念建台一周年,播出用借来的16毫米摄影机拍摄的专题新闻片《哈尔滨的冬天》。自此,哈尔滨电视台开始自拍纪录片。

12月21日

中央人民广播电台开办《人民公社万岁》节目。

12月21日~31日

中央人民广播电台举办专题新闻《高举红旗迎新年》节目。

12月22日

1959年全国广播接收机观摩评比会议在北京举行。会议对1959年全国生产的各种广播接收机(主要是收音机和电视机)进行了观摩评比,交流了生产经验,同时商讨了今后广播接收机的生产如何为广播事业和对外贸易服务的问题。这次会议由第一机械工业部主持,参加的有中央广播事业局、商业部、对外贸易部及无线电器材厂、各地广播器材厂等单位。

12月27日

中央人民广播电台和共青团中央委员会联合举办"全国青工庆祝高速度跨进1960年运动胜利和争取1960年开门红突击手广播大会"。

12 月 30 日

陕西省技术人员试制成功第一台光电导摄像机，晚上出了图像。他们又先后制成同步机和 100 瓦发射机等土设备，为建立电视台做了必要的物质准备。

同月

北京市郊区、县广播喇叭总数为 14.5 万只，基本实现县县有广播站，队队通广播。

同月

内蒙古自治区广播局在有线广播建设中取得三项技术革新：一、利用低压电线传送广播；二、利用载波传送有线广播；三、在网路上合理调整负荷匹配。至年底统计，全区有线广播喇叭达 106944 只，比 1958 年增加 6.1 万只。

同月

甘肃省委、省人民委员会批准电视楼设计方案，决定投资 100 万元兴建电视楼。

同月

新疆人民广播电台用 10 个频率、四种语言每周广播 199 小时 55 分钟，发射功率比解放初期增加 63 倍。全疆建成 55 个县（市）广播站，15 个公社广播站，有 1.8 万多只喇叭，596 个收音站。

同年

全国（未包括港、澳、台）共有 122 座广播电台和 7 座电视台。

同年

中央广播事业局派出以何大中为团长的技术代表团赴苏联学习制造磁带录像机。

同年

北京广播电台收到 97 个国家和地区的听众来信 34483 封。

同年

由文化部副部长齐燕铭主编的《中国戏曲唱片选》正式出版。这套唱片荟萃了一批戏曲名家和新秀演唱的唱段。

同年

中共北京市委文教书记邓拓召集会议，商讨成立北京电视大学问题。

同年

北京人民广播电台全年举办 29 次广播大会，收听人数 800 多万人次。仅农业方面随着季节性生产活动，就召开了九次广播大会。

同年

吉林人民广播电台成立广播民族乐团。

同年

安徽电视台年初开始筹建,是安徽人民广播电台的一个部门,称"电视部",正处级建制,内设节目组和技术组,共22人。

同年

湖南人民广播电台驻各地区记者站在下半年陆续成立。记者编制属湖南电台,由电台和当地党委双重领导。记者工作条件有所改善,配有自行车、收音机和电话。

同年

广西人民广播电台主办的《广西广播》在南宁创刊。

同年

到1959年,青海全省已建成县级广播站34个,乡放大站224个,收音站328个,安装广播喇叭4.5万多只;农业区基本形成有线广播网,社、队都有广播喇叭,牧业区各乡都有收音站,提前实现《全国农业发展纲要》建设农村广播网的要求。

同年

陕西省安装120千瓦短波发射机六部、100千瓦短波发射机两部。

同年

西藏阿里地区有线广播站在阿里专署所在地噶尔昆沙建立。

1960 年

1月1日

中央人民广播电台播出《人民日报》社论《展望六十年代》。北京广播电台各语言节目播出《人民日报》社论、李富春的文章《迎接1960年的新跃进》和于兆力的文章《争取和平斗争的大好形势》。许多语言广播编发专门对对象国家听众的新年贺词。

同日

中国和捷克斯洛伐克广播机构开始互相寄送广播节目。

同日

北京电视台试行固定节目时间表,设置了十几个栏目,如《儿童节目》《文教节目》《学校生活》《新书介绍》《科技节目》《体育爱好者》《摄影爱好者》《电视新闻》《工业节目》《商业节目》《首都建设》《祖国各地》《新人新事新气象》《故事影片》等。

同日

黑龙江人民广播电台904发射台建成并开始试播,安装一部150千瓦自动屏调中波发射机、两座125米高拉线铁塔,以1200千赫的频率,弱定向伊春方向发射黑龙江电台节目,同年5月1日正式投入使用。

同日

广州电视台直播该台的第一部电视剧《谁是姑爷》。

同日

甘肃省甘南人民广播电台正式开播,使用藏语和汉语播音。该台是甘肃省建立最早的一个地方民族台。

1月4日

山西省编制委员会发出《关于成立专署广播管理局的通知》,专署广播管理局的编制名额列入全区行政机构,占用企、事业编制。

1月5日

中央广播事业局党组决定:张纪明任广播事业局对外部亚洲部主任,邹晓青任拉美部主任。

同日

广西僮族自治区广播事业管理处提出1960年普及广播网的基本方针:依靠党委,发动群众,在统一领导、统一规划的基础上,根据需要、自愿、可能,因陋就简,由小到大,由点到面,土洋结合,以宣传为纲,带动整个事业发展,积极建设公社广播站,大力发展广播收听网,力争三年赶上全国先进水平,提前实现《全国农业发展纲要》对广播网建设的规定。

1月6日

天津人民广播电台向中共天津市委、天津市人民委员会提交《关于成立天津市人民委员会广播管理处的请示》。经批准,天津广播管理处于2月9日成立,编制7人,与天津电台合署办公。沈毅任处长,赵西岳、郑少明任副处长。

同日

东非地区桑给巴尔民族主义党总书记阿卜杜勒勒·拉赫曼·穆罕默德及夫人访问中央广播事业局。

1月10日~17日

云南省第五次全省广播网工作会议召开。会议总结了农村广播宣传的经验教训,强调各县广播站要进一步提高宣传质量,力求做到准确、鲜明、生动;少数民族地区的广播站要努力办好民族语言广播。

1月12日

由中央广播事业局承建的柬埔寨皇家电台正式移交给柬方使用。该工程分两期建设,第一期包括20千瓦中波和15千瓦短波发射台各一座,1958年10月18日动工,1959年底竣工。

1月15日~20日

中南地区第四次广播网协作会议在南宁召开。会议交流了广播宣传和事业建设经验。

1月15日~22日

部分大城市广播电台第二次协作会议在广州举行。会议主要讨论提高广播宣传的质量问题。上海,广州、武汉、天津、哈尔滨、沈阳、长春等城市人民广播电台的负责人参加会议。

1月20日

中央人民广播电台同一机部、农机部、机械工会联合举行"全国机械工业职工新年新跃进广播大会"。当天,该台还同交通部联合举办"全国交通运输增产节约红旗竞赛运动广播报告会"。

同日

文化部召开会议,讨论文化部电影局和北京电视台的协作问题。会议由文化部副部长夏衍主持。会议决定北京电视台今后需用的影片,由北京市电影发行放映公司负责供片,并按中共北京市委规定的原则,所有新片在北京影院上映前半个月交电视台播送。电影局将指定一些制片厂拍摄一部分专供出国的电视新闻片、电视纪录片和短的电视故事片。

1月22日~23日

北京广播电台各语言节目反复播送《关于1959年国民经济发展情况的新闻公报》。

1月23日~27日

中央人民广播电台举办9次《欢庆连续大跃进》专题广播节目,每次25分钟。

1月25日

林业部、团中央、全国妇联和中央人民广播电台联合举办"开展大规模春季造林广播大会"。

1月27日

甘肃人民广播电台兰州赵家庄发射台开始使用甘肃省第一部大功率自动屏调中波发射机,发射功率150千瓦,频率860千赫。

1月27日~4月30日

北京广播电台对华侨广播部共编发有关从印度尼西亚撤侨的新闻221条以及评论、专稿30篇。

1月28日~30日

国际广播与电视组织第32次理事会在布达佩斯举行。会议的主要内容是国际广播与电视组织代表与欧洲广播联盟代表会见,谈判两个组织的会员间合作、交流广播与电视节目问题。中华人民共和国广播事业局副局长金照等出席会议。

同月

中央人民广播电台和有关部门及文艺团体联合举办向16个专门对象祝贺春节的节目。这16个对象是:全国职工、公社社员、解放军官兵和烈军属以及复员军人、基本建设、煤炭、交通运输、地质、商业、水利、畜牧、气象、林业、水产、国营农场、教育工作人员及少数民族。

同月

天津人民广播电台恢复出版《广播通讯》。

2月8日

经中央广播事业局研究,将三(76~84兆赫)、六(174~182兆赫)及十七

（486～494兆赫）频道分配给天津电视台。

2月8日～13日

黑龙江省哈尔滨电视台从南岗区松花江街113号省广播事业管理局3楼迁移到南岗区花园街120号新建成的北方大厦9楼。

2月10日

北京电视大学和北京教师进修学院开始试验电视教学。

2月11日

广西人民广播电台决定在各个地区建立记者站。

2月12日

国务院副总理李先念召集《人民日报》、新华社、中央人民广播电台、《大公报》等单位有关人员，谈财贸工作的报道问题，提出总的报道原则是：既要抓，又要顶。抓就是抓紧工作，千方百计地促进国民经济高速度按比例发展；顶就是顶住不正确的思想。有了右倾要反对，但是对正确的批评要接受改正。

2月14日

19：30，中央人民广播电台和北京电视台开始播出中苏友好协会和两台联合举办的"庆祝中苏友好同盟互助条约签订十周年广播、电视文艺演出会"。当天，苏联驻中国大使契尔沃年科在中央电台作广播讲话。

2月15日

安徽省淮南人民广播电台恢复播音，发射功率500瓦，频率1570千赫，每天播音三次，共八个多小时。1961年8月1日根据市委决定再次停播。

2月16日

冶金工业部、重工业工会和中央人民广播电台联合召开"全国冶金工业1960年全面大跃进誓师评比广播大会"。国务院副总理薄一波、全国总工会主席刘宁一、共青团中央第一书记胡耀邦和冶金工业部副部长吕东在会上讲话。

同日

北京广播电台开始试用英文发稿办法，加强国际新闻的时效。由英语组负责把新华社的英文国际消息改编后发给阿拉伯语、法语、印地语、日语和西班牙语五个语言组转译播出。重要的还译成中文发给其他一些语言组。四天中，用英文编发了49条新闻，时效比用中文发稿快几小时到20多小时。

2月20日

纺织工业部、中国纺织工会全国委员会和中央人民广播电台联合举办"全国纺织工业庆功跃进誓师广播报告会"，国务院副总理李先念在会上发表讲话。

同日

中共山西省委宣传部根据"调整、巩固、充实、提高"的八字方针,作出《提高全省广播工作质量的几项规定》。为了把广播的编辑、采访、通讯、播出各项工作提高到一个新水平,山西人民广播电台和太原人民广播电台在全体工作人员中开展了"赛文比武"活动,为全年工作的继续大跃进创造出更好的条件和经验。

2月24日～28日

11个工业城市广播电台召开协作会议,会议主要讨论如何办好知识性节目问题。参加会议的有青岛、包头、石家庄、齐齐哈尔、旅大、吉林、安东、营口,佳木斯、鹤岗、牡丹江等工业城市台的代表。

2月底

河北、天津人民广播电台在新播音馆正式播音。该馆总面积4285平方米,设有12间带控制室的语言直播室、2个54平方米文艺录音室、1个120平方米文艺录音室和1个378平方米文艺录音室,能录播大型音乐和戏曲等节目。

同月

吉林省长春人民广播电台第二套节目开办《文艺宫》和《文艺广播讲座》节目。《文艺宫》内容包括报道全国和当地文艺界动态;播讲文学、音乐、戏曲欣赏知识;介绍名人著作;介绍我国20多个地方剧种和各种乐器等。《文艺广播讲座》节目举办的第一个讲座是《歌曲创作常识讲座》。

同月

吉林市电视台开始筹建。由吉林市人民广播电台技术人员自己动手组装机器设备。

同月

中共山东省委宣传部批准山东省广播事业管理局党组关于由各市台、县(市)广播站担任山东人民广播电台集体记者的请示报告。

2月～5月

北京广播电台开展反右倾、反官僚主义、精简下放运动,共贴出大字报2.7万张,精简下放干部93人。

3月1日

黑龙江省哈尔滨电视台由每周播出两次增加到三次。

3月1日～15日

中央广播事业局在北京召开第七次全国广播工作会议。广播事业局负责人以及各省、市、自治区广播局、台和部分电视台负责人共82人出席会议。会议的主要内容是讨论1960～1962年的广播事业发展规划,要求广播事业有个大发展,基本建成一个完整的国内广播系统。会上，中央广播事业局局长梅益作《关于1960年～1962年三年规划的要点和1960～1967年八年规划的初步设想》的报告，并作了总结报告。副局长李伍作关于1960年广播事业计划的发言。副局长董林作有关广播事业长远技术方案的发言。副局长顾文华作有关集体记者工作的发言。会议指出，在第一个五年计划期间，把主要力量放在发展发射功率方面是必要的，但对收听工具的普及抓得不紧，结果形成两条腿一大一小、一长一短的状况，这对事业发展是不利的，应当尽快改变。会议还提出应该下大力抓事业中的三个环节，就是：干部的培养、科学研究工作和广播工业。会议讨论的三年规划草案主要内容有：三年内基本建成一个完整的国内广播系统，包括全国都能听到中央人民广播电台的广播，各省、市、自治区都能听到本地的广播，全国所有生产大队除个别外，都能听到广播；三年内广播发射功率要比过去10年增长两倍，广播喇叭要从440万只增加到1450万只；三年内超额完成《全国农业发展纲要》第32条规定的从1956年起原定7年或12年内基本普及农村广播网的任务；三年内电视台在现有9座的基础上增加到50座左右；三年内广播系统由现有职工3.7万人增加到4.2万人。在总结报告中，梅益讲了六个问题：一、雄心要大，干劲要足，步子要稳；二、反对资产阶级办广播的观点问题；三、依靠群众大搞技术革新和技术革命；四、三年内基本建成国内广播系统的几个问题；五、体制问题；六、学习问题。

3月3日

北京电视台播出新闻片《祖国派船接亲人》，并于5日重播。北京电视台曾于2月间派出记者孔令铎、冀峰随接侨轮船去印度尼西亚。这是该台第一次派记者出国采访。

3月4日

云南日报社、云南人民广播电台、新华社云南分社成立十周年纪念大会在昆明召开。中共云南省委第一书记阎红彦、省委书记于一川到会讲话。

同日

云南人民广播电台开办《厂矿企业广播站联播节目》。

3月5日

中华全国妇女联合会、中华全国总工会、中国共产主义青年团中央委员会、中国科学技术协会、中华全国青年联合会、中华全国学生联合会、中国文学艺术界联合会、中国人民保卫世界和平委员会、中国人民保卫儿童全国委员会和中央人民广播电台10个单位联合举办"庆功表模迎三八、高举红旗齐跃进广播大会"，表扬和奖励1万个"三八红旗手"和"三八红旗集体"。全国妇联主席蔡畅、全国总工会主席刘宁一、共青团中央第一书记胡耀邦和中国科协副主席茅以升等在会上讲话。

3月6日

中央人民广播电台开办根据幼儿心理特点编排的《小叮当》节目。

3月8日

北京电视台和北京市教育局联合创办的北京电视大学开学。这是一所利用电视手段进行系统知识教育的业余大学。学制三年。限于技术条件，教师上课采用直播，只限于北京地区收看。以电视教育为主，面授、函授为辅，设有预科和数学、物理、化学三个专业课程。第一期招收本科和预科学员共6000余名。

3月10日

江西省广播专科学校成立，当年招收学生193人，设广播专业和电视专业两个教学班。校长由省广播管理局局长赵中兼任。

3月11日

中国新闻工作者第二次代表会议在北京举行。会议听取和讨论了关于中华全国新闻工作者协会理事会的工作报告，修改了协会的章程，选出了新的领导机构。当晚，中华全国新闻工作者协会常务理事会举行会议，选举吴冷西为协会主席，梅益、朱穆之、金仲华、王芸生、范瑾为副主席。

同日

贵州省黔南布依族苗族自治州人民广播电台正式播出，频率1496千赫，自办节目一套。10月，该台管理工作由州下放给都匀市，呼号为"都匀人民广播电台"。

3月14日

尼泊尔新闻工作者代表团访问中央人民广播电台并参观了广播和电视设备。中央广播事业局副局长顾文华等会见了代表团。

同日

江西省广播管理局组装的全省第一台50瓦黑白电视发射机调试成功。

3月15日

陕西省通过黑白电视发射机发射出图像。经过改进，6月19日，陕西省广播事业管理局用已经试制成功的一整套小型土电视设备，向省、市党政领导作了汇报播出，图像基本清楚。用测试卡直接观看，闭路清晰度可达250线，灰度约有7级。

同日

中共新疆维吾尔自治区哈密地委利用有线广播召开全专区"节约粮食广播动员大会"，主会场设在哈密地委。这次动员大会首次利用邮电局长途电话线路，把三县广播站连接起来，进行实况转播。收听这次广播动员大会的有5万余人。

3月17日~21日

社会主义国家对外广播会议在柏林举行。中华人民共和国广播事业局副局长金照出席会议。

3 月 18 日

中央广播事业局批准建立广西百色人民广播电台，发射功率 1 千瓦，频率 1390 千赫。

3 月 19 日

上海电视大学（设在南京东路 627 号）招收第一届新生，设立数学、物理、化学三个系。6 月 17 日开学，学员 1.6 万多人。

3 月 20 日

煤炭工业部和中央人民广播电台联合举办"全国煤炭工业职工技术革命誓师广播大会"。国务院副总理薄一波、全国妇联主席蔡畅和煤炭工业部部长张霖之在会上讲话。

同日

天津电视台正式播出，举行了电视广播开幕式。天津市党政领导、中共河北省委宣传部领导以及省市新闻界、文化艺术界、科技界、机电工业部门负责人和劳动模范 100 多人出席开幕式。天津电视台在五频道正式播出综合节目，每星期四、六晚上 19：00 播出。

3 月 24 日

中国和尼泊尔于 3 月 21 日在北京签订关于两国边界问题的协定和两国政府经济援助协定。周恩来指示 24 日晚广播这两个协定和中尼联合公报，25 日见报。经商定，24 日晚由中央人民广播电台在节目中预告于 25 日 1 点广播。24 日晚，中央电台广播了尼泊尔首相柯伊拉腊的讲话录音。

3 月 26 日

天津电视台在《天津日报》广告栏首次刊登节目预告。

3 月 29 日～30 日

国际广播与电视组织节目委员会在华沙召开"以人道主义教育少年儿童国际连续节目筹备会议"。中华人民共和国广播事业局副局长金照出席会议。

同月

吉林省长春实验电视台使用变焦镜头摄像机在演播室里陆续直播了小型话剧《真假医生》《新助手》、吉剧《燕青卖线》和舞剧《并蒂莲》。

同月

上海人民广播电台发射台实现以一部 8 千瓦中波发射机作为五个频率自动备份机。这部备用机可以自动代转五个频率的任何一部机器工作，为上海电台降低停播率起了重要作用。

同月

山东人民广播电台开始在全省各地、市设驻地记者站,每站一人。

同月

中共湖南省委批准省广播管理局筹建长沙电视台。筹建期间,省广播局选派 20 名湖南广播技术学校的学生和省电台编播人员分赴广州电视台和哈尔滨电视台学习。长沙电视台定编 150 人。

同月

西藏人民广播电台广播大楼在拉萨市布达拉宫西侧姑秀林卡破土动工。广播大楼总建筑面积 3500 多平方米,设置六个控制播音室和一个中型录音室、一个大录音室以及办公室等附属设备。602 发射台机房建筑总面积 1000 平方米,并有 600 多平方米的宿舍、食堂等附属生活设施。

4 月 1 日

江西省宜春地区各县广播站自筹资金、自编教材、自选教员,联合在清江县临江镇举办广播干部训练班。来自全区各公社、厂矿的 227 名广播干部参加学习。训练班至 6 月 30 日结束。

4 月 2 日

中央广播事业局干部处《呈内务部人事局的报告》称:"我局自 58 年至 60 年实际下放农村劳动人数为 937 人,其中 58 年 579 人,59 年 112 人,60 年 146 人。"

同日

天津电视台推出少年儿童节目《为小朋友广播的节目》,第一期内容是动画片《打猎》。

4 月 3 日

天津电视台《电视新闻》开播,播出纪录片《第二届全国人民代表大会第二次会议开幕》。

4 月 7 日~5 月 8 日

以匈牙利广播电视委员会主席拉斯洛·加奇为团长的匈牙利广播代表团访问中国。

4 月 15 日

北京广播电台德语、葡萄牙语广播开始播音。德语广播每天播音两次,每次 30 分钟,以对联邦德国为主,兼对民主德国、北欧和奥地利。德语广播开播后,到 5 月 13 日共收到上述国家、地区听众来信 192 封。葡萄牙语广播每天播音三次,每次 30 分钟。这是北京电台对外广播的第十七和第十八种外语节目。

同日

北京广播电台以亚洲、非洲、拉丁美洲为重点,调整对外广播的时间和频率。调整后,每天对外广播时间从 55 小时 30 分钟增加到 70 小时 30 分钟。每周共播音 496 小时 30 分钟。

4 月 15 日～5 月 13 日

以蒙古新闻广播局局长忠对为团长的蒙古广播代表团访问中国,5 月 6 日与中方签订中蒙广播合作协定。

4 月 18 日

天津市经济计划委员会报经河北省批复,同意天津人民广播电台扩建发射台、新建电视机房、铁塔、调频台等设计任务书,建筑面积 1900 平方米,总投资 140 万元。

4 月 20 日

中央人民广播电台、北京广播电台播出《红旗》杂志编辑部文章《列宁主义万岁——纪念列宁诞生 90 周年》。

同日

沈毅任天津人民广播电台台长。

4 月 21 日

北京电视台用英语配音制片(多数是新闻片,还有少量的纪录片、文艺片)交国务院对外文化联络委员会,送给一些亚洲国家播放。这是北京电视台首次用外语配音制片。

4 月 22 日

中央人民广播电台和北京电视台于 14:50 开始同时转播列宁诞生 90 周年纪念大会的实况,中共中央政治局候补委员、中宣部部长陆定一在纪念大会上作报告《在列宁的革命旗帜下团结起来》。陆定一的报告在中央电台当晚的《各地人民广播电台联播》节目中由播音员重播一次。中央电台《国际生活》节目播送莫斯科电台寄来的列宁讲话录音《什么是苏维埃政权》和《告红军书》。

4 月 23 日

经过近半年的试播,沈阳电视台正式开播。开播典礼在新改建的大演播室举行。典礼由辽宁人民广播电台台长赵煦天主持,省委书记李荒剪彩,中共沈阳市委书记吴铁鸣讲话。沈阳军区司令员陈锡联、副政委杜平、辽宁省副省长王梓木等参加开幕式。郭沫若为沈阳电视台题写了台名。典礼实况作了电视直播,报纸、省市电台发了消息和评论。辽宁新闻电影制片厂摄制了新闻纪录片,辽宁画报社出版了专页。

4 月 25 日～29 日

中央广播事业局召开广播办学经验交流会,交流和总结在广播中进行教学的经验，以便多快好省地发展广播教学事业。会上，上海、天津、北京、福州、温州、延边等电台介绍了办学经验。会议对各地提出的有关广播办学中的几个主要问题进行了讨论。

4月26日

经天津市经济计划委员会报河北省计委批复，同意天津人民广播电台新建天津广播设备制造厂，投资70万元，建筑面积4990平方米。

同日

天津市广播工作会议召开。参加会议的人员有各县、区广播站站长，并邀请各县委宣传部和郊区公社负责人出席。会议内容是贯彻第七次全国广播工作会议和河北省第二次广播工作会议精神。

4月28日

北京各界民众60万人举行支援南朝鲜人民爱国正义斗争大会。北京广播电台朝鲜语广播向对象国播送了大会实况。为此，该台临时开辟了广播时间。从这一天起，该台对南朝鲜广播的朝鲜语节目每天从三次增加到五次，播音时间从每天两小时增加到3.5小时。

4月29日

北京广播电台意大利语广播开始正式播音，每天两次，每次30分钟，对象地区是意大利和东非。这是北京电台对外广播的第十九种外语节目。

同月

山东人民广播电台编委会对1958年以来的宣传工作做了检查和总结。检查出的主要问题是：共产风、浮夸风、瞎指挥生产风严重。原因是党组和编委会成员严重脱离实际，脱离群众，对党的政策学习不深透，理论水平低，思想方法主观片面。

同月

山东人民广播电台和省高教局、省教育厅共同筹办山东广播业余大学。

同月

北京广播学院开始进行学术批判。先是全院师生普遍"鸣放"，然后转入以新闻系和外语系为重点的边鸣边辩阶段，最后结合对"资产阶级新闻观点"的批判进行教学改革。

同月

安徽省合肥人民广播电台停办。

同月

贵州省广播事业管理处协同修文县广播站进行电话载波线传送广播试验并取得成功。

4月～5月

国务院总理周恩来应邀于4月15日～28日访问缅甸、印度和尼泊尔。5月5日～14日，应邀访问柬埔寨和越南。在此期间，北京广播电台共发消息84条。这两次报道的特点是时效快。周总理在国外活动的消息大部分是当天播出，主要原因是新华社发稿快。北京广播电台派人驻在新华社，在新华社对外发稿前即用电话将稿件传回台内。

4月～5月

沈阳电视台共拍摄电视新闻片600条，每条片子大约5分钟左右。其中新闻片《收新烟》除在该台播出外，还选送北京电视台与国外电视台交换。这期间总共选送北京电视台播出71条，由北京电视台制成拷贝转发全国的17条，发往国外的18条。其中，《释放日本战犯古海忠之》一片，拍完当天即发往北京，第二天北京电视台播出，又制成拷贝发往日本。当时，古海忠之还在沈阳参观，而日本电视观众已在电视屏幕上看到了他被提前释放的情景。

5月1日

毛泽东和天津市人民一起欢度"五一"国际劳动节。这是新中国成立后毛主席第一次在首都以外与群众欢庆"五一"。天津人民广播电台设立《向毛主席献礼喜报》专题节目。天津电视台拍摄电视新闻片《毛主席和我们在一起》，报道了毛主席和天津市人民一起欢度节日的盛况，于当晚播出。

同日

中央人民广播电台增办第三套节目，主要播送文艺节目。增办后，中央电台三套节目每天播音总时间从原来的30小时10分钟，增加到46小时15分钟。

同日

设在中央广播大楼院内的北京电视台演播中心大楼建成投入使用。北京电视台彩色电视试验成功播出。中国成为世界上第六个开始彩色电视试播的国家。但半年后中断试播，成套设备闲置。中国彩色电视从开始研究到试播，共用了一年零四个月的时间。1956年、1957年，中央广播事业局相继派许中明、何大中到苏联攻读彩色电视专业研究生。1959年，两人提前回国后主持了彩色电视的研发工作。

同日

吉林省长春实验电视台更名为长春电视台，并正式播出，每周播出三次。全台职工由15人增加到36人，其中采编播人员由6人增加到21人，技术人员由8人增加到13人，行政人员由1人增加到2人。机构设有政治组、播出组、技术组。

同日

19：00，南京电视实验台试播，每周播出一次，每次有20分钟新闻节目。3月，中共南京市委决定"五一"建成电视台并对外播出,又确定南京鼓楼广场北面的金城大楼 4 楼为播出临时用房。一个以省电台、南京邮电学院、南京无线电工业学校、714 厂、720 厂、省文化局、省物资局 7 个单位联合组成的筹建小组成立,省电台台长罗洛任组长,也是电视台台长。电视台对外播出台标南京电视实验台,其机构为省电台的一个部门。5 月 1 日晚播出的节目,先是图片新闻,主要是用照相机拍摄的当天鼓楼广场"五一"群众游行镜头,后是文艺节目,有省歌舞团的独唱、独奏等,最后放映了故事影片。

同日

无锡电视台成立。这是江苏省最早成立的市级电视台。该台初建时,用自行研制成功的 25 瓦小型差频转播发射机,转播上海电视台节目。这是我国研制成功的第一台差转机。这台发射机为普及全国广播电视网提供了一个多快好省的办法,中央广播事业局在 1960 年的全国电视现场会议上作了介绍和推广,1965 年被列为全国科技成果。无锡台也被评为全国文教先进单位。

同日

四川省成都电视台建成并开始试播。陈杰任台长。

5 月 4 日

中央人民广播电台增办《农业科学技术讲座》节目,每周一次,每次 30 分钟,半年当中一共举办 26 次,受到听众欢迎。

同日

天津电视台购进第一辆国产电子管黑白电视转播车。

5 月 5 日～6 月 7 日

巴西广播电视工作者代表团首次访问中国。

5 月 6 日

在西哈努克亲王陪同下,国务院总理周恩来在金边主持了由中华人民共和国广播事业局承建的柬埔寨皇家电台的开播仪式。

同日

北京广播电台朝语组宋珍明创造朝鲜文打字机获得初步成功。

5 月 7 日

中央人民广播电台增办《学习毛主席著作经验交流》节目。

5 月 9 日～20 日

9 日,中央人民广播电台、北京广播电台对日本广播节目以及北京电视台从 14:50 开始转播"首都各界民众支援日本人民反对日美军事同盟条约大会"的实况。同日,北京电台日语广播播音时间从原来的 5 小时增加为 7 小时,短波频率从 3 个增加到 6 个。9 日至 12 日，中央电台、北京电台日语广播举办特别节目，陆续播送各地人民支援日本人民反对日美军事同盟条约大会的录音新闻和录音报道。日语广播把这一宣传持续到 20 日，日语组为此连续编写了广播评论。另外，还播出了日本西园寺公一和日本和平委员会常任理事细中政春的讲话。

5 月 14 日

山西省广播管理局和山西人民广播电台邀请广播系统出席全省文教群英会的 28 位代表举行座谈会，介绍他们的先进经验和模范事迹。

5 月 15 日

天津电视台在中国大戏院首次转播剧场演出实况，剧目是梅兰芳主演的《霸王别姬》。

5 月 17 日

根据北京市教育局的建议，北京电视台专为城区、近郊区的幼儿园教养员举办汉语拼音电视教学，解决汉语拼音的师资问题。

5 月 18 日～24 日

江西省全省广播系统有 8 个先进集体、4 名先进工作者参加江西省文教系统社会主义建设先进单位和先进工作者代表大会。

5 月 21 日～25 日

中央广播事业局在齐齐哈尔市召开城市有线广播现场会议，主要是通过总结齐齐哈尔市多快好省地发展城市有线广播网的经验，贯彻第七次全国广播工作会议关于发展城市三级有线广播网的方针，促进城市有线广播的迅速发展。

5 月 25 日

山西省太原实验电视台正式成立并开始试播。

5 月 27 日～6 月 1 日

中央广播事业局在哈尔滨召开全国电视工作经验交流现场会议。25 个省、市、区的代表 148 人参加会议。会议的主要任务是贯彻第七次全国广播工作会议关于发展电视广播的方针，总结交流哈尔滨电视台以及东北、华东等地区建设电视台的经验，为今后五年大力发展电视广播作准备。

5 月 28 日

遵照中共中央副主席陈云提出的"为了南北交流，推广评弹，可以用普通话演唱评弹，让江北一带也能听懂"的指示，广播说唱团试验南曲北唱，由单弦演员马增蕙、赵玉明用普通话演唱南方评弹。

同月

湖南人民广播电台开门办台，由各地委和部分县委轮流编排《对农村广播》的部分节目，介绍本地区的新成就、新经验、新人物。举办 5 个多月，有 7 个地委、33 个县委寄来 54 组节目稿。与此同时，由各市人民广播电台轮流编排《对工交财贸战线》的部分节目。

同月

云南人民广播电台广播文工队成立，共有队员 28 人。文工队除了为广播电台制作节目外，还下乡、下厂演出。

6 月 1 日~11 日

第一次全国教育和文化、卫生、体育、新闻方面社会主义建设先进单位和先进工作者代表大会（简称"全国文教群英会"）在北京举行。中共中央、国务院授予全国先进单位称号 3092 个，授予全国先进工作者称号 2686 人。全国广播系统有 52 个先进集体、32 名先进工作者出席会议。

6 月 2 日

吉林省吉林市广播说唱团建立，进一步丰富了文艺广播形式和内容。说唱团可以演播相声、西河大鼓、东北大鼓、河南坠子、评词、快板书和吉林琴书等曲艺节目。

6 月 11 日

根据国务院副总理陈毅的指示，北京广播电台对华侨广播部和印尼语组制定继续反击印度尼西亚反华排华的报道计划。陈毅说，对印度尼西亚反华排华的斗争的宣传方针是，坚决打击，充分揭露，留有余地。还说，广播要生动，形式要多样，要穿插音乐和文艺节目，不要光揭露。

同日

贵州省贵阳电视实验台完成装机工作，购买电视机 21 部。

6 月 13 日

河北省人民委员会将广播管理处改为河北省广播管理局，实行局台合一体制。任命王萍为局长，兼任河北人民广播电台台长。

6 月 14 日~8 月 14 日

日本电波新闻社董事长柳泽恭雄等访问中国。7 月 17 日，同中央广播事业局谈判，签订交换电视、广播节目的协定。

6 月 16 日

北京广播电台印地语广播每天增加一小时，播出时间：北京时间 0：00 至 1：00，印度时间 21：30 至 22：30。

6 月 17 日

天津电视台开办电视教学节目，设有《高等数学》（每周四小时）和《机械制图》（每周 3 小时），学生人数 2200 余人。

6月20日~7月16日

以波兰广播电视委员会主席索柯尔斯基为团长的波兰广播电视代表团访问中国。7月13日,国务院副总理陈毅会见了该代表团。

6月22日

国务院副总理陈毅出席中央广播乐团管弦乐队训练结束后举行的汇报音乐会。陈毅得悉乐队由若干单位组成,演出结束将回原单位后,当即指示要保留这个乐队。他说,广播电台要有一个高水平的交响乐团。事后,中国人民解放军总参谋部决定从北京卫戍区军乐团管弦乐队调一部分演奏员充实中央广播乐团。

同日

黑龙江省广播事业管理局筹建的黑龙江广播学校正式开学,校址设在哈尔滨市郊成高子904台院内。学校设新闻、技术两个专业班。新闻班学员50人,技术班学员40人,学制三年。

6月27日~30日

中央人民广播电台和上海、武汉、天津、沈阳、哈尔滨、长沙、广西、延边八个地方人民广播电台联合召开少儿广播协作会议。

7月1日

广东省广州电视台正式播出。

同日

福建省福州电视台开始试播,每周播放两次黑白电视节目。

同日

陕西省西安实验电视台开始试播,使用一频道,每周播出一次,每次约两小时。除直播外,有新闻和电影片,覆盖范围限于西安市城区,使用的技术设备大部分系自己试制,包括一台光电导管摄像机、一个中心立柜、一部不足100瓦的黑白电视发射机、两副立在10米高的楼顶上的简易发射天线。

同日

吉林省吉林市电视台试验播出,发射功率300瓦,使用一频道,有职工17人,其中编播人员6人,技术人员9人,行政人员2人。

7月6日

云南人民广播电台和云南省邮电管理局联合转发中央广播事业局、邮电部《关于各地邮电和广播部门密切协作进行现代化通讯和广播试点工作的建议》,要求各地利用电话线路开办城乡有线广播。

7月13日~9月17日

以中央广播事业局副局长董林为首的中国广播电视技术代表团对苏联、民主德国和捷克斯洛伐克进行了广播和电视技术考察。

7月16日

中央广播事业局党委的《1957年整风运动中红专辩论案件甄别情况统计表》显示，在1957年整风运动中的红专辩论中，以所谓"白旗""白专""假专"等问题受到批判的干部99人，因"批判斗争方法过火，伤了感情"而进行甄别的94人。

同日

吉林省长春电视台同黑龙江省哈尔滨电视台联合播出第一部直播电视剧《三月雪》。

同日

中央人民广播电台文艺部开始检查节目，检查的内容是：一、不符合党的政策路线的；二、虚夸的；三、和平主义、人道主义、人性论的；四、泄密的。

7月17日

北京电视台同日本电波新闻社就双方互相交换、购买中国和日本电视新闻片问题签订了有关的协议和合同。到8月31日，北京电视台寄给日方48条电视新闻片，内容包括时政新闻、生产建设、文化教育、少儿生活等。日方送中方电视片16条。

7月18日

北京广播电台播出《列宁主义万岁》等三篇文章。由于政治观点不同，一些外籍工作人员和北京电台发生争执。按照中央指示的原则，中央广播事业局负责人指出：一、删改《列宁主义万岁》等三篇文章是政治性、原则性的严重错误，以后不得再犯；二、不同的意见和观点可以商量、讨论，但北京电台的广播内容代表中国党和中国政府的政策和观点，不允许篡改；三、北京电台的工作制度一定要遵守。

同月

中央人民广播电台向各集体记者站发出对当前钢铁生产的报道意见，要求以鼓干劲、树信心、立榜样为中心，既反映群众运动的进展，又反映工作的细致扎实。要报道各地党委加强对钢铁生产的领导，介绍提高钢铁质量、产量、达到国家计划水平的典型企业的经验；报道各地按时、按质、按量调拨重点物资，保证钢铁企业生产等。

同月

广西僮族自治区广播事业管理处组织人力筹建南宁电视实验台。

同月

云南人民广播电台德宏傣语广播、西双版纳傣语广播、傈僳语广播三个民族语言节目同时停办。

8月2日

廖承志对改进北京广播电台日语广播指示说:"广播稿不要生硬,要适合广大听众的口味,使他们能够接受。"

8月6日

中国唱片厂灌制俄语、英语教学唱片,内容分语音、课文选录、课外阅读三个部分。

8月13日

吉林省长春电视台在开办的体育节目中以毛泽东的题词"发展体育运动,增强人民体质"为题,制作了特辑节目,相继播出电视新闻《掀起全民体育运动高潮》《中国长春—捷克足球比赛》、影片《在游泳池里的孩子们》,并在电视台演播室内直播了武术表演。

8月14日

天津电视台《对少年儿童广播》节目正式开播。这是天津电视台开办的第一个对象性栏目。

8月15日

中共新疆维吾尔自治区委员会文教领导小组决定,成立新疆广播师范大学。

同日

广西广播学校成立并举行开学典礼。

8月中旬

中央人民广播电台向各地集体记者发出《关于增产节约运动的报道意见》,说明以粮、钢为中心的增产节约运动是当前宣传报道的中心。报道中应把增产粮食放在第一位,粮多于钢。多做正面宣传,不要讲"困难""缺点"等消极因素;着重讲增产,也提倡节约。增产节约的计划、指标一概不报。反映群众干劲要注意实干苦干巧干相结合,劳逸结合。

8月29日~9月3日

全国大城市电台第三次协作会议在天津召开。北京、上海、天津、武汉、广州、哈尔滨、长春、沈阳、南京、太原等电台均派代表出席会议。中央人民广播电台首都部、工业部、北京广播学院也派代表出席会议。各地代表共33人。会议讨论了以农业为基础和以钢为纲的宣传问题。

8月29日~9月3日

中央人民广播电台集体记者工作经验交流会在北京召开。各省、市、区台和重庆、鞍山电台负责集体记者工作的领导及有关编辑、记者以及中央电台各部门有关人员参加会议。会议主要讨论怎样做好集体记者工作;立足地方、面向全国和国际以及怎样提高各地方台编排节目的质量等问题。

同月

江西省广播管理局编纂《江西广播十年》一书。该书记述了1949年5月到1959年12月江西广播事业的台站建设、宣传报道、技术研究、队伍建设、广播工业建设成就和基本经验。

同月

湖南省广播管理局广播科学技术研究室、湖南广播器材厂、湖南人民广播电台广播服务部和湖南广播技术学校共同协作，试制成功第一部黑白电视发射机。在广州电视台协助下，装调了第一台工业摄像机。湖南广播设备厂协助自制一套电子管电视中心设备，音响设备有601型、602型便携磁带录音机、3型电子管增音机。另外还有35毫米电影放映机和监听切换设备。由湖南广播设备厂生产并安装的两层蝙蝠翼天线，架设在长沙市杜家岭省广播局楼顶，塔高15米。

同月

经中共新疆维吾尔自治区委员会批准，新疆广播学校（全日制、中专）成立。校址在自治区广播事业管理局机关院内。当年招生61名，分广播新闻、无线电技术两个班，学制三年。

9月2日

古巴"劳动人民之声"广播电台台长马索拉·埃尔南德访问中央广播事业局。

9月5日

北京广播学院首次举办播音、摄影短训班，为中央人民广播电台和地方电台培训播音、摄影专业干部。

9月6日～10月20日

江西人民广播电台组成流动编辑部，先后赴赣南、吉安等专区的20余县采访，发稿40多篇，组成18组专题节目。

9月7日

甘肃省兰州电视台开始试播。在兰州市白银路甘肃人民广播电台旧址，用自制的50瓦黑白电视发射机（三频道）和北京广播器材厂生产的单镜头工业摄像机、自制同步机、线路放大器等，成功进行了甘肃省首次黑白电视试播。

9月8日

在北京广播电台工作的七名西班牙籍工作人员全部解聘，西班牙语广播全部由中国工作人员翻译播音。

同日

根据中共湖北省委宣传部关于"缩短时间，提高质量，加强学习，培养干部"

的指示，湖北人民广播电台压缩了播音时间，由原来每天播音 31 小时 55 分钟压缩到 23 小时 55 分钟。

9 月 14 日

中央人民广播电台向各地集体记者发出通知，要求江苏、山西、湖南、上海、西藏、辽宁等 20 个地方台分别寄送反映大办农业、大办粮食和人民公社优越性的专题节目。在工业方面，要求寄送煤炭工业增产节约竞赛、小高炉优质高产运动、红旗单位和先进人物为迎接国庆做出的新成就新创造等报道。

9 月 15 日

中央广播事业局党组向中宣部、国务院文教办公室提交《关于调整组织机构和人事安排的报告》。新的调整方案把原三个办公室和七个职能处合并为两个办公室，七个业务部门合并为四个业务单位，均由广播事业局党组统一领导。四个业务单位是：一、中央人民广播电台（或称对国内广播总编辑部）负责全部对国内广播，现有的表演团体，即民族乐团、说唱团、广播乐团（包括管乐团和合唱队）和广播电视剧团，建制保留，由中央人民广播电台统一领导。二、北京广播电台（对外广播的呼号，或称对国外广播总编辑部）负责全部对国外的广播。三、北京电视台负责对北京地区的电视广播。四、广播技术局负责全部基本建设、电台维护、科学研究和工业生产等业务。两个办公室是：一、局务办公室主管全国广播事业计划、财务、广播网普及、国际联络以及全局秘书行政工作，并领导管理全局人员生活福利工作的生活委员会。二、政治办公室主管全局干部、保卫、政治思想教育工作，和局党委的办公室合署办公。

9 月 16 日～17 日

社会主义国家对外广播会议在索菲亚举行。苏联、波兰、捷克斯洛伐克、民主德国、匈牙利、罗马尼亚、保加利亚、阿尔巴尼亚和中国代表出席会议。中华人民共和国广播事业局副局长金照出席会议。

9 月中旬

上海电视台开始自行设计、加工制造 7.5 千瓦级的五频道电视发射机。全机包括天馈线系统，于 1961 年夏调试完成。这是国内第一台功率较大的电视发射机，最大输出功率可达 9.8 千瓦。

9 月 26 日

北京电视大学开始授课。本学期学员共 8870 人，比上学期增加 270 人。为了照顾业余学习的特点，电视台开辟了第三频道，在晚上授课。早晨与中午仍用第二频道。

9月27日

为保证播出区和播音室的正常秩序和安全，中央人民广播电台规定：一、凡非本班工作人员一律不得在播出区内逗留。二、播音室范围内，除本班工作人员外，一律不得擅自进出。如有特殊情况，一律通过各部指定的专人和节目调度员联系，经节目调度员同意始得入内。三、凡播音室范围内的各种节目胶带和稿件，未经节目调度员同意，不得擅自取走，改动和撤换。

同日

吉林省广播学校在中共农安县委党校正式开学。这是吉林省广播事业局所属的理工科中等专业学校，为全省广播系统培养既有基本理论又有实践技能的中等技术人才。年底，该校由农安县迁回长春市新建校舍，地址在红旗街10号。

9月29日～30日

中央人民广播电台反复播出《毛泽东选集》第四卷出版发行的消息。从29日13：30到30日早晨共播出11次。

9月30日

安徽电视台开始实验性播出。每周播出4次，每次2至3小时，都是自办节目，发射功率50瓦。全省约有100台电视接收机。

同日

晚，中央人民广播电台播送"上海市各界人士庆祝建国11周年对台湾广播大会"的实况录音，共两小时。讲话人有金仲华、赵祖康、谢雪堂。参加演出的文艺界人士共500多人，其中有孙道临、周信芳、李玉茹、马师曾、红线女、俞振飞、言慧珠、徐玉兰、王文娟等。

同月

中央广播事业局和中央人民广播电台以及14个省市电台派出56名编辑、技术、播音人员和领导干部援助西藏人民广播电台。

同月

年初成立的安徽广播电视剧团撤销。

10月1日

北京广播电台对华侨广播举办《寄海外亲友》专题节目，每两周一次，后改为每周一次。

同日

浙江人民广播电台电视台开始试播。浙江电台将在玉皇山试验的电视发射设备迁至菩提寺路播音馆三楼，正式以"浙江人民广播电台电视台"的台号，用二频道试播节目。电视台下设编播和技术两个组，工作人员16名，每周播出两次，每次2

小时左右，节目内容以文艺为主。

同日

山东省济南电视实验台开始试播。

同日

湖南省长沙电视台开始试验播出黑白电视节目，每周播出两次，全部为自办节目，主要播放新闻图片和电影，也少量直播文艺演出，覆盖长沙市区及近郊，半径约10公里。宣传报道和机务工作均由湖南人民广播电台领导。

同日

为配合广西全区中学和部分小学教师函授教育，广西人民广播电台开办教育广播，设俄语、英语、数理化等教学节目。

同日

新疆维吾尔自治区乌鲁木齐人民广播站成立（有线），设播音室、机房、办公室，每天播音三次，共计12小时。

10月12日～14日

国际广播与电视组织理事会第33次会议在布加勒斯特举行。以中央广播事业局副局长金照为团长的中国代表团出席会议。

10月22日～11月14日

以朝鲜中央广播委员会副委员长金容焕为团长的朝鲜广播电视代表团访问中国。

10月28日

中共黑龙江省委批准省广播事业管理局成立党组，局党组和编委会同时对省委负责。局党组主要负责有关全省广播事业及行政方面工作；编委会主要负责宣传方面工作。林青任党组书记，牧岚任副书记。

同月

黑龙江省哈尔滨电视台将每周播出次数增加到4次，加上每周两次电视大学节目，每周播出达到6次。

同月

新疆维吾尔自治区广播事业管理局开始筹建新疆电视台，并派出专业技术人员到内地考察学习。经该台技术人员的努力，自制成黑白电视播放及发射设备并试播成功。

11月4日

北京电视台播送周恩来9月5日同英国记者费力克斯·格林的电视谈话。11月3日，英国广播公司播送了这部电视片。中央人民广播电台在21:00播送了周总理谈话录音。西方四大通讯社都在同一天转播了周总理的谈话。

同日

中南五省、区中等城市广播电台第一次协作会议在湖南省株州市召开。

11月7日

中央人民广播电台《新闻和中央报纸摘要》节目更名为《新闻和首都报纸摘要》。全台新闻节目增加到22次,其中有专题性的《工业新闻》《农业新闻》《文教新闻》等。

同日

湖北省武汉电视台开始试播。

同日

西藏人民广播电台第一台15千瓦短波发射机以频率4035千赫正式启用播音,发射功率比原来增加5倍,全天播音时间10小时35分钟。

11月21日

9月份到西藏拍摄影片的北京电视台记者回到北京,带回西藏钢铁厂高炉出铁、翻身农奴庆秋收、西藏人民欢庆国庆节、喇嘛诵经礼拜等素材,准备编辑播出。

11月25日~27日

山西省广播事业管理局和山西省邮电管理局在阳曲县联合召开广播载波现场会议,推广阳曲县利用载波传送有线广播,使电话和广播同时开放、互不干扰的先进经验。

同月

中央广播事业局党委的《反右倾整风运动中各类表册》显示:在1959年的反右倾整风运动中,被列为"重点帮助对象"的干部42人,其中司局级干部2人,处级干部6人,科级干部23人,一般干部11人;被列为"重点批判对象"的干部30人,其中司局级干部6人,处级干部11人,科级干部13人;被列为"重点帮助对象"的非党干部35人,其中科级干部3人,一般干部32人。

同月

根据越南方面要求,北京广播电台从本月起,每月寄送一次30分钟越南语节目,在越南之声电台广播。

11月~12月

中央广播说唱团记录了传统相声44段,其中大部分是解放后不曾公演和广播过的。侯宝林、刘宝瑞、郭启儒、郭全宝等参加录制。

12月5日

征得国家民委党组同意并经中宣部批准,中央人民广播电台的壮语、蒙古语、维吾尔语、朝语、藏语五种少数民族语言广播自当日起停办。停办的原因是:一、各自治区均有较强大的电台;二、各地自办节目可以更好地联系当地实际;三、中央台精简机构，压缩节目。原在民族广播部工作的各民族语言干部，除蒙古语留下一部分人开办对国外广播的蒙古语节目外，其余33人经中组部批准，调到各自治区、自治州工作。

12月12日

云南人民广播电台开办文艺性专题节目《农村俱乐部》，每天播出一次，每次25至30分钟，播出农民喜爱的各种形式的文艺节目，包括教唱花灯、歌曲等。

12月14日

应中央广播事业局邀请，日本东芝电器公司总工程师园部茂到中国访问，与中方交流了广播和电视机器设备制造上的一些技术问题。1961年1月31日离京回国。

12月22日

中共中央副主席陈云同中央人民广播电台文艺部工作人员谈话。他认为中央电台播出的京韵大鼓、西河大鼓中的传统节目比较好，生动活泼，生活气息浓厚，而现代题材的节目则比较呆板，不能引人入胜。京韵大鼓变化不多，失之于严肃，而西河大鼓比较受欢迎。总的说来，整个曲艺如京韵大鼓、河南坠子，甚至相声都失之严肃。他希望曲艺节目办得更轻松一点。陈云还肯定了广播乐团合唱队向说唱团学习曲艺的做法。他说，这种做法很好，这是民族化的道路。

12月26日

中央人民广播电台广播了柬埔寨国家元首诺罗敦·西哈努克应该台邀请向中国听众发表的广播讲话。

同日

北京电视台开始调整节目，每天从18：30开始，播出两小时到两个半小时的节目。星期一只播一次电影。缩短时间后，尽量办好星期六和星期日的节目。

同月

福建省漳州人民广播电台开始播音，分别用有线、无线（中波）广播。

同年

广播科学研究所在室主任李光宇领导下，开始微波设备的研制工作，并于1964年研制成功7GHz/0.1W微波设备，以后又研制出了6.5—7GHz/1W 10路广播节目传送系统和半导体10路广播节目终端机（简称"10路微波"）。1966年，10路微波开始批量生产，用于京郊广播发射台、国内短波发射中心和战备发射台的广播节目传送，在新疆的10路微波双向中继系统运行了十多年。

同年

北京广播电台收到来自105个国家和地区的听众来信48915封。

同年

吉林人民广播电台在新闻部内设立通联组，为通讯员发送刊物和报道提示，处理来信、约稿。

同年

口播新闻成为沈阳电视台新闻节目的重要组成部分（始称"简明新闻"）。主要由辽宁人民广播电台供稿，也有一部分来自新华社或报社的新闻稿。"简明新闻"以文字配合图片播出。每周播出三次，每次三四分钟，大约七八百字。

同年

天津市14个县所属的188个公社中，已有114个建立了广播站，在1460个生产管理区中建立了45个放大站。农村所有公社生产管理区都通了广播，生产队已有70%通了广播，广播喇叭发展到59986只。

同年

安徽省广播管理局年初在阜阳地区召开现场会，发动各地创建"万只喇叭县""千只喇叭公社"，争取三年内全省广播喇叭发展到40万只到60万只以上。

同年

湖南、福建、山西、山东、安徽、上海、江西、吉林、辽宁、黑龙江、内蒙古、陕西、广东等省、市、区建立了广播学校。

同年

青海人民广播电台记者和编辑深入采访现场，运用录音新闻、录音访问、录音通讯、广播座谈、配乐广播、实况转播等形式，报道工农牧业各条战线建设社会主义的新人新事，开始了"自己走路"。同年，汉语自办节目播出时间每天达到10小时。

同年

新疆维吾尔自治区吐鲁番县广播站开始建设生产大队、生产队广播室。

1961年

1月1日

中央人民广播电台把对首都广播部（即北京人民广播电台）移交给中共北京市委领导。中共北京市委宣传部副部长罗清兼任台长，汪小为任副台长。

同日

0：00，中央人民广播电台播出"新年钟声"和《新年祝词》。

同日

中央人民广播电台开办《讲卫生》节目。

同日

北京广播电台对欧洲的汉语普通话广播，主要对象确定为对我国驻欧洲使馆人员和留学生，主要内容是重要公报等，用记录速度广播。为此，减少了文艺节目。

同日

《北京人民广播电台广播节目表》更名为《北京人民广播电台广播节目报》。从298期开始由电台节目组负责编印，8开2版，每旬出一期。

同日

安徽省马鞍山人民广播电台、蚌埠人民广播电台开始播音。马鞍山电台发射功率1千瓦，频率1070千赫。当年8月1日奉命停播。蚌埠电台发射功率1千瓦，频率1390千赫。当年10月奉命停播。

1月2日

安徽电视台在合肥江淮大剧院首次实况转播，剧目是黄梅戏《百花赠剑》和《柜中缘》。

1月2日～9日

国务院总理周恩来应邀率中国友好代表团参加缅甸独立节13周年庆祝典礼，并进行友好访问。中央人民广播电台和北京电视台派记者随团采访报道。这是中央电台和北京电视台首次派记者报道国家领导人的出访活动。2日，周总理到达仰光，电视记者拍摄的电视片由外交部专使带到北京。电视台4日收到，5日晚播出。代表团其他活动都在四至五天后在电视中播出。

1月5日

贵州省扎佐广播发射台破土动工。同月,贵阳市阳关到扎佐发射台段传音电缆开始建设,全长32公里。

1月5日~6日

北京广播电台英语节目播出美国作家斯特朗的广播讲话。她在讲话中回忆了毛泽东当年对她谈"帝国主义和一切反动派都是纸老虎"论点的情况和她对这一论点的看法。

1月6日

中共广东省委通知,广东省广播事业管理局并入广东人民广播电台,对外保留名义。

1月10日

中央广播事业局局长梅益在党组、编委会联席会议专题讨论文艺广播、唱片出版、表演团体1961年工作计划时指出:广播文艺节目的水平既反映了广播文艺编辑的思想水平、业务水平,也反映了国家文化艺术的状况。是否可以这样设想,文艺部和表演团体,在半年之内,除了处理日常工作以外,不做别的事情,大家都留在家里,读读书,听一些过去的节目,摆摆看法,搞个"三闲书屋",创造一种心情舒畅和自由漫谈的空气,不要搞运动。在这样的学习过程中,要把学习党的文艺政策、总结工作、统一认识和工作实践结合起来。抓住几个关键问题,好好调查,研究研究,思索思索,总结总结,把思想提高一步,这样,提高节目质量就有基础。在宣传方面,对欣赏性的作品还要适当加以注意。传统作品是劳动人民的智慧结晶,在艺术上和技巧上有很高成就。许多优秀的传统节目是有积极的思想内容的,运用得好,同样是可以从广泛的或间接的意义上为社会主义事业服务的。"文艺节目要体现'百花齐放''推陈出新'的方针。古今中外,凡是好的,都拿来,当然要有个比例。"知识性节目同样要注意。知识性节目可以提高人民的艺术欣赏水平,扩大人民的知识领域。生活不但要有面包、玫瑰,还要有音乐。现在广播是缺少日常生活的声音。相声为什么受人欢迎?有一条,它不是念稿子。政治和艺术两者的关系要摆好,如果片面强调政治性,忽视艺术性,就是取消了艺术,也取消了政治,要犯错误。

同日

中央人民广播电台对台湾广播压缩广播时间,全天播音时数从16小时减为13小时30分钟,主要减少了对国民党军政人员广播节目、客家话节目、新闻节目的播出次数和时间。

年初

在中央广播事业局党组、编委会联席会议讨论中央人民广播电台年度工作计划时，局长梅益谈了一些意见。他说，从今年起，我们的任务应该是在已有的数量（播音时间）的基础上提高质量，增加花色品种。我们的知识性节目太少。地理知识、自然常识等等，都可以谈。中央台应该有更多的名牌节目，能不能在1961年再精心办好一两个或两三个节目，把牌子打出去，提高和扩大中央台的地位和影响。有了好的节目，就可以把整个中央台的水平推进一步。

年初

中央广播事业局局长梅益在党组、编委会联席会议讨论北京电视台年度工作计划时指出：北京电视台提到今年主要任务是提高节目质量，强调扩大取材的范围，这是正确的。电视应比广播更进一步地和当地人民的生活联系起来，不但有意义，而且会引起观众的兴趣。山水风景也应该有。扩大取材范围还包括今后有更多的娱乐节目。必须提高节目质量，电视台除注意思想内容之外，还要有比较严格的艺术标准和技术标准。这些标准在今年应规定下来，然后再逐步提高。

1月11日～19日

国际广播与电视组织技术委员会第三研究小组第二次会议在莫斯科召开。会议主要研究彩色电视、磁性录像和修改制定黑白电视、电视电影片的标准问题。中华人民共和国广播事业局副局长董林出席会议。

1月13日～26日

以罗马尼亚广播电视委员会第一副主席彼得·格奥尔盖为团长的罗广播电视代表团访问中国。这是罗马尼亚广播电视机构第一次派代表团对中国进行友好访问。

1月14日～18日

中国共产党第八届中央委员会第九次全体会议在北京举行。全会批准对国民经济实行"调整、巩固、充实、提高"的八字方针。中央人民广播电台、北京广播电台及时播出有关消息。

1月15日

古巴革命电视台负责人、《革命报》副主编伊吉耶夫·列恩·佩列茨和夫人（记者）来中国访问。当日，签订了中华人民共和国北京电视台和古巴共和国革命电视台交换电视节目协定。

1月18日

中共湖北省委决定撤销省新闻出版广播事业管理局，成立湖北省人民委员会广播事业管理局。

1月25日

中央广播事业局在北京举办京韵大鼓传统节目演唱会。中共中央副主席陈云观看演出，并发表指导性意见，他说："要积极挖掘京韵大鼓曲目。"为此，广播说唱团与中央人民广播电台文艺部合作，积极编制曲目表，抄记唱词，并组织演员回忆已成绝响的京韵大鼓《包公夸桑》《拆西厢》等 13 段。

1 月 25 日~28 日

国际广播与电视组织技术委员会亚洲会员国研究小组第二次会议在河内举行。会议讨论了亚洲会员国 1962～1965 年技术方面的远景工作计划等。中华人民共和国广播事业局派代表团出席会议，并在会上作《发展农村有线广播网》《大功率发射机的技术维护经验》和《电视台建设若干问题》三个报告。

1 月 26 日

中央广播事业局局长梅益与中央人民广播电台播音员谈播音风格问题。梅益提出，播音员不能老是一种腔调，必须根据不同的题材采取不同的播法。我们的播音严肃认真，这很好，这是我们的传统，但是能不能更亲切一些？我想播音应该有更多的表现形式，而且应该鼓励播音风格多样化。

同月

中央广播事业局决定把广播设备制造厂与广播设备修配厂合并，定名为广播事业局广播设备制造厂。

2 月 4 日

中国和苏联 1961 年文化合作计划签字仪式在北京举行，计划规定双方互派广播电视工作者和交换广播电视节目。

同日

国务院任命林夫为新疆维吾尔自治区广播事业管理局局长兼新疆人民广播电台台长。

2 月 11 日

中共中央批转公安部《关于广播电台保卫保密工作情况的报告》，指出各地应当大力加强广播电台的保卫保密工作。

同日

天津人民广播电台主办的《天津广播报》从 321 期起更名为《广播节目报》，8 开 2 版，每周仍出版一期。

2 月 21 日

安徽人民广播电台《每周广播》节目报由于纸张供应困难等原因，奉命停刊。1963 年 1 月 1 日复刊，更名为《安徽广播》。

2 月 26 日

北京电视大学新学期开学。注册学员 3000 多人。

2月27日

中央广播文工团到长沙演出。当晚，应邀在长沙电视台演播室进行专场演出。相声演员侯宝林、郭全宝、马季等表演的相声给观众留下了深刻印象。

2月下旬

中央广播事业局负责设计安装和调试的北京工人体育馆现场扩声、广播和电视三项工程全部完工。经过测试和试用，效果良好。

同月

根据中共甘肃省委的指示，甘肃人民广播电台发动全编辑部人员对1958年到1960年期间广播宣传中的问题进行全面检查。

3月2日

6：43，北京东郊热电站因发生电源线路故障，又逢通县发电厂设备检修，没有备用电源，致使中央人民广播电台对国内广播的第一套节目全部短波停播51分钟，第二套节目全部中波、短波和对台湾广播停播25分46秒至33分09秒不等。

3月6日

江苏人民广播电台《农村节目》开始进行改革。改革方针是：内容上加强思想教育，根据党的方针政策深入浅出地进行宣传，形式上生动活泼，为农民所喜闻乐听；紧密结合农村实际，为农村和农民的需要服务；摆脱习用的新闻、通讯等固定格调，力求口语化、通俗、亲切，形式多样。这次改革是江苏电台"自己走路"的第一次尝试。

3月13日

社会主义国家对外广播会议在布加勒斯特召开，中华人民共和国广播事业局派对外广播编辑部副主任胡若木等一行三人出席会议。

同日

北京电视台向英、法、联邦德国、加拿大、澳大利亚、瑞典、巴西、南斯拉夫、葡萄牙、新西兰、丹麦、印度12个参加第26届世界乒乓球锦标赛的国家电视台发出电报，表示可以为他们提供比赛活动的16毫米电视片。

3月15日

江西省广播管理局组织技术人员成功修复50瓦电视发射机，试制了同步机、中心立柜、摄像机等设备，在省广播局礼堂试映。江西广播电视艺术团首次参加电视演出。江西省、南昌市党政领导和机关干部100余人观看，一致认为图像、伴音效果较好，达到正式播映要求。

3月16日

中央广播事业局和中华医学会联合成立广播医学委员会，傅连暲任主任委员。

目的是调动医学界力量，利用广播和电视做好卫生知识的普及宣传。

3月18日

天津电视台推出《国际新闻》和《祖国各地》节目。

3月20日

根据中共中央关于"调整、巩固、充实、提高"的八字方针，中共山西省委宣传部作出《关于提高全省广播工作的几项规定》，要求继续提高和改进政治节目的质量；积极开展通讯工作；办好文艺广播；加强听众调查工作和收听工作；努力提高播音工作质量等。

3月27日

应北京电视台的要求，文化部和对外文化联络委员会开会研究如何支援北京电视台做好出国电视片的工作。文化部副部长夏衍及司徒慧敏、张致祥、朱光等参加会议。大家认为出国的电视片花色品种要多，不但要有新闻片，还要有纪录片、风景片和短故事片，要扩大取材范围，注意今昔对比，片子质量要好。会上同意由几个单位共同成立一个委员会，来规划研究和促进电视对外宣传工作。

3月30日

江苏省无锡电视大学成立，转播上海电视大学课程，由无锡市教育部门组织教学人员辅导。这是全国中等城市中第一个用转播形式举办的电视大学。

3月～年底

中央人民广播电台对传统相声进行了一次挖掘录音工作，先后在北京、天津、武汉、长春、沈阳、哈尔滨、济南等地录制152段相声，加上原来库存的106段，占仍在演出的传统相声的80%以上。

4月1日

中共西藏工委批准西藏人民广播电台的机构设置，并任命阎泗一为西藏电台台长。电台下设编辑部和办公室。

4月4日

黑龙江省安达市广播站改为安达市人民有线广播电台，对外呼号"安达人民广播电台"。

同日

新疆维吾尔自治区广播事业管理局、新疆人民广播电台机构进行调整。行政管理方面下设办公室、人事保卫科、计划科、广播网科、发射科、传音科、行政科。宣传方面设总编办公室、采通组、节目组、文艺组、播音组。总编办公室下设哈萨克语组、蒙古语组、听众联系组、时事组、资料组。

4月4日~14日

中央人民广播电台、北京广播电台、北京电视台自4日起在北京转播新中国第一次举办的世界性体育比赛——第26届世界乒乓球锦标赛。中央电台共转播九场比赛实况。北京电视台原定转播12次，后应观众要求增加为14次。比赛期间，北京电视台向英国、联邦德国、巴西、古巴、澳大利亚、日本、苏联、罗马尼亚等十几个国家的电视台寄去87条电视片。同时，以最快速度向上海、天津、广州、沈阳电视台寄送了电视片。这是北京电视台第一次印制拷贝片。在此期间，中央电台、北京电台分别举办了特别节目。

4月12日~14日

中央人民广播电台和北京广播电台连续报道苏联成功发射载人宇宙飞船并顺利返回地面以及有关情况。12日20：30，莫斯科台传来飞船载人上天和安全着陆的消息等。21：00，应莫斯科广播电台要求传去中苏友好公社、北京大学、中国科学院、北京第一机床厂工人、社员、科学家、学生、教授等各界人士的反应。13日晚，又传去李德全、茅以升、钱学森对记者的谈话录音。14日3点，对方传来加加林在飞船上和地面通话、飞船着陆情况报道、加加林和赫鲁晓夫通话的报道、莫斯科台记者访问加加林家庭等。中央电台、北京电台及时报道了上述相关消息。

4月17日

根据精简机构精神，江苏省广播管理局撤销。江苏人民广播电台原广播网部改为广播事业管理处，承担全省广播事业的管理任务。

4月20日

北京广播电台开始每两周给马里和几内亚电台各寄一次法语节目录音带，每次10分钟，内容以音乐为主，并报道有关两国和中国的友好活动以及中国建设和人民生活情况等。

4月23日

北京电视台播出记者李华从老挝寄回的电视片，连续播出后，从中选出11个主题加以精编，定名《老挝在前进》，印成六个拷贝片，交出席日内瓦14国会议的中国代表团，以便在需要时放映。拷贝片还分别送给了越南代表团、老挝富马亲王和苏发努冯亲王。

4月26日

中共浙江省委宣传部批转浙江人民广播电台编委会《关于广播网工作问题的报告》。《报告》指出：县广播站今后的方针应该是"加强转播，精办节目"。气象节目和文艺节目要努力办好，政治节目可根据各地广播站的编播力量，量力举办。

4月底

西藏拉萨有线广播站与西藏人民广播电台分设。拉萨有线广播站由中共拉萨市委领导,对外呼号为"拉萨市有线广播站"。西藏人民广播电台由西藏工委宣传部领导。

同月

中央人民广播电台文艺部对曲艺节目的库存录音、播出情况做了调查。根据已知资料,全国有曲艺295种,其中普通话或接近普通话的语言演唱的艺术水平较高的有57种;方言性较强、但影响较大、艺术水平较高的有40种。两种合计97种。其中,72种已有录音,计1517个节目。包括北方曲艺1327个,占90%强;南方曲艺只有145个,不足10%。从播出方面看,1960年11月21日到1961年3月21日共播出节目48种,727次。播出最多的是相声、京韵大鼓等8种,南方曲艺只有评弹1种。1960年,曲艺节目中现代节目占八成,传统节目占两成。为此,中央电台文艺部准备制订采录补充节目的计划,同时试办介绍地方性曲艺的节目。

5月1日

毛泽东在上海电机厂参加庆祝"五一"国际劳动节大会和上海各界庆祝"五一"节联欢晚会。上海人民广播电台记者制作的录音报道,当晚传送到中央人民广播电台,在《各地人民广播电台联播》节目中播出。上海电视台播放了《毛主席和上海人民同庆"五一"》的纪录片。

同日

中央人民广播电台创办《阅读和欣赏》文学栏目,重点介绍和欣赏中国古代文学作品。

同日

西藏人民广播电台开设30分钟的《小学教师业余学习讲座》和5分钟的《轻音乐》节目,全天播音时间增加到11小时15分钟。

5月8日

中央人民广播电台创办《历史故事》等知识性、教育性节目。另外,调整了18:00到22:00听众最集中的这段时间的节目,使三套节目的内容尽量做到多样化,并适当增加欣赏性文艺节目。

5月9日

晚,周恩来和邓颖超到北京电视台演播室,观看河北梆子剧团演出的《杜十娘》。周总理对乐队的位置、音响和画面处理等方面谈了几点意见。周总理说:"我国歌剧的传统把乐队放在后台是有道理的,因为锣鼓音响大,在后台伴奏不会喧宾夺主盖过演员的演唱。"周总理认为,乐队的位置以放在演区的右后方为宜。并说,在空场的时候,为什么不可以让观众看看乐队?他们是无名英雄,也是歌剧艺术的一个组成部分,应该有乐队的场面。周总理还观看了北京电视台正在试验的彩色电视。

同日

中国文字改革委员会和中央人民广播电台举办《小学语文课本朗读教学广播讲座》。讲座从人民教育出版社12年制语文课本中选出29篇体裁不同的课文作为教材。这个讲座除朗诵示范外,还有朗诵指导。8月11日至11月28日,再次举办。

5月9日~27日

应中央广播事业局邀请,苏联广播电视代表团对中国进行访问。25日,中国政府和苏联政府广播和电视合作协定在北京签订。中华人民共和国广播事业局局长梅益和苏联部长会议国家广播和电视委员会主席卡弗坦诺夫代表两国政府在协定上签字。访问期间,该代表团与中央人民广播电台、北京广播电台以及地方台进行了广播业务座谈。26日,国务院副总理陆定一会见了该代表团全体成员。

5月14日~10月11日

5月16日,和平解决老挝问题的扩大的日内瓦会议开幕,从5月14日~10月11日,中央人民广播电台记者共采写通讯和评论31篇。

5月18日

中央人民广播电台文艺部与中国音乐家协会联合举办音乐欣赏会,邀请音协书记处书记和有关院校、艺术团体负责人参加。欣赏会事先由文艺部提供目录,由与会人员选听,主要包括国内外新创作、新录制、新寄来的音乐作品和文艺部试办的部分新节目。

5月19日

北京广播电台对驻外使馆的普通话广播增加一小时节目,主要对象地区为欧洲、东南亚、西亚和北非。

5月24日

北京电视台第一次收到阿拉伯联合共和国电视台的一批电视新闻片,共30条,片长约一小时。

5月27日

日本《赤旗报》报道,在日本各地已有62个"北京广播收听会"。该报从6月起每天刊登北京广播电台波长、广播时间、节目名称和题目。

5月30日

北京电视台直播北京曲艺团演出的曲剧《回春记》。按照周恩来的指示,两次介绍乐队,乐队的位置也做了新的调整,播出效果良好。

5月底

西藏人民广播电台按照"以藏语为主，藏、汉语并举，各有侧重"的节目宣传方针，第一次明确规定藏语节目的主要对象是广大藏族人民群众，汉语节目的主要对象是区乡以上在藏工作的汉族干部职工，重点办好新闻性节目。

同月

国务院副总理薄一波在大区经委主任和11个省市工业书记座谈会期间，对中央人民广播电台记者说，工业报道需要热闹些，生动些，方面广些。要多宣传些好的典型。他说，报道不能单纯谈成绩，还可以报道些过去有问题、有缺点，现在解决了、改进了的典型。当然，这种典型不要报道很多，也不要每篇稿子都去对比。还要注意宣传矿工中的模范人物。中央人民广播电台照此通知集体记者组织报道。

同月

中国唱片社和新华书店总店的代表签订《关于教育留声片发行工作的协议》，规定自签约之日起，中国唱片社、中国唱片厂生产的各类学校各种教材和科学卫生知识讲话等公开发行的教育留声片统一交新华书店发行。

同月

为在广播中增加南方曲艺的花色品种，中央人民广播电台文艺部派人到成都、重庆、武汉采录曲艺节目。文艺部还同湖南、江西、浙江、安徽、贵州、江苏、扬州、福建等地方电台取得联系，请他们帮助组织录制扬州评话、湖南弹词、贵州文琴、江西清音等南方曲艺节目。

同月

李新雨任山东省广播事业管理局党组书记、局长兼山东人民广播电台台长。

6月1日

广西人民广播电台一分台的150千瓦中波发射机投入使用。

同日

广西人民广播电台开办第二套节目，用壮语、白语、柳州话播出。

6月2日

北京广播电台对南斯拉夫的塞尔维亚—克罗地亚语广播开始播音，每次30分钟，重播两次。这是北京电台对外广播的第二十种外语节目。

6月5日

中央广播事业局政治办公室提交《关于我局精简工作的汇报》。《汇报》提供了以下数据：根据中央精简小组批准，广播事业局在原有5898人的编制中，应精简2128人，经各部门反复工作，已落实的数字是2118人（干部1126人，工勤人员992人），其中1778人分别调往中央其他部门和各省市广播电台，下放局直属企业单位，下放地方农业第一线，参加农业生产等。尚未处理的人员 340 人。

6 月 6 日

北京电视台与日本电波新闻社将双方交换电视片协定和购买电视片合同的有效期延长一年。

6 月 19 日

印度尼西亚共产党主席艾地应邀于 19：10 在北京电视台发表讲话，题目是《中国人民万岁和印度尼西亚、中国的友谊万岁》。中央人民广播电台播出讲话。北京广播电台印尼语节目播送讲话录音，其他语言节目播出讲话摘要。

6 月 20 日

根据中央关于调整高等院校的指示，中央广播事业局决定北京广播学院停止招生。

6 月 27 日

经中共西藏工委批准，西藏人民广播电台编辑委员会成立。由阎迺一、易人、王讴、刘光兴、王强、高烘六人组成。

6 月 30 日

晚，首都庆祝中国共产党成立 40 周年大会在人民大会堂举行。中共中央主席毛泽东出席大会，中共中央副主席刘少奇在会上发表讲话。中央人民广播电台、北京电视台从 18：50 开始转播大会实况。北京广播电台编发大会新闻，并摘要播送刘少奇的讲话。中央电台 21：20 在第二套节目重播刘少奇的讲话录音，并在第二天早晨的《新闻和首都报纸摘要》节目中播送讲话摘要。

同月

郁启祥任江苏人民广播电台台长。

同月

山东全省 99 个县、市和大多数公社都建立了广播站，72043 个自然村（占自然村总数的 80%）通达了有线广播，基层单位和农民群众中安装的喇叭发展到 80 余万只。无线广播和有线广播相结合，形成了一个全省规模的广播宣传网。

7 月 1 日

广东省湛江人民广播电台开始播音。

同日

浙江人民广播电台电视台在安装国产五讯道中心设备、购买一辆三讯道电子管黑白电视车的基础上，第一次正式向杭州观众播出自办节目，主要内容有剧场实况转播，同时采播少量节目，举办定期专题节目。

7月5日~13日

国际广播与电视组织在布达佩斯召开第18次大会。以中华人民共和国广播事业局副局长董林为团长的一行4人参加大会。同时举行的还有第34次理事会、第16次技术委员会、第6次广播节目委员会和第4次电视节目委员会。13日，中央广播事业局和国际广播与电视组织秘书处及技术中心站在布达佩斯签订《关于中华人民共和国广播事业局提供上海收测站收测资料的议定书》。

7月10日~15日

应中共中央和中国政府的邀请，以朝鲜劳动党中央委员会委员长、朝鲜民主主义人民共和国内阁首相金日成为首的朝鲜党政代表团访问中国。北京广播电台以录音新闻形式报道了代表团到达北京受到热烈欢迎、参加中共中央国务院举办的国宴活动，并在10日下午和11日早晨先后将录音实况传给了平壤电台，12日15：30，传去首都举行欢迎大会的实况。

7月25日

为了做好对台湾的宣传工作，中央人民广播电台对台湾广播节目作了调整，播音时间从全天13小时45分钟增加到16小时25分钟。每天语言广播节目六个多小时，普通话占3/4，闽南话和客家话占1/4。文艺节目时间的比重由占全天播音时间的43%增加到62%。

同月

中央人民广播电台文艺部、中国唱片社和中国戏曲学院、中国戏曲学校达成协议，开始为老戏剧家肖长华录音，作为资料保存，并选择一部分出版唱片和供内部参考的资料唱片。

同月

吉林省长春电视台为纪念中国共产党成立40周年，举办了三次特辑节目，邀请给毛泽东当过警卫员的辛克给小朋友们讲毛主席在延安的故事。

同月

上海人民广播电台在《对农村广播》节目中设立"阿富根"专栏。"阿富根"为编辑虚拟的一个适合农民心理的评论员，用对话方式广播，抓住群众思想上带倾向性问题把道理讲活。

8月12日~9月2日

为配合机关精简，城市人口下乡和中小学毕业生参加农业生产，北京电视台举办了四次《知识分子在农村》连续节目，每周播出一次。

8月17日

江苏省无锡市人大常委会颁布《无锡市广播事业管理暂行办法》。这是江苏省最早颁布的地方广播事业管理条例。

8月30日

北京电视台举办第一次《笑的晚会》。这次节目全部是相声，邀请一些著名相声演员以参加联欢会的形式共同表演，受到观众热烈欢迎。

9月1日

北京广播电台对东非和中部非洲广播的斯瓦西里语节目开始播音，每天三次，每次30分钟。这是北京电台对外广播的第二十一种外语节目。

9月3日~10日

中央广播事业局局长梅益到江苏视察工作，先后在无锡、常州及江苏人民广播电台了解工作情况，并就如何提高节目质量及有关《农村节目》改革问题讲了话。梅益还到南京电视实验台视察。

同月

北京电视大学开办中文系。以函授自学为主，广播教学为辅。

10月1日

广东省茂名人民广播电台开始播音。

同日

广州人民广播电台开办《业余英语广播讲座》。

10月4日

中央广播事业局政治办公室向局长梅益并局党组提交报告，提供了以下情况：全局共有右派分子66人。1959年和1960年已摘右派帽子的有邵燕祥等15人；未摘帽子的51人中，已调出的22人，自动回家的1人，劳改的1人，病亡的2人，现在局内的25人。根据中央统战工作会议精神，今年摘帽子可宽一点，估计在30%以上，条件还是1959年中共中央和国务院规定的三条（一、真正认识错误，口服心服，确实悔改；二、在言论、行动上积极拥护党的领导和社会主义道路，拥护总路线、大跃进和人民公社；三、在工作和劳动中表现好或者在工作和劳动中有一定的贡献）。经局党委常委会两次开会讨论，对局内工作的25名右派，同意摘掉钱辛波等9人的右派帽子；对调出局外在中捷友谊农场劳动的18名右派，同意摘掉童光辉等10人的右派帽子。摘掉帽子的右派已占44%。

10月9日

下午，中央人民广播电台、北京电视台转播首都各界纪念辛亥革命50周年纪念大会的实况。全国政协主席周恩来主持会议并致辞。5日~10日，中央电台对台湾广播举办《辛亥革命50周年》特别节目，用普通话和闽南话广播。播出了熊克武、马湘、何香凝、周震麟等人的回忆录摘要；康心之给于右任的信，王家祯给莫惠德的信；宋庆龄、程潜的纪念文章；邵力子为纪念辛亥革命50周年对台湾老朋友的讲话稿等。

10月16日~27日

山东省第八次广播网工作会议召开。

10月28日

北京电视台播出周恩来在苏联共产党第二十二次代表大会上发表讲话的电视新闻片，全长1分零5秒钟。

同月

根据中央和中共山东省委关于压缩城市人口和整编机构的指示，济南人民广播电台并入山东人民广播电台，改称市台部（组），保留"济南人民广播电台"的呼号，人员分编在省台各部室。

同月

西藏人民广播电台广播大楼和602发射台建成并交付使用。

11月6日

天津人民广播电台改变呼号，原第一台改称为第一套节目，第二台改称为第二套节目。

11月7日

中央人民广播电台邀请苏联驻华大使契尔沃年科发表广播讲话，纪念十月革命44周年。讲话在20：10全文广播。

11月9日

遵照中共云南省委指示，云南人民广播电台认真检查总结了1958年到1960年"大跃进"广播宣传中的缺点错误和经验教训，制定《改进当前宣传工作的意见》，共30条。要点是：正确执行广播宣传的方针任务；充分发挥广播特点，扬长避短；大兴调查研究，坚持实事求是，加强广播群众工作，密切电台同各方面的联系和协作；建立一支又红又专的广播干部队伍；改进领导方法和领导作风。

11月上旬

中央广播事业局局长梅益要求中央人民广播电台新闻编辑部改进简明新闻，并撰写了几篇简明新闻稿供新闻部参考。

11月13日

从苏联共产党第二十二次代表大会开幕（10月17日）到本日止，莫斯科电台一共给中央人民广播电台寄来13次华语节目，其中11次全部都是宣传"二十二大"的，两次以宣传十月革命44周年为主，同时联系到"二十二大"。中央人民广播电台只播出了其中的两次，撤销了其中的7次，另4次因迟到未播。播出的两次是莫斯科台在"二十二大"前组织的,主要介绍出席大会的苏共代表和苏联人民为迎接"二十二大"开展劳动竞赛的情况,未涉及对大会的评价。

11月15日

西藏人民广播电台编辑部下设藏语组、汉语组、采通组、文艺组。办公室下设机务科、服务部、总务科、人保科。总编制120人。

11月18日

中央统战部《关于中央批准的右派分子摘帽子名单的通知》中,包括中央广播事业局原副局长温济泽。

11月20日

北京、天津、上海、广州、西安、哈尔滨等大城市电台在武汉举行第四次协作会议。会议着重交流了一年来根据"调整、巩固、充实、提高"八字方针进行宣传的经验。

11月25日

中国和伊拉克文化合作协定1961年至1962年执行计划在巴格达签字。计划规定在两国国庆日播送电视和广播特别节目。

11月26日

中央人民广播电台改用冬春季节播音时间表,每天三套节目共播音37小时,比夏秋季节目时间表减少9小时50分钟。第一套节目早上推迟1小时30分钟开始,晚上提前55分钟结束。第二套节目第一次播音早上推迟1小时30分钟。第三套节目早上、中午播音全部取消,每天减少6个多小时。新闻节目都在整点开始,全天共13次,减少了7次。文艺广播每天播音27小时35分钟,《三面红旗万万岁》专栏撤销。中央电台压缩播音时间主要是为了精办节目,同时照顾到维修设备和使编辑部干部在精简后仍然贯彻劳逸结合的原则。

11月30日

中央人民广播电台做了一次交替转播北京体育馆和北京工人体育馆举行的两场篮球比赛实况的尝试。

同月

国务院副总理陈毅、李先念专程到中国唱片社,会见京剧老演员马连良、谭富英等,并听京剧老生演唱录音,提出要努力搞好老演员与名演员作品的整理出版工作。

同月

中央人民广播电台开始减少苏联和东欧国家音乐作品的播出数量,同时提高亚、非和拉美地区作品在整个外国音乐中的比重。对苏联和东欧国家以歌颂党为主题的歌曲，只选播以革命历史为题材的歌曲，以及以祖国、劳动等为题材的作品和民歌。一般群众歌曲中带有不恰当政治词句的不播。古典作品多播一些。一般器乐曲中政治色彩鲜明的标题音乐作品不播。

12月2日

中宣部通知：中央批准李哲夫任广播事业局副局长、党组成员。

12月6日

国务院外事办公室向北京广播电台传达周恩来关于改进对日宣传的意见。周总理认为，现在对日宣传比较生硬，特别是广播，对日宣传要适合日本情况，要使中间分子能够接受。还强调要做调查研究工作。

同日

北京广播电台对华侨广播部开办《小说连续广播》节目。

12月8日

新疆维吾尔族民间音乐《十二木卡姆》的录音资料全部制成密纹唱片，共13张。

12月10日

云南省昆明市广播站改为无线广播电台，呼号"昆明人民广播电台"。

12月11日

北京电视台直播在北京举行的"周信芳舞台生活60周年纪念会"实况。会上，中国戏剧家协会主席田汉致开幕词，周信芳演出了《打渔杀家》。

12月18日

中央广播事业局局长梅益率中国新闻代表团离京。代表团访问了古巴、厄瓜多尔、智利和巴西。1962年1月13日～15日，代表团参加了国际记协执委会会议。1月27日，中华人民共和国广播事业局同古巴广播指导统筹局在哈瓦那签订了1962年电台和电视台合作协定以及电台和电视台合作议定书。代表团于4月8日回到北京。

12月19日

中共新疆维吾尔自治区广播事业管理局党组成立。林夫任党组书记，阿不列孜·谢日甫、朱光耀任副书记。

12月20日～25日

中央广播事业局在南昌召开广播网工作座谈会。参加会议的有华东地区七个省市和广东省广播管理局、处、电台的领导或主管广播网工作的负责人。会上汇报了一年来广播网工作贯彻"调整、巩固、充实、提高"八字方针的情况，交换了1962年进一步整顿提高广播网的意见。

12 月 26 日

由中央广播事业局提供设备，阿尔巴尼亚电台开始向北美阿尔巴尼亚侨民每天播送半小时阿尔巴尼亚语广播节目；对在南美阿根廷的阿尔巴尼亚侨民每周播送三次（每次半小时）阿语节目。

12 月 26 日~28 日

全国 28 个地方台在北京召开录音经验交流会。中央人民广播电台和山西、上海、河北等电台介绍了关于录音室内录音和外出录音、戏曲和文艺录音等方面的经验。

12 月 30 日

天津电视台在电视演播室播出第一场大型综合性文艺晚会。这场晚会荟萃了天津市京、评、梆、曲艺、杂技、歌舞、朗诵等方面的著名演员，集业余、专业演出团体为一体，约有 100 多人。

12 月 31 日

云南省昆明实验电视台开始试播，每星期六播出一次。

同月

中央人民广播电台对台湾广播部同民革、民盟、民建、九三学社、中国致公党、台湾民主自治同盟等民主党派和政协全国委员会及有关单位建立了业务联系。各单位协助中央电台组织程潜、史良、黄炎培、茅以升、郑洞国等人写了 10 多篇对台湾广播讲话稿和文章。

同月

李克简调入天津人民广播电台，主持全面工作。

同月

黑龙江省哈尔滨电视台将发射机更新为北京广播器材厂生产的高电平调制双通道 1 千瓦黑白发射机，提高了播出质量，扩大了覆盖面积。

同年

根据与其他国家签订的广播电视合作协定，年内，我国为各国送出广播节目 513 个、音乐录音带 4365 分钟、电视片 1167 个；各国寄来广播节目 518 个、音乐录音带 10323 分钟、电视片 1565 个。同我国定期交换节目的有苏联、捷克斯洛伐克、民主德国、保加利亚、朝鲜、越南六个国家。其中同苏联每星期交换三次，同朝鲜每月交换三次，同捷克斯洛伐克每月两次，同其他三个国家每月各一次。

同年

北京广播电台收到来自世界 110 个国家和地区的听众来信 65528 封。

同年

吉林人民广播电台在总结"大跃进"期间广播宣传经验教训的基础上，进一步加强业务建设,在台内为编播人员开办了语法修辞、逻辑学讲座。吉林省广播事业局党组对1958年以来宣传中存在的浮夸、失实等缺点错误进行了检查。在中共中央关于"调整、巩固、充实、提高"八字方针指导下,吉林电台调整了节目,新闻类节目时间和次数下降,由前一年的每天七次110分钟压缩到每天四次65分钟。

同年

内蒙古自治区有85个旗县建立了广播站、公社放大站218个,入户喇叭26.9万只,在牧区建成收音站7000多个。

同年

内蒙古人民广播电台蒙古语文艺组组织录制《封神演义》等几十部说书和近百首各种风格题材的说书曲调。

同年

山西人民广播电台共联系通讯员1万人,全年来稿达3.3万多件。

同年

山西省贯彻中央调整方针,停办太原、大同、长治(晋东南)、阳泉四个电台。山西人民广播电台开办第二套节目,发射功率7.5千瓦。

同年

湖南省长沙人民广播电台迁入长沙市委大楼。

同年

西藏建成拉萨、昌都、日喀则、那曲、山南、林芝、江孜、亚东等有线广播站。城镇、乡村大约有800部收音机。

同年

宁夏回族自治区广播事业局成立,与宁夏人民广播电台实行局台合一体制。

同年

新疆维吾尔自治区乌鲁木齐人民广播站设维吾尔语编辑组、汉语编辑组、机务组、线务组、行政组。

同年

根据中央调整国民经济方案,新疆广播学校停办。

1962 年

1月1日

中央广播事业局所属表演团体定名为"中央广播文艺工作团"(简称"中央广播文工团"),共辖五个分团:中央广播合唱团、中央广播管弦乐团、中央广播说唱团、中央广播民族管弦乐团和中央广播电视剧团。

同日

陕西省西安实验电视台启用北京广播器材厂生产的国产定型成套电视设备,代替自制的简易设备,图像和声音清晰度有了明显提高,办节目的手段得到改善。这套设备包括:中心台、导演切换台、1千瓦发射机、黑白电视转播车和微波设备。

1月3日

日本共产党中央机关报《赤旗报》在文化版显著位置刊登中华人民共和国广播事业局局长梅益给日本人民的新年贺词,并从元旦起,在广播电视版专门开辟介绍北京广播电台节目的栏目。

1月15日~23日

中国和苏联文化合作计划的谈判在莫斯科举行。双方签订的1962年度文化合作计划规定继续在广播电视方面合作。

1月20日

北京电视台举办第二次《笑的晚会》。这次节目以相声为主,又增加了其他形式的喜剧性节目。

1月中旬

中央人民广播电台邀请内蒙古著名马头琴演奏家色拉西到电台录音,共录乐曲、歌曲70首。中央电台作为音乐资料保存,并在广播中向听众介绍,出版唱片和音乐资料片。色拉西74岁,习艺马头琴有60年历史。

1月21日

应北京市教育局要求,北京人民广播电台举办《对中学生时事广播》节目。收听这一节目成为各中学的固定活动,有二三十万中学生为固定听众。

1月26日

天津电视台首次在全市开展少儿智力竞赛活动。

1月27日

毛泽东在中共中央举行的扩大的中央工作会议（又称"七千人大会"，1月11日~2月7日召开）上指出："《人民日报》、新华社、广播事业局要检查一下，看前几年说了哪些不妥当的、违反政策、对人民不利的话，说了哪些助长'五风'（即共产风、浮夸风、命令风、干部特殊风、对生产瞎指挥风）的话。"

1月30日

根据毛泽东的指示，中央人民广播电台对近几年来（主要是1958~1960年）在国内问题宣传方面所犯的错误，写出了书面的初步检查。检查所犯主要错误有：严重的浮夸、宣传刮"共产风"、瞎指挥；多次组织广播大会，压高指标，形式主义地搞群众运动，劳民伤财；在文艺广播中做了很多机械配合政治任务和中心工作的宣传，质量不高，枯燥无味；在广播宣传中乱提错误口号等等。接着，又分部门对1958年到1960年广播宣传中的问题进行了全面的检查，到4月25日写出了中央电台宣传报道初步检查。

1月31日

中宣部副部长张子意、中宣部文艺处处长林默涵、《人民日报》文艺部主任袁水拍及中国音乐家协会王元方等，审听了中央人民广播电台1961年从云南采录来的傣族、景颇族、白族、拉祜族、爱尼族（哈尼族）等少数民族的部分音乐节目。张子意、林默涵等认为，这些节目具有浓厚的民族色彩和较高的艺术水平，应选择一部分在广播、报刊上向全国人民介绍。播送少数民族音乐是有政治作用和影响的，今后采录节目要拍摄照片，给《人民日报》写文章介绍。

2月12日

中央人民广播电台进一步压缩广播节目时间。新节目表上，三套节目每天总播音时间为34小时15分钟，比改节目前每天减少6小时45分钟，比1961年夏秋季节目每天减少16小时35分钟。压缩时间以后，第一套节目从6：00到0：35，全天连续播音；第二套节目早、中、晚三次播音，主要压缩了14：00到17：30的一段；第三套节目只保留了晚上一段时间。新闻性、知识性、文艺性三类节目的比例是：新闻性广播每天5小时04分钟，占16.2%，知识性广播每天3小时，占9.7%，文艺性广播每天22小时15分钟，占71.2%。

同日

中央人民广播电台《各省、市、自治区人民广播电台编排的节目》同《在祖国各地》节目合并。合并后节目的名称仍用《在祖国各地》。

2月15日

由中央广播事业局承建的柬埔寨皇家电台工程全部完成。第二期工程包括50千瓦短波发射台和播音馆各一座,分别于2月3日和2月15日移交柬方。

2月15日~20日

江西省广播管理局在南昌市召开全省第七次广播工作会议,地县级广播站负责人100余人参加,地市委宣传部应邀派代表出席。会议主要是研究继续深入贯彻"调整、巩固、充实、提高"的八字方针,开展整顿农村广播网工作。

2月21日~23日

江苏人民广播电台150千瓦自动屏调发射机的电声指标在中央广播事业局无线总处工程师沈世明帮助下达到甲级水平。中央广播事业局在南京召开全国自动屏调发射机维护经验交流会,总结和交流几年来自动屏调发射机技术维护和提高电声质量方面的经验。出席这次会议的共有63名工程技术人员。江苏电台发射组组长马俊芳在会上作了经验介绍。

2月23日

北京广播电台组织节目试听会。到会60多人,分别对华侨部、新闻部、音乐部、日语组、英语组所编录的节目进行了试听和讲评。

2月25日

北京广播电台俄语直播节目开始广播,每天广播九次,每次30分钟。18:00开始的节目为第一次。这是北京电台对外广播的第二十二种外语节目。至此,对外广播共有27种语言,其中外国语22种,汉语普通话和方言5种。每天共播音83小时。

同月

中央人民广播电台对台湾广播部从厦门、泉州、福州等地录回4000多分钟闽南戏曲优秀传统剧目,丰富了闽南话文艺节目内容。中央电台文艺部和中国唱片社派出的采录小组从汕头、海口、湛江、广州等地录制了音乐和戏曲节目414个,共计2665分钟。

同月

甘肃人民广播电台台委会将1958~1960年期间广播宣传工作检查报告报送中共甘肃省委。报告列举宣传中的主要问题是:把平均主义当作共产主义;违反科学和政策,宣传高指标和瞎指挥;理论宣传上混淆社会主义与共产主义的界限,片面强调人的主观能动性,忽视客观规律等。

2月~3月

中央人民广播电台组织新闻、工业、农业、文教等编辑部的编辑和记者,学习党的新闻工作的传统。本次学习结合检查几年来宣传报道中的错误和缺点,要求树立实事求是的作风和新闻必须完全真实的观点，克服宣传报道中的浮夸和片面性。

2月~年底

江苏省贯彻中央广播事业局调整和精简广播电视事业的方针，扬州、淮阴、常州、连云港电台先后奉命停止播音，苏州人民广播电台改为转播台。苏州人民广播电台电视台和徐州人民广播电台电视组相继停办。南京电视实验台编制由36人减为10人，工作处于维持状态，每周只播出一次电影，以维护机器设备。无锡电视台则成为江苏省唯一开播以后从未停播的电视台。

3月4日

周恩来在青年艺术剧院第二次观看中央广播电视剧团重新排演的《北京人》。李先念、邓颖超随同观看演出。休息时，周恩来接见了中央广播事业局副局长顾文华、剧团团长陈庚，并作了指示。

3月6日

中央人民广播电台和中国文字改革委员会联合举办《中学、小学、师范学校语文朗读教学广播讲座》，一共32讲，连续播讲4个月，教学方法主要是朗读示范，并且根据课文分析讲述朗读方法，适当地指导发音与正音。

3月11日

中共内蒙古自治区区委宣传部批复内蒙古人民广播电台，同意加强蒙古语广播。当年夏季，内蒙古自治区广播事业管理局在海拉尔市召开边境地区广播工作会议，确定"以牧区为主，蒙古语为主"的边境地区广播工作方针。

3月17日

天津电视台在演播室直播第一个儿童电视小品《什么是应该做的事》。

3月25日

台湾民主自治同盟总部邀请到北京参加全国人大会议和全国政协会议的台湾籍代表和委员审听一部分中央人民广播电台对台广播闽南话节目的录音。参加审听的还有北京市一部分经常写稿的台湾籍同胞。大家认为，台湾籍同胞的广播讲话较好，有特点。对台湾广播要从台湾人民的实际状况出发多从侧面宣传，并进行爱国主义教育。

同月

中央人民广播电台播音员曹石安（播音名曹山）在莫斯科电台伯力转播台工作期满回国。至此，中国已没有播音员在苏联工作。

同月

云南省昆明实验电视台停办。

4月10日

中共河北省委发出撤销中等城市广播电台的指示。河北省广播管理局决定保留天津、石家庄、唐山、秦皇岛四座城市的人民广播电台，撤销邯郸、邢台、保定、张家口、承德、沧州六座城市的人民广播电台，改为省台转播台。

4月11日

天津人民广播电台召开临时会议，决定电视台从本日起暂时停止拍摄电视新闻片。今后是否继续拍摄，责成电视台编辑部提出意见，提交党组讨论。

4月16日

由于苏联通过其领事的长期策动诱骗，新疆维吾尔自治区塔城、裕民、霍城三县6万余边境居民非法越境去苏联。5月29日，一伙暴徒在苏联领事馆人员的策动下，在伊犁发起暴乱。"伊塔事件"发生后，塔城城乡广播线路遭到严重破坏，城乡小喇叭仅剩30只，农村喇叭筒全部丢失，线路损失90%以上。

4月20日

北京广播电台改进对日广播，扩大广播题材，增加花色品种。多采用录音报道、配乐广播、故事、小说等听众喜闻乐见的形式，从每天6次、5小时，改为每天5次、4小时30分钟。

4月21日

江西省广播管理局以"江西人民广播电台电视实验广播"为呼号首次试播，向南昌市区播送第八届全国乒乓球锦标赛实况，并向北京电视台传送此次比赛的新闻片。

4月23日

在国务院外事办公室召集的会议上，副主任廖承志说，北京电台对日本广播要大谈中日友好，克服广播宣传中生硬、呆板的缺点，力求生动，入情入理，让大家都能听进去。

4月24日～6月27日

日本电波新闻社董事长柳泽恭雄访问中国。6月13日，国务院副总理陈毅应柳泽恭雄的邀请发表电视讲话。讲话内容包括中日关系、中国外交政策、禁止核武器以及中国的社会主义建设等问题。日方在10月1日播出陈毅的讲话。电波新闻社是中央广播事业局接待的第一个外国摄影队。

4月29日

中央人民广播电台在19：30开始教唱《国际歌》。28日，修改后的翻译歌词刊登在《人民日报》上。同日，中国音乐家协会和中央广播事业局给上海、广州、天津、沈阳、成都、西安、武汉、南京音协分会和广播电台发出了在各大城市电台教唱《国际歌》的通知。

4月30日

山西省太原人民广播电台呼号撤销，改称"山西人民广播电台第二套"，仍定向太原地区发射播出。

同月

中国唱片艺术委员会成立，主任为吕骥。该委员会主要任务是协助中央广播事业局审查唱片内容，做好唱片出版工作。

同月

中央人民广播电台开始试行播音员改动稿件的新办法，先在18名老播音员和业务骨干中试行。

5月1日

黑龙江省哈尔滨电视台自行安装成功除车体外的全套电视转播车设备，并投入使用，开始到剧院、会场等场所进行实况转播。郭沫若应电视台的邀请，为电视转播车题写台标。

5月6日

河南省焦作人民广播电台停播。

5月18日～29日

中央广播事业局召开部分地方台台长座谈会。参加座谈会的有北京、上海、河北、山西、内蒙古、辽宁、吉林、黑龙江、山东、江苏、江西、广东、湖南、湖北、陕西、四川等电台。会议主要研究广播系统贯彻"调整、巩固、充实、提高"八字方针，进一步调整和精简的问题。会上还就召开全国广播工作会议总结广播工作的经验教训等问题进行了讨论。中央广播事业局局长梅益在会上就广播宣传和总结广播工作经验等问题发了言。

5月20日

日本共产党中央机关报《赤旗报》刊登日中友好协会常务理事岛田政雄为庆祝北京广播电台日语节目创办13周年而写的文章。文章说："对追求真理的日本人民来说，北京的日语广播已成为不可缺少的精神食粮。"

同日

河南省开封人民广播电台停播。

5月28日

以木田春彦为团长的日本新闻、广播、出版代表团一行五人到中央广播事业局作礼节性拜访。副局长周新武等会见代表团，并解答了代表团提出的问题。

5月31日

中共广西僮族自治区委员会同意自治区党委宣传部《关于全区报纸、电台、有线广播等事业单位精简职工方案》，撤销南宁、柳州、桂林、梧州、百色广播电台。柳州、桂林、梧州、百色电台各留6名工作人员，转为广西人民广播电台转播台。保留南宁、柳州、桂林、梧州、百色广播站建制。南宁市广播站10人，其余4站各5～8人。保留各县广播站人员编制（一般3～4人），各市、县广播站由市、县委宣传部领导，经费从国家事业费中开支。

同月

在精简机构中，中共甘肃省委决定撤销甘肃省广播事业管理局、兰州电视台、甘肃广播学校，省电台所属机构合并一批，全台职工由280人减到150人。

6月2日

根据中央关于国民经济调整的方针，湖南省长沙电视台停播。

6月4日

李克简任天津人民广播电台台长。

6月14日

天津人民广播电台调整组织结构及干部配备，设置行政办公室、人事科、保卫科、总务科（包括财务工作）、工务部（包括电视技术）、实验科、器材维修科、服务部、总编办公室（下设资料组、胶带库）、新闻部（下设通联、工商、政教、郊区等组）、社会教育部（下设妇幼、知识、对象节目等组）、文艺部、播出部、电视编辑部（下设新闻、文艺、播出等组）。

6月16日

辽宁省辽源人民广播电台停播。

6月17日

广东人民广播电台、广州人民广播电台改变各台的波长、频率，并将广州二台、三台合并播音，呼号定为"广州电台第二台"。

6月23日

周恩来在吉林省延边朝鲜族自治州视察时指示："要办好朝鲜语节目。"延边人民广播电台按照周总理的指示，先后开办《朝鲜语新闻》《少儿节目》和文艺节目。

同月

山东人民广播电台备用发射机——安装在济南市东郊发射台的一部40千瓦广播发射机投入运行。

同月

根据精简精神，辽宁人民广播电台、沈阳人民广播电台压缩自办节目及播音时间，调整人员编制。

同月

广西僮族自治区广播事业管理处决定撤销南宁无线电器材厂（即广西广播器材厂）。梧州市广播站、南宁市广播站恢复播音。

同月

我国第二座对外广播发射中心在西北地区建成并投入使用，使用八部大功率短波发射机，对欧、美、东南亚等地区广播，进一步扩大了中国对外广播的规模。

同月

因经济困难进行调整精简后，青海省广播事业管理局、台机关设立九个处室：办公室、人事保卫处、计财处、总编室、政治广播部、藏语广播部、文艺广播部、技术处、广播电台服务部。

上半年

北京广播电台日语广播开办《教中国话》节目，每周两次，每次30分钟。

7月1日

山东省济南电视实验台停播。

同日

吉林省吉林市电视台停播。

同日

天津人民广播电台《广播节目报》调整价格和发行份数。价格由1分调到2分，发行总份数由2.45万份增加到2.8万份。

7月3日

中央广播事业局拟定《关于全国广播事业调整方针和精简工作的报告》。《报告》提出：全国广播事业自1958年以来有了很大的发展，但是现有的事业规模过大，与当前的国民经济水平不相适应。1957年全国共有58座广播电台，四年多来新增了91座广播电台、36座电视台和电视实验台、30多个中小型的广播工厂，有线广播喇叭由100多万只增加到600多万只。全国广播系统职工人数（不包括农村广播站）到1960年底达到25832人（其中广播事业局为5941人），比1957年底增加了14364人。显然职工人数还是多了，这与新办事业的规模过大有关，因此，在进一步精简职工的同时，必须对全国广播事业进行调整。广播事业的调整、精简工作必须从当前国家的经济形势出发，采取"紧缩规模、合理布局、精简人员、提高质量"的方针。据此，拟对全国广播事业采取如下的调整措施：一、全国各省、自治区、直辖市人民广播电台须进一步精简人员，所属的广播文工团、中等技术学校一律撤销。省会所在地的市台，原则上和省台合并。1958年后开办的广播电台，除林区、牧区、渔区、少数民族地区和确有需要者可以保留外，其他一律停办。二、全国各省、自治区、直辖市广播管理机构一律撤销，但可保留名义，与省、区、市广播电台合署办公。三、全国各地实验台一律保留，但应紧缩编制，减少人员。四、全国36座电视台和电视实验台，除保留北京、上海、广州、沈阳、天津5处外，一律停办。五、全国广播系统的工厂，只保留北京广播器材厂和上海唱片厂，其他一律停办。全国广播系统职工1962年拟减4500人，估计在上述调整措施实施后，精简人数还会增加。中央人民广播电台从1961年起紧缩规模，精减人员，减少节目。北京广播电台今后五年的方针主要是：一、缩短战线，停办一些次要节目，办好现有重点节目；二、培养、提高和充实外语以及编辑干部，逐步实现翻译和播音力量的自力更生。北京电视台从1961年起每周播送节目已由8次减为6次（教育台节目未减），时间也已缩短，今后五年内仍维持现有规模。有线广播在农村是一个有用的宣传教育工具，凡是办得好的广播站都受农民喜爱，凡能经常广播、听得清楚、经费自给的农村有线广播站都应当保留，并积极办好；凡不具备上述条件的就停办。农村人民公社广播站，原则上应当停办。7月27日，国务院批转广播事业局《关于全国广播事业调整方针和精简工作报告》。

7月11日

中央广播事业局干部处通知北京广播学院："经我局批准，同意你院成立以周新武同志等18人组成的院务委员会。"

7月21日

国家民族事务委员会副主任萨空了传达周恩来总理的指示，要求中央广播事业局研究恢复中央人民广播电台的少数民族语言广播。

同日

北京广播电台英语广播开办《教中国话》节目。

同日

按照中央广播事业局提出的"紧缩规模，合理布局，精简人员，提高质量"的调整方针，山西省太原实验电视台停办。山西省广播管理局拨款一万元，太原实验电视台保留的七个人在五台山上建起一座差转台，接收北京电视台的节目信号，送往太原，使太原地区收看到北京电视台的节目。

7月28日

中央人民广播电台原新闻部、工业部、农业部和记者部合并组成新闻编辑部。新闻编辑部的工农业编辑部合并为经济组，还设有政文、国际、外事、编辑和记者五个组。

同月

内蒙古自治区呼和浩特人民广播电台停办。

同月

湖北省武汉电视台停止试播。

同月

广西广播学校停办。

同月

西藏山南地区有线广播站正式开播。

8月1日

中共江西省委批转省文教领导小组《关于进一步调整全省文教卫生事业和精简职工的报告》。根据《报告》提出的原则，全省两座市广播电台、30座县广播站、550座公社广播站停播，扬声器由14万只降到7万只。

8月6日

中央广播事业局向国务院文教办公室提交《我局1962年精简调整职工计划方案》。《方案》称："我局1961年底职工总数4473人，根据中央精简批示精神，经研究我局1962年精简、调整职工395人，增减相抵减少职工97人。"8月22日，国务院文教办公室批复，同意1962年精简调整职工方案。

8月8日

新疆维吾尔自治区广播事业管理局党组召开会议，检查民族政策执行情况。会议决定，广播宣传要进一步照顾多民族地区特点，重视运用少数民族语言进行广播。要加强少数民族干部的培养，要尊重少数民族风俗习惯，要注意使用少数民族文字等。

同日

中国唱片社出版的《梅兰芳唱片选集》第一部分在北京、上海、广州、武汉、天津等八大城市同时发行，并在港澳地区和国外发行。《选集》第一部分有密纹唱片6张，粗纹唱片53张。内容是梅兰芳20岁至40岁期间演唱的24个剧目中的精彩唱段。

8月10日

中央人民广播电台对台湾广播改用新节目时间表。政治性节目从33%增加到57%；文艺广播由67%减为43%。闽南话节目由原来每天3次3小时，增加到5次5小时。新闻节目从12次增加到17次，即从开始播音到结束，每个整点都有新闻节目。全天播音16小时30分钟。

8月11日

北京电视大学招收新生,北京市初步形成电视教学网。北京电视大学是由北京市教育局、北京大学、北京师范大学、北京师范学院、北京电视台和北京人民广播电台等单位联合举办的,设有中文、数学、物理、化学四个系和一个预科。北京城区和郊区已有上千个电视收看点,初步形成了一个电视教学网。参加电视学习的学员来自机关、厂矿、企业、学校、部队和郊区人民公社等共约2000多个单位。仅北京市中、小学校教师参加电视大学学习的就有4000多人。

同日

北京广播函授学校成立。学校是由北京市教育局、共青团北京市委和北京人民广播电台等八个单位联合举办的。学校开设有初中和高中两类课程,帮助学生复习巩固所学得的知识,同时教给新知识。学校采取广播讲授、函授、自学和辅导相结合的教学方式。另外,学校还在城区和郊区设立了七个分校,由辅导教师就近对学生进行辅导和批改作业。

8月15日

解放军战士雷锋因公殉职。毛泽东亲笔题词"向雷锋同志学习"(1963年3月5日,在《人民日报》上发表)。辽宁人民广播电台多次播放雷锋生前的一段录音讲话。这段录音的来源是:1962年2月3日,沈阳军区召开首届共青团代表大会,雷锋以特邀代表身份出席会议,并被选为主席团成员。当时,辽宁人民广播电台记者杨威参加大会采访工作。经军区领导批准,杨威邀请雷锋到电台作讲话录音,讲话题目是《苦难的童年》。讲话录音在辽宁电台的节目中重播多次,产生了很大反响,每天收到各地听众来信几十封。听众对雷锋童年的苦难遭遇表示同情,并从中受到深刻教育。

8月25日

广西僮族自治区广播事业管理处停止筹建南宁电视实验台工作。

8月26日

中央人民广播电台少儿部和《歌曲》编辑部联合举办少年儿童歌曲应征作品演唱会。

8月28日

中央人民广播电台少儿部为孙敬修从事儿童教育工作40年和在广播里为少年儿童讲故事20年举行庆祝会。

同月

福建省福州电视台停办。

同月

云南人民广播电台在昆明市北郊龙头村建立的大型广播发射台全部建成投入使用。发射设备有 150 千瓦和 20 千瓦中波自动屏调机各一部、7.5 千瓦短波自动屏调机两部。

同月

新疆维吾尔自治区哈密县广播站协助县文化馆收集录制维吾尔民间乐曲《哈密十二木卡姆》，邀请 20 多位民间老艺人演唱录音，收录 12 组 75 首乐曲，保留了约 8 小时的录音资料，并有选择地在自办节目中播出。

9 月 10 日～15 日

中国唱片社在北京召开编辑出版工作会议，讨论《唱片工作暂行工作条例》。会议认为，唱片工作是一项具有影响的文化出版事业，担负着多方面的任务。对国内，唱片应尽力满足以劳动人民为主体的各族人民文化生活需要，并为国家文物史料工作服务，使重要的艺术声音资料得以永世长存；对国外，它显示我国文化艺术水平，担负着国际文化交流的任务，是进行国际宣传的一种工具。

9 月 28 日～10 月 1 日

国际广播与电视组织第 35 次理事会在柏林召开。中华人民共和国广播事业局派中央人民广播电台 2 人参加会议。

9 月 30 日

北京电视台举办第三次《笑的晚会》。本次《笑的晚会》是为国庆晚会组织的。节目式样、播出风格和前两次不同，着重表演，减少说唱，以电影、话剧演员演小品的形式为主。

同日

湖北省武汉人民广播电台开办《家庭主妇》节目，主要栏目有《武汉妇女》《祖国各地妇女》《世界革命妇女》《方大姐说时事》《怎样教育子女》《生活顾问》《医生的话》《妇女信箱》等。全市有一百多个集体收听点收听这个节目。

同月

广东省广州人民广播电台、广州电视台和广州市业余教育委员会联合举办的广州广播电视大学正式招生。学制三年，设有中文、数学、物理、化学、英语等课程，先后培养了三届毕业生。

10 月 1 日

毛泽东在天安门城楼上出席国庆 13 周年活动时对周恩来说，你们要管广播电台。电台怎么样？不要出问题。要周恩来从部队调一个强的干部去领导中央广播事业局。

10月12日

印度军队9月向中国边防部队发动大规模进攻后,印度电台加强了藏语节目。西藏人民广播电台针锋相对,增加了藏语节目时间。在节目内容上,也加强了时事宣传和中印边界问题真相的宣传。10月20日,印度军队大规模入侵中国领土,中国边防部队被迫进行自卫反击战。西藏人民广播电台藏语、汉语节目加大了对自卫反击作战的宣传力度,特别是对吴天明、"阳廷安班"等一大批英雄人物、英雄集体作了广泛、深入的报道。

10月13日

中央决定任命中国人民解放军某军政委丁莱夫为中央广播事业局党组书记。原党组书记梅益改任党组副书记、广播事业局局长。

10月16日

新疆人民广播电台调整广播节目,增加《历史故事》节目,以加强对各族人民进行爱国主义教育。增办《民族团结》节目,每周一次。在农牧节目、天山南北节目和新闻节目中,增加民族团结的宣传教育内容。

10月20日~11月3日

印度尼西亚广播电台台长苏基尔曼及夫人、女儿应邀到中国访问。访问期间,于11月1日签订了中华人民共和国广播事业局和印度尼西亚共和国广播事业局广播和电视合作协定。同日,国务院副总理陈毅会见了苏基尔曼等人。

10月25日

陕西省广播事业管理局提交给中央广播事业局的《关于调整广播事业中几个问题的请示》中提出:"保留西安电视台,人员在完成总的精简任务的原则下作内部调整,编制27人,建议增办电视教学节目,帮助城市青年自学。"

10月26日

黑龙江省编制委员会、黑龙江省广播事业管理局发出《关于全省广播系统机构人员编制的通知》。根据国务院关于调整的方针,全省广播系统编制由2524人减到1636人。各市地不单设广播事业管理机构,与广播电台实行合一体制,同时撤销市的广播电台和电视台。

10月29日

新疆人民广播电台蒙古语广播播出时间由原1小时延长到1小时25分钟,创办15分钟的《天山南北》《伟大的祖国》节目。

同月

安徽电视台停办节目,改为安徽电视学校,人员重新分配,留下机器设备和少量技术人员。每周播出三次,教授中文、数学、英语三门课程。

同月

新疆维吾尔自治区哈密县广播站架设县至东风公社六公里广播专线，建起东风公社广播放大站。这是全专区第一个公社放大站。

11月1日

据中央人民广播电台《工作情况简报》1962年第255期刊登的材料，到当年10月，全国内地各省（除浙江省外）辖市广播电台的调整工作已基本完成。年初，全国有地方广播电台145座，经过调整，保留省、自治区、直辖市台28座，省辖市台52座，加上新建的白银市台，共81座。

11月1日～7日

为纪念俄国十月革命45周年，中央人民广播电台按中苏广播合作协定和苏方1962年庆祝中国国庆的做法，举办苏联音乐周，并选播了一些苏联文艺作品。

11月6日

江西省广播管理局在南昌市举办编播干部训练班，各县、市广播站编辑、播音员53人参加学习，时间一个半月。

同日

安徽省人民委员会批准省电台精简方案，由168人精简为126人。所属剧团停办，广播学校撤销。

11月13日

全国教育事业计划会议召开，会议通知中央广播事业局，北京广播学院应于1964年结束。

11月22日

陕西省西安实验电视台首次用新的黑白电视转播车现场直播陕西省京剧团演出的京剧《龙凤呈祥》。

11月20日～29日

中南区广播工作协作会议在广州召开，福建人民广播电台台长也参加了会议。会议就政治广播、文艺广播、农村有线广播事业调整工作的有关问题进行了讨论。

同月

中央人民广播电台、北京广播电台和北京电视台集中宣传我国人民支持古巴人民的斗争。3日，中央电台《各地人民广播电台联播》节目在头条播出了首都人民示威游行、支持古巴人民反对美帝国主义的战争挑衅的实况录音报道。该节目全部13条新闻中有11条是关于古巴问题的。文艺节目当晚作了配合，紧接《各地人民广播电台联播》节目播送一组《支持古巴人民反对美帝国主义战争挑衅》的文艺节目。4日~6日，各次新闻均以绝大部分或全部时间连续报道了北京、上海、天津、武汉、沈阳、广州、成都、西安八大城市电台发来的支持古巴游行示威的录音报道和消息。

同月

吉林人民广播电台与吉林省军区联合举办《民兵生活》节目。以毛泽东提出的"大办民兵师""全民皆兵"的人民战争思想以及民兵工作"三落实"（组织落实、思想落实、军事落实）的指示为指针，宣传民兵性质、任务以及民兵在未来战争中的地位、作用等；同时介绍军事常识，对民兵进行战备教育。

同月

山东人民广播电台总结建台以来的工作经验，制定《山东人民广播电台工作条例》（草案）。《条例》共3.7万多字，分为12部分。

同月

湖北省武汉电视台停办。

12月4日

周恩来在中南海西花厅召集有关人员听取中央广播事业局工作汇报，对广播事业局实行党委制、政治委员制和政治工作制度作了指示。

12月8日

浙江人民广播电台与省教育厅、团省委、省妇联联合创办的浙江广播学校开学。学校开设政治、语文、代数等课程，通过广播组织高小毕业和具有同等学历的社会青少年参加学习。

12月15日

《人民日报》发表题为《全世界无产者联合起来，反对我们的共同敌人》的社论。中央人民广播电台、北京广播电台各种语言节目多次播送这篇社论。

12月25日

天津市总工会、市教育局和天津人民广播电台联合提出筹建电视大学，举办对职工的电视教育。全部投资约150万元。

12月30日

周恩来、陈毅、薄一波等中央领导到中央广播事业局，同中外工作人员一起联欢。周恩来首先向外籍工作人员祝酒，并同他们亲切交谈。周总理等还接见了广播事业局部分工作人员。

12月31日

《人民日报》发表题为《陶里亚蒂同志同我们的分歧》的社论。中央人民广播电台、北京广播电台多种语言节目播出这篇社论。

同月

毛泽东指示：广播电台要在任何情况下都能各就各位，坚守岗位，正常工作，安全播音。

同月

西安实验电视台请西安电影制片厂代冲黑白反转片，从此有了用电影摄影技术制作的新闻影片，电视新闻逐渐由"死画面"变成"活镜头"。

同月

西藏乃堆拉、则里拉、卓拉哨所建立起对印度广播的有线广播站。

同月

甘肃省对农村广播网进行调整。到年底，县广播站大多数停办，保留下来的只有26个县站（实际工作的只有8个），5100多只喇叭。

同年

中央广播事业局再次成立技术处，由副处长何大中主持工作，开始研究广播电视技术政策。

同年

中央人民广播电台寄送出国的音乐节目共5430分钟，分别送给23个国家，收到外国寄来的音乐节目9960分钟。中央电台共收到国内听众来信158169件，比1961年减少65.7%（减少原因主要是中央电台有意识地压缩了服务性节目，但听众对各种广播节目的反映和提出要求的信件显著增加）。

同年

全国广播电台全年平均每天的播音时间由原来的1614小时12分钟减为1306小时25分钟。

同年

北京广播电台收到112个国家和地区的听众来信66425封。

同年

北京电视台全年播出国内电视新闻片854条，其中本台摄制的596条，地方电视台提供的244条。北京电视台共有摄影记者29人，本年曾去黑龙江、内蒙古、陕西、云南、广西、福建等17个省、区采访。北京电视台全年分别给17个国家寄出240条电视片，给上海、广州、天津、沈阳等电视台寄出227条电视片。

同年

北京广播器材厂制造成功我国第一座圆钢组合自立式电视调频塔，塔高200米，架设在广州越秀山。

同年

吉林省广播事业管理局为促进业务建设，精办节目，制定《吉林广播电视工作条例》《节目广播工作规定》，重点强调编辑、记者要钻研业务，精通本职工作，提高宣传质量。吉林人民广播电台在全省各公社（镇）都有了通讯组和通讯员，通讯员达到4800多人。

同年

第一届全国冰上运动会在吉林市举行，长春电视台与北京电视台合作摄制了专题片。这是长春电视台第一部被介绍到国外的电视专题片。

同年

内蒙古人民广播电台播出庆祝内蒙古自治区成立15周年文艺专题36个。反映了在中国共产党的民族政策指引下，自治区文学艺术事业的成就。内蒙古电台在各盟市正式成立记者站，有20多名记者，多数蒙、汉语兼通。

同年

安徽省芜湖、安庆、淮南、蚌埠、马鞍山等市级广播电台（站）先后停办。

同年

山东全省13个地市（除济南市外）全部设立山东人民广播电台记者站。记者站受山东电台和地委双重领导。

同年

在精简机构中，云南全省各县削减广播站人员编制，大部分县广播站和公社放大站停止活动。

同年

根据中央广播事业局关于"压缩规模，合理布局"的调整广播事业的方针，贵州省决定精减专区、县广播事业机构，只保留县（市）广播站。

1963 年

1月3日

天津市人民委员会广播事业管理处只保留名义,不单设编制,原任务由天津人民广播电台承担。

1月4日

中央广播事业局向国务院文教办、中央精简小组呈报《关于全国地方广播事业1962年调整精简情况和1963年精简计划的报告》。《报告》中说,1961年末,全国县级广播站以上广播系统职工34426人,其中广播事业局及其直属单位5026人,地方广播电台12452人,县级广播站13721人,有统计的26个省、市、区的工厂服务部3227人。1962年7月,国务院批转广播事业局《关于全国广播事业调整方针和精简工作的报告》计划精简4500人。现各省报来的方案计划精简8202人,其中广播事业局及其直属单位减29人,地方广播电台减3183人,县级广播站减3836人,有统计的26个省、市、区的工厂服务部减1154人,占原有总人数的23.8%。精简后保留26224人,其中广播事业局及其直属单位4997人,地方广播电台9249人,县级广播站9885人,有统计的26个省、市、区的工厂服务部2093人。

同日

中央广播事业局局长梅益告知北京广播电台:最近北京电台的简报发表听众来信,特别是俄语听众来信,毛泽东主席都看了。越南语的听众来信也很注意。今后对专家、听众的反应要及时,还有对华语节目的反应、拉丁美洲听众来信要及时汇报。

1月5日

中央人民广播电台、北京广播电台各语言广播播出《红旗》杂志第1期发表的社论《列宁主义和现代修正主义》。

1月7日

北京电视台和英联邦国际新闻影片社从1月起试行交换电视片半年。当日,北京电视台将斯里兰卡总理班达拉奈克夫人在北京活动的电视片寄给该社。还分别送往古巴、日本、阿尔及利亚等14个国家。

年初

经中央批准,中央广播事业局经中国人民解放军总政治部从全国各部队陆续调来一批团以上干部,以加强广播事业局各部门的政治思想工作。

年初

中共青海省委发出通知,要求各级党委重视广播宣传工具,对已撤销的县级广播站要立即恢复,对垮掉的广播网路要整顿,对原有的广播设备要及时修复。青海省广播事业管理局为贯彻省委通知,抽调技术人员,组织两个巡回修理组,帮助各地恢复广播站。

年初

为贯彻中央关于以农业为基础的总方针,云南人民广播电台进一步精办节目,着重办好新闻节目和直接为农民服务的《对农村广播》及《农村俱乐部》节目。

1月9日~14日

北京电视台分别向17个国家寄送中印边界问题的电视片。

1月16日

北京广播电台对印度华侨的汉语广播从即日起增加一次一小时的客家话节目和两次半小时的普通话节目。

1月22日

从即日起,北京广播电台日语组邀请西园寺公一每周作一次对日本广播讲话。此计划经廖承志批准。

1月26日

中央人民广播电台、北京广播电台播出《人民日报》将于1月27日发表的社论《在〈莫斯科宣言〉和〈莫斯科声明〉的基础上团结起来》。

同月

甘肃人民广播电台台委会决定,以《甘肃新闻》《农村广播站联播节目》为重点,精办节目,搞好广播宣传。

2月1日

越南之声电台停止自1959年5月开始转播的北京广播电台越南语节目。

2月4日

中央人民广播电台第一、第二套节目从本日起提前播音。第一套节目提前45分钟,从5:20开始播音。第二套节目提前50分钟,从5:50开始播放音乐,并各增加一次新闻节目,以满足东北地区广大群众收听国内外时事的要求。

2月5日

新疆维吾尔自治区广播事业管理局党组总结1962年采访通讯工作的经验教训后

决定，采通工作要为广播节目服务；要贯彻"采通并重，以通为主"的方针；要稳定稿件数量，提高稿件质量；要深入调查研究，全面反映现实生活。

2月7日

中组部下发《关于迅速安排中央机关"万名下放干部"工作的通知》。《通知》要求：对于需要重新安排工作的下放干部，应该尽量留在下放省、市、自治区工作并请在省、市、自治区范围内统一调整，妥善安排，各得其所。对于确有实际问题，继续留在下放的省、市、自治区工作有很大困难的少数下放干部，可以在省、区之间作适当的调整。根据上述精神，中央广播事业局对下放到地方的干部情况进行了调查登记。对下放贵州省的41人，作跨省调整的16人，作为技术人员调整的14人，拟退休退职处理的11人。下放到广东省的37人全部跨省调整。

2月9日

北京电视台举办少年书法比赛，参加活动的是初中二年级以下的学生。经评选，获一、二、三等奖的共60人。书画家郭味蕖讲解了如何写好大字。

2月13日～3月6日

中央人民广播电台在新闻节目、《解放军生活》和《对少年儿童》等节目中，介绍了雷锋事迹和各地学习雷锋活动的消息，并选播了一部分雷锋日记摘抄。3月5日，《各地人民广播电台联播》节目播送了雷锋生前讲话的录音片断。

2月16日

中共黑龙江省委宣传部同意黑龙江人民广播电台增办《朝鲜语广播》节目。20日，黑龙江电台朝鲜语节目开播，每天播出30分钟，办有新闻、专题和文艺节目。

2月18日

北京广播电台越南语广播每天增加两次，即6：30至7：30和21：00至21：30。

2月19日

国务院文教办公室批复中央广播事业局关于电视台调整问题的请示。批复说："同意保留哈尔滨、长春两个电视台和西安电视实验台，作为实验性的电视台。太原、南京、武汉、合肥电视实验台撤销后，可以保留少数技术人员，协同有关部门举办电视教学，不作为正式电视台。"按照1962年的调整计划，全国电视台和电视实验台只保留北京、上海、广州、沈阳、天津五座，现已增加为八座。

同日

经中共陕西省委同意并报国务院文教办公室批准，保留西安实验电视台，人员精简，不增拨经费，不增办节目。陕西省广播事业管理局将电视台原有的42人减为27人，一周开一次机，保留了电视台的名义。

同日

经国务院文教办公室批复,同意太原实验电视台协同有关部门举办电视教学节目。山西省广播管理局与太原市教育局商定,联合举办"太原电视工读中学"。

2月20日

山东省广播事业管理局改名为山东省广播事业局,与山东人民广播电台合署办公。

2月27日

中央人民广播电台从0:00开始播出《人民日报》的社论《分歧从何而来?——答多列士等同志》全文。6:30和7:00的两次《新闻和首都报纸摘要》节目播出社论摘要。第一套节目9:00、14:30、18:00、20:30的《各地人民广播电台联播》节目和第二套节目13:00播送社论全文。

同月

中央人民广播电台研究了贝多芬《第九交响乐》和戏曲中的"鬼戏"的播出问题。中央电台认为《第九交响乐》是一部充满革命热情和英雄气概的好作品,有它的历史价值和革命意义。这首交响乐和现代修正主义是两回事。在与现代修正主义的斗争日益尖锐的情况下,播出时拟掌握如下原则:一、被歪曲和篡改过的,坚决不播;二、在一般节目中可以附加一些介绍播出,但不宜多播;三、在宗教节日不播。关于鬼戏问题,中央电台认为,鬼戏是个复杂问题,"有鬼无害""有鬼即有害"两种说法均有片面性。处理"鬼戏"要有具体分析,还要结合广播特点(没有视觉形象)来考虑,要看它的主题是否有积极意义,是否借鬼魂来反对封建统治、封建礼教和封建的宿命论的思想等,不能把鬼戏一律看作宣传迷信。对于现有录音的"鬼戏"拟作如下处理:一、内容无害,但艺术价值不高的,停止广播;二、内容有一定积极意义,但台词或音乐中渲染鬼魂或恐怖气氛的停止广播;三、内容有一定积极意义,艺术性又较强,台词及音乐没有渲染"鬼气",仍可广播。

同月

山东人民广播电台编辑部改为四部一室:新闻部、教育部、记者部、文艺部、总编室,共205人。记者部负责管理驻各地记者,兼管全省通联工作。

3月1日

西藏人民广播电台同西藏日报社联合成立地方记者站,统一管理各地(市)记者站,统一发稿,分别使用。

3月5日

《人民日报》发表毛泽东3月2日为《中国青年》杂志的题词"向雷锋同志学习"。中央人民广播电台在《各地人民广播电台联播》节目中立即播出。全国人民开展了学习雷锋的活动。辽宁是雷锋工作生活过的地方，辽宁人民广播电台将这一活动作为宣传报道的中心任务。此前，辽宁电台曾经得到雷锋生前讲话的两段录音资料。在毛泽东题词发表后，辽宁电台整理好雷锋的录音讲话，分别提供给《辽宁日报》和《中国青年报》全文发表。从1963年春天到1966年春天，辽宁电台在《全省联播》和各次新闻节目中报道学习雷锋的活动，还连续不断地开办各种专题节目，包括《雷锋的事迹》《回忆雷锋》《向雷锋同志学习》。山东人民广播电台开始举办《向雷锋同志学习》专题节目。天津人民广播电台、天津电视台把学习雷锋的宣传作为重点内容，分别举办学习雷锋的专题节目和电视专辑。西藏人民广播电台也开展了学习雷锋精神的专题宣传报道。

3月12日

周恩来、邓小平、彭真、李富春、陆定一在人民大会堂山东厅会见中央广播事业局直接参加翻译、广播重要文章的工作人员。

3月14日

中央人民广播电台在14日0：00的新闻节目和早晨的《新闻和首都报纸摘要》节目以及12：30的新闻节目中，开始全文广播中苏两党为举行双边会谈交换的信件。播出次序是：先播送中共中央致苏共中央的信，后播送苏共中央致中共中央的信。在《各地人民广播电台联播》节目中，只播送中共中央致苏共中央的信；苏共中央的来信在23：30再播送一次。

3月20日

中央广播事业局党组召开专门会议，讨论北京广播学院的前途问题。会上，局长梅益说："学院要办下去，究竟叫不叫学院问题不大。可以办一个内部机密学校，培养广播事业需要的干部。"讨论中，大家一致同意广播学院办下去。副局长金照提出，有几种语言要办。局党组书记丁莱夫说："学校要办。和别的国家比较，我国还很差，要有培养干部的基地。"

3月25日

为贯彻"调整精简"的精神，天津市人民委员会广播事业管理处明确只管理天津四郊及塘沽、汉沽广播站。霸县、宝坻、蓟县、三河、固安、静海等县广播站移交天津专区负责管理。同时，提出西、南郊各设五人，北、东郊各设四人，塘沽区九人，汉沽区五人。

3月25日~30日

江苏人民广播电台在南京召开第五次全省广播工作会议，总结交流10年来的工作经验，并着重研究：一、根据党的八届十中全会及省委第四次代表大会精神，提高广播宣传的政治性、思想性，为巩固集体经济，恢复和发展农业生产服务问题；二、根据广播事业调整和精简精神，整顿和巩固广播网并逐步做到收费自给问题。江苏电台台长郁启祥在会上作报告。各县、市有线广播站站长、市台台长及各地委宣传部具体负责广播工作的人员参加会议。

同月

河南人民广播电台组织编播人员到上海、江苏、浙江、江西、湖北电台学习，研究节目如何体现广播的特点等问题。此后，省台在《对农民广播》节目中开办《王秀英读报》《老赵谈时事》等固定栏目，深受听众欢迎。同时，重点办好《全省联播》《对农民广播》《公社戏院》《省舞台》《一周节目巡礼》等节目。对文艺广播，要求当地群众喜闻乐见的内容占主要地位。

同月

已故全国政协委员金芝轩生前向国家捐献的一批大中华唱片模版，由中国唱片社上海编辑部点收。其中较名贵的有梅兰芳、程砚秋、言菊朋、谭富英、荀慧生演唱的剧目。

同月

中央人民广播电台停办轻音乐节目，取消《月末舞会》。

同月

西藏人民广播电台 150 千瓦中波发射机正式投入使用，使西藏电台发射总功率达到 195 千瓦，进一步扩大了覆盖面。

4 月 5 日

广西僮族自治区广播事业管理处的《1963 年工作计划》中说明，当前农村广播站，30% 正常广播，40% 停停播播，30% 未恢复广播。

4 月 5 日～12 日

由北京电视台主持，北京、上海、广州、天津、沈阳、哈尔滨、长春、西安八家电视台负责人或主管电视新闻的负责人参加的座谈会在广州召开。会议讨论了如何加强电视片的对外宣传工作和提高出国电视片的质量问题。

4 月 12 日～5 月 16 日

中华人民共和国主席刘少奇对印度尼西亚、缅甸、越南、柬埔寨进行友好访问。北京电视台派两名记者随行采访拍摄电视新闻片。中央人民广播电台、北京广播电台对大部分访问活动都及时作了报道。

4 月 13 日

中共广西僮族自治区委员会组织部任命郭鲁为自治区广播网管理处党组书记。

4 月 15 日

由山西人民广播电台记者通讯部主办的《广播通讯》，作为内部业务刊物出版。

4月23日

陕西人民广播电台在咸阳转播赵梦桃小组命名大会实况。全国劳动模范赵梦桃因患重病不能与会，陕西电台记者在病床前为她录下了对小组姐妹们的讲话，在大会上播放，十分感人。赵梦桃在病床上收听了大会实况也很激动。陕西省纺织系统随即掀起学习赵梦桃活动。作家魏钢焰根据陕西电台录制的赵梦桃大量讲话，写出了报告文学《红桃是怎样开的》。

4月25日

中央广播事业局党组书记丁莱夫签署《同意保留北京广播学院和1963年暑假外语和播音专业招收新生80人的决议》。26日，广播事业局将上述决议致函教育部。5月22日，教育部和广播事业局联合向国务院报告，要求恢复北京广播学院并设置外语专业和中文专修科。

4月27日

中共中央同意中央广播事业局党组关于建立党委制和政治工作机构的报告。

同日

第一批在印度受难华侨909人乘中国派出的接侨船"光华轮""新华轮"回到广东省湛江。北京广播电台派两名记者参加报道，共编发新闻48条，录音报道、讲话和评论23篇。

同月

山东省广播事业管理局制定《关于农村有线广播建设、使用、管理、维护的暂行规定》，并经中共山东省委批准在全省推广执行。

同月

浙江省余杭县广播站用木模翻板法制造出第一根水泥电杆。此后，他们用水泥代替木材做有线广播线路的电杆，并逐步扩大到浙江省各县。中央广播事业局把他们的经验介绍到全国，各地纷纷学习和试验。

5月1日

全国人大常委员会委员长朱德和西安人民在兴庆公园游园联欢。西安实验电视台记者拍摄了新闻片。陕西人民广播电台、西安人民广播电台同一天播出联欢会的录音报道。

同日

中华人民共和国主席刘少奇出国访问途中在昆明稍事休息，出席了云南省、昆明市举行的庆祝"五一"国际劳动节的群众集会。云南人民广播电台进行现场实况转播。中央人民广播电台也同时转播。

同日

北京广播电台俄语直播节目每天增加 1 个半小时，即从每天 9 次（每次 30 分钟）4 小时 30 分钟增加为 12 次共 6 小时。

5 月 1 日～6 日

在国家主席刘少奇访问柬埔寨期间，中央人民广播电台共编发 23 条新闻。发稿时效有所改进，大部分消息在当天及时播出。

5 月 5 日

中央人民广播电台《各地人民广播电台联播》节目播出"南京路上好八连"正式命名大会的录音报道。5 月 10 日起，中央电台在《解放军生活》节目中连续六天介绍"南京路上好八连"的典型事迹，以及各部队学习"好八连"的情况。

5 月 10 日～16 日

中央人民广播电台和北京广播电台充分报道国家主席刘少奇访问越南的情况。中央电台播发 57 条消息和《人民日报》社论两篇，许多活动都在当天节目中详细播出。12 日，《各地人民广播电台联播》节目播送河内举行群众大会欢迎刘少奇的消息时，还混播了一段越南之声电台传来的实况录音。

5 月 15 日

中国"光华轮"再次启程前往印度接受难侨，5 月 28 日回国。北京电视台派两名记者随"光华轮"进行采访报道。

5 月 24 日

国务院下达《关于恢复北京广播学院的通知》，表示"同意恢复原定裁撤的北京广播学院。……该院恢复后，还归广播事业局领导管理，规模定为 500 人，设置外语专业和中文专修科"。27 日，国务院批准广播学院继续招生。

同日

江西省景德镇人民广播电台停播，改为景德镇市广播站。

5 月 27 日～30 日

中央广播事业局在北京召开华北和东北地区广播局（台）负责人座谈会，讨论广播事业规划问题。

同月

吉林省广播学校改为干部培训班，负责培训全省广播电视系统的干部职工。地址在长春市兴业街 84 号。

6 月 1 日

北京广播电台对西非地区广播的豪萨语节目开始播音，每天两次，每次 30 分钟。这是北京电台对外广播的第二十三种外语节目。

同日

台湾空军上尉飞行员徐廷泽驾驶美制F—86F喷气战斗机起义,沿着发射台电波指引的方位,在福建省龙田机场降落。

6月2日~12日

中央人民广播电台对台湾广播就蒋空军飞行员徐廷泽驾机起义归来进行了一次较大规模的宣传。2日和3日,播出徐廷泽驾机起义归来、授予徐廷泽少校军衔并奖给黄金2500两的消息。对国防部在福建前线某地举行授衔授奖大会、福建省和福州市各界欢迎徐廷泽起义归来大会都作了录音报道。还播出一些原蒋军起义人员的文章以及广播谈话等。

6月4日

自接到中央批转文化部党组《关于停演鬼戏的请示报告》后,天津人民广播电台党组即组织有关部门学习讨论,并立即停播一切有关鬼形象的戏曲、曲艺等节目。当日,天津电台党组向中共天津市委宣传部呈送《关于停播鬼戏的情况报告》。

同日

四川省成都电视台与成都人民广播电台合并。

6月13日

为播送中共中央14日致苏共的复信,周恩来对朝文翻译问题作了批示:"朝语请告主管同志与外交部朝文翻译译员一起校正一下,据黄长烨同志谈,我们的朝文系按延边朝语译的,他们听不懂,延边朝语已经满语化了不少,而朝文在本国又口语化了,并引用国际语汇不少,因此,两者相距甚远。外交部译员是平壤标准,而外文出版社、广播事业局多为延边标准。此事必须解决。请承志、姚溱两同志加以解决。"

6月16日

中央人民广播电台播出中共中央6月14日致苏共中央复信(题为《关于国际共产主义运动总路线的建议》),北京广播电台从今天起,前后连续全文广播了两个星期,其中英语播出48次,俄语24次,越南语16次,法语12次,老挝语、西班牙语各9次,日语8次。还向国外听众寄送了11万多本复信的单行本。

6月19日

国外对中苏论战反映和评论显著增多。从19日起,苏联停止干扰英、美的对苏广播,而完全用来干扰中国的广播。

6月20日

国务院总理周恩来陪同朝鲜最高人民会议常任委员长崔庸健到长春访问。长春电视台记者冒着大雨拍摄了记录长春市20万人民群众迎宾盛况的大型电视新闻专题片。采取边拍摄、边冲洗、烘干、剪辑、编辑、配音的办法，在较短的时间里完成了后期制作，并于当晚播出，时长20分钟。

6月20日~26日

在结束了对古巴的访问后，日本电波新闻社董事长柳泽恭雄经苏联、民主德国到达北京，对中国进行访问。访问期间，和北京电视台续签了电视片的购买合同和交换协定。

6月20日~7月20日

中央人民广播电台对台湾广播充分报道驾机起义的徐廷泽在北京的活动，及时广播了周恩来总理、叶剑英元帅和空军首长接见徐廷泽的消息，对北京市各界欢迎大会、全国政协召开的座谈会以及徐廷泽和蒋军家属、起义人员欢聚的茶话会都作了录音报道。

6月24日

西藏人民广播电台编委会决定，在西藏六个重点边境口岸和城镇建立小型广播站，设备由电台配给，转播西藏电台节目。边境公社小学校各配一部直流收音机，组织师生及所在地群众收听广播。藏语节目每星期编排两组对流落国外藏族同胞的广播。

6月27日

中央广播事业局正式通知山东省广播事业管理局，同意在泰山顶峰设置调频广播发射台，转播中央人民广播电台和省台的节目。7月29日，山东省人民委员会对在泰山顶设置广播发射台作出批复，同意在泰山顶设置调频发射台一座。8月7日，发射台正式向省内发射电波。11月26日，国家科委正式同意山东广播事业管理局在泰山顶进行广播试验，并拨科研经费15万元。

同月

中央人民广播电台开办第三个对台湾军事宣传节目《空中喊话》。

同月

根据1962年1月签订的中古广播电视合作协定，从本月起，北京广播电台每周给古巴电台寄去20~30分钟的西班牙语录音节目，并经常寄送音乐录音。

7月3日

中央广播事业局局长梅益同中央人民广播电台文艺部外国音乐组谈外国音乐广播问题。他说，我们对待外国音乐不存在民族沙文主义的问题。我们也没有，也不应该排斥外国音乐。现在外国音乐节目编排上有困难，是由于我们手头上能用的节目太少。过去外国寄来的节目，信手拿来就用，而现在的情况不同了，过去用的今后不能用，如肖斯塔可维奇的交响乐。我们不能在政治上旗帜鲜明，而在音乐上旗帜不鲜明。关于苏联音乐的播出问题，梅益说，苏联现实题材的音乐节目不要播。苏联的革命歌曲，20年代、30年代、40年代的可用。苏联的民间音乐，没有理由排斥。苏联的古典音乐作品，可以用。关于外国音乐节目中的古今比例问题，梅益说，现在古典东西多一点是不得已的，不是厚古薄今，是因为现代可用的节目太少，古典的来源广泛一点。根据目前节目情况，古典的占50%左右是可以的。

7月12日~23日

十大城市广播电台第五次协作会议在哈尔滨召开。参加会议的有北京、上海、广州、西安、武汉、哈尔滨、长春、沈阳、天津和南京的市台。会议讨论了广播宣传如何配合社会主义教育运动，以及关于生产斗争和科学实验的宣传等问题。最后对新闻节目和文艺节目写出了书面总结，即《加强新闻广播的思想性和战斗性》与《加强文艺广播工作，为胜利完成当前主要任务而奋斗》。中央广播事业局副局长顾文华参加会议并讲话。会上提出的问题有：希望中央人民广播电台建立地方记者站；希望早日召开第八次全国广播会议；要求中宣部直接领导召开一次文艺广播会议；希望召开地方广播局的体制标准会议以及加强地方台的管理等。

7月16日~8月7日

为改进中央人民广播电台的工作，提高节目质量，中央广播事业局局长梅益先后到文教部、军事组、文艺部文学组、少儿部、国际部、播音部、节目组、听众联系组、资料室等部组，和工作人员座谈，并对各部组的工作方针任务和一些具体工作提出了意见。

7月20日

《人民日报》加"编者按"发表了苏共中央机关报《真理报》7月14日发表的《苏联共产党中央委员会给苏联各级党组织和全体共产党员的公开信》(简称《公开信》)。同时，再次发表6月14日中共中央答复苏共中央3月13日来信的复信，题目是《关于国际共产主义运动总路线的建议》。中央人民广播电台播出了上述信件。北京广播电台用英语、俄语、日语、德语、法语广播了上述信件。广播电台把这两封信轮番广播，连续广播了一个月。

7月31日

根据周恩来的指示，北京广播电台所有外语广播和对华侨及驻外使馆广播的五种华语广播，连续三天播出《中国政府主张全面、彻底、干净、坚决地禁止和销毁核武器，倡议召开世界各国政府首脑会议的声明》。

8月1日

中央人民广播电台新闻节目自本日起一律由男女播音员轮播，取消新闻的"电头"，即"××消息""××电台报道"等。

同日

北京广播电台以南印度和斯里兰卡为主要对象地区的泰米尔语节目正式广播，每天两次，每次30分钟。这是北京电台对外广播的第二十四种外语节目，是陈毅副总理批准开办的。陈毅7月22日批示："30分钟节目应有几分钟的音乐文娱节目；还应强调中印人民友谊。"

8月2日

中宣部批准中央广播事业局关于建立和调整组织机构的报告。改变党组制，建立党委会。在对内广播、对外广播、电视、局办室、唱片社、文工团分设政治协理员。

8月2日～16日

全国广播收音机专业会议在北京举行。会议由商业部、财政部、中央广播事业局、第四机械工业部联合召开，会议着重对广播收音机的产销情况及今后的生产方针、技术政策、价格政策和税率调整等问题进行了讨论。四个单位根据这次会议精神于9月26日向国务院呈交《关于收音机生产和销售问题的联合报告》。

8月3日

天津市人民委员会批复天津人民广播电台，同意改设500瓦、1千瓦电视发射机各一部，原设的25瓦、50瓦电视发射机全部拆除，将电台执照缴回河北省邮电局并交换新执照。

8月5日～6日

上海人民广播电台播出了上海第六人民医院施行断手再植手术接活青年工人王存柏右手成功的录音新闻及骨科医师陈中伟和王存柏的录音讲话。上海电视台放映了《断手复活》的电视新闻片。

8月7日～9月底

河北省发生特大洪灾，直接威胁天津市安全。天津人民广播电台、天津电视台集中几十名编播技术人员连续报道了几十万军民的抗洪斗争。天津电台还在抗洪第一线架设60多公里线路，建立七个有线广播站，直接向40万抗洪大军进行现场宣传鼓动。天津电视台制作了40分钟的大型电视纪录片《战胜洪水》，于10月1日国庆之夜播出。

8月18日～9月3日

马里国家广播电台台长拉西恩·卡内应中央广播事业局邀请访问中国。8月27日15：30，毛泽东接见卡内。8月31日，中华人民共和国广播事业局和马里共和国国家广播电台广播合作协定签订。协定第三条规定：双方交换和使用各种材料都不向对方收取任何费用。

8月19日～9月3日

全国广播优秀节目欣赏会在北京举行。会议从具体节目入手交流广播工作经验，研究广播业务。参加会议的有中央人民广播电台、省市台等32个电台的37位代表，听了31个台选送的优秀广播节目，选出了供全国广播工作者学习研究的广播节目35个。其中北京人民广播电台的通讯《哑巴媳妇回娘家》获得一致好评。会议起草并讨论了《优秀广播节目标准（草案）》。同时结合所听的节目，讨论了广播节目的内容和形式的关系、新闻性节目的真实性、音响和音乐的使用等问题。中央广播事业局局长梅益作了总结发言。

8月27日

广西第一个广播专线建设试点在博白县亚山区建成，正式开始广播。

8月29日

阿尔及利亚新闻代表团一行六人（包括阿尔及利亚广播电台副台长曼鲁什·阿里）到中央广播事业局参观。中央广播事业局副局长周新武等出面接待。

同月

毛泽东听了广播说唱团下乡回来新创作的相声《画象》《跳大神》《黑斑病》后说："还是下去的好。"

同月

中央广播事业局召集东北、华北六个省、区广播局负责人，研究如何配合通信部门消除或减少农村有线广播对部分长途电话和国际电话的串音泄密问题。为协助各省、区迅速整修部分广播线路，广播事业局征得财政部同意，从事业费中拨出15万元作为补助费。

同月

为配合美国黑人反对种族歧视的斗争，北京电视台国际组编辑电视纪录片《美国黑人在觉醒》。

同月

吉林省广播学校首届毕业生82人离校。

9月1日～10日

以中央广播事业局副局长左漠野为团长的中国电视代表团参加在阿拉伯联合共和国（埃及）亚历山大港举行的第二届国际电视节。中国参加比赛的《金小蜂与红铃虫》获科教片二等奖。这是中国代表团首次参加国际性电视节并获奖。

9月6日

《人民日报》和《红旗》杂志编辑部在《人民日报》上发表《苏共领导同我们分歧的由来和发展》。这是中共中央发表的第一篇评论苏共中央7月14日在《真理报》

上发表的《给苏联各级党组织和全体共产党员的公开信》（简称《公开信》）的文章。此后，又陆续发表了八篇评论，题目分别是（括弧内为发表日期）《关于斯大林问题》（9月13日）、《南斯拉夫是社会主义国家吗？》（9月26日）、《新殖民主义的辩护士》（10月22日）、《在战争与和平问题上的两条路线》（11月19日）、《两种根本对立的和平共处政策》（12月12日）、《苏共领导是当代最大的分裂主义者》（1964年2月4日）、《无产阶级革命和赫鲁晓夫修正主义》（1964年3月31日）和《关于赫鲁晓夫的假共产主义及其在世界历史上的教训》（1964年7月14日）。这九篇评论文章总称《关于国际共产主义运动的总路线的论战》，通常简称"九评"，全面批评苏共的对内对外政策。这些评论发表时，中央人民广播电台和北京广播电台各语言组都反复播出多遍。北京电台还派出英语、法语、西班牙语等语种的翻译参加了"九评"的翻译工作。

9月9日~14日

国际广播与电视组织第19次大会和第36次理事会会议在布加勒斯特举行。中华人民共和国广播事业局副局长金照率领中国广播代表团出席会议。同时举行的该组织第7次广播节目委员会会议，中国代表团没有参加。

9月15日

中共中央批准中央广播事业局实行党委制和建立政治机构后的干部任命。党委第一书记丁莱夫，第二书记梅益（任局长）；党委委员周新武、顾文华、董林、金照、李哲夫（均任副局长）。总编辑梅益（兼），副总编辑金照（兼）、顾文华（兼）。金照兼任对外部主任，余宗彦、胡若木、丁一岚、杜波任副主任，赵光任政治协理员。

9月15日~27日

国家主席、中共中央副主席刘少奇应朝鲜最高人民议会常委会委员长、朝鲜劳动党中央副主席崔庸健的邀请访问朝鲜。北京电视台派出两名记者随行采访。

9月26日

经中共贵州省委宣传部批准，《贵州广播节目报》复刊，每10天发行一期，铅印，8开8版。

9月27日~10月25日

应中央广播事业局邀请，由伊拉克广播电视局局长阿卜杜·萨塔·杜里率领的伊拉克广播电视代表团访问中国。代表团在北京、上海、杭州、广州等地进行了为期29天的访问，于10月25日取道莫斯科回国。

10月3日

北京电视台邀请美国黑人领袖罗伯特·威廉作电视讲话。

10 月 8 日

安徽省广播管理局颁发《县、市有线广播站技术人员技术等级标准》,为各地定级和调级提供参考依据。

10 月 10 日~15 日

江西省广播管理局与中共上饶地委宣传部在铅山县联合召开广播工作现场会,推广省广播局工作组在铅山县整顿提高农村广播质量的经验。上饶地区各县、市广播站负责人和全省各专区广播协作组组长参加现场会。

10 月 11 日

北京电视台和英联邦国际新闻影片社互换电视片协议书在北京签订。

10 月 16 日

新疆维吾尔自治区广播事业管理局党组扩大会议决定,加强边境县广播网建设。至 1964 年,全部边境县都要建立广播站,每站编制 7~9 名工作人员,配置有两台 500 瓦扩音机、一台高档收音机、500 只喇叭和必要的仪器。架线有困难的配备一部分半导体收音机。经费主要由各地自筹,确有困难的由国家给予补助。

10 月 21 日

安徽省第六次全省广播工作会议在合肥召开。会议着重研究了广播站如何提高广播宣传质量和加强广播网建设方面的问题,并交流了各县整顿、恢复农网的做法,重点推广了铜陵等县的经验。铜陵县广播站在经济条件较好的集镇向集体和农民收取可以承担的少量广播维护费,架通集镇及周围村庄的广播线路,治响广播喇叭,建成小片广播网,转播中央人民广播电台和安徽人民广播电台的节目。蚌埠广播站开始进行街道广播网建设,实行小喇叭入户,推行"喇叭出租收费办法"。

10 月 31 日

北京广播电台改用冬春季广播频率,着重增加对苏联和东欧国家的广播时间。俄语节目从每天 6 小时增加为 9 小时,德语节目由每天 1 小时增加为 2 小时。对外广播每天的总时数从 87 小时 30 分钟增加为 92 小时 30 分钟。

同月

周恩来在中南海紫光阁同中央广播民族管弦乐团演奏员谈到民族乐器的改革问题时指出:乐器改革不能光模仿西乐,要注意民族的形式,也可创新;形式和内容都要民族化。

11 月 6 日

武汉电视台恢复试播,定名武汉电视教育台。

11 月上旬

黑龙江省广播电视文工团与黑龙江广播说唱团合并,组建成黑龙江广播艺术团。

11月10日~22日

第一届新兴力量运动会在印度尼西亚首都雅加达举行。中央人民广播电台、北京广播电台、北京电视台派出报道组采访此项活动。这是北京电视台第一次派记者到国外报道体育活动。12月31日，汇编成85分钟的有声大型纪录片播出。北京广播电台对外共发新闻89条、专稿23篇。

11月18日

中央广播事业局发出《关于县市广播站职工劳保福利问题解决方法的通知》。《通知》规定："1963年9月18日劳动部公布试行的国营企业职工个人防护用品发放中规定，该标准也适用于广播站。"

11月22日~28日

调频广播网中间试验会议在天津举行。会议主要讨论和落实河北省调频网中间试验计划的问题。中央广播事业局副局长董林在会上作题为《关于进行调频广播网试验》的报告。

11月23日

国务院内务部发文告知：1963年11月16日国务院第138次全体会议通过，任命周新武为北京广播学院院长，左荧、周云庭、刘永嵘为副院长。

11月28日~12月30日

以朝鲜中央广播委员会副委员长金声杰为团长的广播技术代表团一行15人对中国进行友好访问。在京期间，全国人大常委会副委员长彭真会见了代表团全体成员。

同月

农业部、中央广播事业局和中国科学技术协会发出《关于加强农业科学技术广播宣传工作的联合通知》。《通知》要求各级农业行政部门和科学技术协会同广播电台（或广播站）合作，努力办好宣传农业科学技术知识的广播节目。

同月

北京电视台检查了1962年以来播出的文艺节目。认为不该播出的戏曲部分有：鬼戏《红梅阁》《李慧娘》《钟馗嫁妹》，宣扬投敌和一夫多妻制的《大登殿》，宣传封建道德和男权思想的《汾河湾》《桑园会》《武家坡》，宣扬为个人飞黄腾达而自我牺牲的《莲花剔目》。音乐部分有：《晴朗的一天》（歌剧《蝴蝶夫人》选曲）。这次检查还认为1961年春节举办的第二次《笑的晚会》有些节目不该播出，较突出的有《诸葛亮请客》，表演几个人抢吃点心，很庸俗。1962年国庆举办的第三次《笑的晚会》，大部分节目都有问题，其中《驯虎女郎》《不速之客》《吃鸡》《来亨先生》等思想内容不健康，表演也很粗糙。

同月

中央人民广播电台检查、调整音乐节目。对音乐节目的比例作了调整：中国音乐由原来每周占文艺节目 25.69% 增加到 27.22%；外国音乐由原来每周占文艺节目 9.7% 减少到 8%。在外国音乐节目中，现代题材的内容由 46% 增加到 66%，主要播送朝鲜、阿尔巴尼亚、越南、古巴等亚、非、拉国家古典音乐、民间音乐以及苏联十月革命时期和卫国战争时期的歌曲，现实题材作品很少播送。

同月

甘肃人民广播电台编辑部就临夏居民吴龙冒充国家干部，捏造事实大量向电台投稿一事进行调查处理，对编采人员进行了一次坚持新闻真实性原则的教育。

同月

法国广播电视公司派莫里斯·魏尔泰等三人组成的摄影组来中国拍摄电视片，并向北京电视台提出交换电视片的建议。

12月2日

中央广播事业局正式实行党委制、政治委员制和政治工作制度。局政治部宣布成立。

12月4日

国务院副总理谭震林在向参加全国人民代表大会的各省、自治区、直辖市书记、省长谈水利建设和安置城市知识青年下乡的问题时，提出要办广播学校。他说：办广播学校，可设初中班、高中班、农业班，考试合格的也发毕业文凭。

12月19日

中央广播事业局党委批准对外部部务会议人员名单：金照、左漠野、赵光、余宗彦、胡若木、罗东、丁一岚、杜波。

12月25日

天津人民广播电台确立以下机构设置：编委办公室；广播编辑部（下设新闻部、教育部、理论部、文艺部、播出部）；电视编辑部（下设新闻组、政教教育组、文艺组、播出组）；行政办公室（下设工务科、器材科、行政科）。全台共有 510 人，其中，编播人员占 44%，技术人员占 30%，行政人员占 26%。

12月27日

山西人民广播电台机构作了调整，除总编室外，设工商、农村、政教理论（不久分为政教、理论两部）、文艺、采通五个部和播音、节目两个组（不久合为播出部）。

同月

北京电视台电视美术咨询小组正式成立。成员有：米谷、陈叔亮、叶浅予、郁风、江有生、郭味蕖、傅天仇、侯一民等九人。小组主要任务是为电视节目在美术设计上提出建议或作具体的业务指导。

同年

全国（未包括港、澳、台）共有广播电台91座，电视台8座（另有4座办教育节目的电视台）。中央人民广播电台对内广播共有4套节目（包括对台湾广播一套）。对国外广播使用语言已达29种（包括5种对华侨广播的汉语普通话和方言）。中央电台每天播音时间151小时（对国内59小时，对国外92小时）。

同年

中央广播事业局干部总计3797人。其中：行政机关252人，工业企业630人，事业机构2526人，科研机构149人，高等学校240人。正副局长、书记9人，各部口负责人（司局级）20人，正处级23人，副处级66人，正科级159人，副科级152人，编辑379人，播音员121人，翻译人员227人，技术人员1362人，教学人员125人，文艺人员288人，医务人员28人，摄影记者30人，一般干部808人。

同年

北京广播电台收到143个国家和地区的听众来信208534封，比上年增加两倍。

同年

天津市人民委员会同意天津人民广播电台办理佟楼土地的征用，将倪家花园与儿童医院临界的一片菜地作为电台发射台场地，将原木杆天线改为铁桅杆天线。

同年

吉林省通化人民广播电台划归中共通化地委领导后，每天播音时间7小时36分钟，其中自办节目时间5小时46分钟，占总播出时间76%；转播中央人民广播电台和吉林人民广播电台节目时间1小时50分钟，占总播出时间的24%。

同年

广东在各地建成或着手开建的广播转播台有：韶关、汕头、惠州、深圳、湛江、中山、新会、东莞和珠海广播转播台。

同年

广州电视台开办《对谈节目》，邀请有影响的人物在荧屏上与观众见面，由电视报道员主持对谈。

同年

西安实验电视台技术人员张维道等自行设计制造一套采用光电导摄像管（RCA6326）的黑白电视电影设备。两台16毫米电影放映机和两台35毫米电影放映机通过8块棱镜组成的三棱镜，把画面直接投影在摄像管的靶面上。电影放映机马达改为同步马达，摩擦轮传动改为齿轮传动。7月1日，这套设备正式投入使用，图像亮度有所提高，但清晰度改善不大，且有抖动现象。

同年

贵州省编制委员会批准贵州人民广播电台人员编制,总共264人。其中事业编制230人,企业编制34人(均在修理服务部)。

同年

新疆维吾尔自治区广播事业管理局在喀什市疏附县建起南疆规模最大的中波转波台(635台),转播新疆人民广播电台的维吾尔语、汉语广播节目,转播台的建成使喀什和克孜勒苏阿尔克孜自治州大部分地区都能收听到广播。

1963年~1968年

广播科学研究所主持了河北省境内的调频广播中间试验(6471工程),研制了2千瓦调频发射机,并交广播设备制造厂生产了37部发射机。

1964 年

1月1日

中央人民广播电台对《国歌》《国际歌》的播送办法作如下规定：中央人民广播电台三套广播节目每次播音开始均依旧例，以《国歌》（铜管乐）为开始曲。其中第一套节目在零点开始时播《国际歌》（有歌词）。《各地人民广播电台联播》节目开始时播《国歌》，结束时播《国际歌》（均有歌词）。早上的两次《新闻和首都报纸摘要》节目，开始和结束时都不再播《国歌》和《国际歌》。对国外广播，每次节目开始时播《国歌》，结束时播《国际歌》。

同日

北京广播电台对日广播节目报《北京放送》创刊号（1月号）在日本发行。1月初，日本《每日新闻》《东京新闻》《中部日本新闻》分别在广播电视栏介绍北京广播电台对日广播节目报的内容和体裁等。《中部日本新闻》还刊出这份节目报的照片，并写道："在许多外国电台里，北京电台是为日语广播听众发行这种节目报的第一座电台。"

1月4日

为庆祝《毛主席诗词》出版，北京电视台举办毛主席诗词朗诵会。

1月5日

中共中央、国务院转发的教育部七年规划要点中提到，要"有计划地发展一些广播电视学校"。

1月8日

中共河北省委宣传部通知，免去王萍河北省广播管理局局长、河北人民广播电台台长职务。5月3日，中共河北省委任命陆达为省广播管理局局长、河北人民广播电台台长。

1月9日

武汉电视教育台开始试播。

1月10日、11日

中央人民广播电台、北京广播电台陆续播送中国阿尔巴尼亚联合声明。

1月10日～2月8日

中央人民广播电台《解放军生活》节目先后七次播送解放军某部五好战士欧阳海舍身救火车的英雄事迹，共收到听众来信240封。

1月12日～20日

中央人民广播电台、北京广播电台、北京电视台分别安排了关于支持巴拿马人民斗争的宣传。中央电台从12日起开始的各次新闻节目，都突出报道了巴拿马人民斗争和世界人民支持巴拿马人民斗争的消息，还编发有关资料。13日零点开始，播出毛泽东的谈话和刘少奇、周恩来、朱德的支持电。首都群众集会除发消息外，作了实况转播。首都30万人游行示威，采制录音报道播出。对各地集会支持巴拿马的消息作了综合报道。上海、天津、广州等大城市的活动，由地方台传来录音报道。《国际时事》节目播送一些专稿，还播送巴拿马运河的资料，并解答听众提出的问题。文艺节目也作了相应安排。北京广播电台编发了有关巴拿马人民斗争的消息和《人民日报》社论《巴拿马人民不可侮》。大部分语言节目播出了毛泽东的谈话和刘少奇、周恩来、朱德的支持电，以及我国各人民团体和民主党派声援巴拿马人民斗争的电报和谈话。北京电视台14日～16日组织了《支持巴拿马人民反美爱国斗争特别节目》，播送了《首都人民坚决支持巴拿马人民爱国主义正义斗争群众大会》的新闻片，还播送介绍巴拿马运河的知识性资料。

1月13日～20日

中央人民广播电台召开部分集体记者座谈会。参加座谈的有北京、河北、山西、黑龙江、湖北、上海、陕西、四川和广西九个省、市、自治区负责集体记者工作的人员。会议着重讨论、研究提高宣传报道质量和改进集体记者工作等问题。

1月14日

中央广播事业局政治部向中共中央组织部报送第一批参加"四清"工作的干部501名，其中山西工作队154人，由局党委第一书记丁莱夫带队；河南工作队289人，由副局长金照带队；内蒙古工作队58人，由副局长周新武带队。参加城市"五反"工作队的28人，由技术部政委周子明带队。"四清"工作队经过两周的政策学习，于10月20日分赴山西定襄、河南安阳、内蒙古临河。"五反"工作队于11月17日进驻局直属企业。

1月15日

阿拉伯联合共和国（埃及）新任驻中国文化参赞沙贝·萨利姆和夫人参观北京电视台。

1月20日

由中央广播事业局、四机部和邮电部联合组成的援助朝鲜广播与电视技术工作组，在广播事业局副局长董林带领下启程前往平壤，协助朝方鉴定现有广播设备，研究新建对外广播和电视广播问题。

1月27日、28日

中央人民广播电台从27日22：30开始，播出毛泽东就最近日本人民反对美帝国主义的斗争发表的谈话。北京广播电台从28日1：00开始陆续播出毛泽东谈话的全文。两台还同时播送了我国各人民团体支持日本人民斗争的电报。

1月28日

中央人民广播电台《各地人民广播电台联播》节目从20：30开始，播送中国外交部发言人就中法建交一事发表的声明和《人民日报》社论《祝贺中法建交》。北京广播电台俄语、日语、越南语从20：30开始，全文播送声明和社论，其他语言根据节目时间陆续广播了全文。

1月31日

中华人民共和国广播事业局和匈牙利广播电视台在北京重新签订广播电视合作协定。

同月

天津人民广播电台台长李克简、副台长郑少明分别带队去北郊、南郊、西郊搞"四清"运动，历时三年半。

年初

贵州省阳关收讯台正式启用，对收转中央人民广播电台节目起到抗干扰、抗衰减作用，初步改善了节目收转质量。

2月1日

中央人民广播电台邀请一部分民主党派中央负责人、起义将领和民主党派负责对台湾宣传的工作人员座谈对台湾广播问题。应邀到会的有蒋光鼐、梅龚彬、翁文灏、朱蕴山、高崇民、胡愈之、胡子昂、王绍鏊、陈其尤、徐萌山、郭则沉等50多人。座谈会由中央广播事业局局长梅益主持。

同日

北京广播电台听众工作部编发的《听众工作参考》出版。该刊主要传达上级指示，提示复信要点，提供通用信稿，交流工作经验，介绍工作方法等。1965年5月4日停刊，前后共出版四期。

同日

中央人民广播电台对台湾广播调整节目时间。新的节目每天播音时间仍为17小时，政治性节目占60%左右，文艺性节目占40%左右。这次调整合并、撤销了部分节目：普通话的《国际时事》《国际知识》节目合并于新闻节目；普通话的《蒋党内幕》和《回忆录》节目撤销，在闽南话节目中增加了《蒋党内幕》专题。《对国民党军政人员广播》节目由原来的15分钟增加到20分钟；《伟大祖国》节目由原来的10分钟增加到20分钟。

2月3日

《人民日报》发表一批苏共中央"停止公开论战"的材料及为此配发的编者按。《北京日报》为此发表评论员文章。中央人民广播电台和北京广播电台全文播送了编者按和评论员文章，并作版面介绍。

同日

中央人民广播电台第一套节目每天19：45至20：10增办一次新闻节目，集中报道先进人物、先进单位的事迹和经验以及新风尚等，有《学先进、赶先进》《新人新事新风尚》等栏目。每次节目还播送一组几分钟的要闻简报。这个节目在第二天的第二套节目18：15重播。

2月4日

中央人民广播电台少儿部和《歌曲》编辑部联合邀请首都部分作曲家、诗人、儿童文学工作者、音乐教师和"少年之家"辅导员等座谈儿童歌曲创作问题。团中央少年部部长左林参加座谈会。

2月5日

中央人民广播电台对台湾广播部同中国民主建国会和全国工商业联合会负责人及部分省、市地方组织负责人座谈开展对台湾广播的问题。

2月6日

中宣部发文：1964年1月23日中央批准，免去周新武兼任的北京广播学院党委书记职务。

2月8日

北京广播电台听众工作部编的内部刊物《国外听众反映》出版。该刊物主要汇集各国听众来信的片断，反映听众对我国和我国广播各方面的意见，供编辑部和领导参考。

2月8日~26日

中央人民广播电台对山西省昔阳县大寨大队的先进事迹作集中宣传报道。春节前夕宣传三天，播送长篇通讯《大寨之路》，大队党支部书记陈永贵在人民大会堂作报告的录音和讲话稿（共两个小时）。19日~26日，开办《学大寨、赶大寨》专题节目，播出本台和山西人民广播电台记者联合采写的7篇稿件。国务院农林办公室副主任张修竹建议中央电台再多拿出一点时间进行宣传。

2月8日～2月底

中央人民广播电台对台湾广播在春节和节日前后组织了一次大规模的宣传，共播出百余篇稿件，其中有反映国内建设成就和人民生活的专稿30多篇，各界知名人士程潜、卢汉、李四光、李烛尘、茅以升、周培源、赵九章等30多人作了广播讲话或撰写了稿件。蒋军空军起义人员徐廷泽、蒋军空军被俘人员吴宝智和特赦人员溥仪、杜聿明、王耀武、范汉杰等对台湾朋友作了广播讲话。此外，还播送了一些通讯、特写和国际问题专稿。

2月初

中央人民广播电台在第一套节目每星期日21：00至23：00，集中选播反映现代和革命历史题材的话剧，以及其他题材的文艺节目。另外，调整第二套节目20：00以后的文艺节目比例，减少古典的和欣赏性的内容，力求表现现代题材和革命历史题材的内容达到这段时间的一半。

2月13日

天津电视台根据独幕话剧《搬家》改编、采用直播形式的第一部电视剧《搬家》播出。

2月14日

经国务院、中央军委批准，西藏人民广播电台和西藏军区政治部联合开办《对流落国外的藏族同胞广播》节目，每天播出两次，每次45分钟。

2月20日

为加强农业科学技术方面的宣传，按照周恩来指示，中央广播事业局与农业部、全国科协联合组成农业科学技术广播工作小组，由农业部副部长杨显东任组长。该小组的主要任务是，研究并提出农业科学技术广播的宣传方针，审定有关选题计划，约请有关单位和个人撰写广播稿，检查宣传计划的执行情况等。此后，全国各地电台普遍加强农业科学技术宣传。到11月，全国有28个省、市、自治区电台相继举办《农业科学技术》节目或增加这方面的广播内容。

2月21日

北京广播电台听众来信反映北京电台节目受欢迎。澳大利亚一位听众来信说："我觉得你们的节目很有启发性，特别是关于中国人民的节目和关于你们作曲家的录音。我觉得你们的节目很惹人喜欢，它使人感觉到一种在现代音乐中很难找到的东西。"越南听众赞扬越南语播音员曾虹。河内邮政局梅庚来信说："我非常钦佩并称赞您台的播音技术，特别是我知名的这位女播音员同志（即曾虹）。她清晰、坚强、有力的音调传播着中国共产党锐利和感染人心的论点，吸引了听众，使人们着了迷，不愿离开收音机。"

同月

中央人民广播电台春节期间的宣传以活的思想、活的典型、活的经验和新人新事新风尚为中心。春节期间和春节前后，新闻性节目播送20多篇稿件，还请内务部副部长王一夫、煤炭工业部副部长贾林放、地质部副部长何长工向解放军和烈军属、煤炭工人、地质勘探人员作慰问讲话。北京广播电台春节期间编发十几篇专稿和一些专题音乐节目。北京电视台春节期间除报道了首都和各地丰富多彩的节日活动外，还报道了西方有关国家和亚非拉地区人民生活和斗争情况，进行国际主义教育。

3月1日

从1963年12月14日到今天，中央人民广播电台共播发国务院总理周恩来访问亚非14个国家的新闻480多条。包括新闻公报、抵达、离开和双方宴会、会谈、欢迎大会、参观访问等消息，还摘要播送《人民日报》有关社论。在周恩来到达几内亚时，中央电台收录了几内亚国家电台播送的周总理到达的实况，在《各地人民广播电台联播》节目中用文字消息混播播出。北京电视台派出记者随代表团进行采访报道，并将拍摄的周恩来和陈毅访问亚非14个国家的电视片编成每条10分钟到20分钟的电视通讯20条，并陆续播出。还汇编了《周总理非洲之行》（上、下集）播出。

3月1日~14日

中央人民广播电台同《歌曲》和《音乐创作》两家期刊编辑部联合举办"1963年群众歌曲广播评选"活动。两家期刊编辑部推选出45首优秀的革命歌曲，在中央电台的文艺节目中广播，征求听众意见。

3月1日~4月15日

中央人民广播电台集中宣传各地学习毛泽东著作情况。这期间共播送有关学习毛主席著作的录音讲话、新闻、特写、学习心得、报刊文章介绍等91条次。另外，开辟一个25分钟的节目，连续七天播送关于学习毛泽东著作的讲话录音。

3月3日

中央广播事业局给各省、自治区、直辖市广播电台发出《请研究对农村知识青年办广播学校（节目）问题》的信。信稿经过农业部、中宣部和国务院副总理谭震林审阅并同意。

同日

新疆克孜勒苏柯尔克孜自治州有线广播开始不定期地自办节目，主要转播中央人民广播电台汉语节目和新疆人民广播电台维吾尔语节目。

3月9日

中央广播事业局报中共中央组织部：我局共抽调88名干部于3月4日下放到河南省安阳县沙头公社劳动锻炼并参加"四清"工作，由对内广播部副主任江炎任大队长。

同日

中央任命赵光为广播事业局对外广播部副主任。

3月10日

中央广播事业局党组起草完成《为进一步提高广播、电视宣传的质量而奋斗——宣传业务整改提纲（草案）》，全文3万多字，分为15个部分。该《整改提纲》认为：我们办广播的方向总的说来是正确的，我国的人民广播具有鲜明的阶级风格和民族风格，要在现有基础上进一步提高广播电视宣传的质量，加强宣传效果，从而团结和教育更多的听众和观众。

同日

政协全国委员会组织在京特赦人员溥仪、杜聿明、宋希濂、廖耀湘、康泽等18人和他们的家属13人，赴南京、上海、杭州、新安江、南昌、井冈山、黄山、长沙、武汉等地进行40天左右的参观访问。中央人民广播电台对台湾广播部派一名记者随同采访。

3月15日、17日、19日

刘少奇、邓小平、薄一波、郭沫若、廖承志等分别参观全国工业新产品展览会广播电视展览馆。

3月17日

北京电视台记者李华向中央广播事业局汇报随同国务院总理周恩来出国采访报道的情况。他说，总理对记者很关心，见新影记者背着35毫米摄影机太重、太累（电视台为16毫米机），批给15万美元买轻便的机器。总理说，新影和电视台的拍片工作可以合并，要搞出一个方案。

3月30日

全国人大常委会副委员长彭真召见中央广播事业局党委第一书记丁莱夫、局长梅益，指示加强全国各地广播电台的安全保卫工作，地方台的安全保卫工作可由广播事业局直接管起来。

4月1日

贵州扎佐发射台投入使用，中波发射机功率为150千瓦，同时启用7.5千瓦7275千赫短波发射机、7.5千瓦3260千赫中短波发射机。至此，贵州的广播有了一个大功率中心发射台。

4月3日~21日

第八次全国广播工作会议在北京举行。中央广播事业局有关负责人，各省、自治区、直辖市广播局正、副局长及省一级的广播电台、福建前线广播电台的负责干部出席会议。会议以中央制定的三年调整方针和第三个五年计划的基本任务为根据，讨论了全国广播事业两年的调整和第三个五年计划的方针和安排，研究了广播电视宣传工作的问题和加强广播电台的政治工作问题。4月15日，国务院副总理、中共中央政治局候补委员、书记处书记、中宣部部长陆定一到会，给出席本次会议和新华社分社社长会议的人员作报告，强调要建好广播网，搞好政治工作，节目要搞新的东西，要百花齐放。广播事业局党委第一书记丁莱夫在开幕式上讲话，局长梅益作会议总结。会议期间，广播事业局党组起草的《为进一步提高广播、电视宣传的质量而奋斗——宣传业务整改提纲（草案）》印发大会征求意见。《整改提纲》要求无论对内对外新闻应该快些、多些、短些，并要求中央三台加强国际述评。针对大跃进时新闻报道的绝对化、片面性等问题，提出要用事实去宣传；要两点论，防止片面性、绝对性、简单化。强调广播要发挥独有优势，在实践中摸索自己走路的具体方法。会议确定，七年广播事业规划应体现五项原则：一、为适应国际形势需要，事业规划应以发展对外广播为重点；二、巩固、提高并适当发展农村有线广播网；三、填平补齐、成龙配套，进行与国防相适应的技术改造；四、加强科学研究和工业生产，力求自力更生；五、提高干部质量，培养一支又红又专的广播电视干部队伍。会议期间，代表们听了周恩来访问亚非14国的报告录音。国务院和有关部门的负责人到会作了关于国际和国内形势的报告。

4月4日~14日

中央人民广播电台派体育记者前往南京，报道1964年全国乒乓球锦标赛。

4月6日~5月10日

中央人民广播电台在中国人民解放军第三届文艺会演期间，除新闻节目广播了会演开幕、领导人接见、发奖和闭幕等消息外，文艺节目以大量时间介绍了这次会演中的优秀节目。会演闭幕后连续介绍了会演中获奖的音乐、舞蹈节目。

4月6日~6月6日

北京广播电台在广播大楼举办外国听众来信（纪念品）展览会。在两个月的展出中，先后有中宣部、国务院外事办公室、国家对外文化联络委员会、中联部、外交部等领导机关的负责人参观指导，共接待观众1.1万余人。

4月7日

上海电视台举办《学习彭加木的革命精神》专题节目，播送了介绍彭加木事迹的电视纪录片。

4月上旬

中央人民广播电台向集体记者发出关于当前农业报道的意见，要求充分报道各地春耕生产的大好形势；各级领导集中力量抓紧抓好当前春耕生产的好典型好经验；

报道高产区如何争取高产，低产地区力争赶上先进地区的先进思想和动人事例。

4月12日

北京电视台为向国内外电视观众报道新疆地区民族生活和各方面的建设成就，派出记者冀峰、朱景和前往新疆采访。

4月14日

中华人民共和国广播事业局同阿尔及利亚广播电视台在北京签订为期一年的广播电视合作协定。

4月17日

自当日起，我国各人民团体联合举行"支持古巴和拉丁美洲人民斗争旬"活动。中央人民广播电台除播送有关活动消息外，转播了首都万人大会实况。《国际时事》节目播送了几篇专稿，文艺节目也作出相关安排。北京广播电台除报道有关活动消息和摘发首都报纸评论外，播送了首都万人大会的录音报道。北京电视台拍摄了"斗争旬"活动的电视片。

4月20日

中央人民广播电台邀请首都各报编辑部负责人座谈改进《新闻和首都报纸摘要》节目。大家建议国内新闻报道比重应多一些。各报刊登的新问题、新经验和新思想，如节目时间有限，希望用简明的形式加以介绍。

4月21日

中央人民广播电台对台湾广播部组织特别节目，纪念4月23日解放南京和原国民党海军第二舰队起义15周年，以一周时间连续播送民主人士和起义将领撰写的纪念文章。

4月22日

医学广播委员会和医学科学普及委员会联合举行会议，讨论如何通过广播宣传，更好地为广大农民的健康服务问题。

4月26日～5月18日

以阿尔巴尼亚广播电台台长萨纳斯·纳诺为团长的阿尔巴尼亚广播代表团来我国访问。5月13日，国务院总理周恩来接见该代表团。

4月27日

《人民日报》全文刊登苏共领导4月3日发布的反华文章，包括：苏斯洛夫在苏共中央二月全会上作的《关于苏共为国际共产主义运动的团结而斗争》的报告，《关于苏共为国际共产主义运动的团结而斗争》的决议和《真理报》发表的《对马克思列宁主义原则的忠诚》。《人民日报》编辑部配发了按语。按语明确指出这三篇反华文件暴露了苏共领导人"一面空喊停止公开论战,一面继续公开反华的两面手法",并且表示"我们不仅向国内广播,而且还用各种语言向世界广播,让全世界人民看一看,从这些反面教材中间认识修正主义的丑恶面目"。毛泽东在26日审定了这个按语,并批示:"按语看过,很好。可以今晚广播,明日见报。"中央人民广播电台、北京广播电台从26日晚20:30开始,分别播出按语。反华文章摘要于本日播出。

4月29日~5月21日

以日本东京报道局局长桥本博为团长的日本东京广播电台代表团来我国访问。5月7日,国务院副总理陈毅在北京接见桥本博一行。日本电波新闻社拍摄了电视片,东京广播公司于6月11日11:15播出。

4月30日~5月25日

以朝鲜中央广播委员会委员长柳永杓为团长的朝鲜政府技术代表团来我国访问。5月9日,中朝签订《关于中国向朝鲜提供广播、电视设备和给予技术援助的议定书》。5月10日,国务院总理周恩来接见代表团全体成员。

4月下旬

中央人民广播电台在新闻节目中组织《班组革命化的好典型》专题节目,连续四天播送介绍龙烟钢铁公司马万水小组先进事迹的报道。

同月

吉林人民广播电台建立对农村社员广播部。

同月

1962年因国家经济困难停播的江西广昌、大余等30座县广播站恢复播音。

同月

广州电视台接受生产出国片任务,到1965年共提供出国片49条。

5月1日~29日

中华全国总工会、中国音乐家协会和中央人民广播电台联合举办"二十城市职工革命歌曲演唱广播比赛"活动。

5月3日

中国巴基斯坦通航。中方访巴人员乘中巴航机去卡拉奇,北京电视台派一名记者随同前往采访。

5月4日

中央人民广播电台调整节目。取消《回忆和对比》节目,《星期演讲会》节目改成《哲学、社会科学讲话》和《自然科学讲话》节目。《哲学、社会科学讲话》节目一直办到1965年11月7日,共播出80次。11月8日改为《理论学习》节目,着重宣传广大群众特别是工、农、兵学习毛主席著作的体会和经验。

5月6日

新疆维吾尔自治区人民委员会发出《关于县市有线广播站编制统一列入地方自筹经费开支的通知》。《通知》决定：一、县市有线广播站编制经费统一由县市地方财政开支，不再占行政编制经费；二、广播站专职人员原则上按5～7人配备。

5月8日～9日

1963年、1964年，中苏两党处于大论战时期，1963年11月至1964年5月7日，双方共交换七次信件。根据毛泽东的指示，中央人民广播电台、北京广播电台从5月8日20：30开始，全文广播了中共中央7日和在此以前给苏共中央的四封信。到9日19：30，中央电台全文广播了四次。第一次播出时，全国各地电台进行了转播。

5月9日和29日

天津电视台与北京电视台同邮电部201指挥部三大队，利用京津间60路微波中继线路，进行了往返两次电视转播试验，质量达到电视转播要求的各项技术指标。计划9月9日开始，天津电视台每周转播一次北京电视台的节目，每月给北京电视台传送一次节目。9月15日，北京电视台通过微波线路第一次向天津电视台传送节目，效果良好。9月26日，天津电视台通过微波成功地向北京电视台传送了由天津歌舞剧院和天津市曲艺团演出的文艺晚会。

5月11日

中央人民广播电台开始连续播出五篇稿件，介绍福建省福清县音西公社音西大队农业稳产高产的经验。《福建日报》《闽侯日报》在头版预告了中央电台播出时间，福建人民广播电台除转播外，还用三种地方话广播。

5月12日

中央广播事业局提出《进一步办好省、区、市台〈农村节目〉的几点意见（草案）》，就《农村节目》的对象、内容、形式和宣传技巧，《农村节目》的群众路线和加强节目的群众性等问题提出具体的要求和意见。

5月14日～6月4日

以中央广播事业局局长梅益为团长的中国广播电视代表团访问朝鲜。6月2日，朝鲜民主主义人民共和国内阁首相金日成接见代表团。

5月15日

广西僮族自治区计划委员会批复广西人民广播电台，同意建设战备广播电台，总投资在40万元以内。11月11日，工程竣工并正式开播，中波发射机功率20千瓦，频率1320千赫。

5月18日

云南省广播事业管理局正式成立，实行局台合一体制，与云南人民广播电台在潘家湾合署办公，首任局长兼台长施群。设办公室、政治处、广播网管理处、技术和服务部等部门，主要负责全局工作及对全省农村广播网建设的领导和管理。

5月20日

中国柬埔寨通航。我国访问柬埔寨人员乘中柬航线开航机去金边，北京电视台派一名记者随同采访。

5月21日

中共中央同意中央广播事业局党委《关于建立地方广播电台政治工作机构的报告》，并批转全国各地党委及中央各部委、国家机关和各人民团体。

5月25日

从当日开始，中央人民广播电台对台湾广播举办特别节目，纪念上海解放15周年（5月27日）。集中播送了民主人士、起义将领和各界知名人士写的40多篇文章，主要宣传上海解放以来各方面的建设成就。

5月31日

中央人民广播电台从零点开始，播送中国政府前一天发表的评苏联政府关于第二次亚非会议筹备会议声明的声明。《人民日报》发表的观察家文章全文播送一次，摘要播送三次。北京广播电台播送了中国政府声明和《人民日报》观察家文章。

同月

中央人民广播电台小喇叭广播稿选《幼儿故事》出版。

同月

中共上海市委任命田志强为上海人民广播电台台长兼总编辑。

6月1日

《贵州省1964年～1970年广播事业发展规划（草案）》称：1964年，贵州人民广播电台总功率达180千瓦的五部发射机，每天可以用三个频率广播。全省81个县一级的行政单位已有70个广播站，1.3万多只喇叭，有3万多部收音机分布在全省的城镇。贵州人民广播电台在贵阳市开设一个修理服务部，有两个专区（州）所在地的广播站建立了初具规模的修理服务部。全省有广播干部676人，其中贵州人民广播电台230人。

6月1日～13日

中央广播事业局召开直属发射台台长、政委会议。这是建立政治工作制度以后的第一次台长、政委会议。会议研究了加强电台政治工作、安全保卫工作及技术业务建设等问题。12日，广播事业局党委第一书记丁莱夫在会上作《关于发射台政治工作问题》的报告。

6月5日~7月9日

全国各省、自治区、直辖市广播电台文艺节目交换工作在北京进行。参加这次交换工作的有33家电台,共放音213小时25分钟。交换的文艺节目以反映现实生活为主。

6月5日~7月31日

全国京剧现代戏观摩演出大会在北京举行。参加演出的有文化部直属单位和18个省、市、自治区的29个剧团。演出共分六轮。中央人民广播电台文艺节目详细介绍了参加本次演出大会的节目。大都是在当轮演出时,经过剪裁加上解说,用录音剪辑的形式广播。对每轮演出的节目都作了综合评介,并选播了精彩唱段。北京广播电台除播出演出大会的消息外,还编发了一些专稿。北京电视台6月上旬~7月29日期间,共转播京剧现代戏观摩演出大会演出的京剧现代戏26出。

6月11日~29日

共青团第九次全国代表大会开幕,中央人民广播电台播送了大会公报、团中央工作报告、修改团章的报告。北京广播电台采写了六个先进青年代表的通讯对外播出。北京电视台拍摄了大会电视片。

6月17日~25日

广西僮族自治区广播工作会议在南宁召开,102人出席。会议要求进一步贯彻"调整、巩固、充实、提高"的八字方针,继续巩固和扩大广播网,加强广播宣传工作。

6月18日

毛泽东接见在中央广播事业局对外广播部工作的桑给巴尔专家阿里和夫人。6月11日,周恩来也曾接见他们。

同日

国家计委、经委和科委联合举行工业新产品授奖大会。中央广播事业局参加全国工业新产品展览会展出的产品有五项获奖。其中光电导析象管电视电影设备和635型磁带录音机分别获得一等奖,北京4型磁带和塑料密纹唱片分别获得二等奖,4.5厘米波段波导仪获得三等奖。

6月19日~7月19日

以中央广播事业局局长梅益为团长的中国广播代表团访问日本。

6月20日

北京广播电台日语广播开播15周年(原将1949年6月20日北平新华广播电台开办日语广播作为该台日语广播开播日,1995年3月15日定为1941年12月3日,即延安新华广播电台开办日语广播作为该台日语广播开播日)。6月6日到27日,北京广播电台陆续播送对日广播开办15周年特别节目。在此前后,日本听众寄来了

234 封来信和电报表示祝贺。名古屋一位六年级小学生寄来一幅自己画的北京广播大楼的水彩画，冈山县的"北京广播听众之会"举行了庆祝会，并寄来了庆祝会的照片。

6 月 23 日

第六届全国儿科学术会议在北京举行。中央人民广播电台新闻节目发会议开幕、闭幕消息。《讲卫生》和《自然科学讲话》节目报道了我国儿科医学成就和学术研究进展的情况，并约请有关专家介绍小儿麻痹、麻疹、寄生虫病等方面的知识。

同日

湖南省广播局和省文教厅、农业厅、团委等六单位联合举办的《广播教学节目》正式开播。

同月

浙江人民广播电台研制的"水平垂直共用天线"，经中央广播事业局专家复测，认为该项目克服了单用"水平天线"造成的近区收听困难的缺点，对改善晚上信号衰落地区的收听是有利的。事后核发了科研鉴定书。以后在福建、陕西、山西、吉林等省电台推广应用。

7 月 1 日

中央广播事业局发出《关于泰山调频广播试验鉴定结果的通知》，对山东局的调频广播试验给予充分肯定。

同日

内蒙古人民广播电台举办《蒙古语会话讲座》节目。中共内蒙古自治区委员会负责人向全区作广播讲话，强调汉族干部学习和掌握蒙古语的重要性，要求各级领导重视和加强对这一工作的领导。

7 月 1 日～8 月 1 日

以中央广播事业局副局长左漠野为团长的中国广播电视代表团访问古巴。

7 月 7 日

中国人民解放军空军部队第三次击落国民党军队美制 U-2 飞机，中央人民广播电台对台湾广播作了大量宣传，播出击落的消息、林彪嘉奖令、空军某部举行祝捷庆功大会的消息、刘亚楼司令的讲话、《人民日报》社论等。7 月 14 日，对首都举行的庆祝大会作了录音报道。

7 月 10 日

中国唱片社决定出版密纹广播专用唱片，供各地电台和广播站播用。唱片内容以文艺作品为主。

7月11日

贵州人民广播电台每天的播音时间,由原来的540分钟增加到675分钟,转播中央人民广播电台的节目增加《简明新闻》《科学常识》《对少年儿童广播》《国际新闻》和《国际时事》。

7月13日

20:30,中央人民广播电台、北京广播电台分别播出《人民日报》编辑部、《红旗》杂志编辑部将于次日联合发表的文章《关于赫鲁晓夫的假共产主义及其在世界历史上的教训——九评苏共中央的公开信》。

7月28日

周恩来在人民大会堂接见印度尼西亚体操、射箭代表团之前,就媒体报道刘宁一率代表团抵达东京消息没有提团员名字,对广播记者等提出批评。周恩来说,不要突出一个人,多提几个人的名字有什么不好。

7月30日

中央人民广播电台从20:30开始,全文播出中共中央7月28日对苏共中央6月15日来信的复信。至31日19:30播出6遍。全国各地做了转播。北京广播电台从7月30日至8月6日,全文播出中共中央对苏共6月15日来信的复信。俄语播出95次,英语37次,法语19次,西班牙语13次,葡萄牙语10次,斯瓦西里语、豪萨语各播出复信介绍4次。

7月31日

英国《卫报》在《英联邦评论》专栏里,以《北京的黄金》为题,发表基特立谈北京广播电台在非洲影响的文章,说"北京的广播无处不闻"。

8月1日

贵州人民广播电台使用1178千赫频率、功率20千瓦的发射机对贵阳地区播送节目,解决贵阳市区听众收听广播的问题。

8月5日

中华人民共和国广播事业局和几内亚共和国国家广播电台广播合作协定在几内亚首都科纳克里签订。

8月6日

中央人民广播电台、北京广播电台分别播出我国政府就美国蓄意发动对越南民主共和国的武装侵略发表的声明。

8月14日~9月11日

以北京电视台副台长戴临风为团长的中国电视代表团一行三人,参加在阿拉伯联合共和国(埃及)亚历山大城举办的第三届国际电视节。北京电视台的科教片《对虾》获教育片二等奖。

8月15日

天津电视台第一个儿童电视剧《真正的帮助》在演播室直播。

8月16日～24日

中央广播事业局在哈尔滨市召开东北、华北地区广播网工作经验交流会。副局长周新武主持会议。会上交流了整顿网路和广播喇叭、事业管理等经验。

8月16日～9月3日

几内亚广播电台台长东巴巴访问我国。

8月17日～9月14日

以坦桑尼亚共和国新闻、广播和游览部驻议会秘书，新任新闻、广播及游览部副部长约瑟夫·尼雷尔为团长的坦桑尼亚共和国广播代表团来我国访问。9月6日，毛泽东接见代表团全体成员。

8月20日

北京电视台派记者叶惠、于广华去越南采访，历时半年，详细报道越南人民的抗美爱国斗争。同年11月中旬，他们还曾到老挝，报道老挝民主阵线领导人的活动和部队的战斗生活。

8月21日

从当日起，中央人民广播电台减少外国音乐节目时间，由每周855分钟减为675分钟，主要是减少了外国古典音乐，但朝鲜、阿尔巴尼亚、越南、古巴等亚非拉国家的音乐节目有所增加。

8月27日

中央任命左漠野兼任广播事业局对外广播部副主任、罗东任对外广播部副主任。

8月27日～9月8日

由中央广播事业局局长梅益率领的中国广播代表团访问越南。9月4日，越南劳动党主席胡志明接见梅益等。

9月5日

天津市人民委员会批复："同意天津电台在电视车上设置无线电台一座，只限转播电视节目使用。"

9月10日～20日

华东、中南地区广播网工作经验交流会在上海召开。中央广播事业局局长梅益到会讲话，副局长周新武主持会议。

9月17日

经中共上海市委批准，中共上海人民广播电台委员会建立，王永贤任书记，田志强任副书记。

9月21日

北京电视大学举行第一届毕业典礼,有202人毕业。教育部部长杨秀峰、北京市副市长吴晗以及电视大学领导小组成员孟启予等出席毕业典礼。

9月23日

北京广播电台制定《关于播出工作的几项规定》,要求所有对外广播节目都要预先录音,不准直接播出。如临时有十分紧急和重要稿件需直接广播时,须经有关的编辑部主任同意。

9月24日

中央人民广播电台、北京广播电台分别播出《人民日报》关于纪念第一国际成立100周年社论《高举马克思列宁主义的革命旗帜》。

9月25日

黑龙江省编制委员会通知:各市可以成立广播事业管理局,各县成立广播事业管理科,不增加编制,与广播电台(站)合署办公,设一套编制,挂两块牌子。

9月25日～10月5日

罗马尼亚广播电视代表团访华。10月3日,中罗双方签订广播电视合作协定。

同月

自本月起,中央人民广播电台、北京广播电台决定取消集体记者的稿费。

同月

吉林人民广播电台在吉林、延边、四平、通化和白城建立驻地区记者站。头条消息中本台记者采写的稿件约占30%。

10月1日

中华人民共和国成立15周年,中央人民广播电台在国庆前后重点组织报道,举办专题节目。1日当天,转播了首都70万群众庆祝国庆节集会和游行活动实况,晚上的《各地人民广播电台联播》节目,播出首都群众联欢焰火晚会及全国各地庆祝活动的录音报道和有关消息。对台湾广播以一周时间,举办《建国15周年特别节目》,连续播送报道重大建设成就的专稿和一些有代表性的人士歌颂新中国的文章和讲话。北京广播电台除编发《人民日报》社论外,自己编采了若干节目,共70余个选题。北京电视台转播了首都庆祝大会和游行实况,并播送宣传我国社会主义革命和建设成就的新闻片;拍摄了外国代表团参加我国庆活动的电视片。9月30日晚,播送《迎国庆文艺综合晚会》。天津电视台转播了京津两地群众庆祝国庆节游行的实况。

10月2日

晚,音乐舞蹈史诗——《东方红》在人民大会堂正式上演。北京电视台转播演出实况。中央人民广播电台 10 月 3 日晚第一套节目播出录音剪辑。10 月间,中央电台举办了一套专题广播,从各方面宣传《东方红》,有十多个主题,每个主题一个节目,每个节目半小时,包括实况录音片段、人物讲话录音等。

10 月 8 日~14 日

西藏自治区第一次广播站工作会议在拉萨举行。中共西藏工委宣传部长方驰辛到会讲话。

10 月 9 日

中央人民广播电台、北京广播电台分别播出我国政府关于中印边界问题的声明。

10 月 12 日

云南人民广播电台开始设置两套广播节目。第二套节目主要播出《对云南境外国民党军残部广播》和部分教学节目。

10 月 16 日

中央人民广播电台和北京广播电台各语言节目从 23:00 开始,分别播发我国成功地爆炸第一颗原子弹的新闻公报和我国政府声明。世界各国电台很快报道了这一震动全世界的消息,日本广播协会在 17 日凌晨 0:05,根据北京广播电台广播,作为临时消息向全国广播,并在凌晨 1:30 之前多次报道新闻公报、中国政府声明等有关消息,0:35 还播送了北京广播电台的普通话节目报道新闻公报的录音。

同日

中央人民广播电台、北京广播电台分别播出苏共中央第一书记、苏联部长会议主席赫鲁晓夫被解除职务的消息。

10 月 20 日

中央人民广播电台、北京广播电台分别播出国务院总理周恩来为转达我国政府关于召开首脑会议,讨论全面禁止和彻底销毁核武器的建议给各国政府首脑的电报。

同日

新疆维吾尔自治区根据农业部、全国科协、中央广播事业局联合通知精神,经自治区党委批准,自治区农业厅、科协、广播事业管理局等九个单位联合成立自治区科学技术广播工作小组,由自治区农业厅副厅长张庆云任组长。新疆人民广播电台增设《农业科学技术知识》节目,每周播出两次,每次 15 分钟。

10 月 31 日

北京广播电台斯瓦希里语、印地语、泰语节目分别从 1 小时增加为 1.5 小时。英语节目对印巴广播减少 1 小时,对东南亚广播增加 1 小时。

同月

天津电视台报道下乡知识青年邢燕子、侯隽的典型事迹,先后拍摄《到农村去,做革命者》《在农村广阔天地里》《戈壁滩上的天津青年》等纪录片。

11月1日~8日

中央人民广播电台在西安市召开有部分城市参加的城市电台经验交流座谈会。会议着重座谈、交流有关宣传"活思想、活典型、活经验教训"的经验和问题，还交流了编辑部的政治工作和编辑部如何进一步革命化问题。中央广播事业局副局长顾文华在会上讲话。

11月2日

经北京市人民委员会批准，吴晗被任命为北京电视大学校长（之前，该校一直没有校长）。北京电视大学1960年开办，1966年中断。

同日

太原电视工读中学正式开学。第一期招收高小毕业生706人，分设27个电视班。课程有语文、数学、政治、工农业生产知识四门，上午上课，下午复习，有时参加劳动。不久，又招收第二期高小毕业生1394名，教学点增加到50个。同时又增加了物理、化学等课程，逐步发展成为一座真正的新型的半工半读、半农半读的工读中学，为全国有条件的地方开办电视教育提供了经验。

11月4日

中央广播事业局局长梅益对北京广播电台华侨部《祖国常识问答》节目作出批示："我意提问题要注意：一、多问当前的，少问历史的（这两者之间要有个比例），如问唐朝诗人就意思不大。二、少问死的，多问活的。所谓活的，就是有启发性的，让听众能通过已了解的祖国情况作出较有内容的答复。死的问题（如有几条大河流），可查书报，而活的问题（如15年来我国取得成就的主要因素之类），就较灵活。三、答语不要太罗嗦，可简要些，个别答案可作为专门节目，给回答的听众作参考。四、印发给听众的信件要注意，文字要很通顺流畅，连标点也不要错误，纸张印刷要考究些，写法要亲切些。"该节目1961年12月开始举办，开始是每三月一期，后来改为每两月一期。三年来参加这一活动的听众不断增加，到1964年已超过1万人。

11月6日

中央人民广播电台、北京广播电台分别播出我国党和国家领导人给苏联党和国家领导人庆祝十月革命胜利47周年的电报和《人民日报》社论《在伟大的十月革命旗帜下团结起来》。

11月8日~12月22日

应中央广播事业局和对外经济联络委员会邀请，阿尔巴尼亚交通部邮电总局代表团访问我国。12月12日，国务院总理周恩来接见该代表团。

11月9日

中宣部批复同意中国唱片社出版以华侨为对象的"南国"牌唱片。并批示"为适应侨胞需要,可以多出版一些优秀的传统剧目"。

同日

天津市人民委员会同意电台设置使用流动收讯台一座。

11月10日~12月18日

以日本记者会议副议长浅海一男为团长的日本"北京电台听众之会"代表团一行10人来我国访问。全国人大常委会副委员长郭沫若接见代表团全体成员。这是我国接待的第一批日本听众访华团。

11月11日、18日、26日,12月11日、25日

四川人民广播电台应听众的要求,连续播送黄继光烈士的母亲邓芳芝的讲话录音《黄继光是怎样成长为毛主席的好战士的》和黄继光生前所在连队的连长万福来的讲话录音《学习黄继光,促进思想革命化》。这两个讲话录音广播以后,短期内收到本省和青海、贵州、云南、湖北、新疆、海南岛等地听众大量来信。

11月18日~12月5日

以中央广播事业局局长梅益为团长的中国广播电视代表团对阿尔巴尼亚进行友好访问。

11月20日

全国各地电台交换文艺节目的录音复制会议在天津举行。

11月21日

中央人民广播电台、北京广播电台从零点开始,分别播出《红旗》杂志第21、22期合刊社论《赫鲁晓夫是怎样下台的》。

11月24日

北京广播电台内部刊物《对外部业务情况》出版。这个刊物主要是传达领导有关宣传业务的指示,交流业务情况和工作经验。到1965年5月,共出版52期,后改版为《工作情况》,并扩大了内容。

同日

根据中央广播事业局党委指示精神,北京广播电台开始按照文化革命精神检查节目。据检查,1964年437篇稿件中,有问题者181篇,占41.4%。

11月29日

中央人民广播电台、北京广播电台分别播出毛泽东关于支持刚果(利)人民反对美国侵略的声明。

11月30日

山西省建立战备广播电台。

11月下旬~12月底

中央人民广播电台对全国少数民族群众业余艺术观摩演出作了比较充分的报道，共播出新闻34条，录音报道7个，摘要播发国务院副总理陆定一在开幕式上的讲话和《人民日报》在闭幕时发表的社论《发扬会劳动又会做文艺工作的革命精神》。此外，还播送了18个代表团和"乌兰牧骑"代表队的演出录音剪辑和专题文艺广播。北京广播电台播发开幕、闭幕消息，发综合报道。北京电视台转播了几场演出，对演出期间的重要活动拍摄了电视片。

12月1日

中央人民广播电台在山西省和吉林省建立记者站（试点），从此，中央电台有了自己的驻地方广播记者队伍。1965年2月11日，中宣部同意中央广播事业局党委提出的在各地建立广播记者站和电视记者站的意见，并将广播事业局党委的请示报告转发各地，要求各地党委协助解决建立记者站工作。记者站的干部编制，由广播事业局统一调剂解决。建站工作全面铺开，至1965年底，先后建立山西、吉林、山东、湖北、河北、辽宁、陕西、新疆、上海、福建、广东、四川、河南、广西、云南、湖南和黑龙江17个记者站，有驻地方记者50人。

同日

北京广播电台对蒙古人民共和国广播的蒙古语节目正式广播，每天三次，每次一小时。这是北京电台第二十五种外语节目。

同日

江西人民广播电台开办第二套节目，主要开设教学节目和文艺节目，服务南昌市区。

12月2日

上海各界人民70万人举行支持刚果（利）人民反对美国、比利时帝国主义武装侵略大会，会后举行了声势浩大的示威游行。上海人民广播电台、上海电视台转播了大会和游行示威的全部实况。

12月3日

以朝鲜中央广播委员会委员长柳永构为团长的朝鲜广播代表团访华。27日，国务院总理周恩来接见代表团全体成员。当天，双方签订广播电视合作协定。

12月19日

北京广播电台世界语节目正式播音。这个节目以华沙为中心，定向广播，波兰、苏联的欧洲部分和东欧、北欧、西欧的一部分国家都可以听到。每星期广播两次，每次30分钟。这是北京电台第二十六种外语节目。

12 月 21 日~1965 年 1 月 4 日

第三届全国人民代表大会第一次会议在北京举行。12 月 30 日，中央人民广播电台、北京广播电台分别播出周恩来在三届人大一次会议上所作的《政府工作报告》（摘要）。

12 月 22 日

中共山西省委决定，将山西省广播局编委会改为党委会。张文昭任副书记，代行书记职责。任命陈远、黄立人、李兴旺、关守耀、王福庆为党委委员。

12 月 26 日

中宣部对中央广播事业局《关于京剧古典题材可播节目的请示报告》的批复中指出："可以选播少量经过整理的较好的传统剧目，比例数字控制在百分之十以内。"

同月

毛泽东为北京电视台题写台名。

同月

浙江省衢县广播转播台建成并正式开播，转播省电台第一套节目。1972 年改建，功率 1 千瓦，增转中央人民广播电台第一套节目。

同月

山东省先后建成烟台、淄博、潍坊、临沂、济宁、聊城等广播转播台。

同年

中央人民广播电台收到听众来信 151265 封。

同年

各地集体记者（地方电台）共向中央人民广播电台、北京广播电台发来新闻和专稿 3493 件，比 1963 年增加 60% 以上。两台全年采用集体记者的新闻和专稿 1882 件，占来稿总数 53.9%，比 1963 年增加一倍多。

同年

北京广播电台收到 135 个国家和地区的听众来信 154597 封。全年向十多万听众寄送了各种外文小册子 694017 册，向国外华侨寄中文小册子 149561 册。

同年

北京广播电台有外籍专家 56 人、非专家待遇的外籍工作人员 9 人。本年回国的外籍专家 8 人，新聘专家 15 人。另有原在北京广播电台工作的专家夫人 7 人按专家待遇。

同年

有 9 个国家和地区的 20 多家报刊和通讯社发表对中国对外广播方面的评论文章 40 篇，其中以日本为最多，共 12 篇，次为美国，共 11 篇。

同年

北京电视台全年向 33 个国家寄送电视片 476 条，其中 10 分钟以上的短纪录片 3 条，其他都是 2～3 分钟的新闻片。寄送 200 条以上的有日本、英国维斯新闻社、阿尔及利亚、印度尼西亚和阿尔巴尼亚。

同年

我国第一个共用天线电视实验系统在北京饭店建成。

同年

内蒙古 601 发射台建成，拥有两部 150 千瓦中波发射机等。

同年

吉林人民广播电台在长春铁路分局、双阳县双阳河公社林家大队、长春市玻璃厂、德惠县沃皮公社、汪清林业局、长春新华印刷厂、双阳县人民武装部等基层单位建立通讯员联系点和听众联系点。

同年

吉林省长春电视台自己组装的第一台黑白电视转播车投入使用，增加了实况转播节目。先后转播的剧目有京剧《黑旋风李逵》《春草闯堂》《赵氏孤儿》《秦香莲》《玉堂春》，评剧《密建游宫》，话剧《钗头凤》，越剧《柳毅传书》等。

同年

湖南人民广播电台购进两台荷兰菲利浦 3586 型和一台德制 TK6 型便携式录音机，解决了无电地区采录节目的困难。有了这种轻便的录音机后，新闻节目的采录逐渐由记者自己操作，进入独立采访阶段。

同年

广东各地中波广播转播台建设继续开建的有：顺德广播转播台、台山广播转播台、开平广播转播台。

1964 年～1965 年

广播科学研究所开始北京昌平县沙河镇定福皇庄新所址的建设工作，在南礼士路 13 号（小楼）的各研究室陆续迁至沙河，包括与广播设备制造厂四车间合并的八室（电真空研究室）。

1965 年

1月1日

北京电视台第一次播出用录像机录制的文艺节目：豫剧《朝阳沟》第二场和《红灯记》中"智斗鸠山"一场。

1月3日～5日

中央人民广播电台播出我国新的国家领导人选举公告和天安门广场10万人热烈庆祝刘少奇等继续当选为国家领导人的实况录音以及全国各地热烈拥护新当选的国家领导人的消息。第一套节目3日从18:39开始，播出第三届全国人民代表大会发表的五个公告和主席令。播出之前作了预告，全国各地电台都作了转播。4日晚开始，播出三届人大一次会议闭幕和毛泽东、刘少奇接见人大代表以及人大会议关于《政府工作报告》的决议等消息。北京广播电台对外播出第三届全国人民代表大会选举国家领导人的消息。最早播出的是印尼语广播，部分语言广播播出了北京10万群众热烈庆祝刘少奇等继续当选为国家领导人的实况录音。4日晚开始，陆续播出人大闭幕，毛泽东、刘少奇接见人大代表以及人大会议关于《政府工作报告》的决议等消息，到5日上午，已有26种语言节目播出上述消息。从7日起，各语言广播重播周恩来所作《政府工作报告》摘要。北京电视台4日播送了三届人大一次会议选举国家领导人和首都群众举行庆祝集会拥护新当选的国家领导人的电视片。5日晚，综合播送关于三届人大一次会议的电视片。

1月10日

中央人民广播电台、北京广播电台分别播出我国政府关于支持印度尼西亚退出联合国的声明和《人民日报》社论《印度尼西亚的勇敢的革命行动》。

1月19日

北京广播电台世界语广播开播一个月，收到来自九个国家的听众来信17封。越南保卫和平世界语总书记陶英柯说："在我国有成千上万的人听这个广播。"越南听众阮海澄说："中国用世界语广播震动了整个世界语界。"一些听众建议增加广播时间，改进节目内容。

1月20日

中央广播事业局局长梅益就北京广播电台华侨部来信组"关于积压听众来信的检查报告"上批示:"华侨部来信组的工作是很辛苦的,有成绩的。这一工作的意义十分重大,一定要千方百计做好。从你们手里发出去的每一封信或是每一张宣传品,都加强了党和国家跟海外侨胞的联系。我们复信复得快、信的文字和内容准确、有感情、有教育意义,收信的人就会从这一具体事实感到祖国办事效率高,工作人员认真负责,对侨胞热情关怀,他们对祖国也就会更加向往。"

1月30日

中央人民广播电台春节期间的文艺节目组织了十个专题广播。包括《总路线光芒照四方》《革命历史歌曲演唱会》《百万农奴站起来》《春节文艺晚会》《战斗中的越南南方人民》《欢欣鼓舞迎新春》《群众业余文艺集锦》和为农民、解放军官兵、烈军属等举办的三个专题。

同月

北京广播电台继法语组、华侨部建立并坚持实行听众工作汇报本制度之后,印尼、越南、英语和豪萨语组从本月起建立汇报本制度。有的是每周一次,有的是两周一次,有的是每月一次,听众反映多就多报,反映少就少报。

同月

北京电视台记者叶惠参加赴越南南方记者访问团,从河内出发赴北纬17°线进入越南南方,为期一年。他拍摄的反映越南南方人民斗争的电视片由国际组编成六集专辑《英雄的越南南方人民》在电视中播出,每辑10~20分钟。该节目还寄往国外。

同月

西藏人民广播电台对节目方针进行调整,并确定节目的宣传对象。藏语节目的宣传对象主要是城镇居民(包括郊区农牧民)和藏族干部,兼顾农牧区群众;汉语节目的宣传对象主要是汉族干部、职工和驻藏部队指战员;确定在办好藏语、汉语新闻性节目的同时,增办藏语、汉语专题节目,扩大和充实节目内容,增加藏语综合性节目、知识性节目的播出时间。

2月1日

中国唱片社接受出版京剧参考资料唱片的任务,先出老生片,再出花脸、武生、旦角、小生片,专供青年演员、学员和唱腔设计者借鉴。

2月5日

北京广播电台日语组开始举办《中级中国话讲座》节目。讲座分三期,每周讲两次课,并各重播一次。中级课本作为《人民中国》日文版的附册发行。该刊第一期增印1.5万册，3月6日，日本代销店来电，课本仍供不应求。

2月8日~15日

我国举行"声援越南反美斗争周"。中央人民广播电台、北京广播电台进行了比较充分的报道。中央电台8日18:00播出越南政府声明，20:30播出罗瑞卿副总理讲话和北京50万人示威游行的录音报道。9日5:30播出我国政府声明。在各次新闻中报道了首都100万人大示威的消息。10日10:00转播天安门70万人集会的实况。《各地人民广播电台联播》节目播出首都群众集会和上海、广州等六城市群众集会游行的录音报道。11日，各次新闻节目继续播出各地人民集会游行示威的消息、综合报道、录音报道。12日5:30播出越南政府11日声明。13日~14日，反复播送我国政府13日声明。北京广播电台越南语广播8日19:30播出越南政府声明全文，20:30播出北京50万人示威游行抗议美国新的战争挑衅的消息，21:30播出游行录音报道和罗瑞卿讲话。9日6:30播出我国政府声明，21:30以后各次节目播出北京100万人大示威的录音报道。10日播出天安门70万人大集会的消息及录音报道。11日播出我国人民支持越南人民反美斗争的四个录音报道。13日晚播出我国政府声明。13日~14日播出全国1000万人举行示威的综合报道，以及沈阳、西安150万人示威声援越南人民的录音报道。

2月12日~13日

中共中央西北局第二书记、陕西省委第一书记胡耀邦到安康县视察工作，向干部作了两次讲话，长达10小时，对"社教"中打击面过宽、处理过重的极"左"错误提出纠正，并对安康经济提出"两手抓、双丰收"的方针（即一手抓粮食和一手抓多种经营）。安康县广播站录了音，并为安康地区各县和有关单位复制录音12套，磁带10余盘。后根据县委指示，又派李俊杰、詹万斗身背录音机，分赴安康县农村播放录音。收听胡耀邦讲话录音的基层干部、群众达2万余人次。

2月16日

新疆人民广播电台制定庆祝自治区成立十周年宣传计划，在国庆节前后用4种语言、40天时间，宣传中华人民共和国成立16年来和自治区成立10年来社会主义建设取得的重大成就。

2月17日

中央广播事业局向中宣部报送的《关于恢复少数民族语言广播的补充报告》中说：周恩来总理批评了广播事业局停办少数民族语言广播，并责成民族委员会和广播事业局共同研究恢复上述广播的问题。

2月22日

中共黑龙江省委第二书记、省长李范五通过有线广播向全省8个市、64个县的各级干部、工人、农民、士兵、学生和街道居民讲解中共中央制定的《农村社会主义教育运动中目前提出的一些问题》（简称"二十三条"），收听的人约650万。

2月27日

北京电视台把我国第一颗原子弹爆炸成功的电视片寄给日本电波通讯社和英国维斯新闻社。3月1日，北京电视台复电日本电波社，同意他们向英、美和其他电视机构发行。

同日

中共贵州省委宣传部要求各地、县拟定整顿广播站的计划，发展农村广播网，贯彻执行"自筹、自建、自管、自用"的方针，实行民办公助，以民办为主。今后，城镇和农村安装的喇叭，要收取喇叭收听费。县广播站目前应以发展喇叭和做好转播工作为主要任务。条件具备的站，可以搞一点自办节目。据9月统计，全省县一级广播站由1964年6月以前的68座增加到80座，同一时期的有线广播喇叭由1.68万只增加到7万只，架设广播专线4700公里，实行收费的广播站72个，1月~9月收费75222元。

2月28日、3月1日

北京广播电台俄语广播以听众点播形式，连续举办中国演员演唱的《苏联革命歌曲音乐会》。

同月

从本月起，马里电台把每周三20：45至21：00的15分钟固定为"北京电台之声"特别节目。

同月

天津电视台播出的电视剧《第一和第二》采用16毫米影片拍摄，以内外景结合、当场切换直播方式播出。

3月1日

新疆昌吉523短波发射中心台扩建工程竣工开播。该台升格为县级单位，编制增加到45人，设台长、政委、工程师各一人，直属自治区广播事业管理局领导。

3月1日~20日

中央人民广播电台对春耕生产和迎接今年农业新高潮作集中宣传，新闻节目共发各种报道138条。3月2日，中央电台给集体记者和记者站写信，希望他们紧密配合，并集中力量组织有关报道。

3月6日

越南听众赞扬北京广播电台宣传和播音工作的创造性。2月19日，中央广播事业局局长梅益指示北京广播电台越南语组在播送当天《人民日报》社论《约翰逊政府进退两难》的全文以后，要把社论的最后两段用记录速度重播一遍。越南河内听众周龙来信对这种做法表示赞扬。

同日

中共山东省委员会、山东省人民委员会召开全省有1000多万人参加的有线广播大会，动员全省人民紧急行动起来，打好春季农业生产这一仗。中共山东省委书记处书记、省长白如冰作报告。

3月8日

北京电视台派出记者朱景和赴越南民主共和国采访。这是该台第一个驻外的特派记者，历时两年又四个月。后由周居方、韩金度相继接替，时间都在两年以上。

3月13日

中共湖北省委员会批准成立中共湖北省广播事业局委员会。祝季伟任书记。

3月16日

北京广播电台国内部关于1965年新年、春节报道的总结说："新年、春节共编发新闻34条（其中新年专稿24条），专稿34篇（新年22篇），集中报道了我国国民经济的新发展，我国农业一派大好形势，市场繁荣，拥政爱民，拥军优属，文艺工作队下乡演出等等，反映了人们欢欢乐乐过春节的情况。"

3月22日

中央人民广播电台、北京广播电台从20：30开始，分别播出《人民日报》编辑部、《红旗》杂志编辑部联名发表的文章《评莫斯科三月会议》。

3月25日

中央人民广播电台开始陆续介绍《红旗》杂志第三期发表的13首革命歌曲。

3月26日

期刊《国外听众反映》介绍了北京广播电台日语组的一次节目调查。结果显示，多数听众对日语节目表示满意，认为它丰富多彩，很吸引人。

3月26日～4月3日

中央广播事业局召集部分省、区、市广播局负责人座谈农村有线广播长远规划问题。4月3日，局长梅益在会上讲话。

3月29日

中央人民广播电台和中国文字改革委员会再次联合举办《小学语文朗读教学广播讲座》，共24讲，每周三次，重播三次，每次30分钟。

同月

为适应形势发展，北京广播电台越南语组在4、5月份工作计划中提出30个选题，包括介绍工农业战线上的一代新人，强大的人民解放军和民兵杀敌的英勇事迹，以及越南的散文、通讯等。音乐节目方面，拟出了有关中国声援越南的音乐节目、越南革命歌曲、中国、亚非拉革命歌曲等30个专题节目。

4月1日

北京广播电台柬埔寨语组开办《听众信箱》节目。每周一次，每次15分钟。上半年该组收到听众来信598封，比去年增加23倍。

4月16日

中共安徽省委常委会同意安徽人民广播电台在桐城和舒城之间的山区建立广播战备发射台，1969年9月14日开始试验播音。1984年撤销。

4月16日～26日

北京广播电台印尼语组在报道万隆会议10周年的宣传中，共播出通讯报道5篇、讲话3篇、《人民日报》社论1篇、录音报道2篇和大量新闻。

4月20日

中央人民广播电台及时播出我国男女乒乓球队双获在南斯拉夫卢布尔雅那举行的第28届世界乒乓球锦标赛团体冠军的消息。女队比赛在北京时间3：45结束，中央电台在5：30的新闻节目中播出，接着分别在5：20和6：00播出中国男队以2：1领先、3：1领先的消息。6：35在《新闻和首都报纸摘要》节目中，以刚刚收到的消息播送男队也获世界冠军的消息，这时距比赛结束只有5分钟。4月25日，北京广播电台国际部迅速发出第28届世界乒乓球锦标赛单项决赛的消息。女子单打22：00多结束，22：27，该台从新华社得到最后一局比分，就在日语最后一次节目中播出，此时，其他比赛项目还在进行中。翌日2：45得到全部比赛最后结果后，该台国际部马上发出"中国选手在本届锦标赛中获得5项冠军、4项亚军"的消息，日语、德语、西班牙语、对台、对使馆普通话广播，以及对东南亚华侨方言广播都在夜里或第二天凌晨播出。5月20日，北京电视台播出第28届世界乒乓球锦标赛电视纪录片，后向全国各电影发行放映公司发行。

4月20日～6月14日

中央人民广播电台组织工业生产高潮的宣传。《各地人民广播电台联播》节目和新闻节目共播出工业消息232条。《专题广播》和《在祖国各地》节目播出有关工业高潮的通讯、录音报道、讲话等32件。

4月21日

北京广播电台国际部举办《今天北京报纸言论》节目，主要介绍各报次要言论，重要者单发。各组可排在新闻之后作小专稿用。

同日

新疆维吾尔自治区第三次全疆广播网工作会议在乌鲁木齐召开。会议传达第八次全国广播工作会议精神，总结工作经验，布置整顿和发展农村广播网的任务。

4月23日

中共甘肃省委员会批准恢复甘肃省广播事业管理局，成立局党委和政治部，与甘肃人民广播电台合署办公。5月，甘肃省广播事业管理局（台）编制为236人。

4月25日

北京电视台请被巴西当局非法监禁和折磨达一年多的我国贸易、新闻工作者王耀庭等九人与观众见面，并播送了他们4月21日回到祖国时受到热烈欢迎的电视新闻片。

4月27日

北京电视台即日起连续三天组织播出支持越南人民反美斗争的文艺节目。

4月28日~5月5日

中央人民广播电台《小说连续广播》节目播送《战斗的越南南方青年》，受到听众欢迎。

4月30日

北京广播电台英语广播举办《每周一歌》节目，每周一次，每次12分钟，用几种不同形式播送一首歌曲，并重播上一次的歌。听众对此节目表示赞赏。至6月底，共播出10首。

同日

上海电视台播出当时世界上最先进的发电机——双水内冷汽轮发电机在上海电机厂研制成功的电视新闻。

同日

新疆维吾尔自治区广播事业管理局批准伊宁等六座中波广播转播台从5月3日起正式启用，分别转播新疆人民广播电台维吾尔、汉、哈萨克、蒙古语广播节目和中央人民广播电台第一套节目。

同月

周恩来、邓小平等批示同意将民族语言广播建设列入1966~1970年的第三个五年计划。

同月

北京广播电台国际部自编国际述评，主要有《美帝为什么这样急于搞"韩日会谈"》《南朝鲜人民的反美思潮》《日本垄断资本加紧侵入南朝鲜》《日韩会谈的历史背景》《支持日本人民要求归还冲绳的斗争》等。

同月

安徽人民广播电台新播音馆开工建设，1966年秋完工投入使用。使用面积900

平方米，包括 120 平方米演播室一个，25 平方米语言演播室三个，300 平方米胶带唱片室一个。

同月

江西省广播管理局 202 工程指挥部成立。该工程于 1965 年 5 月在奉新县晏嶂山破土动工，1966 年 7 月建成，定名 202 转播台，转播江西人民广播电台第一套节目。发射功率 30 千瓦，频率 1449 千赫。1988 年撤销。

同月

西藏广播事业管理局成立，与西藏人民广播电台实行局、台合一体制，对内一套领导班子，对外两块牌子。阎洒一任局（台）长，张献庆、易人任副局（台）长。

5 月 1 日

中央人民广播电台新闻节目报道首都人民庆祝"五一"集会游行和联欢活动，晚上《各地人民广播电台联播》节目播送首都人民庆祝"五一"活动的录音报道和各大城市庆祝"五一"的活动消息。北京广播电台除编发《人民日报》庆祝"五一"的评论外，还请全国总工会负责人向各国听众发表祝贺"五一"的广播讲话，编发首都庆祝"五一"的录音报道和一批专稿。

同日

北京电视台播出由本台记者叶惠、于广华、朱景和在越南拍摄的反映越南人民抗击美国侵略者的电视片《保卫北方》。

同日

新疆维吾尔自治区广播事业管理局 632 台开播，有三部 1 千瓦发射机；634 台同日开播，有四部 10 千瓦、一部 1 千瓦发射机。

5 月 1 日～2 日

为了声援越南人民反抗美国侵略的斗争，北京电视台直播了《椰林怒火》等歌舞晚会和重新改编的话剧《南方来信》，介绍了新书《南方风暴》等。

5 月 2 日～26 日

索马里新闻部官员、全国广播节目组织者穆斯塔法·哈吉·努尔来我国访问。

5 月 3 日

新疆维吾尔自治区广播事业管理局 636 台开播，有两部 10 千瓦、一部 1 千瓦发射机。

5 月 4 日

中央人民广播电台开办《援越抗美》专题节目，每周播出三次，每次 30 分钟。

同日

黑龙江人民广播电台开办《农村青年广播学校》节目，每周三次并重播，有政治课、农业课和文化课。1966年秋停办。

5月5日

中央广播事业局副局长左漠野在部主任、组长和有关编辑参加的联席会上，提出改进发稿质量（多些、快些、好些）和节目构成的意见。他说："现在节目构成单调、稿件太长、新闻太长，形式呆板，国内新闻比重太小。"他要求半小时节目一般为四块，个别情况为三块；一小时节目新闻不超过15分钟，专稿、评论不超过八分钟，国内新闻不超过1500字。

5月8日

中央人民广播电台、北京广播电台从20：30开始，分别全文播送《人民日报》编辑部文章《反法西斯战争的历史经验》。全国各地电台转播。

同日

北京电视台播出国务院总理周恩来、副总理陈毅赴印度尼西亚参加亚非会议10周年纪念活动的新闻专辑。

5月10日

中央人民广播电台、北京广播电台从20：30开始，分别全文播出国务院副总理罗瑞卿的文章《纪念战胜德国法西斯 把反对美帝国主义的斗争进行到底》。全国各地电台转播。

同日

山西省广播管理局直接领导的太原市有线广播站移交给太原市广播管理局。

5月10日~24日

以中央广播事业局副局长左漠野为团长的中国广播代表团赴德意志民主共和国进行访问，并参加东德电台成立20周年纪念活动。

5月12日~16日

中央人民广播电台从12日零点起，播出毛泽东发表的《关于支持多米尼加人民反对美国武装侵略的声明》。北京广播电台西班牙语组对中国人民支援多米尼加人民反美斗争作了充分报道。每天有关这方面的报道占全部播出时间的60%~70%。毛泽东12日发表的《声明》连续播了三天。北京电视台转播了首都人民支持多米尼加人民抗美爱国大会实况，拍摄了首都大会和游行示威的电视片。

5月14日

中央人民广播电台、北京广播电台各语言节目从20：30起，分别播出我国成功地爆炸第二颗原子弹的新闻公报。北京电视台口播了两遍。

5月15日

为了加强对援越抗美的宣传，从5月下半月开始，北京广播电台各语言广播的一小时节目举办《援越专题广播——战斗中的越南》，它是政治、文艺相结合的广播杂志，类似报纸的副刊。每周由国际部发通稿两次，每次15分钟。截至7月14日，共发稿15篇。

5月21日

卢森堡—中国友好协会代表团成员诺埃勒·欧及纳和阿尔基·豪斯对北京广播电台法语组组长叶夫说，新闻后面，一定要加评论，以表明中国的立场，分析世界形势。

5月23日

新疆维吾尔自治区广播事业管理局637台开播，有三部1千瓦发射机。

5月25日

中央人民广播电台、北京广播电台陆续播出全国人大常委会关于取消中国人民解放军军衔制度的决定、主席令和《解放军报》社论。

5月26日

根据国务院外事办公室和国家对外文化联络委员会通知要求，中央广播事业局对有关越南问题的宣传情况作出统计。从3月15日至5月14日，中央人民广播电台新闻节目播出有关越南人民抗美爱国斗争和各国人民援越抗美的消息、录音报道、评论、文章占全部新闻节目总时间的45.68%，还向30个国家广播机构寄送越南文艺作品和援越抗美文艺节目437个，987分钟。在此期间，北京广播电台31种语言广播共播送有关越南问题的消息、录音报道、评论、文章14617条，专稿1577篇，占两个月总播出时间的51.5%。北京电视台将关于越南问题的宣传情况作了分类统计，附上有关图片、图表和实物，送交国家对外文化联络委员会，作为赴越南展览的展品。从2月8日起的100天中，该台播出有关越南问题的新闻、评论、讲话60次。

同月

山东泰山调频试验台第一座机房建成并投入使用。

6月1日~3日

北京广播电台华侨部举办三次"六一"儿童节特别节目。1日，介绍北京儿童的庆祝活动，请一位小朋友讲话，向华侨小朋友祝贺节日；齐唱《迎着阳光前进》、组歌《在毛主席身边成长》。2日，介绍几首反映越南小朋友英勇斗争的歌曲和故事《勇敢的小福》（南越小朋友消灭伪军的故事）；3日，播出武汉市江汉区民族路小学生李华的作文《星期日》、合唱《我们要做雷锋式的好少年》、诗剧《二小放牛郎》。

6月3日

晚，中国曲艺工作者协会和中央人民广播台联合举办《援越抗美说唱会》，实况录音剪辑于4日~6日播出。

6月5日

国务院文教办公室同意将哈尔滨、长春、西安电视实验台和太原电视教育台转为正式电视台。

6月7日

经国务院批准,贵州省人民委员会广播管理处改为贵州省广播事业管理局,与贵州人民广播电台合署办公,一个机构两块牌子,局是实体,台是呼号,统一由局党组领导。建立政治工作机构,局设政治部,下设组织、宣传、保卫三个处;编辑部门、行政部门、服务部门设政治助理员;各发射台设政治指导员。贵州省各专区(州)也建立了广播事业管理处,在专署、州委和地(州)宣传部的领导下,指导各县(市)广播站工作。各专区(州)广播事业管理处为行政编制,与专区(州)各局平级。

同日

根据中宣部、中共贵州省委宣传部、中央广播事业局的要求,贵州省广播事业管理局要求各县(市)控制播出京剧古装戏和地方剧历史题材剧目,大量播送革命歌曲和现代剧。贵州人民广播电台在贵阳市举行"贵州省1965年革命现代戏会演",会演时间一个多月,参加会演的有9个剧种,22个剧团,演职人员1000多人。

同日

新疆维吾尔自治区人民委员会发出《关于广播事业管理局行政机构设置的批复》,同意广播事业管理局与广播电台合设一套办公机构,行政部分设办公室、无线管理处、有线管理处、行政管理处;宣传业务部分设总编室及政治广播部、文艺广播部、采访通讯部、节目播出部。

6月13日

中央人民广播电台、北京广播电台从20:30开始,分别全文播出《人民日报》编辑部和《红旗》杂志编辑部文章《把反对赫鲁晓夫修正主义的斗争进行到底》。全国各地电台转播。

6月15日

北京电视台驻越南记者采访越南总理范文同,这是中国电视记者第一次采访外国政府首脑。范文同通过中国电视台发表讲话,北京电视台于19日20:30播出。中央人民广播电台和北京广播电台同时播出讲话录音。《人民日报》和越南《人民报》同日发表范文同的电视讲话,这次讲话的有声拷贝片发往海外21个电视机构。

6月18日~26日

广西僮族自治区广播事业管理处首次组织有线广播好节目(稿件)评选,39个市、县广播站选送45件作品参评,评出优秀节目(好稿)13件。

6月19日~7月19日

以中央广播事业局局长梅益为团长的中国广播电视代表团访问日本。

6月23日~7月23日

中央人民广播电台派出听众意见调查组，先后到上海、南京、无锡、盐城、济南、临朐、泰安等地，向听众进行调查。共召开32次听众座谈会，有274人参加，还个别访问了14位积极听众。他们对改进广播节目提出不少意见。

6月26日~28日

中央人民广播电台为"6·27"反对美国侵占台湾15周年，播送地方台发来的27个城市举行民兵反美示威集会和军事演习的报道。对台湾广播在6月26日至7月4日间，除播送有关消息和《人民日报》社论外，还自己组织和编写讲话、评论、特写、录音报道22篇。

6月27日

英《星期日泰晤士报》说北京广播电台对东非广播收听情况很好，效果令人惊异，但又说非洲听众对我广播内容不感兴趣。

同月

北京广播电台有近一半语言组办有《常识问答》节目，吸引着成千上万的国外听众。华侨部收到的听众来信中，回答问题的占60%~70%；日语组举办问答节目三年多来，参加的听众逐年增加，现已发展到每月3000人，占来信的一半以上；柬埔寨语组1964年6月仅收到一封信，自办问答节目后，本月收到332封信。

同月

浙江人民广播电台在杭州市鸡笼山建成战备台，将杭州孝丰路第二套节目（1350千赫）两部1千瓦发射机中的一部迁往鸡笼山战备台。1970年5月，孝丰路发射台全部迁往鸡笼山，两部1千瓦发射机并机播音。8月，发射机改用7.5千瓦，以后扩大到15千瓦。

7月1日

山西省太原电视实验台更名为太原电视台。中共山西省委书记卫恒为太原电视台题写台名。1978年8月1日改用山西电视台名称。

同日

陕西省西安电视实验台改名西安电视台，陕西省广播事业管理局召开座谈会，庆祝西安实验电视台创办五周年和西安电视台正式成立。中共陕西省委书记舒同和中共西安市委第一书记彭天琦及省、市新闻单位的负责人到会祝贺并讲话。该台每周播出两次，每次约3小时左右。1978年5月5日改用陕西电视台名称。

同日

云南人民广播电台恢复德宏傣语和西双版纳傣语两个少数民族语言广播节目。1966年7月1日,又恢复傈僳语广播节目。

同日

新疆维吾尔自治区广播事业管理局633台开播,有三部1千瓦发射机。

7月5日

中央人民广播电台和国家文字改革委员会联合举办《汉语拼音教学广播讲座》节目。这个节目一共有五讲。7月~12月,每月对五讲内容都播送了两次。

7月9日~10月21日

中央广播事业局派广播记者蒋春翔、越南语翻译魏群到越南访问和采访。至此,中央广播事业局派往越南的记者共有四人,另两名为电视记者。

7月10日

中宣部同意并转发中央广播事业局党委《关于将省、市、自治区广播电台列入国家机密单位范围的报告》。报告指出:"广播电台是党的重要宣传单位,有相当大的机密性,队伍必须纯洁,一定要保证广播电台的绝对安全。"

7月初

北京广播电台以三个半天时间召开听众工作会议,总结交流经验。有七个组介绍了经验。中央广播事业局副局长金照、左漠野参加会议。

7月13日~8月21日

北京电视台在暑假期间每星期二、四、六9:00为少年儿童增播一次电视节目。

7月14日

李宗仁先生从海外归来,7月20日到达北京。周恩来接见并设宴欢迎的消息以及李宗仁声明,中央人民广播电台、北京广播电台播出稿均用新华社稿件。北京电视台拍摄了周恩来接见并设宴欢迎李宗仁和夫人的电视片,播出后送国内各电视台。22日,送英国、法国、日本、柬埔寨和阿尔巴尼亚电视台。9月26日,李宗仁在全国政协礼堂举行中外记者招待会,中央人民广播电台播出了消息,北京电视台拍摄了电视片。另制成有声片,27日航寄英、法、日、苏、古等18个国家的电视机构。

同日

北京电视台同日本电波新闻社在北京签订交换电视片的新协定和北京电视台向日本电波社购买电视片的新合同。1967年4月14日终止协定和合同。

7月19日

山西人民广播电台台长刘江调离,鲁兮调任省广播事业管理局局长、山西电台台长。10月11日,鲁兮任省广播事业管理局党委书记。

7月20日

美《纽约先驱论坛报》刊登题为《苏、中、南非、开罗的电波战》的文章,说"中国人长久以来在技术方面一直处于优越地位。他们拥有强大的发射机,并通过设在几内亚的转播台,很响亮地把声音传到非洲,甚至只用半导体收音机就能听到。"

7月21日~8月31日

中央人民广播电台为大、中学生暑期安排了文艺节目。文学、音乐、戏曲各占三分之一,每周六次,每次45分钟。

7月26日

中央广播事业局局长梅益作《关于对外广播的业务指导思想问题》的报告,主要涉及"对外宣传以阶级斗争为纲"等六个问题,并强调以"中间分子"为主要对象。

7月28日~8月9日

在第十一届禁止原子弹氢弹世界大会期间,北京广播电台日语广播播送了大会消息和文章,包括周恩来贺电、中国世界人民保卫和平大会代表刘宁一和日本反对原子弹氢弹协会负责人讲话、《人民日报》《大公报》社论,还播出日本电波新闻社寄来的大会实况录音报道。

7月31日~8月1日

中央人民广播电台全文播送国务院副总理贺龙的文章《中国人民解放军的民主传统》。全国各地电台转播。

7月下旬

中央人民广播电台第三次压缩播送古巴音乐节目的时间,从每周20分钟减为10分钟。

同月

美《亚洲情况调查》说:"在宣传和新闻方面,全印电台和北京电台比较起来,无论在技术方面还是在组织方面,都要弱得多,这一点是众所周知的","中国人使用设备也好一些,比印度的设备更强大,更适用"。

同月

北京广播电台从江苏省应届高中毕业生中录取46名学生,通过半工半读形式培养外语翻译人员,他们被分配在12个语言组学习。

同月

北京广播学院成立函授部,开办广播技术高等函授教育,从各省、市、自治区和广播事业局直属台招收函授生。

8月2日

中央人民广播电台举办《辅导业余文艺活动》节目,在《文艺信箱》栏目中播出。

这个节目是应工人和公社社员听众的要求举办的。辅导的内容有音乐、曲艺、小型戏剧,并且不定期地提供或介绍各种文娱活动材料。

8月2日~9日

北京电视台在北京召开第二次全国电视台对外报道座谈会。会议着重讨论了进一步开展对外电视宣传工作,提高出国电视新闻片质量的问题。北京、上海、广州、天津、沈阳、哈尔滨、西安、长春、太原、武汉10个电视台的有关人员参加座谈会。

8月5日

中共新疆维吾尔自治区委员会同意自治区广播事业管理局撤销党组,成立党委。设立政治部,作为党委的办事机构,主管思想政治工作。

8月8日

从零点开始,中央人民广播电台全文播出我国政府7日发表的《全力支持越南人民与美国侵略者战斗到底》的声明。北京广播电台各语言节目零点后陆续播出。

8月上旬

中央广播事业局制订广播和电视关于纪念抗日战争胜利20周年的宣传计划。经党委讨论,决定从8月15日起进行为期一个月左右的宣传活动。宣传的规模比战胜德国法西斯20周年纪念活动的宣传要大些,到9月3日前后,形成这次宣传的高潮。

8月15日~21日

为纪念抗日战争胜利20周年,中央人民广播电台新闻节目播送有关纪念活动的消息、录音报道九件,《红旗》杂志重新刊载毛泽东的《抗日游击战争的战略问题》所加的按语等。《解放军生活》《国际时事》《阅读和欣赏》等节目也播送了一些相关的材料。对台湾广播除播送有关消息和录音报道外,播送纪念性文章和资料三篇,播送回忆录和抗日战争故事四篇,有关专稿八篇。北京广播电台各语言节目播出题为《中国人民抗日战争的伟大胜利》的文章,并播发九篇专稿。音乐方面播出有关抗日战争的歌曲和音乐舞蹈史诗《东方红》中"抗日烽火"一场。日语组邀请日本进步人士盐田庄兵卫、冈田春夫、杉村春子、小笠原贞子举行座谈会,谈第二次世界大战的教训和日本的出路;还邀请日本妇女访华代表团成员举行座谈会;此外,还播送录音通讯《卢沟桥人民公社访问记》等。

8月15日~9月15日

西藏自治区成立(9月9日)前后,中央人民广播电台共播出消息67条。北京广播电台各语言广播播出有关消息,并编发反映西藏人民革命和建设成就的专稿11篇。北京电视台陆续播出一些新闻片。

8月15日~9月28日

中央人民广播电台、北京广播电台、北京电视台充分报道"中日青年友好大联欢"活动。北京广播电台共播出新闻 65 条、社论 4 篇、录音报道 32 篇，文艺演出实况剪辑两次，邀请 87 名日本青年作了广播讲话。北京电视台直播了中日青年大联欢开幕式。

8 月 16 日

截至今日，北京电视台已和日本、印度尼西亚、古巴、阿尔巴尼亚、苏联等 27 个国家的电视机构建立了交换电视片关系。此外，智利、比利时、加拿大等 6 个国家，或购买过我国的电视片，或由我国使馆不定期转送。

8 月 21 日

天津市计划委员会下达《1965 年郊区备战电台工程基本建设计划》。建设工程主要内容为：建各种广播设备用房 300 平方米，围墙 288 米，发射铁塔一座，以及 50 千瓦的发电机一部及备用电源等。全部建设工程投资控制在 14.57 万元以内。

8 月 25 日

中央人民广播电台举办《纪念抗日战争胜利 20 周年朗诵演唱会》，于 8 月 30 日、9 月 3 日、9 月 5 日播出朗诵演唱会的实况录音剪辑。

8 月 25 日～10 月 22 日

由上海电视台台长田志强带队的中国电视代表团赴阿拉伯联合共和国（埃及），参加在亚历山大城举行的第四届国际电视节。代表团带去科教片《水地棉花蹲苗》和美术片《小林日记》参加比赛，《水地棉花蹲苗》获一等奖。代表团还在阿拉伯联合共和国（埃及）、叙利亚、伊拉克进行了访问。

8 月 26 日～11 月 26 日

广播民族管弦乐团一行 18 人，由中央广播文工团副团长谷枫率领，赴罗马尼亚、捷克斯洛伐克、保加利亚访问演出。三国各演出三周，共演出 38 场，观众达 18193 人次。

8 月 27 日

周恩来就我国广播事业创建 20 周年（当时以 1945 年 9 月 5 日作为延安新华广播电台正式播音的日子），在人民大会堂河北厅召见中央广播事业局党委第一书记丁莱夫，副局长金照、周新武等，对广播系统的政治工作、广播局的基建工作、广播面向农村和北京广播学院的培训方针等作了指示。周总理说，广播局不仅要管自己和各直属单位的政治思想工作和安全保卫工作，对地方台的政治工作和安全也要督促，也要管。地方广播机构要建立政治工作部门。关于广播局的基建工作，总理指示，先落实今年基建工程所需材料的数量和供应情况，然后再搞明年的上马排队，其中一定要包括设备。关于广播面向农村问题，总理说，中央人民广播电台面向农村广播的节目，包括新闻、科学知识、文艺节目，内容要研究，要真正适合农村听。

地方台面向农村，作用更大。中央电台对城市和农村广播的内容，不可能完全相同。对农村广播的革命歌曲，要大众化的、容易学的。县广播站每天广播三小时的，转播中央电台的节目约用一小时，另外两小时让他们播自己的节目或转播地方台的节目。中央电台面向农村的节目，和地方台的应有所不同。向农村发行的唱片和面向农村的电视节目，内容也都要适合农村。谈到北京广播学院的培训方针时，周总理说，广播学院招生可多种多样，半工半读问题也可以研究。有的培训时间要长些，有的就可以短些。总之是要根据工作需要，结合业务。

8月28日

周恩来指示中央人民广播电台要办专门面向农村的一小时节目。中央电台当天下午专门讨论了这一问题。10月初，调集18名干部，筹备1966年元旦开办《对农村广播》节目。

同日

中央广播事业局副局长金照就北京广播电台对非寄送节目批示："给非洲国家的寄送节目要办得使人家听来我们只是讲友谊、交流文化，别无其他政治目的。只有如此，人家才会采用。可以多谈友谊、文化方面的动态和珍闻以及新中国人民生活中的有意义的趣事，介绍些中国新创作的和古典的音乐、民歌，编得轻松活泼，短小多样。"

同月

北京广播电台对华侨广播节目举办《教唱歌》节目，每季度教唱一支歌。

9月2日

中国人民解放军副总参谋长张爱萍在江苏省邗江县方巷公社参加"社会主义教育运动"。为支持该公社的广播事业，他派专人从福建运来一台1千瓦广播扩大机和12只高音喇叭。

同日

北京电视台邀请越南驻中国大使陈子平作电视讲话。

9月2日~3日

中央人民广播电台全文播出由林彪署名的文章《人民战争胜利万岁》。全国各地电台转播。

9月2日~10月20日

几内亚广播代表团来我国进行访问。

9月5日

中央广播事业局职工集会纪念延安新华广播电台正式播音20周年（当时以1945年9月5日延安新华广播电台恢复广播作为正式播音的日子）。

9月6日

全国人大常委会副委员长彭真、中宣部部长陆定一出席中央广播事业局召开的人民广播事业创建20周年纪念会。陆定一发表讲话,代表党中央和国务院向从事广播和电视工作的全体人员表示热烈祝贺。广播事业局党委书记丁莱夫主持会议。会后,彭真、陆定一等参观了中国人民广播事业创建20周年纪念展览。该展览于9月6日~25日正式展出。共有九个部分,即:人民广播艰苦创业,对国内、外广播,唱片出版,广播文艺表演,国际联络,地方广播,电视广播,广播技术和科学研究以及广播教学工作等。展览结束后,全部展品移交给北京广播学院,以筹办永久性的展览馆。后因"文化大革命"运动开始未办。

9月8日

为纪念朝鲜民主主义人民共和国成立17周年,北京电视台邀请朝鲜驻华使馆临时代办郑凤珪作电视讲话。

9月9日

西藏自治区正式成立。这期间,西藏人民广播电台集中力量宣传西藏和平解放15年来在政治、经济方面取得的成就,报道了以国务院副总理谢富治为团长的中央代表团在西藏的活动,宣传民主改革和中印边境自卫反击战以来,翻身农奴建设新家园中的新人新事和新发展、新变化、新面貌。

9月10日

在中央广播事业局党委会讨论电台安全播音时,局长梅益谈到:毛泽东主席1962年提出在任何情况下都能各就各位,坚守岗位,正常工作,安全播音的指示。今年3月19日,毛泽东主席又提出,不能希望美帝发出善心,战争打起来,大城市被炸,要保证全世界能听到我们的声音。

9月11日~28日

第二届全国运动会在北京举行。中央人民广播电台于10日~28日举办《第二届全运会特别节目》。北京广播电台各语言广播除播出开幕、闭幕及运动会期间的重要新闻外,还播发通稿《谈谈近两年中国体育运动的新发展》《16年体育运动成就展览会巡礼》《大型团体操〈革命赞歌〉》《运动场上的新风尚》等。北京电视台拍摄了有关电视片,转播了部分比赛实况。

9月13日~18日

中央广播事业局召开唱片工作面向农村会议。

9月15日

武汉电视教育台用四频道正式开播,每周播三次,每次三小时。10月1日,该台现场直播武汉市各界群众国庆游行实况。这是湖北省电视史上第一次现场直播。

9月28日~30日

中央人民广播电台举办《朋友的话》特别节目,选播一部分外国朋友访问中国后发表的观感。

9月30日

毛泽东、刘少奇在北京接见由越南之声电台台长陈琳率领的越南广播代表团。

同月

毛泽东、刘少奇、周恩来、朱德、邓小平、彭真、陈毅、陆定一等党和国家领导人为纪念人民广播事业暨中央人民广播电台创建20周年(当时以1945年9月5日延安新华广播电台正式恢复广播作为中国人民广播事业暨中央人民广播电台创建纪念日)题词。毛泽东的题词是:"努力办好广播,为全中国人民和全世界人民服务。"刘少奇的题词是:"高举毛泽东思想红旗,把广播工作做好,使全国人民和全世界人民都得到鼓舞。"周恩来的题词是:"高举毛泽东思想伟大红旗,发扬艰苦奋斗、自力更生的革命精神,为发展人民的广播事业而努力。"朱德的题词是:"联系群众、联系实际,进一步把广播宣传工作做好,为社会主义革命和建设服务、为世界革命服务。"邓小平的题词是:"高举毛泽东思想红旗,更好地为社会主义建设和社会主义革命服务,为马克思列宁主义和无产阶级国际主义服务。"12月9日的《人民日报》刊载了所有领导人的题词。

同月

北京电视台为培养少数民族电视摄影记者,从中央民族学院、内蒙古大学调来九名少数民族干部。其中藏族、蒙古族、哈萨克族各两人,维吾尔族、彝族、傣族各一人。他们在北京广播学院学习半年新闻专业基础课和半年摄影技术课。

10月1日

9∶45开始,中央人民广播电台用第一、第二、第三套节目的所有频率,转播首都各界庆祝中华人民共和国成立16周年集会和游行的实况。此外,于9月30日21∶00至23∶00,在第一套节目播出《国庆广播文艺晚会》。北京广播电台国内部制作游行实况录音报道,分长短稿。发专稿25篇,主要有《中国实现国民经济独立自主的根本道路》《中国社会主义建设的新高潮》《中国农业现代化的新发展》《中国的纺织工业》《稳定的中国货币制度》《卫生工作面向工农兵》《新中国的一代新人——谈中国知识青年上山下乡》等。各语言节目分别邀请访华和参加国庆活动的60多位外宾作广播讲话。北京电视台转播了首都庆祝大会和群众游行实况。

同日

印度尼西亚政局发生急剧变化。北京广播电台印尼语组接到上级指示后,立即组织收听雅加达电台广播,24小时抄收,在一个月内共抄收近30万字材料,并在不增加人力的情况下做到安全播音。中央广播事业局丁莱夫、金照、顾文华等领导曾多次到印尼语组了解情况，帮助解决工作中的困难。

同日

江西省景德镇人民广播电台恢复播音。

10月5日

天津人民广播电台根据市委宣传部的指示撤销电台代理党组，成立电台领导小组。成员有陶毅民、胡鲁达、阎树华、周占英、于健。

10月6日

中华人民共和国广播事业局和阿拉伯叙利亚共和国广播电视总局关于广播和电视合作议定书在大马士革签字。

10月7日

中宣部副部长许立群对北京广播电台开办菲律宾语广播提出意见。他说："语言要以通俗易懂为主"，"要很好地了解菲律宾的历史，碰到重要纪念日和节日，搞些特别节目。节目应由浅到深"。他说："我们主要任务就是要介绍毛泽东思想，介绍中国的情况。"

10月19日

中央广播事业局政治部向中组部报送《我局1965年下半年参加城乡"四清"工作队人数统计表》。参加城乡"四清"工作队总计813人，其中参加农村"四清"的697人，参加城市"四清"的116人。

10月22日

中共甘肃省委员会、甘肃省人民委员会召开全省农田基本建设广播动员大会，省委第一书记汪锋讲话。据统计，全省有组织收听达107万人。

10月26日

内蒙古人民广播电台蒙古语编辑部制定《关于蒙古语广播进一步加强为牧区、半农牧区服务的方案》。蒙古语节目逐渐形成《全区联播》《牧业节目》等新闻和《对农村牧区广播》《文化与科学》《可爱的祖国》等专题节目体系。以译编转向自编自采节目为主。

10月28日～11月4日

中央广播事业局在山东济南召开农村广播网工作座谈会。会议由副局长周新武主持。参加会议的有云南、广西、广东、福建、浙江、上海、江苏、山东、黑龙江九省、区、市广播局的代表。会议主要讨论如何加强边境和沿海地区农村广播网的建设和管理。

10 月 29 日～12 月 2 日

日本"北京广播听众之会"代表团一行 10 人,由团长柘植粂二郎率领访华。代表团先后访问北京、长春、沈阳、南京、上海、杭州、武汉和广州等地。

10 月 30 日

北京广播电台菲律宾语(他加禄语)广播正式播音,每天两次,每次 30 分钟。这是北京电台第二十七种外语节目。至此,该台共有 32 种语言节目(包括对华侨广播的汉语普通话和 4 种方言广播),每周播音时数为 687 小时。

10 月 31 日～11 月 10 日

由尼泊尔广播电台台长普·曼·辛格率领的尼泊尔宣传广播代表团访问我国。国务院总理周恩来接见代表团全体成员。

同月

由辽宁人民广播电台主持,东北地区第一次广播协作会议在鞍山市召开。

同月

辽宁电视台第一次对观众意见进行调查,组成三个观众意见调查小组,分头到沈阳市和平区文化馆、皇姑区文化馆、大东区文化馆进行蹲点调查。之后,又在沈阳市东郊东陵区满堂公社,西郊于洪区大潘公社,南郊苏家屯区沙河公社,北郊新城子区虎石台公社建立四个收看点。每月用表格形式向电视台反映收看人数,观众喜欢什么节目,不喜欢什么节目,图像是否清晰,有什么建议和要求等。

同月

新疆维吾尔自治区广播事业管理局 635 台开播,有两部 10 千瓦、一部 1 千瓦发射机。

11 月 1 日

北京广播电台日语节目广播时间从每天 5 小时增为 6 小时 30 分钟,早上广播 30 分钟,晚上从 17:30 连续播出到 23:30。

11 月 1 日～12 月 29 日

中央人民广播电台开办《各地有大寨》节目。这个节目连续播出 58 次,宣传全国各地 53 个大寨式典型。最后,中共中央农林政治部代主任秦化龙作了广播讲话。

11 月 8 日

中央广播事业局党委作出关于面向农村工作的初步安排,要求发挥广播、唱片、电视三种工具的特长,深入农村,为农民服务。中央人民广播电台既要面向农村,又要照顾城市,除在各种节目中办一些适合农村需要的节目外,还将开办一个每天半小时至一小时的专对农村广播的综合节目。各省、区台应确定主要任务是面向农村,为农村听众服务。各大城市电台也要照顾郊区农村的需要,开办专门对农村听众的广播节目。唱片要编制各省市（区）农民喜爱的革命歌曲和戏剧，分地区发行。各城市电视台应开办一些主要为农民观众需要而又能为城市观众所接受的节目。

同日

中央人民广播电台开办《说新书》节目。这个节目是为广大工农听众特别是农民听众举办的文艺节目，是由原来的《小说连续广播》和《评书》两个节目合并而成的。第一次连续播送长篇评书《艳阳天》。

11月10日

国务院副总理陆定一在全国城市半工半读教育会议上作报告时说，太原电视学校办得好，用很少的教员把全市没有升学的高小毕业生都组织起来了。电视广播是进行群众教育的好工具，今后在半工半读教育中要很好地利用电视。29日，陆定一在太原听取太原电视学校负责人的汇报，并要求把办学经验编成一本书，好好宣传。

同日

中央人民广播电台推出济南军区某部工程兵班长王杰舍己救人事迹的宣传，着重宣传王杰事迹（包括日记摘抄），以及报道各行各业学习王杰，积极参加"三大革命运动"（指阶级斗争、生产斗争、科学实验）的情况。北京电视台播送王杰日记片断，包括事迹介绍。12日，播送文艺节目《歌唱王杰一心为革命》。13日，在少儿节目播送《向王杰叔叔学习》，在新闻节目里播送《金乡各界隆重追悼王杰同志》《首都青年座谈王杰》等。

同日

中央人民广播电台、北京广播电台从20:30开始，分别全文播出《人民日报》编辑部和《红旗》杂志编辑部文章《驳苏共新领导的所谓"联合行动"》。全国各地电台转播。

11月28日

毛泽东发表《关于支持刚果（利）人民反对美国侵略的声明》一周年。北京广播电台对非洲广播的英语、法语节目重播了声明。

同月

山西省广播管理局、山西人民广播电台、太原电视台的机构、人事进行调整。局设办公室、行政处、广播网处等七个部门。山西人民广播电台设总编室和工商、农村、政教等七个部。太原电视台设编辑、技术两个部。

同月

安徽省长丰县广播站建立，1968年更名为"长丰县毛泽东思想广播站"，1971年恢复原名。

同月

新疆维吾尔自治区广播事业管理局 6501 台开播，有十部短波发射机、四部 1 千瓦中波发射机。

12 月 17 日

胡鲁达调中央人民广播电台工作，不再担任天津人民广播电台副台长、天津电视台副台长职务。

12 月 21 日～26 日

中央广播事业局在上海青浦县召开农村有线广播技术经验交流会，出席会议的有 19 个省、市、区局、台有关部门负责人、技术员共 44 人。

12 月 24 日

中央广播事业局和中华医学会联合组织的医学广播委员会举行会议，除委员外，还邀请一部分参加过农村巡回医疗和"四清"的医学家参加。会议主要讨论如何进一步贯彻毛泽东指示的把卫生工作的重点放在农村的精神，把卫生知识广播宣传工作做好。中华医学会会长傅连暲主持会议。

12 月 25 日

中共云南省广播事业管理局委员会成立，设政治处为其工作机构，分管思想政治工作、干部工作和保卫工作。

12 月 25 日～28 日

中央广播事业局在太原召开电视教学现场会议。这次会议是根据国务院副总理陆定一关于举办电视教育的指示召开的。有 18 个省、市、自治区和山西省属市的有关部门负责人参加。会上介绍了太原电视学校的经验，交流了北京、合肥、无锡等地办电视教育的情况，对各地建立教育电视台应具备的条件进行了调查。

12 月 27 日～1966 年 1 月 4 日

中央人民广播电台举办《外国朋友谈中国》专题节目，内容是外国朋友关于中国的谈话和文章。

12 月 29 日

中央人民广播电台、北京广播电台分别全文播出《人民日报》编辑部文章《苏共领导是宣言和声明的背叛者》。

12 月 31 日～1966 年 1 月 18 日

中央人民广播电台举办《大庆节目》，专题宣传大庆的革命精神和先进事迹。每天第一套节目 21：00 至 21：30 播出，第二天重播两次。

12 月下旬

中央人民广播电台《体育运动》节目邀请陈家全、倪志钦、李赫男、韩昌瑞、汤仙虎、赫建华、周同文、肖明祥八位优秀运动员作新年广播讲话，1966年元旦后陆续播出。

同月

根据中苏广播和电视合作协定相互供稿的规定，本年北京广播电台给莫斯科电台寄送156次俄语广播节目（每次30分钟），约7万字。这些节目莫斯科电台都没有广播。莫斯科电台共寄来156次华语节目。11月份以前每次节目附有文字稿件，11月份开始只寄录音带。这些节目中央人民广播电台也都没有广播。中苏广播和电视合作协定已于5月25日期满。

同年

中央人民广播电台共有四套节目：两套对全国广播的综合节目，一套文艺节目，一套对台湾广播节目。发射功率比1963年增长了11倍。

同年

北京广播电台向27个国家的广播机构寄送文字节目316个，向29个国家寄送音乐节目203个（共3337分钟）。寄送文字节目的对象以非洲独立国家为主。

同年

中国广播电视机构先后同19个国家的广播电视机构签订了广播和电视合作协定。协定的主要内容是节目交换、在双方国庆时举办专题庆祝节目、广播电视记者和代表团互相访问等。

同年

各省、市、自治区电台集体记者向中央人民广播电台发稿4035件，比1964年增加15.5%，中央电台采用2191件，其中专稿利用率为54.3%。

同年

中央人民广播电台收到国内听众来信128750封。

同年

北京广播电台收到133个国家和地区的听众来信286163封，比上年增加85%。

同年

北京电视台全年共向30个国家寄送电视片473条。

同年

天津电视台每周播出六次，除每周转播北京电视台一次节目外，其余五次为自办节目。

同年

安徽人民广播电台在宣城县召开现场会，推广宣城县广播站制作钢筋水泥杆，架设县城至农村集镇广播专线的经验。

同年

云南省广播事业管理局为扩大中央人民广播电台和云南人民广播电台广播覆盖面，开始在各地建立广播转播台。到1969年，先后在下关、个旧和思茅各建成一座发射功率为15千瓦的中波转播台。

同年

贵州人民广播电台全天播音时间795分钟，其中文艺节目445分钟，占55%，节假日全天播音时间900分钟，其中文艺节目605分钟，占65%。

同年

四川省无线广播电台发展到四座，办有五套节目。

同年

新疆生产建设兵团有线广播站（室）已发展到259个，配有专兼职工作人员224人，基本覆盖兵团农牧团场。团场有广播，连队听喇叭，丰富了职工群众的文化生活。

同年

新疆654发射台建成投入使用，有500千瓦中波发射机四部。

1965年～1978年

由于苏联停止供应短波发射机的发射管，国内产品不能满足使用要求，广播科学研究所电真空研究室研制了大型发射管的改进型FU—433S，1967～1977年进入大批量生产后，共生产了2000只，保证了发射台的安全播音。

1966 年

1月1日

中央人民广播电台恢复《对农村广播》节目并开办《农村俱乐部》节目。中共中央农林政治部代主任秦化龙向全国农村人民公社发表广播讲话,作为重新恢复的《对农村广播》的第一次节目。这档节目是中央电台根据周恩来1965年8月对中央广播事业局负责人谈话提出的"对国内广播要面向农村"的意见,调整原有的对农村广播节目而开办的综合性广播节目。

同日

江西省萍乡人民广播电台建成开播,发射功率1千瓦,频率1485千赫。

1月3日

西藏人民广播电台使用全部频率,在每天23:00至次日1:00,转播北京广播电台的印地语节目。

1月6日

中央人民广播电台、北京广播电台分别播出《人民日报》观察家文章《约翰逊政府的大阴谋》和两条消息《约翰逊发动"和平攻势"掩盖扩大战争阴谋》《美国兜售的十四点计划是什么货色》。

1月6日~14日

西南、西北农村广播网工作座谈会在陕西西安举行。参加会议的有四川、云南、贵州、西藏、陕西、甘肃、宁夏、青海、新疆九个省、自治区广播管理局的局长和广播网处负责人。座谈会由中央广播事业局副局长周新武主持。会上介绍了事业建设情况、交流了经验,并结合本地区的特点研究了今后建设农村广播网的方针、任务和措施。

1月14日

周恩来指示,电台要成立安全保卫小组,从军队调一名军参谋长专管电台的保卫工作。

1月20日

除夕,中央人民广播电台播出大型综合晚会《春节文艺晚会》。播出时间120

分钟。

1月25日~2月22日

中央人民广播电台对少年儿童广播《星星火炬》节目播出经改编的长篇小说《欧阳海之歌》。至3月5日,共收到小听众来信1950多封。

同月

中央人民广播电台开始关于钢铁战士麦贤得的宣传。宣传规模与宣传王杰相同。

同月

北京电视台使用黑白录像设备制作节目,录制的第一个节目是相声《女队长》。

同月

北京电视台开始向日本广播协会、日本东京广播、日本富士电视台、日本电视广播网、日本教育电视五个电视台供片。

同月

吉林省吉林市电视台在东炮台山重建,5月1日恢复播出。

月底

中央人民广播电台和中国音乐家协会、全国总工会、团中央联合发起"工人歌曲创作征稿"活动。

年初

天津人民广播电台调整节目,撤销《广播杂志》《青年生活》《对民兵广播》《学时事》四个节目,将其内容分别纳入《社会主义教育》《对农村社员广播》和《对街道居民广播》节目中。

2月2日

中央人民广播电台、北京广播电台分别播出《人民日报》观察家文章《苏联领导人同谁联合行动》。

2月5日~17日

中央广播事业局召开全局第二次政治工作会议。会议总结了两年来试行党委制、政治委员制和政治工作制度的经验,确定了今后政治工作的任务,安排了1966年的政治工作。

2月7日

为突出援越抗美的宣传,支援越南人民抗美斗争,北京广播电台开办《援越抗美》专题节目,每周两次,每次10分钟。内容包括:各国人民支持越南人民斗争反对美国侵越的有关活动的报道,各国群众团体的有关声明、各国各阶层人士的有关言论、各国报刊舆论、听众来信等。

2月7日~9日

中央人民广播电台多次播出新华社记者穆青、冯健、周原采写的长篇通讯《县委书记的榜样——焦裕禄》,由播音员齐越播音。为便于各地广播电台转播或录音,提前作了预告。2月10日~22日,中央广播事业局为全国各地不少单位复制了关于焦裕禄的通讯和介绍他模范事迹的录音带。

2月10日

中央人民广播电台举办《各地有大庆》节目,陆续介绍各地区和各行各业的大庆式典型单位,每天30分钟。

同日

中央人民广播电台、北京广播电台分别播出《红旗》杂志评论员文章《苏共新领导奉行苏美合作路线的供状》。

2月上旬

《县委书记的榜样——焦裕禄》长篇通讯广播后,河南人民广播电台派出11名记者到焦裕禄工作、生活过的兰考、开封、尉氏等地和洛阳矿山机器厂采访,录制了一批人物讲话。到12月,共播出2600分钟,并向中央人民广播电台和全国兄弟电台提供讲话录音和稿件。

2月11日~3月中旬

北京电视台派记者庞一农、编辑王娴去河南兰考县拍摄介绍焦裕禄模范事迹的电视片,共拍12个主题,如《河南人民争学焦裕禄》《忆焦裕禄、学焦裕禄》(遗物展览)、《焦守凤(焦裕禄女儿)的电视讲话》《实现焦裕禄的思想,建设新兰考》等。这些电视片从2月26日起在电视新闻节目中陆续播出。

2月12日

根据中共新疆维吾尔自治区委员会通知,自治区广播事业管理局党组决定用20天至一个月的时间,在广播中集中宣传焦裕禄的革命精神和共产主义品质。

2月14日

中国北京电视台同英国维斯新闻社签订相互供应电视新闻片的合同。合同规定北京电视台购买维斯新闻发行的全部电视新闻片(包括他们向世界各国电视机构发行的北京电视片),每月约200条,维斯新闻购买北京电视台的电视片,每月约15条。

同日

根据对外广播宣传的需要,北京广播学院增设僧伽罗语、祖鲁语、希腊语三个专业。至此,广播学院外语系共开设23个外语专业,其中绝大多数为非通用语种,成为培养对外宣传人才的重点校系之一。

2月15日

中央人民广播电台、北京广播电台分别播出《人民日报》评论员文章《帮凶者的嘴脸》。

2月17日

北京电视台邀请铁人王进喜作电视讲话，共80分钟，因他的讲话生动自然，真实感人，受到观众欢迎。

2月21日

中共贵州省委员会、贵州省人民委员会决定：恢复筹建贵阳电视台的工作。贵州人民广播电台抽调技术人员组成恢复筹建小组，继续进行电视科技实验。

2月26日

北京电视台播出广播文工团广播电视剧团排演的电视剧《焦裕禄》，全剧长约两小时。这是该团完成的最后一部直播电视剧。至此，结束直播电视剧的历史。从1958年6月起，广播电视剧团共直播电视剧42部。

2月27日

中央人民广播电台文艺部和《曲艺》《歌曲》编辑部联合举办《学习焦裕禄朗诵演唱会》。部分实况录音，中央电台在当晚《星期文艺晚会》中播出。

2月下旬

中央人民广播电台开始在《说新书》栏目里，连续播出冯英杰播讲的长篇小说《欧阳海之歌》。全书分50段播讲，每段30分钟，共1500分钟。4月1日至5月中旬，中央广播事业局为20个地方电台复制了全部播讲音响，为7个地方电台复制了部分选段。

同月

中央人民广播电台举办的《世界各国概览》节目开播。

同月

北京电视台军事组正式成立。该组由解放军总政治部与电视台双重领导，宣传业务暂归新闻部。

3月4日

中宣部通知：中央批准，毛动之、熊景钊任广播事业局技术部副主任。

3月7日~9日

为纪念"三八"国际劳动妇女节，中央人民广播电台邀请全国妇联主席蔡畅作广播讲话，题目是《高举毛泽东思想伟大红旗 促进妇女思想革命化》。

3月7日~5月30日

中央人民广播电台举办广播记者训练班。参加第一期学习的除地方记者站记者

40 人外，还有部分省、市台的集体记者 27 人。

3 月 8 日

河北省邢台地区发生强烈地震，中央人民广播电台派出两名记者到地震中心地带采访。随后，《各地人民广播电台联播》节目和《解放军生活》节目分别广播录音报道《用毛泽东思想武装起来的人民是不可战胜的》和《感谢你们，亲人解放军》。3 月 11 日，北京电视台派出三名记者，前往邢台地震灾区拍摄电视片。17 日～20 日，播出电视报道《支援地震灾区人民重建家园》。

同日

北京电视台开办《活学活用毛主席著作，促进思想革命化》专题节目。

3 月 16 日

天津市计划委员会批复天津人民广播电台，同意在蓟县青山岭山区建立战备电台，设置 7.5 千瓦发射机两台及相应的天线、传音、通讯和供电设施，建平房 430 平方米，开凿山洞 366 平方米。全部投资控制在 78 万元以内（实际建机房 360 平方米，平房 470 平方米，投资 92 万元）。

3 月 20 日～4 月 9 日

第九次全国广播工作会议在北京召开。中央广播事业局有关负责人，28 个省、自治区、直辖市广播局（台）主管政治工作、宣传工作、农村广播网工作的部、处级以上负责干部，各省、自治区所属市（盟）台负责人共 139 人出席会议。会议贯彻执行毛泽东、刘少奇等党和国家领导为人民广播事业创建 20 周年题词的精神、中央关于文教战线一切工作都要面向农村的指示以及中央领导关于加强广播电台政治工作的指示精神，在交流经验的基础上，拟定今后继续加强政治工作、交流广播宣传工作面向农村的经验，研究今后进一步加强面向农村的广播宣传和发展农村广播网的意见。会议指出，当前广播工作的中心任务是"面向农村，面向世界"。面向农村，是当前全国各个战线的战略任务，广播工作要积极采取措施深入农村，为农民服务。4 月 9 日，周恩来到会讲话，提出要在毛泽东主席关于备战、备荒、为人民的战略思想指导下，面向全国、面向全世界，努力办好广播，确保电台安全，为全中国人民和全世界人民服务。全国人大常委会副委员长彭真，中央书记处书记、文化部部长陆定一也到会讲话，广播事业局党委书记丁莱夫在会议开始和结束时讲话。广播事业局副局长周新武作题为《面向农村，办好广播，更好地为五亿农民服务》的讲话。宣布：目前，全国广播网的全面调整工作已经结束，已恢复到 1962 年调整前的规模，并有发展。现在全国有县级广播站 2001 座，放大站和公社广播站 8435 座，约有广播喇叭 848 万只，都超过了农村广播网历史上的最高水平。农村广播网的传输质量和收听效果也比过去有显著提高。有线广播喇叭大约普及到 77% 的人民公社、

54%的生产大队和26%的生产队。

3月21日

陕西省宝鸡人民广播电台恢复播音。

3月23日

20：30，中央人民广播电台《各地人民广播电台联播》节目、北京广播电台各语言节目分别播出中共中央给苏共中央的复信和苏共中央给中共中央的来信，各地电台转播。中共中央在复信中表示不能派代表团参加苏共第二十三次代表大会。从此，中苏两党关系基本中断，直至1989年5月戈尔巴乔夫访华，两党关系才恢复正常化。

3月27日、28日、4月12日

周恩来三次视察中央广播事业局。3月27日，视察了广播大楼中央控制室、电视发射技术区，并了解大楼周围的警卫情况；3月28日、4月12日，视察了广播事业局491台、573台和北京人民广播电台麻花发射台。在视察电视发射技术区时，周恩来就电视机中图像抖动、网状干扰问题等向值班人员作了详细了解。他说：抖动对人的眼睛影响很大，电视台一定要解决这些问题，保证提高技术质量。他看了各个机房，询问了邢台地震的影响。周恩来说：发生地震要保持镇静、沉着。他还了解了职工生活方面的一些问题。周恩来还于3月28日检查了北京人民广播电台的安全警卫工作，并指示："广播电台是宣传马列主义、毛泽东思想的重要阵地，一定要加强安全保卫工作。"周恩来还与全台工作人员合影留念。

3月下旬

中央广播事业局提出参加学术批判问题的意见，要求对内广播（对外广播不作宣传）根据中央批转的"文化革命"五人小组《关于当前学术讨论的汇报提纲》（即"二月提纲"）精神，很好宣传这场大辩论的性质和意义。在新闻节目里以报纸版面介绍形式，报道有关学术批判的重要动态和讨论情况；在适当时机还可以就某些问题讨论的进展情况和各派之间的意见作综合性介绍，或介绍一些通俗易懂的正面文章。文艺广播节目以推荐和介绍优秀文艺作品为主，正面配合这一斗争。

同月

中央广播事业局广播设备制造厂三车间独立组建成广播事业局广播录音器材厂，1970年2月迁往山西省榆次县。

4月1日

中央人民广播电台《新闻和首都报纸摘要》节目播出《北京日报》批判《燕山夜话》和《三家村》的编者按和版面介绍。

4月初～5月初

中央人民广播电台播送"有关社会主义文化大革命材料"。新闻节目播送《解放军报》社论《高举毛泽东思想伟大红旗 积极参加社会主义文化大革命》（该社论全面否定新中国成立以来文艺界的工作，认为新中国成立后的十几年，文艺界存在着一条"与毛泽东思想相对立的反党反社会主义的黑线"，并且号召开展"文化大革命"）、《千万不要忘记阶级斗争》，《红旗》杂志评论员文章《工农兵群众参加学术批判是划时代的大事》和史绍宾文章《评吴晗的〈投枪集〉》，还播送了有关学术批判的消息约40条。《理论学习》《解放军生活》节目选播批判影片《兵临城下》和《抓壮丁》的稿件。《理论学习》节目还选播批判邓拓的文章。文艺节目播送了批判影片《兵临城下》《抓壮丁》和《海瑞罢官》的文章。《星星火炬》节目介绍了《少年报》的文章《海瑞骂皇帝和海瑞罢官是两株大毒草》。

4月18日

北京电视大学给中央广播事业局来函，提出在电视上对吴晗进行批判。广播事业局党委书记丁莱夫4月22日批示："我意不宜在电视中进行学术批判，这是个新问题，请示中宣部为好，中宣部未批前控制一下。"

4月20日

北京广播电台葡萄牙语节目由每天广播五次，每次30分钟，改为每天广播四次，每次1小时。

4月中旬

文化部决定向全国发行由北京电视台拍摄编制的电视纪录片《收租院》。该片介绍了四川省大邑县《地主庄园陈列馆》内收租院部分的泥塑群像，全片长约30分钟。

4月27日

老挝爱国力量新闻代表团团长、老挝之声电台台长扎伦·翁桑昂来中央广播事业局访问。

4月30日

天津市计划委员会同意天津人民广播电台在卫津路（电台院内）修建地下播音室80平方米，投资控制在2.8万元以内，资金由市财政拨款。

同月

北京广播电台举办的《战斗中的越南》专题广播受到听众的欢迎。此节目已编发70期，用20多种语言向国外广播，收到许多听众来信。

5月1日

已于元旦在广州越秀山盘龙岗上建成的广播电视塔正式投入使用。该塔是当时全国最高的直立式多功能轻型钢结构广播电视塔，是世界上为数不多的实心圆钢塔之一，塔底层直径 50 米，塔呈八边形，塔高 200 米（海拔 246 米）。

同日

河北人民广播电台迁往保定播音，第一套节目（780 千赫）发射台仍在杨柳青；利用保定鲁岗发射台（功率 20 千瓦，频率 1280 千赫）播出第二套节目。天津人民广播电台节目录制工作全部进入河北电台移交的播音楼内，并引进 10 台日本录音机，成为政播、文播节目的主要录音设备。河北人民广播电台 1949 年 9 月 1 日开始播音，当时台址在保定，称保定人民广播电台，1951 年 4 月 1 日改用现名。1958 年 6 月 9 日，由于河北省与天津市合并，该台迁至天津，与天津人民广播电台合署办公，统称"河北、天津人民广播电台"，但对全省播音，仍用河北人民广播电台的名称。1960 年 4 月 11 日，又与天津市台分开，1968 年 6 月 1 日迁至石家庄播音。

5 月 5 日

经中共贵州省委同意，贵州省开办广播学校，学制三年，学生由国家统一招生、分配。

5 月 9 日

中宣部通知：中央批准，薛元恺任广播事业局技术部副主任。

同日

中央人民广播电台实行夏秋节目时间表，每天播音总时间 33 小时 55 分钟。几个节目有所变动：《理论学习》节目增加一小时；恢复《农业科学技术》节目，每周播送三次，重播三次，每次 15 分钟；《国际时事》节目增加一次重播；撤销第一套 6：00 的简明新闻，每天新闻节目由 18 次减为 17 次。

5 月 10 日、11 日

中央人民广播电台三次全文播送姚文元的文章《评"三家村"——〈燕山夜话〉〈三家村札记〉的反动本质》。

5 月上旬

中央人民广播电台提出《关于社会主义文化大革命宣传报道的补充意见》，指出：一定要积极投入当前意识形态领域里的兴无灭资斗争，使广播在突出政治，促进人的革命化方面发挥应有的作用和威力。拟从四方面进行宣传报道。1. 版面介绍；2. 重要文章的摘要或全文播送；3. 综合报道；4. 工农兵言论选播。该补充意见还作出有关报道在各种节目中的具体安排。

5 月上旬

中央人民广播电台制定《在社会主义文化大革命中关于文艺节目的几项措施》，一、要认真严肃地执行重播重审制度，把好政治关，保证不播出违反毛泽东思想和与"文化革命"唱对台戏的作品。当前要特别警惕注意：1. 中国革命历史题材的作品，凡是写"错误路线"的作品一律不播；战争题材的作品，凡是渲染"战争残酷恐怖""宣扬和平主义"的作品一律不播。2. 凡是"美化阶级敌人，鼓吹阶级调和、美化中间人物和落后人物、丑化工农兵形象、宣扬资产阶级个人主义、人道主义、人性论和其他资产阶级思想感情的作品以及专搞谈情说爱、低级趣味的作品，一律不播"。3. 军事题材、包括民兵题材的作品，凡是反映"全军大比武""军事冲击政治"有"单纯军事"观点、"单纯技术"观点的作品，一律不播。4. 对于现有传统戏曲再做一次清理，凡是"歌颂帝王将相、才子佳人"的剧目，无论过去评价如何，一律暂时停播；同时减少传统戏曲的播出数量。中国古典音乐也要做一次清理。5. 外国文学中，停播十九世纪的作品和现代西方批判现实主义的作品；外国音乐中减少古典音乐的播出数量，并进一步清理曲目。6. 中国现代音乐中要特别注意"清除轻歌曼舞"及其他言不及义的节目。7. 长篇小说和评书，凡 1965 年上半年以前录制的一律停播。二、加强对外联系，及时了解有关部门和单位在当前"文化革命"揭发的问题和清理旧作品、旧节目的情况，了解各方面对新作品、新节目的意见和评价。三、更紧密地配合当前三大革命运动，及时选播思想性、战斗性较强的作品。四、及时地、高质量地播送"文化大革命"中涌现的革命化、民族化、群众化的优秀节目。五、加强工农兵创作和演出的优秀作品的播出和介绍，特别是诗歌、小说、曲艺等。六、选播、组织或编写一些战斗性较强、适合工农兵收听的评论文章，推荐优秀作品，批判坏戏、坏电影及其他违反毛泽东思想的坏的作品和理论。

5 月 14 日

周恩来批示：从即日起，北京人民广播电台由中央广播事业局代管。此时由北京市文化局广播处管理的广播工作也由北京市直接管理。

5 月 14 日～26 日

北京电视台陆续播出批判"三家村""反党反社会主义"的言论的新闻片。这些新闻片除自拍外，还有天津、广州、长春、上海、武汉、太原、哈尔滨、西安八个电视台供给的。

5 月 15 日、16 日

中央人民广播电台播出戚本禹的文章《评〈前线〉〈北京日报〉的资产阶级立场》。到 16 日 21：00 全文播送四遍，摘要播送两遍。

5 月 19 日

中央广播事业局党委决定成立"文化革命"领导小组，由 14 人组成，丁莱夫任组长。

5 月中旬

北京电视台对"文化大革命"的宣传作出安排。包括：在《简明新闻》里播送"文化大革命"的消息和有关文章,从 15 日起,社教节目举办专栏《高举毛泽东思想伟大红旗,搞掉反党反社会主义的黑线》;在少儿节目里组织少年学生批判邓拓、吴晗。5 月下旬,提出在"无产阶级文化大革命"中关于文艺节目的四项措施,要求编审人员加强阶级斗争观念,"不播毒草",对"文化大革命"前制作的大量节目"一律不播"。

5 月 24 日

中央广播事业局召开全局职工大会,作关于开展"文化大革命"的动员。27 日,全局出现第一张大字报。

5 月 29 日

周恩来到中央广播事业局对广播工作作出指示:广播一分一秒都不能停,不能因"文化革命"运动影响广播。

5 月 29 日～6 月 29 日

以胡若木为团长的北京广播代表团一行六人访问日本。

5 月 30 日

王寿仁任中央广播事业局副局长。

5 月 31 日

邓小平在中南海怀仁堂召集人民日报社、新华社和中央广播事业局的部主任以上干部开会。邓小平指示,除了认真做好"文化大革命"的报道以外,还要更好地全面地反映党和国家的有关情况。

同日

经毛泽东同意,陈伯达率工作组进驻人民日报社,掌握报纸的每天版面,同时指导新华社和中央人民广播电台的对外报道。

5 月 31 日～6 月 29 日

瑞典广播公司电视台台长拜仑茨等应北京电视台邀请访问我国。

5 月下旬

中央人民广播电台对学龄前儿童广播节目《小喇叭》每星期日的《小朋友信箱——小叮当》节目改变串连形式,取消《小叮当》开始曲和木偶形象。保留"小叮当"名字,改用一个男孩子代替,另外设计一个广播员阿姨和他对话,代替原来的和邮递员叔叔的对话。

同月

中央广播事业局创办的《广播业务》停刊。该刊 1955 年 10 月正式创刊,至停刊共出版 102 期。

同月

北京电视台的黑白电视节目通过微波线路（经太原）传到西安。

6月1日

经毛泽东批准，中央人民广播电台当晚向全国广播北京大学聂元梓等七人抨击中共北京大学委员会和北京市委的大字报，标题是《宋硕、陆平、彭珮云在文化革命中究竟干些什么？》。当天还全文播出《人民日报》社论《横扫一切牛鬼蛇神》。北京广播电台播送了《人民日报》社论。

同日

甘肃省第一座中波广播转播台在甘肃平凉地区建成，转播甘肃人民广播电台节目，发射功率1千瓦，频率1110千赫。

6月2日

中央广播事业局文化革命办公室通知：新的局文化革命小组，是在充分发扬民主的基础上，采取自下而上无记名投票的方式选举产生的。全局4588人参加选举，选票超过半数以上当选为局文化革命小组成员的是：丁莱夫、李哲夫、王寿仁、杨子毅、周新武、赵东、陈竞寰、傅荣贤、周子明、林玉兰、何叶、徐国盛、杨祚铭、谷枫。中央工作组组长张定亚参加局文化革命小组。新的文化革命小组28日开始工作，一致通过：丁莱夫为组长，张定亚、李哲夫、王寿仁、杨子毅为副组长。

同日

中央人民广播电台全文播出《人民日报》评论员文章《欢呼北大的一张大字报》和《人民日报》社论《触及人们灵魂的大革命》。北京广播电台播送《人民日报》社论《触及人们灵魂的大革命》。

6月3日

山西省广播局党委会召开扩大会议，主要讨论"文化革命"领导小组和"文化革命"办公室人选问题。经研究决定：由鲁兮、刘景山、李纪明、王克、关守耀、杜汀、刘彭寿七人组成"文化革命"领导小组。省广播局对局机构和省电台机构及人员进行调整。广播局设办公室、行政处、政治部、广播网处、技术处、广播器材厂和服务部等部门。电台设总编室和工商、农村、政教、理论、文艺、记者通讯、播出等部门。局台职工总数405人，其中电台118人。

6月3日~4日

中央人民广播电台从3日16:00开始，播送中共中央改组北京市委的决定和北京新市委改组北京大学党委的决定。4日5:30开始，播出《人民日报》社论《毛泽东思想的新胜利》。北京广播电台从3日23:50开始，播送上述两个决定，社论从4日下午开始陆续播出。

6月4日

中国、伊拉克广播电视合作议定书在巴格达签订。11月12日，我国驻伊大使照会伊方，我国政府已批准中伊广播电视合作议定书。

6月5日

中央人民广播电台全文播出《人民日报》社论《做无产阶级革命派，还是做资产阶级保皇派》。北京广播电台播送社论摘要。

同日

日共《赤旗报》从当日起停止刊登北京广播电台日语广播节目表。日本广播协会的新闻述评说："有人认为这是日共和中共的意见分歧增大了。"

6月7日

中央人民广播电台、北京广播电台全文播送《解放军报》社论《毛泽东思想是我们革命事业的望远镜和显微镜》。

6月8日

中央人民广播电台、北京广播电台全文播送《人民日报》社论《我们是旧世界的批判者》。

6月9日

陈伯达派中央驻人民日报社、新华社、中央广播事业局工作组代组长唐平铸到广播事业局，在群众大会上宣布，广播局存在"反党反社会主义反毛泽东思想的黑线"，存在"资产阶级保皇派"，引起全局混乱。

6月9日~10日

中央人民广播电台、北京广播电台全文播送《红旗》杂志第8期社论《毛泽东思想领先 干部层层带头》。

6月10日

北京电视台根据周恩来5月24日关于加强对外展览照片和对外送礼照片工作的请示报告的批示，邀请部分记者、编辑、剪接人员进行了座谈。

6月10日~20日

国务院总理周恩来率党政代表团访问罗马尼亚。中央人民广播电台播出消息、评论、讲话等19条（篇）。北京广播电台播出有关消息、报道13篇（条），重要活动都作了报道。

6月11日~12日

中央人民广播电台《各地人民广播电台联播》节目开始全文播送《红旗》杂志第8期社论《无产阶级文化大革命万岁》。北京广播电台一小时节目播送全文，半小时节目播送摘要。

6月13日

北京广播电台奉命暂停对外播出一切传统节目。凡报刊上点名批判的人的作品一律停播；凡与"文化大革命"精神相抵触的东西一律不搞。同时规定，文艺作品要多播无产阶级文艺好的样板；正面歌颂和从各方面宣传毛泽东思想的作品；我国和各国人民歌颂党和毛主席的作品；歌颂先进单位和工农兵英雄人物、反映我国人民革命精神面貌的作品等等。停止播出戏曲中的传统节目；30年代在上海产生的歌曲有待审定，暂停播出；停止播出欧洲古典音乐。

6月15日

中央人民广播电台、北京广播电台全文播送《人民日报》通讯《毛泽东思想的光辉照耀着全世界》。

6月16日

中央人民广播电台全文播出《人民日报》社论《放手发动群众 彻底打倒反革命黑帮》。

同日

北京广播电台制定《关于宣传毛泽东思想和文化大革命初步计划提要》，要求分题介绍毛主席语录，让毛主席的话直接同广大听众见面。首先编辑毛主席《关于帝国主义和一切反动派都是纸老虎》语录；充分利用报刊的材料办好《世界人民热爱毛主席》《朋友眼中的中国》专题节目；举办《工农兵学哲学》专题节目；及时编发报刊上发表的工农兵群众学习毛主席著作的文章；举办《雷锋日记》《王杰日记》专题节目等。

6月17日

中央广播事业局同意山东省广播事业管理局泰山调频台投入使用。6月20日正式播音。

6月17日～18日

中央人民广播电台、北京广播电台全文播送中共中央和国务院改革高等学校招考办法的决定和《人民日报》社论《彻底搞好文化革命 彻底改革教育制度》。

6月19日

中央人民广播电台、北京广播电台全文播送林彪就工业交通战线学习毛主席著作写的一封信。

6月20日

中央人民广播电台、北京广播电台全文播送《人民日报》社论《革命的大字报是暴露一切牛鬼蛇神的照妖镜》。

同日

中央人民广播电台、北京广播电台全文播送通讯《毛主席是世界人民心中的红太阳》。

6月24日

中央人民广播电台、北京广播电台全文播送出《人民日报》社论《党的阳光照亮文化大革命的道路》。

同日

天津人民广播电台成立"文化革命"领导小组和大字报编委会。8月20日,天津电台成立"文革"筹委会,各部门成立"文革"小组。9月3日正式成立"文革"委员会。

6月24日~28日

国务院总理周恩来访问阿尔巴尼亚。中央人民广播电台播出消息、评论、讲话12条(篇)。北京广播电台播出有关消息、报道12篇(条)。28日~29日,中央人民广播电台、北京广播电台播出中国党政代表团访问阿尔巴尼亚公报,周总理、阿尔巴尼亚人民共和国部长会议主席穆罕默德·谢胡在都拉斯群众大会上的讲话。周总理、阿尔巴尼亚劳动党中央委员会第一书记恩维尔·霍查在地拉那群众大会上的讲话,中央人民广播电台在29日早晨的《新闻和首都报纸摘要》节目摘要播出。北京广播电台俄语节目播送全文。周总理、谢胡在告别宴会上的讲话,中央人民广播电台、北京广播电台播送了摘要。

6月27日~7月6日

亚非作家紧急会议在北京举行。有40个国家、地区和国际组织的代表出席会议。会议主要议程是:支援越南人民反对美帝国主义侵略,解放南方,保卫北方和统一全国的斗争;反对帝国主义和新老殖民主义的文化侵略,发展亚非各国人民的民族文化;作家在亚非人民反对以美国为首的帝国主义以及争取和保卫民族独立的斗争中的任务。北京广播电台派出三名记者参加电台统一报道组,采写大会消息和专稿。会议以外活动均用新华社和中央人民广播电台稿件。

同月

中央广播事业局广播文工团到各地深入生活进行创作或演出的各个小组陆续提前回北京参加"文化大革命"。至此,全团业务活动完全停顿。

7月1日

中国共产党成立45周年。对国内、国外宣传报道强调突出宣传毛泽东思想,中国人民和世界人民热爱和歌颂毛主席。中央人民广播电台、北京广播电台全文播发《人民日报》社论《毛泽东思想万岁——纪念中国共产党成立四十五周年》。中央电台专题节目报道了国内学习毛主席著作的典型。北京广播电台播发一组对外专稿，介绍县委书记焦裕禄、大寨党支部等。

同日

根据"文化大革命"以来听众的要求，经中宣部批准，中央人民广播电台、北京广播电台自即日起改换开始曲，并改换一部分节目的前奏曲。中央电台各套节目全天播音和各次（总）播音开始的开始曲，由《义勇军进行曲》改用《东方红》合唱曲。中央电台《各地人民广播电台联播》节目、北京广播电台各语言节目开始曲由《义勇军进行曲》改用《东方红》管弦乐曲。中央电台《新闻和首都报纸摘要》节目的前奏曲由铜管乐曲《胜利的旗帜》改用铜管乐曲《我们走在大路上》。

同日

经中宣部批准，中央人民广播电台举办《毛主席语录》节目，每天广播三次（后两次为重播），每次10分钟，播送毛主席语录一条，共播送六遍（前两遍和后两遍为正常速度，中间两遍为放慢的速度，并读出标点，便于听众抄记。前后各说明毛主席语录出处一次）。播送语录后的空余时间，播放歌颂毛主席、歌颂党、歌颂社会主义的优秀革命歌曲。节目开始曲《大海航行靠舵手》。

7月1日~3日

中央人民广播电台全文播出毛泽东《在延安文艺座谈会上的讲话》。北京广播电台已有外文版本的英、法、德、西、日、朝、蒙七种语言节目分段播送《讲话》全文。《红旗》杂志专门就重新发表毛泽东《在延安文艺座谈会上的讲话》，题写了按语《无产阶级文化大革命的指南针》，中央人民广播电台、北京广播电台予以全文播发。

7月2日~3日

中央人民广播电台、北京广播电台全文播送《红旗》杂志社论《信任群众 依靠群众》《彻底批判前北京市委一些主要负责人的修正主义路线》。

7月5日

中央人民广播电台、北京广播电台播送《人民日报》社论《美国侵略没有界限，我们反侵略也没有界限》。

7月7日

贵州省宣教口文化革命领导小组会议确定，贵州人民广播电台成立文化革命领导小组，并指定了组成人员。

7月12日

按照中央广播事业局的安排，中央人民广播电台开始在《各地人民广播电台联播》节目中宣传刘英俊（解放军战士，为救儿童拦惊马壮烈牺牲）的事迹。14日，北京电视台播放电视通讯《执行最高指示的光辉榜样——刘英俊》。

同日

中央人民广播电台全文播出"中国人民大学七同学关于改革教育制度给党中央、毛主席的信"。北京广播电台播送摘要。

7月13日

中央广播事业局局长梅益受到批判并被宣布停职反省。"文化大革命"期间,全国广播系统各级领导干部先后受到不同程度的批判。

7月14日

晚,陈伯达、康生召见中央广播事业局丁莱夫、李哲夫、王殿举,声称他们支持北京广播学院少数学生"造反",并说,一部分学生提出"一切权力归文化革命委员会"的口号不是反动的,学院建立文化革命委员会是应该的。

同日

新疆维吾尔自治区广播事业管理局(台)贴出第一张大字报《这是为什么》。广播局(台)开始出现混乱局面。

7月14日~8月20日

北京电视台增办暑期对少年儿童广播节目,每周两次。北京电视台对少年儿童节目改变为对初中学生为主,适当照顾小学五、六年级学生。节目改为《对少年广播》。原对学龄前儿童节目同时改为《对儿童广播》。

7月16日

毛泽东到武汉畅游长江。8月13日,湖北人民广播电台、武汉电视教育台报道了毛泽东畅游长江的消息。当日,武汉电视教育台拍摄的"毛主席畅游长江"的电视新闻片,亦由北京电视台复制完成,开始播出。复制片寄送全国各地方电视台和外国电视机构。

7月17日~31日

中央人民广播电台在音乐节目里安排了14节时间,播出《东方红》《歌唱祖国》《大海航行靠舵手》《没有共产党就没有新中国》《我们走在大路上》五首歌曲的齐唱和吹奏乐。

7月18日

中央人民广播电台全文播送《人民日报》社论《七亿中国人民誓为越南人民的后盾》。北京广播电台播送详细摘要。

7月19日

中央军委作出《关于加强广播电台警卫工作的指示》,指出:各军区必须十分重视切实加强对所在地区的广播、发射、转播、战备等电台的警卫工作。

7月21日

中央人民广播电台全文播送《人民日报》社论《从群众中来 到群众中去》。北京广播电台播送摘要。

7月21日~30日

吉林省长春人民广播电台第一套节目开办《向毛主席的好战士刘英俊同志学习》专题节目，播送刘英俊为保卫六名儿童的生命安全英勇献身的事迹的报道以及他的遗作、书信和日记摘抄，报刊发表的有关社论，以及刘英俊的母亲朱秀兰和刘英俊生前所在部队负责人、战友回忆刘英俊的文章和讲话录音。同时，还举办《向毛主席的好战士刘英俊同志学习》的专题文艺广播。

7月22日~23日

中央人民广播电台从22日10：00开始，播出首都各界人民举行援越抗美大会和游行的消息和文件，包括：刘少奇声明、朱德电报、陶铸讲话，大会实况录音，大会及游行消息。北京广播电台则以1小时节目播全文，30分钟节目播摘要的形式，提前1小时播出上述内容。各语言节目播送大会和游行消息。北京电视台22日晚开始播出大会和游行的电视片。

7月23日、24日、27日

陈伯达、康生、江青、张春桥、王力、姚文元等人先后到北京广播学院接见学生中的少数"造反派"，并召开大会，宣布撤销中央广播事业局工作组，成立"临时文化革命委员会"。

7月25日~26日

中央人民广播电台、北京广播电台播出通讯《毛主席畅游长江》和《人民日报》社论《跟着毛主席在大风大浪中前进》。

7月28日

中央人民广播电台、北京广播电台全文播送《人民日报》社论《人民的好儿子》，号召全国人民学习刘英俊。从此，一个宣传学习刘英俊的浪潮迅速在全国各地掀起。

7月29日

中央广播事业局杨祚铭传达：熊复同志找新华社、《人民日报》、广播电台口头传达了关于毛泽东思想的提法问题。熊复说："最近中宣部写了个东西送主席看了，主席把'毛泽东思想是最高指示'改为'毛泽东思想是指导方向'，还写了批语，说'今后不要再用最高、最活、顶峰、最高指示等语言'。"

同日

中央人民广播电台、北京广播电台全文播送《人民日报》社论《先当群众的学生 后当群众的先生》。

7月31日～8月1日

中央人民广播电台全文播送《解放军报》社论《把我军办成毛泽东思想大学校》，北京广播电台一小时节目播全文，半小时节目播详细摘要。

7月下旬

中央人民广播电台《听众点播的音乐节目》改为《应听众邀请编排的节目》。

同月

中央广播事业局就中央人民广播电台对台湾广播中宣传"文化大革命"问题向中宣部并中央文化革命小组作了请示报告，提出："对台广播必须积极从正面充分地宣传当前我国无产阶级文化大革命的形势，宣传毛泽东思想的强大威力。宣传主要对象是以工农为主体的广大人民。宣传规模与对内报刊广播不同，宣传量不必太大。凡阐述文化大革命伟大意义的社论、文章，新华社和北京电台对外广播编发的，对台广播都照用。对台文艺节目要充分反映文化大革命成果，增播歌颂党和毛主席的作品及歌颂工农兵英雄人物的作品。戏曲节目，全部播送革命题材的现代戏，传统戏一律停播。文化大革命期间，暂不组织民主人士、起义将领写稿。"

同月

经中宣部批准，中央广播事业局停止每天印发《莫斯科电台华语节目广播材料》。中央广播事业局从1959年开始收听莫斯科电台华语节目，从1962年年初起，将每天的重要新闻和该台自编专稿印发。现考虑目前该台华语节目广播的大都是报纸文章，重要问题在新华社的《国际共运参考资料》上都有反映，故停止印发，但仍每天收听。

同月

北京广播电台提出向国外听众宣传毛泽东思想和"文化大革命"的初步意见。内容包括：一、大力宣传毛泽东思想。1.分题介绍《毛泽东语录》；2.举办《毛主席著作选播》节目；3.重播林彪文章《人民战争胜利万岁》；4.办好《世界人民热爱毛主席》《外国朋友谈中国》等专题节目；5.及时编发报刊上的工农兵学习毛主席著作的文章；6.举办《工农兵学哲学》专题节目。二、宣传好当前的"文化大革命"。1.正面宣传"文化大革命"的方针、政策、意义和胜利，广播有关消息、社论和文章；2.宣传社会主义新文艺的光辉样板，介绍革命现代京剧及部分小说、电影；3.重点宣传几个英雄人物。举办《县委书记焦裕禄》《雷锋日记》《王杰日记》《刘英俊日记》《麦贤得日记》《张春玉日记》等专题节目。中央广播事业局党委提出，北京广播电台选播的音乐节目必须体现"文化大革命"的伟大精神和成果，歌颂毛泽东思想，歌颂中国共产党，歌颂工农兵和我国社会主义革命和社会主义建设的伟大成就，宣传我国人民对世界各国人民革命斗争的支持与各国革命人民的战斗友谊。

7月~8月

浙江人民广播电台编委会受到严重冲击，陷于半瘫痪状态。由联络组领导省电台"文化大革命"运动。9月3日，中共浙江省委决定：省电台台长李克难、副总编辑高庆祥停职反省。改组编委会，建立省电台党委。从省军区调来王甲、齐保收，分别担任代理党委书记和代理台长。是月至年底，浙江省电台先后成立"文革筹委会""文革小组""电台红卫兵"等组织。接着，各种群众组织（战斗队）相继建立。

7月~10月

中央人民广播电台"清理"外国音乐库存，消磁将近90%的库存外国音乐胶带，仅留下10%的节目录音。消磁处理的原则是，主要留各国革命内容的作品和主要作曲家的主要作品，如贝多芬的九部交响曲中只留第三、五、六、九交响曲，并且基本不留不同演奏版本。消磁后剩余的节目中，相当部分是"革命歌曲"，包括不少短期流行的越南抗美歌曲，而大量的世界经典作品被当作"大、洋、古"处理掉了。侥幸留下的一部分节目多数也非原版。

8月1日

中央人民广播电台、北京广播电台全文播送《人民日报》社论《全国都应该成为毛泽东思想的大学校——纪念中国人民解放军建军39周年》。社论详细地摘引了毛泽东给林彪的信（即后来通称的"五七指示"）的内容。不久，全国各地陆续办起一大批"五七干校"。

同日

中央广播事业局取消广播中播音员报名及电视新闻片记者署名的制度，取消广播文工团在演播中报作者、导演、演员、指挥名字的做法。

同日

中央人民广播电台增办、调整部分节目。《毛主席语录》节目从19：00至19：10，改为20：00至20：10。新办《工农兵活学活用毛主席著作》节目，每周七次，重播七次。其中六次每次30分钟，一次60分钟。《解放军生活》节目时间增加5分钟。《对农村广播》节目播送时间从19：10至19：40，改为19：30至20：00。文艺节目增办《工农兵群众文艺》节目。撤销《文艺节目选播》和《外国音乐星期音乐会》节目。

同日

中央人民广播电台《各地人民广播电台联播》节目开始播送毛主席语录。每天早晨两次《新闻和首都报纸摘要》节目的开始曲播送《东方红》管弦乐曲，停播《我们走在大路上》铜管乐曲。

8月2日

北京广播电台对印度、巴基斯坦的乌尔都语广播开始播音。这是根据刘少奇主席关于加强对印度的广播宣传,对印度人民多做工作的指示,经刘少奇、周恩来、邓小平、陈毅、陶铸批准开办的,每天播音两次,每次 30 分钟。这是北京电台对国外广播的第二十八种外语节目。

8 月 4 日

中共新疆维吾尔自治区委员会书记处书记林渤民、新疆军区副司令员张希钦到自治区广播事业管理局传达自治区党委的决定,宣布广播局(台)党组书记兼局长林夫、办公室副主任兼基建办公室主任陈健、传音科长王振平因执行"资产阶级反动路线""镇压群众的革命行动"而停职反省。8 月 5 日,中共新疆维吾尔自治区委员会同意自治区广播事业管理局成立"文化革命"领导小组,由张炳林、王文思、孙炎上、艾买提·沙吾提、刘润喜五人组成,张炳林任组长。芦德义为自治区党委派驻广播局(台)的"文化大革命"巡视员。

8 月 8 日

中央人民广播电台、北京广播电台播送中共中央决定大量出版毛主席著作的消息和《人民日报》社论《全国人民的大喜事》。

同日

毛泽东《关于支持美国黑人反对美帝国主义种族歧视的正义斗争的声明》发表三周年,经国务院副总理陈毅批准,北京广播电台英语节目全文重播这一声明。

8 月 8 日～10 日

中央人民广播电台连续播出中共中央八届十一中全会通过的中国共产党中央委员会《关于无产阶级文化大革命的决定》(即十六条),共播出 13 遍,北京电视台播出一遍。9 日晚,北京电视台播出首都工农兵群众欢庆中共中央决定的电视片。

8 月 10 日

毛泽东在中央接待站会见欢庆党中央发布《关于无产阶级文化大革命的决定》的首都革命群众。中央人民广播电台和北京电视台都没有记者在场。11 日凌晨两点,中央办公厅送来大字报提出批评。中央广播事业局当即派出广播和电视记者前往中央接待站等候采访,并于 11 日上午作了检查,决定今后在群众祝贺活动期间,每天派出广播和电视记者日夜在中央接待站和其他重点地方等候采访党和国家领导人会见群众的活动。11 日上午 10 点,中央电台收到接见活动的定稿后,在 10:25 连续播出两遍。北京电视台在上午的暑期少儿节目里全文广播。

同日

中央人民广播电台全文播送《红旗》杂志社论《无产阶级文化大革命的纲领性文件》。

同日

新疆人民广播电台调整节目,撤销《广播师范大学讲座》《维吾尔语广播教学讲座》《汉语广播教学讲座》《科学知识》等节目;将《理论学习》节目改为《工农兵活学活用毛主席著作》节目,每周播出七次;增加《无产阶级文化大革命专题》节目,每周播出五次。

8月11日

中央人民广播电台全文播送《人民日报》社论《掌握文化大革命的思想武器》。

8月13日

中央人民广播电台、北京广播电台从17:00开始,分别播出中国共产党第八届中央委员会第十一次全体会议公报。

同日

中央人民广播电台播送《人民日报》社论《学习十六条,熟悉十六条,运用十六条》。

8月18日

首都和来自全国各地的百万红卫兵和学校师生在天安门广场举行"庆祝无产阶级文化大革命大会"。毛泽东出席,这是他首次接见红卫兵。中央人民广播电台第一、第二套节目和北京电视台转播大会实况。中央电台在播送过程中发生停播事件,误将备稿的声音"首都庆祝无产阶级文化大革命大会的实况转播完了"当作正式播音播放出去,实况转播也就此停止,此时离大会结束还有一个多小时。中央电台在大会后数次播出实况录音、大会消息以及林彪、周恩来讲话。北京广播电台播送了大会消息。

8月20日

中央人民广播电台、北京广播电台全文播送《人民日报》社论《毛主席和群众在一起》。

8月中旬

中央人民广播电台提出《关于播送外国音乐节目方针任务的意见》。

8月中旬

根据上级指示,北京广播电台制定关于在与国外听众联系中宣传我国无产阶级"文化大革命"的初步意见,规定:可根据不同国家和不同听众的情况,寄送可以出口的书刊,凡是听众主动索取的一律寄赠。还规定可主动向部分听众寄赠可以出口的外文版毛泽东主席四篇重要著作,即《新民主主义论》《在延安文艺座谈会上的讲话》《关于正确处理人民内部矛盾的问题》《在中国共产党全国宣传工作会议上的讲话》。规定还要求在复信中积极、主动地向听众宣传"文化大革命"。

8月20日~9月5日

北京国际乒乓球邀请赛举行，有12个国家98名选手参加。国务院外事办公室和陈毅副总理批示：要加强对外宣传，公开报道要突出毛泽东思想，高举团结反帝的旗帜，以周恩来总理的指示"增进友好，相互促进、共同发展、团结反帝"为宣传基调。北京广播电台新闻由国际新闻部编发，专稿由国内新闻部采写。共发专稿13篇，主要专稿有《中国乒乓球队热烈欢迎参加邀请赛的各国朋友》《我们在北京相会》《开幕式录音报道》《一束友谊的鲜花》《男女团体赛冠军的诞生》《各国选手热烈歌颂毛泽东思想》等。此外，有关部组还邀请各国领队发表谈话，共9篇。

8月21日

中央人民广播电台全文播送《红旗》杂志社论《在毛泽东思想的道路上胜利前进》。北京广播电台播送了详细摘要。

同日

中共江西省委任命彭方俊为江西省广播管理局党组书记、局长，江西人民广播电台台长、总编辑，免去赵中党内外职务，停职检查。

8月23日

中央人民广播电台播送《人民日报》社论《工农兵要坚决支持革命学生》和《好得很》。北京广播电台播送了《好得很》。

同日

中央人民广播电台全文播送《红旗》杂志评论员文章《向革命的青少年致敬》。北京广播电台播送了摘要。

8月24日

中央人民广播电台、北京广播电台播出毛泽东为新北大校刊题字的消息和《人民日报》社论《欢呼〈新北大〉在斗争中诞生》。

8月25日

中央人民广播电台、北京广播电台播出《人民日报》纪念毛泽东关于帝国主义和一切反动派都是纸老虎的论断发表20周年的社论《伟大的战略思想》。

同日

黑龙江人民广播电台领导班子被"造反派"冲垮，多数领导干部被揪斗。9月18日，中国人民解放军黑龙江省军区派军队干部进驻并接管黑龙江人民广播电台，对广播电台实行军事管制。广播电台的各项工作均由军事管制小组领导。1967年1月10日，军管小组撤离。

8月25日~26日

中央人民广播电台三次选播毛泽东有关帝国主义和一切反动派都是纸老虎的论

述。28 日、29 日，中央电台《工农兵活学活用毛主席著作》节目分两次基本上全文播送了北京广播电台编的《毛主席语录：论帝国主义和一切反动派都是纸老虎》。语录分五部分，共 31 条。语录前后有《前言》和《结束语》。

8 月 28 日

中央人民广播电台全文播送《人民日报》社论《革命青少年要向解放军学习》。北京广播电台播送了摘要。

同日

中央人民广播电台《每周一歌》改为《每周一首革命歌曲》，《讲故事》节目改为《革命故事》，《歌曲》改为《革命歌曲》。

8 月 29 日

毛泽东《反对美国——吴庭艳集团侵略越南南方和屠杀越南南方人民的声明》发表三周年。经陈毅副总理批准，中央人民广播电台、北京广播电台越南语节目全文重播。

同日

中央人民广播电台、北京广播电台全文播出《人民日报》社论《向我们的红卫兵致敬》。

同月

浙江省金华广播转播台建成并正式开播，发射功率 40 瓦，转播省电台第一套节目。1972 年扩建，功率 1 千瓦，增转中央人民广播电台第一套和第二套节目。

9 月 1 日

毛泽东和中央其他领导同志 8 月 31 日在北京第二次接见来自全国各地和首都的 50 万名红卫兵和学校师生。本日起，中央人民广播电台连续两天播出实况录音。北京广播电台对外各语言节目播发详细报道或录音实况报道。北京电视台在 7 日、9 日播出了电视片。

同日

中央人民广播电台《在祖国各地》节目在"文革"中被迫停播，在这个时间播送有关"红卫兵"的文章。1978 年 11 月 6 日恢复播出，改名为《祖国各地》。

同日

中央人民广播电台对台湾广播举办《毛主席语录》节目，每天用普通话、闽南话各播五遍。增办《对国民党陆海空三军短语喊话》节目，每天晚上广播，每次 20 分钟。增办《每周一首革命歌曲》节目。

同日

天津人民广播电台《学理论》节目改名为《活学活用毛主席著作》节目。

9月2日

北京电视台党总支向中央广播事业局党委呈送报告,要求成立电视台临时党委。局党委作出决定,同意电视台成立临时党委,徐国盛任书记,周凡、戴临风任副书记。全台党员106人。

9月3日

根据中央广播事业局统一部署,北京广播电台重播林彪1965年9月3日发表的文章《人民战争胜利万岁——纪念中国人民抗日战争胜利二十周年》。各语言节目根据不同情况,每天播送一部分或几部分,在4天到10天左右播完。

同日

上海《每周广播》节目报从1966年第36期开始,改名为《上海人民广播》,至52期停刊。

9月5日

中央人民广播电台全文播出《人民日报》社论《要文斗,不要武斗》。北京广播电台播送了摘要。

9月7日

中央人民广播电台原《有关无产阶级文化大革命的专题节目》改名为《无产阶级文化大革命节目》,内设《红卫兵》专题。

同日

中央人民广播电台全文播出《人民日报》社论《抓革命,促生产》。北京广播电台播送了摘要。

9月10日

北京广播电台提出举办《毛泽东著作选播》节目的设想:每周广播一至两次,每次1500至3000字,初步选定21篇,共16万字。篇目中主要有《中国社会各阶级的分析》《中国革命和中国共产党》(第二章 中国革命部分)、《〈共产党人〉发刊词》《湖南农民运动考察报告》等。

9月16日~19日

中央人民广播电台连续几日播出9月15日毛泽东第三次接见来自全国各地及首都的百万红卫兵和学校师生的实况录音。除新闻节目外,还在《对少年儿童广播》《解放军生活》和《对农村广播》节目中广播。北京广播电台各语言节目播出录音新闻。北京电视台播出电视片。

9月17日

中央人民广播电台全文播送《红旗》杂志第12期社论《掌握斗争的大方向》。北京广播电台播送了摘要。

9月19日

中央人民广播电台全文播送《人民日报》社论《抓好秋收》。北京广播电台播送了摘要。

9月中旬

国际广播与电视组织停止与中央广播事业局的联系，停止寄送资料和信件。

9月22日

广西军区奉党中央指示，经自治区党委决定，派36名军队干部进驻广西人民广播电台。12月9日，自治区党委批准，石勇任广西人民广播电台党委书记，孙焕章任党委副书记。

9月22日～10月7日

滨田系率领日本北京广播听众代表团一行10人访华。10月6日，郭沫若接见代表团全体成员。

9月26日

中央人民广播电台、北京广播电台全文播出《人民日报》社论《毛泽东思想是革命人民的灵魂》。中央电台从本日起，在各种节目里，集中、大量地广播了32111钻井队的英雄事迹。

9月28日

经中共新疆维吾尔自治区委员会批准，新疆维吾尔自治区广播事业管理局（台）临时党委成立。由芦德义、杜慎学、张英魁、张炳林、艾买提·沙吾提五人组成。芦德义任书记，杜慎学任副书记。

同日

新疆呼图壁631中波广播发射中心台建成交付使用，安装四部120千瓦中波发射机，播送新疆人民广播电台维吾尔、汉、哈萨克语节目。

同月

天津人民广播电台开办《无产阶级文化大革命特别节目》。

同月

江西省广播管理局（台）召开职工大会，选举产生文化革命委员会。彭方俊任主任。

9月30日

《人民日报》发表为毛主席语录谱写的10首歌曲。中央人民广播电台当天组织广播文工团演唱录音，制作了节目，在当晚《各地人民广播电台联播》节目中，除报道谱写歌曲的消息外，教唱了其中一首歌曲《领导我们事业的核心力量》。10月1日上午，在转播首都国庆庆祝大会和群众游行实况前，全部播送了这些歌曲。从10

月 1 日至 20 日，每天安排时间播出，共计 25 节次。

10 月 1 日

毛泽东在天安门城楼上参加庆祝中华人民共和国成立 17 周年大会，检阅包括红卫兵和学校师生在内的 150 万人的欢庆游行队伍。这是毛泽东第四次接见红卫兵和学校师生。中央人民广播电台、北京电视台转播了首都庆祝大会和游行实况。中央电台播送了《人民日报》社论《用毛泽东思想武装七亿人民》。北京广播电台播送了庆祝大会、游行的实况录音报道和《人民日报》社论。除录音报道外，还制作了五个录音特写：《毛主席和革命群众在一起》《跟着毛主席在大风大浪中前进——记工农兵队伍》《毛主席是各族人民心中的红太阳——记少数民族队伍》《人民战争胜利万岁——记民兵队伍》《毛泽东思想的光辉照耀着全世界——记外宾反应及活动》。

同日

中央广播事业局指示，今年对内、对外广播和电视的国庆宣传强调贯穿红线，高举毛泽东思想伟大红旗，突出毛泽东是全党和全国人民伟大的导师、伟大的领袖、伟大的统帅和伟大的舵手，毛泽东思想是改造人们灵魂的马列主义，是我们唯一的指导方针。宣传的重心是无产阶级"文化大革命"。

10 月 2 日～3 日

中央人民广播电台、北京广播电台播出《红旗》杂志社论《在毛泽东思想的大路上前进》。

10 月上旬

中央人民广播电台从本月上旬起，连续一个月，集中宣传上海革命京剧文工团来京演出的"样板戏"《智取威虎山》和《海港》。这期间，《智取威虎山》播出 25 次；《海港》播出 13 次。播出形式有全剧剪辑、选场、选段、介绍等。

10 月 11 日

中央人民广播电台全文播送《解放军报》社论《坚决响应林彪同志号召 把活学活用毛主席著作群众运动推向新阶段》。北京广播电台播送了详细摘要。

10 月 12 日

中宣部通知：中央批准，增补广播事业局代理总编辑杨祚铭为中共广播事业局委员会委员。

同日

中央人民广播电台、北京广播电台全文播送《人民日报》社论《学习毛泽东思想，必须认真地学，刻苦地学》。

10 月 18 日

毛泽东在天安门广场接见来自全国各地的 150 万红卫兵和学校师生。这是他第五次接见红卫兵。中央人民广播电台19日、20日播送了实况录音。北京广播电台各语言节目播出录音报道。

10月19日

中央人民广播电台、北京广播电台全文播送《人民日报》社论《学习鲁迅的革命硬骨头精神》。

10月24日

北京电视台记者汇报：今天，周恩来总理在人民大会堂福建厅接见巴基斯坦外交部部长，当看到电视记者、电影记者时，就说："你们又是两家，为什么还没有合并起来，问题到底在哪里呢？"

10月27日~28日

中央人民广播电台派出十几名记者分别到中央接待站、天安门、北京火车站、首钢、北京大学、四季青人民公社和32111钻井队驻地等地，采访首都人民热烈欢呼我国发射导弹核武器试验成功的情况。另外，还通知全国各地电台和地方记者站组织报道。北京电视台先后派出40多名记者，拍摄了电视片。

10月28日

中央人民广播电台、北京广播电台播送我国发射导弹核武器试验成功的新闻公报。

10月31日

中央人民广播电台播送《红旗》杂志社论《纪念我们的文化革命先驱鲁迅》。北京广播电台播送了摘要。

11月2日

北京广播学院一部分学生冲进广播大楼，砸坏政治部干部处的文件柜，殴打保护档案的干部。周恩来打电话制止。张春桥、姚文元赶到现场，支持学生"造反"。

11月3日

毛泽东在天安门广场第六次接见首都和外地来京的红卫兵和学校师生，中央人民广播电台和北京电视台进行现场直播。中央电台之后几日在不同节目中多次播出实况录音剪辑。北京广播电台播送了录音新闻。

11月7日

中央人民广播电台经中宣部批准，取消主要播文艺节目的第三套节目，集中力量办好以政治性广播为主的第一、第二套节目，大力宣传毛泽东思想。增办《全世界人民热爱毛主席、热爱新中国》专题节目、《毛主席语录歌曲》专栏节目、《毛主席著作选读》节目。《科学常识》节目改名为《科学和生产》节目。

11月9日

浙江人民广播电台所属的电视台举办《向舍身抢救红卫兵列车的蔡永祥同志学习》专题节目,介绍蔡永祥的英勇事迹和省、市各界人民隆重举行追悼会的情景,并演播了工农兵歌颂蔡永祥的文艺节目。

11月10日

中央人民广播电台播送《人民日报》社论《再论抓革命促生产》《欧洲伟大的社会主义明灯》。

11月10日、11日

毛泽东在天安门广场第七次(分两批)接见来自全国各地的200多万红卫兵和学校师生。中央人民广播电台和北京电视台10日转播了实况。北京广播电台播送了文字消息和录音报道。北京电视台拍摄了电视片。

11月11日、13日、15日

张春桥、姚文元连续到中央广播事业局接见群众组织的代表。

11月23日~12月7日

中央人民广播电台、北京广播电台和北京电视台共同成立由九人组成的报道组,前往柬埔寨首都金边采访第一届亚洲新兴力量运动会。从23日起,每晚北京时间20:00前后,由报道组借用柬埔寨电台短波频率对北京传送有关亚新会的报道30分钟,由在北京的编辑组收录、编辑,供对内、对外广播采用。每天的比赛和活动情况,基本上在当天播出。

11月25日、26日

北京电视台直播毛泽东第八次接见来自全国各地250万红卫兵和学校师生的实况(此次接见在两天内分两批三个地点进行)。26日播出电视新闻。27日、28日,中央人民广播电台播送实况录音剪辑13遍。北京广播电台播送了录音报道和文字消息。

11月27日

为纪念中国工农红军长征胜利30周年,中央人民广播电台抽调11位工作人员组成两支长征报道队徒步去延安。一队由北京去延安,另一队从瑞金沿当年红军长征的道路去延安。

11月底

新疆乌鲁木齐市广播站被群众组织占领。

12月7日

河北省广播管理局技术研究室经过两年研究试制出的同频同步广播设备正式使用。

12月9日

中央广播事业局集会庆祝毛泽东为人民广播事业题词发表一周年，丁莱夫在会上讲话。中央人民广播电台在新闻节目和《毛主席语录》节目中重播了毛泽东题词。新闻节目播送综合报道《世界人民无限热爱毛主席，赞扬北京电台》和通讯《韶山人民爱听毛泽东思想的声音》。《国际时事》节目播送综合报道《毛泽东思想的声音鼓舞着全世界革命人民》。文艺节目播送专题文艺节目60分钟。北京广播电台播送一篇专稿，综合报道外国听众关于热爱毛泽东和毛泽东思想的来信。北京电视台播送专题文艺节目30分钟。

12月10日、18日

陈伯达、江青、张春桥、姚文元等人分别接见中央广播事业局一派群众组织代表和北京广播学院学生代表，煽动他们夺广播事业局和地方广播电台的权。

12月12日

中央人民广播电台《各地人民广播电台联播》节目播出《红旗》杂志第15期社论《夺取新的胜利》。13日在新闻节目中全文播出五遍。14日又在《无产阶级文化大革命》节目和《解放军生活》节目中播送。北京广播电台各语言节目播出摘要。

12月15日

经国务院外事办公室批准，北京广播电台朝鲜语直播节目时间由每天两小时增加为四小时，节目对南北朝鲜广播。

12月17日～18日

中央人民广播电台新闻节目、《解放军生活》节目、《对农村广播》节目、《对少年儿童广播》节目、《对学龄前儿童广播》节目全文播出《〈毛主席语录〉再版前言》一文。北京广播电台各语言节目17日播出全文。

12月30日

西安电视台自行设计，在新民街33号家属院内修建的简易机房和演播室以及由陕西工业设计院设计、西安金属结构厂加工、中央广播事业局天线队架设的高60米的电视发射铁塔建成。1967年元月，西安电视台由广播电台大院搬入新民街33号院，开始使用新的演播室和铁塔播出电视节目。

12月31日

中央广播事业局给中宣部写了《关于停止电视播出的请示报告》。停播理由是：电视观众绝大部分投入"文化大革命"，能看电视的很少；专业文艺团体早已停止演出，党的八届十一中全会以前的影片一律停止发行，缺乏节目来源。北京电视台群众要求集中精力搞"文化大革命"。

同日

中央广播事业局一派造反组织进驻总编室宣布夺权,并接管全局各项宣传业务的领导权。

12月下旬~1967年1月上旬

中央人民广播电台《国际时事》节目改为《毛泽东思想的光辉照耀全世界》特别节目。

同年

中央广播事业局局务办公室下设六个处、室、部,人员编制共620名。其中,领导两名,政治工作办公室7名,行政处458名,秘书处85名,技术机要处28名,地方广播管理处23名,国际联络部17名。

同年

各地人民广播电台开始陆续停办自办节目,以转播中央人民广播电台节目为主。

同年

北京广播电台各外语节目,每天在开头都选用配合当天节目内容的毛主席语录。

同年

北京广播电台收到世界132个国家和地区的听众来信165839封。

同年

天津《广播电视节目》报停刊。

同年

吉林省长白朝鲜族自治县广播站先后研制成功出城线路自动板闸、载波放大器、消磁器。同年,怀德、梨树两个县广播站装制载波机,用于县城至公社之间的有线广播信号传输。

同年

吉林省广播事业管理局在长春市清华路3号兴建长春电视台办公楼(机房),建筑面积1000平方米,发射铁塔高100米。

同年

"文化大革命"开始后,安徽省广播事业局党组改为党委,宋乃信任局党委书记、赵奇峰任党委副书记。

同年

云南全省农村广播网受"文化大革命"的影响,基本上处于停播、停建状态,部分县广播站被造反组织用作派性宣传的工具;各地广播物资器材遭受很大损失。

同年

青海省在西宁市西川建成大型发射台566台,总投资260万元,安装两部150

千瓦自动屏调中波发射机，四部7.5千瓦短波发射机，对改善和提高青海人民广播电台汉、藏语中波广播的接收质量起到关键作用。

同年

"文化大革命"开始后，新疆喀什市广播站遭到多次冲击，广播线路被破坏，喇叭被盗、致使市内有线广播停播两年多。各县自办节目中断，只转播中央人民广播电台节目。

1967 年

1月1日

《人民日报》《红旗》杂志联合发表元旦社论《把无产阶级文化大革命进行到底》。中央人民广播电台于1966年12月31日20：30提前全文播送这篇社论，本日，多次播出该社论和《解放军报》元旦社论《更高地举起毛泽东思想伟大红旗，把活学活用毛主席著作群众运动推向新阶段，使我军真正成为毛泽东思想的大学校》。北京广播电台俄语、法语、日语、对华侨、使馆广播的北京话节目播送《人民日报》社论全文，其他语言节目播送摘要。《解放军报》社论各语言节目播送摘要。

同日

北京广播电台发新年专稿13篇，主要有《文化大革命的闯将——北京红卫兵革命造反战果展览会参观记》《毛泽东思想的伟大胜利——三次核试验成功电影录音剪辑》《毛主席，我们心中的红太阳——记北京市文化大革命以来出版〈毛泽东选集〉〈毛主席语录〉、毛主席像和制作出售毛主席纪念章的事迹》，广播谈话《谈谈文化大革命中的大民主》《革命现代京剧〈智取威虎山〉》等。

同日

中央广播事业局对外部联络员与业务小组联席会议认为：目前对外部各部组和原有领导已失去群众信任，不能再领导宣传业务工作。有的已被群众"罢官"，有的虽未"罢官"，但不敢负责，急需建立各部组临时业务小组，领导日常的宣传工作（亚洲部、非洲部更为突出）；对外部的业务小组班子也要建立起来，现只有三人。要求有业务小组的部门实行集体审稿。

同日

北京电视台从即日起，在节目开始时先播出毛主席语录和毛泽东主席像。

同日

四川电视台停播。

同日

革命烈士张思德纪念馆在四川仪陇县开馆，革命烈士黄继光的母亲邓芳芝、张思德的母亲刘光友参加开馆仪式。四川人民广播电台派记者采访了英雄母亲。

1月2日

北京电视台播放通知：从1月3日起，除重大政治事件和重要新闻仍将转播或播出外，在一个时期内暂时停止一般的电视播出。

同日

天津市恢复为中央直辖市，天津人民广播电台在业务上直属中央广播事业局领导。

1月3日

中央广播事业局对外部业务小组拟定《第一季度国内问题宣传要点》，强调：用毛泽东思想统帅国内问题宣传，开办《毛主席著作选播》（包括辅导材料）节目，向国外听众深入地、准确地介绍文化大革命；还提出宣传要大破四旧，即剥削阶级旧思想、旧作风、旧制度、旧领导；要大立新思想、新作风（雷厉风行，说干就干，领导由革命群众选举；实行政治、业务民主，群众当家）、新制度（集体审稿、由群众讨论审定）。

同日

朝鲜停止播送北京广播电台寄送的广播节目。

同日

北京电视台在"文化大革命"中形成的一派群众组织召集全台大会宣布夺权声明。自此，北京电视台的一切大权为群众组织所掌握。

1月5日

中共中央文化革命领导小组批准北京电视台暂停播出。批示称：一、同意停播，但不是全停，不是永远停；二、在停播期间遇到重大政治任务还要播出。6日起，北京电视台暂停播出。2月4日恢复播出。北京电视台暂定每星期六播出一次。

同日

陕西人民广播电台、西安人民广播电台、西安电视台停止自办节目。陕西电台和西安电台第一套节目转播中央人民广播电台第一套节目，西安电台第二套、第三套节目停办。

1月6日

张春桥、姚文元、王洪文称："电视宣传可以宽于报纸，大于广播。"

同日

上海电视台实况转播"打倒以陈丕显、曹荻秋为首的上海市委大会"。全年共转播电视"批判大会"60多场。

1月9日

毛泽东下令向全国广播1月5日《文汇报》发表的《抓革命、促生产，彻底粉碎资产阶级反动路线新反扑——告上海全市人民书》。它标志着"文化大革命"进入了一个新的阶段。

同日

江苏人民广播电台实行军管。

同日

"安徽广播战线革命造反团"联合社会上的一些造反派，夺了安徽人民广播电台的权。

1月10日

天津电视台被天津人民广播电台群众组织联合北京等地造反派查封，自办节目停播。3月18日起，天津人民广播电台开始举办地方节目，但仍以转播中央人民广播电台节目为主，一般情况下每天只安排20分钟地方节目；天津电视台除转播北京电视台节目外，播出一部分自办节目。

1月11日

中共中央办公厅发出《中共中央关于广播电台问题的通知》，要求进入广播电台的群众立即退出。《通知》指出，广播电台是无产阶级专政的重要工具，并决定：一、必要时，由当地人民解放军实行军事管制，停止编辑和播出本地节目，只转播中央人民广播电台的节目。二、群众有意见的领导人，应当到群众中去，听取群众的意见和批评。三、各地广播电台应当一律用原来人民广播电台的名称，不要改变。

同日

中央文革小组电话通知：中央决定由王力、唐平铸、胡痴负责人民日报社、解放军报社、新华社，广播电台等单位的新闻宣传工作。同日，王力、唐平铸、胡痴接见中央广播事业局一派造反派。唐平铸说，播大文章，要反复地播，要打破旧框框，要革命，这就是革命的新秩序。王、唐、胡都强调一些重要东西要全文播出，不搞摘要，免得他们（敌人）歪曲。

同日

中央人民广播电台各新闻节目全文播出中共中央、国务院、中央军委、中央文革小组联名向"上海工人革命造反总司令部"等32个"造反派"组织发出的贺电，称赞他们9日发出的《紧急通告》"好得很"。12日，播出《人民日报》《红旗》杂志社论《反对经济主义，粉碎资产阶级反动路线的新反扑》。三天内，中央电台对上述贺电、《紧急通告》和社论都全文广播了39遍。北京广播电台、北京电视台也全文播出贺电和社论。

1月12日

新疆维吾尔自治区广播事业管理局（台）被造反派夺权，工作机构瘫痪。自办广播节目全部停播，开办《造反有理》节目。2月15日，根据《中共中央关于广播电台问题的通知》精神，新疆人民广播电台停止所有自办节目，全部转播中央人民广播电台节目。3月3日，新疆广播事业管理局（台）和乌鲁木齐市有线广播站实行军事管制，王文才任局（台）军事管制委员会主任，傅志生为副主任，崔焕林为乌鲁木齐市有线广播站军事代表。

1月12日~3月9日

陕西人民广播电台、西安电视台被造反派夺权。16日起，陕西电台办起每天20分钟的《造反新闻》，播出"革命的打、砸、抢好得很""反右倾"等极"左"口号。3月9日，陕西人民广播电台、西安人民广播电台、西安电视台实行军事管制，停止《造反新闻》节目，陕西电台和西安电台全天转播中央人民广播电台的节目。

1月13日

辽宁省广播事业管理局（台）被夺权，查封了沈阳电视台。14日实行军管，停止自办节目。8月，恢复自办节目。

同日

一部分"红卫兵"冲进四川人民广播电台，与电台的造反派联合夺权，并将台名改为"四川人民革命造反广播电台"，播出"革命造反宣言"。14日，成都军区根据指示，派出军事代表对四川人民广播电台进行军管，宣布停止自办节目，全天转播中央人民广播电台节目。

同日

西藏自治区根据《中共中央关于广播电台问题的通知》精神，对西藏人民广播电台实行军事管制。除《对流落国外的藏族同胞广播》节目外，所有自办节目一律停办。

1月14日

中央人民广播电台全文播送《解放军报》社论《一定要把我军的无产阶级文化大革命搞彻底》。北京广播电台播送了摘要。

同日

中央人民广播电台全文播送《光明日报》社论《无产阶级革命派大联合万岁》。北京广播电台播送了摘要。

同日

北京人民广播电台少数人和北京广播学院个别学生以"红色革命造反战斗队"名义，于当日早晨播出《告首都人民书》（即所谓"夺权宣言"），宣布北京人民广播电台被夺权。早6点多钟，周恩来打来电话指示："不许再播夺权宣言。"上午10点多钟，中央文革小组成员王力打电话支持这次夺权，并建议把《告首都人民书》印成传单到街头散发。从这天开始,北京人民广播电台原有的播音秩序完全被打乱,所有的固定时间节目均撤销,改为转播中央人民广播电台节目或临时安排内容。北京人民广播电台《告首都人民书》播出后,引起外国通讯社和报刊的普遍注意,纷纷报道此事,并作了一些猜测和评论。普遍把北京市台这次夺权误为中央广播事业局、中央人民广播电台和北京广播电台同时再次被夺权。如日本《产经新闻》从北京发出的一则消息说:"北京电台已经被红卫兵接管。"瑞士《洛桑论坛报》16日的标题是:"北京广播电台被红卫兵接管。"英国《金融时报》17日报道说:"北京电台像中国其他许多广播电台和报纸一样,显然在过去数天被他们的工作人员接管了。"

同日

山西省广播管理局(台)被一派造反组织夺权。局(台)领导被停止工作。山西人民广播电台停止自办节目,全部转播中央人民广播电台节目。1月26日,山西省广播管理局(台)、太原电视台又被另一派造反组织夺权。随后,实行军事管制。王宏任军管小组组长、耿炳仁任副组长。

同日

根据《中共中央关于广播电台问题的通知》精神,湖北人民广播电台、武汉人民广播电台停止自办节目,改为转播中央人民广播电台节目。武汉电视教育台停播。

同日

根据《中共中央关于广播电台问题的通知》精神,贵州人民广播电台停止自办节目,全部转播中央人民广播电台节目。20日,中国人民解放军贵州省军区派军管小组对贵州人民广播电台实行军管。

1月15日

中央人民广播电台、北京广播电台全文播送《红旗》杂志评论员文章《无产阶级革命派联合起来》。

同日

根据《中共中央关于广播电台问题的通知》精神,吉林人民广播电台、长春人民广播电台实行军事管制。吉林人民广播电台《朝鲜语节目》停办,长春电视台停止自办节目。吉林电视台停播。

1月16日

中央广播事业局致函日本亚细亚通讯社,提出自1967年2月起每月向该社寄去十条左右电视片(每条五个拷贝),如日本其他电视台需用,可由该社提供。

同日

中央人民广播电台全文播送《红旗》杂志第2期社论《响应毛主席号召,到群众里面去》。北京广播电台播送了摘要。

同日

中国人民解放军安徽省军区派军管小组对安徽人民广播电台实行军事管制,停止自办节目,全部转播中央人民广播电台节目。1970年7月28日,吴甲申任军管小组组长。军管小组于1975年2月25日撤销。

同日

云南人民广播电台被夺权,并在广播中宣称:云南电台已由"无产阶级革命派"夺权。自次日起自办节目除保留《民族语言广播》《对云南境外国民党军残部广播》和《天气预报》以外,其余全部停办,改为转播中央人民广播电台节目。3月9日,云南电台实行军管,自办节目有一些恢复。后由于武斗升级,工作陷于瘫痪,大量播音时间转播中央电台的节目。

1月17日

陈伯达、江青、王力、关锋、戚本禹等人到中央广播事业局,江青在群众大会上讲话,诬陷广播事业局负责人丁莱夫是"敌人",并挑起派性斗争。

同日

中央人民广播电台、北京广播电台全文播出《光明日报》刊登的毛泽东论反对经济主义语录。

同日

上海人民广播电台造反组织"广革会"宣布夺权。当晚在21:00的新闻节目里,连续广播了《告全市革命造反派和革命群众书》(简称"接管声明")和《向毛主席致敬电》,并在对台湾广播时间里播送"接管声明"。1月18日,上海警备区于凌晨对上海人民广播电台实行军事管制。张春桥、姚文元到上海电台分别接见各群众组织代表,煽动派性斗争。1月19日,上海人民广播电台自办节目一律暂停。23日恢复广播本市新闻,仍大量转播中央人民广播电台节目。

同日

根据《中共中央关于广播电台问题的通知》精神,内蒙古全区广播电台实行军事管制,自办节目停办,全天转播中央人民广播电台节目。"文化大革命"十年中,内蒙古电台绝大多数蒙古族、汉族干部被送到唐山学习班或下放基层。许多专业骨干受到迫害。

1月18日

沈阳电视台停播。

同日

甘肃省军区派出以独立师副政委封元笃为首的军管小组进驻甘肃人民广播电台,对其实行军事管制。宣布:自即日起,停止一切自办节目,全部转播中央人民广播电台节目。22日,军管小组撤离电台,电台又一次被夺权,恢复自办节目,并播出"夺权声明"。2月15日,甘肃省军区宣布,再次对甘肃人民广播电台实行军事管制,命令停止自办节目,全部转播中央人民广播电台节目。

1月19日

中国人民解放军广州警备司令部发出通告,对广东(广州)人民广播电台、广州电视台实行军事管制;根据军管小组决定,《广东广播》停刊;8月9日,军管小组决定暂停编播本省广播节目,电视也改为不定期播出。

1月20日

青海人民广播电台实行军管,停播自办节目。

1月21日

浙江人民广播电台"革命造反兵团"宣布夺了电台党委的权。全省各地电台、广播站也陆续被造反派夺权。

1月22日

中央人民广播电台全文播发《人民日报》社论《无产阶级革命派大联合,夺走资本主义道路当权派的权》。北京广播电台播送了摘要。在很短的时间内,首都和全国各地的"造反派"全面夺了各级党政机关、人民团体和企事业单位的领导权。

1月23日

中共中央办公厅发出《中共中央关于广播电台问题的补充指示》。《补充指示》涉及广播电台领导权和性质问题:一、支持广播电台成为各省无产阶级革命派大联合的喉舌;二、特殊情况下对广播电台实施军事保护;三、军事管制是暂时的、过渡措施;四、广播电台在军事管制期间除了转播中央人民广播电台的节目外,地方台可以自编部分节目。

1月26日

中央人民广播电台实行新节目时间表。新节目时间表上报中央文革小组后,王力说:"你们可以先干起来,节目要反映革命造反派的声音。"中央电台的《每周情况简报》中说:"从实行新节目时间表后的十几天情况看,基本上反映了革命造反派的声音,反映了大联合和夺权斗争的声势,现在一打开收音机,基本上都能听到无产阶级文化大革命的声音。"新的节目时间表各类节目比例的变动为:政治性节目占72.1%(原占48.02%),文艺性节目占24.2%(原占48.33%),其他节目占3.7%(原占3.65%),增加了《老三篇天天读》《红卫兵》和《无产阶级文化大革命文章和文件》节目,撤销了《科学和生产》《农业科学技术》《讲卫生》《体育运动》等节目。文艺节目时间缩短。

同日

中央人民广播电台《新闻和首都报纸摘要》节目恢复名称为《新闻和报纸摘要》，并沿用至今。

同日

贵州人民广播电台群众联合组织宣布夺权，贵州省广播事业管理局组成临时革命委员会。

1月27日

天津人民广播电台实行军事管制。军管组组长先后由路之忠、王兵战、周俊元、赵金保担任。

同日

宁夏广播事业局、宁夏人民广播电台被夺权，并要播出《电台"夺权"声明》，发射台一些工作人员拒绝播出。此后，全部停止播出自办节目，改为转播中央人民广播电台第一套节目。

1月29日

英《星期日电讯报》刊登外交记者的《中国加紧对俄国的广播战》。该报道说："北京电台突然把它的俄语广播增加了1倍多"，"现在一天总计约30小时，这几乎是俄国的华语广播的3倍"。并说莫斯科电台已奉命干扰中国的广播。

1月30日

中央广播事业局对外部业务小组与联络员联席会议决定，国际部、国内部、音乐部、听工部四个发稿部门实行联合办公。强调要把宣传大权真正掌握在"左派"手里。各部组要建立一个坚强的领导核心，打破各部旧框框的束缚。2月3日，四个部正式合并，成立五个宣传小组：即新闻组、毛主席著作宣传组、文化大革命宣传组、音乐组、调查研究组。

同日

中央人民广播电台全文播送《红旗》杂志第3期社论《论无产阶级革命派的夺权斗争》。北京广播电台一小时节目播全文，半小时节目播摘要。

同日

国务院对外文化联络委员会转来日本东京广播公司报道局局长给廖承志的信，提出愿在平等互利的基础上直接同北京电视台签订交换电视片合同。这一建议被北京电视台婉言拒绝。

1月31日

民主德国广播委员会致函中央广播事业局，邀请中国派代表参加定于3月29日至4月1日在柏林举行的社会主义国家对外广播会议。自1962年起我国已不派代表参会。经请示国家对外文化联络委员会，此次仍不参加。

同月

经国务院对外文化联络委员会和国务院外事办公室批准，中央广播事业局再次就《世界无线电与电视手册》继续搞"两个中国"的阴谋向其提出抗议。

同月

中央广播事业局向邮电部申报对外广播1966年冬至1967年春季频率时间表，分别发给罗马尼亚、苏联、民主德国和匈牙利等国，要求他们进行收测。这是根据有关国家邮电部长会议的决议进行的项目。

同月

中央广播事业局对外部成立由一派群众组织掌权的勤务组（后称联络组）。这个班子工作到12月。

年初

河北省唐山人民广播电台停止自办节目，只转播河北人民广播电台和中央人民广播电台节目。

2月1日

山西人民广播电台恢复自办节目。开始只办一个《新闻和报纸摘要》节目，后陆续开办《文化大革命》《农业学大寨》专题节目和文艺节目。

2月3日

北京广播电台增办《毛主席语录》节目，并要求各语言组采取慢速广播。

2月4日

北京广播电台向越南南方民族解放阵线驻华代表团转去比利时听众R.Feyaerts为支援越南人民抗美救国斗争而寄赠的100法朗（比）。以后又连续五次各转去100法朗（比）。

2月9日~10日

中央人民广播电台多次全文播出《黑龙江省红色造反者夺权斗争的基本经验》。10日全文播出《人民日报》社论《无产阶级革命派夺权斗争的一个好范例》18遍。北京广播电台播送了社论摘要。

2月11日

上午，中央人民广播电台和北京电视台同时直播"首都革命造反派最强烈抗议苏修法西斯暴行大会"的实况。该事件的背景为：1967年初，根据中共中央指示，69名旅欧留学生准备回国参加文化大革命，计划1月26日从莫斯科坐火车回国。1月25日，他们与我国使馆陪同人员、新华社记者一起前往莫斯科红场拜谒列宁墓，遭到苏联军警和便衣特务的殴打，造成30多人受伤，其中9人重伤。中国外交部于

1月26日，中国政府于2月5日发表严正声明，向苏联政府提出强烈抗议。

2月14日

北京电视台与英国维斯新闻社互供电视片的合同期满。因该公司拒绝停止发行台湾影片，经请示国务院对外文化联络委员会和国务院外事办公室，北京电视台于即日去函，表示合同到期后终止双方合同。2月23日，该公司经理来函表示"遗憾"。

2月15日

根据《中共中央关于广播电台问题的通知》精神，新疆人民广播电台全部转播中央人民广播电台节目。

2月17日

中国驻刚果（布）使馆来函告，北京广播电台寄给对方电台的节目基本上全部采用，质量甚好，内容也很好，受听众欢迎，并提出增加介绍中国常识、科学新成就等专题节目的建议。

2月21日～22日

中央人民广播电台全文播送《中共中央给全国农村人民公社贫下中农和各级干部的信》。北京广播电台播送了摘要。

2月21日～23日

21日20∶30，中央人民广播电台首次播出"贵州省革命委员会成立"的消息、"给毛主席的致敬电"和"告全省人民书"。21∶30又播出一遍，这两次都是第一、第二两套节目同时播出的。22日继续全文播出，并从20∶30开始至23日，数次全文播出"贵州省无产阶级革命派夺权斗争的经验"。北京广播电台播送了综合报道。

2月22日

中央人民广播电台、北京广播电台全文播送《红旗》杂志第4期社论《必须正确地对待干部》。

2月26日

菲律宾马尼拉报纸报道，在菲律宾，越来越多的人经常收听北京广播电台他加禄语广播，菲当局对此"毫无办法"。

同月

经请示国务院对外文化联络委员会和国务院外事办公室，对苏联暂不主动停寄节目。我国向苏联寄送电视片是根据1961年中苏广播电视协定进行的。

3月1日

20∶30，中央人民广播电台开始播出"山东省革命委员会成立"的消息、"第一号通告""给毛主席的致敬电"等。2日继续广播，并全文播出《人民日报》社论《革命的"三结合"是夺权斗争胜利的保证》九遍。北京广播电台播送了综合报道和专稿《谈谈山东革命委员会的成立》，摘要播送《人民日报》社论。

同日

北京电视台向新成立的日本中国通讯社发出贺信，并提议建立业务联系，由他们代销中国电视片，向日本各电视台提供。该通讯社是旅日华侨创办的。

同日

美《杂艺》周刊说，美国新闻署署长伦纳德·马克斯称，中国每周广播1200小时，居世界第二位。

3月5日

江西军区派杨泽林等三名军代表进驻省广播局、台，并宣布对江西人民广播电台实行军事管制。

3月7日

黑龙江人民广播电台革命委员会成立，黑龙江省广播事业管理局名称取消。革委会由九位副主任组成，有干部代表李志民、范兆义，军人代表赵锦林，群众代表金巨祥、赵富、王祥林、房志才、王凡文、李良富。

3月8日

中央人民广播电台全文播送《文汇报》社论《搞臭风头主义》。北京广播电台播送了摘要。

3月9日

中央人民广播电台全文播送《红旗》杂志第5期社论《论革命的"三结合"》。北京广播电台大部分语言节目播送了全文。

同日

昆明军区对云南省广播事业管理局和云南人民广播电台实行军事管制。李戈力为总军事代表。

3月14日

新西兰共产党领导人威尔科克斯反映，许多新西兰听众，甚至是老听众，已经不听北京广播了，因为很多东西他们都听不懂，乏味，很烦人。北京电台宣传和解释毛主席的语录是必要的，但是如果没有具体的材料加以说明，没有任何关于如何活学活用的指导，而只是按语录本的顺序机械地播，这种做法是错误的。

3月18日

20：30，中央人民广播电台播送《中共中央给全国厂矿企业革命职工、革命干部的信》。当晚全文播出10遍。至21日又全文播出26遍。北京广播电台播送了摘要。

3月19日

根据《中共中央关于广播电台问题的补充指示》精神，青海人民广播电台恢复和开办《新闻》《革命文艺》等自办节目。

3月20日

新疆哈密军分区发出通知，宣布对哈密县广播站、巴里坤哈萨克自治县广播站实行军事管制，并派了军代表。自3月底，各县广播站自办节目停办，全部转播中央人民广播电台和新疆人民广播电台的节目。

3月24日

北京广播电台葡萄牙语组的巴西专家马尔丁斯对北京广播电台节目提出意见。他认为，我们宣传上有很多东西是收不到效果的，"红海洋"现象严重。宣传不看对象，不考虑听众是否听得懂，生搬硬套。如关于夺权问题，甚至连在中国的一些外国专家也不理解。又如解放军介入"文化大革命"，支持革命夺权，许多外国电台就说北京已在军队控制之下，一片混乱。许多名词术语，如"资产阶级反动路线"等，不加解释，听众是听不懂的。

3月25日

中央广播事业局请示国务院对外文化联络委员会，鉴于加拿大广播公司技术部在广播频率表上搞"两个中国"的阴谋，拟停止向其寄送频率表。4月1日，经对外文委批准，停止向加寄送有关资料。

3月30日

浙江省军管会决定对浙江人民广播电台实行军管。军管小组进驻省电台，省军区后勤部副主任张野进任组长，驻浙20军某部团政治处副主任马玉春任副组长。

3月31日

中央人民广播电台全文播出《红旗》杂志评论员文章《在干部问题上的资产阶级反动路线必须批判》和《红旗》杂志编辑部调查员的调查材料《"打击一大片，保护一小撮"是资产阶级反动路线的一个组成部分》。20：30开始，中央人民广播电台、北京广播电台全文播送戚本禹的文章《爱国主义还是卖国主义？——评反动影片〈清宫秘史〉》。中央广播事业局宣传小组强调，"戚文是方针性、纲领性文章，吹响了彻底批判党内头号走资派的进军号角"。4月1日至4日，播发一般反应，4日后组织工农兵和各方面代表人物写文章，发表广播讲话。

4月12日

中央广播事业局发函通知新华社驻突尼斯分社，鉴于突公开搞"两个中国"的阴谋，暂停向突尼斯电台寄送广播节目。

4月13日~15日

泰国宋干节（泰新年），北京广播电台泰语组制作40分钟特别节目。内容有贺词、泰爱国阵线驻国外代表帕茶的讲话、诗歌《普满颂》、用中文、泰文演唱的革命歌曲

《大海航行靠舵手》、毛主席语录歌及泰国革命歌曲《革命的普满山》。

4月19日

中央广播事业局给越南南方民族解放阵线驻华代表团转去一台半导体收音机。这是日本山梨县日中友协南巨摩支部（正统）理事长渡部英雄通过北京电台转赠的。

4月20日

中央人民广播电台、北京电视台转播"北京市革命委员会成立"和庆祝大会实况。北京广播电台播出简要消息。

4月27日

中央广播事业局致函驻马里使馆，今后每月寄马里的文字专题节目将由四个增加到六个，加上原有的音乐节目，每月平均七个。马里是北京广播电台对外寄送节目使用率最高的国家，几乎每个节目都播用。

4月30日

北京电视台播出山西省革命委员会副主任、大寨大队党支部书记陈永贵作的电视讲话，题目是《在毛泽东思想的光辉照耀下前进》。

4月下旬～5月下旬

北京群众举行两次为期三天、有成百万人参加的大规模示威游行和两次各有10万人参加的集会，声讨和抗议印度尼西亚当局反华排华活动，以及港英当局血腥镇压我国同胞的暴行。为加强宣传报道，北京广播电台华侨部、印尼语组、英语组和对外新闻组合作组成临时采访班子，共采制12篇稿件。

5月1日

中央人民广播电台举办特别节目，从19:00开始播出当天上午毛泽东、林彪和首都群众一起参加"五一"国际劳动节庆祝活动的录音报道；从20:30开始转播毛泽东、林彪在天安门广场和城楼同首都百万群众、外国朋友一起参加"五一之夜"联欢的实况，转播到22:40结束。"五一"全天的庆祝活动，中央电台重新制作成一个完整的录音报道，5月2日反复播出。北京广播电台采写有关国际劳动节录音报道《毛主席和北京广大革命群众一起欢度"五一"国际劳动节》《毛主席同首都百万革命群众和五大洲国际友人欢度"五一"之夜》。稿件由集体讨论定稿。北京电视台播放林彪为庆祝"五一"国际劳动节的题词。题词全文是："伟大的导师，伟大的领袖，伟大的统帅，伟大的舵手，毛主席万岁！万岁！万万岁！"

5月2日

北京电视台在文艺节目播出前首先作了突出江青的说明：在欢庆"五一"国际劳动节的日子里，首都文艺舞台隆重公演了一批闪耀着毛泽东文艺思想光辉的文艺节目。其中有由江青关怀和支持树立起来的第一批革命样板戏——京剧《沙家浜》

《红灯记》《奇袭白虎团》，芭蕾舞剧《白毛女》和交响音乐《沙家浜》等。

5月7日

中央人民广播电台、北京广播电台全文播送《红旗》杂志编辑部、《人民日报》编辑部文章《〈修养〉的要害是背叛无产阶级专政》。文章称刘少奇的重要著作《论共产党员的修养》"完全地、彻底地背叛了马克思列宁主义，就是完全地、彻底地背叛了无产阶级的革命事业"。自此，全国新闻媒体开展了对刘少奇的大批判运动。

5月10日

中央人民广播电台播出江青《谈京剧革命》的讲话和《红旗》杂志社论《欢呼京剧革命的伟大胜利》。

5月12日

经青海省军管会批准，成立青海省广播事业管理局、青海人民广播电台革命委员会。革委会设政治组、办公室、后勤处、广播事业管理处、西宁电视台筹建处、汉语编辑部、藏语编辑部、广播技术处。

5月16日

20：30，中央人民广播电台播送1966年5月16日召开的中共中央政治局扩大会议上通过的《中国共产党中央委员会通知》（即"五一六通知"），当晚全文播出8遍。17日继续广播，两套节目共全文播出27遍，到20日为止共播出近50遍。北京广播电台播送全文。该通知要求全党"高举无产阶级文化革命的大旗，彻底揭露那批反党反社会主义的所谓'学术权威'的资产阶级反动立场，彻底批判学术界、教育界、新闻界、文艺界、出版界的资产阶级反动思想，夺取在这些文化领域中的领导权"。提出"混进党里、政府里、军队里和各种文化界的资产阶级代表人物，是一批反革命的修正主义分子"。

5月18日

中央人民广播电台、北京广播电台全文播送《红旗》杂志、《人民日报》编辑部文章《伟大的历史文件》。

5月21日

北京电视台重播毛泽东第五次、第六次接见和检阅红卫兵的电视片。

5月22日

北京广播电台向阿尔及利亚、摩洛哥、阿联（埃及）、叙利亚、伊拉克等22个国家的电台寄送《长征组歌——红军不怕远征难》选曲录音带。

5月23日

中央人民广播电台转播首都纪念毛泽东《在延安文艺座谈会上的讲话》发表25周年大会的实况。北京广播电台除重点编发新华社、《人民日报》的消息、社论、评论、文章外，各语言节目还重播《在延安文艺座谈会上的讲话》全文或摘要。此外，还播出解说性文章《谈谈文艺与政治的关系》《文艺为无产阶级政治服务，为工农兵服务》等。北京电视台转播了首都纪念毛泽东《在延安文艺座谈会上的讲话》发表25周年大会的实况，此后，每天的文艺节目即反复播放各个"样板戏"。

5月25日

中央人民广播电台、北京广播电台全文播送毛泽东1951年5月20日为《人民日报》写的社论《应当重视电影〈武训传〉的讨论》一文摘录。

5月26日

中央人民广播电台、北京广播电台全文播送毛泽东1954年10月16日写的《关于红楼梦研究问题的信》。

5月27日

中央人民广播电台、北京广播电台全文播送毛泽东《关于文学艺术的两个批示》（1963年12月12日关于文艺界的社会主义改造问题的批示和1964年6月27日关于文艺界各协会及其刊物的改造问题的批示）。

同日

中央人民广播电台、北京广播电台播送《红旗》杂志社论《伟大的真理，锐利的武器》，《人民日报》社论《革命的批判精神万岁》和《解放军报》社论《不许敌人再颠倒历史》。

同日

北京电视台播出《欢呼世界进入毛泽东思想伟大新时代——首都工农兵文艺会演在街头开幕》的专题新闻。

5月28日

20：30，中央人民广播电台新闻节目播出《林彪同志给中央军委常委的信》和《林彪同志委托江青同志召开的部队文艺工作座谈会纪要》，当晚两套节目各全文播出3遍。29日全文播出11遍。中央电台其他节目也播送了上述内容。北京广播电台播送全文。

同日

中央人民广播电台、北京广播电台播送《红旗》杂志社论《两个根本对立的文件》，《人民日报》社论《无产阶级文化革命的重要文件》和《解放军报》社论《拿起笔杆握紧枪，为保卫无产阶级政权而斗争》。

5月31日

北京电视台播出《热烈欢呼〈林彪同志给中央军委常委的信〉和〈林彪同志委托江青同志召开的部队文艺工作座谈会纪要〉公开发表》的新闻。

同月

广州暨南大学华侨补校侨生接待站和三元里归侨接待站有关北京广播电台对印度尼西亚广播情况的调查报告反映,北京电台广播听众主要是进步的大中学生、青年工人积极分子、知识阶层,还有海军陆战队、印尼高级官员等。印尼人对中国的"文化大革命"很不理解。一个问题还没有弄懂,又出现一个问题,搞得很乱。他们对批《论共产党员的修养》不理解,不知道它错在哪里。听众喜爱国际新闻,但太少,也不及时。

6月1日

北京广播电台减少向保加利亚、古巴等国寄送广播节目的次数,对保停寄合成节目,广播文字稿由每月五至六篇减少为三至四篇。

同日

中央人民广播电台全文播送《红旗》杂志、《人民日报》社论《伟大的战略措施》。北京广播电台播送了详细摘要。

同日

四川成都人民广播电台停止自办节目,成都电视台停止播出。

6月初

北京广播电台向阿联(埃及)、阿尔及利亚、叙利亚、伊拉克、也门、科威特、摩洛哥、毛里塔尼亚电台寄送《坚决支持阿拉伯人民反美斗争》的广播特别节目。通过中国驻苏丹、索马里、突尼斯使馆向三国电台寄送了同一节目。

6月15日

成都的一派造反组织举行了一次所谓"批判走资派大会"。中午,四川电台播出大会录音报道时,发生了四川大学"红卫兵"200多人冲击电台的"六一五"事件。下午,成都军区政委张国华、司令员梁兴初来四川电台处理这一事件。

6月17日

根据周恩来指示,中央人民广播电台于23:20播出我国第一颗氢弹爆炸成功的新闻公报。北京广播电台播送了全文。北京电视台在19日播出《热烈欢呼我国第一颗氢弹爆炸成功》的新闻。

6月18日

毛泽东在人民大会堂一一八厅主持召开中共中央政治局常委扩大会议,讨论姚文元率红卫兵代表团出席阿尔巴尼亚劳动青年联盟第五次代表大会事宜。谈到姚文元到阿尔巴尼亚的讲话稿时,毛泽东说:一些外国人对我们《北京周报》、新华社的对外宣传有意见。宣传毛泽东思想发展马克思列宁主义,过去不搞,文化大革命以后大搞特搞,吹得太厉害,人家也接受不了。有些话何必要自己来说,我们要谦逊,特别是对外，出去要谦逊一点，当然又不是失掉原则。昨天氢弹的公报，我就把"伟大的导师、伟大的领袖、伟大的统帅、伟大的舵手"统统勾掉了，把"光焰无际"也勾掉了。世界上的光芒哪里有无际的，都有际。"万分喜悦和激动的心情"，把"万分"也勾掉了，不是十分，百分，千分，而是万分，我就一分也不要，勾掉了。（周恩来插话：有个问题，把国内硬搬来对国外，不用脑筋，不管对象，人家需要什么不管，只管我们自己。应研究一下，对外既不丧失原则，又要有效果和不同特点。）中央广播事业局对外部在对照学习时，大家认为当前最突出的问题是，我们的广播内外不分，不看对象，生搬硬套，无的放矢，外国人听不懂。

同日

中央人民广播电台全文播送毛泽东著作《关于正确处理人民内部矛盾的问题》。

6月19日

中央人民广播电台从当天起调整节目时间：文艺节目由原来的每周4510分钟增至5520分钟，并把原来的小块节目时间调整为几大块时间，以便播出"样板戏"。

同日

青海人民广播电台恢复部分自办节目，办有《新闻》《革命文艺》《无产阶级革命造反派》专题节目。

6月21日

北京电视台播出《首都隆重纪念毛泽东主席著作〈关于正确处理人民内部矛盾的问题〉发表十周年》和《空军某部集会庆祝成功击落美国无人驾驶飞机》的新闻。

同月

中央人民广播电台开办《少年儿童活学活用毛主席著作》节目。

7月4日

北京电视台直播越南南方解放军歌舞团访华演出开幕式实况。

7月16日

北京电视台决定，自8月1日起，由原来每周播出一次，增加到每周两次，即周三、周六各播出一次。

7月23日

中央人民广播电台播出"谢富治、王力从武汉返京"消息，共24遍。该事件的背景为：7月14日，中共中央政治局候补委员、中央书记处书记谢富治、中央文革小组成员王力前往武汉协助解决湖北问题。他们支一派压一派，策动反军乱军活动，把拥有120万人的群众组织"百万雄师"打成"保守组织"。7月20日，该组织部分成员冲击了谢富治、王力所住的武汉东湖宾馆，扣押了王力，并对他进行了批判，即著名的武汉"7·20"事件，在当时被诬为"反革命事件"，许多干部、群众受到牵连。7月22日，谢、王返回北京。

8月1日

中国人民解放军建军40周年。中央人民广播电台各个节目突出宣传了"毛主席的军事路线的伟大胜利""毛主席的人民战争思想是世界人民求解放的光辉灯塔"。重点安排播出毛主席"论人民战争"的语录、林彪署名的《人民战争胜利万岁》，《红旗》杂志第12期社论《无产阶级必须牢牢掌握枪杆子——纪念中国人民解放军建军四十周年》，《人民日报》社论《无产阶级专政最坚强的支柱——纪念中国人民解放军建军四十周年》和《解放军报》报社论《军民团结，共同对敌》。北京广播电台各语言节目播出《总参、总政在北京举行建军四十周年招待会》的消息，以及《人民日报》社论《无产阶级专政最坚强的支柱——纪念中国人民解放军建军四十周年》、《解放军报》社论《军民团结，共同对敌》等。

8月2日

缅甸共产党中央第一书记德钦巴登顶在北京电视台发表电视讲话。

8月5日～7日

中央人民广播电台在新闻节目和《无产阶级文化大革命重要文件和文章》节目中全文播送毛泽东1966年8月5日写的《炮打司令部——我的一张大字报》共71遍。还播出《人民日报》社论《炮打资产阶级司令部》，《解放军报》社论《纪念毛主席的大字报——〈炮打司令部〉发表一周年》和《红旗》杂志第13期社论《彻底摧毁资产阶级司令部——纪念党的八届十一中全会召开一周年》。8月5日，北京电视台在节目播出前，播送两遍毛泽东写的《炮打司令部——我的一张大字报》。

8月9日

广东省广播事业局军管小组决定，暂停编辑和播送本省广播节目，广东人民广播电台、广州人民广播电台各用一套节目转播中央人民广播电台节目，但保留采用新华社稿编辑的广州话《新闻》。

8月14日

中央人民广播电台《各地人民广播电台联播》节目开始播出《红旗》杂志编辑部、《人民日报》编辑部文章《走社会主义道路，还是走资本主义道路》。当晚全文播出6遍。15日、16日继续在新闻节目和《无产阶级文化大革命重要文件和文章》节目全文播出16遍。北京广播电台播送全文。

8月15日

中央人民广播电台在新闻节目中播出中国共产党八届八中全会《关于以彭德怀为首的反党集团的决议》（摘要）和《红旗》杂志第13期社论《从彭德怀的失败到中国赫鲁晓夫的破产》。16日继续全文播出。

8月19日

山西人民广播电台增设《学习毛主席语录》《老三篇天天读》《红卫兵》和《无产阶级文化大革命重要文件和文章》节目。

8月21日

北京广播电台对印度广播增办每天2小时的记录新闻广播（印地语和英语各1小时）。

8月27日～9月2日

中央人民广播电台本周新闻节目主要报道在文艺领域和农业领域内进行的"大批判"，文艺方面批判影片《怒潮》等，农业上着重批判"三自一包"（即"自由市场""自留地""自负盈亏"和"包产到户"的概括总称）。

8月30日

江西人民广播电台恢复自办节目，每天播音三次。节目有《学习毛主席语录》《新闻》《对农村广播》等，文艺节目有《语录歌》《工农兵文艺》《教唱革命歌曲》等。

同月

黑龙江省哈尔滨电视台停播。

9月1日

广西人民广播电台停止自办节目，全天转播中央人民广播电台节目。

9月7日

中央人民广播电台《各地人民广播电台联播》节目开始播出姚文元的文章《评陶铸的两本书》，晚上又全文广播两遍。8日、9日又多次全文播出。北京广播电台各语言广播陆续播发了消息和文章摘要。姚文元要求对华侨广播节目播送全文。

9月23日

中共中央、国务院、中央军委、中央文革小组联合发出《关于取缔私设电台、广播电台、报话机的命令》。命令重申：一切私设的电台、广播电台，报话机等，应自即日起立即无条件地全部撤除。今后如再发现有私自设立电台、广播电台、报话机、编造和使用密码等事，当以国法论处，并由当地卫戍司令部、警备司令部、驻军或其他军事领导机关执行。

同日

安徽人民广播电台两派群众实现大联合，成立"大联委"，恢复部分自办节目。

9月25日

中央人民广播电台各次新闻节目和其他对象节目连续广播毛泽东视察华北、中南和华东地区的消息，并及时采访和组织了反应稿件，连续报道三天。北京广播电台各语言节目也在头条位置连续播出毛泽东视察的消息。北京电视台27日播出毛泽东视察的消息和首都群众和解放军指战员欢呼毛泽东视察的电视片。

9月30日

中央人民广播电台《各地人民广播电台联播》节目播出周恩来在庆祝中华人民共和国成立18周年招待会上的讲话录音，到10月1日止，连同文字稿共播出10遍。

同月

新疆维吾尔自治区广播事业管理局6503台开播，有两部1千瓦发射机。

10月1日

中央人民广播电台、北京电视台转播首都50万群众庆祝中华人民共和国成立18周年大会和游行的实况。中央电台1日、2日多次播送实况录音剪辑。北京广播电台除采制30分钟和20分钟的录音报道外，还有3个特写《毛主席是七亿人民心中的红太阳》《欢呼毛泽东思想的新时代》《欢腾的国庆节日之夜》。国庆前后共发国内专稿20篇，主要有《革命大斗争大批判中的北京》《国庆前夕的北京》《翻天覆地的一年》《彻底摧毁资产阶级司令部》等；国际专稿4篇，主要有《在京的各国朋友谈学习毛主席关于人民战争思想的体会》《世界人民热爱毛主席》等。1日晚，北京电视台直播中国人民解放军驻京部队无产阶级革命派文体战士联合演出的歌舞，毛主席诗词组歌和《井冈山的道路》。

10月19日

5：30，中央人民广播电台在第一次新闻节目中广播中共中央、国务院、中央军委、中央文革小组《关于按系统实行革命大联合的通知》，全天共播出40遍，并组织了全国反应报道。

同月

吉林省广播事业管理局成立331台。

11月6日

中央人民广播电台播出陈伯达、姚文元起草的由《人民日报》《红旗》杂志、《解放军报》（以下简称中央"两报一刊"）编辑部联合发表的纪念文章《沿着十月社会主义革命开辟的道路前进——纪念伟大的十月社会主义革命五十周年》。文章将发动"文化大革命"的理论基础概括为六点，其核心是：在无产阶级取得政权并建立了社会主义制度的条件下，还要进行一个阶级推翻一个阶级的政治大革命，"文化大革命"就是这种"继续革命"的最重要方式。中国共产党第九次全国代表大会以后，媒体宣传中的"大批判"即以这个理论为指导思想。

11月11日

新疆人民广播电台恢复自办节目，汉语、维吾尔语办有《新闻节目》和《无产阶级文化大革命胜利万岁》节目等，每次30分钟。哈萨克、蒙古语广播也作了相应的安排。

11月18日

中央人民广播电台播出中央"两报一刊"编辑部联名发表的文章《中国农村两条道路的斗争》，之后两天继续播出。新闻节目组织全国各地对这篇文章的反应，播出两天。农村节目作了重点报道。

11月25日

北京电视台邀请中国人民解放军海军战斗英雄麦贤得作电视讲话。麦贤得战友"海上英雄艇"艇长崔福俊介绍了麦贤得的英雄事迹。

12月3日

中央人民广播电台的新闻、《对农村广播》和《解放军生活》等节目及时播出毛泽东和林彪接见海军和通信兵等部队代表的实况录音新闻。

12月5日

中共新疆维吾尔自治区广播事业管理局（台）委员会成立。王文才任党委书记，李具苍、阎奎任副书记。

12月7日

中央决定对中央广播事业局实行军事管制。中共中央、国务院、中央军委、中央文革小组《关于对中央广播事业局实行军事管制的决定》共七条。决定说："军管小组在中央文革小组的领导下，对广播事业局的各项工作实行统一领导。"中央派刘路明任中央广播事业局军管组组长，主持广播局的工作。12月12日，刘路明向广播局全体工作人员宣布该《决定》：任命刘路明为中央广播事业局军管小组组长，张子良、戴征远为军管小组副组长。毛德厚任北京电视台军代表。军管时期，广播事业局对外部军管小组成员有：毛德厚、刘淑芳、丁凤歧、张福正。这个班子一直工作到1973年。

12月16日

北京广播电台举办安全播音学习班，历时一个月。各语言组普遍建立了审听制度。

12月30日

中央广播事业局军管小组向中央文革小组报送《关于广播事业局所属战备工程实行军事管制的请示报告》，陈述了请求实行军管的理由，开列出各单位所需军管人员的人数。

同月

新疆哈密地区两派组织严重对立，武斗愈演愈烈，城乡广播网受到严重破坏，仅哈密县广播站统计，被抢被毁高音喇叭23只，被盗广播木杆275根，广播线两吨多，入户喇叭由 2740 只下降到 1065 只。

同年

北京广播电台收到听众来信的数量急剧下降。仅收到 124 个国家和地区的 44937 封来信，为上年的 37%。

同年

为加速边境地区有线广播网建设，国家拨给专项投资 400 万元，吉林省和有关县（市）广播部门两年间完成了珲春、安图、和龙、延吉、长白、集安和图们、浑江等八个县（市）的广播网建设，实现了有线广播专线传输。

1968 年

1月1日

中央人民广播电台播出中央"两报一刊"的元旦社论《迎接无产阶级文化大革命的全面胜利》。同时,对社论中引用的毛主席新近提出的论述"党组织应是无产阶级先进分子所组成,应能领导无产阶级和革命群众对于阶级敌人进行战斗的朝气蓬勃的先锋队组织"单独进行了广播。北京广播电台各语言节目播出该社论和北京电台新年贺词。新年前后播出的国内专稿有《工农兵、红卫兵谈新年感想》《谈谈中国农业大丰收》《北京市场见闻》等10篇;国际专稿有《毛主席的声音传遍全世界》(外国听众来信汇编)《毛主席的枪杆子里面出政权的光辉思想深入人心》等34篇。

1月5日

中央人民广播电台播出"江西省革命委员会成立"的消息。继江西省之后,这一年先后成立革委会的有:甘肃、河南、河北、湖北、广东、吉林、江苏、浙江、湖南、宁夏、安徽、陕西、辽宁、四川、云南、福建、广西、西藏、新疆等省、自治区。9月7日,《人民日报》《解放军报》发表社论《无产阶级文化大革命的全面胜利万岁!——热烈欢呼全国(除台湾省外)各省、市、自治区革命委员会全部成立》。中央电台对各省、市、自治区成立革委会的消息和文章都作了广播。

1月14日

武汉电视教育台恢复播出,并经湖北省革命委员会批准,改名为武汉电视台。

1月23日

北京电视台播出通知:"从本周起,电视节目固定每周播出三次,时间为每周星期二、四、六,每次播出从19时开始。"

1月26日

浙江人民广播电台革命委员会成立。

1月29日

自即日起,北京广播电台对外陆续播出全国各省、市、区成立革命委员会的消息、社论和致敬电。统一规格是,消息1500至2000字,各语言节目必用,致敬电1200至1500字,供1小时节目用。

同月

北京电视台在北京月坛公园内新建的电视发射台（1965年冬动工）完工，发射机功率10千瓦，塔高196米，天线实际高度180米，有效发射半径约60~80公里。新发射台曾于1967年8月~1968年11月间进行了多次试播，机器性能基本稳定。

同月

天津电视台恢复自办节目，每周播出两次。

2月7日

黑龙江人民广播电台驻各市（地）记者站正式成立。

2月11日

宁夏人民广播电台根据自治区革命委员会决定，开始恢复自办节目。最初，办了《无产阶级文化大革命节目》和《天气预报》，其余仍转播中央人民广播电台节目。6月1日以后，开始恢复《对农村广播》等节目。

2月13日

中央广播事业局对外部宣传小组提出《关于当前对外宣传的几点意见》，指出："现在世界已进入毛泽东思想为伟大旗帜的新时代。"宣传毛泽东思想应该积极主动，有的放矢，敢于宣传，善于宣传。

2月17日

中央广播事业局对外部宣传小组通知，凡有关戚本禹文章、小册子或谈到他的有关稿件，一律暂扣。

2月25日

周恩来对中央广播事业局军管小组《关于迅速发展唱片事业，增建两个唱片厂的报告》作了批示：送请（国务院）业务小组考虑列入今年计划。同月，北京唱片厂建立。10月，成都唱片厂开始筹建。

同月

中央决定河北省省会由保定市迁到石家庄市以后，河北人民广播电台开始在石家庄选择新台址。

同月

天津人民广播电台自办节目正式恢复，开办《新闻》《活学活用毛泽东思想》《革命大批判》等少数几个节目。1969年后又陆续增办《忆苦思甜》《抓革命，促生产》等专题节目和《工人节目》《对农村社员广播》《红卫兵》《红小兵》等对象节目。

同月

浙江省开始按技术标准要求建设县广播站播音室。第一个是绍兴县广播站，由中央广播事业局设计室设计，建筑符合质量指标。此后，全省各县市广播站的播音室，主要由浙江省广播局负责技术设计。到1983年，全省有70个县、市、区广播站新建了播音室。

3月1日

吉林人民广播电台恢复一部分自办节目，包括《全省联播》（每天两次，共60分钟）《活学活用毛泽东思想节目》《革命大批判》《朝鲜语节目》。稿件大部分取自《吉林日报》，只有少量自编自采稿。

3月3日

中央广播事业局军管小组提出，"宣传毛泽东思想不怕重复"，"不要受时间框框限制"，"不要只算次数账，不算政治账"和"要从边远地区没有报纸的工农群众的角度去考虑问题"等意见。中央人民广播电台新闻部讨论了这些意见，以后在实际工作中，语录、文章、文件的播出等都照此原则办理。军管小组还提出，电台要紧跟《人民日报》，规定中央电台的任务就是"选好、播好《人民日报》"。

3月8日

贵州省广播事业管理局成立革命委员会，冯秀哲任革委会主任。贵州省革命委员会批准成立贵阳电视实验台，与贵州人民广播电台分开，属贵州省革命委员会政治工作领导小组领导。

3月9日

江西省广播管理局、江西人民广播电台革命委员会成立，彭方俊任主任，张汉臣（军代表）、谢敬东（群众代表）任副主任，兰志民、徐斌旺、王纯纪、陈鹤年、钟腾芳、黄鸿宜、钟士英、支万里、叶卫元（军代表）任委员。

3月10日

毛泽东在《关于开好1968年春季出口商品交易会的通知》上作出重要批示：在"必须高举毛泽东思想伟大红旗，突出无产阶级政治，把宣传毛泽东思想，宣传我国无产阶级文化大革命和社会主义建设的伟大胜利，当做首要任务"之后，增加了"但应注意，不要强加于人"一句。

同日

中央广播事业局军管小组下达"要反复广播革命样板戏"的意见。照军管小组的部署，中央人民广播电台文艺部讨论了京剧"样板戏"的宣传、编排、加工、介绍等方面的问题。在以后的实际工作中，有关"样板戏"的宣传，都按照"反复广播"的原则办理。

3月12日

毛泽东删去我国援外某工程移交问题的请示报告中的一段话："举行移交仪式时，应大力宣传战无不胜的毛泽东思想，说明我援×修建××××工程的成绩，是我们忠实地执行伟大领袖毛主席关于国际主义教导的结果，是伟大的毛泽东思想的胜利"，并批注："这些是强加于人的，不要这样做。"

3月17日

毛泽东在关于答复新共威尔科克斯对我国对外宣传工作的批评的请示报告上批示："对外（对内也如此）宣传应当坚决地有步骤地予以改革。此事我已说了多次。"

3月24日

甘肃省革命委员会批准成立甘肃省广播事业管理局、甘肃人民广播电台革命委员会，由军代表鲍彦章任主任，革委会下设政工、编采、广播网、工务、总务五个组。

3月29日

毛泽东在发表缅共武装斗争20周年的声明的请示报告（涉及在我国报刊上发表兄弟党对毛泽东思想的评价问题）上批示："一般地说，一切外国党（马列主义）的内政，我们不应干涉。他们怎样宣传，是他们的事。我们应注意自己的宣传，不应吹得太多，不应说得不适当，使人看起来好像有强加于人的印象。"

3月30日

天津人民广播电台《关于申请7.5千瓦中波发射机对空试播请示报告》，确定三线战备电台使用频率870千赫，于4月3日至18日调机试播。具体安排是每天8：00至8：30，14：30至15：00，每次不超15分钟，调机试播的节目为毛主席语录歌，京剧《沙家浜》《红灯记》，芭蕾舞剧《白毛女》《红色娘子军》。

同月

吉林省各广播电台、电视台陆续恢复自办节目。

4月10日

姚文元在中央广播事业局军管小组《请示北京市台的宣传口径》的报告上批："凡广播电台（中央和地方）的宣传，均应以毛主席审定的、《人民日报》公开发表的社论和消息为标准，北京市台也不应例外。请伯达、江青批示。"陈伯达、江青都写了"同意"。

同日

中央广播事业局军管小组组长刘路明以中央广播事业局代表名义致函马里电台台长拉辛·卡内，表示同意将1963年8月31日签订的中马广播合作协定再顺延两年。5月13日，马里电台台长回函，同意继续延长双方的协定。1963年协定签字后，该台大量播用了我国寄去的广播录音节目，在每周星期天开辟一个15分钟的《北京电台之声》节目，专门广播我国寄去的广播节目。

4月17日～24日

八天中，北京广播电台用英语播出《毛主席支持美国黑人抗暴斗争的声明》共

211次，其中记录速度12次。这样集中地宣传一篇声明，在北京电台英语广播史上还是第一次。中央人民广播电台从17日到20日共播出70遍。

4月18日

中央广播事业局军管小组组长刘路明批准，北京广播电台对外各语言节目可用记录速度播送毛泽东主席语录和著作。

4月22日

北京广播电台向阿尔巴尼亚、越南、古巴、罗马尼亚、匈牙利、捷克斯洛伐克、波兰、民主德国电台寄送中国歌曲节目录音带。

同月

黑龙江省哈尔滨电视台恢复播出，节目播出时间不固定。

5月1日

中央人民广播电台、北京广播电台全文播出中央"两报一刊"社论《乘胜前进》。

同日

"五一"晚会的消息中央四家新闻单位统一发稿。陈伯达批道："要严格检查制度，不能出错。对革命、对党要负起神圣责任"，"中央领导人的名单，对内对外统一用一个大名单，有它的政治意义。全国庆祝活动发综合消息"。中央广播事业局宣传小组还规定，没有联合的单位不报道，如西安、辽宁等。

同日

黑龙江人民广播电台915短波广播转播台建成，台址在五常县安家公社，使用一部15千瓦短波屏调发射机，频率5950千赫，定向伊春方向，转播黑龙江人民广播电台节目，主要供各地广播电台（站）收转用。

5月16日

毛泽东批评在一个文件中使用"世界革命的中心——北京"这种提法。他批注："这种话不应由中国人口中说出，这就是所谓'以我为核心'的错误思想。"毛泽东在此之前还在一个文件上批示："语言重复、语汇重复，要立即研究改正。"

5月17日~18日

中央人民广播电台播出中央"两报一刊"发表的纪念"五一六通知"的文章《划时代的文献——纪念〈通知〉发表两周年》，文艺广播安排20组节目进行配合宣传。北京广播电台对外播发这篇文章，一小时语言广播重播一遍。

5月18日

安徽电视台恢复播出，每周播出一次（星期六晚上）。

5月20日

中央人民广播电台开始实行夏秋季节目时间表，这次节目时间改动，贯彻"必须保证毛泽东主席的声音，在任何时候、任何情况下，都能准确、及时地传播到全中国和全世界去"的要求，增加了播音时间，把《红卫兵》节目和《重要文件和文章》选播节目合并，改为专题节目《毛主席革命路线胜利万岁》，并开办《革命大批判》节目。

5月21日

北京广播电台播出《首都群众示威游行支持法国学生、工人运动》的消息。法语、英语广播连续四天增加播出时间。

5月24日

为落实毛泽东对对外宣传的指示，中央广播事业局对外部举办为期14天的学习班。军管小组组长刘路明、副组长戴征远参加学习班的讨论，并发表讲话。

5月29日

毛泽东在外交部《关于加强宣传毛泽东思想和支持西欧、北美革命群众斗争的建议》上作了批示："第一，要注意不要强加于人；第二，不要宣传外国的人民运动是由中国影响的，这样的宣传易为反动派所利用，而不利于人民运动。"

同月

湖南人民广播电台（局）成立革命委员会，李振祥任革委会主任。11月，实行军事管制，成立台（局）军事管制委员会。1973年7月撤销军事管制。

6月1日

江西省第一座地区广播站——抚州地区广播站成立。

同日

广西人民广播电台恢复自办节目，每天播音两次，全天播音510分钟，其中，转播中央人民广播电台节目275分钟。

6月5日

甘肃省建成全省第一座调频广播发射台——兰州龙尾山调频台，利用鞍山广播器材厂生产的500瓦电子管调频发射机，频率98兆赫，向靖远县新建的5318中波发射台定向传送甘肃人民广播电台节目并兼顾兰州城区覆盖，是甘肃省首次采用调频广播技术。

6月10日

中央广播事业局军管小组上报《关于恢复中央人民广播电台对少数民族革命人民广播的请示报告》。

6月15日

法国电视台播出北京电视台寄去的《首都50万革命群众游行示威，支持法国工人、学生斗争》的电视片。这是自1967年中法两国签订文化协定以来，首次获知对方播用我方节目。

6月18日～22日

坦桑尼亚总统尼雷尔访华。北京广播电台斯瓦希里语组共播出访问消息、报道近1.8万字。

6月30日

中央人民广播电台《各地人民广播电台联播》节目播出中央"两报一刊"的"七一"社论《发扬党的紧密联系群众的作风》。陈伯达批："此件已经主席批准，请照发。今晚（6月30日）广播，7月1日见报，保证质量，防止事故。"7月1日，北京广播电台播出该社论。同时还播出《毛主席和林副主席出席庆祝中国共产党成立47周年而举行的文艺晚会》等消息。中央人民广播电台、北京广播电台播出了钢琴伴唱《红灯记》。

7月1日

19:00，贵阳电视实验台开播，播放了贵州省艺术学校宣传队演出的歌舞节目。贵州人民广播电台播音员凌方担任播音。贵阳电视实验台播出第一个服务性节目《天气预报》，与贵州省气象台合办，只对贵阳地区播出。贵阳电视实验台从兴义专区借调一辆解放牌卡车改装成二讯道黑白电视转播车。1971年，贵阳电视实验台定名为贵阳电视台，1975年更名为贵州电视台。

同日

甘肃人民广播电台在靖远县建成的大功率中短波发射台开始播音，安装150千瓦中波发射机和15千瓦短波发射机各一部，成为省内最大功率的发射台，主要解决甘肃省大部分地区的广播覆盖。

同日

新疆军区任命李具苍为新疆维吾尔自治区广播事业管理局（台）军管会主任，吕永斌为副主任。

7月16日

黑龙江省大兴安岭特区革命委员会提出在加格达奇镇建立一座7.5千瓦或200千瓦的中波无线广播电台的申请，经黑龙江省革委会同意后上报中央，周恩来批示"拟同意，退计委办"。同时，国家计委发给黑龙江省革委会、省军区的电报说："同意大兴安岭特区革委会提出的建台方案，规模为200千瓦，分3年建成。1968年投资55万元由国家另拨，其余投资请你们根据工程进度列入省的年度计划。"

7月21日

中央人民广播电台、北京广播电台播出《从上海机床厂看培养工人技术人员的道路》一文（全文6000字）及编者按（1000字）。陈伯达、姚文元批："此两件已经毛主席批准,请照发。发表后,对毛主席最新指示和这个经过主席亲自修改的报告要热烈组织反应和宣传。"中央电台反复播送了毛泽东7月12日的指示:"大学还是要办的,我这里主要说的是理工科大学还要办,但学制要缩短,教育要革命,要无产阶级政治挂帅,走上海机床厂从工人中培养技术人员的道路。要从有实践经验的工人农民中间选拔学生,到学校学几年以后,又回到生产实践中去。"中央广播事业局军管小组决定:北京广播电台一小时节目发全文并重播。

7月23日

中央广播事业局召开"抓革命,促生产"动员大会。军管小组传达说,电台是无产阶级专政的工具。

同日

北京电视台播出毛泽东关于教育革命的指示的电视新闻。

同日

浙江人民广播电台成立"清理阶级队伍领导小组"和办公室,建立了10多个专案小组,在一年多时间里,对30多名干部进行了审查,其中26人被关进牛棚,制造了一批冤假错案。

7月28日

安徽省广播事业局、安徽人民广播电台革命委员会成立,董涯任革委会主任,纪公德、高景芳任副主任。自办节目基本恢复。

7月29日~8月8日

北京广播电台德语组开办"消灭编译校对差错学习班",并拟定防止差错的措施,提出严格按照中文稿译,不加码,不减码,不想当然,不自作主张。

7月30日

湖北省革命委员会发出《关于确保省、市广播电台和县市广播站安全播出的通知》。

7月31日

中央人民广播电台《各地人民广播电台联播》节目开始播出中央"两报一刊"为纪念人民解放军建军41周年而发表的社论《无产阶级专政的坚强柱石》。

同日

陕西省西安电视台恢复节目播出,并将一频道改为四频道。开始使用新民街33号院的简易演播室和发射塔。

7月下旬

中央广播事业局在房山县路村开办"五七"农场。10月,在黑龙江省嫩江县座虎滩建立"五七"干校。1969年2月,1200名干部到座虎滩劳动锻炼。以后分批轮换。1970年春，干校从黑龙江迁到河南省淮阳，1979年初停办。

同月

湖南省湘潭人民广播电台恢复，并于9月15日正式播音。

同月

西藏606短波转播台及606电厂等配套工程开始筹建。台址由西藏自治区党委书记、西藏军区司令员张国华指定参谋长江潮勘察定位。

8月14日

中央人民广播电台《各地人民广播电台联播》节目连续三次播送毛泽东指示："我国有七亿人口，工人阶级是领导阶级。要充分发挥工人阶级在文化大革命中和一切工作中的领导作用。工人阶级也应当在斗争中不断提高自己的政治觉悟。"随后几天，中央电台在其他节目中也反复播送这一指示。

同日

财政部发出《关于中国唱片改为政治宣传品的复函》。复函中通知，中国唱片按政治宣传品作价和提取利润。

8月20日

北京电视台第一次通过微波从天津回传新闻。

8月20日～9月4日

中央广播事业局在济南召开调频广播中间试验经验座谈会，确定调频作为广播节目的接力传送手段，并决定建立北京至黄山（华东）、北京至哈尔滨（华北）、北京至秦岭（西北）三条调频路线，主要承担传送中央人民广播电台的广播节目，同时兼作广播覆盖用。1969年6月1日，广播科学研究所成立了"820工程"筹备小组，负责组织、协调与技术工作。

8月24日

北京广播电台捷克语广播开播，每天两次，每次30分钟。这是北京电台对外广播的第二十九种外语节目。

8月25日

中央人民广播电台播出姚文元的文章《工人阶级必须领导一切》。当天共播出7次，第二天安排播出14次，一周内共播出45次。

8月27日

北京广播电台波兰语广播开播，每天两次，每次30分钟。这是北京电台对外广播的第三十种外语节目。

同日

吉林人民广播电台革命委员会成立，军代表李文生任主任。机构设政工组、办事组、报道组、技术组和后勤组。吉林省广播文工团撤销。

8月30日

北京广播电台罗马尼亚语广播开播，每天两次，每次30分钟。这是北京电台对外广播的第三十一种外语节目。

同月

中央派张午任中央广播事业局军管小组组长，主持中央广播事业局的工作。

同月

工宣队进驻天津人民广播电台。

9月1日

吉林人民广播电台大部分人员参加"斗批改学习班"，只留下46人坚持工作，其中编播人员20人，技术人员20人，行政人员6人。

9月5日

新疆维吾尔自治区革命委员会成立。新疆人民广播电台连续五天举办《热烈欢呼新疆维吾尔自治区革命委员会成立特别节目》，维吾尔语和汉语每次播出一小时，各重播一次。

9月6日

北京广播电台停止向苏联寄送广播节目。中苏于1961年5月25日签订广播电视合作协定，规定双方每月互寄12至13次节目。后苏方首先停播我方节目。从1963年7月起，双方均不广播对方寄送的节目。1965年5月25日协定期满失效，但仍按原协定互寄节目。1966年4月22日，苏联外交部照会我方，建议签订新的广播电视合作协定。同年12月6日，我国外交部复照苏方，谴责其破坏协定并提出我方对签订新的协定的意见。1967年7月3日，苏联外交部又来照会，为其破坏协定辩解，并重申过去的建议。对此，我国外交部决定不予理睬。1967年12月，双方停止寄送节目。1968年3月，苏方又开始寄来节目。

同日

中央人民广播电台《各地人民广播电台联播》节目开始播出中央"两报一刊"社论《无产阶级文化大革命的全面胜利万岁》。

9月10日

北京电视台直播首都10万军民集会庆祝全国（除台湾省外）各省市、自治区革命委员会全部成立的实况。

同日

广西壮族自治区革命委员会同意成立广西广播事业管理处、广西人民广播电台革命委员会，孙焕章任革命委员会第一副主任，李文思任副主任。

9月11日

中央人民广播电台《各地人民广播电台联播》节目开始播出毛泽东的指示:"从旧学校培养的学生,多数或大多数是能够同工农兵结合的,有些人并有所发明、创造,不过要在正确路线领导之下,由工农兵给他们以再教育,彻底改变旧思想。这样的知识分子,工农兵是欢迎的。"连续播出四天。

9月18日

贵州广播器材厂成立,由贵州人民广播电台和贵州大学物理系联合提供现有条件,在贵州省革命委员会生产领导小组机械办公室领导下进行生产。

同日

贵州人民广播电台除自办的《无产阶级文化大革命胜利万岁》节目照常播出外,其余时间所有频率全部转播中央人民广播电台第一套节目。

9月20日

工宣队进驻上海人民广播电台、上海电视台。

同日

新疆伊犁军区对伊犁633台及6502台实行军事管制。

9月30日

中央人民广播台《各地人民广播电台联播》节目播出中央"两报一刊"社论《在胜利的大道上奋勇前进——热烈庆祝中华人民共和国成立十九周年》和周恩来在国庆招待会上的讲话录音。10月1日9:30,用第一套、第二套节目同时转播首都人民庆祝国庆集会和游行实况;12:30,重播了林彪在庆祝大会上的讲话;19:30,用第一套节目转播焰火晚会实况。北京广播电台各语言节目10月1日播发国庆招待会消息、周恩来讲话(单发)、中央"两报一刊"社论《在胜利的大道上奋勇前进——热烈庆祝中华人民共和国成立十九周年》,以及各国贺电(阿尔巴尼亚贺电发全文)。

同日

云南省广播事业管理局、云南人民广播电台革命委员会成立,军代表李戈力为主任。

同月

北京广播电台向阿尔巴尼亚、越南、朝鲜、罗马尼亚寄出季度节目。决定停止向捷克斯洛伐克、民主德国、波兰、保加利亚和匈牙利寄送广播合成节目,但仍继续寄送一些文字稿件和杂志。

同月

吉林省长春电视台从长春市工人文化宫四楼搬迁到清华路3号。将伪满洲国"新京放送局"留下的自立式广播发射铁塔改造成自立式电视发射铁塔,高108米,安装两层蝙蝠翼振子，电视信号覆盖半径可达 40 公里。

10 月 1 日

阿尔巴尼亚党政代表团团长巴卢库在同周恩来总理的谈话中提出要北京广播电台开办对阿尔巴尼亚广播的问题。周总理表示同意，并通知中央广播事业局。

同日

北京电视台的节目通过微波干线传到山西太原，太原市成为继天津之后第二个直接看到北京电视台节目的省会城市。

同日

南京电视台恢复播出，每周播出一次。逐步增加各种自办节目。

同日

地处在陕西省延安北关大砭沟的延安中波转播台正式开播，发射功率 1 千瓦，频率 1050 千赫，转播陕西人民广播电台节目。

10 月 4 日

北京电视台直播"首都人民热烈欢迎阿尔巴尼亚党政代表团大会"实况。

10 月 5 日

中央人民广播电台广播《人民日报》发表的题为《柳河"五七"干校为机关革命化提供了新的经验》的通讯和为此发表的编者按。编者按公布了毛泽东 9 月 30 日对这篇文章的批示："广大干部下放劳动，这对干部是一种重新学习的极好机会，除老弱病残者外都应这样做。在职干部也应分批下放劳动。"此后，全国各地的党政机关纷纷响应，在农村办起"五七"干校。

同日

太原工人阶级宣传队（大众机械厂工人）70 余人进驻山西省广播局和山西人民广播电台。第一任军管组组长王宏、副组长耿炳仁调离。第二任军管组进驻，组长赵党，副组长李阳。

10 月 13 日～31 日

中国共产党第八届扩大的十二中全会在北京举行。11 月 1 日，中央人民广播电台《各地人民广播电台联播》节目播出《中国共产党第八届扩大的第十二次中央委员会全会公报》。持续广播了 10 天。文艺广播也配合了宣传。北京广播电台各语言节目除播出《公报》、消息外，还播出《人民日报》《红旗》杂志社论，并自编专稿《文化大革命的性质及其伟大意义》《社会主义社会的阶级斗争》《无产阶级必须在上层建筑其中包括各个文化领域中对资产阶级实行全面专政》《党内一小撮走资派是无产阶级专政下革命的主要对象》《无产阶级专政下的大民主》《全国山河一片红》等 17 篇。北京电视台临时增加一次播出，广播公报全文。之后陆续播出首都群众和上海、天津、广州、西安等地群众欢呼公报发表的新闻片。

10月15日

中央人民广播电台《各地人民广播电台联播》节目开始播出本日出版的1968年第4期《红旗》杂志社论《吸收无产阶级的新鲜血液——整党工作中的一个重要问题》，社论里有毛泽东有关整党方面的两段最新指示。姚文元说要多播几次。中央电台五天内共播出毛泽东最新指示100多遍，社论播出40多遍。北京广播电台对外播出该社论。

10月18日

毛泽东对《人民日报》社论《世界人民胜利的航向》作了重要修改并批示："把离开主题的一些空话删掉，不要向外国人自吹自擂。"21日，中央广播事业局宣传小组研究贯彻毛泽东对外宣传指示的落实问题，拟定："在宣传口径上不得违背主席指示的精神；各级宣传小组要大胆工作，每周三学习主席指示，雷打不动。"

11月11日

北京广播电台宣传小组召开勤务组、中心部业务小组联席会议，传达军管小组领导的讲话精神：贯彻毛主席对外宣传指示要提高到两条路线的高度来认识。革命的根本问题是"权"的问题，主要是宣传大权的问题。要进一步发动群众，步步紧跟，一步不离。

11月15日

天津人民广播电台、天津日报社军管小组筹建天津市新闻系统"五七"干校。

11月18日

中央人民广播电台从当天起实行新节目时间表。把《各地人民广播电台联播》节目的播出时间从20：30提前到20：00。

11月20日

广西人民广播电台233工程（凤山中波转播台）建成开始试播。

11月24日

中央人民广播电台播出重新发表的毛泽东在中国共产党第七届中央委员会第二次全体会议上的报告和《人民日报》社论《认真学习两条路线斗争的历史》。

11月28日

中央广播事业局军管小组上报《关于中央台目前对台湾广播具体方针政策的请示报告》。

12月3日

天津人民广播电台革命委员会成立。

12月4日

中央广播事业局批准天津市宝坻县电视转播台开始使用。该转播台发射功率1千瓦,用四频道正式收转北京电视台节目。

12月10日

广东人民广播电台按新广播节目时间表播音,恢复《对农村广播》《解放军与民兵》节目,新办《对工人广播》《红卫兵》《红小兵》等节目。

12月11日~18日

中央广播事业局在成都召开以西南、西北各省为主的广播规划座谈会。参加会议的有四川、云南、贵州、西藏、青海、甘肃、宁夏、新疆、内蒙古、黑龙江等10个省(区)广播事业局(台)的代表。这次座谈会的任务是:交流经验,明确发展地方广播网的技术政策和规划原则。

12月中旬

经甘肃省革命委员会批准,按照中央广播事业局军管小组通知精神,在甘肃人民广播电台不播音的时间内,全部转播中央人民广播电台节目,每天播音时间由原来630分钟增加到1290分钟。

12月22日

《人民日报》在一条新闻的编者按语中,引述毛泽东的指示:"知识青年到农村去,接受贫下中农的再教育,很有必要。要说服城里干部和其他人,把自己初中、高中、大学毕业的子女,送到乡下去,来一个动员。各地农村的同志应当欢迎他们去。"中央人民广播电台播发了毛泽东的指示。全国各地随即开展了轰轰烈烈的城市知识青年"上山下乡"运动。

12月26日

解放军毛泽东思想宣传队135人、北京工人宣传队200人进驻中央广播事业局。

12月27日~29日

中央人民广播电台、北京广播电台播出"我国成功地进行了一次新的氢弹试验"的新闻公报。12月29日,北京电视台新闻播出"首都军民热烈欢呼我国新的氢弹试验成功"。

12月28日

福建省广播事业管理局、福建人民广播电台革命委员会成立。革命委员会下设政工组、毛泽东思想宣传组、事业管理组、办事组。福建人民广播电台并入毛泽东思想宣传组,撤销其独立建制。

同年

中央人民广播电台收到群众来信45041封,来稿30616件。

同年

北京广播电台收到132个国家和地区的听众来信30148封。

同年

河北省唐山人民广播电台改由唐山地委领导，并自办地方新闻节目，后停办，转播河北人民广播电台和中央人民广播电台节目。

同年

内蒙古哲里木人民广播电台、锡林郭勒人民广播电台停止自办节目，转播内蒙古人民广播电台、中央人民广播电台节目。

同年

吉林白城人民广播电台停止自办节目，转播吉林人民广播电台、中央人民广播电台节目。

同年

辽宁省营口人民广播电台办有两套节目，第一套全天转播中央人民广播电台节目，第二套为自办节目。

同年

黑龙江省大兴安岭人民广播电台建立。

同年

江苏省扬州转播台与扬州有线广播电台合并。

同年

青海省计委拨专款建设专杆专线，发展农村广播网。这一年是国家拨款最多的一年，一次拨款350万元，重点发展农村有线广播。1969年、1970年每年平均拨款70万至80万元。到1973年底，全省建立县级广播站47个，农村广播喇叭发展到30余万只。

1969 年

1月1日

从昨晚起,中央人民广播电台、北京广播电台各语言节目播出中央"两报一刊"1969年元旦社论《用毛泽东思想统帅一切》。北京广播电台还播出《霍查、谢胡和越南胡志明、长征、范文同分别电贺中国新的氢弹试验成功》的消息,以及其他国家领导人的贺电。本日,中央电台、北京广播电台继续播出中央"两报一刊"的元旦社论。

同日

北京广播电台孟加拉语广播正式开播,每天两次,每次30分钟。这是北京电台对外广播的第三十二种外语节目。

同日

广西蒙山中波台建成开播,转播中央人民广播电台和广西人民广播电台节目。

1月3日

北京广播电台各语言节目播出《全国亿万军民欢呼毛主席最新指示和元旦社论的发表》《〈毛泽东选集〉近三年出版1.5亿部、〈毛主席语录〉7.4亿多册、〈毛主席诗词〉9600多万册》等消息。

同日

陕西省按照中央广播事业局和财政部联合发出的通知精神,落实了有线广播事业的经费,从国家财政中支付。自此,有线广播基本建设每年有了投资,所需物资也纳入计划供应渠道。最多的一年为1972年,国家给陕西省有线广播基本建设的投资达270万元。1976年统计,陕西省已经有85%的人民公社建成了广播放大站。

1月13日

财政部和中央广播事业局联合通知,县广播站的事业经费列入国家预算,公社广播站的日常事业经费列入地方预算。

1月17日~25日

广西壮族自治区革命委员会在陆川县召开全自治区广播政治工作会议,各专区、市、县革委会和广播站负责人参加。自治区革委会常委、广西军区副司令员徐其海主持会议。会议确定：必须进一步用毛泽东思想统一认识，放手发动群众，自力更生普及农村广播网，1969年增加喇叭70万~80万只，达到70%~80%的生产队通广播，1970年再增加喇叭50万~60万只，力争全自治区绝大多数生产队通广播；每个公社广播放大站配机线员两人。

1月19日

中共中央文化革命领导小组发出文件，规定地方广播电台的宣传报道"应以伟大领袖毛主席亲自审定的，在《人民日报》等中央报刊公开发表的文件、社论、消息、文章为准，凡与中央口径不一致的，凡中央报刊不发表的，电台一律不得广播"。

1月24日

天津人民广播电台根据天津市革命委员会的指示，停止自办节目，改为转播中央人民广播电台节目；天津电视台每周二、四、六转播北京电视台节目，停播自办节目。

1月25日

北京广播电台播发《毛主席接见来自全国各地四万多革命战士》消息。中央广播事业局宣传小组决定，各语言节目播出全文，半小时节目有的用全文，有的用摘要，全部用大名单。消息后播放乐曲《大海航行靠舵手》或《祝毛主席万寿无疆》。

1月27日

《人民日报》刊登《日本人民热烈欢呼毛主席支持日本人民斗争的谈话发表五周年》的消息以及评论员文章《日本人民斗争新风暴的兴起》。中央广播事业局宣传小组决定，北京广播电台一小时节目重播两轮，半小时节目重播一轮，俄语、英语连续播五天。

1月28日

安徽省革委会召开全省迅速普及农村广播网会议。省革委会主任李德生到会讲话，要求各地利用电话线路搞载波和架设专线相结合，迅速普及农村广播网。年内广播就要通到所有的生产队，边远地区、山区、革命老区，广播要通到自然村。三四年内，全省农村要户户安装小喇叭。

同月

沈阳电视台恢复播出。

同月

南京人民广播电台改为江苏人民广播电台第二套节目，并撤销该台呼号。

2月3日

云南省革委会转发财政部、中央广播事业局《关于农村广播网经费开支问题的通知》，5月又发出补充通知，规定县（市）广播站的日常事业经费列入国家预算，其专项设备购置费由云南省广播事业局统一掌握安排支付；公社广播站的日常经费和设备购置费由各地、州、市、县地方财政解决。从本年起，云南省财政每年拨给补助经费100万元，用于农村广播网的事业建设。

2月6日

在中央广播事业局军管小组的主持下，对外部召开外国专家工作会议。军管小组要求要向专家宣传好毛泽东思想，要怀着无产阶级国际主义感情做好专家的政治思想工作。

2月7日

天津人民广播电台190名干部到新闻系统"五七"干校劳动锻炼。其中22人于1978年7月10日调回电台。

2月16日

石家庄电视台建成播出，使用1千瓦发射机，可覆盖石家庄市。用四频道播出黑白电视节目，台标为"石家庄电视台"（1971年12月1日台标改为河北电视台）。开播时，电视中心及发射设备都是北京电视台使用过的旧设备。电视中心机房和演播室是利用一座旧的学生食堂改建的。

2月18日

农历春节。北京广播电台摘要播出《解放军报》社论《发扬我军拥政爱民的光荣传统》，还播出《首都军民欢度革命化的春节》《全国亿万军民满怀革命豪情开展各种联欢活动欢度春节》等消息。

2月20日

中央人民广播电台《各地人民广播电台联播》节目开始播出《人民日报》将于21日发表的社论《抓革命，促生产，夺取工业战线的新胜利》。姚文元批："此文已经毛主席批准，……可对外广播。"

同日

新疆维吾尔自治区广播事业管理局6502台开播，有三部1千瓦发射机。

2月21日

江西抚州地区革委会在资溪县召开载波广播现场会。出席会议的有该地区各市县广播站负责人和技术员、全省各地市广播管理站负责人和技术员以及安徽省广播系统代表共200余人。省革委会政治部、中央广播事业局、省邮电局、省广播管理局负责人到会讲话。会后，全省掀起普及载波高潮。全国18个省市广播系统代表来江西参观载波广播。

3月2日~17日

珍宝岛多次发生武装冲突，黑龙江省佳木斯人民广播电台派记者赴珍宝岛前线进行广播宣传报道。发回的录音访问、录音报道等在本台播出。

3月3日

中央人民广播电台、北京广播电台播发中国外交部给苏联政府的抗议照会,就苏联边防军2日侵入我国黑龙江虎林县境内的珍宝岛,制造严重的流血事件向苏联政府提出强烈抗议。3月4日,中央电台播出《人民日报》社论《打倒新沙皇》。北京广播电台陆续播发《全国举行抗议集会和游行的军民达2.6亿人以上》《我国政府的紧急强烈抗议》等消息和报道。各语言部组陆续收到一批反映中苏边境事件的听众来信,这些信件主要来自日本、西德、法国、捷克斯洛伐克、比利时、越南、英国、美国、瑞典、加拿大、澳大利亚、伊朗等国。

3月5日

北京电视台直播"首都100万军民举行声势浩大的示威游行,声讨苏联武装挑衅"的实况。在以后的几天里,又播放全国各大城市群众示威游行的新闻纪录片。

3月11日

4:30开始,中央人民广播电台播出《人民日报》评论员文章《苏修叛徒集团猖狂反华只能是自掘坟墓》以及我国外交部照会、苏联边防军入侵我国珍宝岛消息等五件新闻。连续广播三天。

3月28日

天津人民广播电台战备台基本竣工。工程由中国人民解放军工程兵部队承建,自1966年开始施工。

同月

安徽省革委会决定恢复安徽电视台。9月30日,首次转播经武汉、黄山传送的北京电视台节目。10月1日正式恢复播出。恢复后的安徽电视台是安徽省广播事业局革命委员会领导下的一个处级单位。每周播出2~3次,一般情况下每次均有图片新闻,偶尔也有记者拍摄的新闻和专题。当时拍摄的胶片自己不能洗印,要送到北京电视台洗印、剪辑,配成有声片播出。

同月

甘肃省财政投资245万元,用于全省广播网建设(包括给生产大队配发收音机的费用)。

3月~6月

北京电视台3月2日派记者马靖华、杨宪文到珍宝岛前线采访,6月上旬再向珍宝岛派出记者韩金度、穆中里。同时派出记者于学臣、再努拉赴新疆前线采访。

4月1日

中国共产党第九次全国代表大会在北京召开。中央人民广播电台、北京广播电台和北京电视台都以"九大"为中心组织报道。中央人民广播电台于4月1日21：00播出"九大"开幕的消息和《新闻公报》《主席团名单》。北京电视台同时播出《新闻公报》《主席团名单》并播出"九大"开幕的新闻片。14日21：00，中央电台开始播出"九大"主席团秘书处的新闻公报。25日0：00，中央电台播出"九大"闭幕的新闻公报，连续广播七天。该台记者采制的首都和全国人民欢庆"九大"闭幕的录音报道，分三次播出。林彪在"九大"的报告，中央电台于27日20：00开始播出。九届一中全会新闻公报和《中国共产党章程》，中央电台在28日开始播出。"九大"期间，北京广播电台对外各语言节目播发《中国共产党第九次代表大会在北京召开》的消息。3日起连续播发全国军民庆祝游行的消息，以及大会的一系列文件。25日、26日，播出《首都人民连夜集会游行热烈欢呼"九大"胜利闭幕》《全国亿万军民热烈欢呼"九大"闭幕》等消息。《党章》重播一至二轮；《政治报告》以每天几次节目的一半时间重播。

同日

周恩来在北京电视台审看关于中国共产党第九次全国代表大会的电视新闻片时指示：出国片应争取时间，要把各国的时间差估计在内。

同日

西藏自治区广播事业局（台）革命委员会成立，军代表刘励任主任。

4月3日

浙江省革命委员会发出《关于建设农村广播网的决定》，强调指出：农村有线广播是用毛泽东思想占领农村阵地的有效工具，要把建设农村广播网当作迫切重要的政治任务来抓。

4月10日～21日

四川省革命委员会在成都召开普及农村广播网工作会议，讨论迅速普及四川省农村广播网的任务和措施。同年，四川省计划委员会安排900万元作为广播建设经费，这在那一时期四川广播事业发展史上是投资最多的一年。

4月14日

陈伯达、江青、张春桥、姚文元等人在审看一组北京电视台组织的工农兵欢庆"九大"文艺节目时横加指责。江青警告电视台："再管不好，就造你们的反，关你们的门！"姚文元说："不要认为工农兵的节目就没问题。"他们把中央广播事业局就这一问题的检查转发全国。在江青的"追查"声中，许多专业文艺团体不敢演出，在电台、电视台录音、录像的工农兵文艺宣传队相继离开。林彪下令不准部队的任何文艺团体到电台、电视台录音、录像。

4月15日、17日

中央广播事业局军管小组传达"中央首长"看了"九大"电视片和文艺节目的两次"批评和指示",组织宣传业务骨干和全局各文艺部门工作人员进行学习,就"怎样正确理解工农兵占领广播、电视阵地""怎样正确理解文艺为政治服务"等问题作了讨论,并从5月12日起,举办局内各文艺单位骨干参加的学习班。

4月17日

周恩来在审看"九大"电视新闻片时说:"你们的电视节目粗糙,要严肃,要活泼,要扎实""编辑要动脑筋编好,质量要高一点。"

4月23日

安徽省革命委员会成立普及农村广播网办公室。各地、市、县的普及农村广播网办公室亦相继成立。安徽省革委会在普及全省农村广播网的规划中规定,把迅速发展农村广播网作为一项刻不容缓的政治任务。

4月24日

云南省革命委员会发出《关于农村广播网人员编制问题的通知》,规定地、州、市广播管理站配备专职干部1~2人,县(市)广播站配备5~7人。各地陆续增加广播专职干部。这一年,云南省架设的广播线路和入户喇叭等于过去十多年发展总数的1.5倍。

4月29日

经新疆维吾尔自治区革命委员会批准,新疆维吾尔自治区广播事业管理局、新疆人民广播电台革命领导小组成立。军管会主任谷岚任组长、史玉(军代表)、董治国(群众代表)、周绍祖(群众代表)任副组长。革命领导小组下设宣传组、事业组、政工组、办事组。

同月

北京广播电台收到日本听众来信对该台广播节目提出意见。日本听众太田善康来信说:"我第一次收听北京广播,说实在的,第一个感觉就是有趣,但不够现实。因为你们中国的革命理论大大超过了我们的水平。什么是马克思主义,我们连这基本概念都弄不清楚。你们已经实现并且正在继续进行革命,北京电台在向我们介绍这一革命的经过,这同坐在门外的人听着另一个走进门里的人在介绍屋里的情况一样,岂能听清楚?"

4月~1970年5月

中央人民广播电台停播外国音乐节目。

5月1日

中央人民广播电台播出首都军民举行庆祝"五一"游园活动和焰火晚会的录

音报道。北京广播电台播出《毛主席、林副主席同九大代表和首都50万军民欢庆"五一"》《毛主席、林副主席接见阿尔巴尼亚等八国新任驻华大使》等消息和报道。3日播发《全国人民热烈庆祝"五一",决心为党的九大提出的战斗任务而奋斗》等消息。

同日

济南电视台恢复播出,1971年9月15日正式定名为山东电视台,正式向全省播出。

同日

贵州人民广播电台恢复地方新闻和自办文艺节目。9月28日停办,只转播中央人民广播电台的节目。

5月4日

22:30,中央人民广播电台用第一、第二套节目同时播出毛泽东的论著《青年运动的方向》和中央"两报一刊"社论《"五四"运动五十周年》。连续广播三天。

5月5日

中央广播事业局对外部宣传小组决定:《中国共产党章程》重播一至二轮。"九大"《政治报告》,每天有几个小时节目的可安排一半时间重播,另一半时间播日常新闻;只有两次一小时节目的,可安排部分时间重播;其他节目时间少的,可安排重播一轮。

5月13日

中央广播事业局对外部召开全体人员大会,传达中央领导对翻译工作的指示并由参加"九大"翻译班子的同志谈体会。对外部有35人参加"九大"翻译班子。周恩来强调翻译工作要敢于创新,还说:"你们的翻译,毛主席要看,会对你们的工作做出评价。"总理说:主席赞成在外交中不用"毛主席的思想"提法,以英文为例子,就是要把"S"去掉。

5月16日

纪念"五一六通知"发表三周年。《人民日报》发表《沿着"通知"指引的革命航向夺取更大胜利》的报道。北京广播电台各语言节目播出摘要。

5月25日

我国政府就中苏边界问题发表声明。新华社公布苏联政府3月29日声明并发表按语。北京广播电台各语言广播在24日晚播出我国政府声明及按语。26日播出《全国军民热烈拥护我政府声明》的消息。

5月26日

中央人民广播电台实行新的节目时间表。增加一次新闻节目时间。增加了"革命样板戏"播出时间,"革命样板戏"占全天播出文艺节目时间的85%以上。从7月1日起,在每天第一套节目20:30至23:00,广播整出"革命样板戏"录音。初步安排两个月。

5月28日

经江苏省革命委员会批准,再次恢复常州人民广播电台。经过四个月的筹建,9月30日,该台恢复播音,功率1千瓦,频率850千赫,波长352.9米。

同月

巴西听众组织"收听北京电台中心"来信,要求提供关于中国的新闻、图片,以便设立一个"小图书馆"。

同月

湖南省革命委员会决定筹建湖南电视台。

6月6日

北京广播电台阿尔巴尼亚语广播正式开播,每天两次,每次30分钟。这是北京电台对外广播的第三十三种外语节目。

6月15日

广西壮族自治区广播事业管理处、广西人民广播电台革命委员会向自治区革委会提出建设广西电视台的报告,要求投资277.9万元。

6月16日

山西省广播局和山西人民广播电台第二任军管组调离,第三任军管组进驻,王志祥任组长,毛宗礼任副组长。

6月21日

中央人民广播电台决定今后只在重大节日以及发表毛泽东主席最新指示等重大宣传时用"敬祝语"(即:首先敬祝我们心中的红太阳,我们最敬爱的伟大领袖毛主席万寿无疆!万寿无疆!),并逐步减少,到6月底,一般日常广播不再用"敬祝语"。

6月22日

安徽黄山调频发射台破土动工,1970年10月建成。这是中央广播事业局"820工程"骨干转播台之一。

同月

浙江人民广播电台在杭州鸡笼山新建短波发射台,1970年12月上旬建成,1971年3月正式开播,发射功率15千瓦,频率6000千赫,为全省各地广播台、站传送浙江人民广播电台第一套节目。

同月

甘肃人民广播电台军管组组长李沧涛接替鲍彦章担任局、台革命委员会主任和整党领导小组组长。甘肃省广播事业局根据中央广播事业局的要求，报请甘肃省革命委员会批准，第二次开始电视台筹建工作。

7月1日

中央"两报一刊"发表庆祝中国共产党成立48周年的社论《中国共产党万岁》。北京广播电台各语言广播从6月30日20：00起播出，7月2日播出《全国人民认真学习社论》的消息。

同日

北京电视台即日起每周增加一定的时间播样板戏，"以满足观众对文艺节目的要求"，突出"样板戏的伟大成果"。

7月4日

阿尔巴尼亚电台来函索要音乐节目，准备在我国国庆20周年之际举办"中国音乐周"。经中央领导批准，北京广播电台为阿电台提供400分钟音乐节目，通过中国驻阿使馆文化处转交。

7月6日

工人、解放军毛泽东思想宣传队进驻新疆维吾尔自治区广播事业管理局（台），周筱生任宣传队队长，蔡广义任政委。宣传队设党的核心小组，谷岚任组长，周筱生、蔡广义任副组长。

7月30日～8月1日

北京广播电台各语言广播播出中央"两报一刊"社论《人民解放军所向无敌》和《毛主席军事著作五种外文版最近出版》《国防部举行招待会热烈庆祝建军48周年》等消息。

同月

根据甘肃省革命委员会政治部意见，甘肃人民广播电台开办用庆阳话播音的《对农村社员广播》节目，每天一次，每次30分钟。次年3月停办。

同月

新疆伊犁哈萨克自治州农村广播网办公室成立，负责州直属八县一市农村有线广播。

8月1日

天津人民广播电台革命委员会成立整党建党领导小组，由周俊元、王河、王永华、于健等七人组成。

同日

内蒙古人民广播电台第二台更名为呼伦贝尔人民广播电台。

同日

西藏拉萨转播台建成，用一部1千瓦发射机以1260千赫进行试播。9月1日正式播音，全天转播中央人民广播电台第一套节目。

8月16日

江青、姚文元指责中央新闻纪录电影制片厂摄制的《南京长江大桥》一小段配乐采用了苏联歌曲《列宁山》的调子，扣上"投降主义"的帽子，勒令影片停映。江青把民歌诬为"下流小调""情郎妹子"，并下令将她的"批示"传达到全国各地电台。她说："广播电台的问题不比新影小。我们转发了他们的自我批评后，他们后来又干了（坏事）。也要发动广播电台广大群众肃清流毒。"自此，中央人民广播电台广播的歌曲被砍得所剩无几，广播、电视的文艺节目更加贫乏。

同日

自1968年起，北京广播电台每两个月给阿联（埃及）电台寄送一次录音带，每四个月寄三篇文字稿，据我国驻阿联使馆告，北京电台寄去的民间音乐、歌曲常被采用。

8月19日

山西省广播管理局和山西人民广播电台、太原电视台的绝大多数干部和业务人员到北京参加中共中央举办的毛泽东思想学习班山西机关干部班学习，停止自办节目，全部转播中央人民广播电台、北京电视台节目。

8月25日

中央"两报一刊"发表社论《抓紧革命大批判》。中央广播事业局宣传小组传达，这是经过中央政治局讨论，毛主席批准的。这篇社论对外发摘要，要摘好，要重播一轮。

同月

吉林四平转播台更名为四平人民广播电台。

同月

为节省"普网"经费，加快"普网"进度，安徽省广播事业局党政主要负责人参与筹备，举办全省广播技术人员学习班，特邀上海新华无线电厂技术工人，传授安装普及型275瓦扩音机的技术。

9月3日

越南劳动党中央委员会主席胡志明逝世。9月4日起，北京广播电台播发《中共中央唁电》《周总理率党政代表团去河内吊唁》《李先念率党政代表团去河内参加胡志明主席葬礼》等消息。中央人民广播电台从9月5日起播送胡志明逝世讣告、唁电、吊唁等消息。在广播讣告的当天和殡葬日使用哀乐，停播文艺节目。

9月9日

北京广播电台向越南之声电台发出悼念胡志明主席逝世的唁电。

9月11日

北京广播电台向马里、刚果（布）、几内亚、毛里塔尼亚、阿尔及利亚等20个国家电台寄去交响乐《沙家浜》的音乐录音；12月10日，又向上述国家电台寄送舞剧《红色娘子军》第二场的音乐录音。9月24日，向越南、朝鲜、古巴、民主德国、波兰、罗马尼亚国家电台寄送交响乐《沙家浜》音乐录音两盘；12月10日，又向上述国家电台寄送舞剧《红色娘子军》第二场音乐录音一盘。

9月13日

我国驻苏联使馆函告，北京广播电台对苏广播比较死板，千篇一律，不够形象，针对性差。

9月15日

河南电视台试验播出黑白电视，10月1日正式播出。

9月16日

北京广播电台各语言广播从20：00起播出《庆祝中华人民共和国成立二十周年口号》。中央广播事业局宣传小组传达说，口号很重要，不能当一般口号，是当前斗争的纲，是中央政治局讨论、毛主席批准的。要对外广播，放头条，要强调安全播音，防止敌人破坏。各语言节目要重播两遍。

9月28日

周恩来批示，同意向越南寄送《周总理等吊唁胡志明主席逝世》及《北京革命群众到越南驻华大使馆吊唁胡志明主席逝世》两条电视片，共10分钟。同时寄送了北京广播电台播出的有关广播节目的录音带。

9月30日

中央人民广播电台播出中央"两报一刊"国庆社论《为进一步巩固无产阶级专政而奋斗》和周恩来在国庆招待会上的讲话。

同日

新疆维吾尔自治区广播事业管理局新建安宁渠收音台及微波工程竣工试播。

同月

巴基斯坦听众赛义德是名16岁的学生，他写了一首长诗，热情歌颂中华人民共和国成立20周年。这首诗的题目是《中国的革命》。诗中写道："十月一日在北京发生了值得纪念的事件，毛主席正式宣告中华人民共和国成立，全世界都将铭记这个日子，它标志着一个崭新时代的开始。"

10月1日

中央人民广播电台转播首都人民庆祝中华人民共和国成立20周年大会和游行的实况,晚上广播了焰火晚会的录音报道。北京广播电台派出14名记者采访天安门举行群众游行的实况,播出国庆招待会消息和周恩来在国庆招待会上的讲话,首都天安门广场举行盛大庆祝会的报道和林彪在天安门城楼的讲话,以及毛泽东和林彪在天安门城楼接见外宾和焰火晚会等消息。2日,播出消息《各国革命人民积极翻译出版毛主席著作》,并陆续播出各兄弟党和各国政府贺电。北京电视台转播首都人民庆祝中华人民共和国成立20周年大会和游行的实况。晚上,转播焰火晚会实况。

同日

内蒙古人民广播电台电视组成立,并在每星期六试播黑白电视节目。

同日

吉林省长春电视台恢复播出。

同日

云南省省级电视台——昆明电视台建成开播,台址位于昆明五华山,利用四频道通过五华山63米高的发射天线向昆明市区播出自制节目。1979年10月4日更名为云南电视台。

同日

云南人民广播电台增办景颇语节目。

同日

西安电视台开始通过微波线路转播北京电视台节目。从此,电视节目由完全自办过渡到自办与转播相结合。

10月5日~6日

中央人民广播电台、北京广播电台播出消息《我国胜利地进行又一次氢弹爆炸,成功地进行了首次地下核试验》。

10月19日

周恩来建议研究天线小型化问题,中央广播事业局当时成立了1019战斗小组,设计室天线科不少人参加了这一小组。

10月23日

中共中央《关于对外政策的宣传必须统一口径的通知》规定:"对外政策的宣传、新闻、广播、报纸,全国各地方都必须按照毛主席历来的指示和中央规定的统一口径,绝对遵守。不许各地方同中央口径相抵触,自由乱发乱播。……如发现有同中央口径相抵触的,必须立即纠正,不能丝毫松懈,并向中央作出检讨。"

10月27日

北京广播电台各语言广播播出消息《我空军击落美帝无人驾驶高空侦察机一架》,以及《人民日报》《解放军报》评论《坚决歼灭一切敢于来犯的敌人》。

同日

黑龙江省革命委员会常委会讨论决定:王家福、李佳林、王祥林、张云芳任黑龙江人民广播电台革命委员会常委,梁正林、谷密云、佟淑清、张成富、张立功、苏良福、商荟莲任委员。

10月28日

中央广播事业局军管小组副组长戴征远同北京广播电台阿尔巴尼亚语组负责人谈对阿广播问题。戴征远说,办好阿语广播有特殊的意义。宣传口径要按毛主席对外宣传指示进行,要内外有别,不强加于人,要谦虚。由于阿公开出版了毛主席著作,可不举办《毛主席语录》和《毛主席著作选播》节目。

同月

中央广播事业局宣传小组自本月起到1970年1月止,曾多次批示:中央人民广播电台的宣传,首先是播好新华社、《人民日报》的有关稿件,自己采写、组织的稿件是补充性的,要少而精。

同月

河北电视台建成高山发射台。

同月

四川成都电视台恢复播出。

同月

广播设备制造厂磁带车间迁往西安,与陕西省广播局磁带厂合并组建成中央广播事业局西安磁带厂。

同月

林彪发出战备疏散"一号命令",北京各大专院校纷纷迁出北京。30日,驻北京广播学院工、军宣队指挥部给中央广播事业局军管小组写报告,提出"关于撤销北京广播学院的报告"。11月4日,中央广播事业局军管小组根据"战备疏散"的有关精神,决定广播学院师生员工迁往河北望都县张庄参加农业劳动,接受贫下中农"再教育",同时搞"斗、批、改"。翌年8月返回学院,历时九个月。

11月9日

新疆维吾尔自治区广播事业管理局(台)机构改为连队建制,分设五个连:宣传部门为一、二连,技术部门为三连,行政部门为四连,警卫为五连。同时成立"斗批改组"。

同月

中央派刘建功任中央广播事业局军管小组组长,并主持工作。

12月2日~13日

中央广播事业局举办确保安全播音学习班,目的是提高对安全播音的认识,总结安全播音的经验和教训,制定今后安全播音的措施,把"准确及时地宣传毛泽东思想"提高到一个新的水平。

12月9日

山西省革命委员会广播事业局委员会成立。山西人民广播电台参加中央毛泽东思想学习班的学员首批21人回到机关参加"抓革命促生产"。

12月20日

《山西日报》总编辑刘山等人调入山西人民广播电台参加恢复自办节目工作。次年5月,刘山又调回山西日报社工作。同时,杨兴华调入,负责山西人民广播电台宣传工作。

12月30日

江西省九江地区人民广播电台建成开播,安装1千瓦发射机一部,频率1560千赫,全天播音2小时30分钟。

同日

新疆维吾尔自治区革命委员会和新疆军区发出《关于加强新疆广播局直属台领导的通知》。通知规定:新疆广播局各直属台的党政工作和开展"文化大革命",由各台所在地的南北疆军区及军分区负责;各台的人事、业务、技术、器材等,由新疆广播事业管理局(台)工宣队、军宣队及革命领导小组负责。

月底

福建人民广播电台恢复停办的《对农村广播节目》,全省有68个县(市)广播站(台)按时转播。

同月

由中央广播事业局和河南省广播事业局负责,安徽、江苏、浙江三省广播事业局参加的中波同步广播试验第一阶段于本月至1970年1月在华东地区进行。第二阶段于1970年末至1973年初在河南省进行,于1973年6月提出了试验报告书。这次试验提出了实现同步广播的技术方法,初步确定了同步广播的技术指标。

同月

天津市成立彩电会战办公室,从电视台抽调五名技术人员参加了天津彩电会战,试制彩色电视设备工作。研制出的主要设备有:中心立柜、导演控制台、编码器、摄像机。

同月

贵州省革命委员会决定,贵州人民广播电台和贵阳电视实验台统归贵州省广播事业管理局领导。

同年后期

中央广播事业局军管小组组长刘建功;副组长张子良、戴征远、张士诚。进驻中央广播事业局的工人毛泽东思想宣传队共245人,队长段领昭,副队长王文广,副指导员詹七金。

同年

由中央广播事业局投资,在华东建设一条调频干线,在黄山、淮北、淮南各建一座调频转播台。此工程由安徽局、台负责兴建,建成后,分别注册登记为安徽人民广播电台701转播台(黄山)、703转播台(淮南)、704转播台(淮北),任务是传输发射中央人民广播电台和省电台的节目,后增加传输发射北京电视台和安徽电视台的节目。

同年

我国农村有线广播网又有新的发展,全国农村有线广播喇叭已达2400万只,比1968年增加1100万只。全国农村60%的生产队设有有线广播。

同年

中央人民广播电台收到听众来信、来稿90883件。

同年

北京广播电台收到世界117个国家和地区听众来信28321封。

同年

北京电视台根据有关协定向16个国家的电视机构寄送86条新闻片和电视短纪录片,另外还将部分电视片寄给我国驻外领事馆。使用我国电视片较多的国家有阿尔巴尼亚、日本、伊拉克、罗马尼亚、柬埔寨、巴基斯坦、刚果(布)等。

同年

吉林人民广播电台大批编辑、记者下乡插队落户,各地记者站随即撤销。军代表吴静任吉林人民广播电台革命委员会主任。

同年

吉林省延边人民广播电台开办朝、汉两种语言的两套节目。

同年

吉林省敦化县太平岭公社广播放大站费林青自制了载波机,使公社至生产大队在一条线路上同时传输广播和电话讯号,解决了广播线路匮乏的困难。

同年

黑龙江省伊春人民广播电台与伊春日报社二次合并。

同年

江西省上饶、九江、吉安、赣州、宜春五个地区广播管理站或广播站成立。

同年

贵州省革命委员会批准在六枝、凯里两地各建 200 千瓦的转播台一座。预计投资 367.74 万元，列入 1969 年基建投资项目。

同年

遵义转播台 1 千瓦中波发射机正式投入使用，频率 930 千赫。

同年

贵阳电视实验台从贵州省公安厅借来 16 毫米电影摄影机，开始用黑白胶片摄制新闻，实验性地播出《本省电视新闻》。每条新闻片的前面都有片名字幕，解说词配在录音带上，边放影片边放录音。

同年

新疆喀什市革命委员会成立，拨专款五万余元恢复有线广播。

1970 年

1月1日

中央人民广播电台、北京广播电台播出中央"两报一刊"的元旦社论《迎接伟大的七十年代》。

同日

石家庄电视台开始试转北京电视台节目。4月29日正式转播北京电视台节目。

同日

山西人民广播电台恢复自办节目《新闻和报纸摘要》和《活学活用毛泽东思想》。

同日

江苏省淮阴人民广播电台恢复播音。

同日

云南人民广播电台增办拉祜语节目。至此,云南电台共办有五个语种(德宏傣语、西双版纳傣语、傈僳语、景颇语、拉祜语)的少数民族语言广播节目。

1月9日

云南省昆明以南部分地区发生强烈地震。中央人民广播电台、北京广播电台播出这一消息和中央的慰问电。

1月16日~2月1日

全国电视专业会议在北京举行。这次会议是由中央广播事业局、四机部、中国人民解放军通信兵部、国家电信总局联合召开的。会议确定集中主要技术力量研究彩色电视,并适当发展黑白电视。会议决定在北京、天津、上海、四川等地区进行彩色电视制式"攻关会战",进行多种彩色电视制式的研究和比较。会议以后,北京电视台选派第一批技术人员参加了全国彩色电视会战北京战区的工作。

1月26日

杭州市人民广播站成立,并开始播音。

同月

任继胜等四名军代表到北京电视台组成军管组。

同月

黑龙江省广播事业局成立。局台机构撤销勤务组，改设秘书组、编辑组革命领导小组（下设节目组、政治报道组、群众工作组、经济报道组、文艺组、市台组、朝鲜语组）、政工组、技术组、后勤组、广播事业组、广播物资供应站、514工程办公室、哈尔滨电视台。

同月

江苏省扬州人民广播站成立，为有线广播。

年初

中国人民解放军总参谋部向全国推广山西省阳高县、长子县在电信线路上开设载波广播的经验，实行电信、广播、警报三网合一。由当时电信、广播部门的军管会和县武装部层层贯彻。

年初

甘肃省财政拨款250万元，用于农村广播网建设。

年初

安徽省阜阳城建立一座1千瓦的电视转播台。

2月8日

新疆克孜勒苏柯尔克孜自治州成立广播维修站，由克州党委宣传部代管，配备业务干部四名，主要是维护广播专用器材兼管一部分与广播事业有关的行政事务。

2月16日

中央广播事业局军管小组就防止电台泄密问题向中央提交请示报告。中央批转了此件。

2月24日

中央广播事业局军管小组向中央报送《请求停办北京广播学院的报告》。8月至9月，所有学生陆续被分配到各地。11月9日，除少数人员留守北京外，413名教职工下放到河南淮阳中央广播事业局"五七"干校劳动煅炼，接受"再教育"。

2月27日

中央人民广播电台对台湾广播改变称呼语，由"各位听众"改为"台湾同胞们"，其中《对国民党军政人员广播》节目的称呼语改为"国民党军政人员们"。

同月

天津人民广播电台提出增加发射功率，将中波广播发射台迁到西郊杨柳青发射台。经天津市人民委员会同意，中央广播事业局批准，电台三套中波广播发射功率分别提高到50千瓦、50千瓦和20千瓦。

3月1日

浙江省宁波市人民广播站正式播音,办有新闻、文艺节目,全天播音10小时。

3月2日

新疆维吾尔自治区广播事业管理局(台)革命领导小组决定建立电视筹备组,并派人去天津学习电视技术。

3月10日

中共中央批转中央广播事业局的一个报告并在通知中指出:"中央已经三令五申,电台广播必须严格遵守纪律,防止泄密,防止被敌人利用","对内对外宣传,均要执行毛主席党中央历次指示中规定的政策。"

3月初

中央人民广播电台举办驻各省记者学习班,中央广播事业局对外部宣传小组向记者传达毛泽东主席关于对外宣传的10次批示,并组织讨论,在记者中引起很大震动。

3月11日

山东省革命委员会决定建立山东省广播局。山东省广播局与山东人民广播电台一套机构,一套班子,两个名称,即"山东省广播局革命委员会"和"山东人民广播电台革命委员会"。

3月13日

江西省革命委员会常委会议讨论恢复下马的电视台建设工程,决定组织电视大会战。于7月1日建成江西电视台。

3月19日

柬埔寨国家元首西哈努克亲王在柬埔寨朗诺集团3月18日发动政变后由莫斯科抵达北京。北京广播电台播发消息。20日以后还陆续播发西哈努克亲王私人秘书处公报《亲王现在和将来都不打算去香港或日本,更不用说向它们要求政治避难》《西哈努克亲王声明》《告同胞书和庄严声明》《亚非国家报纸强烈谴责美帝策划柬埔寨右派集团发动政变》、西哈努克亲王一、二、三号《告同胞书》《特别文告》等,宣传报道延续到10月份。

3月28日

根据中央广播事业局军管小组指示,北京广播电台亚洲部各语言组注意收听各对象国家的广播。泰语组主要收听泰国人民之声电台(从1967年开始)。马来亚语组从1969年12月中旬马来亚革命之声电台开播时就开始收听。越南语组采取有重大事件发生时即收听的办法。柬埔寨语组在柬局势剧变后组织收听金边电台的广播。每天收听十多个小时。

3 月 30 日

新疆维吾尔自治区革命委员会宣传组筹建的压电喇叭厂移交自治区广播事业管理局管理，改为广播器材厂，生产交流收音机和扩音机，1981 年停办。

同日

谢谦任新疆维吾尔自治区广播事业管理局（台）军管会主任、革命领导小组组长、工军宣队政委。

同月

北京电视台为确保安全播音，成立电视宣传把关小组，负责审看所有的播出节目。

同月

经中央和天安门翻修工程指挥部批准，同意北京电视台在天安门城楼上安装电视遥控摄影和遥控摄像设备；为了使天安门城楼上的中央领导同志看到电视播出，天安门工程指挥部责成北京电视台协助解决制作四架落地式电视接收机；经批准，北京电视台在中山公园修建彩色电视机房。

同月

天津电视台第一次采用同期录音的办法摄制了一部长达 40 分钟的纪录片《三条石》。

同月

湖北省革命委员会成立广播电视领导小组，张体学任组长。下设办公室，负责全省有线广播和电视事业的全面规划和日常工作。

4 月 1 日

中央人民广播电台、北京电视台全文播送《人民日报》社论《沿着"九大"指引的航向从胜利走向更大胜利》。

同日

吉林人民广播电台在中央广播事业局召开的广播工作座谈会上介绍了"小功率多布点"扩大省台广播覆盖范围的经验。

4 月 4 日

中央人民广播电台向中国人民解放军总政治部请求并征得同意从部队选调播音员。

4 月 5 日

国务院总理周恩来应邀访问朝鲜民主主义人民共和国。中央人民广播电台广播了周总理访问朝鲜的活动。北京广播电台及时播出周总理离京、抵达平壤、朝方国宴和双方讲话等消息和报道。8 日播出《中朝两国政府联合公报》。9 日，中央电台播出该公报。

4月7日

贵州人民广播电台恢复地方新闻节目。《全省广播站联播》30分钟、《对农村广播》30分钟、《工农兵活学活用毛泽东思想》30分钟、《毛主席语录学习》10分钟、《报纸摘要》30分钟。5月1日，贵州人民广播电台正式复播自办文艺节目。

4月21日

中央人民广播电台播送中央"两报一刊"社论《列宁主义，还是社会帝国主义》。

4月24日

我国自行设计、制造的第一颗人造地球卫星"东方红一号"，由"长征一号"运载火箭一次发射成功。25日，中央人民广播电台《各地人民广播电台联播》节目在20：28，即节目结束前2分钟，插播了我国首颗人造地球卫星发射成功的新闻公报。北京广播电台播出该新闻公报。北京电视台播出我国发射第一颗人造地球卫星的消息。中央电台、北京广播电台、北京电视台播出人造地球卫星发回的《东方红》乐曲。北京广播电台之后陆续播发《卫星运行正常》《飞经各地时间》《全国军民欢呼我国第一颗人造地球卫星发射成功》等消息，以及各兄弟党、各国政府的贺电。报道持续到4月底。

4月24日~25日

印度支那人民最高级会议召开。北京广播电台播出《印度支那人民最高级会议联合声明》《中国政府声明》等。

春

青海人民广播电台汉语节目开办《对农村广播》《对农村人民公社广播》等专题节目。

5月1日

中央人民广播电台播出《人民日报》社论《勇敢、勤劳、智慧的伟大人民》。1日~2日，连续播出毛泽东和林彪与首都工人阶级和广大群众及外宾一道庆祝七十年代第一个国际劳动节的新闻报道和录音报道。北京广播电台各语言广播播出《首都工人阶级和劳动人民举行盛大游行庆祝"五一"国际劳动节》《毛主席和林彪副主席同首都工人阶级和广大军民欢庆"五一"》《毛主席、林副主席会见西哈努克亲王和夫人》以及全国各地庆祝活动的综合消息等。"五一"前后的专稿有《我国坚持独立自主，自力更生发展纺织工业》《我国第一台电子式中文电报快速收报机是怎样诞生的》《走与工农结合的道路——介绍中国科学院微生物研究所的新面貌》《在党的哺育下成长——记门头沟煤矿老工人杨宝山》《朝气蓬勃的大寨大队党支部》《上海纺织工业的新成就》《七十年代的第一个春天——访问北京郊区红星人民公社》等

10篇。

同日

内蒙古人民广播电台电视组更名为呼和浩特电视台。

同日

广西无线电厂试制成功第一台黑白电视接收机。6月22日,广西无线电厂改名为南宁电视机厂。

5月5日

北京电视台每次播出样板戏前后都要播出以下两个字幕:一、纪念毛主席《在延安文艺座谈会上的讲话》发表28周年;二、毛主席革命文艺路线胜利万岁!并配以《大海航行靠舵手》音乐。

5月6日

天津人民广播电台革命委员会调整组织机构。革委会下设办事组、政工组、宣传组、事业组、广播组、电视组、实验组、后勤组、人保组。5月9日,天津人民广播电台革命委员会建立党的核心小组,由王河、周俊元、于健、王树武、邵清水等组成。由王河任组长,周俊元任副组长。

5月6日~8日

湖北省革命委员会在武昌召开全省广播电视工作会议。

5月19日

四川彩色电视攻关会战区在成都召开第一次会议。参加会议的有云南、广东、湖南、湖北、陕西、甘肃、宁夏、贵州、河南、广西、新疆、西藏、青海、四川共14个省、自治区的代表,会议讨论了分工协作研制彩色电视实验设备事宜。

5月20日

毛泽东发表《全世界人民团结起来,打败美国侵略者及其一切走狗》的声明。20:00,中央人民广播电台、北京广播电台、北京电视台都陆续进行了广播。21日上午,"首都人民支持世界人民反对美帝国主义斗争大会"在天安门广场举行,中央人民广播电台、北京电视台进行了转播。全国10家电视台同时转播。21日~31日,中央电台先后播出林彪在会上宣读毛泽东"520声明"的实况录音共96次。北京广播电台12种语言广播播出首都大会的录音剪辑、首都军民游行示威的录音报道和全国各地游行的综合录音报道。《声明》连续广播7天,共播出2402次。

5月22日

中央人民广播电台播出中央"两报一刊"社论《改造世界观》。

5月23日

河北人民广播电台逐步恢复自办节目。

6月8日

江苏省革命委员会广播事业局成立,与江苏人民广播电台实行局、台合一的体制。

6月9日

天津市革命委员会核心小组讨论决定:天津人民广播电台革委会名称暂不改变,但其管理广播事业的范围扩大,负责管理广播电台、电视台和郊区农村广播网的建设。

6月20日

江西电视台开始试播。10月1日正式开播。庐山电视转播台同时开始转播。

6月25日

中央人民广播电台转播北京市举行的"纪念朝鲜祖国解放战争20周年和声讨美帝国主义霸占我国台湾"群众大会实况,并向朝鲜寄送大会录音剪辑。

6月30日~7月1日

中央人民广播电台《各地人民广播电台联播》《新闻和报纸摘要》节目连续广播中央"两报一刊"的"七一"社论《共产党员应是无产阶级先进分子》。北京广播电台各语言广播于7月1日播出该社论。次日,播出《全党全国人民隆重纪念中国共产党成立49周年》的消息。

同月

中央广播事业局"706"办公室成立,开始进行卫星广播研究的准备工作。

同月

贵州省凯里200千瓦中波广播战备台定点兴建。

同月

甘肃省革命委员会通知,将甘肃省广播事业管理局改为甘肃省革命委员会广播事业管理局,局、台革命委员会改为革命领导小组。

7月1日

日本听众户家武把一包自采自制的家乡茶叶委托北京广播电台转送给毛主席。他在来信中写道:"5月8日,我利用业余时间走了约4公里路程到姐姐家的茶田去采茶。俗话说'88夜的新茶更有助于健康',我是怀着一颗火热的心情炒出这些新茶的。数量很少,很难为情,但这是用家中的生产工具所能达到的最高产量,请原谅。"

同日

天津人民广播电台在杨柳青开始建设中型发射台一座,该台的主要设备发射机绝大部分是自行设计、安装、调试成功的,电台第一、第二套节目发射功率比原来增加20倍,郊县均能较好地收听到广播。

同日

浙江人民广播电台调频广播正式开播,发射功率500瓦,频率97.2兆赫。

同日

青海省第一座电视台——西宁电视台建成,试播时使用四频道播出黑白电视节目,发射机功率1千瓦,覆盖半径10公里,1971年1月1日正式播出。

7月10日

黑龙江省革命委员会政治部通知:耿兆贵任中共黑龙江人民广播电台核心小组组长、黑龙江人民广播电台革命委员会主任;李志民、王家福任核心小组副组长;范兆义、王森林任核心小组成员。

7月20日

北京广播电台在写给中央广播事业局军管小组的《关于我国对外广播情况的报告》中指出,目前用33种外语和5种中国方言进行对外广播,每天播音130多小时。根据有关协定,还向30个外国电台和1家书店寄送节目。此外,还同130多个国家和地区的听众建立了联系。对外部现有编辑、翻译、播音人员及原组长以上干部共850人,其中编辑176人,翻译371人,播音员176人,外籍专家23人(分布12种语言)。根据军管小组的统一部署,各语言部组陆续制订宣传方针。对外部提出总的指导思想是:"向全世界人民宣传马克思列宁主义、毛泽东思想是北京电台的中心任务。伟大领袖毛主席1970年5月20日发表的庄严声明和关于对外宣传的历次重要指示是对外宣传的根本指导方针。"

7月22日

北京广播电台欧美部成立对美组。对美广播一小时节目,前30分钟为新闻、评论、国际专稿,后30分钟为国内专稿、音乐节目。开办的专题节目有《马恩列斯著作选播》《听众信箱》节目,原有的《毛主席语录》和《毛主席著作选播》节目合并为《毛主席著作选播》节目,每周一次。

7月24日

《人民日报》头版头条发表《认真学习毛主席关于建党的学说》的文章,中央广播事业局宣传小组说,此文是经中央政治局讨论后审定发表的,要求对外播发,按重要社论规格,要求各语言组都播用。

7月26日

安徽省革命委员会决定伊琦任省广播事业局管委会主任。7月28日,由吴甲申、伊琦、姚子甦组成安徽人民广播电台军事管制小组。

7月30日

北京电视台恢复《体育节目》,并于当日直播首都体育馆的冰上体育表演实况。

7月31日

参加中共中央毛泽东思想学习班山西机关干部学习的山西广播局和山西人民广

播电台的人员结束学习任务返回太原,其中一部分同志下放基层工作和下放农村劳动,其余同志都回到原单位工作。

同月

湖北省农村广播网现场会在五峰县召开。

同月

甘肃省革命委员会批准成立甘肃省革命委员会广播事业管理局党的核心小组,李沧涛任组长,延国民、丁桂林任副组长。

8月1日

北京广播电台各语言节目播发消息《我国国防部举行盛大招待会庆祝建军43周年》,还播出中央"两报一刊"社论《提高警惕,保卫祖国》。

同日

浙江省台州广播转播台建成并正式开播,使用频率1430千赫和570千赫,转播中央人民广播电台第一套和浙江人民广播电台第一套节目。

8月5日

北京电视台根据周恩来的指示,决定自即日起,一般纪录片前面不再编用毛泽东放光芒头像的画面。"文化大革命"以来,北京电视台例行的播出程序是台标、毛主席像。上述精神由北京电视台转告地方电视台。

同日

贵州遵义转播台1千瓦中波发射机使用930千赫正式播出,由遵义地区革命委员会领导,贵州人民广播电台与该台保持业务联系。

8月6日

中央广播事业局致函驻伊拉克使馆,同意在伊拉克报纸上刊登北京广播电台阿拉伯语广播节目广告。

8月7日

中央广播事业局致函我国驻伊拉克使馆,拟不再续签1966年6月4日签订的、于1970年6月4日到期的中伊广播电视合作协定书。10月30日,驻伊使馆来函表示同意,并告知伊电视台已播出我国寄去的大部分电视片。

8月12日

北京电视台宣传组制定《关于电视影片和电视节目审查工作的几项(试行)规定》,其中包括国内新闻片、出国片、进口影片以及电视讲话播出稿等的审查制度。

8月15日

中共上海人民广播电台委员会成立,刘象贤(军代表)为党委书记,翁明渭(工宣队)、杨涛为副书记。

8月16日

朝鲜兵乓球队来访,中央人民广播电台、北京电视台准备进行实况转播。周恩来就此事指出:"告诉广播电台、电视台,注意不要只讲我们,把人家放在一边。"

8月20日

周恩来在中央广播事业局送中央审批的《关于纪念罗马尼亚解放26周年,广播罗马尼亚民间音乐的报告》上批示:拟以电话告文化组审听,如健康有民族特色,可编入《联播》节目。如不健康,则予以否定。23日,中央人民广播电台播送了罗马尼亚民间乐曲《云雀》和《赛尔巴舞曲》。

8月22日

中央广播事业局军管小组组长刘建功到北京广播电台日语节目录音室对在场录音的工作人员说:"从战略的需要出发,每一个播音员应该学会录音技术。日语组先搞试点。"日语组从10月16日起自己负责录音。

8月27日

吉林省辽源电视转播台建立。

8月29日

贵州省革命委员会政治部决定,贵州人民广播电台由贵阳市华家阁楼搬迁到贵阳市劳动人民文化宫(贵阳市南明区青云路302号)。

同月

浙江省革命委员会批准拨款10万元,在北高峰建造电视发射台,安装1千瓦电视发射机和一个讯道的黑白电视中心设备。10月1日上午和晚上,该发射台成功地转播了北京电视台的国庆特别节目。

9月1日

首都举办越南电影周。北京电视台播放越南影片《英雄的昏果岛》《上前方之路》《决心战胜美国侵略者》等。

同日

广西电视台开始试播,10月1日正式播出。该台发射功率1千瓦,播出黑白电视节目,覆盖半径10~15公里,每周播出两次,每次105分钟,自办节目主要有《电视新闻》《电视纪录片新闻专辑》《科技新闻》等。当时,机构建制为广西壮族自治区广播事业管理处下设的电视组,刘远修任组长,实有员工36人。

9月2日

北京电视台直播"首都人民庆祝越南民主共和国成立25周年大会"实况。

9月9日

内蒙古电视台自行拍摄的第一条新闻纪录影片播出。1971年开办第一个新闻专栏《电视新闻》，每周播一次，每次约10分钟。1975年，一套较为完善的黑白电视中心系统启动。1977年，每年能拍摄近百条新闻，《电视新闻》改为《内蒙古新闻》。

9月9日～11日

北京广播电台向也门、索马里、苏丹、巴基斯坦、阿富汗等17个国家电台寄送国庆节目，均通过中国驻外使馆文化处转交。节目内容为钢琴协奏曲《黄河》。19日，又向芬兰、阿尔巴尼亚、越南、朝鲜、罗马尼亚电台寄去上述节目。

9月10日

中央人民广播电台、北京广播电台及时播发《人民日报》发表的中国共产党第九届中央委员会第二次全体会议公报。11日，北京广播电台播发消息《全国亿万军民欢呼党的九届二中全会公报的发表，紧跟伟大领袖毛主席，团结起来，争取更大的胜利》。

9月11日

中央广播事业局就中央人民广播电台恢复维吾尔语广播，向中央写了专题报告。

9月15日

北京到西南地区600路微波干线开通，重庆到成都的微波线路也同时开通。10月1日，成都电视台首次通过微波线路转播北京电视台节目成功。

9月21日

浙江省广播事业管理局成立。

9月25日

北京电视台制定《1971～1975年发展规划（草案）》，计划在1971年至1975年内大力发展彩色电视，同时适当发展黑白电视。目标是力争开播三套节目，其中两套彩色电视、一套黑白电视。

同日

巴基斯坦"北京电台国际俱乐部"成员、"巴朝青年友协"主席穆·胡·赛义德来中央广播事业局拜会。他是访朝途经北京来局拜会的。

9月27日

中央人民广播电台开始播出京剧《智取威虎山》剧中"迎来春色换人间""誓把反动派一扫光"等八个主要唱段的教唱节目，受到欢迎。

9月30日

朝鲜中央广播电台为庆祝我国国庆21周年，寄来专辑节目《中国人民取得的引以自豪的成就和辉煌胜利》。中央人民广播电台在《国际时事》节目中播出。9月28日，周恩来在中央广播事业局给中央的报告上批示："同意，既然接受朝鲜广播电台专辑，就应用他们送来的全部录音和电台呼号播送两次，不必剪裁，为有效起见，每次在放朝方录音后,再由中国播音员只读其文字稿重复一次。"

同日

北京到广州的微波干线开通,广东省能看到每天从北京传来的电视节目。

同日

建于海拔1820米的黄山贡阳山顶上的黄山电视调频转播台开始向上海、南京、杭州、合肥、庐山传送北京电视台的节目,使这些地区的电视观众能从当年国庆节开始收看到北京的电视节目。这个转播台转播北京电视台节目的任务,到1973年由北京到上海的微波干线接替。

同日

庐山江西701电视转播台建成开播,发射功率1千瓦,二频道播出。该台建成后,接通黄山电视转播台节目信号,完成"北京—黄山—庐山—南昌"的节目接传。

9月30日~10月6日

中央人民广播电台国庆报道播出林彪讲话录音47次,中央"两报一刊"国庆社论47次,周恩来在国庆宴会上的祝酒词26次,庆祝大会和游行实况录音10次。

同月

西北光学仪器厂研制成功我国第一台500~3000毫米变焦距镜头。北京电视台在当年国庆节天安门实况转播时首次使用这一镜头,它可以在城楼下远距离拍摄城楼上党和国家领导人的活动情况。

10月1日

中央人民广播台、北京电视台直播首都人民庆祝中华人民共和国成立21周年大会和游行实况。北京广播电台各语言节目从9月30日~10月1日,陆续播出消息《周总理举行盛大招待会》,中央"两报一刊"社论《继续革命,乘胜前进——庆祝中华人民共和国成立21周年》《国庆21周年口号》,录音报道《首都40万军民隆重集会游行,庆祝国庆》,以及焰火晚会的消息等。并对社论进行反复重播。

同日

中央广播事业局军管小组要求,《天天读》节目要加毛泽东主席对广播的题词。

同日

东北三省联合建设的微波线路建成。

同日

上海电视台每周增播到六次。

同日

浙江省舟山电视转播台正式转播节目。

同日

青岛电视转播台开始试转北京电视台和济南电视台节目。

同日

湖南电视台正式开播并首次转播北京电视台节目。该台将这一天定为台庆日。当天，湖南省长沙市20万军民举行盛大游行，庆祝中华人民共和国建国21周年。湖南电视台靠从广东省公安厅借来的电影摄影机和从广州电视台借来的黑白反转片，在湖南省新闻图片社帮助下，首次拍摄电视新闻。经过四昼夜的编辑、剪接，初步编成，又经过一天一夜的配音，这条长21分钟的电视新闻《省会20万军民举行盛大集会和游行》在7日播出。这是该台拍摄的第一条新闻片。该台设宣传组和播出组，有职工21人，负责人李晓忠。

同日

重庆电视台开播。

同日

宁夏电视台正式开播，用四频道播出黑白电视节目。负责人呼占明。

同日

新疆实验电视台开始试播，使用自制1千瓦黑白电视发射机和500瓦伴音机，播出自治区及乌鲁木齐各族各界人民庆祝建国21周年活动图片新闻和电影等节目。使用汉语和维吾尔语分段播出。负责人艾兴。

同日

甘肃兰州电视台建成开播。该台技术人员对原50瓦黑白电视发射机进行修复，首次打出"兰州电视台"台标，以三频道向各收看点成功播出北京电视台的屏幕复制片京剧《红灯记》，覆盖范围仅限兰州城关的部分区域。黄德元（女）任电视组党支部书记，王学秀任电视组副组长。

10月4日

北京电视台宣传组向中央广播事业局军管小组写报告，提出电视节目恢复每周六次。11月下旬，局军管小组批复同意。

10月19日

中央人民广播电台开办《活学活用毛主席哲学著作》节目，每日播出两次。

10月24日

北京电视台直播"首都人民纪念中国人民志愿军赴朝参战20周年大会"实况。

同日

天津人民广播电台革命委员会整编结束，整编后革委会由11人组成，主任王河。机构设置及人员编制情况：正副主任5人、宣传组5人、政工组7人、广播电台128

人、电视台 78 人、实验台 57 人、行政组 47 人、事业组 92 人，共 419 人。

10 月 29 日

中国驻南也门使馆函告中央广播事业局，南也门电视台对寄去的北京电视台电视片采用率为 1/3。

同月

江西省景德镇电视差转台建立。

同月

贵州省贵阳电视实验台的节目增加一次，每周二、四、六晚上播出。12 月 26 日，北京电视台的黑白电视信号通过邮电系统的微波干线传到贵州省，从此，贵阳电视实验台既转播北京电视台的节目又播出自办节目。是年，贵阳电视实验台成立新闻组，专门从事新闻采编工作，将实验性的《本省电视新闻》更名为《贵州新闻》，由不定期播出改为定期播出。

同月

甘肃省在一些地区开始推广广播载波化，采用频率分离技术，在电话线上进行载波传输，解决农村电话线既可传广播信号又可同时打电话互不影响的问题，截至 1970 年年底，全省县至公社通载波的有 1116 个公社。

11 月 2 日

日中友协活动家学习访华团一行 19 人，由日中友协常驻理事岛田政雄率领来中央广播事业局座谈，主要谈北京广播电台日语广播在日本收听情况。

同月

浙江省电视台正式从浙江人民广播电台分出，独立建制，成立浙江电视台。12 月 26 日对外正式使用浙江电视台台标。内部机构设有演播组和技术组，1971 年 1 月 8 日增设新闻组。

同月

中共中央转发福州军区政治部联络部、福建前线广播电台等单位关于对台湾宣传工作座谈会会议纪要，规定福建前线广播电台的宣传对象由以国民党军官兵为主，改为台湾军民同胞。加强对在大陆的台湾籍同胞情况的报道，增加闽南话广播时间。

12 月 9 日

外交部通知，同意北京广播电台在《日本与中国》等四家日本报纸上继续刊登日语广播广告。

12 月 16 日

经周恩来和中央文化组审定可用的北京广播电台对象国家的歌曲和乐曲有：柬埔寨歌曲三首：《怀念中国》《民兵进行曲》《保卫国土》；巴基斯坦舞曲两首：西巴舞

曲《沙姆依》、东巴舞曲《珠玛尔》；巴勒斯坦歌曲四首：《我的祖国》《在胜利的节日里》《一个阿拉伯巴勒斯坦人》《费达伊》。

12月22日

北京广播电台播出《人民日报》评论员文章《波兰人民的革命风暴》。中央广播事业局军管小组决定，波兰语临时增加播出时间，并重播。

12月26日

中央人民广播电台决定自即日起，各节目一律不用"敬祝语"。

同日

国务院批准建立北京、上海、天津、四川彩色电视中心实验台。

同日

福州电视台恢复播出，每周播放两次。

同日

广西第一座调频广播发射台开始试播，频率92.4兆赫，播出广西人民广播电台第一套节目。

同日

由陕西西安实验电视台技术人员张维道设计的16毫米自动光号印片机，在其他人员配合下试制成功。这个设备的自动配光部分，当时在国内还是首创。

12月30日

北京广播电台播出《新华社辟谣声明》："在巴基斯坦拉合尔出版的《山岳报》《民族呼声报》和《东方报》刊登蓄意捏造的所谓新华社和北京电台消息，大肆挑拨中巴关系。新华社和北京电台从未对巴选举发表过任何言论。"

同月

北京电视台向18个国家的电视台或宣传机构及中国驻外使馆寄送电视新闻片、纪录片共178个主题，内容主要是重大的政治活动。北京电视台收到越南、日本、罗马尼亚、巴基斯坦等国电视台寄来的电视片153条，并对这些电视片作了有选择的播出。

同月

江西省全南、德安、瑞昌、彭泽、崇义、余江、新余、分宜、资溪九县实现户户通广播。

同月

新疆维吾尔自治区革命委员会发出通知，要求各地、州、市建立广播网中心管理站或维修站，负责管理农村广播网工作。

同年

全国内地除西藏外,都有了本省、自治区、直辖市的电视台(或实验台)。全国的电视台和转播台由1969年的25座发展到70座。

同年

中央广播事业局共有职工9240人。分布在局机关大楼内3402人,在京郊11个单位共计2556人,在全国各地发射台、战备工地、工厂等32个单位共计3282人。另有外籍专家22人。全局有副部级干部2人,当时均被"打倒"。司局级干部34人,已解放25人(结合使用14人),继续审查9人。处级干部98人,已解放73人(结合使用38人),继续审查16人,被"打倒"9人。科组级干部370人,结合使用45人。

同年

中央人民广播电台收到国内听众来信来稿九万余件。

同年

北京广播电台收到127个国家和地区的听众来信21833封。这是1957年以来听众来信最少的一年。

同年

根据与各国合作协定或文化合作协定,北京广播电台向阿尔巴尼亚、越南、朝鲜、巴基斯坦等16个国家寄送节目。原协定已过期,但仍保持寄送关系的有:罗马尼亚、波兰、民主德国、匈牙利等8个国家。根据我国驻外使馆建议和对方要求寄送节目的国家有:乌干达、苏丹、摩洛哥等7个国家,以上三项共计31个国家。

同年

北京广播电台阿尔巴尼亚语、塞尔维亚语、日语、泰语、老挝语、马来语等12个语言组有外国专家。在33种外语节目中,英、法、俄、日、朝等11种语言节目可以依靠自己的力量较好完成任务,阿拉伯、西班牙、葡萄牙、德、意大利等13种语言节目可以依靠自己的力量基本完成任务,另外9种语言节目离开专家帮助难以完成播出任务。北京广播电台有工作人员547人,其中华侨164人,占30%;在176名播音员中,有华侨73人,占41.5%。华侨比较集中的是亚洲部,该部共有282人,其中华侨134人,占47.5%。

同年

北京电视台的节目传送范围从1969年前的天津、河北、山西、陕西4个省市,扩大到湖北、辽宁、河南、山东、湖南、安徽、浙江、江苏、四川、江西、广东等15个省市。

同年

天津人民广播电台用天津客车厂生产的旅行轿车改装成第一部录音车。

同年

内蒙古哲里木人民广播电台恢复蒙古语广播。

同年

军代表郑宝珍任吉林人民广播电台革命委员会主任。

同年

辽宁省鞍山电视台恢复转播北京电视台和省电视台节目。

同年

江苏省徐州人民广播电台停办无线广播节目。徐州电视转播台成立。

同年

江苏省南通电视台开始转播北京电视台节目。

同年

安徽省革命委员会召开全省广播工作会议,强调本年一定要实现队队通广播的目标。绩溪县成立县农村广播网办公室,着手组建乡级放大站,扩大农村有线转播。广播覆盖面逐渐扩大,1978年全县已基本形成了一个乡乡建站、多数村户能听到广播的有线传播网络。1986年县乡通播率超过95%。

同年

贵州省的广播喇叭发展到70万只,通广播的生产队达到30%,有12个县普及农村广播网,有20个县发展了载波广播。

同年

新疆乌鲁木齐市广播站结束军管。

同年

新疆吐鲁番县开始架设公社到生产大队、生产大队到生产队、生产队到农户的有线广播专用线。广播小喇叭进入乡村农户家庭。新疆全疆安装喇叭70万只,建立农村、牧场广播放大站400多个。

1971 年

1月1日

中央人民广播电台、北京广播电台各语言节目播出中央"两报一刊"的元旦社论《沿着毛主席革命路线胜利前进》。中央电台从昨日起到本月底，共播出该社论175遍。次日，北京广播电台播发《全国亿万军民热烈欢呼元旦社论发表》的消息。

同日

安徽省第一座小功率电视差转台在地处大别山区的霍山县建成，开始正式转播。当晚，差转台所在地南岳山（海拔405米）附近数百群众扶老携幼，登山观看电视节目。

1月9日

工人毛泽东思想宣传队撤出新疆维吾尔自治区广播事业管理局（台）。

1月11日

周恩来接见以太田茂男为团长的日中友协（正统）工人访华团，在谈话中征求对中国新闻报道的意见时周恩来说：我们的广播怎么样，请直说，不好就不好，有毛病就有毛病，请说说。

1月12日

北京广播电台对外播发《我国政府最坚决支持印支三国人民的抗美救国斗争的声明》。在之后的三天里，又陆续播出北京、上海、天津、重庆等各大城市举行群众大会拥护我国政府声明的报道。

1月27日

哈尔滨电视台开始通过北京至哈尔滨的邮电微波线路每周二、四、六、日转播北京电视台节目，每周一、三、五播出自办节目。

1月29日

周恩来对体育运动委员会起草的同日本"会谈纪要"草案中，关于我国派优秀运动员去日参加比赛一事批评说："何必加'优秀'二字，又是大国沙文主义，要把所有吹嘘的话统统去掉，难道还要派蹩脚的运动员去吗？……昨天的电视广播说什么'精湛的球艺'、'流星式'的速度、'最高水平'……真是见鬼。你们听了怎么不反感？我看你们都陶醉了。我抽空看了电视，有的场打得不好，还那么吹，形式主义到了极点，到现在还没有养成好作风，哪里有一点毛泽东思想的味道。新华社送来的稿件，我把形容词都删去了。"

1月初

为了贯彻执行毛泽东有关对外宣传的一系列指示，北京广播电台编辑部各组都开办学习班。在一个多月的时间里，用学习时间和一部分运动时间进行学习，明确认识对外广播必须贯彻"国家不同，做法也不能一样"的基本原则，初步批判了极"左"思潮，并在发动群众的基础上，制订了工作方案。主要解决内外不分、无的放矢、强加于人、片面性等问题。

同月

北京广播电台编辑部开办《马、恩、列、斯语录》《国际一周》《听众信箱》三个新节目。有28个语言广播正式开办《国际一周》节目。

同月

安徽电视台首次播出本台记者拍摄的反映淮北农村变化的大型纪录片《淮北在飞跃》。

1月～3月

周恩来对广播、转播中存在的大国沙文主义、锦标主义和形式主义进行了多次批评。2月29日，周恩来说："不要吹嘘，不要搞形式主义。"3月17日凌晨，他又说："我们的宣传总是老一套，总是说好，如广播打球，还是老一套。说自己没完，说人家就那么几句。大国沙文主义、封建主义的东西要批判。"

年初

北京电视台开始整党，成立整党领导小组，由军代表直接负责领导全台的党务工作。

年初

甘肃省计划会议确定给农村广播网投资168万元，用于人民公社放大站的建设。

2月1日

新疆维吾尔自治区广播事业管理局（台）军管会、革命领导小组根据上级指示，宣布原局党组书记、局长林夫恢复工作。

2月11日～3月11日

中央人民广播电台举办驻地方记者毛泽东思想学习班，共有41名记者参加。

2月12日

中央广播事业局军管小组同意内蒙古人民广播电台转播北京广播电台的蒙古语节目。在直接转播有困难时，暂时采用录放方法。即早晨收录的节目，到晚间播出。

因某种原因不适于重播时，则由蒙古语组通知内蒙古电台临时撤销，改播文艺节目。文艺节目由蒙古语组事先做好，寄内蒙古电台备用（以样板戏为主）。

同日

中央广播事业局军管小组决定，各种期刊、画报，凡是1970年10月前出版的，一律停止向国外寄发。各种外文版的《中国共产党第九次全国代表大会文件汇编》一律暂停向国外寄发。

2月25日

广西壮族自治区革命委员会任命杨仲绪为自治区广播事业管理处、广西人民广播电台革委会主任。

同月

新疆博尔塔拉蒙古自治州革命委员会宣传组成立广播载波化办公室。

3月5日

以国务院总理周恩来为团长，叶剑英、邱会作为副团长的中国党政代表团访问越南。北京广播电台各语言节目播出代表团离京、抵达河内等消息。6日～8日先后播出代表团出席宴会、集会及离开河内等消息和报道。11日播出联合公报和《人民日报》社论《中越人民的伟大友谊和战斗团结万岁》。

同日

中国驻阿尔巴尼亚使馆电告：关于转播北京广播电台节目问题，"原已谈妥由中方占用12小时的原则不变。阿方对时间分配的具体意见是：北京时间1：00至1：30，2：00至4：00，13：00至14：00由阿方使用。要求北京电台将意大利语、塞尔维亚语改在白天某段时间"。4月22日，关于使用地拉那电台中波频率的节目安排，中央广播事业局军管小组批准按以下方案办：每天安排俄语4个小时，波兰语、捷克语、罗马尼亚语、塞尔维亚语、土耳其语、意大利语各半小时，24日至26日试播，5月1日正式使用。

3月9日

中国人民解放军总参谋部转发北京卫戍区关于《延庆县试验成功用电灯线传送广播》的经验。各省、市、区军管会推广零线广播。

同日

中共上海市委常委会批准将南京西路651号作为上海电视台的新址，并批准了建设工程设计方案。

3月16日

周恩来在人民大会堂接见赴日本乒乓球代表团时对有关宣传报道问题指示说："我们的宣传不要老说自己好，特别是上次比赛时的实况转播，尽说我们的球艺多么精湛，哪有那么多精湛的，有些话我都说不出口来。介绍人家的好处时就说那么几句，把观众引入迷魂阵。比赛有胜有败是经常的事，那样宣传就是资产阶级风气。"

同日

北京广播电台对外播出《我国成功地发射一颗科学实验人造地球卫星的公报》，连续播两遍。

3月18日

巴黎公社100周年。中央"两报一刊"发表社论《无产阶级专政胜利万岁》。中央人民广播电台于17日20：00在《各地人民广播电台联播》节目中播出，播出15天，共50次。

3月19日

"首都人民纪念越南全国反美日21周年"大会在北京展览馆举行，北京电视台进行实况直播。

3月27日

中共天津人民广播电台委员会成立。王河任书记。

同月

新疆巴音郭楞蒙古自治州广播事业管理站成立，领导和管理全州的有线广播事业建设。

春

贵州人民广播电台和《贵州日报》分别派出记者组成联合记者站，恢复各地、州记者站的工作。

4月3日

中央广播事业局军管小组向中央汇报，拟从4月25日开始播出维吾尔、哈萨克两种民族语言节目。5月1日，中央人民广播电台恢复维吾尔语广播，并创办哈萨克语广播。

4月8日

第31届世界乒乓球锦标赛在日本名古屋举行。中国乒乓球队获男子团体、女子单打、女子双打和男女混合双打冠军。中国代表团邀请美国乒乓球代表团访华。11日，美国乒乓球队到京。这是在毛泽东发出的"美国人左、中、右都让来"的指示后采取的一个重要行动。北京广播电台各语言节目播出美国乒乓球队抵京、体委欢迎宴会、友谊比赛、参观访问等消息和报道。

4月12日

下午，在中央人民广播电台转播中国、哥伦比亚乒乓球友谊比赛前5分钟，周恩来指示："友谊气氛要浓一些。"19：00，在转播中国、加拿大乒乓球友谊比赛前，周恩来指示说："今天下午转播中国、哥伦比亚比赛，解说词太长了，要压缩。"13日凌晨，周恩来指示："解说词太长了，不要那么多形容词，不要讲那么多，怎么打就怎么说。"4月，中央人民广播电台、北京电视台报道了美国、加拿大、哥伦比亚、尼日利亚、英国、澳大利亚等国乒乓球队来我国访问，并转播了加拿大、哥伦比亚、美国等乒乓球队同我国运动员进行友谊比赛的实况。

4月22日

周恩来在国家体委关于参加第31届世界乒乓球锦标赛的中国乒乓球代表团汇报表演的请示报道上批示："不要自吹自擂，要多宣传人民之间的友谊，互相学习，互相增进。"

4月23日

吴甲申任安徽省广播事业局、安徽人民广播电台革命委员会核心小组第一副组长、党委第一书记，伊琦任核心小组组长、党委书记，曹川林任核心小组副组长。

4月26日

北京广播电台播出"五一"国际劳动节口号。中央广播事业局军管小组强调，一定要播好，不能出差错，连播五天，共播出667次。

4月30日

中央人民广播电台、北京广播电台各语言组播出中央"两报一刊"的"五一"社论《全世界人民大团结万岁》。

同月

驻山西省广播局和山西人民广播电台第三任军管小组调离，第四任军代表田怀宝进驻。局、台成立革命委员会，田怀宝任主任，鲁兮、杨兴华任副主任。

5月1日

晚，首都50万群众和国际友人在天安门广场欢庆"五一"国际劳动节，毛泽东、林彪、周恩来等出席庆祝晚会。中央人民广播电台、北京广播电台，北京电视台对晚会进行了报道。北京电视台将"五一"庆祝晚会的实况通过微波干线传到20个省、市、自治区。为配合节日宣传，北京广播电台编辑部编发了一组马、恩、列、斯论述全世界无产者联合起来的语录和15篇专稿。

同日

黑龙江省大庆电视台建成。

同日

南京电视台启用自行装置的7.5千瓦彩色发射机开始试播。7月1日，南京电视台彩色电视第一次对外播出。

同日

广西电视台用四频道试转北京电视台节目。

5月9日

南斯拉夫电视小组一行四人来北京电视台参观访问,并进行业务交流。

5月12日

中央广播事业局军管小组再次向中央报送《关于北京广播学院停办的请示报告》。同年7月召开的全国教育工作会议决定:北京广播学院试行撤销。北京广播学院遂停办。

5月20日

毛泽东发表《全世界人民团结起来,打败美国侵略者及其一切走狗》的声明一周年。中央人民广播电台于5月19日重播林彪1970年5月21日在首都人民支持世界人民反对美帝国主义斗争集会上宣读毛泽东《声明》的实况录音。同时播出中央"两报一刊"社论《反帝斗争的纲领》。北京广播电台从19日起,重播《声明》2~3天,中央"两报一刊"社论《反帝斗争的纲领》也同时播出,重播2~3天。

5月21日

意大利经济代表团随团记者、意大利广播电视部经理和该部驻远东记者来中央广播事业局座谈。广播事业局向意方赠送四部电视片。

5月24日

日本中国通讯社社长于恩洋来北京电视台参观访问并商谈业务。

5月28日

新疆人民广播电台哈萨克语和蒙古语广播实行分频率播出,每天播音时间各9小时20分钟。

5月29日

以老挝巴特寮电台副台长索恩为副团长的老挝经济代表团四人参观北京电视台。

同月

北京电视台在人民大会堂直播"首都人民坚决支持巴勒斯坦人民反对美国侵略者正义斗争大会"的实况。

同月

中央广播事业局收到联邦德国和瑞士合办的泰勒波尔电视片公司的来函,要求同我方建立交换电视片的关系,并要求派人来华采访。

同月

天津电视台拍摄长新闻片《本市30万群众热烈欢迎西哈努克亲王访问天津》。

同月

天津电视台完成反映天津知识青年上山下乡的纪录片《广阔天地育新人》，长度近 30 分钟，后压缩成 20 分钟的 35 毫米电影拷贝，在全国发行。

同月

吉林人民广播电台恢复自办的《全省联播》节目，每天播出两次，共 60 分钟。

同月

浙江省湖州电视转播台正式成立。

同月

甘肃省内第一部由鞍山广播器材厂生产的 1 千瓦双通道黑白电视发射机（四频道）在兰州龙尾山电视发射台投入使用，播出兰州电视台节目。

6 月上旬

黑龙江省广播事业局直属宾县 803 高山电视转播台建成开播。

6 月 12 日～23 日

江西省广播管理局、南昌市革命委员会政治部在南昌县罗家公社召开省市利用电灯线传送广播现场会。会后，全省掀起利用电灯线传送广播高潮。到年底，全省有 73 个县市的 184 个公社和 664 个生产大队利用电灯线传送广播。

6 月 28 日

北京电视台和英国维斯新闻社互购电视新闻片协议在伦敦正式签订，7 月 1 日起生效，为期一年。根据协议，北京电视台全年向英方寄去 100 条新闻片，英方每周向我方寄送电视片约 4000 英尺。

同日

中共江西省广播局委员会成立，彭方俊任书记，张汉臣、兰志民任副书记，张世英、许传友、苏怀、黄鸿宜任委员。

同日

广西壮族自治区革委会政治工作组经自治区党委批准，将广西壮族自治区广播事业管理处、广西人民广播电台革委会机构改为广西壮族自治区革命委员会广播事业局。局下设政工组、办事组、农村广播网组、技术业务组、广西人民广播电台编播组、广西电视台编播组，人员编制 522 人，设局长、副局长 5 人。7 月 17 日，广西壮族自治区广播事业局成立，赵品卿任局长。

6 月 29 日

中央广播事业局召开六省一市转播北京电视台节目协作会议。会后向湖北、山东、江西、安徽、浙江、江苏、上海、河北、河南、福建等省、市广播局转发了会议纪要，要求各省、市广播电视部门积极配合，尽早改进和提高转播北京电视台节目的质量，准确、及时、稳定、清晰地传送毛泽东主席的形象，为宣传毛泽东思想作出新的贡献。

6月30日

中央人民广播电台播出中央"两报一刊"社论《纪念中国共产党五十周年》。截至7月15日，共播出51次。

7月1日

经中共中央批准，中央人民广播电台在6月30日《各地人民广播电台联播》节目和7月1日全天节目开始时，以及《新闻和报纸摘要》等节目开始时，使用敬祝语："同志们，首先共同祝愿我们的伟大领袖毛主席万寿无疆！"

同日

北京广播电台对外播出中央"两报一刊"社论《纪念中国共产党五十周年》。2日，播出报道《全党、全军、全国各族人民欢庆中国共产党诞生五十周年，决心紧跟毛主席，沿着"九大"路线奋勇前进》，以及一些兄弟党的贺电。

同日

黑龙江省五常电视转播台建成，转播省电视台节目。黑龙江省广播事业局在五常县召开现场会，推广五常自力更生办电视的经验。

同日

新疆实验电视台更名为新疆电视台并正式开播，发射功率为1千瓦，双层蝙蝠翼发射天线架在36米高的木杆上，覆盖半径30公里，分配频道为五频道。主要节目为《图片新闻》、专题片、电影故事片。《图片新闻》等内容由新华社提供，少量节目为自拍。每周使用汉语、维吾尔语播出节目各一次，每次2~3小时。

7月5日

湖北电视台开始向全省播送黑白电视节目。

7月11日

中朝友好合作互助条约签订10周年。北京广播电台播出我国领导人致朝鲜领导人的贺电及朝鲜领导人致我党和国家领导人的贺电，中共中央、国务院举行庆祝宴会的消息，中央"两报一刊"社论《反对帝国主义侵略的坚强同盟》。还播出李先念、李德生率领中国党政代表团赴朝参加庆祝活动的消息，以及首都举行万人庆祝集会的报道。

7月16日

中央人民广播电台、北京广播电台播出国务院总理周恩来和美国总统国家安全事务助理基辛格在北京举行会谈的公告。公告说，尼克松总统应邀将于1972年5月以前的适当时间访问我国。

同日

荷兰纪录电影导演伊文思和法国电影工作者玛斯琳·罗丽丹来北京电视台参观访问。

7月19日

天津市广播事业局成立。管辖天津人民广播电台、天津电视台和郊县广播事业。

7月24日

新疆维吾尔自治区革命委员会、新疆军区任命任夫彬为自治区广播事业管理局（台）军管会主任、革命领导小组组长，张继财为副主任、副组长。

7月31日

为纪念中国人民解放军建军44周年，中央人民广播电台《各地人民广播电台联播》节目播出中央"两报一刊"纪念"八一"的社论《纪念八一建军节》，到8月7日连播八天。北京广播电台各语言节目8月1日播出该社论，并播出消息《我国防部举行庆祝招待会》，以及各兄弟国家的贺电。

7月底

安徽省歙县在长青山建起一座小型电视差转台，覆盖半径可达20公里。主要转播北京电视台一套及省、市电视台新闻节目。

同月

广东调频发射台在广州开始筹建，并于1972年5月1日开始试播。

同月

甘肃省革命委员会批准甘肃省广播事业管理局成立党的核心小组，李沧涛任组长。

8月1日

四川人民广播电台恢复自办节目。

8月6日

贵州省革命委员会政治部通知，撤销贵州人民广播电台革命委员会，成立贵州省广播事业局领导小组。

8月8日

北京电视台开始不定期播出《国际新闻》节目。

8月10日

英中了解协会理事霍华德来北京电视台参观访问，他表示，回英国后要写文章介绍中国电视的发展情况。

8月16日

周恩来对中央广播事业局《关于中罗两国互派电视摄影小组访问的报告》批示：

"拟同意。"

8月20日

北京广播电台各语言节目全文播发《中华人民共和国政府声明》(关于中国在联合国的代表权问题),以及阿尔巴尼亚、阿尔及利亚等18个国家向联合国提出要求恢复我国在联合国的一切合法权利的决议草案等消息。

8月21日

随日本乒乓球队访华的日本东京广播公司等五家新闻单位的十名记者来北京电视台参观、座谈。

同日

自即日起,北京电视台增播北京地区的天气预报。

8月22日

北京电视台为确保安全播出、防止事故发生,重新修订了各项播出制度,包括节目会、播前会、碰头会、播后会、导演室及各工作间值班纪律等。

8月25日

浙江省金华电视调频转播台建立。这是浙江省广播电视系统的第一条微波干线枢纽站,担负北京电视台、浙江电视台、浙江人民广播电台和831台传送节目的任务。9月27日首次转播上海电视台节目,1977年9月8日收转浙江电视台四频道节目,调频广播用96.3兆赫转播浙江人民广播电台第一套节目。

8月29日

到湖南视察工作的毛泽东在长沙连续五个多小时观看了湖南电视台的节目。中共湖南省委指示,要迅速把湖南广电中心建设好,为迎接毛泽东主席来年视察湖南做好准备。

同月

国务院在《关于在全国推行新广播体操的通知》中规定:"中央和各地人民广播电台同时恢复广播体操节目。"

同月

根据中央广播事业局军管小组的指示,从本月起,北京广播电台各语言组为了更好地贯彻执行毛泽东提出的"国家不同,做法也不能一样"的原则和毛泽东指示的"对外宣传坚决地、有步骤地进行改革"的精神,全台从上到下普遍进行讨论,并提出改进意见。

9月1日

北京广播电台英语组恢复《听众信箱》节目,每周三播出,每次10~15分钟。每次有一至数个小题目,主要是介绍中国的基本常识。

9月6日

宁波电视调频转播台建立，转播浙江电视台节目。

9月9日

中央广播事业局致函南斯拉夫广播电视组织秘书长，表示同意双方建立互换广播电视节目的关系。

9月11日

中央广播事业局军管小组就广播《红旗》杂志发表的文章报姚文元：目前中央人民广播电台广播《红旗》杂志的文章，是根据《人民日报》转载的情况：《人民日报》转载即广播，不转载的，均不广播。考虑到《红旗》杂志的文章多，质量高，《人民日报》受版面限制，不能更多转载，而电台的节目多、容量大，因此，中央人民广播电台打算适当地多播一些。选择一部分《人民日报》未予转载的文章，报请批准后广播（每日报告一次）。姚文元批：同意。

9月13日

"九一三（林彪叛逃）事件"发生后，周恩来在人民大会堂召集会议，部署宣传报道工作。根据会议精神，中央人民广播电台在当天傍晚动员全台人员进行大清理，凡与林彪有关的稿件、节目和录音带，一律不准播出。严格执行重播重审的制度。北京电视台对节目严格执行中央的统一部署。9月14日，中央广播事业局军管小组紧急通知，今后对外广播中不得再出现"林副统帅"和林彪的名字。

9月18日

"九一八"事变40周年。北京广播电台各语言节目播出《人民日报》社论《不许日本军国主义重走侵略的老路》，还播出《"九一八"事变背景资料》。

9月21日

伊朗国家电视台代表团一行四人来我国访问，访华期间拍摄了两部介绍我国的电视片。

同日

天津电视台恢复播出少儿节目。

9月24日

中央广播事业局政治部编印《处以上干部解放、使用、审查、处理情况》：局内共有司局级以上干部36名（包括两名副部级干部），处级干部135名。已解放司局级干部27名，结合使用20名；已解放处级干部74名，结合使用49名。安排做一般工作的司局级干部7名，处级干部25名；继续受审查的司局级干部9名，处级干部21名。定性为敌我矛盾按人民内部矛盾处理的处级干部4名。

9月27日

中央人民广播电台军代表传达中共中央文件，内容是：国庆庆祝制度改革，不游行，不放焰火，不发社论，宴会上总理不讲话。军代表要求，国庆庆祝制度改革后，节目要保持热烈气氛。还要求今后对毛泽东主席语录，不用"最高指示"的提法。

同日

中国援阿广播技术人员张宝玉在阿尔巴尼亚牺牲。28日，阿人民议会主席团授予张宝玉"社会主义劳动英雄"称号。30日，阿人民议会主席团隆重举行授予张宝玉"社会主义劳动英雄"称号和金质奖章的仪式。

同日

广西壮族自治区革命委员会决定将广西人民广播电台的各类小功率转播台，下放给所在地区、市管理，实行双重领导，以地、市领导为主。

9月28日

福建人民广播电台迁到乌山洞内开始播音。为执行福建省革命委员会的命令，福建电台从1969年起开始搬迁。

9月30日

辽宁省阜新电视转播台开始转播。

同月

根据中央广播事业局军管小组决定，北京广播电台开办《革命样板戏》专题节目。每天对同一方向有两次播音时间的语言组，每周用一次时间专门播出样板戏。先在10个语言组试播。

同月

湖北省广播事业局在麻城县召开农村有线广播工作经验交流会议。

同月

根据甘肃省革命委员会指示，甘肃人民广播电台在广播节目中恢复自办地方文艺节目。

10月1日

上午，北京电视台直播体育表演大会的实况；晚上，直播京剧《海港》。

同日

内蒙古自治区包头电视台正式播出，办有新闻、经济、法治等栏目。

同日

青岛电视转播台开始转播北京电视台和山东电视台节目。

同日

连云港电视转播台建成。

同日

江西省宜春703电视转播台、井冈山704电视转播台、弋阳705电视转播台同时建成开播,各设置1千瓦黑白电视发射机一台,转播江西电视台节目。

同日

广西人民广播电台恢复1966年停播的壮语广播。

10月2日

周恩来批示同意我国同罗马尼亚签订新的广播电视合作协定。1972年3月2日,协定在布加勒斯特签订。

10月4日

北京电视台自即日起每周节目由六次增加到七次,即每晚都有节目播出。

10月5日

北京广播电台播发美国总统国家安全事务助理基辛格到京为美总统尼克松访华作具体安排的消息和会谈公报。

10月6日

浙江省广播事业管理局与浙江人民广播电台合署办公,两块牌子,一套班子。下设政工组、宣传组(即电台编辑部)、事业技术组、办事组、有线广播办公室。下辖浙江广播器材厂、浙江电视台。

10月7日

北京到昆明的微波干线接通,昆明电视台开始试转北京电视台节目。

10月15日

中国与朝鲜在平壤签订新的中朝广播电视合作协定。

10月19日

中央广播事业局对外部提出《关于改进新闻、专稿发稿工作的初步意见》。今后,编辑部新闻组编发的新闻分为四类:甲类通稿,各语言组必用;乙类通稿,供各组选用;丙类通稿,供部分语言组必用或选用;丁类稿,供个别语言组必用或选用。新闻组除普通新闻外,编发简明新闻(不是每天发),尽可能压缩消息中的名单。对新闻组编发的通稿,各语言组可适当选择、精编、删节、补充和综合。各语言的节目构成,一般情况下,国内、国际新闻在1小时节目中不超过20分钟,在半小时节目中不超过15分钟,约10条。

10月26日

中央人民广播电台广播第26届联合国大会于25日通过阿尔巴尼亚、阿尔及利亚等23国提出的要求恢复中华人民共和国在联合国的一切合法权利,并立即把台湾国民党当局的"代表"从联合国及其所属一切机构驱逐出去的提案的消息。北京广播电台迅速播发该消息。30日，又播发中国外交部代部长姬鹏飞收到联合国秘书长吴丹发来的关于联大通过恢复中国合法权利的决议（即"2758号决议"）的电报，以及中国政府就联大通过决议恢复中国的合法权利发表的声明。11月11日~12月18日，播出以乔冠华、黄华为正副团长的中国代表团出席联大的新闻，以及乔冠华11月15日在联大的发言等消息。

10月30日

中央人民广播电台、北京广播电台、北京电视台开始对亚非乒乓球友好邀请赛进行报道。中央电台举办了专题节目，转播了部分场次的比赛实况。北京广播电台及时播出有关亚非乒乓球友好邀请赛消息和报道，包括《人民日报》社论《增进友谊，共同提高》，报道《友谊的盛会 巨大的成功》《党和国家领导人会见各国和地区乒乓球代表团》等。北京电视台11月1日~16日，共转播亚非乒乓球友好邀请赛实况11场，播出有关邀请赛的电视新闻片37条，累计4小时30分钟，先后向22个国家和地区寄送电视片14条，共247个拷贝。

同月

山西1125台在原平县云中山兴建，功率1千瓦，任务是为忻县地区、雁北地区、大同市提供电视和调频广播信号源。该台于1973年9月15日投入使用。

11月1日

内蒙古人民广播电台恢复部分自办节目，开办蒙古语、汉语《全区联播节目》《新闻节目》《学习马列主义、毛泽东思想节目》《革命文艺》等四个节目。

同日

在吉林省的中央广播事业局直属652台正式播音。

11月8日

广西壮族自治区革命委员会任命杨仲绪为自治区广播事业局局长，免去赵品卿自治区广播事业局局长职务。

11月11日

新疆维吾尔自治区广播事业管理局（台）开始整党建党。到1972年2月基本结束，各部门党支部成立。

11月12日

湖北人民广播电台、武汉人民广播电台恢复《青年节目》。

11月13日

中央人民广播电台宣传小组就各节目开头一律不用毛主席语录一事，向中央广播事业局宣传小组请示。局宣传小组同意在一般情况下，可以不用。

11月15日

中央人民广播电台把原《毛主席著作选播》和《学哲学、用哲学》节目合并,更名为《学习马列著作、毛主席著作》节目。每天广播三次,每次20分钟。

11月19日~28日

越南总理范文同率党政代表团访华。北京广播电台播出《人民日报》社论《热烈欢迎越南人民的光荣使者》和代表团抵京,中共中央、国务院宴会,毛泽东主席会见代表团,联合公报等消息。越南语组派出四名记者参加采访。

11月22日

北京电视台即日起在每次节目开始时,只播用毛泽东手书的"北京电视台"台标。

11月24日

中国出席联合国大会代表团团长乔冠华就苏联代表团关于召开世界核裁军会议的建议发言,阐述我国立场。北京广播电台播出这一发言。中央广播事业局军管小组决定,将外文稿提供给越南总理范文同和在京的外国朋友。

11月29日

印度武装部队入侵巴基斯坦。北京广播电台播出国务院副总理李先念在阿尔巴尼亚驻华使馆国庆招待会上的讲话。讲话指出:"中国政府和人民对当前印巴局势十分关切,坚决支持巴基斯坦政府和人民的正义斗争。"其后又播出《巴基斯坦军队奋勇抗击入侵的印度军队》《姬鹏飞代部长强烈谴责印度加剧对巴颠覆和侵略,重申中国政府和人民坚决支持巴政府和人民的正义斗争》等消息和《人民日报》评论《荒唐绝顶的逻辑,明目张胆的侵略》等,共20多条(篇)。

同月

贵州人民广播电台开办第二套节目,自办节目有《新闻》和《全省各地广播站联播》,《联播》节目在第二套节目中用地方话重播,共计90分钟。

12月7日

驻中央广播事业局的解放军毛泽东思想宣传队全部撤回原部队。北京工人宣传队已于6月12日全部撤离。

12月23日

新疆维吾尔自治区广播事业管理局(台)党的核心小组成立。任夫彬任组长,苗风、阿依木·艾则孜任副组长。

12月31日

中央人民广播电台播出中央"两报一刊"1972年元旦社论《团结起来,争取更大的胜利》。至1972年1月20日,共播出129次。

同月

根据中央广播事业局军管小组指示，北京广播电台发动群众清查在广播宣传中有关林彪言论及不利于党和人民的提法、词汇。其中包括"最高指示""三八作风""四个第一""四好连队""五好战士""天天读""活学活用""顶峰"等等。

同月

新疆阿勒泰地区有线广播中心管理站成立。有工作人员五人，直接对县级有线广播站进行业务与技术指导。

同年

中央广播事业局广播设备制造厂试制成功 TPF-2 型 10 千瓦调频发射机，分差转式和调制式两种，为我国调频节目传送干线提供了设备。

同年

广播科学研究所改为广播科学研究实验工厂，并招收中学生与转业军人各 150 人，在沙河设立生产指挥部与电真空、无线电、材料、综合四个车间。

同年

至年底，全国（未包括港、澳、台）共有 32 座电视台。

同年

中央人民广播电台收到听众来信、来稿 8.4 万余件。

同年

北京广播电台收到 115 个国家和地区的听众来信 23257 封，比上年度增加 1424 封。一年内给听众复信 23115 封，向听众寄送马、恩、列、斯著作和毛主席著作 19332 册，其他各类书籍和小册子 24676 册，各类画报、杂志 195080 册。

同年

北京电视台全年向阿尔巴尼亚、朝鲜、越南、罗马尼亚、古巴等 22 个国家共寄送电视新闻片 313 个主题，拷贝 3136 条。

同年

内蒙古电视高山发射台建成并开始使用。

同年

安徽电视台首次在省体育场转播安徽足球队与阿尔及利亚大学生足球队的比赛。

同年

广东省湛江人民广播电台开始转播中央人民广播电台节目，并恢复自办节目。

同年

贵州省黔南布依族苗族自治州兴义市建设 10 千瓦中波发射台。贵州省贵阳市郊区云雾山大功率电视调频发射台开工建设。贵州省遵义地区电视转播台正式播出，用二频道转播北京电视台节目，节目信号由721微波站传送，该台铁塔天线高40米，用1千瓦黑白双通道电视发射机发射，台址：遵义市凤凰山。

同年

成都电视台开始作为四川省电视台使用。

同年

青海人民广播电台自办节目增加。藏语广播恢复和开办《新闻》《玉树话节目》《革命文艺》等节目。至1973年11月，藏语播音时间增至每天7小时10分钟。

同年

新疆伊犁哈萨克自治州在原农村广播网维修站的基础上成立农村广播网中心管理站。

同年

新疆新源县广播站使用汉语、哈萨克语两种语言播音，每天三次，总计6小时。到年底全县共发展小喇叭7000多只。

1972年

1月1日

国务院年前通知，对外不主动贺年（包括个人和机关）。因此，新年不搞向听众贺词。北京广播电台日语组在新年期间播出北京大学革命委员会副主任周培源、乒乓球运动员林慧卿的讲活；北京青少年为日本青少年举办的新年节目；北京国棉三厂工人向日本工人祝贺新年的节目；我国翻译人员的"对谈"；录音报道《聋哑人的新生活》《两个十三年》；小说《三进校门》等。

1月3日

中央广播事业局组成70多人的接待组，自本日起到3月3日止，负责接待为尼克松总统访华进行电视转播的美方先遣人员和电视广播技术人员，并协助美国广播公司、美国哥伦比亚广播公司和美国全国广播公司等美国广播电视机构报道尼克松访华活动。

1月4日

中央广播事业局宣传小组决定，凡是歌颂林彪及其一伙的录音胶带一律消磁，由各大部口宣传组统一组织检查、消磁。

1月6日

中共中央委员、中央军委副主席、国务院副总理兼外交部长、政协全国委员会副主席、国防委员会副主席陈毅在北京逝世，终年71岁。中央人民广播电台及时报道。11日，北京电视台新闻播出《首都隆重举行陈毅同志追悼大会》。毛泽东参加追悼会。

1月7日

为向美国转播尼克松访华的电视节目，北京电视台代表和美国广播公司、美国哥伦比亚广播公司和美国全国广播公司代表签订两个合同，即中方租借美方电视转播设备的《租用合同》和《美国电视、广播机构使用北京电视台设备合同》。中方在首都机场附近兴建联合播送中心。

1月13日

中央广播事业局、新华社、人民日报社等单位联合向中央送上《关于宣传报道中废止不利于党、不利于人民的提法初步意见》，要点是：林彪、陈伯达炮制的不正确提法必须废止。如："四个伟大""三忠于""四无限""马列主义顶峰""一句顶一万句""有了政权就有了一切"，等等。

1月19日

中央广播事业局军管小组向中央报送《关于改进中央人民广播电台新闻广播的请示报告》，报告中关于编辑原则第十一条规定："执行中央宣传机关统一领导、分工合作的原则，反对资产阶级新闻观点。新闻广播主要采用新华社和《人民日报》的稿件。《红旗》杂志的文章，新闻节目除选播《人民日报》转载的外，只广播经中央领导同志批准广播的。其他报刊的文章，除新华社、《人民日报》转发者外，一般不广播。"

同日

西藏自治区广播事业局（台）党的核心领导小组成立，赵金锷任组长，李笑星任副组长。

1月21日

就有关尼克松访华的宣传报道，中央广播事业局、新华社、人民日报社和中央新闻纪录电影制片厂联合向中央和周恩来写了请示报告。要点如下：尼克松访华宣传报道应以"九大"路线、毛主席"520"声明和对斯诺谈话精神为纲。同时，鉴于尼克松是我们同意来访的美国总统，宣传报道要做到有理、有利，体现不卑不亢、不冷不热、以礼相待的接待方针。尼克松在华的几天，关于揭露美帝在国内外活动的动态性稿件应适当控制，原则上暂不发表，专门揭露苏修的稿件也暂不发。报道用语少点或不点尼克松的名，必须点名时可称"美国总统"或"尼克松总统"。由新华社发消息、照片。广播、电视不转播实况，不做录音报道。稿件应争取提高时效。中央人民广播电台对台湾广播次数拟略多一些。

1月26日~2月5日

北京电视台协助随巴基斯坦总统布托访华的广播电视记者进行采访，并向他们提供了1600英尺胶片和两部电视片。

2月1日

辽宁省铁岭地区人民广播站建立。

2月9日

中共河北省委批复：河北省广播管理局更名为河北省革命委员会广播事业局；任命刘原生为局长、河北人民广播电台台长；免去陆达的局（台）长职务。

2月10日

"文化大革命"期间，新疆维吾尔自治区广播事业管理局（台）党的基层组织停止活动六年之久。整党后，新疆电视台成立首届党支部，杜慎学任支部书记。

2月11日

上海试制的彩色电视试验台中心设备在北京电视台安装完毕。因为国产彩色显像管质量还不过关，缺少彩色监视器和彩色接收机，故彩色电视尚不能开播。

2月20日

北京电视台新闻播出《首都各界人士隆重集会追悼斯诺先生》。

2月21日

新疆维吾尔自治区广播事业管理局（台）机构进行调整。宣传组下设采通组、节目组、维吾尔语组、哈萨克语组、蒙古语组、文艺组、时事组、资料组，编制为246人。政工组编制为11人，办事组编制为86人，事业组编制为92人，电视组编制为52人，广播器材厂编制为72人。

2月21日～28日

美国总统尼克松访华。中央人民广播电台当天中午12：30播出简讯，17：00开始广播详细的报道。毛泽东会见尼克松的消息于当晚20：30播出。联合公报于27日20：00首次播出。周恩来举行宴会、会谈等重要活动的消息均及时播出。尼克松访华期间，中央电台发新闻16条，共播出119次。对台湾广播播发新闻19条，播274次。北京广播电台连续播发尼克松抵京、会见、宴会、参观游览、会谈等消息。北京电视台拍摄电视片22条，共11分钟，报道了周恩来到机场欢迎尼克松、毛泽东会见尼克松、周恩来设宴欢迎尼克松和夫人、美国总统参观故宫和长城、到上海与杭州访问、中美双方联合发表《上海公报》等一系列活动，并通过国际卫星向世界传送。中央广播事业局租用美方全套彩色电视设备，协助美国三大广播公司，通过卫星转播美国总统尼克松访华活动的广播和电视节目。据统计，在尼克松访华期间，美国三大广播公司共播出30个主题、52小时的电视报道，图像清晰、质量好。其中9次是电视实况转播。这是我国首次通过国际卫星向世界发送电视报道。

2月27日～29日

上海人民广播电台、上海电视台为美国总统尼克松访问上海，派出业务、技术人员20多人，协助美国三家广播公司的26名随团广播、电视记者，进行电视实况转播或实况录像。

同月

湖南省湘潭人民广播电台恢复自办节目。

3月1日

上海人民广播电台恢复业余外语广播讲座，举办英语初级班。1973年3月5日开办日语班，同年5月14日开办法语班。1980年3月24日开办德语班。

3月17日

外交部重申：一、发布新闻和声明统由外交部新闻司归口，由新闻司与新华社等单位直接联系。二、对外发稿由新华社统一归口。报刊、广播电台均以新华社发稿为准。周恩来批示：同意重申这两条，以后均以此为准，不要多头。

3月20日

黑龙江省革命委员会政治部发文给各地区革命委员会政治部，决定黑龙江人民广播电台在各地区建立记者站（各记者站已于1968年2月起陆续建立），每个记者站暂设1～2人，请各地区协助省广播电台将驻地记者站的干部按条件予以配齐。

3月27日

中共广西壮族自治区委员会同意成立广播事业局党委，杨仲绪任党委书记。

同月

天津电视台摄制的纪录片《骨折治疗创新篇》，反映了天津医院中西医结合小夹板治疗骨折的医疗技术成果。该片由北京电视台发行到全国及世界26个国家和地区。

同月

经中共山东省委同意，成立山东省革命委员会广播局核心小组。山东广播局对外挂"山东省革命委员会广播局""山东人民广播电台""山东电视台""济南人民广播电台"四个牌子。

同月

湖南电视台配备一台黑白电视转播车。

4月1日

中央人民广播电台恢复播出《卫生常识》节目。

同日

荷兰纪录电影导演伊文思及玛斯琳来北京电视台观看《针刺麻醉》《放鹿》等七部电视片，看后对电视节目的制作提出改进意见。

同日

江苏省苏州人民广播电台恢复播音，发射功率1千瓦，频率1000千赫。

4月8日

四川省广播事业局所属峨眉山电视转播台，因值机员违反安全操作规程造成重大火灾，烧毁电视转播台的机器设备和金顶包括华岩寺全部寺庙的文物古迹。周恩来就这一火灾事故询问中央广播事业局负责人。造成这次重大火灾事故的有关人员受到处罚。

4月10日～5月4日

日本教育电视台、朝日制作公司电视小组来我国采访。他们所拍的片子编成题为《文化革命的中国》专辑。

4月15日

天津人民广播电台杨柳青发射台土建工程竣工，变电设备和两部发射机安装完毕。

4月17日

北京广播电台编辑部新闻组试行编发《简明新闻》。每天一组，逐日收集和编排24小时内的重要国际新闻10条左右。新闻组还开始编发《中外关系简讯》。

4月30日

经湖北省革命委员会批准，中共湖北省广播事业局委员会正式成立，沈启权、曹建国、祝季伟、张献庆、许丹、李茂银、孙静娴任常委，沈启权为书记。

同月

黑龙江省伊春电视台建成开播。

同月

新疆阿克苏地区广播中心维修站正式成立。12月更名为阿克苏地区广播事业管理站。

5月1日

6：30开始，中央人民广播电台恢复蒙古语广播，每天播出三次，每次45分钟（先安排30分钟，留15分钟作为机动）。

同日

北京广播电台各语言节目播发"五一"游园活动的录音报道或文字稿。到23：00，中央广播事业局军管小组决定：新华社"五一"详稿出来以后，各语言节目一律用新华社稿，自采的录音报道停止播出，凡已用过简稿和录音报道的语言节目，仍旧要补用一次新华社的稿子。华侨部播用中央人民广播电台的报纸版面介绍。2日上午，军管小组决定，新华社的"五一"详稿大语言组要用，其他小语言组可不用，但要重播简稿，把江青、许世友、陈锡联的活动加进去，录音报道停用。

5月3日~13日

巴基斯坦广播局局长夏希德·侯赛因和电视公司总经理阿斯拉姆·哈扎尔应邀访问我国。

5月13日

以导演安东尼奥尼为首的意大利电视摄影队即日起至6月16日来我国采访拍片。回国后编成题为《中国》的影片，先在美国广播公司放映，后在意大利电视台和电影院放映。

5月15日

中央人民广播电台实行新节目时间表。《学习马列著作、毛主席著作》节目,由原来的每次 30 分钟改为 20 分钟。《记录新闻》节目由每天广播 4 小时改为 3 小时。恢复 1967 年停办的《体育运动》节目,改名为《体育节目》,每星期广播三次,每次 15 分钟。《对工人广播》节目由每天播出两次改为三次,每次 30 分钟。《教唱革命样板戏》节目改名为《教唱革命现代京剧、革命歌曲》节目。

5月17日

北京电视台决定派记者韩金度和翻译江欧利常驻越南(1975 年 10 月回国)。

5月21日

澳大利亚听众鲍威尔来信,对北京广播电台英语广播提出批评。他认为,英语广播要反对党八股。他说,北京广播电台的英语广播用的不是讲英语的大众的语言,而好像是一个学生在写论文。它用的语言是一种精确的书面语言。

5月22日

天津市革命委员会生产指挥部批复同意天津市广播事业局彩色电视工程方案。

5月27日

黑龙江省革命委员会转发黑龙江省广播事业局《关于恢复和建立地(盟)、市、县(旗)广播事业局(科)的请示报告》。

5月30日

陕西省广播事业局负责宣传的边春光,带领陕西人民广播电台文艺部有关人员,会同中央人民广播电台、陕西省文化局人员到陕北整理了《山丹丹开花红艳艳》《咱们的领袖毛泽东》《翻身道情》《工农齐武装》《军民大生产》五首民歌。五首陕北民歌采录播放后,有关部门立即灌制唱片,拍摄纪录片在全国发行。

同日

国际电信联盟恢复中国在该组织中的合法席位。

同月

吉林人民广播电台自办的《全省联播》节目每天增加 15 分钟新闻,全天共播出三次,75 分钟。

同月

福建人民广播电台停办五年之久的《对金门、马祖广播》节目恢复播出。

同月

新疆伊犁哈萨克自治州中心广播站在察布查尔县召开农村有线广播工作会议,推广该县发展有线广播的经验。

6月1日~6日

山西省广播事业局在中阳县召开山区、老区普及农村广播网经验交流会议,参观了中阳县刘束坪公社石板上大队。

6月9日

中央广播事业局对外部领导金照、罗东、杜波、胡若木同文艺组座谈文艺宣传问题。他们认为文艺广播报道面太窄,只有100首歌曲,间奏乐也只有几个。对现代京剧,外国人不熟悉,应多用介绍方式,要逐步扩大报道面。

6月12日

中央广播事业局彩色电视办公室组织有关技术人员,同由机械进出口公司接待的法国电视技术代表团进行技术座谈。

6月16日

北京广播电台为日本广播协会录制的《学讲中国话》节目录音,交日中文化交流协会白土吾夫代为转交。

同日

中日友好协会会长廖承志在接见日本九州地区民间广播友好访华团之前,问北京广播电台日语记者:"对日广播最近办得怎么样?是不是硬些?"还说:"总理很关心对日广播,前几天总理在接见日本旧军人会代表团时特意听取了他们对我日语广播的意见。当时在场的日语专家德地末夫说:'对日广播办得不错。'总理说:'不相信,如果1/3的听众说好,那就很不错了。对日广播可能办得好一些,其他广播不知怎么样?'他说:'广播好坏主要看内容,内容适合不适合日本情况?'"周总理还要廖承志听一听广播。廖承志说还没有听,但据说对外宣传有内外不分的问题,这个问题要逐步解决。

6月26日~7月13日

以中央广播事业局副局长董林为团长的中国广播电视代表团一行八人应邀访问罗马尼亚,随行的北京电视台记者拍摄了反映罗建设成就的电视片。

6月29日

湖南电视台迁至长沙市德雅路110号。30日晚顺利开通,观众看到北京电视台播出的庆祝"七一"的电视节目。全台共有职工83人。7月1日,该台725平方米的大演播厅启用,为文艺节目提供演播和录制场地,拥有两个演出面的大厅可采用多景区的方法连续播送节目。

7月1日

广西大明山电视调频转播台(今广西广播电视236台)建成开播,设两部大功率调频广播发射机播出广西人民广播电台节目,一部7.5千瓦黑白电视发射机播出广西电视台节目，覆盖广西 37 个县（市）。

7月3日

中央广播事业局军管小组向中央送上《关于伟大领袖毛主席及党和国家其他领导人讲话录音的保管问题的请示》。报告附有讲话录音资料目录。周恩来8月11日批示，建议还是全部暂由广播事业局负责保存，并提到对其他一些历史人物的讲话录音也应保存。

7月4日

我国驻奥地利使馆函告北京电视台，奥电视台播出我国赠送的《针刺代替药物麻醉——针刺麻醉》电视片，反映较好。西欧几家电视台表示对此片有兴趣。使馆建议同该台建立互换电视片的关系。9月20日，北京电视台通过使馆向奥台寄去《大庆油田125钻井队》等四部电视片。

7月10日

北京广播电台各部组根据统一部署陆续制订宣传方针。在国内问题的对外宣传上，提出要以我为主，内外有别，知己知彼，有的放矢。还提出，一、既要坚持革命原则，又不强加于人；二、谦虚谨慎，留有余地；三、坚持正面宣传的原则；四、注意科学性，防止片面性和绝对化；五、摆事实，讲道理，以理服人；六、深入浅出，通俗易懂。国际问题发稿方针是：一、反对两个超级大国的侵略、颠覆、控制、干涉是各国人民斗争的重点；二、区别对待，团结一切可以团结的力量；三、要着眼于人民；四、立足于第三世界；五、宣传上要坚持马克思列宁主义普遍真理与各国革命具体实践相结合的原则。文艺广播的发稿原则是：一、以政治标准第一，艺术标准第二为原则；二、中国节目和外国节目，以中国的为主；专业节目和业余节目，以专业节目为主；三、文艺宣传要根据国际斗争形势和对象国家社会情况，有的放矢地进行；四、对象国家的文艺节目，选材标准可比对内广播适当宽一些；五、文艺广播一般应占整个节目的 15% 到 20%。

7月15日

天津市广播事业局调整机构：设天津市广播事业局革命委员会办公室、政工组、人保组、宣传组、事业管理处，804台、天津人民广播电台、天津电视台。

7月18日

周恩来对北京人民广播电台关于举办外语讲座节目作出批示。批示说："北京广播外语讲座，一经出现，影响极大，请于7月下旬先将第一月教材稿、教师播讲录音，送外交部由浦寿昌、章含之、唐闻生三同志组织审查，肯定可用后，再在8月中旬于北京开课。"

同日

贵州电视台和贵州省微波总站达成协议，给贵阳、遵义、都匀、安顺、六枝、水城等地传送北京电视台节目。

7月25日

北京电视台恢复播出《科学常识》和《少年儿童节目》。

8月1日

中央人民广播电台民族部恢复朝语广播，每天广播三次，每次播音45分钟。

8月14日

周恩来在审阅中央气象台"第九号强台风将袭击台湾"预报稿时，在稿件中的"台湾"二字后面加了一个"省"字，在稿件最后加上一句"祝同胞们晚安"，并批示："要对台湾同胞广播"，"告以预防台风袭击和表达祖国的关心"。根据周恩来的指示，15日，中央人民广播电台对台湾广播新闻节目增加"天气预报"内容。福建人民广播电台和中国人民解放军福建前线广播电台也播出该稿件，并于10月1日开办《台湾海峡地区天气预报》节目。

8月14日～9月18日

以杨兆麟为团长的中国电视摄影记者代表团，根据1972年中阿文化往来计划访问阿尔巴尼亚。

8月15日

北京广播电台华侨部根据我国驻外使馆的要求，在对欧、非使馆的普通话节目中逐天播发《报纸版面介绍》。

8月18日～11月3日

美国全国广播公司电视摄影队（以露西·贾维斯为首）一行八人来我国访问拍片。摄影队拍摄了北京第二机床厂工人刘宝礼一家及故宫等名胜，回国后编辑成题为《故宫》的电视片，在美播放后，反映较好。这是中国接待的第一个美国大型电视摄影队。9月13日，周恩来会见美国全国广播公司电影摄影队，并接受了简短的电视采访。

8月23日

中央广播事业局即日起抽调74人，接待随日本首相田中角荣访华的广播电视技术人员85人，并在9月25日～30日协助日方人员播送田中访华电视节目31小时59分钟，电视实况转播9次，播出20多个主题，效果良好。

8月26日～9月12日

"一赛两会"（第一届亚洲乒乓球锦标赛、亚洲乒乓球联盟第一次代表大会、亚非拉乒乓球友好邀请赛筹委会）在北京举行。北京广播电台成立专门报道组，除消息外，共发专稿 60 篇。通稿有《在迎接第一届亚洲乒乓球锦标赛的日子里》《中国乒乓球运动员梁戈亮讲话》《我们为友谊、团结而来》《第一届亚洲乒乓球锦标赛在北京隆重开幕》《昆明湖畔友谊歌》《高歌欢舞、畅叙友情》《第一届亚洲乒乓球锦标赛胜利闭幕》。在赛后，还组织 30 多个国家代表团团长讲话。

同月

浙江省丽水地区广播转播台建成并正式开始转播。1973 年 3 月扩建，1974 年 5 月 1 日完成，用 1359 千赫、810 千赫转播中央人民广播电台、浙江人民广播电台第一套节目。

同月

中共甘肃省委任命军代表陆江为甘肃省广播事业管理局革命领导小组组长，李沧涛改任副组长。

9 月 8 日

中央广播事业局、新华社、人民日报社、中央新闻纪录电影制片厂联合向中央送上《关于田中访华宣传报道的请示报告》，要点如下：田中访华的宣传报道，规格和规模参照报道尼克松访华的原则处理。要体现出坚持无产阶级政治原则，维护国家主权，重视国际阶级斗争，提高警惕，以及不卑不亢、以礼相待的接待方针。报道要争取提高时效，有关田中访华消息，中央人民广播电台对台湾广播次数可较多些。广播、电视一般不转播实况，不做录音报道。在中日会谈期间，有关日本人民要求恢复邦交的要求要注意报道。有关揭露日本复活军国主义和对外扩张的材料，暂不报道。涉及过去历史的报道，一般不引用日本帝国主义侵华时期的情况作背景，有关日本帝国主义侵华及当前日本和台湾的关系，暂不报道。

9 月 15 日

山东电视台正式向全省播出电视节目之后，在青岛、枣庄建立转播台，在泰山、蒙山、大泽山、昆仑山等转播台增加电视发射机，转播山东电视台节目。

9 月 16 日

山西人民广播电台发出《关于生产救灾工作的报道提示》。随后又发出《关于农村经济政策的宣传报道意见》。

9 月 20 日

陕西省延安电视转播台建成正式播出，用 1 千瓦发射机转播北京电视台节目。

9 月 23 日

湖北省随县大洪山电视转播台开始工作，转播北京电视台和武汉电视台的节目。

9 月 25 日

上海电视台建成 210 米的电视发射塔。

9月25日~30日

日本首相田中角荣访华。中央人民广播电台播出田中角荣到达北京、周恩来同田中会谈以及周恩来举行宴会欢迎田中的新闻。北京广播电台日语和对外各语言节目分别播发田中角荣抵京、宴会、会谈、会见、大平外相举行记者招待会等消息。30日，田中首相结束访华回到东京，日语组等均及时播发了消息。北京广播电台新闻组25日~30日，共发有关田中访华的新闻38条，其中6条简明消息。访问期间，北京电视台及时报道了毛泽东会见田中及其一行访华活动的新闻。

同月

第27届联合国大会即将开幕，北京电视台于本月中旬特派记者庞一农、于学臣随我国出席联大代表团进行采访。这是我国恢复在联合国的席位后，北京电视台首次派记者采访联大。

同月

国家计委安排北京、上海、天津、河北、广东等省、市试制彩色电视试播设备。

同月

贵州人民广播电台购进两部500瓦调频发射机，从安装调试、架天线、调天馈线到发射成功，用了两个月时间。主要用来转播中央人民广播电台节目。

10月1日

中央人民广播电台、北京广播电台分别采制了反映国庆游园活动的录音报道。北京广播电台游园庆祝活动录音报道用22种外语和5种汉语方言播出。国庆专稿共发25篇，其中自采12篇。北京电视台转播了首都人民庆祝中华人民共和国成立23周年游园联欢实况。转播地点为中山公园和颐和园。晚上转播了首都体育馆的体育表演。

同日

中央人民广播电台、北京广播电台播出中央"两报一刊"社论《夺取新的胜利》。

同日

上海电视台每周增播到七次。

10月2日

在周恩来的关心下，北京人民广播电台与北京市教育局联合举办的《英语广播讲座》开播。

10月4日

山西省广播局党的核心小组作出贯彻落实中共山西省委《关于纪念毛主席视察黄河20周年的通知》，为本省广播电视宣传列出计划。

10 月 10 日

江西省革命委员会批准在江西人民广播电台和 702、703、704、705 等四座电视转播台分别设置调频广播。

10 月 14 日

在伊朗召开的"亚洲—太平洋广播联盟"(简称"亚广联")第九次全会通过决议:中华人民共和国国家广播组织应享有"亚广联"正式成员的资格。

同日

以北京电视台党的核心小组副组长王枫为团长的中国机械进出口电视技术考察组赴法国、瑞士、联邦德国、荷兰和英国进行考察,为期三个月,重点考察彩色电视制式,并对选购彩色电视设备做了调查和探讨。

10 月 20 日～11 月 20 日

以墨西哥广播局节目制作部主任冈萨雷斯为领队的电视摄影队一行六人来我国采访拍片。这是墨西哥首次派摄影队来华采访。据新华社 1973 年 3 月 11 日报道,墨第四电视台在 3 月 11 日晚播出了该摄影队在华拍摄的 45 分钟的电视片,并宣布将向墨全国播发 17 部有关中国的彩色纪录片。

10 月 24 日

英国维斯新闻社董事长沃尔德曼、主编费格森和远东编辑斯伯尔访华,商谈签订双方互购电视片合同。

10 月 31 日

北京广播电台对播音工作存在的问题进行初步调查。全部播音员 334 人(其中外语 307 人,方言 27 人),初步排队,播音业务熟练和较熟练的 123 人,占 36.8%;水平一般的 106 人,占 32.3%;水平较差的 27 人,占 8%;正在培养的 76 人,占 23%;不宜再播音的 2 人。当前存在的主要问题是,播音质量出现下降趋势,一些外语节目听众反映听不懂;新老播音员普遍出现职业病和体质下降现象。

同月

遵照中央关于建立中央广播事业局各级领导班子的指示精神,北京电视台建立了由八人组成的党的核心小组,任继胜任组长,徐国盛、戴临风、王枫任副组长。

同月

天津人民广播电台第一、第二、第三套广播节目均陆续改用 635 型录音机播出,带速为 38.1 厘米/秒;第四套广播节目采用国产 305 型中型台式录音机播放,带速为 19.05 厘米/秒。

同月

中共河北省委任命史一凡为河北省广播事业局局长、河北人民广播电台台长;

免去刘原生的局（台）长职务。

11月5日～12日

广西壮族自治区革命委员会在恭城县召开全自治区广播工作会议，各地、市、县革委会宣传小组和广播站负责人261人参加。会议确定：全面整顿广播网路，提高传输质量；积极发展、巩固载波，建立平战结合的有线广播网，两年基本实现县到公社载波化；继续抓好广播普及工作，重点放在边远山区，两年内实现队队通广播，喇叭入户率达到70%。

11月25日

天津市革命委员会召开第17次主任办公会议，讨论《关于彩色电视天津塔设计方案的报告》。

11月29日

中共新疆维吾尔自治区委员会批准撤销自治区广播事业管理局（台）党的核心小组，成立临时党委。任夫彬任书记，林夫、买买提·塔提力克任副书记。任命林夫、买买提·塔提力克、朱光耀、杜慎学为局（台）革命领导小组副组长。

同月

内蒙古人民广播电台蒙古语广播恢复部分自办节目，明确"以翻译为主，自办为辅"的办节目方针。

12月12日

中央广播事业局向国务院上报《关于继续开办北京广播学院的请示报告》。报告中写道："在文化大革命中，由于我们对广播电视事业的发展估计不足，向中央写了停办北京广播学院的请示报告。1971年全国教育工作会议正式决定撤销该院。近一年来，由于全国广播电视系统专业技术干部需求极为迫切，广播事业局本身干部来源亦难解决，加之近年外交路线的伟大胜利，中央有关单位需要亚非拉地区稀有语种干部大量增加，对撤销广播学院也有反映。经研究认为，还需继续开办北京广播学院。目前开办北京广播学院条件是完全具备的……"12月21日，中央广播事业局《关于继续开办北京广播学院的请示报告》正式报送国务院，同时决定成立复校筹备领导小组，由文化大革命前的党委书记、副院长左荧担任组长。

12月12日～1973年1月6日

以中央广播事业局副局长董林为团长的中国电视技术代表团一行六人应邀到朝鲜进行工作访问。

12月26日

辽宁省辽阳电视台开始转播节目。

同日

安徽省革命委员会常委办公会议批准，以省广播事业局办安徽中级广播学校为基础，成立安徽广播学校。学校的任务是：培养广播电视系统各类中等专业人才；培训广播电视在职职工，提高政治和业务素质，以适应广播电视事业不断发展的需要。

同年

中央人民广播电台收到听众来信25180封，比上年增加3399封。收到群众来稿64738件。

同年

北京广播电台收到120个国家和地区的听众来信24831封，比上年增加6.7%。

同年

根据国务院批准的1972年《电视专业会议纪要》的精神，开播彩色电视，并建设北京电视中心（第一期工程）。北京电视中心将向北京地区及全国各省、市、自治区传送一套彩色电视、一套黑白电视节目。

同年

吉林省广播事业管理局颁布《吉林省有线广播工作条例》《吉林省有线广播规章制度》《吉林省有线广播主要技术标准》《吉林省有线广播测试方法》。在全国广播系统中，这是较早建立的一套比较完整的有线广播管理规则。

同年

黑龙江省鹤岗电视台正式开播。

同年

广州电视台拍摄第一部彩色电视纪录片《石湾陶瓷绽新花》；引进两台飞利浦牌1英寸录像机，这是广东第一批次的电子化录像设备。

同年

贵州人民广播电台贵阳记者站成立。从此，贵州人民广播电台在九个地、州都成立了常设的记者站。

同年

贵阳电视台首次拍摄社会教育专题节目《南哨医疗小分队》和《乌江天险变通途》在本台播出，均用16毫米电影胶片摄制。

同年

云南省宣威726台两部300千瓦中波发射机、四部50千瓦短波发射机投入使用。

同年

陕西省宝鸡722台两部120千瓦短波发射机投入使用。

同年

青海省全省广播电视系统职工总数发展到782人。省广播事业局与青海人民广播电台、青海电视台共有职工269人,其中编播人员78人,技术人员94人,行政人员38人,工人59人。职工中具有大专以上学历的88人,少数民族职工25人。州县广播站职工共有451人。

1973 年

1月1日

中央人民广播电台藏语广播恢复播音,每天播出两次,每次50分钟。藏语广播是中央电台举办的第一种少数民族语言节目,1950年5月22日开播,1960年12月5日停播。

同日

北京广播电台播出中央"两报一刊"元旦社论《新年献词》(半小时用摘要),一些语言节目自采自编有针对性的新年节目。

同日

山西省广播事业局328发射台经过七年的建设,调频发射机正式开机,播出山西人民广播电台的节目。

同日

昆明电视台梁王山电视中心发射台正式使用二频道向云南全省播出电视节目。

1月2日

中央广播事业局结束军管。中共中央《关于中央广播事业局党的核心小组的成员和局长、副局长配备的通知》中,中央同意:一、中央广播事业局党的核心小组由刘建功、戴征远、毛德厚、董林、王寿仁、金照、顾文华、李哲夫、嵇书佩、张振东、章壮沂11人组成。刘建功任组长,戴征远、董林任副组长。二、刘建功任中央广播事业局局长;戴征远任中央广播事业局副局长;董林任中央广播事业局副局长兼技术部主任;王寿仁任中央广播事业局副局长兼办公室主任;金照任中央广播事业局副局长兼北京广播电台台长;顾文华任中央广播事业局副局长兼中央人民广播电台台长;李哲夫任中央广播事业局副局长;毛德厚任中央广播事业局副局长兼政治部主任。

1月5日

广西猫儿山电视调频转播台(后更名为广西广播电视239台)动工兴建。

1月10日~15日

北京电视台协助扎伊尔电视台通过卫星转播蒙博托总统访华的实况。这是我国首次使用自己的地面卫星站和电视设备,由自己的技术人员通过卫星对外传送电视节目。

1月11日

浙江省湖州电视调频转播台建立,其由小功率差转台扩建而成。先后用自己组装的40瓦、300瓦和1千瓦发射机转播上海电视台节目。1981年起,每周一、三、五转播上海电视台节目,二、四、六转播北京电视台第一套节目。

同日

浙江省舟山电视调频转播台建立,其由小功率差转台扩建而成。用三频道、1千瓦发射机转播北京电视台第一套节目。

1月13日

天津市广播事业局成立"五一"彩色电视试播领导小组。29日,向天津市委呈报《关于电视台彩色电视试播问题的报告》。5月1日,天津电视台增加十二频道进行彩色电视节目的试播,并由解放北路151号迁卫津路143号电视台新楼,发射功率为10千瓦。每周播出三次,每次2～3小时。

1月15日

扎伊尔总统蒙博托访问上海,上海人民广播电台提供设备向金沙萨传送广播节目四次。

同月

北京电视台接受由中国轻工业品进出口总公司转来的为越南电视台加工制作两部纪录片的工作任务,这项任务是我国援越项目之一。自本月开始,到2月份结束,为越南制作的两部纪录片是《5天的较量》和《河内奠边府》。

2月7日

为进行彩色电视试播,北京电视台写报告给国家计委,请求调拨一辆北京市汽车修理公司四厂生产的北京牌BK640B型公共汽车作电视转播车用。转播设备拟用英国2月份在北京工业展览中展出的二讯道电视设备。

2月9日

中央人民广播电台向中央广播事业局核心小组送审《关于改进中央台记者站工作的请示报告》。《报告》建议从1974年起,续建第二批11个省、市、自治区记者站(第一批记者站于1964年筹建,至1966年初先后建立了17个记者站)。记者站一般配备四五名记者,其中一名为站长或副站长。所需的干部,主要由当地党委配备,同时,也从中央广播事业局抽调一部分干部充实记者站。记者站编制属中央广播事业局,受广播事业局的领导,同时也受当地党委的领导。建站工作争取在1～2年内完成。

2月10日

中央广播事业局"五一"彩色电视试播领导小组召开北京电视台彩色电视攻关组及有关部门参加彩色电视试播工作的全体人员大会，为做好彩色电视试播准备工作作进一步动员，力争5月1日开播。

2月12日

安徽人民广播电台恢复中断八年之久的英语广播教学节目。

2月16日

科威特驻华大使巴疆向北京电视台赠送1971年12月中国足球队访科的录像节目。北京电视台回赠了电视片，双方商定不定期互相交换电视片。

2月23日

毛泽东审阅中央广播事业局关于北京"五一"彩色电视试播准备工作的简报。

同日

北京广播电台在"文化大革命"中各语言广播取消的固定节目陆续恢复。英语广播的节目构成是：新闻、评论、国际专稿（包括《国际一周》）、一般国内专稿、固定节目、音乐。固定节目有《马列著作选播》《毛主席著作选播》《中国建设》《中国文化》《听众信箱》《中国音乐》《在我国各地》（国内新闻集纳）。这样，每天广播中至少有一个固定节目。听众普遍欢迎这种做法。日语广播恢复举办《中国话讲座》初级班节目。这个节目于1963年开办，1966年停办。

3月3日

中央人民广播电台调整各类文艺节目的播出比例，并作出详细具体的安排。全台两套节目，文艺节目每周为8255分钟，大体上七个"革命现代京剧"占50%，两个"革命现代舞剧"和三个"音乐样板"占20%，其他音乐节目占20%～25%，文学、曲艺和地方戏占5%～10%。

3月5日～31日

中央人民广播电台召开驻地方记者会议。参加会议的有14个记者站的36名记者。会议学习了中央有关文件和指示，总结交流了经验，讨论了记者站的组织建设、工作方针等问题。

3月6日

中央广播事业局为筹建一座新电视台向国家计委写了《关于新建北京电视台的请示报告》。《报告》指出：目前全国除西藏外都有了电视台和电视实验台，已有20个省、自治区、直辖市可以通过微波干线或电视发射台接转北京电视台的节目。彩色电视将于今年5月1日进行试播。《报告》预计，全部技术用房建筑面积10万平方米，生活用房建筑面积4万平方米，共需投资8050万元。《报告》提出，预计新台可播出三套节目，并能承担国内传送、国际交换和重大外事活动电视转播的任务。4月15日，李先念副总理在国家计委《关于"五一"北京彩色电视台筹建工作情况和有关几个问题的请示报告》上批示，拟同意这个报告。并指出：报告反映出来的问题，要不断解决，特别希望有关部门当作一件大事情来抓，不要延误时间。

3月7日～5月3日

英国广播公司（BBC）电视摄影队一行七人来我国采访文化古迹，配合我国出土文物在英国展览。由外交部、文物局和中央广播事业局联合接待。回国后编成电视片《中国的珍宝》播出。这是英国广播公司首次派大型报道队来访拍片。

3月17日

国务院科教组通知：同意恢复北京广播学院，由中央广播事业局直接领导，党的工作、政治工作仍归北京市委领导，面向全国招生。

3月20日

新疆克孜勒苏柯尔克孜自治州广播维修站更名为广播事业管理站。

3月25日～4月27日

中央广播事业局组成40人的接待组，接待随墨西哥总统埃切维利亚来访的墨电视技术人员。根据周恩来关于积极协助、尽量满足墨方要求的指示精神，4月19日至23日，协助墨方在首都机场播送中心向墨转播电视实况一次，播送电视录像和彩色影片四次，共31分钟。24日，在上海实况转播三次，共35分钟，转播质量良好。

春

根据电子工业部门提供的情况，彩色电视接收机本年度国内安排试制140部，"五一"可能提供50部，同时向国外订购600部，如能按期交货，"五一"试播时可改装完毕300部左右提供使用。

4月12日～23日

日本广播协会会长前田义德率代表团访华（内含摄影记者）。访华期间，前田邀请我方参加亚洲广播联盟，并希望与我方合作共同发射广播卫星。13日上午，廖承志会见了前田一行。

4月14日

北京电视台彩色电视开始第一次试播，19：30开始，20：30结束。4月15日，周恩来在看彩色电视试播节目时，看到图像中间有一块黑斑点，让秘书询问了北京电视台，得知是电视摄影机用的黑点扫描管有一块荧光粉烧坏造成的，因为这种管子不多，在试播时没有换上新的。周恩来听后说："新的不多可以买，试播也应该认真搞好。"

4月15日

四川省成都人民广播电台第二套外语教学节目在成都市委第一书记廖井丹的倡导和支持下开播,是继北京、上海、安徽电台之后,全国开办英语讲座的第四家电台。

4月17日~20日

北京电视台协助西哈努克亲王剪辑他视察柬国内解放区时拍摄的影片《历史性的解放区之行》,西哈努克亲王亲自做影片的法语解说,影片经剪辑共长45分钟。北京电视台于5月4日制成82个16毫米影片拷贝,西哈努克亲王对此表示感谢。

4月19日

中共山西省委任命田怀宝为山西省广播事业局党委书记,鲁兮、杨兴华任党委副书记,王克、李兴旺、胡庭麟、何裕曾为党委委员。

4月24日~5月17日

美国哥伦比亚广播公司(CBS)董事长威廉·佩利等来我国访问。5月1日,周恩来接见了他们。

同月

北京广播电台国内专稿组继设立《听众信箱》节目之后,又陆续恢复《中国建设》《在人民公社里》《中国文化》和《中国体育》等固定节目,上半年共发稿237篇,比上年同期增加87篇,其中自编自采89篇,比上年同期增加30篇。

同月

广东人民广播电台陆续恢复佛山、海南、湛江、汕头、梅县、惠阳、肇庆、韶关等驻省内记者站。

5月1日

中央人民广播电台、北京广播电台分别采制首都人民欢庆"五一"国际劳动节的录音报道。北京电视台上午、下午和晚上转播了首都人民欢庆节日的游园活动部分实况和首都体育馆的体育表演实况。全国20多个城市电视台转播了实况。

同日

北京电视台正式开始彩色电视试播。19:30开始,21:00结束。试播用八频道进行,主要使用的是国产设备。正式试播后,彩色电视在每周二、四、六、日晚播出。遇节假日,白天增加播出。

同日

安徽电视台试验转播北京电视台的彩色电视节目获得成功。

5月8日

北京电视台播出彩色电视纪录片《欢庆"五一"》,播出效果良好。

5月9日

北京广播电台蒙古语广播改用新蒙文播出。

5月14日

中央人民广播电台实行新的节目时间表。在《对人民公社社员广播》节目中，增加农业科学技术专题广播，每周两次，每次15分钟。增办《科学常识》和《讲卫生》节目，《科学常识》节目每周广播三次，每次15分钟。《讲卫生》节目每周广播两次，每次15分钟。《简明新闻》由每天四次增为六次，《国际新闻》由每天一次增为三次。增办《选播节目》。

同日

广州人民广播电台开办《业余英语广播讲座》。

5月15日

北京电视台播出彩色电视片《毛泽东主席会见田中角荣首相》《毛泽东主席会见比斯塔首相》、彩色纪录片《中国乒乓球代表团访问美国》。

5月中旬

北京广播电台召开听众工作会议，25个语言组35名负责听众工作的人员出席会议。会议内容：一、学习毛泽东关于对外宣传工作的重要指示和周恩来3月8日对外国专家的讲话；二、欧美部、华侨部、德语、日语、法语、世界语等部、组介绍经验；三、制定《北京电台听众工作方针》和《对国外听众工作若干具体问题的处理意见》。

5月21日

贵州人民广播电台停止军管，军代表陆续撤出贵州省广播事业局。遵义、毕节、兴义、安顺、铜仁、黔南、黔东南七个地（州）的广播事业处改为广播事业管理局，贵阳市、六盘水地区建立广播事业管理局。县级采取局、站合一的方式，两块牌子、一套人马。

5月27日

北京电视台和北京电视设备厂签订"试制国产彩色电视转播车生产、技术协议书"，确定8月份将转播车装调完毕交付电视台使用。

同月

北京电视台彩色电视共播出20次，43小时，受到中央领导鼓励和观众欢迎。

同月

江苏省淮阴人民广播电台停播自办节目。

同月

安徽省蚌埠电视台开播，覆盖半径25公里，市区及郊区用户可以收看到。

同月

江西吉安地区广播站因无力支付邮电部门的电话线路租用费,被迫停播载波广播节目。1975 年,各地、县级广播站也因无力支付电话线路租用费而停播载波广播,县广播站改为定时广播(每天不超过 2 小时)。

同月

中共甘肃省委批准甘肃广播事业管理局机构设置、人员编制方案,实行局、台合一,编制 369 人,全部为事业编制。

同月

甘肃省广播事业管理局总结了全省各地建立小片广播网的经验,认为这是从甘肃实际出发,迅速普及农村广播网的一种好形式。到年底,甘肃全省公社放大站为 988 个(占公社总数的 71%),喇叭上升到约 201 万只(入户约 189 万只,占农户的 67%)。

6 月 8 日

国务院总理周恩来陪同越南总理范文同等到西安、延安参观访问。西安电视台派记者刘存志等进行采访报道。

6 月 11 日

国家拨专款 215 万元,新疆维吾尔自治区人民政府拨款 150 万元,为边境县新建 54 个公社广播放大站,发展有线广播。

6 月 13 日

澳大利亚驻华大使费恩莱来中央广播事业局,赠送我国大使抵澳的电视片,并邀我国派广播电视代表团访澳。

同日

上海市广播事业局成立。

6 月 15 日

中央广播事业局总编室提出有关当前南涝北旱的抗灾宣传要求,主要报道抗灾方针、政策,反映社会主义制度的优越性,反映广大干部和群众的精神面貌,不多涉及灾情具体情况。节目安排不宜太集中,次数不宜过多。对外广播一般不播出抗灾稿件。可在夏收报道时加几句。

6 月 16 日~22 日

法国广播电视公司副总经理兼外事局合作部主任孔塔米纳等访华,双方签订广播电视合作协定书。这是法国广播电视界负责人首次访华。

6 月 18 日

根据国家计委安排,北京电视台需用的 16 毫米电视电影设备,委托广东省电视办负责组织广东电影机械厂、广州广播设备厂、广州光学仪器厂共同试制。为此,双方签订协议书。

6月28日

京津第二次进行彩色电视传送试验,这次传送的彩色电视节目有新闻、彩色电影《红色娘子军》。

同日

我国又一次核试验获得成功。中央人民广播电台、北京广播电台及时播发这一消息。

同月

阿尔巴尼亚电视实习生11人来北京电视台实习。实习时间为三个月。实习内容包括:摄像机、同步测试立柜、微波设备、音频设备、发射设备五个方面。

同月

浙江省温州地区广播事业局成立,与温州电台合署办公。

夏

西藏人民广播电台记者李佳俊步行四天抵达"绿色孤岛"墨脱县,这是新闻记者首次进入不通公路的门巴、珞巴族居住地——墨脱山区开展采访活动。

7月1日

呼和浩特电视台正式更名为内蒙古电视台。

7月9日

广西壮族自治区革命委员会、广西军区经自治区党委决定,撤销广西人民广播电台军事管制。

7月15日

北京广播电台对阿富汗、巴基斯坦的普什图语广播开始播音。这是北京电台对外广播的第三十四种外语节目。普什图语节目每天两次,共一小时。第一天播出的内容有:开头语,新闻和钢琴协奏曲《黄河》第一、第二段。普什图语广播以阿富汗为主,兼顾巴基斯坦。年底收到第一封巴基斯坦听众来信,信中希望北京广播电台播些普什图语的歌曲。

7月18日

北京电视台播出邓小平会见来访的尼泊尔公主肖芭·沙希和驸马莫汉·巴哈杜尔·沙希的新闻。这是邓小平自"文化大革命"以来第一次在电视屏幕上出现。

7月21日~8月9日

美国广播公司(ABC)董事长里昂纳德·戈尔登孙等来我国访问,同中央广播事业局进行了业务会谈。

7月23日~8月23日

北京电视台暑假期间每周二、四 9:00 至 11:00 增加对少年儿童广播。

7月26日

中央广播事业局党的核心小组召开会议，研究北京广播学院的办校方针和当前急需解决的问题。一、会议听取了左荧关于广院恢复筹备工作的汇报。二、会议讨论了办广院的重要性。恢复广院是国务院批准的，是广播事业发展的需要，是巩固无产阶级专政的需要。我们应把广院办起来，而且一定要办好。三、广播学院必须坚决贯彻毛主席的教育路线，结合广播、电视事业发展的实际，认真研究办校方针，明确办校目标，确定办校规模。要总结汲取过去办校的经验教训，继续抓紧抓好教学准备。四、健全广院领导班子，加强教学力量配备。五、根据毛主席的教育路线和广播业务实际，发动群众讨论和制订办院方针、任务、专业设置、学制等，及早报局。六、明年一定要招生。七、发动全局职工大力支持广院的工作。广院分散在局里的物资、器材、仪表、图书以及工厂用的房子等，由核心小组成员按分工负责动员收回。

同月

北京广播电台欧美部普遍加强了国内问题的宣传。意大利语组虽然只有挂牌的固定节目《听众信箱》，但每天都有内定的固定节目。德语组过去听众批评节目的安排是"随心所欲"，现在除原有的《听众信箱》和《马列著作选播》节目外，又开办《中国建设》《文化生活》和《音乐会》固定节目。

同月

广西第一座高山电视调频转播台建成，北京至南宁的微波线路开通。

同月

新疆电视台用 16 毫米摄影机拍摄出第一部专题片《繁荣的博尔塔拉草原》。

8月1日

北京广播电台召开英、俄、法、西、华侨等语言部组负责人会议，研究改进《毛主席著作选播》《马列著作选播》节目问题。15日，经过中央广播事业局核心小组批准，对美组停办《毛主席著作选播》节目。

同日

上海正式对外试播彩色电视，每周播出两次（周三、六），开始黑白电视向彩色电视的过渡。1975年，上海电视台完成由黑白向彩色电视的过渡，成为全国省市级电视台中第一家全部频道配备彩色电视设备的电视台。

同日

浙江省湖州广播转播台建成，拥有两台 1 千瓦发射机，用 1503 千赫转播浙江省电台第一套节目，用756千赫转播中央人民广播电台第一套节目。该台成立于1971年。

同日

贵阳电视台正式定名为贵州电视台，台长张一彬、副台长陈福履。郭沫若为该台题写台名。

8月7日

北京电视台彩色电视节目自即日起每星期二在京津、京沪微波线路上传送。节目从19:00开始，播出2小时左右。天津、河南、湖北、安徽、江苏、浙江、上海均可以收到彩色电视讯号。

同日

浙江电视台用自制的300瓦彩色电视发射机等设备，以六频道首次转播北京电视台彩色电视节目。

8月8日

中央广播事业局拟定《广播、电视播出中心及其传送系统的扩建改进任务书》，确定在北京电视台内扩建电视终端机房，供电视台互传5个方向的电视节目，计划安装视频终端设备12套，伴音设备12套，微波设备2套，监视器18部和电源设备等。此项工程完成后，北京电视台可与全国各省、自治区、直辖市同时互传5路电视节目，使全国各地都能看到北京的节目，北京也同时能转播29个省、自治区、直辖市的电视节目。

8月14日

中共甘肃省委任命陆江为甘肃省广播事业管理局局长兼甘肃人民广播电台台长，延国民、李沧涛、张力、张小明为副局长兼副台长。

8月14日～9月22日

中央广播事业局抽调40人组成接待班子，接待随法国总统蓬皮杜访华的法国广播电视技术人员，并协助他们进行实况转播和节目传送。蓬皮杜抵北京机场以及周恩来设宴欢迎，由北京电视台负责黑白电视实况转播，共2小时45分钟，其他活动的报道由法方拍摄成两小时的影片，从北京向法国传送。

8月15日

浙江省舟山地区广播事业管理局建立。

同日

贵州省广播学校恢复招生，规模200人。

8月18日

尼日利亚新闻代表团抵京。应尼方要求，北京电视台赠送《放鹿》等八部电视片。

同日

中共甘肃省委决定,撤销对甘肃人民广播电台军事管制。

8月20日

江苏省苏州电视转播台恢复。

8月20日~23日

陕西省广播系统在乾县召开现场会,推广乾县广播站操作实现自动程序控制的经验。这以后全省有三分之一的县广播站在不同程度上推广了这个经验,全国广播系统大多派人前往参观学习。1979年,中央广播事业局地播处肯定了乾县的经验,指出:实行自动化操作是有线广播事业发展的方向。

8月24日

黑龙江省大兴安岭漠河中波广播转播台建成,并开始试播,使用1千瓦广播发射机转播黑龙江人民广播电台节目。全台职工有六人。

8月24日~28日

中国共产党第十次全国代表大会在北京举行。中央人民广播电台连续广播中共"十大"的各项议程:周恩来代表党中央作《政治报告》,王洪文作修改党章的报告,并向大会提出《中国共产党章程草案》,选举第十届中央委员会。北京广播电台也作了报道。28日,党的"十大"闭幕,中央电台从29日开始至9月16日,反复播出党的"十大"文件,新闻节目中,"十大"公报播出50遍,十届一中全会公报播出65遍,周恩来作的《政治报告》播出78遍,王洪文作的《关于修改党章的报告》播出73遍,《党章》播出73遍。在中共"十大"召开期间,北京电视台拍摄彩色新闻35分钟,播出《"十大"新闻公报》4遍,《十届一中全会公报》6遍。

同月

蓟县、宝坻县、武清县、宁河县、静海县划归天津市。这五个县的广播站(台)受当地政府和天津市广播事业局双重领导。

同月

经中共吉林省委组织部和宣传部批准,吉林人民广播电台恢复新闻部,重新在吉林、延边、四平、通化、白城、哲里木六个市、地、州、盟建立记者站,每站编制两人。记者站实行编采合一体制。

同月

新疆伊犁哈萨克自治州中心广播站更名为州广播事业管理站。

同月

河南电视台开始转播北京电视台彩色电视节目。

8月~9月

亚非拉乒乓球友好邀请赛在北京举行，中央人民广播电台、北京广播电台分别举办专题广播。北京广播电台对外部由编辑、记者、翻译36人组成报道组，共发专稿84篇（其中通稿5篇）、新闻30条。此外，还与新华社合作，对各国代表团团长的讲话作了录音和翻译。北京电视台对这次邀请赛的开幕式、闭幕式及部分团体、单项比赛场次作了实况转播，并拍摄了专题新闻。

9月12日

中共新疆维吾尔自治区委员会任命金光祖为自治区广播事业管理局（台）临时党委书记、革命领导小组组长。

9月15日

中共西藏自治区委员会批准西藏人民广播电台藏语、汉语两套节目分开播音。全天播音时间增加到24小时15分钟。藏语节目主要设置《学习马列著作和毛主席著作》《全区新闻联播》《新闻》《简明新闻》《对农牧民广播》《学科学，讲卫生》《对外广播》《天气预报》《文艺园地》等栏目。同时转播中央人民广播电台的藏语广播节目。汉语自办节目有《全区新闻联播》《新闻》《高原建设者》《对人民解放军广播》《天气预报》和文艺节目。全天播音两次，共13小时5分钟。除自办节目外，转播中央电台的重要新闻节目和专题节目。

9月18日

第28届联合国大会开幕，北京电视台特派记者吕逢欣、戴维宇随我国出席联大代表团赴联合国采访联合国大会。

9月20日~11月4日

由制片人戴维·杰尼率领的美国广播公司电视摄影队一行七人在我国上海等地拍片，回美后编成电视纪录片《人民中国的人民》。

9月24日~10月6日

中央广播事业局在天津召开全国广播规划座谈会，拟定广播事业建设的具体方针和技术政策。确定中波广播网建设的技术政策是：大、中、小功率相结合，以中、小功率为主，地波覆盖，同步广播。有线广播的建设方针是：建设以县站为中心，以公社广播放大站为基础，以专线传输为主的农村广播网。经费要贯彻国家、集体、个人三级负担的原则。

9月28日

天津市领导审看天津彩色电视联通开路试验。同意从10月1日开始每周试播两次彩色电视节目。

同月

广州电视台恢复每晚播出电视节目。

10月1日

北京电视台彩色节目转入正式播出,直播首都人民国庆游园活动的实况。这次实况直播首次使用国产的彩色电视转播车,同时使用了国产彩色磁带录像机。当天通过微波干线向上海、南京、杭州、广州、长沙、武汉、石家庄、重庆、成都、西安、太原、哈尔滨、长春、天津等地传送了黑白电视节目。上海、天津、南京、武汉、杭州等地试转了彩色电视节目。当年国庆活动不组织游行,不放焰火,白天改为游园活动。北京广播电台各语言组播出文字稿或录音报道,突出党的"十大"精神。

同日

8:00,天津电视台彩色电视用四频道开始试播,试播地点在解放北路151号,发射功率1千瓦,内容是天津电视新闻、文艺节目,并试验转播北京电视台彩色电视节目。

同日

内蒙古自治区哲里木电视台正式播出。

同日

辽宁省丹东电视台开播。

同日

成都电视台彩色电视试播成功。试播的设备基本国产。

同日

贵州安顺地区电视转播台试播。

10月10日

"北京电视台和(英)维斯新闻有限公司协议"在伦敦签字,有效期两年。

10月13日

北京电视台自即日起每周播出2~3次国际新闻。

10月17日

中央人民广播电台从武汉向全国转播"1973年全国乒乓球比赛(10月17日~29日在武汉举行)"男女团体决赛和单项决赛的实况。北京电视台和武汉电视台合作,利用微波干线把全国乒乓球锦标赛的信号从武汉传到北京,然后向全国播出。

10月20日

北京广播电台《关于开办〈学习马列主义〉节目的意见》指出,从1966年年底开始,对外先后开办《毛主席著作选播》和《毛主席语录》节目。1971年8月又开办《马、恩、列、斯语录》节目。这三个节目从1972年起,大部分外语广播均已陆续停播。为此决定,拟将上述三个节目和《马、恩、列、斯著作选播》节目合并,办一个《学习马列主义》节目,每周一次或两周一次。

10月24日

山西广播电视中心大楼经国务院批准兴建。

10月29日

美国三大广播公司联名邀请中方派广播电视代表团访美。

同日

中共天津市广播事业局委员会分别对原天津人民广播电台的干部在"文化大革命"中受过审查处理的冤假错案进行复查,撤销原处理决定,予以平反。

同月

北京广播电台制订《播出稿件、录音暂行审查制度》。对一般播出稿件和录音材料,以及每天的节目实行正副组长、正副部主任两级审查制度,重要政策性稿件实行三级(加正副台长一级)审定制度。录音材料一般采取部、组集体审听办法。

同月

为了配合改建北京电视台大演播室和广播剧场的任务,北京供电局将"关于广播大楼用电增容问题供电方案"下达北京电视台。此项设计任务由北京建筑设计院负责,增容部分需建约70平方米的变配电室。

11月10日

中共甘肃省委决定,甘肃省革命委员会广播事业管理局改名为甘肃省广播事业管理局。

11月18日~20日

西藏自治区广播事业局(台)举行第一届党员大会,选举并成立党委。阎迺一任党委书记,李笑星、侯冶、牛锦华任副书记,高烘、刘光兴、王强、成守良、赵志和、梅多白珍任常委。

11月20日

内蒙古自治区海拉尔电视台建成。

同月

长春电视台开始试转北京电视台节目。

12月1日

中央人民广播电台向中央广播事业局请示:减少对台广播中的中央人民广播电台呼号和拟改"对台湾广播"为"对台湾省广播"。以上两项改动,拟从1974年1月1日起实行。

12月3日~6日

"亚广联"在印度尼西亚首都雅加达举行第十届年会,欢迎中华人民共和国广播电视组织行使正式会员的权利,取消台湾广播组织会员的资格。经中央批准,决定"以中华人民共和国广播电台和电视台名义"行使"亚广联"正式会员的权利,12月2日,中央广播事业局将这一决定致电通知"亚广联"主席杜克曼顿。

12月8日

周恩来批准建设发射功率为200千瓦的黑龙江省双鸭山中波发射台,因此又称双鸭山"128台"。

12月19日

中共新疆维吾尔自治区委员会批转自治区广播事业管理局(台)《关于加强各地记者站的意见》,要求各地、州党委大力支持和协助做好建立记者站工作。新疆人民广播电台从各地、州、市选调记者,成立驻各地记者站,作为电台的派出单位,受电台和当地党委双重领导。每个记者站配备记者2~3名,其中至少有一名少数民族记者。

12月26日

北京广播电台日语组7月向日本听众发出的1.1万份调查表,收回2500多份。日语组从中抽出1000份进行分析,其中学生659人,占2/3;公司职员和公务员140人,工人40人,其他为教员、商人、无业老人、家庭妇女、自由职业者和农业劳动者等,最适合的收听时间是日本时间21:00至23:00,喜欢收听的节目有《新中国的介绍》《中国话讲座》《中国音乐》《友好广场》和《听众信箱》等固定节目。英语组从1972年10月初向国外寄发约4000份《听众意见调查表》,截至年底,收回800份。英语部抽出500份进行分析,其中30岁上下的青年人占多数,以学生为最多,其次是工人、职员、文教工作者、工程师、技术员等,听众喜欢的节目是《听众信箱》《中国音乐》《中国建设》《中国文化》,听众要求了解我国各方面情况,特别是普通人的日常生活,对介绍医疗卫生和教育革命的节目表示欢迎。

同月

英国广播公司《1973年手册》公布我国及美、苏等21个国家20多年来对外广播时数增长情况的统计数字及有关情况,认为我国1972年对外广播时数,同60年代以来形成的情况一样,仍次于苏联和美国,居世界第三位。

同月

中共吉林省委决定撤销吉林人民广播电台的军事管制,调整机构,恢复总编办公室、新闻部、政教部、农村部、文艺部和朝鲜语部,新建工商部。

同月

新疆喀什市广播站开始播放自办节目《喀什市新闻》，每日播放10分钟。另外还播放15分钟文艺节目。

同年

中央广播事业局制定《全国电视发展"四五"规划（草案）》（1974～1975年）。规划提到：目前全国已有28个省、自治区、直辖市建起了36座黑白电视台和99个电视转播台，北京、上海、天津、成都的彩色电视台今年已先行开始试播，14个省、自治区、直辖市已建有微波干线，电视工业系统从元件、器件到整机，从发射设备、中心设备到电视接收机，已初步建立了一些厂点。《规划》确定的方针是：发展我国电视，在一个相当时期内，要实行彩色电视和黑白电视同时并举、互相促进。规定"四五"规划后两年的任务是：在电视广播台（站）的建设方面改造14个省的黑白电视台，扩建和新建一批转播台。1975年转播台的数量将由现在的99个增加到160个，发射功率由239千瓦增加到674千瓦。充实提高北京、上海、天津、成都4个彩色电视试播台，争取1975年达到正式播出水平。根据条件还将陆续建设7个彩色试播台，争取1975年、1976年试播。在微波干线建设方面：争取1975年和1976年在上海、天津、成都、广州、沈阳、长沙、石家庄、武汉、西安、郑州、合肥、南京、杭州、太原和秦皇岛等15个城市都能收看北京的彩色电视节目。

同年

中央广播事业局干部总数6626人，其中：军队干部13人，行政机关3324人，企事业单位3302人。各类专业技术干部4624人，其中工程技术人员2521人，新闻出版人员832人，外文翻译人员722人，文艺人员341人，教学人员157人，卫生技术人员50人。

同年

中央人民广播电台收到听众来信24950封，来稿63669件。

同年

北京广播电台收到130个国家和地区的听众来信46153封。

同年

北京电视台结束军管。任继胜任北京电视台台长，徐国盛、戴临风、王枫、孟启予任副台长。

同年

天津电视台新楼竣工。包括导演室两个，播控中心机房、电影放映室以及大、中、小演播室各一个。晶体管黑白电视转播系统建成投入使用。

同年

安徽省组织广播系统的工程技术人员,并请来上海的工程师作技术指导,在无为县位于长江一侧水域中的黑沙洲公社,试架过江专线,经过20多天的努力,安徽第一条跨长江广播专线建成。接着,安徽工程技术人员在淮南境内架设一条跨越淮河的广播专线。此后,各地先后架设了许多跨越江河、湖泊、深涧、峡谷的广播线,使一批因受山河阻隔长期不能通广播的生产队和自然村通了广播。

同年

我国在中越、中老、中缅边境地区,采取小功率补点办法建成1千瓦中波转播台11座。

同年

湖南电视台制作第一条有声电视新闻片《滚滚东江万木流》。

1974 年

1月1日
北京人民广播电台再次划归北京市委领导,不再由中央广播事业局代管。

1月3日
日本中国通讯社社长于恩洋来北京电视台商谈业务。

1月5日
广西桂林中波台兴建,总投资 217 万元,其中广西壮族自治区投资 91 万元,中央广播事业局投资 126 万元。

1月10日
江西 702 电视调频台调频广播试播。江西人民广播电台设置 500 瓦调频发射机两台(一主一备),频率 98 兆赫。

1月11日
广西壮族自治区党委书记韦国清听取自治区广播电视部门关于全国电视发展规划会议精神汇报后说:广西争取在 1976 年办彩色电视。

1月18日
北京电视台党的核心小组遵照毛泽东关于"备战、备荒、为人民"和"要准备打仗"的指示,拟定"北京电视台备战部署计划(草案)",保证在任何时候、任何情况下,该台都能准确及时地进行电视播出。

1月25日
江青在北京首都体育馆召开的万人"批林批孔"大会上说:"意大利导演安东尼奥尼 1972 年访华,拍片后制作的电视专题节目《中国》是'间谍加汉奸'搞的。" 1月30日《人民日报》为此发表评论员文章《恶毒的用心 卑劣的手法——批判安东尼奥尼拍摄的题为〈中国〉的反华影片》,对这部影片公开进行批判。中央人民广播电台《新闻和报纸摘要》节目摘要播出该文章;《各地人民广播电台联播》《国际时事》节目和新闻节目先后全文播出;对少数民族广播五种语言分别摘要播出;对台湾广播的普通话节目全文广播;《记录新闻》等节目也全文播出。北京广播电台意大利语组当天播出详细摘要,第二天重播全文,对外编发报刊文章 17 篇。作为接待单位的中央广播事业局不断检讨,为此还召开了长达半年之久的党的核心小组扩大会,几位有关领导和工作人员受到党纪、政纪处分。1979年2月9日,中共中央为此发出文件指出:"安东尼奥尼摄制的影片《中国》是有点毛病,它伤害了中国人民的感情,但'四人帮'利用它来反对周总理。"

1月29日

中央人民广播电台广播,新华社授权公布:中国政府决定,19日、20日在西沙群岛的自卫还击战中,我国军民俘获入侵我国的南越西贡军队官兵48名,美国人1名,将分批遣返。第一批有西贡军队伤病俘5名、美国病俘1名,于1月31日在我国广东省深圳遣返。

1月30日

北京广播电台制订《"批林批孔"宣传计划》,提出在今后一个较长时间内,要把"批林批孔"作为重要宣传内容。重点是英、法、俄、日、越南、朝、普通话及四种方言节目。到2月11日,编发《孔子是什么样的人》《反动阶级的圣人孔子》《林彪效法孔子"克己复礼"的政治主张是为了复辟资本主义》《中国历史上革命阶级的反孔斗争》等10篇专稿、8条新闻。全年发有关"批林批孔"稿件80篇。

1月31日

中央广播事业局致函我国驻毛里求斯使馆,同意与毛里求斯电视台建立不定期交换电视片的关系。

同月

批林批孔运动刚开始,江青、姚文元、张春桥、王洪文策划了一个把矛头对准周恩来总理的"一·二五"大会。江青、姚文元等人指令中央广播事业局复制大会录音实况180套,发送全国各省、自治区、直辖市。江青、姚文元事先听了录音,修改、补录了他们在大会上的插话,不光听不清的话要重新录制,而且在内容上增删。后经中央发现制止,没有发送大会录音。

同月

北京广播电台的许多日本听众来信反映,日语节目最近有改进,对新年节目和文艺节目表示欢迎。听众石原纯说:"最近听了北京电台的广播,感到比以前更亲切了。"听众永阶博说:"新年节目中,上海舞剧团《白毛女》三个主角对日本听众的新年贺词,使我们感兴趣。"

同月

北京电视台拟定《1974年宣传工作安排提要(草案)》。《提要》要求在新的一年里,电视宣传要在毛泽东主席革命路线指引下,继续贯彻党的"十大"精神,宣传国内外大好形势;准确及时地反映毛主席的重要活动,拍好毛主席光辉形象等。

2月1日

北京电视台从当日开始,基本上每天都播放有关批林批孔的电视新闻。到28日,共播出新闻片黑白18条、彩色11条。

2月2日~3月22日

中央广播事业局何大中、许中明作为我国电信代表团成员赴瑞士日内瓦,参加国际无线电咨询委员会各研究组期末会议。这是国际电信联盟恢复我国合法席位后,我国第一次派出电信代表团。

2月5日

新疆克孜勒苏柯尔克孜自治州党委转发州第二次广播工作会议纪要,进一步明确州各级广播站的职责范围、县人民广播站的岗位责任制、广播工作值班制度、事故处理、资金及材料管理、机务播音操作规程。

2月6日~3月10日

中央政治局批准中央广播事业局召开党的核心小组批林批孔扩大会议。会议贯彻江青等人在"一·二五"大会上的讲话精神,主要议题是批判林彪,批判影片《中国》,克服派性,实质是借批判影片《中国》攻击周恩来总理。

2月25日

安徽省革委会政工组通知:免去吴甲申省广播事业局党委第一书记,免去伊琦省广播事业局党委书记、革委会主任。曹川林任省广播事业局党委书记,章炼峰任省广播事业局党委副书记。

2月28日

近一个月来,北京广播电台朝鲜语组播出批林批孔文章16篇、新闻20条、批判影片《中国》的文章13篇。华侨部从1月30日以来,播出批林批孔新闻37篇,专稿21篇。批林批孔稿件在一小时节目中占33%,在半小时节目中占48.5%。

同日

中国驻苏使馆对北京广播电台俄语节目提出意见。认为广播说理性不强,批判文章事实不充分,听众不爱听,打开收音机听几句就关掉了。语气也太生硬,听众接受不了。

3月1日

黑龙江省大兴安岭人民广播电台正式播出。

3月6日

英国上院议员、泰晤士电视公司董事长来北京电视台商谈两台之间业务合作及派摄影队访华问题。

3 月 15 日~4 月 3 日

中央人民广播电台和中国文字改革委员会联合举办《汉语拼音广播讲座》，共 10 讲。

4 月 4 日

为了落实 1973 年全国电视发展规划会议提出的进一步提高黑白电视播出质量的任务，中央广播事业局在浙江杭州召开黑白电视中心台技术改造座谈会。会议认为，我国目前黑白电视台大都是 1960 年前后建设起来的，已不能适应新的形势需要。为此，会议就如何改造我国黑白电视台问题进行了研究。座谈会决定，在浙江电视台搞技术改造试点，总投资 25 万元，成立技术改造组。参加技改组的有南京、沈阳、武汉、广州、南昌、太原等电视台和北京广播学院、广播科研所及有关工厂代表 20 多人。

4 月 4 日~16 日

国务院副总理邓小平率领我国代表团出席联合国大会第六届特别会议。北京电视台记者随团采访。11 日，中央人民广播电台和北京广播电台播出邓小平在联大的发言。24 日，北京电视台播出发言摘要和电视片。

4 月上旬

黑龙江省广播事业局以王义为组长的研制小组，经过一年的时间，研制成功 30 瓦脉宽调制广播发射机。

4 月 19 日

北京广播电台对东欧的保加利亚语广播开始播音。这是北京电台对外广播的第三十五种外语节目。开始时每周播出三天，每天两次，每次 30 分钟。1982 年 9 月 1 日改为每天播出两次，每次 30 分钟。

同月

由日本九州世界语联盟会长问田直干教授和日本世界语学会事务理事兼国际部长矶部幸子率领的日本世界语访华团在访华期间，向北京广播电台世界语组赠送六盘录有 1974 年 1 月至 4 月北京广播电台对日本的世界语广播节目的录音带。他们说："在日本听不到其他国家的世界语广播，因此，北京电台世界语影响较大，听众较多，尤其青年学生更多。"

同月

天津电视台对黑白电视中心设备进行晶体管技术改造，改造后的设备降低了功耗和故障率。由电视技术人员研制的选行波形示波器用于监测。

5 月 1 日

北京广播电台各语言节目播出首都人民庆祝"五一"国际劳动节的消息或录音

报道。共有24种语言广播用了录音报道。北京电视台通过微波线路向全国转播北京欢庆"五一"游园活动实况。

同日

辽宁大连电视台正式播出。

5月8日

北京电视台彩色电视节目自即日起由每周四次改为每晚播出一次。

5月中旬

黑龙江广播电视大楼（即哈尔滨电视台工程）正式动工兴建。

5月23日

毛泽东《在延安文艺座谈会上的讲话》发表32周年，中央广播事业局强调文艺节目应突出宣传革命样板戏，编好用好《战地新歌》第三集。

5月24日～30日

中央广播事业局在浙江余杭和上海青浦县召开农村有线广播专线建设经验交流会。7月，向全国发出这次会议的纪要。

5月29日～6月10日

国家计委电视电影工业办公室委托中央广播事业局、一机部在广州召开16毫米彩色电视电影放映机座谈会，制定我国16毫米彩色电视电影放映机的设计方案和技术指标。

同月

天津市革命委员会向天津市广播事业局下达援助巴基斯坦综合体育设施扩声系统设计和安装任务。

同月

福建省广播事业管理局、福建人民广播电台革命委员会更名为福建省革命委员会广播事业局。

6月12日

全印柯棣华大夫纪念委员会代表团成员、著名作家海孟迦·比什瓦什与北京广播电台孟加拉语组人员在北京饭店座谈。他说："中国的样板戏、革命歌曲我们听不懂，我们最关心的是中国发生的政治变化，希望多播一些反映中国政治生活的稿件。"

6月20日～27日

中央广播事业局在苏州召开城市有线广播座谈会，研究城市有线广播进一步巩固、提高和发展的问题。会上，苏州、武汉、西安、南京、齐齐哈尔、合肥、杭州等城市介绍了情况和经验。

6月28日

根据全国电视发展规划会议制定的任务,四机部、中央广播事业局、一机部在上海召开全国第二次电视录像机会议。

同月

天津电视台拍摄彩色纪录片《大港油田在前进》。此片由北京电视台发行国外,经英国电视网发往72个国家和地区。这是中国第一次向国外公开报道大港油田。

同月

河南省洛阳电视台建成。

7月1日

陕西省西安电视台开始转播北京电视台彩色电视节目。

同日

陕西省宝鸡人民广播电台恢复播音。

7月17日

中央广播事业局所辖的新疆654台党委成立。党委成员由七人组成,秦玉萱任党委书记。

同月

吉林人民广播电台在延吉市召开全省播音工作会议,市(地、州)、县广播电台(站)100余名播音员参加会议。会上交流了经验,研究了播音技巧,并邀请北京广播学院教师马尔芳、张颂等到会讲学。

同月

上海电视台每周增播到八次。

8月16日

中央人民广播电台对台湾广播开办《学习毛主席诗词》节目,并用记录速度广播。

8月17日

中组部业务组、中央广播事业局党的核心小组《关于中央广播事业局领导班子调整问题的请示》建议:一、调新华社邓岗任中央广播事业局党的核心小组代组长、代局长。二、对现有核心小组成员和正副局长作如下调整:张振东任局党的核心小组第一副组长、第一副局长;王寿仁、董林任局党的核心小组副组长、副局长;顾文华、李哲夫、毛德厚任局党的核心小组成员、副局长;嵇书佩、章壮沂任局党的核心小组成员;金照任副局长,免除局党的核心小组成员兼北京广播电台党的核心小组组长、台长职务;免除刘建功局党的核心小组组长、局长职务;撤销戴征远局党的核心小组副组长、副局长职务。9月27日,中央任命邓岗为中央广播事业局代理局长、党的核心小组代组长。

8月20日

日本中国通讯社横山义一等四人应新华社邀请访华，8月23日来北京电视台商谈业务。

同月

中央广播事业局颁发《农村有线广播技术标准和技术管理规程（试行）》。

同月

西藏日报社和西藏人民广播电台联合举办的西藏自治区新闻干部训练班开学，学员50余人，1975年10月结业。

9月1日

武汉电视台通过微波转播北京电视台彩色电视节目。

9月1日～16日

第七届亚运会在伊朗首都德黑兰举行。中央广播事业局派出20人组成的广播电视记者组，分两批前往德黑兰参加本届亚运会的采访工作。中央人民广播电台《体育节目》举办第七届亚运会专题节目，每天播出两次，每次15分钟。北京广播电台共发专稿57篇，其中自采37篇。北京电视台记者拍摄新闻专辑12辑，陆续在8月～10月播出。

9月10日

因姚公庙发射台发射天线影响新建机场飞行安全，根据国家民航总局要求，合肥骆岗机场建设指挥部与安徽省广播事业局达成迁移发射台协议。新发射台址选在长丰县三十头公社，征地100亩，1976年11月开工建设，1978年底工程结束。1981年7月30日，200千瓦发射机投入使用，接替姚公庙发射台工作。

9月25日～10月5日

中央广播事业局派出以副局长李哲夫为团长的11人代表团，首次参加"亚广联"全会及有关会议。会议研究了电视节目的交换手段等问题。

9月30日

周恩来主持国庆招待会，并作重要讲话，传达毛泽东的指示，向全国人民提出了任务。中央人民广播电台要求广播这一讲话录音，姚文元借口"只有简单祝酒"，不准广播。电视新闻片也不准用讲话全文。

10月1日

中央人民广播电台现场转播首都人民庆祝中华人民共和国成立25周年游园实况和焰火晚会实况，还制作国庆录音报道，在《各地人民广播电台联播》节目播出，连续播出三天。北京广播电台播出国庆25周年游园活动的消息和录音报道。当天的录音报道，中央广播事业局对外部在报告中提出"争取当天或第二天播出"。姚文元在"争取当天或第二天播出"旁批："不一定这么急，要搞好。"还规定不要邀请外宾讲话。北京电视台上午对全国转播首都人民庆祝中华人民共和国成立25周年部分游园实况，晚上播放焰火晚会实况，当晚还播出9月30日周恩来举行盛大国庆招待会的电视新闻片。这是周恩来最后一次主持国庆招待会。

同日

中央广播事业局首次租用邮电部微波干线，由北京向部分对外广播发射中心传送节目，改变了过去专靠短波传送效果不佳的状况。此后，全国部分中央转播台和省、市、自治区广播电台都相继使用微波干线接收中央电台传送的节目。当地的记者站也能通过微波与中央电台通电话和传送稿件。

同日

北京广播电台从即日起开办对拉丁美洲的克丘亚语广播。每天两次，每次半小时。1980年6月14日停办。

同日

加蓬总统府新闻局长欧瓦诺和广播电视台技术员艾邦抵京，同北京电视台商谈加蓬总统访华电视转播问题。北京电视台于10月4日转播了邦戈总统抵京和欢迎宴会的两次实况。6日晚，转播了答谢宴会及毛泽东主席会见邦戈总统和夫人的电视片。

同日

吉林省延吉电视转播台正式播出，发射功率1千瓦，使用四频道，台址在延吉市北山街。转播台设总编办公室、新闻部、专题部、文艺部、广告部、时事译制部、电视剧译制部、录制部、技术部、播出部、对外宣传部及行政科。

同日

湖南电视台开始转播北京电视台的彩色电视节目。

同日

陕西省西安电视台使用九号高山发射台播出电视节目。同时，由一个频道增加为两个频道。从本日起，用四、八两个频道轮换转播北京电视台的彩色电视节目。

10月3日

北京广播电台从9：00起播发外交部部长乔冠华在联大的发言。主要内容包括八个方面："关于非洲反对殖民主义问题""关于中东问题""关于塞浦路斯问题""关于南亚次大陆和无核区问题""关于柬埔寨和印支问题""关于朝鲜问题""关于裁军问题""关于维护国家主权和民族经济权益问题"。

10月7日~25日

中央广播事业局派出以无线电总管理处处长卢克勤为团长的代表团，出席国际电信联盟在日内瓦召开的一、三区"关于长、中波广播的区域性无线电行政会议"的第一阶段会议。

10月17日～11月

经中央批准，北京电视台派电视小组到阿尔巴尼亚采访拍片。

10月30日

中央广播事业局《关于建立北京广播学院党的领导小组的批复》：局党的核心小组决定，罗清任北京广播学院党的领导小组第一副组长；何长青、于希林、刘永嵘任副组长。11月21日，中央广播事业局发出文件：陈竞寰任北京广播学院党的领导小组组长；杨一明任北京广播学院党的领导小组成员。

同月

中央人民广播电台调频广播正式播音，联播本台第一套节目。

同月

山西省7402发射台正式建成交付使用，拥有10千瓦调频发射机、1千瓦调频发射机、1千瓦电视发射机各一部。其中10千瓦调频发射机转播中央人民广播电台节目。

11月1日～15日

以越南之声电台总编辑陈林为团长的越南广播代表团来我国访问。5日，中越双方签署《广播电视合作协定》，协定有效期三年，并依法顺延。

11月6日

中共广西壮族自治区委员会同意在各地（市）委宣传部设立广播科，事业编制五名。

11月10日

贵州电视台开始转播北京电视台彩色电视节目。

11月11日

北京电视台恢复播出《国际知识》节目。

11月15日

湖北省广播电视学校开学，设有中专班和大专班，中专班学制两年，大专班三年。

11月21日

北京广播学院恢复办学后招收第一批新生。专业有：新闻系编采专业、播音专业、电视摄影专业；无线电系电视中心专业；外语系英语专业、孟加拉语专业。学员共160名。

11月30日

自即日起至1975年2月6日，北京电视台根据中央的指示，派工作小组到湖南帮助搞彩色电视转播。前期主要搞现代戏曲的实况转播和录像工作，后期搞传统戏曲的实况转播、录像和放录像工作。工作小组在湖南共录制70盘录像带（2英寸带），其中现代戏曲15个，传统戏曲近70个。

同月

京沪杭、京广、京成渝三条微波干线正式投入使用，沿线地区均可接收北京电视台的节目。

同月

由于条件已经具备，北京广播学院开始招收普通班大学生，即通常所说的"工农兵学员"。首届招生157人（其中工科生57人），1975年招生234人（其中工科生59人），学制三年。

12月10日

北京广播电台日语组严正批驳日本短波广播电台散布"两个中国"的谬论。日本短波广播电台常务董事、管理局局长村井修一1973年给日语组的磁带中，有该电台已广播过的所谓"两个中国"和"一中一台"的荒谬内容。经请示领导后，日语组给村井修一本人写了一封信，严正加以驳斥。后日语组收到该台来信承认错误并表示道歉。

12月11日

广西电视微波楼建成投入使用，地址在南宁市人民公园内。12月26日，微波楼设置的600路中继机与邮电部的205微波干线八七站连通，试转北京电视台彩色电视节目成功。

12月13日

中共山西省委决定杨兴华任山西省广播事业局党委书记，鲁兮任党委副书记、革命委员会主任，李兴旺、王克任革命委员会副主任，程望杰任党委委员、革委会副主任。免去田怀宝党委书记职务。

12月14日

上海电视台第二套节目开始试播。

12月15日~24日

中央广播事业局在湖南湘潭召开农村广播网工作座谈会。18个省、自治区广播事业局的负责人、湘潭地区广播事业局和8个县广播局（站）的负责人出席会议。会议着重讨论了湘潭郊区党委运用有线广播宣讲马列著作和毛主席著作，培养贫下中农理论队伍的经验，交流了加强公社广播放大站的管理工作，进一步巩固和发展农村广播网的经验。

12 月 16 日

北京广播电台举办汉语拼音学习班。主要研究统一我国人名、地名罗马字母拼写法问题，拟定从 1975 年 4 月 1 日起，一些语言节目的呼号"Radio Peking"，改为"Radio Beijing"。

12 月 20 日

广西人民广播电台驻各地（市）群众工作联合站改为记者站。

12 月 21 日

广东广州电视台建成彩色电视播出系统，开始试播彩色电视节目。

同日

广州越秀山电视发射台正式启用彩色电视发射机。

12 月 26 日

北京经太原、成都、昆明、贵阳至南宁的微波线路开通，广西电视台第一次试转北京电视台彩色电视节目获得成功。

同日

上海电视台正式启用当时国内最高（210 米）的新建铁塔。

12 月 29 日

北京广播电台国际新闻部提出改进发稿办法，一是取消采编《简明新闻》，改为在早上发一套短新闻供半小时节目用；取消《国际一周》稿，改为《时事综述》，每周一次。

12 月 31 日

20：00，中央人民广播电台、北京广播电台分别播出中央"两报一刊"元旦社论《新年献词》。

同日

驻山西省广播事业局军代表调离。

同月

吉林电视台试转北京电视台节目。

同月

黑龙江省双鸭山 128 中波广播发射台利用 200 千瓦发射机的冷凝管出水口的二次水接到暖气上，一冬天可以节省煤炭 200 吨。这项利用余热取暖技术，在全省广播电视系统得到推广。

同月

中共甘肃省委批准将甘肃人民广播电台编辑部各节目组升格为县级部门。

同年

中央广播事业局广播设备制造厂自行设计系列化的圆钢组合结构的自立式电视调频塔，分高山型和平原型两类，塔高由 75 米至 180 米不等，可以一塔多用（至 1983 年，已为全国近百个大型电视调频台提供了这种铁塔）。

同年

中央广播事业局党组提出自力更生，组织和选调教师在北京广播学院开办艺术专业，设声乐、器乐和表演三个门类，招生两届，学制两年。1975 年招生 52 人，1976 年招生 31 人，先后于 1977 年、1978 年毕业，绝大多数分配到中央广播艺术团的合唱团、民乐团、交响乐团和电视剧制作中心。

同年

中央人民广播电台驻各省、市、自治区记者的发稿量增加，17 个记者站全年为中央人民广播电台、北京广播电台采写和组织了近 800 篇稿件，播出 602 篇。

同年

中央人民广播电台收到听众来信 23528 封，来稿 62058 件。

同年

北京广播电台收到 125 个国家和地区的来信 61545 封，比上年增加 33.36%。随着中美两国人民之间友好往来的增多，北京广播电台收到大量美国听众来信。1971 年 1871 封，1972 年 2241 封，1973 年 2433 封，1974 年 1900 封。大部分是青少年学生来信。

同年

北京广播电台国内部全年共发新闻 853 条，比上年增加 220 条。其中国内专稿 658 篇，比上年增加 139 篇，自采自组 87 篇，记者站来稿 58 篇，地方来稿 26 篇，编发新华社及报刊稿件 487 篇。

同年

北京电视台对外提供时政新闻片 168 条；工农业、文教、体育等新闻片 26 条，电视片 16 部；综合性新闻专辑《人民中国》7 辑；体育专辑《中国武术》两辑。向 42 个我国驻外使领馆寄送电视片 360 条。

同年

北京电视台向英国维斯新闻社提供 116 条电视片，该公司共发行我国电视片约 54 条，画面略有删减，内容基本未动，解说词增加了背景材料或评论。

同年

日本中国通讯社向北京电视台提供 82 条新闻片，北京电视台在《国际新闻》中选用 62 条，向对方提供新闻片 141 条，纪录片 16 部。

同年

吉林省广播事业局和九台县广播事业局抽调张伯人、朱纯德等部分技术人员组成研制小组，在九台县共同研制"有线广播三级遥控装置"。

同年

安徽省贯彻中央广播事业局提出的建设中波广播网的技术政策"大中小功率相结合，以中小功率为主，地波覆盖，同步广播"，改变单靠省电台发射台安装大功率中波发射机以扩大覆盖面的做法，先后在省内一些地区兴建中波广播转播台。

同年

安徽电视台每周除自办三次节目外，增加了两次试转北京电视台的节目。

同年

贵州电视台购进一台16毫米电影洗片机，以机械洗片操作代替手工洗片操作，提高了洗片质量，减轻了洗印人员的劳动强度。

同年

贵州人民广播电台从贵阳市电台街搬迁到原贵阳市劳动人民文化宫，建成2000平方米楼房，其中有小播室6间，200平方米的音乐录音室1间，播出机房3间。该工程为中央广播事业局设计室指导设计，经测试和调整，各项指标均符合设计标准。

同年

青海省海西人民广播电台建成，安装10千瓦中短波发射机两部，用汉语、蒙古语、藏语三种语言播出节目，改善了广播覆盖状况；黄南藏族自治州自筹资金在同仁县隆务镇建成广播转播台，安装1千瓦中波发射机两部，解决了黄南藏族自治州两个县长期收听不到省台汉语、藏语广播节目的问题。

同年

青海人民广播电台汉语广播将文艺节目分为《文学》《音乐》《曲艺》，并第一次开设外语教学节目《业余英语广播讲座》。青海电视台初建时，每周播出两次，每次两小时左右，主要播放"文化大革命"时期允许放映的电影片和北京电视台的新闻片，组织电视讲话或文艺演出，也播放科教片或考察纪录片。

同年

新疆伊犁哈萨克族自治州广播事业管理站在伊宁市召开农村有线广播工作会议，会议决定坚决贯彻"以县站为中心、以社（场）放大站为基础、以专线传输为主的农村有线广播建网"的方针，加快广播事业建设。

1975 年

1月1日

北京广播电台对斯里兰卡的僧伽罗语广播开始播音,每天两次,每次半小时。这是北京电台对外广播的第三十六种外语节目。

同日

河北电视台通过微波线路转播北京电视台彩色节目。该台20千瓦彩色电视发射机正式投入使用,该机是由河北省广播事业局工程师黄嘉礼为主的工程技术人员和干部职工一起自行设计、安装成功的。1978年荣获全国科技大会奖。

同日

山西省广播事业局228电视调频发射台正式投入使用。

同日

安徽省革命委员会发出通知,要求全省各地市革命委员会成立广播事业管理局。到1976年上半年,全省各地、市、县已先后成立了广播事业管理局。

1月6日

湖北省革命委员会批准建立湖北省广播电视学校。

1月13日~17日

第四届全国人民代表大会第一次会议在北京举行。周恩来作《政府工作报告》,提出在本世纪内,全面实现农业、工业、国防和科学技术的现代化,使我国国民经济走在世界的前列,把我国建设成为社会主义的现代化强国。这次宣传强调保密,会后统一发新闻公报和会议文件。1月18日,中央人民广播电台、北京广播电台从20:00开始,分别广播第四届全国人民代表大会第一次会议新闻公报,主席团和秘书长名单,关于选出四届人大常委会委员长、副委员长、委员的公告,关于任命国务院总理、副总理、各部部长、各委员会主任的公告。19日20:00开始,分别广播《中华人民共和国宪法》、修改宪法的报告和四届人大第一次会议通过宪法和修改宪法的报告的公告。20日20:00开始,分别广播政府工作报告和四届人大第一次会议关于政府工作报告的决议。北京广播电台对外播出有关大会消息和各项文件后,港澳同胞、日本、巴基斯坦、秘鲁、西德、英国、意大利、澳大利亚、新西兰、美国、加拿大等国家和地区听众纷纷来信,热烈祝贺我四届人大胜利召开。

1月17日

20:00,中央人民广播电台、北京广播电台分别播出中共十届二中全会公报。党的十届二中全会于1月8日~10日在北京举行,会议讨论了四届全国人大的准备工作,追认邓小平为中共中央政治局委员,选举邓小平为中共中央副主席、中央政治局常委;批准李德生要求免除他所担任的中共中央副主席、中央政治局常委的请求。

1月23日

中共新疆克孜勒苏柯尔克孜自治州委员会决定将州广播维修站更名为广播事业管理站。业务主要以维护、管理事业为主。

1月28日~2月20日

中央人民广播电台《红小兵》节目举办《学习潘冬子,做党的好孩子》专题节目。

同月

北京电视台由过去向全国各省、自治区、直辖市交叉传送黑白和彩色节目改为全部传送彩色电视节目。

同月

中共湖北省委、武汉市委决定,武汉人民广播电台交武汉市领导,并成立武汉市广播事业管理局,实行局、台合一体制。

2月4日

辽宁省海城、营口一带发生强烈地震,使这个地区的农村有线广播网遭到严重破坏。营口市广播电台也受到损失,经抢修,5日晨正常转播中央人民广播电台节目。

2月10日

吉林人民广播电台《朝鲜语节目》停办。播音员随之调出。

2月22日

《人民日报》刊登《马、恩、列论无产阶级专政》语录并加按语,中央人民广播电台、北京广播电台各语言节目播出《人民日报》编者按和版面介绍。

同月

新疆电视台维吾尔语新闻节目由原来的每周一次增加到每周两次。

3月1日

北京广播电台各语言节目播出姚文元的文章《论林彪反党集团的社会基础》。经中央广播事业局领导批准,除克丘亚、斯瓦希里、豪萨、世界语外,一律播全文。半小时节目分三次播出。

同日

广西壮族自治区钦州地区建成的 50 瓦电视差转台开始转播广西电视台节目。

3月6日～26日

中央广播事业局在北京召开驻各地记者站负责人会议，学习毛泽东关于理论问题的重要指示和马克思、恩格斯、列宁论无产阶级专政的语录。根据记者站目前存在的问题，讨论了记者站的方针和任务，研究了加强记者站政治思想工作的问题，布置、讨论了第二季度的宣传报道任务。

3月17日～18日

第四届全国人大常委会第二次会议在北京举行，讨论关于特赦释放全部在押战犯的建议，决定对全部在押战犯实行特赦释放，并给予公民权。中央人民广播电台对台湾广播从 18 日起，在一个多月内播出关于特赦释放全部在押战犯的有关消息，以及记者采写、组织的录音报道、通讯、文章、讲话 34 篇。北京广播电台各语言节目分别播出人大常委会关于释放战犯的通知和最高法院特赦令等消息。这次释放的战犯共 6 批 293 人，其中将级 106 人、校级 114 人、伪满战犯 2 人、伪蒙战犯 1 人。3 月 25 日，北京电视台播出新闻《最高人民法院特赦释放全部在押战争罪犯》《国家领导人接见最近被释放的全体人员》。26 日，北京电台对华侨、日语、英语节目播出中国新闻社发的特赦黄维、文强的讲话稿。

3月19日

中央广播事业局领导决定，对外寄送音乐节目由文艺组归口提供，对外有关语言组负责翻译，国际联络部负责联系复制和寄送工作。

3月19日～4月1日

我国电视片《下课以后》在第十届"日本奖"教育节目国际竞赛会期间参加会外放映，受到好评。这是我国第一次参加这一活动。

3月20日

北京电视台就关于北京电视中心台和发射台选址的意见，给北京市规划局发文，提出：电视中心台台址选在军事博物馆西侧比较合适，而北京电视发射台台址最好能选在市区，发射台的选址应同中心台分开，希望考虑这一技术特点来规划新台址。

同月

我国派出新闻代表团前往柬埔寨解放区采访和拍摄纪录片及新闻照片。代表团由新华社、人民日报社、解放军报社、中央广播事业局、中央新闻纪录电影制片厂等单位共九人组成，新华社国际部主任谢文清任团长。4 月完成任务回国。

同月

甘肃兰州电视台新的晶体管七讯道中心设备投入使用。

4月1日

中央人民广播电台广播张春桥的文章《论对资产阶级的全面专政》，共播出六天。北京广播电台各语言节目也陆续播出。

4月8日

贵州省广播事业管理局改名贵州省广播事业局。

4月17日

柬埔寨武装力量解放首都金边。北京广播电台对外各语言节目播发毛泽东、朱德、周恩来祝贺金边解放的电报。19日，播发首都军民集会庆祝金边解放的消息，以及叶剑英在集会上的讲话。

4月18日~26日

朝鲜劳动党中央总书记、共和国主席金日成率党政代表团访华。中央人民广播电台、北京广播电台分别播发金日成抵京，毛泽东会见，欢迎宴会，《人民日报》社论，周恩来在医院会见金日成，金日成去南京、重庆访问以及中朝两国发表联合公报的消息。北京电视台播出新闻《毛泽东主席会见金日成主席及随行朝鲜贵宾》。

4月19日

阿尔巴尼亚地拉那电台转播北京广播电台波、捷、塞、土、意语节目。因两国关系破裂，该台于1978年7月15日停止转播。

4月21日

北京电视台从即日起，在彩色电视节目中播出时政新闻片两次，电视开始和结束时各一次。

4月22日~25日

中央广播事业局副局长金照考察广西广播电视工作，出席广西壮族自治区广播事业局在都安瑶族自治县召开的全区有线广播宣传工作会议并讲话。

4月29日

中共武汉市委批准，成立中共武汉市广播事业管理局委员会。

4月30日

越南西贡解放。从19：00起，北京广播电台播发西贡解放的消息和毛泽东、朱德、周恩来的贺电和《人民日报》社论《具有世界意义的伟大胜利》。

同月

为迎接全军第三届运动会的召开，北京电视台拟定"全军第三届运动会电视宣传计划"，确定电视报道"应以反映全军体育运动发展的新貌、新风格和军体活动作为宣传重点，面不宜太广，线不宜太长，拍摄单个主题新闻片连续播出"的方针。

同月

中共甘肃省委通知,甘肃省广播事业管理局改名为甘肃省广播事业局。

5月1日

中央人民广播电台、北京广播电台分别播发新华社发表的文字报道,采制了节日庆祝活动的实况录音报道。北京电视台9:00至11:30、14:30至17:00,直播首都人民庆祝"五一"国际劳动节游园的部分实况,并向全国传送。晚上,转播了在北京工人体育馆举办的文艺、体育晚会实况。

同日

内蒙古电视台进入彩色录像时期。

同日

上海电视台试转北京电视台彩色电视节目。

5月2日

首都军民集会,庆祝越南南方人民解放西贡。北京电视台下午直播大会实况。在时政新闻里,播出邓小平代表毛泽东主席、中国共产党、中国政府和人民热烈祝贺越南南方、北方人民的伟大胜利。

5月11日

郭沫若为广西电视台题写台名。5月13日起,该台每周播出由三次增加到六次。

5月12日

中央人民广播电台调整节目,把《马列著作,毛主席著作选播》《学习与实践》《批林批孔专题节目》合并为《学习节目》;取消《红小兵》节目,改办成《少年儿童节目》;把《红卫兵》和《对上山下乡知识青年广播》节目合并为《青年节目》。《记录新闻》广播时间压缩,《农业科学实验》节目放在《对人民公社社员广播》节目中播出。在文艺广播时间内,辟出两次半小时的《文学·曲艺》节目时间。

5月15日~6月3日

以几内亚立法议会议员、几内亚革命之声电台新闻广播部主任乌玛尔·迪亚巴特为团长的几新闻代表团一行六人来我国访问。我方向该代表团赠送5条电视片。

5月16日~29日

以中央广播事业局副局长董林为团长的中国广播电视代表团访问巴基斯坦。这是我国广播电视代表团首次访巴。

5月19日~20日

北京电视台摄影组代南斯拉夫电视台拍摄南海员布兰科在我国断肢再植的电视片。这是我国电视台首次为外国电视台代拍电视片。

5月26日

北京广播电台听众工作组制定《关于对国外听众工作中若干具体政策和工作制度的规定》。其中规定:"一般复信由组长签发,政治性复信由各部主任审批,重大政治性复信由对外部领导审批,复信译文要经组内定稿,经两人核对后发出。"

同月

吉林人民广播电台开办《对上山下乡知识青年广播》,每周一次,每次20分钟。栏目旨在宣传农村青年以农为乐,扎根农村,建设农村。

同月

贵州人民广播电台开办《对工人广播》,每周四次,每次20分钟。该节目除对工矿企业职工广播外,还兼顾商业、财贸、金融战线的职工,服务对象扩大。

6月1日

甘肃省兰州龙尾山发射台用改造后的1千瓦电视发射机,使用四频道转播由兰州电信微波总站通过小微波传来的北京电视台彩色电视信号,兰州市民首次看到北京电视台彩色电视节目。6月7日,兰州电视台开始在每周六晚试转北京电视台彩色电视节目,自办节目改为每周两次。

6月1日~24日

以田上光为团长的第五次日本北京电台听众代表团一行17人来北京广播电台访问。中日友好协会会长廖承志会见了他们。代表团在京与日语组座谈,他们建议举办《中国巡礼》《中日友好交流史》节目;改进节目形式,要有录音效果,通俗易懂。

6月3日

新疆奎屯市广播站成立。

6月6日~18日

中央广播事业局在哈尔滨召开脉宽调制(PDM)调幅广播发射机制式鉴定和广播设备自动化经验交流会议。会议对黑龙江广播事业局研制成功的我国第一部10千瓦脉宽调制调幅广播发射机进行了鉴定和评价,并交流了经验。会议认为,脉宽调制调幅广播发射机与传统的乙类屏调发射机比较,具有技术指标先进、整机效率高、不怕过调幅冲击、体积减小重量减轻、造价降低等优点,应予推广。会议确定我国今后采用脉宽调制和屏极调幅并用的技术政策。这个项目在1978年全国科学大会上获得科研项目一等奖。

6月7日

中央广播事业局发出通知:傅荣贤任中央广播事业局办公室党的核心小组组长、主任;杨洪志、温治中任核心小组副组长、副主任。杨祚铭任中央人民广播电台党的核心小组组长、台长;张冬兴、杨正泉任核心小组副组长、副台长;余宗彦任核心小组成员、副台长。任继胜任北京电视台党的核心小组组长、台长；朱杏弟、戴临风、王枫任核心小组副组长、副台长；孟启予任核心小组成员、副台长。谷枫任中央广播文工团党的核心小组组长、政治委员；王力叶任核心小组副组长、团长。

6月11日

中共山西省委宣传部任命杨兴华为山西人民广播电台总编辑，鲁兮、王克、程望杰、张文昭、白纯瑞、刘彭寿为副总编辑。

6月25日

北京广播电台尼泊尔语广播开始播音，每天两次，每次30分钟。这是北京电台对外广播的第三十七种外语节目。尼泊尔语开播后，引起尼泊尔舆论界和人民群众的广泛注意，许多听众来信表示祝贺。据使馆反映，广播波段"稳定清晰，音响效果较好"。加德满都的《廊尔喀日报》《新兴尼泊尔日报》都作了报道。有些听众听了第一次广播后，第二天就写信表示祝贺和反映收听情况。

6月29日

安徽省广播器材厂在有关单位协作下，试制成功"长虹牌"5英寸管大屏幕投影电视机，投影画面3×4（米），相当于35毫米电影的画面。四机部于8月2日打电报表示祝贺，称赞其填补了我国投影电视机生产的一项空白。

同月

我国与尼日利亚建交后，尼听众来信逐年增加，1972年2517封，1973年4448封，1974年5196封，1975年上半年3501封，比1974年同期增加24%。新听众来信较多，约占20%，大多为学生、商人、工人、职员等。

同月

菲律宾总统马科斯访华期间，由北京电视台提供设备，协助随行记者进行了电视转播。

7月1日

上海电视台、上海市教育局联合举办的电视教育讲座正式对外播讲。

7月15日

北京电视台提出《改造第一套黑白电视节目播出为彩色播出的请示报告》。

同日

哈尔滨人民广播电台从黑龙江人民广播电台内分出，建立独立的哈尔滨人民广播电台，同时建立了哈尔滨市广播事业局。黑龙江省广播事业局调给哈尔滨人民广播电台150人，并将文林街1号的发射台移交给哈尔滨人民广播电台。同时，中共哈尔滨市委还决定，将原属哈尔滨市农业局管辖的哈尔滨市郊区有线广播站划归哈尔滨有线广播电台，对全市郊区广播。

7月18日

外交部和中央广播事业局联合起草的《关于外国电视摄影队访华问题的请示报告》，制定了接待外国电视摄影队的原则，经中央批准执行。

7月19日

中共新疆维吾尔自治区委员会任命艾买提·沙吾提、阿格达为自治区广播事业管理局（台）革命领导小组副组长，巴吾东·卡德尔为局（台）革命领导小组副组长、临时党委成员。

7月20日~8月4日

全国农村有线广播网宣传工作经验交流座谈会在山西省昔阳县召开。会议总结交流了农村有线广播网宣传工作的经验，着重讨论了农村有线广播如何为农业学大寨服务的问题。9月29日，向全国发出经中央领导圈阅的《农村有线广播网宣传工作经验交流座谈会纪要》。

同月

上海市广播电视局先后派技术人员赴赞比亚，援建同声传译、电子显示屏幕、扩声和彩色闭路电视等设备。

8月2日~10日

北京国际游泳、跳水邀请赛期间，中央人民广播电台除播发新华社消息、《人民日报》评论外，还采制了录音新闻和录音通讯，报道了开幕、闭幕、一场游泳比赛和各国运动员的游园联欢活动。北京广播电台采写了开幕式、闭幕式、游园联欢活动的通讯，播发了各代表团在华活动的专稿。北京电视台转播了开幕式、闭幕式和部分比赛实况，同时向各省、自治区、直辖市电视台传送，并拍摄了电视专辑新闻。

8月8日

甘肃省兰州赵家庄发射台新增一部10千瓦中波发射机，频率976千赫（后改为1035千赫），开始转播中央人民广播电台第一套节目。同月，该发射台在新建机房安装甘肃省第一部脉宽调制（PDM）中波广播发射机，功率1千瓦，作为甘肃人民广播电台第一套节目的备份发射机使用。

8月9日

《中央广播事业局党的核心小组关于部分调整管理体制、组织机构的决定》发布。具体调整方案如下：一、加强政治部，建立党的核心小组，适当充实人力。增设直属政治处、群众工作处。二、为加强对广播事业的领导、减少层次、充实基层，撤销技术部，设立事业办公室。事业办公室的主要任务是协助局党的核心小组研究处理有关广播事业的方针、政策和规划问题，并归口管理与事业、技术有关的职能处和事业单位。三、原属技术部领导的无线处和基建处改为无线总处和基建总处，直属局党的核心小组领导,成为独立的事业单位和全能机构,建立一级党委和政治机关。原属技术部领导的设计室、援外处归基建总处统一领导。四、为加强广播电视的科学研究工作,广播科学研究所直属局党的核心小组领导,成为一级独立的事业单位和全能机构,并在现有基础上逐步发展为广播电视科学研究院。五、原属技术部领导的计划财务处、技术处、器材处、地播处、电视办公室是全局管理事业和技术的职能部门,在技术部撤销后,直属局党的核心小组领导。无线处的频率科划归技术处领导。技术处的外事科合并到国际联络部,国际联络部直属局党的核心小组领导。

同日

天津市广播事业局进行机构调整,设办公室、总编室、事业处、技术处、政治处、人民武装保卫处、广播编辑部、电视编辑部、发射台、实验台、广播技术部、电视技术部、维修部、后勤部。对外保留电台、电视台。

8月15日~9月31日

西藏人民广播电台藏语、汉语两套节目集中力量报道各界庆祝西藏自治区成立十周年庆典活动,大力宣传自治区成立十年来在各方面取得的成就,报道了以国务院副总理华国锋为团长的中央代表团在西藏的活动情况。

8月16日

为做好新疆维吾尔自治区成立20周年大庆的宣传工作,新疆维吾尔自治区广播事业管理局(台)成立宣传领导小组,由买买提·塔提力克任组长,朱光耀、艾兴任副组长。

8月18日

安徽省广播事业管理局内设政治处、办公室、广播网工作处、计划财务处。省广播事业管理局与安徽人民广播电台为一个机构,两块牌子。电台内设编辑部、技术部、电视台。

8月20日

吉林省广播事业局制订《无线广播规章制度和技术标准》,内容包括安全、保卫、保密、技术管理等各项制度。其中,发射台值班制度共15条,对开关机器、交接班、操作检查、事故处理作了具体规定,使维护管理工作迈向制度化。

8月22日

中国电视摄影代表团对朝鲜进行友好访问后,留下北京电视台摄影小组进行拍片。摄影小组于10月23日完成拍片任务后回国。

8月27日

中央广播事业局发布文件:薛元凯任事业办公室主任;卢克勤、周海婴、张磊任副主任。马文国任基建总处党的核心小组组长、政治委员；李国友任核心小组副组长、处长；熊景钊任核心小组成员、顾问。程茂德任无线总处党的核心小组组长、政治委员；江金琴任核心小组副组长、处长；毛动之任核心小组成员、顾问。徐崇华任广播科学研究所所长；徐国盛任政治委员；倪正义、许中明、阎洪奇任副所长。周子明任中央广播事业局政治部副主任。

同月

中央广播事业局无线电管理总处制订《无线电广播技术维护制度和管理办法（草案）》。

同月

吉林省长春电视台微波机房增设小微波机一部，用于现场实况转播。同时，为解决七频道节目信号源，在长春微波站的协助下，在长春市解放大路63号楼顶上用直径3米抛物面天线，对准三家子微波站，直接接收960路干线微波副瓣信号，效果较好。

同月

安徽省阜阳地区各县和宿县地区、巢湖地区的一些县（市）遭受特大洪灾，广播线路大片毁坏。临泉县灾情尤重，县广播站内水深1.5米，许多公社广播站被洪水冲毁，农村广播线路毁坏殆尽。各县广播系统职工在各方支援下，迅速架设简易线路，力求恢复一片，巩固一片，"农网"质量比水毁前都有不同程度的提高。

同月

新疆维吾尔自治区广播事业管理局任命艾兴为新疆电视台台长。

同月

新疆伊犁哈萨克自治州首府迁往奎屯市，原伊犁哈萨克自治州中心广播站更名为伊犁地区中心广播站。

9月1日

中央人民广播电台广播《人民日报》转载《红旗》杂志的短评《重视对〈水浒〉的评论》。4日，广播《人民日报》社论《开展对〈水浒〉的评论》。中央广播事业局总编室决定，对内对外一律用全文播出，并说，标题不要改，标题后可加一句："《水浒》是中国13世纪的一部小说。"北京广播电台各语言播用新华社外文稿。

9月3日

中央广播事业局向国家计委、四机部发文《请安排新建北京电视台所需彩色电视设备的研制计划并列为国家重点项目》，要求该工程于1979年国庆30周年大庆时建成投产，以便新的彩色电视台能如期播出节目。

同日

以国务院副总理华国锋为团长的中央代表团赴西藏参加西藏自治区成立10周年庆祝活动。北京广播电台各语言节目播出中央代表团离京、参加庆祝大会、《人民日报》社论、中央贺电，以及代表团在西藏活动的消息和报道等。另，以国务院副总理陈锡联为团长的中央代表团赴新疆参加10月1日新疆维吾尔自治区成立20周年活动，报道规模与西藏相同。

9月12日～29日

中华人民共和国第三届运动会在北京举行。中央人民广播电台、北京广播电台、北京电视台报道了此次全运会。中央电台举办了专题节目。北京广播电台派出12名记者共发25篇专稿、30条新闻。主要专稿有《毛主席革命路线的颂歌——介绍大型团体操〈红旗颂〉》《为了开好三届全运会》《生气勃勃的工农兵体育运动》《赛场内外》等。从13日至29日，北京电视台每天播出全运会专题新闻；此外还转播了开幕式、闭幕式、民族传统体育表演及许多项目决赛的实况。

9月14日～22日

以叙利亚新闻部长为团长的叙利亚新闻代表团访华，代表团成员包括叙利亚广播电视总局局长。22日，双方签订"中叙广播电视合作协定"。

9月15日

全国各省、市、自治区分别举行大会或文艺晚会，纪念毛泽东为人民广播事业题词十周年。

同日

吉林电视台彩色电视节目试播。吉林省长春电视台二频道中心设备改换第二代电子产品，使用了北京电视设备厂生产的全晶体管黑白电视中心设备。

9月15日～10月19日

中央人民广播电台播出农业学大寨会议开幕的录音新闻，闭幕和全体会议的消息，邓小平代表中央在开幕式的讲话，华国锋的总结报告，《人民日报》社论，郭凤莲等在大会上的发言，新华社、《人民日报》记者的述评和大会侧记。北京广播电台编发了综合报道，编写了广播讲话。北京电视台拍摄了中央领导同志接见会议代表的新闻片，播映一批反映农业学大寨的电视纪录片。山西人民广播电台总编辑杨兴华带领编采、录音人员参加大会的报道，山西电台在《新闻和报纸摘要》《农业学大寨》节目中进行了宣传。

9月29日

中共山东省委同意山东省革命委员会广播局更名为山东省广播事业局。全省各地（市）广播管理站更名为地（市）广播管理局。

同月

北京广播电台日语组组织外国专家辅导日语播音员学习日语和会话。每天早晨利用 5~10 分钟请专家辅导发音、练声，收听日本电台的节目和日本演员的录音，由专家进行讲解、辅导。

同月

新疆石河子地区广播事业管理站成立，负责全地区 18 个农牧团场和石河子市、沙湾县、玛纳斯县有线广播的宣传、技术、经费及器材供应。（注：1975 年新疆兵团番号撤销，石河子垦区成立石河子地区党委、政府，下辖沙湾县、玛纳斯县以及原农八师 18 个农牧团场、石河子乡）。

10 月 1 日

中央人民广播电台播出首都人民国庆游园活动的录音报道。北京广播电台除当天游园活动的报道外，编发国庆专稿 36 篇，国际新闻 25 条。北京电视台上午增播一次节目，用彩色电视直播首都人民国庆游园活动实况，同时通过微波向全国传送。晚上，直播首都人民庆祝中华人民共和国成立 26 周年文艺体育表演实况。

同日

吉林省长春电视台开始用十频道试转北京电视台彩色节目。

同日

江西 701 电视转播台试播彩色电视成功。

10 月 6 日~8 日

北京电视台协助随南斯拉夫社会主义联邦共和国联邦执行委员会主席比耶迪奇访华的广播电视记者传送节目。6 日和 8 日，传送了毛泽东主席会见比耶迪奇及比耶迪奇在华访问活动的电视实况。

10 月 6 日~11 月 22 日

以中央广播事业局事业办公室副主任卢克勤为团长的中国电信代表团出席在日内瓦举行的第一、三区长、中波广播行政大会第二期会议，并在会议最后达成的协议上签字。

10 月 22 日

安徽省蚌埠电视台建立。

10 月 28 日

为配合全国农业学大寨会议的召开，从 8 月底开始，北京广播电台对外陆续报道一批农业学大寨的典型。截至本日，共发新闻 28 条，专稿 30 篇。

同月

湖南省岳阳石油化工厂总厂建立闭路电视，是湖南省第一个企业有线电视的雏形。

同月

广东省广播学校正式开学。

同月

建在沙朗的云南人民广播电台第二座中心发射台——民族语言广播发射中心投入工作。

11月4日

随联邦德国总理施密特访华的西柏林自由柏林广播电视台总编辑彼得·佩歇尔来北京电视台商谈业务,称北京电视台寄去的《驯鹿》等几部电视片绝大部分已播出,并要求派摄影队访华。

同日

新疆维吾尔自治区广播事业管理局(台)撤销宣传、事业、政工、办事四个大组,恢复科室建制。广播宣传方面设汉语广播编辑部、维吾尔语广播编辑部、哈萨克语广播编辑部、蒙古语广播编辑部、总编室。行政管理方面设办公室、计财处、无线处、基建处、政治处。电视台下设编播组、新闻组、技术组。

11月7日~23日

在澳大利亚召开的"亚广联"第十二届全会上,我国首次当选为"亚广联"理事。

11月11日

北京电视台与西柏林杜尼约克电视电影制片厂签订互换影片的协定。

11月19日~12月7日

中央广播事业局组成接待小组,接待为美国总统福特访华进行电视报道、转播工作的美国广播电视技术人员,并协助他们报道福特总统访华的活动。

11月26日

中国外交部答复越南关于停止公开宣传西沙、南沙问题的建议,发了《南海诸岛》一文。北京广播电台用英、俄、法、日、越、马来亚、菲律宾等语言对外全文播出;华侨部的普通话对欧、非发全文;尼、朝、蒙、印地、德、罗、阿尔巴尼亚语发摘要;其他语种不发。

同月

天津人民广播电台采用无源反射技术,即在塔上放置两块分别为六平方米的金属平板,倾斜一个适当角度,将播音楼顶的微波天线对准反射板,微波信号经反射到杨柳青发射台机房屋顶上的微波接收天线,经过反复调整天线及反射板的方向、角度,试验成功。随后,进行正式设计、制作、安装反射板,为1977年8月10日杨柳青发射台的开播创造了条件。

12月1日

北京广播电台对外播发《我国发射的人造地球卫星成功地返回地面》的消息（11月26日发射，3天后，按预定计划返回地面。至此，中国成为继苏联、美国之后世界上第三个掌握从轨道上回收卫星技术的国家）。17日播发《我国又成功地发射一颗人造地球卫星》的公报（12月16日发射一颗技术试验卫星）。

12月1日~11日

新疆维吾尔自治区第四次农村有线广播工作会议在乌苏县举行。会议提出：到1980年，在全疆大部分县建成以县广播站为中心，以公社放大站为基础，以专线传输为主的质量高、效能好、适应战备需要的有线广播网。

12月2日

我国政府释放美蒋武装特务。北京电视台对司法部门和被释放人员进行采访，并拍摄了三条电视新闻片。

12月3日

北京电视台播出毛泽东会见美国总统福特的新闻。

12月11日

日中文化交流协会事务局长白土吾夫来函，通知已收到寄去的北京广播电台日语广播节目广告费。今年春季北京电台决定在《日本与中国》等刊物继续刊登日语广播广告，并支付广告费。

12月26日

江苏省常州电视转播台成立并试播。

12月30日

新疆根据《自治区农村有线广播工作会议纪要》精神，伊犁、塔城、阿勒泰三个地区相继在广播事业管理站基础上组建广播事业管理局，升格为县处级单位，其职能为管理所在地区广播事业规划、建设和技术指导、广播宣传业务、经费管理等。

12月31日

毛泽东1965年写的两首词《水调歌头·重上井冈山》和《念奴娇·鸟儿问答》发表，中央"两报一刊"1976年元旦社论《世上无难事 只要肯登攀》，中央人民广播电台于20：00《各地人民广播电台联播》节目首次广播。维吾尔语、哈萨克语、朝鲜语、蒙古语、藏语五种民族语言和对海外华侨的普通话以及四种方言广播也陆续播出。另外还用记录速度广播一次。北京广播电台各语言节目31日20：00起，陆续播出毛主席这两首诗词和中央"两报一刊"1976年元旦社论。北京电视台从1976年1月1日9：00开始播出毛主席这两首诗词。到1月2日晚，彩色和黑白电视共播出10次。

12月底

北京至西宁的微波线路开通,西宁电视台开始转播北京电视台的节目。

同月

北京电视台向83个国家和地区寄出227个主题的电视新闻片和电视纪录片,共1862个拷贝。寄送的单位已达102个(包括外国电视机构和我国驻外使领馆)。

同月

辽宁省鞍山电视台正式成立。

同月

由北京电视台拍摄的题为《大寨之路——全国农业学大寨展览典型介绍》的电视片,分成多辑,作为专题节目连续播出。

同月

新疆石河子批准建市。石河子市人民广播站成立,共有工作人员四人,安装了一台扩音机和20只高音喇叭,正式向全市广播。

同月

新疆电视台共有工作人员43人,其中技术人员18人,采编播人员25人。节目播出每周三次,其中汉语两次、维吾尔语一次。

同年

中央广播事业局和邮电部为改进北京电视台技术条件,制定《广播、电视中心传送机房工程设计任务书》,决定在电视台建立电视中心传送机房,使电视节目从电视中心传送机房通过中同轴电缆与长途电信大楼连通,能与全国29个省、自治区、直辖市同时互传七路节目。

同年

中央广播事业局设计处开始中央彩电中心工程的设计。

同年

中央广播事业局制订《调频广播网和电视广播网规划方法》(暂行)。

同年

中央人民广播电台收到听众来信28830封,来稿61014件。

同年

北京广播电台收到136个国家和地区的听众来信102752封,比上年增加66%。来信地区新增11个。其中亚洲来信74650封,非洲地区11676封,拉美地区728封,澳新地区839封,北美地区2599封,欧洲地区12260封。口语部来信增长幅度较大,几乎翻了一番。

同年

北京电视台制作的电视片，已由每秒 24 帧全部改为每秒 25 帧。

同年

全国已有 26 个省、自治区、直辖市相继使用微波干线收转北京电视台的节目，并可向北京回传部分节目（西藏、新疆、内蒙古除外），初步形成了全国电视广播网。

同年

我国自己制造的第一批（两辆）彩色电视转播车投入使用（由北京电视设备厂和上海广播器材厂各生产一辆）。

同年

天津人民广播电台使用晶体管自动报时钟，实现了自动报时。

同年

由国家投资建设的 6800 平方米的内蒙古广播电视综合楼竣工投入使用。1980 年又扩建了一座 2000 平方米的录音资料储存库。

同年

张培林任安徽省广播事业局（台）党委书记。

同年

安徽电视台播出彩色节目。

同年

湖南电视台利用旧设备，经何雪宪、喻春轩等人改造后，实现第一次自办彩色节目的播出。

同年

贵州电视台先后调进从部队转业的一名女播音员和一名男播音员，贵州电视台有了自己的专职播音员，但仍需要贵州人民广播电台播音组派播音员协助工作。

同年

陕西省西安电视台播出彩色节目。

同年

甘肃省天水市在泰山庙修建电视机房四间，安装 1 千瓦二频道黑白电视发射机一台，从邮电大微波开口用小微波传送北京电视台节目于 9 月 15 日开始转播，覆盖市区及郊区 20 万人，是甘肃省建成的第一座电视转播台。后该台迁移到天水市郊海拔 1725 米的营房梁，利用高山优势为各县电视差转台提供北京电视台信号源。

同年

青海电视台正式播出。

同年

新疆尉犁县广播站开始创办自办节目,每天中午播出 30 分钟,晚上重播,内容包括《尉犁新闻》《农牧科技》《生活之友》等。

同年

新疆广播电视少年儿童课余合唱团演播组成立。是自治区广播事业管理局所属的一个业余少年儿童音乐艺术团体。

1976年

1月1日

北京电视台从本月起,每星期日上午,黑白、彩色两套节目各增加一次播出。这是该台派人到北京的一些基层单位调查研究,征求群众意见要求后作出的安排。

同日

沈阳人民广播电台由辽宁人民广播电台分出并划归沈阳市领导。

同日

广东省广州电视台二频道黑白发射机经改装、调试,由播出黑白电视节目改为播出彩色电视节目,二频道、八频道的播出都是彩色电视节目,正式告别黑白电视播出时代。

1月8日

中共中央副主席、国务院总理、全国政协主席周恩来逝世。9日清晨4:12,中央人民广播电台提前开机广播周恩来逝世的消息。其中有:中共中央、全国人大常委会、国务院讣告和治丧委员会名单,并播放哀乐。北京广播电台对外广播凌晨5:00起播发周总理逝世讣告,之后陆续播发治丧委员会名单、《中共中央、国务院通知隆重追悼周恩来同志》和吊唁、追悼会、唁电等消息。消息播出以后,国外听众(包括海外华侨)和港澳同胞纷纷发来唁电和唁函表示沉痛哀悼。许多听众要求在节目中介绍周总理的生平,希望得到周总理生前照片。北京电视台黑白、彩色两套节目19:00播出讣告、周总理遗像,并配哀乐,同时撤销全部文艺节目。在周总理治丧期间,北京电视台陆续播出向遗体告别、吊唁、追悼会三条电视片,通过微波线路送往各地电视台,并通过卫星向国外传送(邓小平批准了中央广播事业局"关于通过卫星转播周恩来总理丧事电视片的请示")。通过卫星接收北京电视台电视片的国家和地区有:日本、巴基斯坦、伊朗、菲律宾、埃及、苏丹、英国、美国、意大利、加拿大、墨西哥、委内瑞拉、巴西和中国香港等。"'欧广联'节目交换"及英国维斯新闻社亦收转。周总理逝世消息公布后,外交部、邮电部和中央广播事业局分别收到美国全国广播公司香港分公司、日本广播协会、日本电视网和东京广播等机构的电话、电报,要求通过卫星转播关于周总理丧事活动的电视片。同时还收到日本、加拿大等广播电视机构发来的唁电。在治丧期间，中央广播事业局总编室多次传达姚文元关于限制宣传规模的"指示"，国内反应强烈，有的要求广播电台召开全国性追悼会。全国各地广播电台、电视台及时转播了中央人民广播电台、北京电视台对周恩来总理治丧、哀悼活动的报道，并报道了当地群众沉痛悼念周总理的消息，播发当地各界人民悼念周总理的文章和文艺作品。

1月9日~18日

在周恩来治丧活动的报道中，姚文元利用职权竭力贬低、限制周恩来在群众中的威望和影响。他连续多次要求中央广播事业局，对周总理的报道只能略高于康生。他不准电视播放治丧委员会名单，不准播放较长时间的哀乐，不准电视里介绍《人民日报》刊登的周总理生平照片，不准电视播映群众哀悼周总理的悲痛镜头，不准电视播出周总理灵车前往八宝山时沿途几十万群众肃立默哀的感人场面，不准拍摄天安门广场群众悼念周总理的活动。北京电视台拟通过卫星转播悼念活动，写了报告，姚文元执意不批。电视台计划对治丧活动的三条电视片每天连播三次，但播了两天后，姚文元下令不准再播。第三天，由于电视台已在《北京日报》上发了预告，姚大发雷霆，一连来两次电话，斥责中央广播事业局"干扰了中央的部署""迫使中央改变原来的计划"，勉强同意再播一天。姚文元还不准外地电视台播放悼念周总理的电视片，不准拍悼念周总理的资料片，不让播映有周总理的资料片，不让播映有周总理镜头的《地震》影片和周总理访问朝鲜的纪录片《兄弟的中国人民的使者》。

1月10日

中央广播事业局和外交部联名向有关省、直辖市外办、广播局印发经中央批准的"接待外国电视摄影队的几项原则"。

1月11日

傍晚，当首都群众伫立十里长街送别周恩来总理时，由于"四人帮"控制舆论工具，新华社没有报道这条消息，中央人民广播电台照旧在播音乐与"样板戏"，北京电视台也照旧播出其他节目，激起群众极大不满，纷纷打电话给电台、电视台提出抗议，强烈要求电台、电视台转播周总理追悼会的实况等。

1月12日

中央人民广播电台于凌晨1:00播出10日、11日党和国家领导人以及首都群众代表向周恩来总理遗体告别的消息。北京电视台19:00第一次播出《向周总理遗体告别》的电视新闻片，共15分钟。当晚通过卫星向国外传送。

同日

上海电视台记者冲破"四人帮"禁令，分七路拍摄上海广大军民沉痛悼念周恩来总理的活动，制成长达10分钟的纪录片。但被"四人帮"在上海的党羽删为6分钟，而且只准播出一次。

1月13日

中央人民广播电台传达姚文元给新华社的"指示"，再次提到"要化悲痛为力量"，在写群众吊唁时，"不仅要有一般表示，还要写抓革命，促生产"，"要注意引导，不能光停留在悲哀中"，"如果不注意，群众这样的心情容易被人利用"。

1月14日

姚文元打电话，不准《红旗》杂志刊登周恩来总理遗像、中共中央的讣告和悼词，还规定当期杂志封面用红字不用黑字。姚文元还下令，不准电视台广播周恩来治丧委员会名单；不准在播映周恩来遗像时配哀乐；不准播映周总理的生平照片；不准拍摄群众在天安门广场悼念的场面。第二天，姚文元又打电话，不准把百万群众送周总理灵柩的镜头编入电视片；不准组织群众收看悼念周恩来的电视节目。

同日

正当全国人民沉浸在悼念周恩来总理逝世的悲痛中时，中央人民广播电台《新闻和报纸摘要》节目按《人民日报》的版面，头条广播了清华大学的经验介绍《大辩论带来大变化》。第一句话为："近来，全国人民都在关心着清华大学关于教育革命的大辩论。"播出后，编辑部内部有不同意见，听众也纷纷打电话来质问。中央电台召集临时碰头会传达："今天《人民日报》的版面安排是按中央精神定的。根据姚文元的意见，北京电视台按计划连续播三天的《向周总理遗体告别》电视片，今天不再安排了。"

1月15日

22：20，中央人民广播电台播出《首都人民隆重举行追悼周恩来总理大会》消息，共播19次。邓小平致悼词共播31次。北京广播电台各语言节目都及时广播。北京电视台于16日晚播出《首都人民吊唁周恩来总理》电视新闻片（22分钟），播出三遍，并通过卫星向国外传送。15日、16日，中央电台、北京电视台停播文艺节目。中央电台17日开始恢复部分音乐节目，20日恢复正常播出。

1月21日

中央广播事业局总编室碰头会决定，外国歌曲、乐曲不论是音乐节目还是在稿件中作为效果播出，都必须送总编室审定。

1月27日

中共天津市委宣传部布置给天津广播事业局录制传统戏任务，天津电视台用了5个多月的时间，使用录像设备，录制了传统京剧《蜈蚣岭》《恶虎村》《二堂舍子》《打酒馆》，以及河北梆子《捡柴》《柜中缘》《挂画》等50多个剧目。

1月28日

《人民日报》头版刊登《工农兵支持清华大学大辩论》一文。此文是姚文元批的，北京广播电台各语言节目均播出。

1月29日

新疆喀什地区中心广播站撤销，成立喀什地区广播事业管理局，下设办公室、有线组、无线组，共有工作人员16人。

同月

中央广播事业局《关于召开全国电视工作会议的请示》经毛泽东、党中央批准后，转发各省、自治区、直辖市党委和广播局、电视台。

2月6日

北京电视台新闻播出《北京举行1976年春节环城赛跑》。

2月9日～23日

中央广播事业局大修队政治干事窦守芳不满江青等人的倒行逆施，先后散发传单41张，揭露他们的罪行。另外，给中央领导同志和中央广播事业局领导邓岗写了三封信揭露他们搞所谓"反击右倾翻案风"的罪行。北京市公安局于2月24日晚将窦守芳逮捕审讯，粉碎"四人帮"后无罪释放。1978年11月25日，北京市公安局代表在中央广播事业局宣布为窦守芳彻底平反的决定。

2月10日～4月10日

为保证地震时广播不中断，中央广播事业局试验用部队通信车传送节目获得成功。

2月16日

中央广播事业局就《反击右倾翻案风宣传的几个问题》请示姚文元。姚文元当天批："拟同意，请国锋、洪文、春桥、江青、锡联同志审批。"其余几人圈阅。请示报告中说："在当前反击右倾翻案风、批判修正主义路线的宣传报道中，我们除了充分播好《人民日报》《红旗》杂志和新华社所发的重要文章与报道，并针对右倾翻案风的奇谈怪论，进一步加强宣传无产阶级文化大革命的伟大意义和胜利成果，歌颂社会主义新生事物，宣传教育、科技等战线的巨大成就和各条战线抓革命、促生产的大好形势以外……中央电台的《学习》节目、《学科学》节目、青少年节目等，拟组织教育界、文化界和科技界人士写一些文章或广播讲话，以学习理论和谈成就为主，结合评论《水浒》、批孔和批判右倾翻案风的奇谈怪论中的一个或几个论点"；"要严格掌握宣传口径，注意安全播音，自己组织的广播讲话、文章，拍摄的电视新闻中，批判右倾翻案风的口径和范围，均按《人民日报》、《红旗》杂志和新华社已公开报道的分寸掌握"。19日，全局传达了姚文元的"批示"。

2月18日

中共中央决定，邓岗任中共中央广播事业局核心小组组长、局长，免去其中共新华社核心小组副组长、副社长的职务。副局长：张振东、毛德厚、董林、王寿仁、金照、顾文华、李哲夫。

2月21日

美国前总统尼克松访华。中央广播事业局总编室要求对美广播的位置、报道量要突出一些。在尼访华期间，对美揭露性的东西要适当控制。

2月22日

北京电视台新闻播出《美国前总统尼克松和夫人到达北京》。2月24日新闻播出《毛泽东主席会见美国前总统尼克松和夫人》。

2月23日

新疆石油管理局广播电视事业管理站、克拉玛依市广播电视事业管理局成立。

2月26日

北京电视台播出新闻专辑《坚持教育革命，回击右倾翻案风》。28日的新闻中播出《清华大学师生坚决回击右倾翻案风》。

同月

根据商业部和中央广播事业局的初步统计，截至1975年底，全国共有黑白、彩色电视机46.3万台，其中国产彩色电视机4000台，进口彩色电视机1900台。电视机分布情况：城市占68%，农村占32%。

同月

青岛电视转播台更名为青岛电视台。

3月1日

中央广播事业局致函四机部，鉴于河北、山东、河南、安徽、辽宁、吉林、陕西、山西及北京等省、市可以收听调频广播，建议生产带有调频波段的收音机。

同日

浙江省的嘉兴、桐乡、海宁、嵊泗、建德、象山等县建立小功率电视差转台各一座。

3月2日

18:50，北京长途电话大楼所在地区停电两个多小时，北京电视台通过北京长途电话大楼内的微波设备向全国20个省、市、自治区传送或试传的电视节目中断。

3月6日

江青、姚文元通知新华社、北京电视台组成摄影、电视摄像组常驻清华大学。北京电视台派去六人，其中一人常驻。中央人民广播电台也派一名记者经常去清华大学了解情况和抄录大字报。

同日

中央人民广播电台反复播出《人民日报》社论《翻案不得人心》。社论把矛头直接指向邓小平。

3月6日~8日

中央广播事业局会同国家计委、四机部、邮电部，在北京召开北京、上海、天津、四川四地区彩色电视制式研究汇报会。与会代表学习了毛泽东的重要指示和中央文件，并就当前制式研究工作中的几个问题进行了讨论，提出了解决方案。

3月上旬

中央人民广播电台、北京广播电台召开驻17个省、市、自治区记者站负责人会议，传达毛泽东重要指示和中央文件。同时，学习、讨论了经中央批准的中央广播事业局关于当前报道工作的请示报告精神。

3月12日

中央广播事业局总编室传达：姚文元同意新华社对外发一些介绍反击右倾翻案风的通俗性解释性文章。18日，北京广播电台对外播出《红旗》杂志1976年第3期发表的文章《从资产阶级民主派到走资派》。

3月15日

中央广播事业局发布《关于干部管理权限分工试行意见》，主要内容：一、处级职务以上的干部由局管理、任免。二、科级职务的干部，局核心小组授权局政治部管理、任免。科职干部在各部口内部调动，由所在部口党的核心小组决定，报局政治部备案。无线总处、基建总处所属各发射台、工地领导干部的调动仍由局政治部决定。要害部位科职干部，报局核心小组审批。三、各事企业单位管理、调配科职（不含科职）以下干部。

3月19日

中央批准筹办对苏联的哈萨克语、乌兹别克语广播，但之后因找不到专业干部等问题未办成。

3月23日

中央广播事业局核心小组批准关于向部分省、市派驻对外记者的请示报告。报告说："为了适应对外广播的发展形势和培养锻炼干部，拟向一些地方派驻记者。第一批为大庆、大寨、上海、广东、陕西、江苏，为期一年。"后仅派张品兴、徐镜海去上海，梁锦江、谢方振去广东，张崇德去陕西。第二批未派出。

3月29日

中央广播事业局在北京召开全国电视工作会议。各省、市、自治区党委宣传部主管电视宣传的副部长，各地广播局、电视台代表，基层代表及中央有关部门的代表共200余人参加会议。姚文元对会议进行严密控制，三次修改给中央的请示报告，并在筹备期间打来电话，要会议"联系电视战线实际批邓，集中一段批判右倾翻案风"。会议于4月22日结束。当时，上海出现反周恩来总理的大字报。在姚文元授意下，电视会议后期从北京迁至上海召开。

同月

北京东方红炼油厂建立有线电视中心，可以同时转播北京地区三套电视节目和自办两套电视节目。

4月2日

中央广播事业局局长邓岗传达姚文元电话说："现在天安门向纪念碑送花圈悼念周恩来总理是针对中央的，是违反中央大方向的。"4日，局政治部通知"如发现往天安门送花圈的，坚持劝阻"。

4月3日

新疆维吾尔自治区计划委员会批准在哈密地区建设中波广播转播台，计划总投资为189万元。9月破土动工兴建。

4月5日

姚文元来电话，要中央人民广播电台在6:30《新闻和报纸摘要》节目中播出《人民日报》将于6日发表的社论《牢牢掌握斗争大方向》。中央广播事业局总编室决定："对外全文播发。"

4月7日

姚文元在送达中央人民广播电台的中共中央"关于华国锋同志任中共中央第一副主席、中华人民共和国国务院总理的决议""关于撤销邓小平党内外一切职务的决议"两个决议上面分别批："此件已经主席批示'照发'。请于今晚8时广播，明日见报。送广播局、新华社、《人民日报》办。"同时送达中央电台的还有"四人帮"直接指挥炮制的报道"天安门广场的反革命政治事件"和"吴德在天安门广场的讲话"。姚文元在"吴德讲话"上批："此件已经主席批示'照发'。请于今晚广播，明日见报。送广播局、新华社、《人民日报》办。"中央电台于18:30开始临时预告当晚有重要广播。20:00《各地人民广播电台联播》节目全文播出，第一、第二套节目共播出9遍，并在第二套节目中用记录速度广播1遍。8日，共播出27遍。对少数民族广播、对台湾广播和对华侨广播也从7日20:00开始陆续播出。中央电台从当日开始，把原来所用的"那个党内不肯悔改的走资派"改为"邓小平"。北京广播电台对外广播20:00起播发中央两个决议，同时播发吴德关于天安门事件的讲话。10日，播发《人民日报》社论《伟大的胜利》。北京电视台在中央电台广播时赶拍了工人、农民、解放军战士、学生等收听广播,连夜赶写大字报,召开大会"愤怒声讨"等电视新闻片。4月8日晚,北京电视台黑白、彩色两套节目介绍了《人民日报》第一、二版版面,广播了中共中央两个决议,播放了电视新闻片《坚决拥护中共中央的决议》。

4月8日~19日

中央人民广播电台广播了"首都和各地群众游行庆祝'反击右倾翻案风斗争新胜利'"的消息;广播了清华、北大、大庆、大寨、昔阳、韶山等单位举行"庆祝活动"的录音报道共22个,播出讲话录音130多个,还广播了新录制的《反击右倾翻案风》歌曲9首,诗歌两组。

4月17日

中央人民广播电台两名记者、北京电视台两名记者赴朝鲜,采访报道将于4月25日~5月7日在平壤举行的第三届亚洲乒乓球锦标赛。

4月~8月

中央广播事业局广播科学研究所首次研制成功L频段卫星电视广播接收设备,并在昆明接收美国"应用技术卫星六号"的节目,接收图像清晰稳定,层次分明,音质良好。

5月1日

首都人民为庆祝"五一"国际劳动节举行庆祝游园活动,中央人民广播电台、北京广播电台广播了新华社的文字报道,采制了首都庆祝活动的录音报道。北京广播电台晚上焰火晚会未发录音报道,只在游园录音报道后加一句焰火晚会活动,播出早的语言组不加音响,播出晚的语言节目加一段晚会音响实况。北京电视台向各省、自治区、直辖市电视台转播了庆祝游园的实况。当晚,转播工人体育场放焰火和足球表演赛部分实况。在新闻节目中播出《毛泽东主席会见马尔登总理等新西兰贵宾》。

同日

天津人民广播电台杨柳青发射台试播。杨柳青发射台自1970年开始筹建,自装两部50千瓦、一部20千瓦中波发射机。以50千瓦发射机播出第一、第二套节目,以20千瓦发射机播出第三套节目,以10千瓦发射机播出第四套教学节目。这个发射台投入工作以后,发射功率比原来增加了20多倍,郊县均能收听到广播。

5月4日

新疆维吾尔自治区广播事业管理局(台)临时党委召开会议,讨论卫星通信地面站建设问题。根据设计任务书规定,工程建成后,为新疆电视台和654台传送北京电视台和中央人民广播电台的节目。

5月10日

中央人民广播电台举办《文化大革命好》专题节目。该节目至9月中旬结束，每周广播6天，共播15次，每次半小时。

5月10日~23日

新加坡总理李光耀率友好代表团首次访华。11日，北京电视台新闻播出《新加坡总理李光耀率友好代表团到京》。14日，播出《毛泽东主席会见李光耀总理一行》。

5月13日

北京广播电台各语言节目陆续开办《文化大革命10周年》专题节目。一小时节目每周两次，半小时节目每周一次。每次节目由编辑部统一确定，成套发给各组翻译播出，共有17组。

5月15日

20：00，中央人民广播电台《各地人民广播电台联播》节目播出中央"两报一刊"发表的文章《文化大革命永放光芒》。至21日，五个少数民族语言广播、对台湾广播也多次播出。北京广播电台各语言节目播出该文章。

5月17日

北京电视台播出首都群众集会纪念中共中央"五一六通知"10周年的电视新闻片。全国各省、自治区、直辖市电视台拍摄的各地庆祝活动的电视片则综合编辑成专辑《庆祝文化大革命的伟大胜利》约20分钟，于22日晚播出。

5月20日

中央人民广播电台对台湾广播时间每天增加50分钟，全天播音时间为20小时40分钟。节目布局也作出调整，《学习毛主席诗词》《社会主义祖国在前进》等节目增加播出次数，文艺节目略有减少。

5月21日~30日

巴基斯坦总理布托访朝、访华期间，北京电视台协助巴随行电视记者传送电视节目九次，约4小时。

5月23日

下午，北京电视台黑白、彩色电视增加一次播出，转播首都工农兵"反击右倾翻案风、歌颂无产阶级文化大革命歌咏大会"实况，并通过微波向全国20多个省、市、自治区电视台传送。

5月24日

中央批准对东南亚华侨广播节目呼号由"中央人民广播电台"改为"北京广播电台"。7月5日晨正式更名播出。另，经中央批准，从7月5日起，对东南亚华侨节目一律改为《北京电台汉语节目》。主要考虑近年来随着形势的发展和我国侨务政策的贯彻，海外华侨选择当地国籍的越来越多。我国是不赞成双重国籍的，凡自愿加入或已经取得当地国籍的华侨，就是外国人，自动失去中国国籍。鉴于华侨和中国血统的外籍人绝大部分居住在东南亚地区，在有些国家的人口中占的比例又较大，故把中央人民广播电台的部分对东南亚华侨节目改为《北京电台汉语节目》，内容、用词也作出相应改变。

5月28日~6月3日

中央广播事业局在山东潍坊召开同步广播鉴定会。会议认为，中波采用同步广播抗干扰性比较强，可以解决中波频率拥挤不够分配和同频邻频互相干扰的问题。会议还布置了编制中波规划（包括同步广播规划）。

同月

中央广播事业局召开同步广播中间试验鉴定和中波频率规划会议后，吉林省广播事业局成立了中波同步广播领导小组，并制订中波同步网规划。

6月7日

天津市电视工作会议和通讯报道工作会议召开，传达全国电视工作会议精神，总结交流了经验。

6月9日

湖南省革命委员会决定重建长沙人民广播电台。1981年1月1日恢复播音。每天播音三次，共665分钟。

6月13日

新疆石河子地区广播事业管理站升格为广播事业管理局。

6月18日

北京电视台为澳大利亚总理弗雷泽访问我国进行电视报道，并从北京通过卫星线路向澳大利亚传送节目。

6月22日

新疆维吾尔自治区计划委员会、财政厅、广播事业管理局决定投资100万元，帮助32个边境县建设有线广播网，并要求当年完成建设任务。

6月23日

姚文元在中央"两报一刊"的"七一"社论《在斗争中建设党》清样上批："送新华社并告广播局，此件已经毛主席审阅批准，可于30日晚广播，7月1日见报，请作好各项准备。"30日20：00起，中央人民广播电台第一、第二套节目，北京广播电台各语言节目开始播出该社论。社论"传达"了毛泽东1964年关于社会主义教育的批示和最新指示："资产阶级就在共产党内。"7月1日起，中央电台又连续广播四天，共播出42次。对台湾广播共播出29次，五种少数民族语言广播也播出该社论。

北京电视台7月1日晚播映毛泽东彩色照片、《人民日报》第一版刊登的毛主席语录和口号，以及合唱《东方红》《国际歌》。

6月28日

北京电视台向全国各省、自治区、直辖市电视台传送朝鲜大型歌舞《党的好女儿》实况。

6月30日

经中共新疆维吾尔自治区委员会同意，自治区广播事业管理局所属的六个转播台移交地、州管理。

同月

中央广播事业局核心小组决定在广播科学研究所重建科技情报研究室，把局科技处、沙河广播科学研究所本部与灰楼原攻关组的情报力量合在一起，对外称中央广播事业局科技情报研究室。

同月

中央广播事业局向全国发出通知：北京电视台将于7月1日试办全国电视《新闻联播》，要求全国各级电视台做好接收准备。

同月

湖南电视台添置由上海广播器材厂生产的三讯道彩色电视转播车，开始自办彩色电视节目。

7月1日

全国电视《新闻联播》节目开始试验播出，并向地方台征求播后反映。

同日

晚，山东省泰山转播台人员克服重重困难，准时把石家庄收转的《新闻联播》信号传输到山东电视台的中心机房，使山东省观众第一时间看到全国《新闻联播》节目。

7月6日

15：01，中国共产党中央委员会委员、中央政治局委员、中央政治局常务委员会委员、全国人大常务委员会委员长朱德在北京逝世。中央人民广播电台于22：00播出中共中央、全国人大常委会、国务院讣告，治丧委员会名单、公告，并放哀乐。6日、7日共播出28次，记录新闻播出一次。五种少数民族语言广播、对台湾的普通话、客家话、闽南话广播也播出上述内容。撤销本日22：00以后的文艺节目、专题节目，只播讣告和两组新闻节目。7月11日18：00开始，中央电台播出《首都隆重举行朱德委员长追悼大会》消息和悼词，共播13次，记录新闻播出一次。11日、12日，撤销全部文艺节目。北京广播电台于6日23：00开始播出到11日，对外分别播发了讣告，治丧委员会名单、公告，哀乐，党和国家领导人向朱德遗体告别、首都各界人民群众吊唁朱德委员长、追悼大会等消息。朱德逝世的消息播出后，北京广播电台收到罗马尼亚、尼日利亚、斯里兰卡、孟加拉、日本、西德、荷兰、英国、意大利等国的听众发来的唁函，表示沉痛哀悼。7日晚，北京电视台黑白、彩色电视同时播出朱德同志逝世的讣告，治丧委员会名单及公告。12日，播出《沉痛哀悼朱德同志逝世》的电视片，13日重播，每晚播出两次。这两天的电视报道都用微波线路向上海、天津、沈阳等23个电视台传送，向其余5个不能直接转播北京电视台节目的电视台分别寄送了电视片。《沉痛哀悼朱德同志逝世》的电视片还寄送阿尔巴尼亚、朝鲜、罗马尼亚、巴基斯坦、日本、英国、南斯拉夫8个国家。与此同时，全国各地电台、电视台转播了中央人民广播电台、北京电视台报道全国人民沉痛悼念朱德委员长逝世的节目，报道了当地群众悼念朱德委员长的活动，宣传朱德委员长的丰功伟绩。

7月16日

毛泽东畅游长江十周年。中央人民广播电台下午转播了"首都工农兵横渡昆明湖游泳活动"实况，并在《各地人民广播电台联播》节目里播送录音报道。北京广播电台播送了专稿。北京电视台下午增加一次节目，黑白和彩色电视同时向全国各省、自治区、直辖市转播"首都工农兵为纪念毛主席畅游长江十周年横渡昆明湖游泳活动"的实况。

7月26日

北京广播电台匈牙利语广播开始播音，每天两次，每次30分钟。这是北京电台对外广播的第三十八种外语节目。该台外语、汉语普通话和四种方言广播，每天播音时间累计138.5小时。

7月28日

新华社播发河北省唐山、丰南一带发生强烈地震的消息。姚文元一再"指示"新华社、人民日报社，报道不要太多、太集中，注意其他方面如批邓、促生产报道。8月2日，姚文元来中央广播事业局，要大家坚守岗位，抗震救灾，以阶级斗争为纲，深入批邓、反击右倾翻案风，努力办好广播，做到在任何时候、任何情况下，都要把毛主席、党中央的声音传播到全中国和全世界去。

同日

中央人民广播电台、北京广播电台各语言节目播发河北唐山、丰南地区发生强烈地震的消息。之后几天，中央电台广播了中共中央的慰问电、《红旗》杂志的评论《人定胜天》、《人民日报》社论《英雄的人民不可战胜》、开滦煤矿万余名井下工人脱险、京山线修复通车、全国人民团结战斗抗震救灾等新闻报道。还在《各地人民广播电台联播》节目中播出本台记者、河北人民广播电台记者采访的录音报道。北京广播电台先后播发《各国政府和兄弟党的慰问电》《我中央慰问团赴灾区慰问》《华国锋在抗震大会上的讲话》等消息和报道，以及《红旗》杂志评论《人定胜天》等。国外听众对唐山大地震表示极大关注，许多听众对中国人民在自然灾害面前表现的沉着、镇定、富有纪律性表示钦佩，并对我坚持自力更生、克服困难的精神表示赞扬。北京电视台在29日晨即派出记者刘效礼、许佑宁，由司机李永生、史家琪开车赶往震区，在余震不断的情况下，抢拍实况，向中央汇报灾情。之后再次派出记者高长令、庞啸等采访。8月，又派出记者随中央慰问团分三路到唐山、天津、北京采访。同时组织一部分记者拍摄各条战线职工坚守岗位、军民团结抗震救灾的电视纪录片。

同日

河北省唐山、丰南地区强烈地震波及天津。天津人民广播电台在余震不断发生、广播电视设备受到摔损的情况下，仍在早晨5:30按时播音，天津电视台也在当晚照常播出节目。地震期间，广播、电视从未中断宣传。在地震发生后的20多天时间里，先后播发了《中央慰问团在天津》《震后天津站》等近30条新闻片和专题片，工作量相当于平时的数倍，关于抗震救灾的集中报道一直持续了一个半月。

同日

天津市宁河广播站房倒屋塌，扩音机、录音机等设备全部压在废墟之下，全县广播线路震毁。经广播站全体人员奋力抢救、抢修，在震后六小时恢复了对县政府所在地芦台镇的广播。汉沽区、乡广播站也遭受严重破坏。机房震裂，办公室山墙倒塌，广播线路中断，农、渔户小喇叭大部分震毁。在广播站全体人员的努力下，新架设临时广播线路和喇叭，在震后48分钟即开通了广播。宝坻、武清、静海、南郊、北郊等广播站将播音设备移至临时搭建的棚内，坚持正常播音。

7月28日～29日

河北人民广播电台分别派出由两名记者和11名记者组成的采访组，在灾区采写了大量消息和广播通讯。由于交通、通讯中断，稿件无法发出，他们多方联系委托运送物资的车辆、飞机捎回石家庄，在《河北新闻》中播出。电话恢复后便用电话把稿件传回编辑部。29日，河北电视台采访组六名记者赶到唐山，用16毫米胶片拍摄了大量新闻及资料，由专人每天乘军用飞机将新闻片送回台里，在当天的《河北新闻》中播出。该台还受北京电视台委托，每天提供一条抗震救灾新闻。此外，该台记者还拍摄了一小时的抗震救灾资料片，供中央领导了解灾区情况。

7月29日

河北省唐山、丰南一带发生强烈地震后，中央广播事业局针对今后震情发展可能对京郊各发射台和节目传送手段造成的危害，制定了具体的防范措施。局战备车队进行了试播，效果良好。为确保对外广播在发生严重地震情况下不中断播音，在中央广播事业局党的核心小组和宣传指挥部的领导下，中央人民广播电台、北京广播电台、北京电视台也制定了应急措施。

7月31日

强烈地震使唐山人民广播电台遭到严重破坏，停止播音。当日，河北省广播事业局派出技术人员和播音员带战备车、发电机等设备，前往唐山，帮助唐山电台恢复广播。8月2日6：30，恢复播音，开始转播中央人民广播电台和省台的节目。

8月8日

中央广播事业局局长邓岗前往唐山、丰润、天津，看望地震灾区广播系统的工作人员和家属，转达中央领导同志对灾区广播战线广大职工的亲切关怀，并代表局党的核心小组和全局职工向大家表示慰问。

8月9日

北京广播电台英语节目举办《学中国话》专题节目。从本月到12月，共播出12课，收到43个国家和地区的听众来信400多封。不少听众认为这是中国电台最好的节目之一。该组曾于1962年至1966年举办过这个节目，后因"文化大革命"停办。近几年来，听众纷纷来信表示渴望学习中国话。对象以北美、西欧和澳新听众为重点，教材用北京语言学院和英文杂志《中国建设》合编的汉语教材。

8月13日

湖南省广播管理局制定《湖南省电视广播覆盖网十年规划》。

同月

北京电视台在抗震中采取多种措施以保证安全播出。这些措施有：一、为保证在任何情况下不中断播出，新的防震彩色电视代播点在8月5日装成、试机。二、8月10日将黑白、彩色两套节目的机器设备以及洗印、录音部分设备转移到室外安全地点，并在室外安装1千瓦的发射机，以便在电视发射塔和机房受破坏后，仍可坚持播出。

同月

北京电视台将参加过1958年国庆阅兵式现场直播的中国第一辆转播车赠送新疆电视台。该车系电子管四讯道黑白电视转播车，有四路摄像机、一套中心切换系统和两路微波传输系统。新疆电视台当年完成了多场现场直播任务。

同月

中共甘肃省委任命杨克明为甘肃省广播事业局局长兼甘肃人民广播电台台长。先后任副局长兼副台长的为：李沧涛、张小明、张力、王钦宗、王世文。

9月2日

中央广播事业局党的核心小组决定：嵇书佩任北京广播电台党的核心小组第一副组长，第一副台长，免去其国际联络部主任职务；阮若琳任核心小组副组长，副台长；杜波任顾问。罗东、戴临风、黄克仁任局总编室副主任。

同日

天津市广播事业局广播技术部传音组、宁河县广播站和汉沽区广播站被评为全国抗震救灾先进集体并派代表出席表彰大会。

9月9日

中国人民的伟大领袖、中共中央主席、中央军委主席、全国政协名誉主席毛泽东逝世。中央人民广播电台从即日起到22日，集中报道毛主席治丧活动，其他节目一律撤销。9日16：00，第一套、第二套节目并机播出中共中央、全国人大常委会、国务院、中央军委发布的《告全党全军全国各族人民书》，接着播放哀乐、《国际歌》；18：00增播"公告"；20：00，《各地人民广播电台联播》节目增播治丧委员会名单。18日，中央人民广播电台转播了首都百万群众在天安门广场举行毛泽东主席逝世追悼大会的实况，全国各地电台同时转播。为确保各地收听好大会实况，中央电台在全国临时增开9个中波频率和28个短波频率，增加发射功率6000千瓦。大会实况录音剪辑在晚上《各地人民广播电台联播》节目中播出，连续广播3天，共20次。7天吊唁活动，中央电台每天都发消息并全文照发各省、自治区、直辖市唁电，以及各国发来的唁电、唁函。连续报道全国各省、自治区、直辖市集会沉痛悼念毛泽东主席逝世的活动。北京广播电台对外语言节目9日下午16：30开始，播发《告全党全军全国各族人民书》，18：00播发"公告"和哀乐，20：00播发治丧委员会名单和《国际歌》。到18日，对外逐日播发《人民日报》版面介绍，各省、自治区、直辖市和部队各大军区唁电，《党和国家领导人向毛主席遗体告别》《首都各界人民悼念毛主席》等消息和报道。18日16：30开始，对外播发新华社的追悼大会快讯和悼词全文。北京广播电台播出《告全党全军全国各族人民书》以后，收到50多个国家和地区的听众发来唁电和唁函2300多封。许多听众一边收听广播，一边流着泪执笔写信，表达对毛主席的深切悼念，颂扬毛主席为中国革命和世界革命建立的丰功伟绩。斯里兰卡、日本、苏丹、叙利亚、民主德国、美国等国家的听众还写了诗歌缅怀毛主席。北京电视台9日晚两套节目并机播出毛主席遗像、哀乐，《告全党全军全国各族人民书》《国际歌》和"公告"。10日重播9日内容，同时增播治丧委员会名单和首都人民沉痛哀悼毛主席逝世的电视片。11日，重播《告全党全军全国各族人民书》、电视片、新闻图片《伟大领袖毛主席活在我们心中》。12日，播出新闻片《首都举行隆重吊唁仪式，瞻仰伟大领袖和导师毛主席遗容》。13日~15日，报道各地人民深切悼念毛主席逝世的情况。16日，播出各国朋友和外交使节、在京外国马列主义政党组织以及外国专家等瞻仰毛主席遗容的情况。18日，直播首都百万群众在天安门广场举行毛主席逝世追悼大会的实况，全国各地电视台同时转播。9月12日～20日，北京电视台通过卫星向各国传送关于悼念毛主席的电视报道，卫星接收的国家和地区有：巴基斯坦、扎伊尔、日本、英国、伊朗、澳大利亚、菲律宾、西德、瑞士、美国、赞比亚、埃及、巴西、希腊、加蓬、马尔加什、墨西哥、孟加拉、法国、加拿大、荷兰、埃塞俄比亚、新加坡、秘鲁、苏丹等国和中国香港地区。英国维斯新闻社接收后，向137个电视台转发了部分内容。法国向科威特、沙特阿拉伯、卡塔尔和伊拉克传送。墨西哥电视台向周围西班牙语国家传送。"欧广联"节目交换网用北京电视台节目制作成综合节目，传送到欧洲各国。罗马尼亚、南斯拉夫因不能从卫星直接接收，转播了"欧广联"节目交换网的综合节目。此外，还应朝鲜、坦桑尼亚、加纳、塞拉利昂的要求寄送了电视片。从9日至29日，北京电视台摄制和播出党和国家领导人、首都人民和各地代表瞻仰毛主席遗容等电视纪录片7条，首都追悼大会电视片1条，北京电视台和各地方台拍摄的全国悼念毛主席的新闻片47条，各地举行追悼会的新闻片28条；编制外国领导人到我国驻外使馆吊唁的新闻片19条。从即日开始，全国各地电台、电视台停播文艺、专题节目，除转播中央人民广播电台和北京电视台有关毛泽东主席逝世悼念活动的报道外，连续报道了当地广大干部群众举行各种悼念活动的消息。

同日

中央人民广播电台在第三遍播出中共中央、全国人大常委会、国务院、中央军委就毛泽东主席逝世所发的《告全党全军全国各族人民书》时发生播出差错，在哀乐之后播出了"现在广播周恩来同志治丧委员会……"的语句。造成这一差错的原因是：在播完第二遍《告全党全军全国各族人民书》时，姚文元提出"哀乐太长了，要用短一些"，中央广播事业局总编室要求立即把6分钟的哀乐改为3分多钟。在来不及重新制作的情况下，选用了已有的3分35秒的哀乐录音带，而这盘录音带是周恩来总理逝世时用过的，播放前又来不及按照系列安全播音规定把关。

同日

天津市科技新闻电影摄制组按照市委指示，立即调集所有摄影师，同时派出九台摄影机，组织拍摄纪录片《毛主席永远活在我们心中》。

9月16日～30日

姚文元连续三次要中央广播事业局宣传他们伪造的毛泽东临终"嘱咐"："按既定方针办。"强调要把这一点贯穿到广播电视播出的各种内容中去。

9月19日~20日

中共四川省委第一书记赵紫阳连续两次到四川电视台视察工作，听取汇报。当时，四川电视台没有录像设备，制作和播出节目困难很大。此后，赵紫阳又找电视台负责人陈杰，详细了解电视台所需录像设备的具体情况，同意给四川电视台40万美元，增添设备。

9月23日

中央人民广播电台专题节目、对象节目陆续恢复，内容仍为悼念毛泽东。10月4日起全部恢复正常。中央电台、北京广播电台、北京电视台的文艺节目从25日起开始逐步恢复。10月11日起全部按正常节目表运行。

同月

内蒙古自治区锡林郭勒电视台成立。1977年7月开始播出。

同月

福州电视台通过微波线路播出北京电视台彩色节目。10月30日，该台更名福建电视台。

同月

江西电视台通过微波接通北京的电视节目。该台对1千瓦黑白电视发射机进行黑白和彩色兼容的技术改造成功，并首次播放彩色电视节目。

同月

经西藏自治区党的核心小组、革命委员会批准，西藏自治区广播事业局成立西藏电视台筹备组，成员有西藏广播事业局的明玛才仁、自愿进藏工作的吉林省广播电视局干部何仁、黑龙江省佳木斯电视台技术员李景才和吉林电视台的播音员李晓梅。

同月

宁夏电视台通过微波接通北京电视台节目信号，此后每周的播出由三次增至五次。

9月~1977年

北京广播电台领导成员：台长金照（兼），副台长：嵇书佩、赵光、胡若木、罗东、阮若琳、余宗彦、杜波。

10月1日

当年国庆不游园，不搞录音报道。北京广播电台播出《人民日报》社论《学习毛泽东思想，继承毛主席遗志》。2日，基层活动消息用新华社稿。国庆前夕采写一篇报道，反映首都工农兵群众赞颂毛泽东的丰功伟绩，化悲痛为力量，争取更大胜利的意愿。文艺节目选用毛主席诗词歌曲、歌颂毛主席丰功伟绩的歌曲、怀念毛主席的歌曲和革命样板戏选段。

同日

江苏省镇江电视转播台成立。

10月2日

内蒙古电视台蒙古语电视开播，受到蒙古族观众欢迎。开始时，每周播出一次，每次10分钟，选译汉语新闻节目及天气预报等。

10月4日

中央人民广播电台《新闻和报纸摘要》节目摘要播送《光明日报》刊登的"四人帮"的喉舌——"梁效"（即北京大学、清华大学大批判组的笔名）的文章《永远按毛主席的既定方针办》。

10月6日

中央政治局粉碎江青反革命集团，当晚，派中联部部长、党的核心小组组长耿飚、北京卫戍区副司令邱巍高到中央广播事业局。耿飚通过邓岗召集广播事业局核心小组成员，传达：中央派耿飚、邱巍高加强对广播电视工作的领导，有事直接向他们请示。耿飚要求大家紧跟党中央，把工作做好。随同耿飚到广播局的张香山、冯弦等负责审听中央人民广播电台即将播出及第二天要播出的节目录音，包括文字节目和歌曲、音乐节目，删去了节目中提到的"按既定方针办"，撤换了不妥的节目。23：40，邓岗召集紧急会议传达：根据中央的指示，不要宣传"按既定方针办"，要把住关，所有节目有这句话的都要删掉。中央电台各部连夜检查节目，把这句话删掉。耿飚约一周后离局，工作由张香山负责。

10月7日～13日

中央广播事业局在南京召开卫星广播规划座谈会，讨论研究中国卫星广播规划，提出中国广播电视应采用卫星覆盖的建议，并确定广播卫星使用12吉赫频段。

10月9日

从零点起，中央人民广播电台、北京广播电台各语言节目播发《中国共产党中央委员会、中华人民共和国全国人民代表大会常务委员会、中华人民共和国国务院、中国共产党中央军事委员会关于建立伟大的领袖和导师毛泽东主席纪念堂的决定》和《中共中央关于出版〈毛泽东选集〉和筹备出版〈毛泽东全集〉的决定》的消息。北京电视台9日晚在黑白、彩色电视节目中播出两个《决定》全文。

10月10日

中央广播事业局、中央人民广播电台成立由张香山、冯弦等组成的审听小组，统一审听所有播出节目，把关和清除"四人帮"的语言。

10月12日～27日

第三届亚非拉乒乓球友好邀请赛在墨西哥举行。中央广播事业局派出六名广播、电视记者参加采访。

10月18日

中央通知有关"四人帮"的照片、画册一律不得展出,有他们形象的影片不得放映。

10月21日～27日

中央人民广播电台、北京广播电台、北京电视台详细报道了北京和全国各地热烈庆祝粉碎"四人帮"伟大胜利的消息。21日,中央人民广播电台、北京广播电台录制了首都群众庆祝游行的录音报道。北京电视台拍摄了新闻片。22日,中央电台播送了上海、天津群众庆祝游行的录音报道。新华社的消息22日首次公开点"四人帮"的名,中央电台所有节目也开始点名。23日,中央电台播发各地群众庆祝游行综合消息。24日,中央电台、北京广播电台、北京电视台转播首都百万群众在天安门广场举行热烈庆祝华国锋任中国共产党中央委员会主席、中国共产党中央军事委员会主席,热烈庆祝粉碎"四人帮"伟大胜利大会的实况。北京广播电台各语言节目对外广播《人民日报》社论《在华国锋主席为首的党中央领导下胜利前进》,还播发全国各省、市、自治区贺电的综合消息,以及各国政府、政党贺电的综合消息。10月22日～23日,北京电视台播放了首都150万军民举行声势浩大的庆祝游行,庆祝华国锋任中共中央主席、中央军委主席,庆祝粉碎"四人帮"反党集团篡党夺权阴谋的伟大胜利的电视片。23日～26日,通过三大洋上空的卫星,向世界传送了首都军民庆祝粉碎"四人帮"伟大胜利和游行的电视节目(分别为15分钟和20分钟,配英语解说)。23日直接收录的有16个国家和地区。26日直接收录的有13个国家和地区。另外,阿尔巴尼亚、伊拉克、阿根廷、加拿大、挪威、民主德国、西班牙、匈牙利等国电视台也播出了有关电视片。全国各地电台、电视台转播了中央人民广播电台、北京电视台播出的首都和全国各地热烈庆祝粉碎"四人帮"篡党夺权的伟大胜利的集会实况及相关内容。同时播出了本地庆祝粉碎"四人帮"的一些活动。

同月

粉碎"四人帮"后,安徽省直机关恢复了在"文革"前的名称、架构。安徽省广播事业局恢复党组,仍是局台合一体制,曹川林任局党组书记、局长,局党组成员、副局长纪公德、严少陵。严、纪先后兼任省电台编辑部主任。

同月

西藏自治区着手筹办西藏电视台。西藏电视台筹备组用一台16毫米电影摄影机拍摄了纪录片《欢腾的高原》,纪录片片尾打出"西藏电视筹备组摄制"字样。

11月1日~20日

山西省播音工作经验交流会在临汾召开。全省112个县、市和20个厂矿企业广播站播音员以及代表共230人参加会议。会议在北京广播学院齐越、徐恒的指导下，学习、交流了广播播音工作的体会和经验。

11月4日

中联部部长耿飚谈关于当前宣传的意见：一、宣传以华国锋为首的党中央；二、宣传粉碎"四人帮"胜利的伟大意义；三、揭批"四人帮"的罪行。

11月8日

贵州人民广播电台恢复《对农村广播》《对工人广播》《每周一歌》节目，开办《解放军和民兵》节目，取消第二套节目。全天播音三次，加上《对气象台、站广播》和两次广播体操，共910分钟。

11月12日~14日

中央人民广播电台播出《人民日报》等首都报纸对"四人帮"提出的"按既定方针办"的宣传进行批判的文章。

11月17日

中共山西省广播事业局委员会召开扩大会议，研究部署局台机关开展揭批"四人帮"的斗争。

11月19日

中央广播事业局致函文化部，商借若干部过去封存的影片，拟初步审看，如有可以播出的，在报请中央批准后在电视上播放。初次借用的影片有《洪湖赤卫队》《孙悟空三打白骨精》等10部。

11月25日

北京广播电台对外播发《毛主席纪念堂举行奠基典礼》的消息和华国锋在奠基典礼上的讲话。

11月29日

为贯彻中共新疆维吾尔自治区委员会宣传工作会议精神，新疆维吾尔自治区广播事业管理局（台）临时党委决定，发动全局（台）职工深入揭批"四人帮"反革命集团的罪行。

同月

北京电视台在安徽合肥召开电视新闻会议，总结各电视台办电视新闻的经验教训，明确提出要解决电视新闻"假、慢、长、空"的问题。

同月

粉碎"四人帮"后，广播说唱团新创作的相声《白骨精现形记》《舞台风雷》等受到群众欢迎。

12月7日

中央广播事业局就歌曲的审批问题请示中央，耿飚批示："过去被'四人帮'压制的歌曲，准备清理上报，局里要成立一个不脱产的小组进行这项工作。"

12月8日

贵州召开全省县级以上宣传部长会议，传达贯彻中央宣传工作会议精神。会议强调新闻必须坚持党性，反对派性；坚持真理，反对假大空。

12月10日

中央人民广播电台举办批判"四人帮"专题节目。一直延续到1978年11月7日。

12月21日

北京电视台直播《诗刊》编辑部主办的诗歌朗诵音乐会的实况。遭"四人帮"迫害的文艺工作者王昆、郭兰英、王玉珍、常香玉等登台演唱，缅怀老一辈无产阶级革命家，纵情歌唱粉碎"四人帮"的伟大胜利。会上演唱了许多被禁锢的优秀革命历史节目，如《绣金匾》《兄妹开荒》《夫妻识字》《洪湖赤卫队》歌曲等。全国人大常委会副委员长邓颖超看了电视后，打电话给中央乐团李德伦，热情称赞这台节目。

12月26日

毛泽东诞辰纪念日。中央人民广播电台、北京广播电台于12月25日20：00播出毛主席著作《论十大关系》。

12月27日

第二次全国农业学大寨会议召开。中央人民广播电台除播送新华社、《人民日报》有关报道、文章和评论外，组织了一批典型报道、广播谈话。北京广播电台组织了一批录音通讯、广播谈话。北京电视台拍摄了会议的新闻片。华国锋讲话的电视新闻片12月30日～1997年1月1日连续播出三天。

12月28日

中央宣传口批准可播的第一批上报歌曲，其中有《游击队歌》《救亡进行曲》《延安颂》《没有共产党就没有新中国》《咱们工人有力量》《志愿军战歌》《学大寨赶大寨》《社员都是向阳花》《工人阶级硬骨头》《我们一定要解放台湾》《绣金匾》。

12月29日～31日

北京电视台首次播放被长期禁锢的故事片《洪湖赤卫队》和舞台艺术片《东方红》。

同月

新疆电视台新购进一台四讯道晶体管黑白电视转播车，拓展了现场节目的转播录制能力，开始转播体育比赛、大型群众活动、大型文艺晚会等。

同年

全国（未包括港、澳、台）有电视台39座，1千瓦以上的电视转播台144座，及数量众多的小功率电视差转站。据初步统计，全国电视的人口覆盖率达到36%，全国将近3亿人口居住的地方可以看到电视，其中，北京、上海、天津、辽宁、湖北等省、市的电视覆盖率超过50%。通过国家微波干线，北京电视台的彩色电视节目可送到25个省、市、自治区。

同年

中央人民广播电台收到听众来信21433封，来稿50471件。

同年

北京广播电台收到130个国家和地区的听众来信118709封，比上年增加15.5%。来信最多的仍为日语听众，共80987封。增长率最高的是僧伽罗语组，共收到4424封（上年为476封）。

同年

内蒙古自治区伊克昭人民广播电台增转内蒙古人民广播电台的蒙语节目。

同年

吉林省广播事业局和九台县广播事业局经过三年的努力，共同研制的有线广播三级遥控装置获得成功。

同年

安徽省县到公社广播干线增至7280（杆）公里，已有13个县（市）广播站不依靠电话线实现独立传输。公社广播放大站发展到2602个，共建公社以下广播支线123584（杆）公里。队通播率上升到89%，安装入户喇叭570多万只，入户率达71%。基本建成以县广播站为中心，以公社广播放大站为基础，以专线传输为主，连接千村万户的农村广播网。

同年

海峡之声广播电台建成光泽分台。

同年

甘肃省农村有线广播专线建设在各级政府的重视和支持下逐年扩大和延伸，截至年底，全省共架设农村广播专用线路12.29万（杆）公里，安装广播喇叭269.1万只。

同年

新疆鄯善县广播站开始自办《广播文艺》《广播专题》《报纸摘要》等栏目，节目形式有实况录音、配乐对话、录音报道等。吐鲁番县广播站架设县到公社、生产大队、生产队广播专线1134公里，农村入户广播喇叭2.1万多只，占农户总数70%，形成了县、社、农户三级广播网。县广播站每天三次定时用维吾尔语和汉语两种语言对农村进行广播。